MERCADO FINANCEIRO

O GEN | Grupo Editorial Nacional – maior plataforma editorial brasileira no segmento científico, técnico e profissional – publica conteúdos nas áreas de ciências sociais aplicadas, exatas, humanas, jurídicas e da saúde, além de prover serviços direcionados à educação continuada e à preparação para concursos.

As editoras que integram o GEN, das mais respeitadas no mercado editorial, construíram catálogos inigualáveis, com obras decisivas para a formação acadêmica e o aperfeiçoamento de várias gerações de profissionais e estudantes, tendo se tornado sinônimo de qualidade e seriedade.

A missão do GEN e dos núcleos de conteúdo que o compõem é prover a melhor informação científica e distribuí-la de maneira flexível e conveniente, a preços justos, gerando benefícios e servindo a autores, docentes, livreiros, funcionários, colaboradores e acionistas.

Nosso comportamento ético incondicional e nossa responsabilidade social e ambiental são reforçados pela natureza educacional de nossa atividade e dão sustentabilidade ao crescimento contínuo e à rentabilidade do grupo.

ALEXANDRE **ASSAF NETO**

MERCADO FINANCEIRO

16ª EDIÇÃO

INSTITUTO ASSAF

gen | atlas

- O autor deste livro e a editora empenharam seus melhores esforços para assegurar que as informações e os procedimentos apresentados no texto estejam em acordo com os padrões aceitos à época da publicação, *e todos os dados foram atualizados pelo autor até a data de fechamento do livro*. Entretanto, tendo em conta a evolução das ciências, as atualizações legislativas, as mudanças regulamentares governamentais e o constante fluxo de novas informações sobre os temas que constam do livro, recomendamos enfaticamente que os leitores consultem sempre outras fontes fidedignas, de modo a se certificarem de que as informações contidas no texto estão corretas e de que não houve alterações nas recomendações ou na legislação regulamentadora.

- Data do fechamento do livro: 28/11/2024

- O autor e a editora se empenharam para citar adequadamente e dar o devido crédito a todos os detentores de direitos autorais de qualquer material utilizado neste livro, dispondo-se a possíveis acertos posteriores caso, inadvertida e involuntariamente, a identificação de algum deles tenha sido omitida.

- **Atendimento ao cliente:** (11) 5080-0751 | **faleconosco@grupogen.com.br**

- Direitos exclusivos para a língua portuguesa
  Copyright © 2025 by
  Editora Atlas Ltda.
  Uma editora integrante do GEN | Grupo Editorial Nacional
  Travessa do Ouvidor, 11
  Rio de Janeiro – RJ – 20040-040
  www.grupogen.com.br

- Reservados todos os direitos. É proibida a duplicação ou reprodução deste volume, no todo ou em parte, em quaisquer formas ou por quaisquer meios (eletrônico, mecânico, gravação, fotocópia, distribuição pela Internet ou outros), sem permissão, por escrito, da Editora Atlas Ltda.

- Capa: OFÁ Design
- Imagem de capa: ©istockphoto/bluejayphoto
- Editoração Eletrônica: Arte & Ideia

- Ficha catalográfica

CIP-BRASIL. CATALOGAÇÃO NA PUBLICAÇÃO
SINDICATO NACIONAL DOS EDITORES DE LIVROS, RJ

A862m
16. ed.

Assaf Neto, Alexandre
  Mercado financeiro / Alexandre Assaf Neto. - 16. ed. - Barueri [SP] : Atlas, 2025.

  Inclui bibliografia e índice
  ISBN 978-65-5977-671-9

  1. Mercado financeiro. 2. Mercado de capitais. I. Título.

24-94401
CDD: 332.6
CDU: 336.76

Gabriela Faray Ferreira Lopes - Bibliotecária - CRB-7/6643

A

Anita Ballini Guerra, matriarca de uma grande e bonita família.

João Ferreira Guerra, que deixou muitas saudades e exemplos de amor.

Prefácio

A ideia de escrever este livro foi motivada pela crescente importância que o estudo do mercado financeiro e de capitais vem assumindo no contemporâneo ambiente econômico mundial. O sucesso empresarial passa, necessariamente, pela dinâmica dos mercados financeiros, avaliando as diversas estratégias e decisões de investimentos, financiamentos e gestão de risco.

O objetivo essencial do livro é o de oferecer uma visão ampla e moderna dos mercados financeiros e de capitais, abordando o funcionamento de suas instituições e operações financeiras e estudando os principais modelos de avaliação dos ativos negociados e de seus riscos.

O livro adota como premissa para o moderno estudo dos mercados financeiros um modelo de desenvolvimento econômico baseado principalmente na participação do setor privado. A função do governo, nesse contexto, restringe-se a promover políticas econômicas direcionadas ao aperfeiçoamento do mercado, permitindo que os preços sejam regulados livremente pelas forças de oferta e procura. A regulação e o controle devem voltar-se para eliminar as imperfeições e incentivar a eficiência de mercado, permitindo melhor avaliação e alocação dos recursos.

O estudo proposto procura, em essência, esclarecer as seguintes questões: como funcionam os mercados financeiros; qual sua participação e importância no desenvolvimento da economia e no contexto de seus diversos agentes; como são avaliados os instrumentos financeiros negociados no mercado; como são tomadas as decisões financeiras e estabelecidas as estratégias de investimentos; como utilizar os mercados financeiros e de capitais na gestão de risco.

Estrutura do Livro

O livro está dividido em 19 capítulos, cobrindo as partes mais importantes da matéria.

Os dois primeiros capítulos preocupam-se com a visão econômica, estudando os principais conceitos e indicadores macroeconômicos com repercussões sobre os mercados financeiros. O **Capítulo 1** aborda a intermediação e a atividade econômica, assuntos considerados essenciais a um melhor entendimento dos mercados financeiros. O **Capítulo 2** estuda as três políticas econômicas que os governos geralmente utilizam para atuarem sobre os mercados: política monetária, política fiscal e política cambial.

O **Capítulo 2** trata também da inflação brasileira e seus principais indicadores de preços, e descreve os programas econômicos adotados no país visando debelar a inflação e promover o crescimento econômico.

O **Capítulo 3** desenvolve a estrutura e o funcionamento do sistema financeiro nacional, cujo objetivo básico é o de promover, de forma mais eficiente possível, a formação dos fluxos de fundos entre os agentes tomadores e aplicadores de recursos. O capítulo descreve, ainda, os organismos financeiros internacionais.

O **Capítulo 4** descreve a intermediação financeira de forma segmentada, enfatizando o mercado monetário e o mercado de crédito. Descreve também os principais títulos de crédito e títulos públicos negociados nesses mercados.

O **Capítulo 5**, em continuação ao estudo dos mercados financeiros, aborda o mercado de capitais e o mercado cambial, tratando ainda dos principais instrumentos financeiros negociados.

O **Capítulo 6** desenvolve as técnicas fundamentais de cálculo financeiro e de estatística aplicadas à avaliação econômica e análise de risco de títulos e valores mobiliários, conforme estudados ao longo do livro.

O **Capítulo 7** estuda a formação das taxas de juros da economia brasileira e a determinação do *spread* bancário. O capítulo destaca a taxa básica de juros do mercado financeiro nacional e as demais taxas adotadas como referência para as negociações financeiras.

O **Capítulo 8** volta-se ao estudo do risco das instituições financeiras, abordando o risco de crédito, risco de mercado, risco cambial, risco operacional, risco soberano, risco legal e risco de liquidez. São tratados também no capítulo o risco de *compliance*, a Lei Sarbanes-Oxley e o Acordo de Basileia.

Com base nos conceitos e técnicas estudados, o **Capítulo 9** trata das avaliações dos principais produtos financeiros negociados nos mercados financeiros nacional e internacional. O capítulo é fortemente ilustrado com aplicações práticas que envolvem as diversas operações de mercado.

Diante da grande importância assumida pelos *bonds* no mercado financeiro, tanto nacional como internacional, o **Capítulo 10** dedica-se ao estudo dessa obrigação. Aborda, de maneira ilustrativa, a formação dos preços de mercado, determinação do *yield to maturity* e avaliação da maturidade e volatilidade dos títulos.

Os **Capítulos 11 e 12** estão direcionados ao estudo mais completo do mercado de ações, tratando dos conceitos gerais, formas de negociações e tipos de valores mobiliários, mercados primário e secundário, abertura de capital, indicadores de análise, modelos de avaliação de preços de mercado de ações, Novo Mercado e práticas de Governança Corporativa, além de investimentos em *Private Equity* e Créditos de Carbono.

O **Capítulo 13** estuda a metodologia de avaliação de ações com base em suas expectativas de rendimentos. São abordados os critérios de análise econômica, os principais indicadores financeiros e o modelo básico do fluxo de caixa descontado.

Os **Capítulos 14, 15 e 16** estudam o risco, suas técnicas e modelos de mensuração aplicados às decisões tomadas no âmbito do mercado financeiro. São tratados, com maior destaque nos capítulos, o conceito de risco, medida de análise, teoria do portfólio, a teoria de Markowitz e diversificação do risco e os modelos de precificação de ativos (CAPM – *Capital Asset Pricing Model*).

Os **Capítulos 17 e 18** completam a matéria, tratando do sofisticado mercado de derivativos e do uso desses instrumentos financeiros no gerenciamento do risco. Os capítulos priorizam uma abordagem bastante prática do assunto, incluindo diversos exemplos ilustrativos da matéria. São destacados no estudo de derivativos os mercados futuros (Cap. 17), mercados de opções e mercados a termo, assim como as operações de *hedge* e *swaps* (Cap. 18).

O **Capítulo 19** engloba os principais investidores institucionais do mercado financeiro nacional, suas formas de atuação e principais estratégias e produtos financeiros. São estudados os Fundos de Investimento, o mercado de seguros e as companhias seguradoras, as entidades de previdência privada e as companhias de capitalização. O Clube de Investimento, considerado também como investidor institucional, é estudado no Capítulo 3.

A Quem se Destina

A obra é indicada como livro-texto aos cursos de graduação que inserem, em seus currículos, as disciplinas *Mercado Financeiro* ou *Mercado de Capitais*. O livro é recomendado, ainda, como obra de referência em diversas outras disciplinas incluídas nas áreas de Economia, Administração e Contabilidade.

O livro também pode ser adotado como bibliografia – texto em diversos cursos de pós-graduação (*lato sensu*), programas de MBA e treinamentos de interesse profissional.

Para o leitor interessado em desenvolver aplicações práticas mais extensas sobre o conteúdo do livro, recomenda-se a obra *Mercado financeiro: exercícios e prática*, publicada em 2019 pela Editora Atlas.

É *importante* destacar que o livro foi desenvolvido atribuindo prioridade aos conceitos de mercado financeiro, suas principais operações financeiras, avaliação de riscos e técnicas de análise. Está direcionado para um enfoque econômico e financeiro do mercado e suas relações com os diversos agentes da economia.

Nesse enfoque, o livro não dispensa maior importância a aspectos formais de normas, circulares, resoluções e outros instrumentos de normatização do mercado, bastante mutáveis em nossa realidade. Para atualização das normas legais e operacionais vigentes, recomenda-se ao leitor o acesso a publicações especializadas e *sites* oficiais.

Importante ainda registrar que o desenvolvimento de toda matéria não indica, e também não é nossa intenção, propor quaisquer orientações de investimentos aos leitores. O propósito do livro é o de estudar os mais importantes conceitos do mercado financeiro, seu funcionamento e estrutura, principais operações e avaliação dos produtos financeiros e riscos.

Alexandre Assaf Neto
institutoassaf@gmail.com
www.institutoassaf.com.br

Nota à 16ª Edição

Como as demais edições, a 16ª edição deste livro manteve o trabalho de efetuar uma ampla revisão de seu conteúdo, detalhando melhor alguns conceitos, propondo novos exemplos e ilustrações, refazendo todos os cálculos e formulações, além de introduzir atualizações e novos temas de interesse para o estudo do Mercado Financeiro.

Nesse objetivo, devem ser destacados novos normativos de mercado, autonomia do Bacen, revisões e atualizações de diversos conceitos, destacando-se a Marcação a Mercado, Euribor, Metodologia atual de remuneração da Caderneta de Poupança, estudo dos TIPS, entre outros tópicos.

Ao longo dos capítulos, procurou-se manter destaques nos conceitos fundamentais desenvolvidos, geralmente por meio da inclusão de *boxes* ou sombreamentos, facilitando e agilizando a leitura.

Importante

- Apesar de todos os nossos esforços na revisão e atualização deste livro, alguns erros de digitação ou diferentes interpretações para um mesmo conceito podem ainda permanecer. Pedimos desculpas aos leitores e agradecemos toda e qualquer manifestação apontando esses eventuais problemas. É nosso objetivo o aprimoramento constante da qualidade gráfica e de digitação e, principalmente, do conteúdo do livro.

- O objetivo único deste livro é de caráter *educacional*. Não deve em nenhum momento ser interpretado como indicativo de um investimento.

Sumário

1 INTERMEDIAÇÃO FINANCEIRA, 1
- 1.1 Escassez e rendimentos decrescentes, 1
  - 1.1.1 Curva de possibilidade de produção, 3
- 1.2 Formas de organização econômica, 4
  - 1.2.1 Os preços e o mercado, 4
- 1.3 Rendas, investimento e poupança, 5
- 1.4 Produto interno e produto nacional, 6
  - 1.4.1 O que revela o PIB, 8
  - 1.4.2 PIB nominal e PIB real, 8
  - 1.4.3 Desenvolvimento, crescimento econômico e intermediação financeira, 9
- 1.5 Conceitos e funções da moeda, 11
  - 1.5.1 Meios de pagamento e agregados monetários, 11
    - 1.5.1.1 "Quase-moedas", 13
  - 1.5.2 Balanço do Banco Central e base monetária, 13
  - 1.5.3 Demanda de moeda, 14
  - 1.5.4 Moeda: inflação e deflação, 15
  - 1.5.5 Criação de moeda pelos bancos, 16
  - 1.5.6 Limites ao crescimento dos bancos, 17
  - 1.5.7 Concentração bancária, 18
- 1.6 Pensamentos econômicos atuais, 19
  - 1.6.1 Keynesianismo, 19
  - 1.6.2 Escola de Chicago, 19
  - 1.6.3 Monetarismo, 20
  - 1.6.4 Liberalismo econômico, 20
  - 1.6.5 Neoliberalismo, 21

2 POLÍTICAS ECONÔMICAS, 23
- 2.1 Política monetária, 23
  - 2.1.1 Recolhimentos compulsórios e direcionamentos, 23
  - 2.1.2 Operações de mercado aberto, 24
    - 2.1.2.1 Mercado primário e mercado secundário, 25
    - 2.1.2.2 *Dealers*, 26
  - 2.1.3 Redesconto bancário e empréstimo de liquidez, 26
- 2.2 Política fiscal, 27
  - 2.2.1 Dívida pública, 27
  - 2.2.2 Dívida bruta e dívida líquida, 30
- 2.3 Política cambial, 30
  - 2.3.1 Câmbio fixo, *currency board* e câmbio flutuante, 31
    - 2.3.1.1 Câmbio *spot* (à vista) e câmbio *forward* (a termo), 33
    - 2.3.1.2 Taxa de câmbio nominal (TCN) e taxa de câmbio real (TCR), 33
    - 2.3.1.3 Risco cambial, 34
  - 2.3.2 Balanço de pagamentos, 34
  - 2.3.3 Saldo em conta-corrente, 35
  - 2.3.4 Títulos brasileiros no mercado internacional, 36
    - 2.3.4.1 Plano Brady e *Capitalization Bond* (C-Bond), 36
    - 2.3.4.2 Títulos globais, 36
- 2.4 A inflação brasileira, 37
  - 2.4.1 Planos econômicos adotados no Brasil, 38
- 2.5 A crise econômica mundial de 2008, 40

3 SISTEMA FINANCEIRO NACIONAL, 43
- 3.1 Estrutura do Sistema Financeiro Nacional, 44
- 3.2 Subsistema normativo, 45
  - 3.2.1 Conselho Monetário Nacional (CMN), 46
  - 3.2.2 Banco Central do Brasil (Bacen), 47
  - 3.2.3 Comissão de Valores Mobiliários (CVM), 48
  - 3.2.4 Banco do Brasil (BB), 48
  - 3.2.5 Banco Nacional de Desenvolvimento Econômico e Social (BNDES), 49
    - 3.2.5.1 Fundos Administrados do BNDES, 50
  - 3.2.6 Caixa Econômica Federal (CEF), 50
  - 3.2.7 Secretaria do Tesouro Nacional (STN), 51
- 3.3 Subsistema de intermediação, 52
  - 3.3.1 Instituições financeiras bancárias, 52
  - 3.3.2 Instituições financeiras não bancárias, 53
  - 3.3.3 Sistema Brasileiro de Poupança e Empréstimo (SBPE), 55

3.3.4 Instituições auxiliares, 55
    3.3.4.1 Clube de Investimento, 56
3.3.5 Instituições não financeiras, 57
3.3.6 *Fintech* e *startup*, 57

3.4 Composição do SFN proposta pelo Banco Central, 57
3.5 Títulos públicos negociados no mercado financeiro, 60
3.6 Regulação do mercado financeiro, 60
3.7 Organismos financeiros internacionais, 62
    3.7.1 Fundo Monetário Internacional (FMI), 62
    3.7.2 Banco Mundial, 62
    3.7.3 Banco para Pagamentos (Compensações) Internacionais (BIS), 63
    3.7.4 Banco Interamericano de Desenvolvimento (BID), 63
    3.7.5 Grupo dos 20 (G-20), 64
    3.7.6 Blocos econômicos, 64

4 MERCADOS FINANCEIROS: MONETÁRIO E CRÉDITO, 67

4.1 Mercado monetário, 67
    4.1.1 Sistemas de Custódia e Liquidação de Títulos – Selic e Cetip, 68
    4.1.2 Títulos públicos, 72
        4.1.2.1 Principais títulos da dívida pública interna no Brasil, 72
    4.1.3 Mercado aberto, 74
    4.1.4 Atuação dos bancos comerciais no mercado monetário, 75
    4.1.5 Mercado de títulos de dívida externa, 76
    4.1.6 Precatórios, 77

4.2 Mercado de crédito, 77
    4.2.1 Intermediação financeira no mercado de crédito, 78
    4.2.2 Empréstimos de curto e médio prazos, 78
    4.2.3 Sistema de Informações de Crédito, 82
    4.2.4 *Rating* de crédito dos bancos, 83
        4.2.4.1 Tipos de *rating*, 83
    4.2.5 Serviços bancários, 84
        4.2.5.1 Cheques, 84
        4.2.5.2 Cartões de crédito e de débito, 85
        4.2.5.3 Instrumentos de transferência de fundos: DOC e TED, 85
        4.2.5.4 PIX, 85
    4.2.6 Títulos de crédito, 85
    4.2.7 Descasamento do caixa dos bancos, 86

5 MERCADOS FINANCEIROS: CAPITAIS E CAMBIAL, 87

5.1 Mercado de capitais, 87
5.2 Principais papéis negociados no mercado de capitais, 88
    5.2.1 Ações, 88
    5.2.2 Opções sobre ações, 89
    5.2.3 *Depositary Receipts* (DR), 90
    5.2.4 *Brazilian Depositary Receipts* (BDR), 91
    5.2.5 Debêntures, 92
    5.2.6 Formas de remuneração dos títulos de renda fixa no Brasil, 94
    5.2.7 Letras de câmbio, 95
    5.2.8 Certificados/Recibos de Depósitos Bancários (CDB/RDB), 95
    5.2.9 Caderneta de Poupança, 96
    5.2.10 Letras Hipotecárias (LH), 96
    5.2.11 Letras Imobiliárias (LI), 96
    5.2.12 Letra de Câmbio do Agronegócio (LCA), 97
    5.2.13 *Warrants*, 97
    5.2.14 Título conversível, 97
    5.2.15 Letra Financeira (LF), 98
    5.2.16 Certificado de Operações Estruturadas (COE), 98

5.3 Principais financiamentos no mercado de capitais, 98
    5.3.1 Financiamento de capital de giro, 98
    5.3.2 Operações de repasses, 99
    5.3.3 Arrendamento mercantil, 99
    5.3.4 Oferta pública de ações e debêntures, 100
    5.3.5 Securitização de recebíveis, 101
        5.3.5.1 Outras formas de securitização, 101
    5.3.6 Mercado de bônus (*bonds*), 102
    5.3.7 *Rating* das dívidas e bônus de alto risco, 103
    5.3.8 *Forfaiting*, 104
    5.3.9 Fundo Garantidor de Crédito (FGC), 104

5.4 Mercado de ouro no Brasil, 104
5.5 Mercado cambial, 105
    5.5.1 Taxa de câmbio e paridade cambial, 106
    5.5.2 Taxa de câmbio e a *Ptax*, 107
    5.5.3 Cupom cambial, 110
    5.5.4 Taxas internacionais de juros, 110
    5.5.5 Operações futuras e arbitragem de câmbio, 111
    5.5.6 *Swap* cambial tradicional e reverso, 111
    5.5.7 Comunidade Econômica Europeia (CEE) e Euro, 112

6 FUNDAMENTOS DE AVALIAÇÃO, 115

6.1 Taxa linear (proporcional), 115
6.2 Taxa equivalente, 115
6.3 Regimes de capitalização de juros: discreto e contínuo, 116
6.4 Prazos envolvidos nos juros e taxa efetiva, 117
6.5 Taxa por dia útil (taxa *over*), 118
    6.5.1 Taxa *overnight* do Selic, 118
6.6 Taxa de desconto, 119

6.7 Taxa preferencial de juros, 120
6.8 Taxa real, 120
    6.8.1 Taxa de inflação e desvalorização da moeda, 121
6.9 Medidas estatísticas de avaliação e risco, 122
6.10 Medidas de posição – tendência central, 122
    6.10.1 Médias, 122
    6.10.2 Mediana e moda, 124
    6.10.3 Média e mediana, 124
    6.10.4 Medidas de retorno, 124
6.11 Medidas de dispersão, 125
    6.11.1 Desvio-padrão e variância, 125
    6.11.2 Volatilidade, 126
    6.11.3 Coeficiente de variação (CV), 127
6.12 Probabilidades, 128
    6.12.1 Medidas estatísticas aplicadas ao estudo do risco, 129
6.13 Distribuição normal, 130
6.14 Covariância, 131
6.15 Correlação, 132
    6.15.1 Coeficiente de correlação, 133
6.16 Regressão linear, 134

7 JUROS, 137

7.1 Formação dos juros, 137
    7.1.1 As taxas de juros, as empresas e o governo, 138
    7.1.2 Investimentos financeiros e cenários econômicos, 139
    7.1.3 Comitê de Política Monetária (Copom), 139
    7.1.4 Taxa *spot* e taxa *forward*, 140
7.2 Estrutura Temporal das Taxas de Juros (ETTJ), 141
    7.2.1 Teoria das expectativas, 143
    7.2.2 Teoria da preferência pela liquidez, 144
    7.2.3 Teoria da segmentação de mercado, 145
    7.2.4 Arbitragem, 146
7.3 Formação do *spread* bancário, 146
7.4 Risco de países emergentes, 148
7.5 Taxas de juros do mercado financeiro, 149
    7.5.1 Taxa Referencial de Juros (TR), 149
    7.5.2 Taxa Financeira Básica (TBF), 149
    7.5.3 Taxa de Longo Prazo (TLP), 149
7.6 Taxa básica de juros, 150
    7.6.1 Desmembramento da taxa básica de juros, 150

8 RISCOS DAS INSTITUIÇÕES FINANCEIRAS, 153

8.1 Assimetria de informações e o mercado financeiro, 153
    8.1.1 *Insider trading* e *Chinese Wall*, 155
8.2 Riscos financeiros, 156
    8.2.1 Risco de variação das taxas de juros, 156
    8.2.2 Risco de crédito, 157
    8.2.3 Risco de mercado, 159
        8.2.3.1 VaR – Valor no Risco, 159
    8.2.4 Risco operacional, 160
    8.2.5 Risco de câmbio, 161
    8.2.6 Risco soberano, 162
    8.2.7 Risco de liquidez, 163
    8.2.8 Risco legal, 164
    8.2.9 Outros riscos, 164
8.3 *Compliance* e risco de *Compliance*, 164
8.4 Governança Corporativa e os Comitês de Auditoria, 165
8.5 Lei *Sarbanes-Oxley* (SOX), 166
8.6 Acordo de Basileia, 166
    8.6.1 Acordo de Basileia no Brasil, 168
    8.6.2 Basileia III, 169

9 PRODUTOS FINANCEIROS, 171

9.1 Certificado/Recibo de Depósito Bancário (CDB/RDB), 171
    9.1.1 Exemplo – estrutura da taxa, 172
    9.1.2 Tributação de Renda Fixa, 172
    9.1.3 Certificado de Depósito Bancário (CDB), 172
9.2 Certificado de Depósito Interfinanceiro (CDI), 173
    9.2.1 Exemplo – taxa efetiva e taxa *over*, 173
    9.2.2 Exemplo – operação interbancária, 174
    9.2.3 Exemplo – CDB com taxa *over*, 174
    9.2.4 Taxa *over* efetiva, 174
9.3 *Hot money*, 175
    9.3.1 Exemplo – operação *hot money*, 175
9.4 Desconto de duplicatas e notas promissórias, 175
    9.4.1 Exemplo – desconto bancário simples, 176
9.5 *Factoring*, 176
    9.5.1 Exemplo – valor do fator, 177
9.6 *Commercial papers*, 177
    9.6.1 Exemplos, 178
9.7 Caderneta de poupança, 178
    9.7.1 Exemplo – rendimentos da aplicação, 179
9.8 Crédito Direto ao Consumidor (CDC), 179
    9.8.1 Exemplo – valor da prestação de um CDC com e sem IOF, 179
9.9 Recolhimentos compulsórios, 180
    9.9.1 Custo de captação do banco com compulsório, 181
9.10 Custo da captação bancária, 181
9.11 *Warrants*, 182
    9.11.1 Exemplo, 182
9.12 Títulos conversíveis, 183
    9.12.1 Exemplo, 183
9.13 *Export note*, 184
    9.13.1 Exemplo, 184

9.14 Exemplos de debêntures, 184
9.15 Títulos públicos, 185
    9.15.1 Tesouro Prefixado – Cupom Zero, 186
    9.15.2 Tesouro Prefixado com Juros Periódicos, 187
    9.15.3 Título público: Tesouro Selic, 187
    9.15.4 Tesouro pós-IPCA, 188

10 MERCADO DE RENDA FIXA – AVALIAÇÃO DE BÔNUS, 191

10.1 *Bonds, Eurobonds* e *Global Bonds*, 192
10.2 *Yield to Maturity* (YTM), 193
    10.2.1 Exemplo ilustrativo, 194
10.3 Preço de mercado dos títulos de renda fixa, 195
    10.3.1 *Current Yield*, 196
    10.3.2 Relação entre a taxa de juros e o preço dos títulos, 196
10.4 *Duration*, 197
    10.4.1 Formulação da *Duration* de Macaulay, 199
    10.4.2 Exemplo ilustrativo, 200
    10.4.3 Propriedades básicas da *duration*, 201
        10.4.3.1 *Duration* de uma perpetuidade, 201
10.5 Volatilidade, 201
    10.5.1 Principais aplicações da *duration*, 203
10.6 *Duration* de uma carteira, 203
10.7 *Duration* modificada, 204
10.8 Vantagens da convexidade, 206
10.9 *Bookbuilding*, 207
10.10 Índice de Renda Fixa de Mercado (IRF-M), 208
    10.10.1 Índice de Mercado ANBIMA (IMA), 209

11 MERCADO PRIMÁRIO DE AÇÕES, 211

11.1 Ações, 212
    11.1.1 Tipos de ações, 212
    11.1.2 Forma de circulação das ações, 214
11.2 Valor das ações, 214
11.3 Rendimentos das ações e risco, 215
    11.3.1 Risco das ações, 217
    11.3.2 Juros sobre o capital próprio, 218
        11.3.2.1 Cálculo dos juros sobre o capital próprio, 218
    11.3.3 Direitos de subscrição, 219
    11.3.4 Bonificação, 220
    11.3.5 Desdobramento de ações (*split*), 221
    11.3.6 Grupamento de ações (*inplit*), 222
    11.3.7 Ações "com" e ações "ex", 223
11.4 Mercado primário e secundário, 223
11.5 Abertura de capital, 224
    11.5.1 Acionistas minoritários, 225
    11.5.2 Subscrição pública de ações (*underwriting*), 226
        11.5.2.1 Empresa emitente, 226
        11.5.2.2 Intermediário financeiro, 226
        11.5.2.3 Subscrição do tipo puro ou firme, 227
        11.5.2.4 Subscrição do tipo residual (*stand-by*), 227
        11.5.2.5 Subscrição do tipo de melhor esforço (*best effort*), 227
        11.5.2.6 Preço de emissão da ação, 227
        11.5.2.7 Vantagens da abertura de capital, 228
        11.5.2.8 Custos da abertura de capital, 228
    11.5.3 *Tag Along*, 229
11.6 Principais direitos dos acionistas, 230
11.7 Pulverização de ações e oferta hostil, 231
11.8 B3 – Brasil, Bolsa, Balcão, 232

12 MERCADO SECUNDÁRIO DE AÇÕES, 235

12.1 Mercado secundário – Bolsa de Valores, 235
    12.1.1 BM&FBovespa Holding e B3 – Brasil, Bolsa, Balcão, 236
    12.1.2 Tipos de ordens de negociações, 237
    12.1.3 *Clearings*, 239
12.2 Operações à vista, a termo, opções e contratos futuros, 240
    12.2.1 Negociações a descoberto, 243
    12.2.2 Custódia de ações e sociedades custodiantes, 243
12.3 Índices de Bolsa de Valores, 244
    12.3.1 Índice Bovespa (IBOV – Ibovespa), 244
    12.3.2 Investimentos ESG – *Environment, Social, Governance*, 246
    12.3.3 Outros índices de ações no Brasil, 246
    12.3.4 Índice de Sustentabilidade Empresarial (ISE B3), 248
    12.3.5 Principais Índices de Bolsas de Valores no mundo, 248
    12.3.6 Mercado Global de Ações (*Global Equity Market* – GEM), 250
12.4 Mercado de balcão, 250
12.5 *Brazilian Depositary Receipts* (BDR), 251
    12.5.1 *American Depositary Receipts* (ADR), 251
12.6 Novo Mercado, 252
    12.6.1 Níveis de governança corporativa, 252
    12.6.2 Índice de Ações com Governança Corporativa Diferenciada (IGC), 253
    12.6.3 Câmara de Arbitragem do Mercado (CAM), 253
    12.6.4 Segmentos Especiais de Listagem do Mercado de Ações, 254
12.7 Investimentos em *private equity* e *venture capital*, 255
12.8 Créditos de Carbono, 256

13 AVALIAÇÃO DE AÇÕES, 257

13.1 Critérios de análise, 257

13.2 Indicadores de análise de ações, 258
    13.2.1 Lucro por Ação (LPA), 258
    13.2.2 Indicadores de dividendos, 258
    13.2.3 Índice Preço/Lucro (P/L), 259
    13.2.4 Indicador *Price to Book Value Ratio* (*Price/Book*), 259
    13.2.5 Ganho de capital, 260
    13.2.6 PL a preços de mercado/EBITDA, 260
    13.2.7 O *Q de Tobin*, 261
13.3 Valor das ações, 262
    13.3.1 Modelo básico de desconto, 262
    13.3.2 Taxa de retorno do investimento, 263
13.4 Valor da ação e valor da empresa, 263
    13.4.1 Perpetuidade com crescimento nulo, 264
    13.4.2 Modelo de crescimento: fórmula de Gordon, 265
    13.4.3 Taxa de crescimento (g), 267
    13.4.4 Crescimento e criação de valor, 268
13.5 Relações entre as fórmulas de valor presente, 268
13.6 Preço justo (*target price*), 270

14 RISCO, RETORNO E MERCADO, 271

14.1 Mercado eficiente, 271
14.2 Risco e retorno esperados, 273
    14.2.1 Relação risco/retorno e investidor, 276
    14.2.2 Princípio da dominância, 278
    14.2.3 Mapa de curvas de indiferença, 278
14.3 Retorno esperado de um portfólio, 280
14.4 Risco na estrutura de uma carteira de ativos, 281
    14.4.1 Diversificação do risco, 282

15 SELEÇÃO DE CARTEIRAS E TEORIA DE MARKOWITZ, 285

15.1 Risco de uma carteira, 285
    15.1.1 Exemplo ilustrativo: efeitos da correlação sobre o risco do portfólio, 286
    15.1.2 Exemplo ilustrativo: determinação do retorno esperado e risco de um portfólio, 287
15.2 Ativos com correlação nula, 289
15.3 Conjunto de combinações de carteiras, 290
15.4 Alocação de ativos em carteira: ativos de risco e ativos livres de risco, 293
15.5 Fronteira eficiente, 296
    15.5.1 Fronteira eficiente e a propriedade da separação, 297

16 MODELOS DE PRECIFICAÇÃO DE ATIVOS E AVALIAÇÃO DO RISCO, 299

16.1 Reta do mercado de capitais, 299
    16.1.1 Escolha da carteira mais atraente, 301
    16.1.2 Ilustração da reta do mercado de capitais, 302
16.2 Reta característica, 303
    16.2.1 Coeficiente alfa, 304
    16.2.2 Coeficiente beta: risco sistemático, 304
    16.2.3 Risco não sistemático, 305
16.3 Mensuração do risco sistemático, 306
    16.3.1 Interpretação do risco sistemático na reta característica, 308
16.4 Retorno exigido e o alfa de Jensen, 308
    16.4.1 Alfa de Jensen na equação do CAPM, 309
16.5 Coeficiente de Determinação (R^2), 310
    16.5.1 Aplicação prática, 310
16.6 Reta do mercado de títulos (SML), 311
16.7 Índice de Sharpe, 313
    16.7.1 Aplicação do Índice de Sharpe, 313
    16.7.2 Avaliação de carteiras com o Índice de Sharpe, 314
16.8 Índice de Treynor, 315
16.9 Índice de Modigliani, 315
16.10 *Tracking Error* (TE) e Erro Quadrático Médio (EQM), 316
16.11 Aplicações do CAPM, 316

17 DERIVATIVOS - MERCADOS FUTUROS, 319

17.1 Mercados futuros, 321
    17.1.1 Posição comprada, vendida e contratos em aberto, 323
17.2 Participantes do mercado futuro, 324
17.3 Preços no mercado futuro, 325
    17.3.1 Ajustes nas posições a futuro, 327
    17.3.2 Mercado futuro de ações, 328
        17.3.2.1 Proteção no mercado futuro de ações, 328
    17.3.3 Mercado futuro de índices de ações, 329
    17.3.4 Comprador, vendedor e arbitrador, 331
        17.3.4.1 Investidor a futuro, 331
        17.3.4.2 Vendedor a futuro, 331
        17.3.4.3 Arbitrador, 331
        17.3.4.4 Comprador à vista, 331
    17.3.5 Operações a futuro e arbitragem, 331
    17.3.6 Operação *straddle*, 332
    17.3.7 Operação a descoberto, 332
    17.3.8 Contratos futuros de taxas DI (1 dia), 333
    17.3.9 *Hedge*, 335

18 DERIVATIVOS - MERCADOS DE OPÇÕES E *SWAPS*, 337

18.1 Mercado de opções, 337
    18.1.1 Exemplo de uma operação de opção, 339
    18.1.2 Resultados com opções, 340
    18.1.3 Participantes do mercado de opções, 341
    18.1.4 Garantias das opções, 341
    18.1.5 Codificação das Ações na Bolsa de Valores (B3), 341

18.2 Opção de compra (*call*) e de venda (*put*), 342
18.3 Fatores que afetam os prêmios das opções, 343
18.4 Exemplos ilustrativos, 343
18.5 Fechamento de posição, 344
18.6 Mercado a termo, 345
    18.6.1 Mercado a termo na B3, 346
18.7 *Swaps*, 347
    18.7.1 *Swaps* com taxas de juros, 347
    18.7.2 Caso prático de *Swap*, 348
    18.7.3 *Credit Default Swaps* (CDS), 348
    18.7.4 *Swap* cambial e reverso, 349

19 INVESTIDORES INSTITUCIONAIS E FUNDOS DE INVESTIMENTO, 351

19.1 Fundos de investimento, 352
    19.1.1 Vantagens e características dos fundos de investimento, 353
    19.1.2 Cotas de Fundos de Investimento, 354
    19.1.3 Tipos de Fundos de Investimento, 354
    19.1.4 Avaliação das cotas dos Fundos de Investimento – marcação a mercado, 355
    19.1.5 Fundos de Investimento Estruturados, 356
        19.1.5.1 Fundos de Investimento em Participações (FIP), 356
        19.1.5.2 Fundos de Investimento em Direitos Creditórios (FIDC), 357
        19.1.5.3 Investimentos imobiliários, 358
19.2 Mercado de seguros no Brasil, 358
    19.2.1 Tipos de seguro, 359
19.3 Previdência privada, 360
    19.3.1 Plano Gerador de Benefícios Livres (PGBL), 361
    19.3.2 Fundo de Aposentadoria Programada Individual (FAPI), 362
    19.3.3 Diferenças entre o plano tradicional, PGBL e FAPI, 362
    19.3.4 Plano de Vida Gerador de Benefícios Livres (VGBL), 362
19.4 Companhias de capitalização, 363

Glossário, 365

Lista de Abreviaturas e Siglas, 373

Lista de Símbolos, 377

Bibliografia, 379

Índice Alfabético, 381

1 Intermediação Financeira

O capítulo trata da atividade econômica como essencial a um melhor entendimento do funcionamento e funções dos mercados financeiros. A compreensão da economia permite que se estabeleçam relações entre seus resultados agregados e o desempenho dos vários agentes econômicos que a compõem. Por agentes econômicos entendem-se todas as pessoas e formas de organização (indivíduos, empresas e governo) com capacidade de tomar decisões.

Nesse contexto, é dado especial destaque aos intermediários financeiros. Os instrumentos de movimentação de fundos são os ativos financeiros que se constituem, em essência, em direito que um agente possuidor apresenta em relação a outro.

A **intermediação financeira**, por seu lado, se processa por meio da transferência de recursos financeiros disponíveis de agentes econômicos (superavitários) para agentes tomadores (deficitários), que demandam recursos para consumo e investimentos. Os recursos levantados de agentes superavitários são geralmente remunerados, exceto se forem mantidos em conta-corrente nas instituições financeiras. Por outro lado, os recursos financeiros transferidos aos tomadores são onerosos, e, normalmente, cobram-se juros de empréstimos e financiamentos.

1.1 Escassez e rendimentos decrescentes

É por meio do conhecimento da economia que se forma uma visão mais ampla e crítica de todo o funcionamento do mercado financeiro e do processo de intermediação, permitindo que se responda às diversas questões que envolvem poupança, investimentos, desenvolvimento, avaliação etc.

A economia estuda a riqueza, as transações de troca que se verificam entre as pessoas. Procura compreender a decisão de **utilização** de recursos produtivos escassos (terra, trabalho e capital), que carregam um custo de oportunidade, no processo de **transformação** e **produção** de diversos bens e serviços, e sua **distribuição** para consumo.

Fatores de produção

Representam todos os bens e serviços utilizados no processo de produção de outros bens, utilizando-se processos

Fator de Produção	Conceito	Remuneração
TERRA	Fator de produção primário. Envolve terras urbanas destinadas para edificações, áreas cultiváveis e produtivas (agricultura e pecuária), e recursos naturais (água, ar, reservas minerais etc.).	Aluguéis
TRABALHO	Fator primário. Considera o tempo dedicado à execução de alguma atividade (capacidade física), e também os conhecimentos utilizados no processo de produção (capacidade intelectual).	Salários
CAPITAL	Representado geralmente por bens duráveis utilizados no processo de produção, e capital financeiro destinado a financiar a produção.	Juros
INVESTIMENTOS PRODUTIVOS	Aplicações de recursos de caixa em alternativas produtivas que prometem retornos de modo continuado (empresas).	Lucros
INOVAÇÃO TECNOLÓGICA	Substituição de fatores primários de produção por novas tecnologias. Conhecimento como medida de valor.	*Royalties* e Direitos de Patentes

e tecnologias adequados. No quadro anterior são identificadas as categorias de fatores de produção e seus respectivos rendimentos.

Toda sociedade econômica, qualquer que seja sua forma de trabalho, enfrenta três problemas fundamentais e determinados pela lei da escassez: **o que** e em que quantidade produzir; **como** produzir, com que recursos tecnológicos, financeiros etc.; **para quem** produzir, ou seja, para quem deverão ser distribuídos os diversos bens produzidos.

Essa tríade de problemas é comum a todas as sociedades econômicas, porém respondida de maneira diferente segundo sejam suas condições e verdades. Algumas economias menos desenvolvidas, e com recursos tecnológicos limitados, regulam essas questões de forma menos eficiente que outras mais evoluídas; outras sociedades seguem práticas culturais e religiosas próprias, impondo restrições, por exemplo, ao acúmulo de riqueza; outras, ainda, são conduzidas por ideários que vinculam as decisões econômicas a um planejamento centralizado; e, finalmente, as sociedades econômicas mais liberais costumam delegar ao mercado a solução de seus problemas econômicos básicos, por meio de um sistema de preços e de livre comércio.

Se os recursos existissem em abundância na natureza e a economia pudesse distribuir de forma ilimitada seus bens produzidos, os problemas básicos descritos deixariam de existir. Nesse ambiente, as necessidades humanas estariam plenamente satisfeitas e não faria qualquer diferença a curva de oferta de qualquer produto em particular, assim como a eficiência na produção e a distribuição dos bens e serviços às várias pessoas e famílias.

No entanto, os denominados *bens livres*, como o ar puro, por exemplo, são cada vez menos frequentes, dando lugar aos *bens econômicos*, que apresentam algum nível de escassez e valor econômico. Por meio desses bens, os padrões de vida são regulados, cabendo a toda a sociedade a decisão sobre os produtos a serem consumidos, pois nem todos os desejos e necessidades poderão ser satisfeitos.

A alternativa que cabe a toda decisão econômica é a melhor seleção dos produtos relativamente escassos: quanto mais dinheiro se gasta em moradia, menos se consome em vestuário; quanto mais os governos aplicarem em estradas, menos recursos restam para a educação, e assim por diante. Em outras palavras, quanto mais a sociedade consumir hoje, menor sua capacidade de poupança e, em consequência, menor sua capacidade futura de produção e geração de riqueza.

Toda sociedade econômica deve indicar como os recursos devem ser alocados para a produção de um produto e sua transferência para a fabricação de algum outro bem. A economia de pleno emprego assume, ao decidir produzir determinado produto, renunciar à produção de outro. Essa é a *lei da substituição*, estabelecida segundo as orientações e preferências da sociedade econômica. Toda vez que se deseja obter quantidades adicionais de um bem, é necessário sacrificar quantidades de outro.

A economia alerta, ainda, para a conhecida **lei dos rendimentos decrescentes**, extraída da relação verificada entre um fator de produção (mão de obra, por exemplo) e o bem produzido. Essa lei descreve que unidades adicionais de fatores de produção promovem incrementos na produção, porém a taxas decrescentes. Os acréscimos de produção vão-se reduzindo à medida que se incorporem ao processo mais fatores de produção, ou seja, a parte fixa torna-se cada vez menor por fator de produção introduzido.

Por exemplo, a produção (sacos) de grãos agrícolas não acompanha proporcionalmente o crescimento do número de trabalhadores (fator de produção variável) na terra (fator de produção fixo), conforme é ilustrado na tabela a seguir.

Conforme se eleva o número de trabalhadores na produção de sacos de grãos na terra, a quantidade elaborada também é incrementada, porém a um volume continuamente decrescente. A produção incremental por unidade de mão de obra irá apresentar-se cada vez menor, ressaltando os rendimentos decrescentes do fator de produção terra.

O comportamento da lei dos rendimentos decrescentes não apresenta sempre a mesma regularidade. Algumas vezes, as taxas de variação decrescentes somente começam a ocorrer após a inclusão de uma quantidade maior de fator variável de produção, restando cada vez menos recursos para se trabalhar. Essa lei é de fundamental importância para a

LEI DOS RENDIMENTOS DECRESCENTES			
Lavradores	Produção Total (sacos)	Produção/Unidade de Mão de Obra	Produção Incremental/ Unidade de Mão de Obra
0	7.000	0	–
1	10.000	10.000	3.000
2	12.000	6.000	2.000
3	13.500	4.500	1.500
4	14.000	3.500	500

economia e a avaliação tecnológica, permitindo melhor entendimento entre as variações e as quantidades produzidas.

É interessante ressaltar, ainda, algumas situações de comportamento positivo da produção, em que todos os fatores se elevam conjuntamente na mesma proporção ou, em certos casos, em proporções maiores, como é o caso de escalas industriais de fabricação. Esse fenômeno se verifica em casos de produção em massa, em que são destacados os ganhos de escala, e é influenciado pela disponibilidade de energia abundante e barata (energia nuclear, por exemplo); padronização e especialização da produção; *robotização*; além de vários outros desenvolvimentos tecnológicos.

Essa lei dos rendimentos *crescentes* não anula, de forma alguma, o enunciado dos rendimentos decrescentes, conforme descrito. Nos rendimentos decrescentes, somente alguns fatores sofrem variações, permanecendo os demais inalterados. As economias de escala, no entanto, costumam trabalhar com quantidades bastante elevadas, de maneira a tornar a produção mais atraente diante dos ganhos produtivos oferecidos.

> **Custo Marginal Zero**
>
> Jeremy Rifkin, em sua obra *Sociedade de custo marginal zero* (São Paulo: MBooks, 2015), discutiu a realidade atual do conceito de *custo marginal zero*. Em uma economia interconectada, diversos bens e serviços podem ser acessados (consumidos), por meio de plataforma digital, por um número crescente de pessoas, levando a uma posição de custo marginal zero. As tecnologias e as inovações irão promover uma redução contínua do custo marginal em toda a cadeia de valor, tendendo a *zero* o custo de produzir uma unidade adicional de um bem ou serviço. Alguns exemplos de empresas citados por Rifkin são: Uber, Netflix, Spotify e Airbnb.

1.1.1 Curva de possibilidade de produção

Enquanto a lei dos rendimentos decrescentes exprime a relação entre fatores de produção (trabalho, como um dos fatores) e a produção resultante (sacos de grãos, por exemplo), a curva de possibilidade de produção exprime as decisões que podem ser tomadas em relação a dois produtos (alimentos e vestuário, entre outras possíveis relações).

A curva descreve, numa economia em que se admite o pleno emprego dos recursos produtivos, as alternativas de produção disponíveis à sociedade. Ao dar preferência a determinado produto, deve-se, em contrapartida, abrir mão da produção de certa quantidade de outro, caracterizando a lei da substituição.

No exemplo clássico de Samuelson,[1] suponha que uma economia tenha de optar entre a produção civil e a produção bélica, representadas pelos bens: *manteiga e canhões*. Quanto maiores forem os recursos destinados à produção de canhões, menores serão as disponibilidades para fabricação de manteiga. O conjunto de alternativas de produção pode ser descrito da forma seguinte:

Alternativas de Produção	Manteiga (mil t)	Canhões (mil unid.)
A	0	15
B	2	14
C	4	12
D	6	9
E	8	5
F	10	0

A alternativa *A* supõe que todos os recursos estejam direcionados para a produção de canhões, atingindo um volume total de 15.000 unidades. O conjunto de possibilidades de produção *F*, ao contrário, indica total preferência pela produção civil (manteiga), atingindo o limite de 10.000 toneladas. Essas quantidades máximas são estabelecidas pelas condições tecnológicas, eficiência e demais recursos da economia.

Os conjuntos de alternativas possíveis entre esses dois extremos demonstram a substituição de um produto pelo outro nas decisões econômicas da sociedade. Ao se decidir reduzir certa quantidade de canhões, ganha-se em compensação certa quantidade de outro produto, e vice-versa. Transferindo esses valores para um gráfico, obtém-se a ilustração da Figura 1.1.

A seleção das infinitas alternativas de produção disponíveis sobre a curva é função da preferência da sociedade. A curva de possibilidade de produção é uma fronteira, indicando o limite máximo possível de ser atingido pela sociedade diante dos recursos existentes. Um aumento dos recursos produtivos, ou um melhor desenvolvimento tecnológico com emprego mais eficiente dos recursos disponíveis, permite que a curva se desloque para cima, conforme ilustra a linha pontilhada do gráfico.

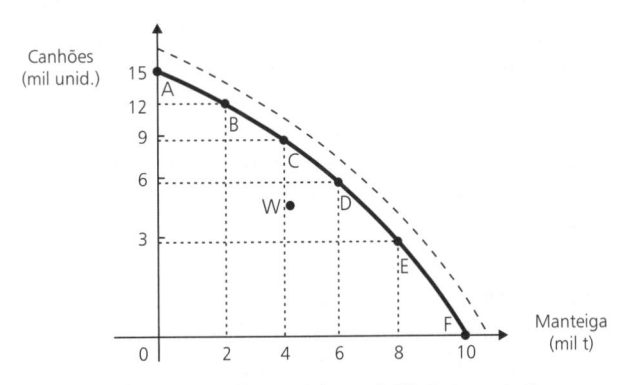

FIGURA 1.1 Curva (fronteira) de possibilidade de produção.

---

[1] SAMUELSON, Paul A. *Economics*. New York: McGraw-Hill, 1995.

Pontos internos à área da curva, por outro lado, revelam opções de produção em economias que não trabalham em condições de pleno emprego, ou cujos recursos não estejam sendo empregados de forma eficiente. Nesse caso, diz-se que o custo de oportunidade é nulo, pois há recursos produtivos abundantes que podem promover o aumento da produção dos bens. Quando a economia está atuando em condições de pleno emprego, admite-se um custo de oportunidade maior que zero para os conjuntos de alternativas inseridos sobre a curva de possibilidade de produção.

Além de permitir melhor entendimento dos conceitos básicos da economia, a curva de possibilidade de produção auxilia na decisão de seleção de recursos escassos, de forma que a sociedade possa atingir seus objetivos. A curva é importante, também, para tornar mais claros os conceitos de **o que**, **como** e **para quem** produzir, discutidos anteriormente. **O que** produzir está refletido no ponto escolhido da curva de possibilidade de produção; **como** produzir envolve os recursos disponíveis e seu uso eficiente; **para quem** produzir requer, adicionalmente à análise da curva, a verificação de outras variáveis de satisfação dos desejos e necessidades de toda a sociedade.

1.2 Formas de organização econômica

A economia volta-se essencialmente para a forma como seus vários agentes decidem sobre os recursos escassos, visando produzir bens e serviços orientados ao atendimento dos objetivos de toda a sociedade.

A base dos problemas econômicos é explicada pela comentada escassez de recursos, a qual é determinada pelas necessidades fortemente expansionistas de seus agentes de mercado. Crescimento populacional, evolução tecnológica, melhoria do padrão de vida, entre outros argumentos convincentes, justificam uma demanda continuamente crescente das diversas necessidades de consumo – bens e serviços em geral. É importante compreender na atualidade que essas necessidades ilimitadas em países ricos sinalizam expansão maior em nível internacional, incentivando o processo de globalização de toda a economia.

Basicamente, podem ser identificadas duas formas de organização econômica: a **economia de mercado** (economia capitalista), em que predomina a propriedade privada, e a **economia centralizada** (economia socialista), em que as propriedades são transferidas ao Estado. Conceitualmente, o sistema capitalista trata o capital como de propriedade privada, sendo formado como consequência de uma livre negociação de bens e serviços dentro de regras estabelecidas pelo mercado. O sistema socialista, por seu lado, considera as propriedades como de controle direto do Estado, limitando o exercício da livre iniciativa empresarial em favor de um sistema centralizado de planificação.

As economias classificadas como de mercado podem ser avaliadas por meio de um sistema perfeitamente puro, o denominado *laissez-faire*, ou por um sistema misto, em que se estabelece alguma interferência do governo.

O sistema *laissez-faire* admite que o mercado tem total condição de solucionar os problemas básicos de uma economia: **o que**, **como** e **para quem** produzir, orientados por um mecanismo de livre formação dos preços. Uma economia baseada na concorrência de mercado não necessita da intervenção do Estado, e é gerida eficazmente por uma *mão invisível* que promove o equilíbrio das forças de mercado. Ocorrendo, por exemplo, retração da demanda (excesso de oferta), as empresas serão conduzidas pela concorrência a diminuir seus preços de maneira a colocar seus estoques no mercado; ao contrário, verificando-se uma escassez de oferta (excesso de demanda), os preços se ajustarão num patamar mais elevado de forma a restabelecer o equilíbrio do mercado.

A concorrência perfeita, essência do *laissez-faire*, somente se verifica quando nenhum agente econômico for capaz de influenciar o funcionamento do mercado e de seus preços. Toda forma de monopólio ou oligopólio, por exemplo, é considerada distorção da economia, prejudicando o sistema de equilíbrio geral do mercado.

Diversas críticas aos processos de alocação e distribuição de recursos presentes nas formas de organização econômica incentivaram uma atuação mais próxima ao mercado do setor público. Efetivamente, desde que Keynes defendeu o intervencionismo moderado como um antídoto à crise econômica mundial de 1929/30, ficou proposta uma alternativa conhecida por **sistema misto**. Esse sistema prevê uma necessidade crescente, marcada talvez pela interdependência da ordem econômica mundial, de controle da atividade econômica por parte do Estado. Esse controle pode verificar-se por atuações mais diretas sobre os preços em geral, juros, impostos e subsídios da economia, formação de estoques reguladores, políticas de gastos públicos etc.

O sistema misto destaca-se pela utilização de conceitos e procedimentos da economia de mercado e de planificação central, embora com dosagens diferentes de um país para outro. Possui, em outras palavras, elementos de controle governamental que se mesclam com elementos de um mercado de concorrência perfeita.

1.2.1 Os preços e o mercado

As relações de troca entre os agentes econômicos desenvolvem-se mediante o mecanismo de formação de preços no mercado. Quando o preço é fixado num intercâmbio, há também a geração de informação de valor pelo qual o vendedor ou o comprador estariam dispostos a negociar um bem. O preço numa economia de mercado é determinado pela intersecção das curvas de oferta e demanda, a qual exprime o ponto de equilíbrio de mercado. Expressando-se por p o preço e por q a quantidade, tem-se a seguinte representação gráfica (Figura 1.2).

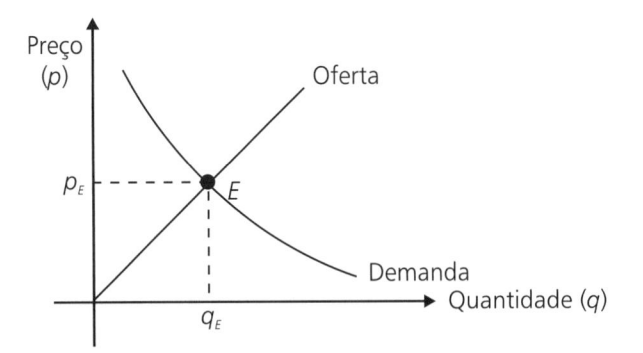

FIGURA 1.2 Ponto de equilíbrio de mercado.

Em economia de mercado, consumidores e produtores reagem de forma diferente aos preços. O ponto E indica o equilíbrio entre a oferta e a procura de bens e serviços, ou seja, nesse nível, vendedores possuem quantidades exatamente iguais às que os consumidores desejam adquirir, eliminando-se especulações com os preços. Ao ocorrer a procura de maior quantidade de um bem, o mecanismo de mercado fará com que os preços se elevem, atraindo maior quantidade de produtores. Por outro lado, se um produto for encontrado em quantidade maior à desejada pelos consumidores, a concorrência forçará a redução de seus preços, incentivando seu consumo.

Os modelos de formação de preços enquadram-se essencialmente na análise do **equilíbrio parcial** e do **equilíbrio geral**.

O *equilíbrio parcial* trata isoladamente da formação do preço de certo bem, serviço ou fator de produção, sem levar em consideração as possíveis relações e os impactos com outros mercados. Nessa análise, o comportamento dos preços e quantidades para cada produto é fixado mediante as curvas de oferta e demanda, descritas. Por exemplo, a formação de preços de verduras e legumes em determinado mercado não costuma promover repercussões sobre outros setores da economia, e é considerada uma análise de equilíbrio parcial.

O método do *equilíbrio geral*, por outro lado, pressupõe a dependência de todos os preços, tratando do inter-relacionamento dos mercados. Variações de preços que venham a ocorrer num mercado exercem, por esse método de análise dos preços, influência sobre os demais mercados. Um produto que permite inúmeros usos, como o petróleo, é um exemplo de mercado inter-relacionado, cujas variações de preços repercutem sobre os demais setores da economia.

1.3 Rendas, investimento e poupança

As **rendas** representam a remuneração dos agentes que participam, de alguma forma, do processo produtivo de uma economia. São, essencialmente, receitas em dinheiro compensatórias de serviços prestados, como salários recebidos, juros sobre capital emprestado, lucros sobre capital investido e assim por diante.

A renda apresenta-se sob diversos tipos. A *renda interna* equivale ao produto interno da economia, exprimindo o total das rendas geradas no interior do país. Engloba, em outras palavras, o total dos rendimentos (salários, juros, aluguéis, lucros etc.) auferidos pelos agentes econômicos em determinado período (um ano, geralmente) em razão de sua participação no processo produtivo interno da economia. A *renda nacional*, por outro lado, é a soma de todas as rendas auferidas pelos habitantes de um país, determinada pelas operações produtivas de caráter tanto interno como externo. A característica marcante da renda nacional é que ela pertence ao país, sendo igual ao produto nacional. Por exemplo, lucros recebidos do exterior são de propriedade do país recebedor e, portanto, considerados como renda nacional. O contrário, lucros remetidos para outras economias, são receitas geradas internamente, porém de propriedade de outros países, não sendo, portanto, considerados como renda nacional, e sim classificados como renda interna.

Os países costumam enviar e receber rendas do exterior. A diferença entre o valor enviado e o recebido denomina-se *renda líquida do exterior*. Se negativa, representa uma renda líquida enviada ao exterior; se positiva, denota um fluxo financeiro positivo oriundo do exterior.

Os países em desenvolvimento, diante de sua enorme dependência de capital e tecnologia de outras economias mais avançadas, costumam remeter mais rendas do que receber, apurando uma receita líquida negativa. Essas remessas ocorrem normalmente sob a forma de juros sobre o capital emprestado, pagamentos de *leasing* e *royalties* pela tecnologia importada etc.

A *renda pessoal* é a renda efetivamente transferida às pessoas, e é calculada deduzindo-se da renda nacional os lucros retidos pelas empresas, contribuições e benefícios previdenciários, Imposto de Renda sobre as pessoas jurídicas etc.

Investimento representa a ampliação de capital em alternativas que promovem o aumento efetivo da capacidade produtiva de um país, determinando maior capacidade futura de gerar riqueza (rendas). O investimento pode ocorrer em bens de capital (máquinas, equipamentos etc.), denominado *formação bruta de capital fixo*, e em estoques.

É importante ressaltar que o conceito de investimento em uma economia vincula-se à *criação de riqueza*, e não simplesmente à transferência de propriedade de um bem. Adquirir ações em Bolsas de Valores, por exemplo, não pode ser interpretado como investimento dentro do conceito econômico. Por se tratar de mercado secundário, a compra de ações envolve uma simples transferência de posse dos valores, sem agregar riqueza à economia. Se a compra ocorrer, no entanto, quando do lançamento das ações (mercado primário), admite-se uma criação de riqueza motivada pela canalização direta do capital investido na empresa, e é considerada como investimento no sentido da economia.

A **poupança** é a parcela da renda economizada pelos agentes econômicos que não foi consumida na aquisição de bens e serviços. É a postergação da capacidade de consumo diante de uma expectativa de maiores dispêndios no futuro. Na avaliação da poupança, costuma-se incluir, também, a parcela da renda gerada, mas que não foi transferida financeiramente para seus proprietários. *Por exemplo*, os lucros retidos (não distribuídos) pelas empresas.

> Assim, pode-se representar a poupança nacional como o Investimento Doméstico mais o Investimento Externo.

É o montante de recursos disponível para financiar investimentos internos e externos líquidos.

A poupança realimenta todo o processo produtivo por meio dos diversos instrumentos de intermediação do mercado de capitais. Os intermediários financeiros captam a poupança disponível e a reconduzem ao sistema produtivo da economia mediante diversas formas de créditos, contribuindo para a expansão do nível de investimento e oferta de bens e serviços.

Uma baixa capacidade de poupança ou, o que é o mesmo, alta propensão ao consumo, limitam o crescimento da economia. São direcionados, nessa situação, menos recursos para investimentos produtivos, inibindo o crescimento do mercado. Nesses casos, os países recorrem normalmente à poupança externa como forma de financiar seu crescimento.

É interessante acrescentar que a formação da poupança pela simples redução do consumo não promove, necessariamente, o crescimento da economia. É preciso que esses recursos sejam viabilizados, por meio de instrumentos financeiros adequados, para o financiamento dos investimentos produtivos. Se a poupança não for direcionada pelo sistema financeiro aos agentes deficitários de capital para investimento, não se verificará geração de riqueza na economia, somente redução de consumo e da renda nacional.

A poupança deve originar-se de estímulos à redução do consumo e encaminhada, por meio de intermediários financeiros, para lastrear os investimentos da economia. Estudos demonstram que, se não houver o direcionamento da poupança para investimento, o ato de poupar pode constituir-se em fator inibidor do crescimento da economia.

> **Equilíbrio entre Poupança e Investimento**
>
> A *taxa de juros* visa manter o equilíbrio entre a poupança e o investimento. Os juros de mercado se movimentam conforme ocorram desequilíbrios na economia. Se a demanda por investimento supera a oferta de recursos (poupança) na economia, para que se restabeleça o equilíbrio, a taxa de juros deve se *elevar*, reduzindo o atrativo de novos investimentos. Em situação inversa, quando a taxa de poupança (oferta de recursos) é maior que a taxa de investimento, deve-se esperar por uma redução da taxa de juros.
>
> Quando a demanda por capital para investimento supera a taxa de poupança interna, a diferença é financiada por *poupança externa*, pela entrada de recursos externos na economia, promovendo a dívida externa.
>
> Sempre que a economia não acumular poupança interna para financiar seus investimentos, uma alternativa é o uso de poupança externa. As empresas nacionais passam a se financiar em moeda estrangeira e assumem, assim, uma exposição maior ao risco de variação cambial (risco de flutuação da taxa de câmbio). Nessa situação, as empresas procuram o mercado financeiro para se protegerem de variações inesperadas nas cotações das moedas.

1.4 Produto interno e produto nacional

A avaliação da atividade de uma economia faz-se por meio de variáveis (ou magnitudes) macroeconômicas, identificadas essencialmente no produto, na renda e no gasto de um país.

O **produto interno** de uma economia representa o valor, a preços de mercado, dos bens e serviços realizados num país em certo período de tempo, normalmente um ano. Esse produto leva em consideração apenas os bens e serviços finais produzidos e realizados pelas empresas no ambiente interno do país. Pode ser interpretado ainda como os valores adicionados por empresa na produção de bens e serviços.

O cálculo do *produto interno* inclui bens *tangíveis*, como máquinas, veículos, vestuário e alimentos, e *intangíveis*, como serviços médicos, hospitalares, educação e domésticos.

Ilustrativamente, admita uma cadeia de valores adicionados representativa de um setor da economia, conforme ilustrado a seguir. O produto interno calculado é de $ 6.500, que representa a soma dos valores adicionados pelas empresas do setor. Esse produto interno é repartido no segmento produtivo sob a forma de salários, aluguéis, juros, remessas ao exterior, impostos etc. Logo, uma parte considerável desse produto transforma-se em renda nacional. As principais diferenças entre esses valores encontram-se nos pagamentos de impostos indiretos (ICMS, IPI, PIS etc.) ao Governo e na remessa de rendas ao exterior (juros, lucros e dividendos).

	Produção	Compras (Produtos Intermediários)	Valor Adicionado
Empresa A	1.000	–	$ 1.000
Empresa B	3.000	$ 1.000	$ 2.000
Empresa C	6.500	$ 3.000	$ 3.500
Produto interno	**6.500**		**$ 6.500**

Esses agentes econômicos, recebedores das rendas produtivas, tomam suas decisões da parcela a ser gasta sob a forma de consumo, adquirindo bens e serviços produzidos pela economia, ou canalizando parte dos recursos para a poupança, viabilizando o financiamento das empresas. Essa parcela da renda não consumida, conforme comentado no item anterior, é transferida para as empresas por meio de intermediários financeiros, viabilizando seus investimentos produtivos.

O produto interno é definido como *bruto* quando não se desconta a depreciação dos bens motivada pelo desgaste nos bens fixos. Ao se subtrair do Produto Interno Bruto (PIB) o valor do capital depreciado, chega-se ao *Produto Interno Líquido (PIL)*, ou seja:

Produto Interno Líquido = Produto Interno Bruto – Depreciação

O produto interno pode ser apurado também a *preços de mercado* (quantidade produzida multiplicada pelo respectivo preço de venda) ou a *custos (preços) de fatores*, obtido pela soma do custo total de produção e o lucro empresarial. De maneira comparativa à avaliação a preços de mercado, a metodologia de custos de fatores não inclui os impostos indiretos (IPI, ICMS, PIS etc.) e subsídios, elementos que não representam remunerações aos fatores de produção. Dessa forma:

O PIB pode ser representado pela soma do Consumo (C), Investimento (I), Compras do Governo (G) e Exportações Líquidas (EL), ou seja:

PIB = C + I + G + EL

C = gastos com bens e serviços

G = despesas com bens e serviços realizadas pelos governos (Federal, Estadual e Municipal)

EL = exportações – importações

Observe que a equação sugerida do PIB permite que se conheça a *poupança nacional*, conforme estudada no item anterior, ou seja:

PIB – C – G = I + EL

Quando as exportações líquidas (EL) se apresentarem negativas, a economia passa a depender da poupança externa.

Da expressão de cálculo do PIB pode-se também extrair a mensuração da poupança privada e do Governo. Assim:

Poupança privada – é a parcela da renda nacional que restou após serem descontadas as despesas de consumo (C) e imposto pagos (T), ou seja:

Poupança privada = PIB – T – C

Poupança do Governo – é o que resta das receitas de impostos pagos (T) depois de deduzidas as despesas de consumo do Governo (G), ou seja:

Poupança do Governo = T – G

Produto Interno a Custos de Fatores = Produto Interno a Preços de Mercado – Impostos Indiretos + Subsídios

EXEMPLO ILUSTRATIVO – Admita que determinada economia tenha apurado os seguintes resultados relativos ao ano de 20x7:

– Consumo Privado (C) : $ 3.100,4 bilhões
– Investimento (I) : $ 991,2 bilhões
– Compras do Governo (G) : $ 1.011,0 bilhões
– Exportações (E) : $ 50,9 bilhões
– Importações (I) : $ 160,8 bilhões

São calculados a seguir o PIB e a Poupança Nacional:

Solução

- PIB = C + I + G + EL (E – I)
  PIB = $ 3.100,4 + $ 991,2 + $ 1.011,0 + $ 50,9 – $ 160,8 = $ 4.992,7 bilhões
- Poupança Nacional = PIB – C – G
  Poupança Nacional = $ 4.992,7 – $ 3.100,4 – $ 1.011,0 = $ 881,3 bilhões
  ou:
  Poupança Nacional = I + EL
  Poupança Nacional = $ 991,2 + $ 50,9 – $ 160,8 = $ 881,3 bilhões

1.4.1 O que revela o PIB

O PIB é uma medida de atividade econômica, revelando o total dos bens e serviços finais produzidos por uma economia em determinado período de tempo (um ano, em geral).

Um crescimento do produto interno de um país denota melhoria de sua capacidade produtiva, sinalizando um nível de vida mais elevado para toda a população. Se essa evolução se mantém positiva ao longo do tempo, elabora-se uma tendência de mais alto nível de bem-estar econômico da população de um país, viabilizando seu objetivo de crescimento.

O aumento do produto interno pode dar-se não só pela elevação da capacidade produtiva instalada numa economia, utilizando toda sua força de trabalho, como também por avanços na área tecnológica que permitam maior produtividade.

O PIB é uma medida macroeconômica bastante utilizada não somente para medir a atividade econômica, como também para analisar o crescimento da economia e identificar eventuais problemas (fragilidades) do crescimento ou oportunidades econômicas, identificando setores mais atraentes para investimentos. O desempenho do PIB permite que sejam feitas, ainda, outras análises importantes da economia, como: evolução anual do desempenho de seus resultados, análise comparativa do PIB de uma economia com os de outras economias, analisar o PIB *per capita* (PIB por habitante de um país).

O PIB é um indicador síntese do desempenho da economia que mensura o conjunto de riquezas gerado, mas não é capaz de revelar todos os fatores importantes que expressam o efetivo desenvolvimento econômico, como quanto compete a cada habitante do PIB (PIB *per capita*), educação, qualidade de vida, saúde etc.

O PIB no Brasil é mensurado e divulgado pelo *Instituto Brasileiro e Geografia e Estatística* (IBGE), e inclui os resultados de tudo que é vendido ao consumidor dos setores de agropecuária, indústria e serviços. O setor de serviços é o maior de todos, representando mais de 50% do PIB. Incluem-se nesse setor turismo, educação, instituições financeiras, transportes etc.

A indústria é o segundo maior setor da economia, sendo formado pela indústria de transformação (máquinas, automóveis, alimentos etc.), construção, extrativa (petróleo e mineração) e produção e distribuição de eletricidade, gás, água e esgoto.

O segmento da agropecuária, terceiro maior setor, engloba principalmente agricultura, pecuária, produção florestal e pesca.

1.4.2 PIB nominal e PIB real

O PIB pode também ser expresso nas formas *nominal* e *real*. O *PIB nominal* é o valor monetário da produção de bens e serviços da economia avaliado a preços correntes (valores nominais). Isso significa que a avaliação é realizada pelos preços vigentes no período de produção, incorporando as variações de preços (inflação e deflação) em seus valores. O *PIB real* é calculado a preços constantes, com valores depurados dos efeitos da inflação. O PIB real, ao considerar somente as variações líquidas da inflação (ou deflação) em seus valores, é considerado uma medida mais consistente do comportamento da atividade econômica.

O *PIB real* é determinado pela relação entre o PIB nominal e o deflator implícito do PIB do período, ou seja:

$$\text{PIB Real} = \left(\frac{\text{PIB Nominal}}{\text{Deflator PIB}} \right) \times 100$$

O deflator implícito do PIB mede a variação média nos preços dos bens e serviços incluídos no cálculo do produto, calculada de um período em relação a outro anterior. É um indicador de preços da economia bastante amplo, considerando um número extenso de informações. De outra forma, o deflator é a relação entre o PIB nominal e o PIB real, ou seja:

$$\text{Deflator Implícito no PIB} = \left(\frac{\text{PIB Nominal}}{\text{PIB Real}} - 1 \right)$$

Não obstante a importância de seu caráter informativo na avaliação de conjuntura, o produto interno deve ser utilizado sob certas ressalvas, principalmente em economias com enormes disparidades na distribuição de renda. Da mesma forma, podem ser apuradas taxas positivas de crescimento do produto interno sem que, necessariamente, tenham todos os setores crescido na mesma intensidade. Como essa medida possui um caráter de média, podem ser verificados alguns setores com modesto crescimento em relação aos demais ou, até mesmo, que estejam passando por uma situação de crise.

Enquanto o produto interno considera unicamente os bens e serviços produzidos e vendidos *internamente* no país, o **produto nacional** inclui também toda produção realizada em outra economia pelos agentes econômicos instalados no país. O produto nacional é avaliado também pelos conceitos bruto e líquido, ao considerar e deduzir dos cálculos, respectivamente, o valor do capital depreciado.

De igual modo, o produto nacional pode ser interpretado como uma medida de bem-estar econômico, bastante utilizada para análises do crescimento de um país. Sua avaliação é completada mediante o uso de outros índices sociais, como mortalidade infantil, escolaridade, expectativa de vida, nível de distribuição de renda etc.

> **Relação PIB × PNB**
>
> O cálculo do *Produto Interno Bruto (PIB)* considera o total da produção realizada no país por empresas de qualquer nacionalidade (brasileira, alemã, norte-americana, japonesa etc.). O relevante para o PIB é a produção ter sido realizada nos limites do território nacional (produto interno).
>
> O *Produto Nacional Bruto (PNB)* equivale à produção de todas as empresas brasileiras, independentemente do local onde tenham sido fabricadas (Brasil, Alemanha, EUA, Japão etc.). A referência do PNB é a nacionalidade brasileira da empresa produtora.
>
> Uma economia com maior volume monetário de produção, feita por empresas multinacionais sediadas em seu território em relação ao que as empresas nacionais estão produzindo no exterior, apura um PIB superior ao seu PNB. Ao contrário, o PNB excede ao PIB quando a economia apresenta maior valor de produção de empresas nacionais no exterior.

1.4.3 Desenvolvimento, crescimento econômico e intermediação financeira

Desenvolvimento e crescimento econômico possuem conceitos diferentes, embora muitas vezes sejam usados como se fossem a mesma coisa. **Crescimento econômico** é um conceito mais restrito, que envolve a expansão quantitativa da capacidade produtiva de um país ao longo do tempo. Diz-se que há crescimento econômico quando se observa elevação da quantidade de bens e serviços produzidos por um país superior ao de sua população, evidenciando contínua elevação de sua produtividade.

Desenvolvimento econômico, por outro lado, aborda outras variáveis além das consideradas na avaliação do crescimento econômico, ressaltando as condições de vida da população de um país. Por sua abrangência aos diversos setores da economia, o conceito de desenvolvimento econômico é mais complexo, dificultando uma definição mais conclusiva. Não pode ser analisado somente pela evolução da produção de um país, necessitando de outros indicadores socioeconômicos de renda, saúde, educação etc.

Economias mais desenvolvidas têm por características apresentar um sistema de intermediação financeira bastante diversificado e ajustado às necessidades de seus agentes produtivos, de forma a executar sua função primordial de direcionar recursos de unidades superavitárias para financiar unidades com carência de capital para investimento. Toda economia de mercado objetiva, mediante sua estrutura de intermediação financeira, conciliar os interesses conflitantes de poupadores e investidores, com o intuito de viabilizar seu crescimento econômico.

O objetivo de crescimento e desenvolvimento econômico pelos países elevou a importância do papel do sistema financeiro, por meio principalmente de seu aporte de liquidez ao mercado e oferta diversificada de recursos para financiamento. Para tanto, foram criados instrumentos financeiros mais sofisticados e uma rede mais qualificada de intermediários financeiros com grande penetração no mercado. A maior diversificação do sistema financeiro trouxe, ainda, melhores alternativas de prazos nas operações, bem como um mais eficiente controle do risco para os emprestadores de capital.

O comportamento da atividade econômica é avaliado principalmente por meio das seguintes medidas macroeconômicas:

- **PIB (Produto Interno Bruto)**, que reflete o desempenho da atividade econômica;
- **Taxa de Desemprego da Economia**, que mede o percentual da força de trabalho que se encontra desempregado. A redução de pessoas que recebem salários (renda fixa) provoca retração no consumo, com repercussões negativas sobre a atividade econômica;
- **Déficit Público**, que mede os gastos do Governo em relação a sua arrecadação. Quando as despesas públicas superam as respectivas receitas, tem-se o denominado Déficit Público, que, geralmente, é coberto por meio da emissão de títulos públicos ou demandas por empréstimos no mercado financeiro. Como consequência, ocorre aumento da Dívida Pública Federal (DPF), comportamento que pode ocasionar elevação na taxa básica de juros da economia com repercussões sobre todas as operações financeiras, além de poder promover elevação na taxa de desemprego e na inflação.

O Déficit Público pode ser de três tipos: Primário, Operacional e Nominal.

O Déficit Primário exclui as despesas de juros e correção monetária. São incluídas em seu cálculo somente as receitas arrecadadas pelo governo e as despesas de manutenção e funcionamento incorridas pela administração pública. O Déficit Operacional equivale ao Déficit Primário mais as despesas de juros. O Déficit Nominal inclui todas as despesas contraídas pelo governo, inclusive juros e correção monetária.

Na **Taxa de Inflação da Economia**, a inflação indica perda da capacidade de compra. Um aumento da taxa de inflação produz ainda incerteza e desestímulo para investimentos na economia.

O **Balanço de Pagamentos da Economia** permite que se analise toda a economia, sua capacidade de negociar com o resto do mundo, financiamento e atratividade para investimento.

Os recursos da economia são movimentados no mercado, em sua maior parte, por intermediários financeiros, que trabalham de forma especializada e voltados para entrosar, conforme abordado, expectativas e interesses de agentes econômicos com capacidade de poupança com os tomadores de recursos. Essa intermediação se processa pela colocação de títulos e valores econômicos no mercado por meio de instituições, como bancos, caixas econômicas, fundos de pensão, entre outras.

> A intermediação financeira, conforme foi demonstrado no início deste capítulo, ocorre na relação entre os agentes econômicos superavitários (poupadores) e deficitários (tomadores de recursos). Os intermediários financeiros procuram atender as expectativas e necessidades de ambos os segmentos de agentes econômicos, oferecendo alternativas adequadas para guarda e aplicação de recursos, e acesso a fontes de financiamento para viabilizar investimentos e consumo.
>
> *Agentes econômicos* são todas as pessoas físicas e jurídicas e governo que participam do sistema econômico.
>
> *Agente econômico superavitário* possui um fluxo de recebimentos maior que o de pagamento; *agente econômico deficitário*, ao contrário, tem um desembolso de recursos financeiros superior ao recebido.

Esse aperfeiçoamento dos mecanismos da intermediação financeira contribui de forma relevante para o bem-estar econômico de um país, atuando sobre os níveis de poupança, investimento, rendas, taxas de emprego, consumo, entre outros.

A presença da atividade de intermediação financeira fundamenta-se no desequilíbrio entre o nível de poupança e investimento de uma economia. Se todos os agentes fossem capazes de gerar volume de poupança igual a seus dispêndios de capital, a existência de ativos financeiros e, consequentemente, da intermediação não seria necessária diante do equilíbrio de caixa apresentado pelos agentes.

Quando ocorre, todavia, uma demanda por recursos para investimento maior que a poupança disponível, justifica-se a criação da atividade de intermediação e de seus instrumentos financeiros. O agente econômico com déficit de caixa recorre a empréstimos que são viabilizados por unidades superavitárias (poupadores), mediante a emissão de diferentes ativos financeiros (debêntures, *bonds*, ações, CDB para o caso de bancos etc.).

O mercado financeiro cumpre sua finalidade quando permite eficiente interação entre poupadores e tomadores de recursos, promovendo investimentos e crescimento da economia. A intermediação financeira nesse mercado deve permitir a aproximação entre os vários agentes econômicos, promovendo transferências de poupanças a um custo mínimo e a um nível reduzido de risco.

Os intermediários financeiros introduzem diversas vantagens no sistema econômico e em suas metas de crescimento. Numa economia globalizada, em que as operações de mercado se tornam mais complexas, os intermediários financeiros passam a trabalhar de forma mais especializada, sofisticando seus negócios e suas relações com tomadores e poupadores de recursos. Alguns poupadores, *por exemplo*, em vez de administrarem individualmente seus portfólios, podem transferir essa tarefa para instituições especializadas, mais bem preparadas tecnicamente para executarem a administração de carteiras.

O intermediário financeiro constitui-se, ainda, num especialista nas negociações com títulos, o que permite oferecer operações financeiras mais sofisticadas a todos os agentes de mercado, mesmo para aqueles menos familiarizados com a dinâmica bancária.

Ao se relacionarem continuamente com fundos de vários depositantes, os intermediários podem oferecer dinheiro rápido e a um custo de escala bem menor do que seria possível a um agente econômico que opera isoladamente. Outra vantagem oferecida pelo sistema de intermediação é a gestão do risco dos investidores, que possibilita a montagem de carteiras de ativos diversificadas e, consequentemente, de menor risco.

Os intermediários financeiros promovem, ainda, a liquidez do mercado ao viabilizarem aplicações e captações financeiras com diferentes expectativas de prazos. É sua função básica satisfazer às preferências dos portfólios dos vários agentes econômicos que conflitam com relação à maturidade de suas operações. Os tomadores desejam, de maneira geral, prazos maiores que aqueles pleiteados pelos poupadores, e as instituições intermediadoras gerenciam esses conflitos por meio de um eficiente planejamento e distribuição de seus fluxos de caixa. Além disso, costumam manter reservas para atender aos saques de seus depositantes.

Um intermediário financeiro, ao operar com recursos de inúmeros poupadores, atua com maior nível de divisibilidade na gestão dos recursos, permitindo negociar montantes variados com o mercado. Isso permite oferecer aos tomadores de fundos condições de empréstimos mais ajustadas a suas efetivas necessidades de caixa.

Em resumo

As atividades de intermediação financeira contribuem para a conciliação dos interesses dos agentes econômicos, por meio do equilíbrio de *prazo*, *valor* e *risco*.

Prazo – A intermediação satisfaz, pela interação entre poupadores e tomadores de recursos, as necessidades *temporais* de fundos de todos os participantes do mercado, permitindo uma maior oferta de crédito;

Valor – A intermediação financeira no mercado contribui para conciliar os diferentes montantes de capital investidos por aplicadores e demandados por tomadores, promovendo uma alocação mais eficiente de recursos;

Risco – Os riscos são diluídos na atividade de intermediação financeira pela diversificação das carteiras, oferecendo aos agentes operações de mercado com risco menor.

1.5 Conceitos e funções da moeda

A moeda é um meio de pagamento legalmente utilizado para realizar transações com bens e serviços. É um instrumento previsto em lei e, por isso, apresenta curso legal forçado (sua aceitação é obrigatória) e poder liberatório (libera o devedor do compromisso). O uso da moeda viabiliza o funcionamento de toda a economia, indicando os bens e serviços a serem produzidos de maneira a satisfazer aos desejos de demanda dos vários agentes.

A moeda desempenha três importantes funções. Inicialmente, a moeda constitui-se em *instrumento (meio) de troca*, promovendo o intercâmbio de certos bens e serviços por outros. Se não existisse moeda, as relações comerciais seriam efetuadas por trocas diretas (escambo), exigindo a coincidência de desejos de compradores e vendedores com relação aos itens oferecidos para negócio. Outra vantagem da moeda como instrumento de troca é sua divisibilidade, que permite a negociação de partes ou frações dos bens e serviços. Essas características presentes no uso da moeda imprimem maior agilidade às transações de mercado, dinamizando toda a atividade econômica.

A moeda pode também ser utilizada como *medida de valor* (ou *unidade de conta*). Serve, nesse aspecto, de parâmetro para se apurar o valor monetário da transação de bens e serviços, permitindo inclusive comparações. A moeda é a referência pela qual as transações econômicas são mensuradas.

Outra função da moeda é que serve como *reserva de valor*, permitindo que os agentes econômicos mantenham seus patrimônios para uso posterior. Essa função atribui à moeda liquidez absoluta, possibilitando sua conversibilidade imediata em qualquer outro ativo (financeiro ou real). Essa característica, no entanto, é prejudicada em ambiente de inflação, que corrói o poder de compra da moeda pela elevação dos preços dos bens e serviços.

A circulação da moeda no passado era garantida por seu lastro em ouro. Toda moeda era emitida somente se tivesse seu equivalente em ouro como reserva, permitindo sua plena conversibilidade. Com o crescimento das atividades econômicas e consequente expansão dos mercados financeiros, tornou-se inviável lastrear as emissões de moedas em ouro, criando a moeda sem lastro (moeda fiduciária), garantida por seu aspecto legal.

É importante acrescentar que a evolução do sistema financeiro no mundo está transformando o ouro de alternativa de investimento em mercadoria. Sem os tradicionais mecanismos de controle da economia e, principalmente, do câmbio, os investidores assumem plena liberdade para tomar as decisões mais adequadas em defesa de seus capitais, selecionando os melhores mercados e os mais indicados instrumentos financeiros.

Nesse contexto, o metal ouro não se apresenta como a melhor opção de investimento, sendo sua demanda prevista mais centrada no fascínio de seu brilho determinado pelas indústrias de joias. Conforme será desenvolvido ao longo deste livro, as pessoas podem adquirir longa série de diferentes ativos como formas atraentes de investimentos, tais como títulos de renda fixa, ações, os sofisticados derivativos, moedas estrangeiras, entre outros. O investimento em ouro no mundo globalizado e de livre mercado somente se justifica se todo o sistema financeiro desmoronar, tornando o metal o único refúgio do colapso da economia.

Os mercados financeiros mais estáveis vêm oferecendo a seus investidores mecanismos atraentes para elevar a segurança das operações e reduzir a especulação em geral. Com isso, o ouro deixa de ser o único (ou o mais importante) refúgio do capital diante de crises econômicas e instabilidades políticas, perdendo sua tradicional importância para outros ativos mais líquidos e estáveis.

1.5.1 Meios de pagamento e agregados monetários

A moeda (ou papel-moeda) é emitida mediante autorização legal das autoridades monetárias e de acordo com as necessidades identificadas em cada período na atividade econômica. No entanto, nem toda moeda emitida se encontra em circulação, podendo uma parte permanecer retida no Banco Central aguardando liberação futura. O montante da moeda emitida numa economia menos o saldo retido no caixa das autoridades monetárias é definido por *moeda em circulação* ou *meio circulante*.

Ao se excluir do saldo da moeda em circulação a quantidade de moeda disponível no caixa dos bancos, chega-se ao conceito de *moeda em poder do público*, representada pelo papel-moeda e moeda metálica (moeda manual), ou seja:

Moeda Emitida
   (–) Caixa das Autoridades
         Monetárias
Moeda em Circulação
   (–) Caixa dos Bancos
Moeda em Poder do Público

Importante destacar que atualmente, em razão da eliminação da conta "Caixa" (caixa da autoridade monetária) do balanço do Banco Central, o volume de moeda em circulação é considerado igual ao da moeda emitida, não fazendo muito sentido a separação destas duas medidas.

Os depósitos à vista do público junto aos bancos comerciais são chamados de *moeda escritural* (ou *bancária*). Os *meios de pagamento*, também denominados de moeda *M1*, são constituídos dos saldos de moeda em poder do público e dos depósitos à vista:

> Meios de Pagamento (M1) = Moeda em Poder do Público (+) Depósitos à vista nos Bancos

Os meios de pagamento representam todos os haveres com liquidez imediata em poder do público, exceto o setor bancário. Por apresentar a quantidade de moeda disponível (em circulação) na economia, M1 é interpretada como uma medida de avaliação do nível de liquidez do sistema econômico.

Por sua composição, os meios de pagamento (moeda no conceito *M1*) são alterados pelas autoridades monetárias, ao emitirem papel-moeda, e pelo sistema bancário diante de sua capacidade de criar moeda, como será estudado mais adiante.

Além do conceito de moeda *M1*, os meios de pagamento podem ainda ser avaliados por outros conceitos mais amplos, que incluem diversos tipos de títulos em circulação no mercado financeiro. Com base no conceito *M1*, são estabelecidos:

Meios de Pagamento – Conceito M1

M1 = Papel-moeda em poder do público + depósitos à vista.

(+) Títulos emitidos por instituições financeiras depositárias: Depósitos a Prazo, Depósitos de Poupança, Letras de Câmbio, Letras Imobiliárias e Letras Hipotecárias

(+) Saldo de títulos em poder dos Fundos de Aplicação Financeira – FAF

(=) *Meios de Pagamento – Conceito M2*

(+) Quotas de Fundos Depositários (fundo multimercado, fundo cambial e fundo referenciado etc.)

(+) Posição líquida de títulos públicos registrados no sistema Selic e decorrentes de operações compromissadas

(=) *Meios de Pagamento – Conceito M3*

(+) Títulos públicos federais de alta liquidez em poder do público

(=) Meios de Pagamento – Conceito *M4*

Esses ativos adicionados ao conceito *M1* de moeda são denominados de *quase-moeda* ou *não monetários*. O *M4* é o conceito de moeda mais amplo, abrangendo os mais diferentes ativos monetários. Quando o volume de *M4* é baixo, denota restrições às funções de intermediação financeira do sistema bancário. Esse conceito de moeda é normalmente expresso como um percentual do PIB da economia, atingindo em diversos países desenvolvidos marcas próximas de 100%.

Um aumento de *M4* em relação a *M1* costuma ser observado quando se evidenciam processos inflacionários na economia, ocorrendo o que se denomina *desmonetização*. O contrário – *monetização* – é verificado quando a inflação se reduz, minimizando o custo das pessoas em manter maior volume de moeda (conceito *M1*).

> Uma economia *cria moeda* em circulação quando o Banco Central adquire ativos financeiros (nacionais ou externos) no mercado, ou quando os bancos concedem empréstimos a seus correntistas. Ao contrário, ocorrerá uma *diminuição da moeda* em circulação sempre que a autoridade monetária vender ativos financeiros, ou quando os bancos receberem os empréstimos concedidos.

O indicador de *base monetária* expressa a oferta de moeda de uma economia, sendo composta de papel-moeda em poder do público, inclusive os depósitos à vista nos bancos e os encaixes (reservas) mantidos pelos bancos no Banco Central (Bacen). A *base monetária* constitui-se nos meios que estão sob a responsabilidade do Bacen. Representa, em outras palavras, as exigibilidades monetárias do Governo em poder dos agentes econômicos, ou seja, a emissão primária de moeda na economia essencial para a formulação e avaliação de uma política monetária. A base monetária é também denominada *passivo monetário do Banco Central*.

> **Base monetária = moeda emitida + reservas bancárias**
>
> O dinheiro emitido pelo Banco Central, conforme demonstrado, é canalizado para o mercado (público) e para os bancos. A moeda mantida pelas pessoas no mercado é denominada "papel-moeda em poder do público". Quando mantida pelos bancos, são formadas duas reservas bancárias: *encaixe técnico* e *compulsórias*.
>
> O *encaixe técnico* visa atender ao fluxo de saída de recursos financeiros dos bancos, determinado pelos saques de seus correntistas. As *reservas (depósitos) compulsórias* são depósitos obrigatórios realizados pelos bancos junto ao Banco Central, sendo um instrumento de política monetária, conforme é estudado no próximo capítulo.

A figura abaixo ilustra o fluxo de dinheiro emitido pelo Banco Central.

```
            BANCO CENTRAL
            Emissão de moeda
                   |
         ┌─────────┴─────────┐
      MERCADO              BANCOS
    Moeda em poder      Reservas bancárias
      do público               |
                      ┌────────┴────────┐
                ENCAIXE TÉCNICO      RESERVAS
              Reservas voluntárias  COMPULSÓRIAS
```

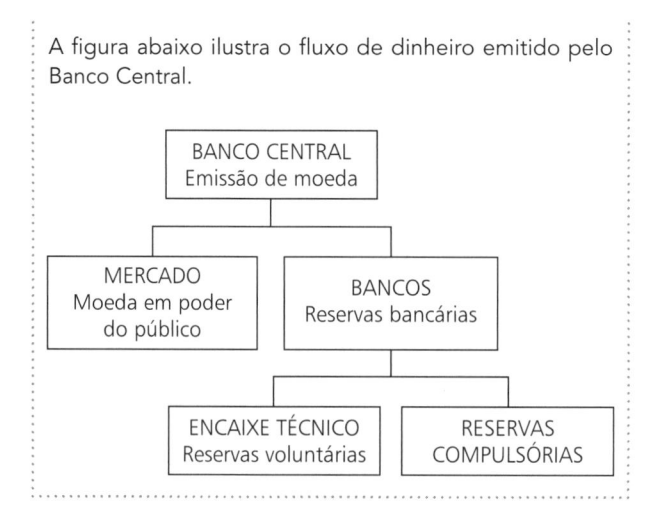

O controle da base monetária é essencial na apuração dos meios de pagamento. Com base no balancete consolidado das autoridades monetárias, observa-se que a base monetária constitui em parte seu passivo (obrigações) monetário, apresentando como contrapartida as contas ativas de *reservas nacionais, empréstimos ao setor público e empréstimos aos bancos comerciais*. Assim, variações na base monetária estão diretamente vinculadas ao saldo do balanço de pagamentos, ao desempenho financeiro do setor público (*superávits* ou *déficits* nas contas do governo) e aos objetivos de expansão dos meios de pagamento mediante concessão de créditos aos bancos comerciais.

1.5.1.1 *"Quase-moedas"*

São designados geralmente por "quase-moedas" os títulos emitidos pelo Governo Federal, ou por instituições financeiras e empresas públicas, e negociados no mercado por um valor inferior ao de sua emissão (deságio). O deságio verificado na negociação desses títulos é geralmente explicado pela longa maturidade do resgate ou inadimplência do emitente. Por essa desvalorização no mercado, esses papéis foram, muitas vezes, conhecidos por "moedas podres".

Estes títulos podem eventualmente ser utilizados para pagamentos de determinadas dívidas junto ao Governo Federal. Os "quase-moedas" foram também adquiridos por investidores estrangeiros interessados em participar das privatizações das companhias estatais brasileiras, ocorridas nas décadas de 1980 e 1990. Na aquisição dessas empresas estatais, a legislação permitia que parte do pagamento poderia ser efetuada mediante a entrega desses títulos.

O conceito de "quase-moeda" também pode ser explicado, de forma mais ampla, pelos ativos financeiros que costumam pagar algum rendimento financeiro, apresentam alto grau de liquidez e risco bastante reduzido. São representados, em sua maior parte, por títulos públicos. Alguns exemplos: títulos emitidos pelo Tesouro Nacional, Caderneta de Poupança, depósitos de poupança a prazo etc. No caso brasileiro, também foram classificados por "quase-moedas" os Títulos da Dívida Pública, Cadernetas de Poupança e Depósitos de Poupança, entre outros ativos não monetários.

As principais características dos ativos classificados como "quase-moeda" são *Elevada Liquidez, Baixo Risco* e *Rápida Conversão em Dinheiro*.

A própria moeda pode ser considerada como "quase-moeda", porém apresenta duas importantes diferenças: (a) a moeda é sempre usada para transações, e o ativo "quase-moeda" não é aceito em todas as operações (em geral, é aceito para pagamentos de tributos); (b) a moeda não rende juros, e a "quase-moeda" costuma oferecer rendimentos.

1.5.2 Balanço do Banco Central e base monetária

A *base monetária* pode ser identificada pelas contas do passivo monetário do Banco Central, conforme modelo padrão de seu balanço patrimonial apresentado no quadro a seguir.

Ativo	Passivo
Disponibilidades	**A. Monetário**
Derivativos	Base Monetária
Carteiras de Títulos Públicos	Papel-moeda Emitido
	Reservas Bancárias
Reservas de Moedas Estrangeiras	**B. Não Monetário**
Empréstimos ao Sistema Bancário	Depósitos Compulsórios/ Voluntários
Participações em Organismos Financeiros Internacionais	Títulos de Emissão Própria
	Derivativos
Outras Contas do Ativo	Empréstimos Externos
	Recursos Próprios
Imobilizado	Outras Contas/ Exigibilidades

As principais contas do balanço patrimonial apuradas pelo Banco Central são explicadas a seguir.

- *Títulos Públicos* – Representam a carteira de títulos de emissão pública mantida pelo Banco Central. Para o Banco Central, essa carteira tem por objetivo o controle da liquidez da economia. Toda vez que promove incentivos a vendas desses ativos no mercado, determina uma contração da base monetária; na recompra dos títulos, ao contrário, ocorre expansão da base monetária.

- *Moedas Estrangeiras* – São divisas internacionais mantidas pelo Banco Central, visando operar no mercado cambial. Uma elevação dessas reservas determina a expansão da base monetária da economia; ao contrário, quando o fluxo de saída das divisas supera o de entradas, ocorre contração da base monetária.
- *Empréstimos ao Sistema Bancário* – Representam o volume de crédito concedido pela autoridade monetária às instituições financeiras. Esses empréstimos são direcionados, em sua maior parte, às operações de assistência financeira de liquidez negociadas com o sistema bancário comercial. Um aumento dessas operações de crédito é fator importante de expansão da base monetária da economia.
- *Outras Contas do Ativo* – Incluem todas as demais contas do ativo, como aplicações em títulos privados, reservas de metais preciosos, empréstimos a instituições bancárias não comerciais, bens permanentes de propriedade do Banco Central, saldo líquido das operações compromissadas no Mercado Aberto, entre outras.
- *Papel Monetário* – Representa o saldo da moeda emitida em circulação na economia, podendo ser encontrado em poder do público ou no caixa dos bancos comerciais (reservas bancárias).
- *Passivo Não Monetário* – Este grupo de contas incorpora os depósitos efetuados pelo sistema bancário em geral no Banco Central, representativos de reservas compulsórias e voluntárias (fundos de investimentos, depósitos a prazo etc.); títulos de emissão do Banco Central colocados no mercado (NBC, BBC e LBC); obrigações por empréstimos externos etc.

O conceito descrito de base monetária equivale ao saldo total das exigibilidades monetárias líquidas do Banco Central perante o público não bancário e o sistema bancário comercial. Pelo balanço patrimonial apresentado, a base monetária é representada pela diferença entre o total do ativo (total das aplicações) e os recursos não monetários obtidos pela autoridade monetária.

As variações na base monetária são dependentes, a partir da estrutura do balanço do Banco Central, das operações processadas no âmbito das contas do passivo não monetário. Sempre que os resultados das operações ativas superam os registrados pelos passivos não monetários, verifica-se expansão na base monetária da economia. De forma inversa, a base monetária contrai-se toda vez que a entrada de recursos não monetários supera as aplicações realizadas.

Por exemplo, quando se verifica um resultado líquido positivo no fluxo de entradas e saídas de moedas estrangeiras no país, o saldo da base monetária expande-se pela maior oferta de moeda nacional convertida. Se o Banco Central decide utilizar esse aumento de recurso monetário para adquirir títulos públicos no mercado, a base monetária não sofre alteração, em virtude da compensação da conta de ativo (Carteira de Títulos Públicos) com a de passivo não monetário (Empréstimos Externos).

Da mesma forma, quando o Banco Central emite moeda para adquirir um título público em circulação, ocorre expansão do saldo de papel-moeda em poder do público e, em consequência, da base monetária da economia. Se a compra tivesse sido financiada por um passivo não monetário (emissão de títulos próprios, por exemplo), haveria a compensação entre as contas, não exercendo pressão sobre o saldo da base monetária.

1.5.3 Demanda de moeda

Uma questão bastante interessante no estudo da moeda é avaliar por que as pessoas mantêm encaixes monetários (conceito *M1*) se existem alternativas de aplicá-los em ativos que produzem rendimentos. Para tanto, é relevante conhecer as razões da procura da moeda.

Keynes discutiu em sua obra[2] três motivos que levam as pessoas a manterem determinado nível de caixa.

O primeiro, definindo como *motivo-negócios* ou *transações*, é explicado pela necessidade de as pessoas manterem dinheiro disponível para efetuar seus pagamentos correntes, determinados por operações normais e certas cujos vencimentos ocorrem previamente aos recebimentos. Em verdade, a falta de sincronização entre os momentos dos recebimentos e os dos vencimentos dos compromissos financeiros é que determina a demanda por caixa pelas pessoas e empresas. O nível de moeda a ser mantido para transações depende da renda das pessoas. Rendas altas supõem maiores reservas monetárias, de forma a equilibrar o fluxo de recursos.

Outro fator que altera a quantidade de moeda (*M1*) retida é o uso de certos instrumentos de pagamento, como cheques e as diversas formas de cartões eletrônicos de crédito. Quanto mais são utilizados esses meios de pagamento, menor se apresenta a necessidade de as pessoas manterem moedas em seu poder.

O segundo motivo abordado por Keynes refere-se à *precaução*. O motivo-transação considerou a presença certa de determinados desembolsos de caixa, porém a incerteza encontra-se geralmente presente nas datas (momentos) e nos valores dos fluxos de caixa. É comum ocorrerem certas despesas imprevistas e extraordinárias e, quanto maior for a liquidez de caixa para enfrentar essas exigências monetárias inesperadas, tanto maior será a margem de segurança

---

[2] KEYNES, John Maynard. Os motivos psicológicos e empresariais para a liquidez. In: *A teoria geral do emprego, do juro e da moeda*. São Paulo: Atlas, 1982. Cap. 15.

apresentada pelo agente econômico. O nível de moeda exigido pelo motivo-precaução é função da flexibilidade que um agente tem em captar recursos nos exatos momentos de suas necessidades extraordinárias.

O terceiro motivo citado é a *especulação*. Por exemplo, o aproveitamento de oportunidades especulativas com relação a certos ativos (ações, imóveis etc.), desde que os agentes acreditem numa valorização atraente de seus preços, pode justificar maior demanda por moeda.

A quantidade de moeda retida para especulação é função da rentabilidade oferecida pelas aplicações. É de se esperar que, quando os rendimentos dos ativos financeiros se elevam, por exemplo, ocorra em contrapartida redução da demanda de moeda para especular. As pessoas não terão interesse em manter moeda que não oferece rendimento algum quando surgem oportunidades concretas de negócios com atraentes taxas de retorno.

Tendo como referência os motivos expostos, pode-se afirmar que a demanda por moeda numa economia se eleva à medida que se produza mais renda, ou seja, que a atividade produtiva agregue mais riqueza. A procura decresce, outrossim, quando as taxas de juros crescem, gerando maiores expectativas de ganhos aos investidores, e também quando há recrudescimento do processo inflacionário, o qual destrói a capacidade de compra da moeda pela alta provocada nos preços dos bens e serviços.

Não é somente a quantidade de moeda que se apresenta relevante no estabelecimento de um equilíbrio monetário, mas também a velocidade com que ela circula (gira) na economia. *Por exemplo*, se existe um montante de $ 3 bilhões de unidades monetárias lastreando os fluxos de pagamentos e recebimentos de uma economia, e cada moeda é utilizada uma única vez no ano, então o lastro monetário cobre exatamente operações no valor de $ 3 bilhões. Se a moeda for utilizada mais de uma vez, sua quantidade será capaz de financiar um volume também maior de transações. Se a moeda girar duas vezes, ela será capaz de financiar operações no montante de $ 6 bilhões; três vezes, viabiliza negócios de $ 9 bilhões, e assim por diante.

A velocidade de circulação da moeda indica como o estoque de moeda está girando na economia, sendo calculada pela relação entre o PIB e a quantidade de dinheiro em circulação, ou seja:

$$\text{Velocidade de Circulação da Moeda} = \frac{\text{PIB}}{\text{Quantidade de Moeda}}$$

Uma velocidade de circulação mais alta revela demanda por moeda decrescente, indicando que as pessoas estão reduzindo seus encaixes monetários. Se a demanda por moeda aumentar, é de se esperar que os meios de pagamento circularão mais lentamente.

A velocidade com que uma moeda gira na economia ajusta-se no tempo pelas taxas de juros, alterações de hábitos de pagamentos dos agentes (uso mais pronunciado de cartão de crédito, por exemplo), expectativas conjunturais etc.

1.5.4 Moeda: inflação e deflação

É importante que se entenda a relação entre o volume de moedas na economia e a oferta de bens e serviços. A economia procura sempre manter um equilíbrio por meio, principalmente, do volume de moeda disponível e a oferta de bens e serviços. Se a disponibilidade de moeda em poder das pessoas se eleva, esse aumento provoca maior disposição dos agentes para consumir, forçando um equilíbrio da economia pela alta dos preços.

Ao não se estabelecer um acréscimo na oferta de bens e serviços para atender ao crescimento da demanda (equilíbrio entre oferta e procura), o excesso de consumo pode causar falta de bens suficientes para atender a maior demanda. Nesse ponto, os preços tendem a se elevar, forçando também uma alta nos índices gerais de preços da economia: *os consumidores irão despender mais recursos para adquirir a mesma quantidade de bens e serviços*. Esse é o fenômeno da *inflação*, entendida como uma elevação persistente nos preços da ampla maioria dos bens e serviços, fazendo subir os índices gerais de preços da economia. A taxa de inflação representa o aumento percentual verificado nos níveis gerais de preços.

O fenômeno inverso à inflação é a *deflação*, que surge em caso de queda nos índices gerais de preços da economia. Esse fenômeno ocorre geralmente quando a oferta de bens e serviços é superior à demanda. Nesse caso, produtores/vendedores são forçados a reduzir os preços para atrair os consumidores e reduzir o excesso de oferta.

No caso da deflação, os agentes despendem menos dinheiro para adquirir a mesma quantidade de bens e serviços na economia.

No contexto de *inflação*, os consumidores perdem poder de compra. Diante de uma alta generalizada dos preços, um número menor de pessoas estará em condições de manter seu padrão de consumo, consumindo um volume menor de bens e serviços. Em situação de *deflação*, o produtor/vendedor perde margem de lucro, pois é forçado a oferecer seus produtos a um preço menor.

A estabilidade da economia passa necessariamente pelo equilíbrio entre o volume disponível de moeda em poder das pessoas e a oferta de bens e serviços. Um excesso de dinheiro em circulação na economia gerado por uma emissão exagerada de papel-moeda para cobrir os gastos da União, sem a consequente criação de riqueza e aumento da oferta de bens e serviços, é a causa mais provável da inflação. O controle das variações nos índices gerais de preços é processado, principalmente pela adoção de políticas econômicas e atuação do Banco Central.

1.5.5 Criação de moeda pelos bancos

Uma prerrogativa exclusiva dos bancos comerciais como intermediários financeiros é a capacidade de criação de moeda. Esse aspecto é muitas vezes apresentado como a principal característica diferenciadora dos bancos comerciais em relação às outras instituições financeiras, que não têm capacidade de criação de passivos que atuam como meios de pagamento.

Exemplificando, os recursos captados pelos bancos comerciais de seus depositantes correntes são registrados pela contabilidade no ativo como **caixa** e, como contrapartida, no passivo (obrigação) como **depósitos à vista**. Essa operação padrão, até o momento, não promove nenhuma influência sobre o volume de oferta de moeda na economia.

Ao se verificar, no entanto, que parte deste depósito pode ser aplicada sob a forma de empréstimo a um tomador de recursos, a instituição passa a influir na quantidade de moeda em circulação. Troca, em outras palavras, um passivo (depósito à vista) por um direito (empréstimo a receber), criando moeda. Passa a circular na economia, além do dinheiro em depósito no banco comercial, o montante do empréstimo concedido.

Esses recursos, por seu lado, seguem um percurso igual na economia, promovendo sucessivos ciclos de criação de moeda. O volume de fundos captados que podem ser aplicados é definido basicamente pelo nível de reserva voluntária dos bancos e por regulamentações das autoridades monetárias.

Sequencialmente, ao consumir o empréstimo obtido, o tomador do dinheiro pode promover correspondente redução no caixa do banco emprestador. No entanto, em termos de toda a economia, mesmo que os cheques que venham a ser emitidos pelos depositantes sejam creditados em outras instituições financeiras, o dinheiro continuará em circulação, pressionando o volume dos meios de pagamento até o resgate final do empréstimo.

Um aspecto que deve ser ressaltado nessa atuação é que a capacidade de criação de moeda pelos bancos não é válida para cobrir suas próprias necessidades. Em verdade, a todo passivo se contrapõe um ativo, e o objetivo dos bancos é o de realizar lucros em suas funções de intermediação financeira.

Bitcoin – Nova Moeda Digital

As *criptomoedas* são ativos digitais que representam dinheiro virtual, substituindo a moeda física. Elas podem ser negociadas no mercado sem a intermediação de uma instituição financeira ou órgão regulador (Banco Central). Existem atualmente inúmeras criptomoedas em circulação no mercado mundial, sendo a mais conhecida o *bitcoin*.

O *bitcoin* pode ser entendido como uma moeda totalmente digital que possibilita um fluxo de pagamentos descentralizado, dispensando a presença de uma autoridade monetária controladora e de agentes intermediadores. Em verdade, a rede *bitcoin* não é controlada por uma única instituição (ou autoridade monetária), mas por todos os seus usuários, funcionando basicamente a partir de um consenso geral. O uso do *bitcoin* gera um código, conhecido também por assinatura digital, a qual fica registrada em um arquivo virtual. Para movimentações, será necessária a aprovação prévia do código pelo sistema.

A rede de funcionamento do *bitcoin* possui um sistema de "cadeia de bloco" (*blockchain*), onde são registradas todas as *operações de compra e venda realizadas pelos usuários*. O *blockchain* funciona como se fosse o banco de dados do sistema, registrando as diversas operações de *bitcoins* realizadas.

O uso do *bitcoin* revela diversas vantagens aos seus usuários, destacando a total disponibilidade de tempo de se efetuar pagamentos (o sistema funciona em qualquer dia e horário); as operações são instantâneas e livres, e realizadas com reduzidos custos de transação. Os usuários da rede *bitcoin* costumam manter um controle total das operações, e todas informações necessárias encontram-se disponíveis no *blockchain*, podendo ser consultadas a qualquer momento. Não são exigidos dados pessoais dos usuários para realizações de transações. Talvez a principal contribuição do *bitcoin* seja agilizar e simplificar as operações financeiras realizadas no âmbito da Internet.

Por outro lado, os *bitcoins* têm como desvantagens o seu ainda baixo grau de aceitação e compreensão de todo sistema, além de reduzido número de usuários. Demonstra, em consequência, alta volatilidade em seu valor de mercado. O valor do *bitcoin* é determinado pela oferta e procura da moeda. Aumento na demanda produz uma valorização em seu preço, ocorrendo o inverso em caso de retração da demanda.

O *bitcoin*, por outro lado, pode oferecer oportunidades de ganhos para quem decidir investir nessa nova tecnologia. Esses ganhos possíveis são acompanhados também de altos riscos. O investidor deve avaliar alternativa financeira de aplicar recursos em *bitcoins* considerando a incerteza de sua continuidade e do crescimento das transações financeiras no futuro. O mercado ainda não é regulamentado.

Como os usuários conseguem os *bitcoins* (como são criados):

– recebendo serviços prestados ou bens vendidos na moeda digital;

- *bitcoins* podem também ser adquiridos no mercado, mediante Corretoras de moeda virtual;
- muitos usuários são recompensados pelos serviços prestados à rede *bitcoin*. São atividades de "mineração" realizadas. *Exemplos*: disponibilizar programas de computador que permitem maior agilidade e controle das operações.

1.5.6 Limites ao crescimento dos bancos

Foi colocado no item precedente que é privativo aos bancos comerciais receber recursos monetários sob a forma de depósitos à vista, e multiplicar seus valores por meio de operações de empréstimos.

Em verdade, os depósitos recebidos pelos bancos – identificados como *moeda escritural* ou *bancária* com liquidez equivalente à moeda legal em circulação – geram aplicações (empréstimos) que, por sua vez, podem resultar em novos depósitos. Esse mecanismo operacional promove elevações nos meios de pagamento da economia. Pela experiência, os bancos observaram a reduzida probabilidade de que todos os seus depositantes viessem a sacar seus fundos ao mesmo tempo e, dado o objetivo do lucro inerente à atividade empresarial, passaram a aplicar parte desses recursos junto aos agentes deficitários de caixa. Por meio de encaixes geralmente bastante inferiores ao volume de seus depósitos captados, os bancos contribuem para que os meios de pagamento superem, em muito, a quantidade de papel-moeda emitida na economia.

Preocupadas com o funcionamento de todo o sistema bancário, as autoridades monetárias criaram contas de depósitos exclusivas aos bancos comerciais com o objetivo de abrigarem recursos provenientes de:

a. **depósitos compulsórios**, representados por um percentual dos fundos (depósitos) recolhidos pelas instituições financeiras junto ao público e regulamentados por instrumentos legais;

b. **depósitos de livre movimentação**, representados pelo dinheiro em poder dos bancos, visando promover o encaixe necessário às operações correntes de pagamentos e recebimentos verificadas nas agências bancárias, e também pelas reservas de moeda escritural registradas em contas de depósito no Banco Central, as quais objetivam lastrear eventuais saldos negativos de compensação de cheques.

Os encaixes bancários criados pelas autoridades monetárias visam, como instrumento de política monetária, ao controle das reservas bancárias, atuando diretamente sobre a capacidade de os bancos comerciais expandirem os meios de pagamento.

Ao contrário dos depósitos compulsórios, não há regulamentação legal sobre o montante do encaixe voluntário dos bancos. A prática da atividade bancária vem demonstrando o percentual sobre os depósitos mais adequado para compensar eventuais necessidades de caixa das instituições financeiras. Diante de seu objetivo de lucro, os bancos procuram administrar seus recursos a fim de manterem o menor volume possível sob a forma de reservas que venha, ao mesmo tempo, promover liquidez suficiente para eventuais excessos de pagamentos em relação aos recebimentos.

É importante notar que o volume de reservas de moeda escritural livremente movimentáveis é um importante indicador do potencial de crescimento das aplicações dos bancos.

Por outro lado, ao concederem mais empréstimos para atender a sua finalidade de lucro, as instituições reduzem sua liquidez em atender aos pedidos de resgates de seus depositantes à vista. Mais empréstimos promovem retornos maiores e também maiores riscos financeiros às instituições, cabendo à administração dos bancos definir um limite adequado ao nível de suas reservas. O volume conciliatório em termos de risco e retorno das reservas bancárias depende do comportamento de inúmeros fatores, podendo-se citar a preferência dos órgãos decisoriais com relação ao risco, nível de demanda dos empréstimos bancários, inadimplência, maturidade dos empréstimos etc.

Tanto os depósitos compulsórios como as reservas voluntárias têm seus valores mensurados com base no montante de captações dos bancos – as autoridades monetárias estabelecem percentuais sobre o saldo dos depósitos para definir o recolhimento compulsório, e o banqueiro procura manter reservas expressas em relação ao saldo de seus depósitos. Logo, é possível concluir que a expansão dos bancos comerciais por meio de empréstimos está vinculada ao volume de captação de depósitos.

Assim, qualquer alteração na quantidade de papel-moeda disponível na economia provoca influências diretas no volume de moeda que os bancos podem criar, ou seja, em sua capacidade de expansão mediante operações de empréstimos.

Da mesma forma, modificações no nível de risco aceito pelos banqueiros promovem variações no volume de reservas e, consequentemente, na quantidade de moeda que são capazes de criar.

Sabe-se que para cada $ 1 de depósito tomado isoladamente o banco pode criar moeda até o limite de suas reservas. No entanto, para o sistema bancário, o processo de criação de moeda passa por diversas etapas de depósitos e empréstimos, permitindo que se multiplique inúmeras vezes o saldo dos depósitos.

Esse crescimento dos depósitos (ou da moeda escritural), definidos por *coeficiente de expansão* do sistema, é determinado matematicamente pela seguinte expressão de cálculo: **1/R**, em que **R** indica o percentual de reservas mantido pelos bancos.

Por exemplo, um sistema bancário no qual as instituições financeiras mantenham reservas equivalentes a 25% do saldo dos depósitos pode criar $ 4 de moeda escritural para cada $ 1 de aumento das reservas monetárias. Ou seja, obtém-se um coeficiente de expansão do sistema igual a 4. É evidente que esse coeficiente pressupõe que o dinheiro não seja retirado do banco durante o processo de multiplicação. Caso isso se verifique, a capacidade de expansão dos depósitos se reduz bastante.

Criação de Moeda na Economia

Quando um banco realiza um empréstimo, o recurso liberado ao cliente é normalmente depositado em outro banco. Esta prática eleva o volume de depósitos bancários e também o volume de dinheiro que pode ser emprestado. Se o banco que recebeu o depósito realizar novos empréstimos lastreados nesses recursos, tem-se a *criação de moeda* na economia.

Para *ilustrar*, admita que um banco possua reserva de $ 1.000 e opere com um encaixe de 10%, ou seja, a instituição mantém 10% dos depósitos recebidos e empresta a clientes 90%. Admitindo que os empréstimos efetuados pelos bancos sejam depositados em outros bancos de forma contínua e mantidos sem retiradas durante toda a cadeia de criação, tem-se o seguinte multiplicador bancário na economia:

Banco	Reservas	Empréstimos
1	$ 1.000	90% × $ 1.000 = $ 900,0
2	$ 900	90% × $ 900 = $ 810,0
3	$ 810	90% × $ 810 = $ 729,0
4	$ 729	90% × $ 729 = $ 656,0
–	–	–
–	–	–

Oferta Total: $ 1.000

A quantidade de moeda gerada pelos bancos é explicada a partir das reservas monetárias mantidas, sendo denominada *coeficiente de expansão* ou *multiplicador monetário*. Este coeficiente é calculado como o inverso do encaixe bancário. Como o encaixe bancário na ilustração já citada é de 10%, o coeficiente de expansão (multiplicador bancário) atinge 10, ou seja:

Coeficiente de Expansão = 1/0,10 = 10.

Em conclusão: para cada $ 1,00 de aumento das reservas bancárias é possível a criação de $ 10,00 de moeda escritural na economia.

Importante acrescentar que o multiplicador calculado pode não ocorrer em razão principalmente de:

– alterações nos percentuais de reservas dos bancos;

– agentes poderem decidir não manter todos os seus recursos depositados em bancos.

1.5.7 Concentração bancária

De maneira mais simples e bastante adotada, a definição de concentração bancária é explicada a partir da quantidade de bancos que atuam no mercado financeiro. Boa parte da literatura destaca de forma relevante a correlação entre o número de bancos e o grau de concentração bancária da economia. Assim, o *grau de concentração* do mercado bancário pode ser medido pela participação relativa de algum conjunto de instituições (por exemplo, os "n" maiores bancos) no agregado de todo o mercado.

Para muitos autores, no entanto, a concentração não é evidenciada somente a partir de um número absoluto de bancos, sendo melhor explicada por meio de modelo que incorpora outros fatores importantes, como regulação de mercado, economias de escala e de escopo, conjuntura econômica, tecnologia e assim por diante.[3]

De uma forma ou de outra, pode ser adotado que o conceito de "concentração bancária" deve refletir uma participação crescente da atividade financeira na economia realizada por uma quantidade menor de instituições financeiras.

É proposta, ainda, que uma maior concentração bancária pode promover mais *interdependência* entre as instituições, maior correlação entre seus resultados, elevando o risco de todo o mercado (risco sistêmico).

Um indicativo importante de eficiência de uma empresa e, em especial, de uma instituição financeira, é o nível de escala em que atua. Em verdade, os ativos mantidos por um banco para atender a certa quantidade de clientes pouco se alteram se o número de operações se elevar bastante.

Os bancos têm focado sua atuação em todo o mundo em obter "ganhos de escala e produtividade" e, para tanto, vêm adotando estratégias de fusões e aquisições. As modernas instituições financeiras procuram ser mais eficientes e objetivam competir no mercado com melhor combinação entre lucro e risco (melhor remuneração do risco).

Uma instituição financeira vive essencialmente de sua credibilidade perante seus investidores (depositantes e credores) associada à capacidade demonstrada em honrar seus compromissos financeiros (dívidas). É comum um banco atuar de forma "descasada" entre ativos e passivos, levantando recursos com um prazo de resgate (pagamento ao depositante/investidor) diferente do prazo a receber da aplicação (empréstimos e financiamentos) desses fundos de terceiros. Com essa estratégia, as instituições procuram obter ganhos adicionais diante de um comportamento favorável das taxas futuras de juros de mercado.

---

[3] Ver: TROSTER, R. Luis. *Concentração bancária*. Trabalho disponível em: www.febraban.com.br.

A percepção do mercado diante da efetiva capacidade de solvência de um banco é essencial para a sua continuidade. Boatos ou notícias ruins sobre a capacidade de pagamento de uma instituição financeira podem levar não somente os bancos a uma situação de desequilíbrio, ou até mesmo determinar sua falência, como também podem produzir repercussões negativas em outras instituições financeiras, contagiando toda a indústria bancária. Os agentes de mercado acreditam que os efeitos negativos de um banco insolvente podem ser repassados a instituições similares, instalando-se uma crise financeira de maiores repercussões.

A concentração bancária, por meio de fusões e aquisições, surge como uma alternativa para dar maior proteção ao sistema financeiro diante de crises. Bancos de maior porte, maior participação de mercado e diversificação de ativos podem se tornar menos vulneráveis a crises isoladas, porém não se deve ignorar que eventuais crises de insolvência de mercado podem atingir mais severamente instituições em mercados mais concentrados.

> Os bancos devem manter, junto ao Banco Central, uma conta de depósito denominada conta de *Reservas Bancárias*. Esta conta deve apresentar sempre saldo positivo (igual ou maior que zero). Caso apure um saldo negativo em algum momento, a instituição financeira deve acessar linhas de empréstimos de liquidez disponibilizadas pelo Banco Central.

1.6 Pensamentos econômicos atuais

O tratamento dos problemas econômicos iniciou-se basicamente na Grécia antiga, por meio das obras de importantes filósofos como Aristóteles e outros. A evolução do estudo das ideias fundamentais da economia foi significativa ao longo dos tempos, passando, entre outros, pelo mercantilismo, escola fisiocrática e escola clássica da economia de Adam Smith. O socialismo, a teoria da mais-valia de Karl Marx, destacada com a publicação de *O Capital* em 1867, surgiram de modo a contestar os fundamentos da escola clássica da economia.

Nas últimas décadas, pode-se resumir que o pensamento econômico se desenvolveu a partir de duas grandes escolas, *Keynesianismo* e *Monetarismo*, e diversas linhas de pensamento.

1.6.1 Keynesianismo

A obra de John Maynard Keynes[4] constitui-se na contribuição mais importante do chamado pensamento neoclássico da economia. Os fundamentos do chamado *Keynesianismo* são estabelecidos, em sua essência, a partir das seguintes ideias:

a. É atribuída maior ênfase aos instrumentos de intervenção do Estado na Economia, promovendo o planejamento e o controle da atividade econômica. Para os *keynesianos*, o Estado deve direcionar os mercados, abolindo a prática do equilíbrio automático da economia.

b. Admite a globalização e incentiva o desenvolvimento, desde que o Estado seja o condutor do mercado. O *Keynesianismo* promove a atuação do Estado como componente indispensável no controle da atividade, e tem por objetivo levar a economia ao pleno emprego.

O pensamento de Keynes aceita o capitalismo, porém propõe reformas em seu escopo visando a estabilidade da economia e o pleno emprego. Pelas suas características teóricas e práticas, o *Keynesianismo* ficou também conhecido como "Estado do Bem-Estar Social."

O intervencionismo de Keynes foi especialmente importante em diversos momentos da história econômica mundial, principalmente no período da crise mundial de 1929/1930, e na reconstrução da economia mundial após a Segunda Grande Guerra. As ideias de Keynes permanecem até os dias atuais na economia, influenciando os modelos macroeconômicos e os debates de intervenção do Estado.

> *Ideias básicas do Keynesianismo:*
> - Muitas vezes conhecido por "Desenvolvimentista" ou "Intervencionista".
> - Fundamento: o Estado é o principal condutor da atividade econômica.
> - O Estado deve direcionar os mercados, cabendo-lhe a responsabilidade de elevar os meios de produção e a remuneração dos fatores de produção.
> - Tem por meta o crescimento econômico com estabilidade de preços e o pleno emprego. Aceita, muitas vezes, pagar o ônus de uma pequena inflação para atingir o pleno emprego.
> - Prefere "terceirizar" em lugar de "privatizar".
> - Admite preocupação em transferir rendas a setores mais carentes da sociedade, como idosos, aposentados, desempregados, pobres etc.

1.6.2 Escola de Chicago

A denominada "Escola de Chicago" defende fortemente as forças livres de mercado. Esta linha de pensamento econômico baseia-se no liberalismo econômico, sendo um contraponto ao *Keynesianismo*. Defende a teoria monetarista, adota uma rejeição completa à regulamentação da economia

---
[4] *A teoria geral do emprego, do juro e da moeda.* 1934.

e promove o *laissez-faire*[5] em seu sentido amplo. A metodologia da "Escola de Chicago" atribui grande ênfase ao uso da análise estatística na economia, enfatizando um estudo empírico baseado em dados quantitativos.

A Escola defende os fundamentos do livre mercado para promover o desenvolvimento econômico e como receita para os países em dificuldades. A influência da "Escola de Chicago" sobre os países em desenvolvimento foi marcante nas décadas de 1980 e 1990, culminando com o processo de privatização de empresas estatais.

Esta escola de pensamento econômico foi difundida por professores e economistas da Universidade de Chicago, nos EUA, na década de 1950. As suas ideias básicas nortearam os rumos da economia do Chile durante a década de 70, no regime de Augusto Pinochet, sendo adotadas também por Margaret Tatcher na Inglaterra e Ronald Reagan nos EUA durante a década de 1980.

A teoria econômica de Chicago exerceu influências ainda nas políticas de organismos financeiros internacionais, como o Banco Mundial e o Fundo Monetário Internacional.

Ideias básicas da Escola de Chicago:

- Representa uma corrente de pensamento econômico mais conservador que defende fortemente o livre mercado, a competitividade dos agentes e a não intervenção do Estado.
- Atribui grande importância ao controle da oferta monetária na economia.
- Ideias estão associadas ao liberalismo econômico e propõe o *laissez-faire* quase que absoluto.
- Procura explicar a economia pela análise estatística de dados.
- O controle da inflação pode ser exercido basicamente pela oferta da moeda.

1.6.3 Monetarismo

A teoria econômica do Monetarismo se confunde bastante com o pensamento da Escola de Chicago. O pensamento monetarista defende a economia capitalista por meio, principalmente, do controle dos meios de pagamentos. Atribui grande importância às forças de mercado como propulsoras da estabilidade da economia capitalista. Os monetaristas defendem a estabilidade dos preços pelas regras livres do mercado. São plenamente favoráveis à globalização da economia, principalmente por meio de sua abertura comercial, e a privatização da atividade produtiva.

---

[5] *Laissez-faire*: em francês "deixar fazer".

O Monetarismo é talvez a principal teoria em oposição ao *Keynesianismo*. Encontra grandes defensores na Escola de Chicago, e tem como principal expoente Milton Friedman. Em verdade, a Escola de Chicago sempre destacou a importância dos fundamentos monetaristas de controle da oferta da moeda na economia visando a estabilização dos preços. O receituário do Monetarismo, amplamente adotado pelos economistas da Universidade de Chicago, foi aplicado na gestão da política econômica em diversos países.

A estrutura teórica básica do pensamento monetarista encontra-se centrada na "Teoria Quantitativa da Moeda". Esta teoria monetária entende ser a quantidade de moeda disponível na economia o principal determinante dos níveis gerais de preços. A teoria compara, em essência, a oferta global dos meios de pagamentos da economia com o total de bens e serviços disponíveis para transações. O total da moeda, para equilíbrio da economia, segundo a teoria quantitativa deve ser igual ao montante dos bens e serviços disponíveis para transações na economia. Todo aumento da oferta da moeda terá, inevitavelmente, impacto a longo prazo nos níveis gerais de preços.

Ideias básicas do Monetarismo:

- Muitas vezes é conhecido por "Ortodoxo" ou "Neoliberal".
- Atribui grande ênfase às forças livres de mercado.
- A prioridade do pensamento monetarista é a estabilidade dos preços.
- A essência do Monetarismo está na Teoria Quantitativa da Moeda, a qual estabelece que a oferta de moeda é o principal fator determinante do nível geral de preços da economia.
- Defende a privatização da economia e a abertura comercial.

1.6.4 Liberalismo econômico

As ideias básicas deste pensamento econômico, de caráter mais liberal, foram desenvolvidas no século XVIII em apoio ao capitalismo. O liberalismo econômico entende que as participações dos agentes econômicos na atividade da economia são motivadas para atenderem suas expectativas e ambições de ganhos. Nesse impulso de ganância, toda a sociedade é beneficiada, uma vez que os interesses de cada agente seriam capazes de promover o crescimento generalizado da economia e seu desenvolvimento social.

Os liberais econômicos defendem o trabalho como fonte de toda a riqueza, entendem que o comércio não agrega valor, distribui somente a produção. Defendem sempre os fundamentos de livre mercado, e se apresentam bastantes críticos a qualquer ação no mercado que possa inibir a livre atuação e concorrência das empresas.

O termo "Neoliberalismo", bastante utilizado no século XX e ainda adotado nos dias atuais, propõe promover a total liberdade de mercado, não aceitando a intervenção do Estado na Economia.

O liberalismo passou por uma fase de declínio principalmente com a crise de 1929/1930, e a consequente Grande Depressão. Nessa época, ganharam bastante notoriedade, conforme descrito acima, as ideias de Keynes de intervenção do Estado na Economia.

No entanto, a partir do final da década de 1960 começa a se manifestar um ambiente de instabilidade na economia mundial, promovendo um recrudescimento da prosperidade. Nessa época, mais precisamente na década de 1970, dois fatos foram marcantes no âmbito mundial: (a) fim da conversibilidade do dólar em ouro; (b) forte crescimento do endividamento dos países, principalmente os subdesenvolvidos.

Nesse cenário mundial de *estagflação*, voltou a crescer um movimento favorável à redução do intervencionismo do Estado na Economia. O liberalismo econômico, por intermédio da "mão invisível" de Adam Smith, propunha a liberalização da economia, surgindo assim os fundamentos da globalização.

Ideias básicas do liberalismo econômico:

- Um dos economistas mais importante, considerado o principal teórico do liberalismo econômico, foi Adam Smith. Suas principais ideias estão contidas no livro *Ensaio sobre a riqueza das nações*, publicado em 1876.
- Defende a livre concorrência de mercado e a lei da oferta e procura. Entende que, não havendo restrições ao livre funcionamento dos mercados, as economias atuarão de forma eficiente. A intervenção do Estado na economia deve ser a mínima possível.
- A soma dos interesses individuais das pessoas na busca de ganhos promove o benefício generalizado.
- A regulação do mercado é feita pela livre concorrência e pela lei da oferta e procura, basicamente.

- A "mão invisível" destaca não serem necessárias intervenções na economia, em razão de o próprio mercado possuir mecanismos próprios de regulação.
- Adota uma postura favorável à flexibilização das leis trabalhistas e ao corte dos impostos.

1.6.5 Neoliberalismo

O que se convencionou denominar *neoliberalismo* são as ideias econômicas adotadas a partir da teoria monetária, após a crise mundial do petróleo em 1973. Nesse período marcado pela recessão, desemprego e inflação, teve curso a decadência das ideias intervencionistas de Keynes e ganhou grande impulso o neoliberalismo em todo o mercado, retomando a doutrina do liberalismo econômico.

O neoliberalismo defende fortemente a liberdade do mercado e o total afastamento do Estado na regulação da economia, ficando restrito a setores e a situações especiais. O papel do Estado seria de somente garantir o funcionamento básico e garantir a infraestrutura mínima necessária. A intervenção do Estado na economia pode ocorrer somente em momentos de eventuais crises, por um período mínimo necessário, tendo como objetivo garantir a liberdade de funcionamento do mercado e sua autorregulação.

A doutrina neoliberal foi sentida no Brasil principalmente na década de 1990 pela política adotada de privatização de importantes empresas estatais. O neoliberalismo sofreu algumas críticas recentemente, principalmente após a crise econômica de 2008, porém ainda continua sendo uma doutrina econômica bastante forte e adotada pelas diversas economias mundiais.

Ideias básicas do neoliberalismo:

- Defesa da política de privatização de empresas estatais.
- Apoio à globalização da economia.
- Defesa de medidas contrárias ao protecionismo econômico.
- Mínima participação do Estado na economia e redução de seu tamanho, tornando-se mais ágil e eficiente.
- A economia deve estar alicerçada a partir de empresas privadas e total liberdade do mercado.

2 Políticas Econômicas

A gestão da economia visa atender às necessidades de bens e serviços da sociedade e atingir determinados objetivos sociais e macroeconômicos, como pleno emprego, distribuição de riqueza, estabilidade de preços e crescimento econômico. Para tanto, o Governo atua na economia por meio de *políticas econômicas*, identificadas pela política **monetária**, política **fiscal** e política **cambial**, principalmente.

Os instrumentos das políticas econômicas são mais eficientes quando aplicados em mercados financeiros mais desenvolvidos. Em mercados menos evoluídos, cuja pequena dimensão e alta concentração de riqueza limitam os efeitos desses instrumentos econômicos, o Governo costuma promover maior intervenção no mercado, por meio, principalmente, da fixação das taxas de juros, controle direto do crédito e subsídios ao setor produtivo.

2.1 Política monetária

A política monetária enfatiza sua atuação sobre os meios de pagamento, títulos públicos e taxas de juros, modificando o custo e o nível de oferta do crédito. A política monetária é geralmente executada pelo Banco Central (Bacen) de cada país, o qual possui poderes e competência próprios para controlar a quantidade de moeda na economia.

A política de oferta da moeda é executada pelo Bacen, o qual mantém também poderes e instrumentos próprios de controlar o volume de moeda disponível na economia. Além do controle da emissão de moeda (conforme estudado no capítulo anterior), o Bacen administra a política monetária por intermédio dos seguintes instrumentos clássicos de controle monetário:

a. recolhimentos compulsórios;
b. operações de mercado aberto – *open market*;
c. políticas de redesconto bancário e empréstimos de liquidez.

Uma política monetária é *expansionista* quando eleva a liquidez da economia, injetando maior volume de recursos nos mercados e elevando, em consequência, os meios de pagamento. Com isso, são dinamizados o consumo e o investimento agregados com reflexos positivos sobre a expansão da atividade econômica. Essa situação é geralmente adotada em momentos de retração do nível da economia, em que se produz um hiato deflacionário. A política *expansionista*, ao mesmo tempo que promove o crescimento da economia, pode também trazer a desvantagem de produzir o crescimento da inflação.

Por outro lado, uma política monetária é *restritiva* (ou *contracionista*) quando as autoridades monetárias promovem reduções dos meios de pagamento da economia, retraindo a demanda agregada (consumo e investimento) e a atividade econômica. O PIB e o consumo decrescem com o aumento das taxas de juros promovido pelo Bacen, assim como as expectativas da inflação.

As medidas restritivas serão tomadas sempre que o crescimento da demanda e dos investimentos empresariais se situarem acima da capacidade da oferta de moeda da economia, visando anular os efeitos de um hiato inflacionário. Essa política visa, em essência, restringir a oferta de crédito e elevar seu custo de forma a adequar o consumo e o investimento agregados à oferta monetária da economia.

2.1.1 Recolhimentos compulsórios e direcionamentos

Os *recolhimentos compulsórios* representam o percentual incidente sobre os depósitos captados pelos bancos (bancos comerciais, múltiplos e caixas econômicas) que devem ser colocados à disposição do Bacen. É um instrumento de controle monetário bastante eficiente, já que atua diretamente sobre os meios de pagamento mediante o multiplicador bancário, conforme estudado no capítulo anterior (ao longo do item 1.5). Os depósitos compulsórios podem incidir não somente sobre os depósitos à vista dos bancos, mas, também, sobre os diferentes tipos de depósitos a prazo e depósitos de poupança.

O compulsório sobre os recursos dos bancos é adotado em quase todas as economias do mundo. Tem por objetivo principal controlar a solvência dos bancos e o patrimônio de seus depositantes. Este instrumento de política monetária influi diretamente sobre o volume de dinheiro na economia, bem como sobre a oferta do crédito e as taxas de juros praticadas.

Os depósitos (recolhimentos) compulsórios pertencem (são ativos) aos bancos, sendo liberados (colocados à disposição dos bancos) conforme os clientes sacam os recursos de suas contas. Os compulsórios são calculados sobre recursos depositados à vista, recursos aplicados a prazo, depósitos de poupança, depósitos de garantias realizadas e exigibilidades adicionais.

Por exemplo, o Boletim do Bacen de 2023 revela um recolhimento obrigatório de 21% sobre recursos à vista (dinheiro em conta-corrente), 20% sobre depósitos a prazo e 20% sobre depósitos de poupança. Há deduções nesses valores previstas pelo Bacen. Os recolhimentos dos depósitos à vista não são remunerados. Os demais valores depositados são remunerados pela taxa Selic (taxa de juros de referência da economia brasileira). O Banco Central tem competência para alterar (elevar ou reduzir) o percentual do compulsório, modificando assim os fluxos de caixa das Instituições Financeiras para suas aplicações de empréstimos aos seus clientes.

Importante acrescentar que uma parte dos recursos captados pelas instituições financeiras por meio de depósitos à vista, a prazo e poupança tem direcionamento obrigatório definido pelo Bacen.[1] São os denominados *recursos direcionados* para determinadas atividades da economia (rural, habitacional, desenvolvimento empresarial, infraestrutura, microcrédito etc.), permanecendo livre o restante. Os Créditos Direcionados apresentam finalidades específicas e praticam, em sua maioria, taxas de juros e prazos mais atraentes com relação aos praticados no mercado. Esses créditos exigem a comprovação da aplicação dos recursos.

Nas operações envolvendo *recursos livres*, a instituição financeira tem autonomia para realizar as operações de empréstimos, definindo prazos, taxas de juros cobradas e destino dos recursos. Não há regras previamente definidas como nos Créditos Direcionados.

Recolhimento	Direcionamento Obrigatório	Livres
Recursos à Vista	53%	47%
Recursos a Prazo	31%	69%
Depósitos de Poupança	85%	15%

Sempre que as autoridades monetárias alteram as taxas de recolhimento compulsório, é modificado o multiplicador bancário e, consequentemente, os meios de pagamento da economia, determinando uma expansão ou retração da atividade econômica. Uma redução das taxas desses depósitos, *por exemplo*, libera recursos para a atividade econômica, aumentando o fluxo dos meios de pagamento e reduzindo o custo do crédito. Desta forma, o volume requerido de depósito compulsório pode afetar toda a atividade da economia.

Ao contrário, medidas monetárias restritivas podem ser acionadas por elevações nos **recolhimentos** compulsórios. Com maior volume de recursos esterilizados no Bacen, a atividade econômica retrai-se, reduzindo a demanda agregada.

> Maior o recolhimento compulsório, menor o volume de dinheiro disponível na economia e maior é a taxa de juros cobrada pelos bancos nos empréstimos.
>
> Recolhimento compulsório menor libera mais recursos na economia, elevando a oferta do dinheiro e reduzindo, em consequência, a taxa de juros cobrada.

2.1.2 Operações de mercado aberto

As operações de mercado aberto (*open market*) funcionam como um instrumento bastante ágil de política monetária a fim de melhor regular o fluxo monetário da economia e influenciar os níveis das taxas de juros a curto prazo.

Em termos de política monetária, a grande contribuição das operações de mercado aberto centra-se em seu maior dinamismo e flexibilidade, podendo com isso produzir, de forma mais eficiente e rápida, os resultados almejados. Isso se explica, principalmente, pelo caráter de controle mais permanente da liquidez do sistema econômico, comparativamente aos outros instrumentos de política monetária (redesconto, depósitos compulsórios etc.), os quais não se adaptam com a mesma agilidade às variações diárias que ocorrem normalmente nas reservas monetárias da economia.

Primariamente, essas operações são fundamentadas por meio da compra e venda de títulos da dívida pública no mercado, processadas pelo Bacen na qualidade de agente monetário do Governo. O mecanismo de funcionamento desse instrumento é relativamente simples. Com vistas, *por exemplo*, em uma expansão no volume dos meios de pagamento da economia, de forma a elevar sua liquidez e reduzir as taxas de juros, as autoridades monetárias intervêm no mercado, resgatando (adquirindo) títulos públicos em poder dos agentes econômicos. De modo contrário, ao desejar limitar a oferta monetária (reduzir a liquidez do mercado) e, ao mesmo tempo, elevar as taxas de juros vigentes a curto prazo, a postura assumida é de emitir e colocar em circulação novos títulos da dívida pública.

---

[1] Estudo Especial nº 92/2020. Disponível em: https://www.bcb.gov.br/conteudo/relatorioinflacao/EstudosEspeciais/EE092_Mudancas_nas_regras_dos_recolhimentos_compulsorios_desde_2020.pdf. Acesso em: 20 jun. 2023.

Podem ser relacionados os seguintes principais objetivos possíveis de serem alcançados pelas operações de mercado aberto, abordados também em Lopes e Rossetti:[2]

- controle diário do volume de oferta de moeda, adequando a liquidez da economia à programação monetária do Governo;
- manipulação das taxas de juros a curto prazo (não só em decorrência do volume da oferta da moeda, como também das taxas pagas pelas autoridades monetárias em suas operações com títulos públicos negociados);
- permitir que as instituições utilizem suas disponibilidades monetárias ociosas em diversas operações financeiras (aplicações) de curto e curtíssimo prazos;
- criação de liquidez para os títulos públicos, motivando as negociações com todos os demais títulos.

2.1.2.1 Mercado primário e mercado secundário

As operações de mercado aberto, conforme se comentou, processam-se inicialmente por meio da colocação (ou resgate) de títulos públicos, permitindo que as autoridades monetárias executem a política de expansão ou retração dos meios de pagamento da economia. Se o Bacen vende esses títulos, ocorre uma contração dos meios de pagamento. Em caso contrário, ao adquirir títulos da dívida pública, provoca uma expansão da liquidez da economia. Assim, a política monetária é executada pelo Bacen por meio da compra e venda de títulos públicos no mercado aberto, tendo por objetivo o controle da oferta da moeda, das taxas de juros de mercado e da inflação.

As colocações desses títulos, quando realizadas pela primeira vez, constituem o chamado *mercado primário*. Em outras palavras, o mercado primário é representado pela negociação direta (e primária) entre o emitente dos títulos (Governo) e seus adquirentes (instituições financeiras).

Diante dos objetivos retratados, o mercado primário contribui para a realização dos dois primeiros; ou seja, o Bacen, negociando diretamente com os agentes econômicos títulos de emissão pública, influi, dentro da periodicidade em que são negociados esses ativos, no volume dos meios de pagamento e no custo do crédito.

As colocações primárias dos títulos públicos costumam desenvolver-se por meio de leilões periódicos, coordenados pelo Bacen, nos quais são estabelecidas *a priori* as principais características da oferta (quantidade de títulos colocados em circulação etc.). Os leilões podem ser do tipo **formal**, em que participam todas as instituições financeiras interessadas, e **informal** (**go around**), em que os negócios são realizados primeiramente com os *dealers* (instituições financeiras legalmente credenciadas a atuar no mercado em nome do Bacen) e repassados, em seguida, às demais instituições financeiras do mercado. Os leilões de títulos públicos no Brasil são detalhados no Capítulo 4.

As operações no mercado aberto realizadas pelo Bacen podem ser de dois tipos: *operações compromissadas* e *operações definitivas*.

Nas *operações compromissadas*, a autoridade monetária negocia títulos assumindo o compromisso de resgatá-los dentro de um prazo fixado (geralmente um dia, "*overnight*"). Nessas operações, o Bacen atua por intermédio de agentes credenciados (instituições "*dealers*"), usando os leilões informais.

Nas *operações definitivas*, os títulos são adquiridos e incorporados na carteira da adquirente. Essas negociações definitivas processam-se por meio de leilões com a participação de todas as instituições financeiras.

Os *brokers* são corretoras e distribuidoras de títulos e valores mobiliários, legalmente habilitadas a operar pelo Bacen, que têm por função básica promover a intermediação dos títulos entre os *dealers* e os demais agentes do mercado.

No denominado *mercado secundário*, verifica-se a transferência (ou renegociação) para terceiros dos títulos adquiridos no mercado primário, no qual não ocorre a negociação direta entre o órgão público emitente do título e os poupadores. No mercado secundário, as negociações são realizadas diretamente entre os investidores, geralmente com o apoio de intermediários como as Sociedades Corretoras de Valores Mobiliários, as quais são remuneradas pelos serviços. Não há a interferência dos emissores dos títulos nas operações secundárias.

Em realidade, o mercado secundário constitui-se em importante fonte de financiamento das carteiras de aplicações formadas pelas instituições financeiras. *Por exemplo*, se uma instituição adquire determinado título com um prazo de resgate de 182 dias, a determinada taxa de juros, procurará financiar essa posição por meio da revenda do título a uma taxa naturalmente inferior àquela que obteve em sua aplicação. Como o financiamento ocorre normalmente a prazos bem curtos (geralmente, inferiores ao prazo de resgate do título negociado), a instituição financeira, passado o tempo de colocação pactuado com o poupador, deverá recomprar o título à taxa de juros contratada. Em momento posterior à recompra, inicia-se novamente o processo de revenda do título, que se repetirá até a data de vencimento (resgate) definida na aquisição original (182 dias).

É interessante comentar, ainda, as conhecidas operações *overnight*, que se desenvolvem dentro do âmbito do mercado aberto. Nessa modalidade, o poupador adquire títulos no mercado secundário com o compromisso de negociá-los no dia seguinte, sendo a taxa de juros fixada livremente entre as partes. Como as demais operações do mercado secundário, o *overnight* apresenta prazo e preço

---

[2] LOPES, João do Carmo; ROSSETTI, José Paschoal. *Economia monetária*. 7. ed. São Paulo: Atlas, 1997. p. 264.

de recompra predeterminados, diferenciando-se somente pelo seu curtíssimo prazo (um dia).

Instituições financeiras geralmente se utilizam do *overnight*, visando compor o equilíbrio de seu caixa; apresentando reservas insuficientes, vendem títulos, comprando-os quando ocorrem sobras de caixa. Os resultados são determinados com base nos juros pagos pelos títulos públicos que lastreiam as operações e aqueles calculados no *overnight*.

As transações do mercado aberto são controladas e custodiadas no Selic (Sistema Especial de Liquidação e Custódia), que registra os débitos e os créditos correspondentes às decisões de compra e venda de títulos públicos nas contas das instituições financeiras. No final do dia, cada instituição interligada ao Selic recebe um extrato de sua posição financeira, o qual tem como reflexo as operações realizadas. Esquematicamente, quando se processa uma operação de compra (ou venda) de títulos, à parte vendedora (financiada) é debitado prontamente o volume negociado, ocorrendo simultaneamente a transferência do direito de posse dos títulos para o cliente aplicador.

2.1.2.2 Dealers

Dealers, em seu conceito mais genérico, são entendidos como pessoas físicas ou jurídicas que atuam na negociação de bens e serviços em geral nos mercados primário e secundário, atuando por conta e risco próprios. São considerados, em geral, especialistas nas transações com esses bens e serviços e têm como objetivo contribuir para o desenvolvimento do mercado de títulos públicos.

No Brasil, as autoridades monetárias, com o intuito de dar maior eficiência ao mercado secundário de títulos públicos, regularizaram um sistema de *dealers*. O sistema nacional de *dealers* é constituído por instituições financeiras negociantes (compradores e vendedores) de títulos públicos credenciadas a operar com o Governo.

O Bacen e o Tesouro Nacional estabeleceram diversos procedimentos para a seleção de instituições credenciadas a operar sob a forma de *dealers* com o Governo, estipulando direitos e obrigações específicas.

Os principais pré-requisitos para o credenciamento das instituições são possuir elevado padrão ético e moral; não possuir, a critério do Bacen, qualquer restrição que não recomende o credenciamento; apresentar um volume mínimo de operações.

Depois de credenciadas, as instituições são objeto de avaliações periódicas, sendo as de pior desempenho substituídas da lista de *dealers* por aquelas melhor classificadas no *ranking* estabelecido pelo Bacen.

Entre suas diversas responsabilidades, os *dealers* devem atuar no mercado comprando e vendendo títulos, participar de leilões de títulos públicos, repassar informações ao Bacen sobre a atuação do mercado e expectativas de seus agentes, entre outras atividades.

2.1.3 Redesconto bancário e empréstimo de liquidez

O Bacen costuma realizar diversos empréstimos, conhecidos por *empréstimos de assistência a liquidez*, às instituições financeiras, visando equilibrar suas necessidades de caixa diante de um aumento mais acentuado de demanda por recursos de seus depositantes. A taxa de juros cobrada pelo Bacen nessas operações é denominada **taxa de redesconto.**

A definição da taxa de redesconto por parte das autoridades monetárias age, ao mesmo tempo, sobre o nível da liquidez monetária da economia e, também, sobre as taxas de juros praticadas pelos bancos. Se a taxa cobrada no redesconto for inferior àquela adotada pelo mercado, as instituições financeiras serão incentivadas a elevar a oferta de crédito, apurando maiores lucros pelo diferencial entre a taxa cobrada dos depositantes e a taxa de redesconto paga ao Bacen. Ao se elevar a taxa de redesconto, reduz-se, em consequência, a oferta de crédito no mercado, incentivando um aumento das taxas de juros.

O instrumento de redesconto é muito utilizado como forma de incentivar a atividade econômica, elevando a oferta de empréstimos a longo prazo para determinados setores estratégicos ao desenvolvimento econômico. No entanto, essa política no Brasil vem sendo mais adotada como um auxílio financeiro aos bancos que passam eventualmente por dificuldades financeiras, colaborando para o saneamento de seu caixa.

As decisões tomadas para promover a contração ou expansão da liquidez da economia são resumidas na tabela a seguir:

Política monetária		
	EXPANSIONISTA Maior Liquidez	RESTRITIVA Menor Liquidez
Depósitos Compulsórios	Diminui o percentual de recolhimento	Aumenta o percentual de recolhimento
Mercado Aberto *Open Market*	Governo injeta dinheiro na economia adquirindo títulos públicos	Governo retira dinheiro da economia vendendo títulos públicos
Política de Redesconto Bancário	Autoridade monetária reduz a taxa de juros e aumenta o prazo da operação	Autoridade monetária aumenta a taxa de juros e reduz o prazo da operação

2.2 Política fiscal

A política fiscal centraliza suas preocupações nos gastos do setor público e nos impostos cobrados da sociedade, procurando, por meio de maior eficácia no equilíbrio entre a arrecadação tributária e as despesas governamentais, atingir determinados objetivos macroeconômicos e sociais.

O Governo, ao modificar a carga tributária dos consumidores, influencia também em sua renda disponível e, em consequência, no consumo agregado. Tendo de pagar mais impostos, por exemplo, o consumidor é levado a reduzir seus níveis de poupança e, muito provavelmente, a quantidade de bens e serviços que costuma adquirir. Logo, um aumento de impostos tem por contrapartida esperada uma redução do consumo da população (demanda agregada).

> A *Política Fiscal* define as escolhas do Governo em relação aos seus gastos e tributos cobrados. Essa política econômica no curto prazo afeta mais diretamente a demanda da economia, e a longo prazo, o crescimento e a poupança.
>
> Quando o Governo altera os impostos, ocorre uma influência da capacidade de consumo e poupança das famílias.

Se o Governo elevar a cobrança de impostos das empresas, duas importantes repercussões estão previstas: redução dos resultados, o que torna o capital investido menos atraente, e também menor capacidade de investimento, por acumular menores fluxos de caixa, tornando a empresa mais dependente de empréstimos para financiar sua atividade.

Pode-se concluir que alterações na política de cobrança de impostos promovem modificações na demanda da economia para consumo e investimento e, identicamente, na situação de equilíbrio da renda nacional.

Por outro lado, gastos maiores nas despesas do Governo costumam promover incremento na demanda agregada, alterando de forma positiva a renda nacional.

Sempre que se verificarem alterações na política fiscal, por meio de impostos e gastos, isso se reflete também no orçamento do Governo. *Por exemplo*, ao adotar uma política de redução de impostos e aumento de suas despesas para incentivar o crescimento econômico pelo lado da demanda, os resultados dessas medidas oneram o orçamento da União, promovendo um *déficit*. Esse resultado negativo é coberto pelo Governo, geralmente, mediante a emissão de moedas ou de títulos públicos, aumentando a dívida pública.

No orçamento fiscal do Governo, estão incluídas as **receitas** tributárias, determinadas pelos diversos impostos e taxas cobrados dos agentes econômicos (IR, PIS, IOF, ICMS etc.), e as **despesas** de consumo e investimento realizadas. Ocorrendo déficit nesse orçamento, ocasionado por um volume de gastos superior às receitas de impostos previstas, essa necessidade deve ser coberta mediante novas emissões monetárias e de títulos públicos, de maneira a promover o equilíbrio do orçamento.

Tanto a colocação de títulos públicos como a emissão de moedas têm reflexos no equilíbrio do sistema monetário, alterando o volume dos meios de pagamento e o nível das taxas de juros do mercado. É importante, diante disso, que as políticas fiscal e monetária sejam estabelecidas de forma complementar, minimizando os desequilíbrios que cada uma das políticas econômicas impõe isoladamente aos mercados.

> A política fiscal pode ser *expansionista* ou *contracionista*. Uma política fiscal é entendida como expansionista quando o Governo decide elevar o gasto público ou reduzir os impostos com o intuito de estimular a economia. Esta política *expansionista*, ao mesmo tempo que incentiva a demanda, pode produzir inflação. A política fiscal *contracionista* caminha em sentido contrário; o Governo reduz os seus gastos e também pode elevar os impostos cobrados. O objetivo principal dessa contração fiscal é controlar a inflação pela redução da demanda agregada da economia.

2.2.1 Dívida pública

A dívida pública é entendida como uma dívida contraída pelo Governo no mercado, com diversos agentes econômicos, como bancos, investidores, organismos financeiros nacionais e internacionais e governos estrangeiros. A formação da dívida pública pode ser explicada pelos seguintes objetivos:

- antecipar receitas de impostos para financiar seus gastos maiores;
- financiar investimentos sociais e em infraestrutura;
- acumular divisas estrangeiras;
- executar política econômica, controlando o nível de atividade e liquidez do sistema.

A dívida pública pode ser *interna* e *externa*. A *dívida interna* é formada por todos os débitos do Governo assumidos perante credores residentes no país. Os principais credores da dívida pública são as instituições financeiras, investidores privados, fundos de pensão, organismos financeiros internacionais (Fundo Monetário Internacional, Banco Mundial, entre outros) e governos de outros países.

Foi colocado que o Governo financia suas necessidades financeiras mediante aumento de impostos, emissões monetárias, inclusive aquelas determinadas por empréstimos internacionais, e colocação de títulos no mercado. Com exceção do aumento dos impostos, essas medidas criam dívidas ao Tesouro Nacional, comprometendo uma parte maior de sua arrecadação tributária.

Quando recorre a uma emissão monetária, o Governo promove uma expansão da base monetária, com repercussões sobre a taxa de inflação. Ao tomar emprestado no mercado via emissão e colocação de títulos, verifica-se uma alteração do equilíbrio da liquidez do sistema e da capacidade de investimento produtivo do setor privado. A maior parte da dívida pública interna do Brasil é constituída por títulos públicos, sendo conhecida por *dívida mobiliária interna*.

Atualmente, a dívida pública federal interna é securitizada, representada por títulos públicos emitidos pelo Tesouro Nacional. Esta dívida é denominada *Dívida Pública Mobiliária Federal* (DPMF). A dívida pública interna é captada e paga em moeda nacional (real).

> **Dívida Pública Interna e Taxa de Juros**
>
> A taxa básica de juros da economia, definida pela *taxa Selic*, é um instrumento de política monetária bastante utilizado pelo Bacen para controle da inflação. A expectativa é que juros mais altos geram um desestímulo ao consumo e forçam, em contrapartida, uma redução nos preços dos bens e serviços. O aspecto conflitante dessa política é que uma alta nos juros referência da economia pode também provocar uma alteração (indexação) na dívida pública. Conceitualmente, a taxa básica de juros é influenciada pela taxa real (líquida da inflação) de juros dos títulos públicos, prêmio pelo risco da economia e taxa meta de inflação. Taxas mais elevadas de inflação (acima da meta estabelecida) ou crescimento na taxa de risco elevam a taxa básica de juros da economia.
>
> É interessante destacar ainda que uma retração no consumo da economia pelo aumento das taxas de juros básicos costuma trazer uma indesejável queda no recolhimento de impostos, afetando negativamente o *déficit* público.
>
> A definição da taxa básica adequada de juros da economia é uma tarefa complexa, fundamental para promover o crescimento da atividade econômica.
>
> Conceitualmente, a taxa básica de juros é influenciada pela taxa real (líquida da inflação) de juros dos títulos públicos, prêmio pelo risco da economia e taxa meta de inflação. Taxas mais elevadas de inflação (acima da meta estabelecida) ou crescimento na taxa de risco elevam a taxa básica de juros da economia.
>
> Juros altos, entendidos como fixados acima de um limite recomendável para a economia, promovem desincentivo ao investimento produtivo, gerando uma retração da atividade econômica. Os recursos são canalizados para a aquisição de títulos públicos, elevando a dívida pública e o montante de encargos financeiros nas contas públicas. Em resposta, o Governo reduz também seus gastos de investimentos e concentra seus esforços na criação de um resultado primário (*superávit*) visando cobrir as crescentes despesas com juros dos títulos negociados.
>
> Por outro lado, taxas de juros definidas em níveis inferiores ao patamar entendido como ideal para a economia promovem um forte incentivo ao consumo, com pressões evidentes sobre a inflação. Por falta de financiamento, a produção (oferta de produtos) tem dificuldade em acompanhar a maior demanda e os preços tendem a subir, elevando os níveis gerais de preços da economia. Visando controlar o excesso de liquidez da economia, o Governo é forçado a elevar os juros básicos para emitir mais títulos públicos.

A *dívida externa* é resultante de todos os débitos de um país com residentes externos. Essa dívida pode originar-se no próprio Governo, e também de outros agentes econômicos, como empresas estatais e privadas. Os credores externos são as entidades financeiras internacionais como o Fundo Monetário Internacional (FMI) e Banco Mundial, fundos de pensão, bancos e governos.

A dívida externa é classificada como *bruta* quando apurada sem excluir as reservas de moedas estrangeiras mantidas pelo país, e *líquida* quando deduzidas as reservas monetárias da dívida bruta.

> *Em resumo*, o setor público pode financiar suas necessidades financeiras por meio de:
>
> - dívida interna – formada por dívida mobiliária (títulos emitidos pela união) e dívida bancária;
> - dívida externa – constituída por empréstimos contraídos (dívida contratual) e emissões de títulos (dívida mobiliária);
> - alienação de ativos. A dívida externa do Brasil inclui basicamente os títulos: *global bonds* (títulos globais) e os *eurobonds*.

Um parâmetro de avaliação da dívida pública bastante usado é sua relação com o Produto Interno Bruto (PIB) do país. Este indicador relativo tem limitações, por não considerar principalmente a maturidade da dívida e a taxa de juros da economia. *Por exemplo*, uma economia com perfil de sua dívida vencível no longo prazo pode apresentar uma relação dívida/PIB maior que outra economia com dívidas concentradas no curto prazo, sem indicar maior risco de liquidez. Da mesma forma, economias com taxas de juros mais altas registram custos financeiros da dívida também mais elevados.

É com base nas *receitas líquidas de impostos* (deduzidas dos juros da dívida pública, subsídios e dotações à previdência social) que uma economia pode financiar suas despesas correntes de consumo. Se as receitas de impostos excederem aos gastos de consumo do Governo, há a formação da denominada *poupança em conta-corrente*. É por meio da criação dessa poupança que o Governo mostra capacidade de investimento (estradas, ensino, saúde etc.), sem necessidade de recorrer a outras formas de financiamento. Ao se excluírem ainda da poupança do Governo os investimentos públicos, chega-se ao *superávit/déficit público*, ou seja:

> *Receitas Brutas de Impostos*
> (–) Transferências do Governo
> (=) *Receitas Líquidas de Impostos*
> (–) Gastos correntes de consumo do Governo
> (=) *Poupança em conta-corrente*
> (–) Investimento governamental
> (=) *Superávit/Déficit Público*

São definidos vários conceitos de "déficit" público, conforme foi introduzido no Capítulo 1 (seção 1.4.3). O conceito mais abrangente é o *Déficit Nominal* (ou *Total*), também conhecido por *NFSP – Necessidade de Financiamento do Setor Público – Conceito Nominal*. Este déficit inclui todas as receitas e despesas incorridas pelos governos federal, estaduais e municipais, inclusive previdência social e estatais.

Ao se excluir deste resultado nominal os valores decorrentes da inflação, como correção monetária e variação cambial pagas das dívidas existentes, apura-se o *Déficit Operacional*, ou *NFSP – Conceito Operacional*. Esta medida, por excluir correções de dívidas passadas, permite um melhor acompanhamento do desempenho da dívida do Governo e sua evolução.

Outra medida relevante do orçamento público é o *déficit/superávit primário*, calculado pela diferença entre as receitas de natureza não financeira e as despesas também não financeiras, ou seja:

Déficit/Superávit Primário = Receitas Não Financeiras (–) Despesas Não Financeiras.

O resultado *primário* inclui todas as receitas e despesas realizadas pelo Governo, menos as despesas financeiras com juros. O resultado *nominal ou total* inclui as despesas financeiras provenientes da dívida pública. É por meio do superávit primário que o Governo pode pagar os juros da dívida pública.

O indicador é uma referência de como está sendo implementada a política fiscal, relacionando as receitas formadas pelos impostos com as despesas correntes (custeio) e de investimentos do Governo, desconsiderando as influências das taxas de juros da dívida sobre as necessidades financeiras públicas.

Um resultado primário exatamente igual ao valor dos juros devidos mantém a dívida inalterada. *Superávit* primário superior aos juros devidos reduz a dívida; *déficit* primário eleva a dívida pública.

Em resumo, pode-se expressar os resultados da dívida da forma seguinte:

NOMINAL = Receitas do Governo – Despesas, ou:

NOMINAL = Resultado Primário + Juros Nominais da Dívida, ou:

NOMINAL = Resultado Operacional + Atualização (Correção) Monetária

O resultado nominal inclui os juros da dívida pública. Quando positivo, indica que o país foi capaz de pagar toda sua dívida e, inclusive, reduzir parte da dívida pública.

OPERACIONAL = Nominal – Atualização Monetária, ou:

OPERACIONAL = Primário + Despesas Reais de Juros da Dívida Pública

PRIMÁRIO = Operacional – Juros

O conceito de *Déficit de Caixa*, outra definição de "déficit" público, representa a execução financeira do Tesouro Nacional, ou seja, a parcela do déficit público do Governo Federal (exclui Estados e Municípios) que é financiada pelas autoridades monetárias.

O aumento da dívida pública pelo financiamento do déficit traz como preocupação o comprometimento do caixa do Governo e o aumento dos juros da economia, prejudicando o setor produtivo e onerando, ainda, suas metas de crescimento econômico. Numa situação de elevação do déficit das contas nacionais, qualquer decisão de financiamento que venha a ser tomada embute repercussões sobre os agregados macroeconômicos.

A elevação dos impostos atua como um freio ao consumo e aos investimentos, retraindo suas atividades produtivas. Outra opção de financiar os gastos excessivos do Governo, a emissão de moeda, é inflacionária à medida que o volume de bens e serviços disponíveis na economia não acompanhar o montante de dinheiro em circulação. A colocação de títulos públicos, por seu lado, costuma vir acompanhada de aumento dos juros, encarecendo o custo final dos bens e serviços. Em verdade, a economia entra num círculo vicioso ao financiar seu déficit público crescente: títulos promovem juros maiores, que são amortizados por novas emissões de títulos ou, até mesmo, por emissões monetárias, desequilibrando novamente o sistema econômico.

Nesse processo, o Governo, ao melhor remunerar os poupadores com juros mais elevados nos títulos de sua emissão, desvia recursos do setor privado para cobrir suas despesas correntes, desestimulando a atividade produtiva da economia. O mercado torna-se mais especulativo e menos interessante aos investimentos empresariais, sacrificando a expansão do produto interno.

A *Lei de Diretrizes Orçamentárias da União (LDO)*, aprovada todo ano pelo Congresso Nacional, prevê, para o exercício seguinte ao de sua aprovação, as metas e prioridades da administração pública federal, as diretrizes gerais para a elaboração dos orçamentos e suas alterações, orientações relativas à dívida pública federal, disposições a respeito das despesas da União com pessoal e encargos sociais, e disposições sobre alterações na legislação tributária da União, entre outras abrangências.

A LDO tem por objetivo principal orientar os governantes na elaboração dos orçamentos públicos e de investimentos das empresas estatais.

A *Lei de Responsabilidade Fiscal (LRF)* tem por objetivo instalar mecanismos de controle do endividamento e das despesas públicas, estabelecendo normas voltadas a prevenir riscos e corrigir desvios que possam alterar o equilíbrio orçamentário público. Constitui-se, de outra forma, em um código de conduta de todos os administradores públicos, incluindo os poderes executivo, legislativo e judiciário.

> Entre outras competências, a LRF fixa limites para a realização de despesas com pessoal e para a dívida pública, determina que nenhuma despesa pode ser criada de forma continuada sem ter atrelada à respectiva fonte de receita (ou reduzir despesa existente), estabelece mecanismos de controle das finanças públicas, determina o estabelecimento de metas fiscais.
>
> O não cumprimento das determinações da lei sujeita os governantes faltosos a sanções institucionais, previstas na própria LRF, e sanções pessoais previstas em lei que trata de Crimes de Responsabilidade Fiscal.

2.2.2 Dívida bruta e dívida líquida[3]

O *setor público* compreende a administração direta, as empresas estatais, as autarquias e as fundações dos vários níveis do Governo Geral (federal, estadual e municipal), inclusive o sistema público de previdência social.

A *Dívida Bruta do Governo Geral (DBGG)* é formada por todos os passivos dos governos federal, estadual e municipal (Governo Geral). Essa dívida bruta é constituída basicamente por dívida mobiliária, dívida bancária e dívida externa. Incluem-se no cálculo da *dívida bruta* também as operações compromissadas realizadas com títulos públicos pelo Bacen.

Operações compromissadas representam as vendas de títulos públicos realizadas com o compromisso de recompra em data previamente acordada. Nesse caso, o comprador assume também o compromisso de aceitar a venda nas mesmas condições acertadas.

A *dívida mobiliária* representa todos os títulos públicos emitidos pelo Tesouro Nacional. A *dívida bancária* representa a dívida que o Governo Geral mantém com os bancos. Por exemplo: dívidas de financiamento com o Banco Nacional de Desenvolvimento Econômico e Social (BNDES). A *dívida externa* se refere a todos os títulos de dívida emitidos no exterior e a empréstimos diretos contraídos pelos governos no mercado financeiro internacional.

A *Dívida Líquida do Setor Público (DLSP)* é formada excluindo-se o total dos ativos (créditos) financeiros da dívida bruta, como reservas internacionais e créditos do Tesouro Nacional. A DLSP considera em seu cálculo, no Brasil, também a base monetária da economia. Representa, dessa forma, o total das obrigações do setor público não financeiro (administrações diretas e indiretas e empresas estatais não financeiras – exceto Petrobras desde 2009 – dos governos), inclusive previdência social.

---

[3] Detalhamento e atualizações da formação e critérios de cálculos da dívida pública brasileira (bruta e líquida) estão disponíveis em diversos relatórios e estudos do Banco Central: www.bcb.gov.br.

2.3 Política cambial

A política cambial está baseada na administração das taxas de câmbio, promovendo alterações das cotações cambiais, e, de forma mais abrangente, no controle das transações internacionais executadas por um país. É fixada de maneira a viabilizar as necessidades de expansão da economia e promover seu desenvolvimento econômico.

Identicamente às demais políticas econômicas, a política cambial deve ser administrada, evitando-se conflitos com outros agregados macroeconômicos. *Por exemplo*, uma forte expansão das exportações pode promover, pela conversão de divisas em moeda nacional, um crescimento acentuado da base monetária, gerando pressões inflacionárias na economia e prejudicando o controle dos juros.

A principal característica do comércio internacional reside na utilização de diferentes moedas, representativas das economias envolvidas nas operações. Gera-se, com isso, uma necessidade de estabelecer a conversibilidade de uma moeda em outra, definida por *taxa de câmbio*.

> A *taxa de câmbio* expressa uma relação entre unidade de uma moeda e outra, ou seja, uma relação entre os valores das moedas. Por exemplo, real frente ao euro, dólar diante da libra esterlina, e assim por diante.
>
> Ao admitir-se que são necessários 4,00 reais para se adquirir 1,00 euro, diz-se que a taxa de câmbio é de 4,00 reais por 1,0 euro. Se, em algum momento, forem necessários mais reais para se adquirir a mesma quantidade de euros, conclui-se que a moeda nacional se *desvalorizou*; em caso contrário, entende-se que o real se *valorizou* (apreciou) frente à moeda estrangeira.

Em verdade, a moeda de uma economia é como se fosse um produto, negociável no mercado, que pode ser comprado ou vendido a determinado preço em relação a outra moeda.

> **Posição de Câmbio** representa os resultados das operações de compra e venda de moedas estrangeiras, à vista ou para liquidação futura, realizadas no mercado financeiro por instituições financeiras autorizadas a operar com câmbio pelo Bacen.
>
> **Posição de Câmbio Comprada** é o saldo líquido das compras à vista ou para liquidação futura de moedas estrangeiras. Ocorre posição comprada quando os valores de compras de moedas estrangeiras superam os de vendas.
>
> **Posição de Câmbio Vendida**, ao contrário, é o saldo líquido de moedas estrangeiras (Vendas – Compras) apuradas por uma instituição financeira. Posição vendida é registrada quando o total das vendas supera o de compras.

A taxa de câmbio representa o valor com que a autoridade monetária de um país aceita negociar sua moeda, ou seja, vender a moeda de sua emissão (compra de moeda estrangeira) ou adquiri-la (vender moeda estrangeira).

O banco central de um país deve adquirir moeda estrangeira e pagar em moeda nacional os exportadores de bens e serviços e os devedores que tenham obtido empréstimos no exterior. As operações de venda de moeda estrangeira vinculam-se a diversos pagamentos internacionais, como importações, amortizações de dívidas internacionais etc.

> No Brasil, as taxas de câmbio são livremente pactuadas entre os agentes (compradores e vendedores de moedas estrangeiras) e a instituição financeira autorizada pelo Bacen a operar no mercado cambial. As taxas de câmbio de mercado são divulgadas diariamente ao mercado, indicando as cotações das diversas moedas estrangeiras. Muitas vezes, a taxa de câmbio é divulgada como *câmbio (ou dólar) comercial* e *câmbio (ou dólar) turismo*. Essas taxas indicam, em essência, as diferentes taxas praticadas nas diferentes operações.
>
> Assim, *câmbio turismo* reflete as operações de compra e venda de moeda estrangeira realizadas para viagens internacionais; *câmbio comercial* reflete as operações de câmbio nos mercados de comércio internacional. É importante registrar que existe somente um único mercado legal de câmbio no Brasil. As diferentes expressões (comercial e turismo) indicam somente a natureza das operações.

Um câmbio encontra-se *valorizado* quando se necessita de menor volume de moeda nacional para adquirir um mesmo volume de moeda estrangeira. Nesse caso, o ambiente econômico mostra-se favorável aos importadores, os quais podem adquirir produtos por um valor em moeda nacional mais baixo. Um câmbio é definido como *desvalorizado* quando é necessária mais moeda nacional para se comprar o mesmo volume de moeda estrangeira. O câmbio desvalorizado é atraente aos exportadores, os quais podem receber, em moeda nacional, um volume maior de moeda para vender seus produtos.

2.3.1 Câmbio fixo, *currency board* e câmbio flutuante

Pelo enunciado do item anterior, a taxa de câmbio é entendida como a quantidade de moeda nacional necessária para que se adquira moeda estrangeira. O câmbio segue diversos padrões monetários, destacando-se na atual ordem econômica mundial as taxas de câmbio *fixas*, as taxas de câmbio *flutuantes* e o *currency board*.

Uma taxa de câmbio é *fixa* quando tem seu valor atrelado a um referencial fixo, como ouro, dólar ou até mesmo uma cesta de moedas de diversas economias. O valor da moeda passa, assim, a ser expresso em determinada quantidade desses padrões de maneira fixa. Quando ocorrem pressões para alterar a cotação da moeda, o ajuste para se manter a taxa de câmbio inalterada é processado, com a modificação da quantidade de moeda negociada no mercado. *Por exemplo*, fortes pressões de venda da moeda nacional no mercado desequilibram sua paridade diante de outras moedas, exigindo um enxugamento quantitativo dessa oferta, para evitar sua desvalorização.

As taxas de câmbio fixas permitem maior nível de certeza ao comércio internacional, por revelarem, previamente, o valor futuro da moeda. No entanto, a manutenção desse padrão é de maior risco aos governos, obrigando, em momentos de desequilíbrio, que gastem elevadas somas de suas reservas cambiais para manter a cotação da moeda nacional.

Por outro lado, o câmbio *flutuante* (ou flexível), apesar de menos disciplinador, permite maior liberdade às economias na execução de suas políticas monetárias. Atribui, também, agilidade no tratamento de eventuais desequilíbrios econômicos, promovendo alterações nas taxas de câmbio em consonância com as variações da oferta e procura de moeda no mercado. No modelo de câmbio flutuante, as taxas acompanham livremente as oscilações da economia, ajustando-se mediante alterações em seus valores.

Em verdade, o equilíbrio de uma taxa de câmbio processa-se pela interação entre a **oferta** de divisas, em que se situam os agentes econômicos com disponibilidade de moeda estrangeira para conversão, e a **demanda**, em que estão aqueles que procuram divisas estrangeiras para efetuar pagamento no exterior.

Na Figura 2.1, o ponto E representa a estabilidade no nível de oferta e procura de moedas, apontando para uma taxa de câmbio em equilíbrio. A quantidade de moeda nacional encontra-se ajustada ao volume oferecido de moeda estrangeira, exprimindo o equilíbrio da taxa de câmbio na economia.

Se a economia se encontra em E_1, conforme ilustrado no gráfico (Figura 2.1), revela uma quantidade de divisas oferecida acima da capacidade de demanda, forçando uma desvalorização da taxa de câmbio. Ao contrário, o ponto E_2 denota uma demanda elevada de moeda estrangeira, incentivando uma valorização cambial.

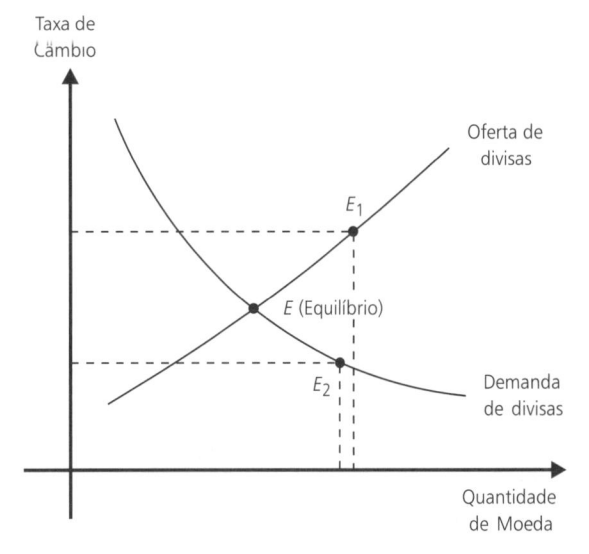

FIGURA 2.1 Gráfico de equilíbrio cambial.

Sempre que o câmbio estiver fora de seu equilíbrio (ponto E no gráfico), as forças de mercado e as políticas governamentais atuarão de modo a restabelecer a paridade da moeda no referido ponto E.

Valorizações ou desvalorizações do câmbio provocam diversas consequências relevantes para a economia. *Por exemplo*, uma desvalorização cambial permite maior competitividade ao produto nacional no exterior, estimulando as exportações do país; por elevar a quantidade de moeda nacional necessária para comprar divisas internacionais, há um encarecimento das importações, desestimulando essa forma de comércio; os investimentos estrangeiros no país também ganham incentivos, dado que com o mesmo volume de moeda estrangeira é possível adquirir maior quantidade de recursos nacionais; a desvalorização encarece ainda o empréstimo no exterior, dificultando os pagamentos da dívida; e assim por diante.

Em diferentes momentos, diversas economias emergentes têm adotado o controle do câmbio, o qual define unilateralmente quem pode ou não trocar a moeda local pela moeda estrangeira de maior poder de compra. Em geral, a adoção do câmbio centralizado pelo Governo é feita em crises econômicas de grandes repercussões, de forma a evitar a saída maciça de moeda forte da economia, o que fragilizaria a capacidade de pagamento do país.

Essa medida, no entanto, apesar de ser eventualmente justificada no horizonte de curto prazo, não sobrevive às críticas e deformações que promove no ambiente econômico em prazos mais longos. Em verdade, o controle cambial costuma promover maior desconfiança aos investidores, principalmente com relação ao resgate do capital investido, tornando a economia menos atraente para investimentos estrangeiros.

O Brasil, após um longo período de fortes turbulências econômicas, adotou durante um período o sistema cambial de *bandas*, que permite uma oscilação da taxa cambial dentro de certos limites mínimos e máximos estabelecidos. Toda vez que o valor da moeda evidencia sinais de exceder esse intervalo, o Bacen intervém no mercado adquirindo dólares, na hipótese de a taxa cambial recuar para níveis abaixo do limite mínimo, ou vendendo dólares, no caso de a moeda nacional valorizar-se acima do máximo.

O *currency board* (conselho de moeda) é um sistema em que a autoridade monetária assume o compromisso legal de efetuar o câmbio de moeda nacional por moeda estrangeira forte (moeda âncora) a uma cotação fixa. A ideia básica é de que a autoridade monetária de um país passe a funcionar como uma "caixa de conversão", detendo reservas em moeda forte equivalentes a pelo menos 100% da moeda nacional em circulação. Nesse regime monetário, a autoridade pode somente emitir moeda nacional até o limite das reservas internacionais mantidas no país, devendo honrar toda a operação de compra e venda de moeda forte a uma taxa de câmbio predeterminada.

Nesse regime monetário, a aceitação da moeda pelo mercado decorre principalmente da realidade de conversibilidade da moeda nacional em moeda forte (lastro da emissão nacional), a qualquer momento e na quantidade desejada. A condição básica para adotar o *currency board* numa economia é a existência de reservas monetárias suficientes para lastrear as emissões necessárias de moeda nacional.

Para atingir os objetivos do *currency board*, o Governo deve atuar com bastante disciplina, vinculando as emissões da moeda local ao volume de suas reservas internacionais. Nesse regime, a autoridade monetária não pode promover alterações no valor da moeda como forma de administrar eventuais desequilíbrios, devendo atuar com maior rigor e parcimônia sobre as contas nacionais.

No sistema de *currency board*, ainda, o país não tem como atuar na economia por meio da política monetária. A quantidade de moeda em circulação passa a ser função das reservas internacionais, e não de decisões soberanas de políticas econômicas. Quando adotado esse sistema, espera-se que as taxas de juros e a inflação do país aproximem-se dos patamares praticados pelo país emitente da moeda forte adotada como âncora.

> O *Câmbio Flutuante* é o regime cambial atualmente adotado na economia brasileira. Nesse regime não está prevista a obrigação do Governo de intervir no mercado, sendo a cotação das moedas fixada pela livre interação entre as forças de oferta e procura.
>
> Em outras palavras, não há uma obrigação do Governo em manter o câmbio fixo. Assim, quanto mais dólar estiver em circulação na economia, seja trazido por investidores, turistas, ou resultado superavitário da balança comercial, menor o seu valor em relação à moeda nacional. Ao contrário, se ocorrer maior saída de dólar da economia, a cotação da moeda nacional se desvaloriza. É importante acrescentar que, nesse regime cambial, os reflexos de uma crise econômica ocorrem sobre a taxa de câmbio, determinando uma variação expressiva em sua relação.
>
> Toda vez que as autoridades monetárias julgarem oportuno, no entanto, pode ocorrer alguma intervenção no mercado, seja adquirindo moedas estrangeiras ou vendendo. Essas atuações do Bacen não são frequentes, sendo justificadas principalmente para reforço das reservas monetárias do Governo, para conter eventuais sobrevalorizações da moeda nacional ou do dólar, para dar liquidez ao Governo diante de um pagamento externo mais vultoso, e assim por diante.

2.3.1.1 Câmbio spot (à vista) e câmbio forward (a termo)

As taxas de câmbio podem ser cotadas no *mercado à vista* (câmbio à vista ou *spot*) ou no *mercado a prazo* (câmbio futuro e câmbio a termo ou *forward*).

No mercado à vista, ou *spot*, são realizadas operações de câmbio para liquidação imediata. No Brasil, a liquidação da operação costuma ocorrer dois dias úteis após a sua contratação, conhecida por D + 2.

As operações de câmbio futuro são realizadas em ambientes organizados de bolsas, seguindo as normas e padronizações adotadas. *Por exemplo*, as bolsas usualmente impõem certas exigências de garantias, depósitos de margens, limites de flutuações das cotações, datas predeterminadas de vencimento dos contratos, lotes padrões de negociação e assim por diante.

O câmbio a termo, ou *forward*, é também uma operação a prazo, porém tem seus principais parâmetros de negociação determinados livremente pelas partes contratantes. As operações *forward* não costumam seguir critérios estabelecidos nos mercados futuros de bolsas, permitindo que sejam negociados os prazos, preços e garantias.

A principal diferença entre a taxa *spot* e a taxa *forward* é que a *spot* é uma taxa à vista, aplicada a partir da data de fechamento da operação até seu vencimento. A taxa *spot* é adotada em transações geralmente com prazo de até dois dias. A taxa é fixa por todo o período da operação, independentemente de valorizações ou desvalorizações que podem ocorrer com o valor da moeda. A taxa *spot* é mais aplicada para operações de liquidação imediata, sendo bastante usada por turistas em transações de compra e venda de divisas (reais por dólares, por exemplo) em bancos.

A taxa *forward* (ou a termo), ao contrário, terá validade somente em data futura, ao final de um prazo contratado até a sua liquidação, incorporando todo o risco cambial de variação da paridade monetária. Em resumo, há uma diferença temporal para início de validade entre as taxas *spot* e *forward*. A taxa *forward* é bastante adotada por empresas de comércio internacional, permitindo que um exportador ou importador se proteja de algum risco cambial (valorização ou desvalorização do câmbio). A taxa de câmbio a ser utilizada no momento da liquidação da operação é a taxa *forward* de 6 meses (prazo contratado da operação), e não a taxa hoje (taxa *spot*).

No que se refere à entrega da moeda estrangeira objeto da negociação, o câmbio pode ser *manual* ou *sacado*.

No mercado de *câmbio manual*, as operações são realizadas em espécie (cédulas, moedas ou *traveller's checks*), envolvendo a troca física da moeda nacional pela moeda estrangeira. Constitui-se tipicamente em câmbio para turismo e viagens a negócios, voltado para atender a gastos fora do país, e realizado por instituições financeiras credenciadas a operar (bancos, distribuidoras e corretoras) e agências de turismo.

Por exemplo, o viajante que chega ao país compra reais em espécie, e o brasileiro que viaja ao exterior adquire cédulas e *traveller's checks* mediante pagamentos em espécie, cheques ou débitos em conta-corrente. Em operações de comércio externo, são usados para o câmbio principalmente ordens de pagamento, letras de câmbio e títulos de crédito.

O mercado de *câmbio sacado* engloba a maioria das operações de compra e venda de divisas realizadas pelas instituições bancárias autorizadas a operar em câmbio. As movimentações externas de dinheiro (remessa ao exterior ou recebimento) ocorrem geralmente por meio de transferências bancárias entre a instituição nacional e a instituição estrangeira selecionada para participar da transação.

2.3.1.2 Taxa de câmbio nominal (TCN) e taxa de câmbio real (TCR)

Conforme demonstrado, a *taxa de câmbio* é uma medida resultante de uma relação entre moedas de diferentes economias. Equivale à quantidade de moeda nacional (real) necessária para se adquirir uma unidade de divisa estrangeira (dólar, por exemplo). Um aumento da taxa de câmbio indica uma *desvalorização* da moeda nacional; uma queda da taxa de câmbio, ao contrário, exprime uma *valorização*.

Podem ser identificadas duas taxas de câmbio: *real* e *nominal*. A taxa de câmbio nominal (TCN) é a taxa de referência para trocas correntes de uma moeda para outra (moeda nacional por moeda estrangeira). É amplamente divulgada no mercado por meio de instituições do mercado financeiro.

A taxa de câmbio real (TCR) considera em seu cálculo as taxas de inflação interna e externa. É a taxa de câmbio líquida da inflação presente tanto na moeda nacional quanto na moeda estrangeira.

Assim:

$$\text{TCR} = \frac{TCN \times (1 + INF\text{ Moeda Estrangeira})}{(1 + INF\text{ Moeda Nacional})}$$

Por exemplo, admita que sejam necessários R$ 4,90 para se adquirir US$ 1,00, ou seja, R$ 4,90/US$1,00. A inflação da moeda nacional é de 5,2% a.a., e da moeda estrangeira, de 1,8% a.a. A taxa de câmbio real (TCR) é calculada da seguinte maneira:

$$TCR = \frac{\$4,90 \times (1 + 0,018)}{(1 + 0,052)} = R\$/US\$\ 4,74$$

2.3.1.3 Risco cambial

Risco cambial ocorre diante de movimentos adversos da taxa de câmbio em certo período, determinando uma possibilidade de perda/prejuízo na realização de um negócio. Em outras palavras, equivale ao risco de um agente apurar perda diante de uma variação na taxa de câmbio.

Ao se avaliar a cotação do dólar no Brasil, observa-se que o câmbio é bastante volátil, apresentando frequentes oscilações no tempo. Isso indica que o risco cambial no Brasil é elevado, o que gera maiores possibilidades de perdas aos vários agentes econômicos.

Uma desvalorização da moeda nacional (real) perante uma moeda estrangeira de referência (US dólar) indica que serão necessários mais reais para se adquirir a mesma quantidade de moeda estrangeira. Nessa situação, a moeda nacional fica mais barata, e as exportações se tornam mais competitivas. As consequências negativas dessa situação de desvalorização da taxa de câmbio recaem sobre as importações, que se tornam mais onerosas, sobre dívidas (passivos) em moeda estrangeira, que se tornam mais caras, e assim por diante.

Por outro lado, uma valorização na taxa de câmbio apresenta um efeito contrário: torna as importações mais caras e as exportações mais baratas, mais atraentes. O exportador passa a receber mais reais pela mesma quantidade de moeda estrangeira. Da mesma forma, os devedores brasileiros em moeda estrangeira precisarão de menos reais para pagarem suas dívidas, tornando-as mais baratas.

Há diversos mecanismos disponíveis no mercado financeiro que permitem reduzir o risco do câmbio, destacando-se o *hedge* e o *swap* cambial, os quais serão tratados nos Capítulos 17 e 18. Esses instrumentos financeiros visam a proteção dos negócios e dos ativos dos agentes diante de variações na taxa de câmbio.

2.3.2 Balanço de pagamentos

O balanço de pagamentos registra os valores de todas as transações internacionais efetuadas por um país, destacando os pagamentos pelos vários tipos de operações realizados entre residentes e não residentes em determinado período.

Sua estrutura segue o sistema contábil de partidas dobradas, em que são registrados os débitos e seus respectivos créditos. Assim, quando uma empresa importa computadores, por exemplo, há uma consequente exportação de moeda estrangeira para o pagamento, anulando-se o saldo da conta.

A estrutura do balanço de pagamentos apresenta-se da forma seguinte:

A. **BALANÇA COMERCIAL**
   Exportações (FOB)
   Importações (FOB)
B. **BALANÇA DE SERVIÇOS**
   Viagens internacionais
   Transportes (fretes)
   Seguros
   Rendas de capital: lucros, dividendos e juros
   Serviços governamentais
   Serviços diversos
C. **TRANSFERÊNCIAS UNILATERAIS**
D. **SALDO EM Conta-corrente (A + B + C)**
E. **MOVIMENTOS DE CAPITAIS**
   Investimentos diretos
   Reinvestimentos
   Empréstimos e Financiamentos
   Amortizações
   Outros
F. **ERROS E OMISSÕES**
G. **SALDO DO BALANÇO DE PAGAMENTOS (D + E + F)**

BALANÇA COMERCIAL. Registra o saldo apurado das exportações menos as importações de bens e serviços em determinado período. Essas transações são fixadas por seu valor FOB – *free on board* –, ou seja, pelo valor de embarque das mercadorias não estando incluídos fretes e seguros.

BALANÇA DE SERVIÇOS. Corresponde aos vários pagamentos e recebimentos realizados por residentes no país com o resto do mundo e relativos a seguros, fretes, *royalties* e assistência técnica, viagens internacionais, lucros e dividendos, lucros reinvestidos, gastos governamentais com embaixadas e organismos internacionais etc.

TRANSFERÊNCIAS UNILATERAIS. Referem-se às doações de mercadorias e assistência, remessas de imigrantes, reparações de guerra, subsídios etc., sem contrapartida com as compras e vendas de bens e serviços.

SALDO EM CONTA-CORRENTE. É o resultado da soma do saldo da balança comercial, balança de serviços e transferências unilaterais. O saldo dessa conta revela se o país está exportando ou importando poupança. Um saldo negativo nessa conta mostra que o país está financiando seus investimentos internos por meio de poupança externa. Ou seja, a poupança interna é insuficiente, tendo de recorrer a recursos externos para viabilizar sua formação de capital.

Um *superávit* nessa conta demonstra que o país está enviando para o exterior excedentes de poupança interna, colaborando para financiar investimentos do restante do mundo.

MOVIMENTOS DE CAPITAIS. Englobam os recursos que entraram no país sob a forma de investimentos diretos, empréstimos e financiamentos contratados pelos diversos setores da economia, amortizações, repatriações de investimentos etc.

SALDO DO BALANÇO DE PAGAMENTOS. Resultado final líquido das várias transações realizadas entre residentes no país e não residentes. Se positivo, tem-se um *superávit*, indicando que entraram mais divisas no país do que saíram. Se negativo (*déficit*), indica um volume maior de saídas em relação à entrada de divisas.

2.3.3 Saldo em conta-corrente

Se os resultados financeiros da balança comercial e da balança de serviços, somados aos das transferências unilaterais, forem negativos, este *déficit* deve ser coberto por alguma das rubricas da conta movimentos de capitais, provavelmente empréstimos e financiamentos, ou investimentos diretos.

Deve ser ressaltado o item amortização nos movimentos de capitais. Caso um país tenha grande endividamento externo, além de um saldo negativo em conta-corrente, deve encontrar maiores dificuldades em cobrir os desembolsos de suas dívidas.

Uma estimativa de quanto um país deverá captar de recursos no exterior mediante empréstimos/financiamentos e investimentos diretos, visando ao equilíbrio de seu balanço de pagamentos, é medida pelo saldo (*superávit/déficit*) em conta-corrente mais as amortizações previstas. Caso não consiga levantar esses recursos, terá de lançar mão de suas reservas monetárias internacionais, colocando em risco sua capacidade de pagamento.

Há um aspecto conflitante na avaliação do balanço de pagamentos de um país. Um maior fluxo de entrada de investimentos diretos na economia, ao mesmo tempo em que colabora para reduzir o déficit em conta-corrente, incentiva maior saída de recursos do país por meio de remessas de lucros e dividendos, atuando negativamente sobre a mesma conta.

Quando as reservas monetárias de um país não forem suficientes para cobrir o déficit em conta-corrente, as decisões para solução do desequilíbrio devem ser bastante rápidas, de maneira que não se agrave a crise cambial instaurada.

Algumas medidas que podem ser acionadas:

- renegociação da dívida externa com os credores;
- negociação de novos empréstimos emergenciais;
- medidas de controle de saída de divisas fortes do país, principalmente nos itens da conta de serviços;
- desvalorização cambial visando estimular as exportações e provocar um superávit na balança comercial.

É importante avaliar que essas e outras medidas saneadoras do *déficit*, ao mesmo tempo que ajudam a promover o equilíbrio das contas externas do país, podem estimular problemas internos, como o encarecimento de certos produtos básicos importados (petróleo etc.) e a inflação.

Ciclos Econômicos

Ciclos econômicos são variações que se verificam na atividade econômica, alternando períodos de crescimento com períodos de recessão. Essas altas e baixas na economia ocorrem em torno de uma posição de equilíbrio no curto prazo. O PIB tende a crescer no longo prazo, mas em períodos mais curtos há oscilações de crescimento e de baixa em torno dessa tendência.

Os ciclos econômicos apresentam basicamente as seguintes fases:

- Expansão: produz alta demanda agregada na economia, levando as empresas a aumentarem sua produção e a auferirem maiores lucros. Essa fase atinge seu ponto mais alto quando a oferta e a demanda agregada das empresas se igualam.
- Contração: fase em que a demanda agregada começa a recuar, e as empresas ajustam seus preços para baixo para manterem suas vendas. Nessa fase, a taxa de desemprego é crescente.
- Depressão: nessa fase, os lucros das empresas são muito baixos, e a taxa de desemprego, muito alta. Projeta-se, a partir dessa fase de depressão, o início de um novo ciclo econômico de recuperação, mediante a expansão da demanda.

O estudo dos ciclos econômicos é muito importante para se conhecer melhor o ambiente econômico e avaliar as oportunidades de investimentos, identificando segmentos com maiores oportunidades de ganhos e riscos de perdas.

2.3.4 Títulos brasileiros no mercado internacional

Os principais motivos de interesse do Brasil (Governo e iniciativa privada) na captação internacional de recursos são: (a) diversificação dos investidores e elevada capacidade de poupança dos mercados externos; (b) diferencial do custo do dinheiro no país (mais elevado) em relação às taxas praticadas no mercado externo; (c) prazos mais longos disponíveis nas operações externas.

Por outro lado, a principal preocupação dos tomadores nacionais de recursos é o risco cambial determinado pela flutuação da moeda brasileira em relação às divisas internacionais.

O Governo brasileiro vem captando recursos em diversos mercados internacionais, principalmente por meio da emissão de títulos públicos – títulos soberanos brasileiros. A iniciativa privada brasileira aproveita essa presença do setor público para também captar poupança externa por meio da colocação de títulos de dívida de sua emissão.

Os títulos brasileiros pagam geralmente juros nominais anuais acrescidos de certa margem de risco (*spread*) do país. Esse *spread* é calculado em pontos-bases acima da remuneração oferecida pelos títulos emitidos pelo governo dos EUA, considerados os de menor risco do mundo. Cada ponto-base equivale a 0,01%; *por exemplo*, 1.450 pontos-bases representam 14,5%. Além desses encargos, o título pode ainda ser colocado no mercado com desconto sobre seu valor de face (valor a ser pago no vencimento), o que eleva a remuneração efetiva paga.

Assim, se o tomador brasileiro oferecer no mercado de capitais internacional juro nominal de 6,25% a.a., mais um *spread* de 610 pontos-bases, o rendimento do título atinge 12,35% a.a. (6,25% + 6,10%), ou 1.235 pontos-bases.

Os títulos do governo brasileiro no mercado internacional são conhecidos por *globais (global bonds)*, quando emitidos em dólares e com negociação em todos os mercados; *eurobônus*, quando emitidos em euros no mercado europeu; *samurai*, quando lançados no Japão em ienes.

2.3.4.1 Plano Brady e Capitalization Bond (C-Bond)

O *Capitalization Bond* é um título da dívida externa brasileira emitido em abril de 1994 dentro do conhecido Plano Brady, adotado quando da renegociação da dívida externa brasileira. Os recursos emitidos com o título tinham vencimento para 2014.

A renegociação da dívida brasileira ocorreu como consequência da crise econômica verificada na década de 1980, quando diversos países, incluindo o Brasil, se viram obrigados a pedir moratória de suas dívidas. Para evitar problemas mais sérios ao equilíbrio financeiro dos bancos credores internacionais e à estabilidade do mercado, o governo dos EUA propôs aos países devedores uma renegociação de suas dívidas. Nesta proposta era oferecida a troca dos títulos de dívidas vencidos por novos títulos, porém com condições de pagamento mais suaves aos devedores, seja pelo alargamento dos prazos, ou abatimento dos juros ou principal.

Esses títulos receberam do mercado a denominação de *bradies*. O nome é originado de Nicholas Brady, então secretário do Tesouro dos EUA, que coordenou esse processo de renegociação das dívidas dos países culminando com a substituição dos títulos vencidos.

Nessa renegociação, o Brasil emitiu vários títulos e o *C-Bond* foi o que apresentou liquidez mais significativa, sendo por muito tempo o papel da dívida externa brasileira mais negociado.

O *C-Bond*, assim como os demais títulos *bradies* emitidos pelo Brasil, foram perdendo o predomínio no mercado. Há restrições dos investidores com relação a esses papéis, principalmente pela sua origem. O mercado vem dando maior preferência a títulos desvinculados de renegociações, entendidos como mais "limpos". O Brasil vem incentivando, principalmente a partir de 2004, a troca desses títulos *bradies* por bônus globais, administrando melhor o perfil de sua dívida externa.

Em abril de 2006, o Brasil resgatou antecipadamente todos os títulos "bradies", eliminando a dívida externa oriunda do Plano Brady.

2.3.4.2 Títulos globais

Os denominados *títulos globais* que compõem a dívida externa brasileira são os *Global Bonds* e os *Euro Bonds*.

Os *Global Bonds* são títulos emitidos em qualquer mercado da economia mundial em moeda local (moeda da economia em que o título é oferecido). Os principais títulos globais são os *Global US$ Bonds*, e os títulos prefixados em reais e denominados *Global BRL Bonds*.

Os *Global Bonds* pagam juros periódicos e o principal é resgatado no vencimento.

Os *Euro Bonds* (ou Eurobônus brasileiro) são títulos emitidos em euros e também negociados em diversos mercados. Esses títulos pagam juros periódicos, e o principal (em euros) é resgatado no vencimento.

Quadro-Resumo dos Principais Títulos da Dívida Externa

Título	Moeda de emissão	Pagamento dos juros	Pagamento do principal
GLOBAL (US$)	Dólar	Periódico	Vencimento
EURO	Euro	Periódico	Vencimento
Global BRL	Real	Periódico	Vencimento

2.4 A inflação brasileira

A inflação é um fenômeno econômico e pode ser interpretada como uma variação (aumento) contínua nos preços gerais da economia durante certo período de tempo. Esse processo inflacionário ocasiona também contínua perda de capacidade de compra da moeda, reduzindo o poder aquisitivo dos agentes econômicos.

Cada economia mede sua inflação por meio de um índice geral de preços, que acompanha as variações de preços de um grupo selecionado de bens e serviços ("cesta"), e seguindo determinada metodologia de apuração. Nesse caso, a taxa de inflação é reconhecida como o percentual médio de aumento dos preços dessa cesta selecionada de bens e serviços em certo período.

No Brasil, entre outros, são divulgados e utilizados pelo mercado os seguintes índices de preços: IGP-M/FGV (Índice Geral de Preços do Mercado), IGP-Di/FGV (Índice Geral de Preços – Disponibilidade Interna), IPC-Fipe/USP (Índice de Preços ao Consumidor), IPA/FGV (Índice de Preços por Atacado), INPC/Fundação IBGE (Índice Nacional de Preços ao Consumidor) etc.

O IGP (*Índice Geral de Preços*), publicado todo mês pela Fundação Getulio Vargas, é uma medida da inflação brasileira. Apesar de ser bastante utilizado no mercado financeiro, o IGP não é a medida oficial da inflação no Brasil. O índice que mede oficialmente a inflação brasileira é o IPCA (Índice de Preços ao Consumidor Amplo), conforme calculado mensalmente pelo IBGE. O Índice Geral de Preços (IGP) apresenta-se em três versões:

- IGP-DI – abrange as variações de preços verificadas entre o primeiro e o último dia do mês de referência.
- IGP-M – idem para o período entre o dia 21 do mês anterior ao de referência e o dia 20 do mês de referência.
- IGP-10 – idem para o período entre o dia 11 do mês anterior ao de referência e o dia 10 do mês de referência.

O IGP é uma medida ponderada do IPA (Índice de Preços por Atacado: 60%), do IPC (Índice de Preços ao Consumidor: 30%) e do INCC (Índice Nacional de Preços da Construção Civil: 10%).

O IPC (*Índice de Preços ao Consumidor*) reflete a variação média de preços de um conjunto de bens e serviços no mercado de varejo. É publicado pela FGV e também pela FIPE (Fundação Instituto de Pesquisas Econômicas/USP).

O IBGE apura todo mês dois índices de preços: o INPC (Índice Nacional de Preços ao Consumidor) e o IPCA (Índice de Preços ao Consumidor Ampliado). Estes índices medem a variação de preços de um conjunto de produtos e serviços consumidos pelas famílias. Comparam os preços verificados nos 30 dias do período de referência com os 30 dias do período-base.

A população-objeto do INPC são famílias com rendimentos mensais entre 1 e 8 salários mínimos. O IPCA considera em sua metodologia de cálculo famílias com rendimentos mensais entre 1 e 40 salários mínimos. Este índice é a medida oficial da inflação brasileira.

A importância dos índices de preços na economia brasileira pode ser entendida no quadro a seguir.

Índice de Preços	Principais Aplicações
IPCA/IBGE	Mais relevante do ponto de vista de política econômica, sendo o índice de preços selecionado pelo Conselho Monetário Nacional como referência para o sistema de metas de inflação, implementado no Brasil em 1999. Medido pela IBGE, considera o consumo de famílias com renda de 1 a 40 salários mínimos.
INPC/IBGE	Mais utilizado em dissídios salariais, pois mede a variação de preços para quem está na faixa salarial de até 6 salários mínimos.
IGP-DI/FGV	Bastante tradicional. Sua história remonta a 1944, e foi no passado a medida oficial de inflação do Brasil. Nos dias atuais, o índice é usado contratualmente para a correção de determinados preços administrados. Considera a inflação dentro do próprio mês: entre o primeiro e último dias do mês.
IGP-M/FGV	É o índice mais utilizado como indexador financeiro, principalmente para títulos de dívida pública federal. Também corrige preços administrados. Foi criado em 1989 pelo mercado financeiro com o intuito de ser um índice mais independente e livre da interferência governamental. O índice considera as variações nos preços no intervalo do dia 21 do mês anterior até o dia 20 do mês de referência.
IPC-FIPE	Apesar de restrito ao município de São Paulo, tem peculiaridades metodológicas e de divulgação que reforçam sua importância. Mede a inflação de famílias com faixa de renda de 1 a 20 salários mínimos.

O crescimento da economia e a inflação não devem seguir a mesma tendência, sob pena de provocar desequilíbrio na atividade econômica. Os investidores internacionais (bancos, fundos de pensão e fundos de investimentos, empresas multinacionais etc.) priorizam países que apresentam indicativos estáveis de crescimento econômico (evolução do PIB, por exemplo) e baixos níveis de inflação.

Numa visão clássica, a inflação pode ser causada pelo lado dos custos, pelo lado da demanda ou por uma conjugação desses dois fatores. A *inflação de custos* é um processo de elevação das taxas de juros, salários, câmbio etc. que determina um acréscimo nos custos de produção. A *inflação de demanda*, por outro lado, é determinada pela expansão dos meios de pagamentos acima da capacidade de crescimento apresentada pela economia, produzindo um excesso de recursos (rendimentos) em oferta na economia. Diante de maior pressão sobre a demanda de bens e serviços, ocorrem aumentos nos salários e preços em geral, dando origem a um processo inflacionário.

Em geral, quando uma economia dá sinais de elevação em seus índices gerais de preços, as autoridades monetárias atuam sobre a atividade econômica de forma a manter o equilíbrio dos preços. Essa atuação sobre a economia é feita geralmente pelo aumento dos juros, tornando mais onerosos e desencorajadores todos os gastos de empresas e consumidores e provocando desaceleração da economia.

Para o combate à inflação, as autoridades monetárias podem também decretar intervenções sobre o câmbio e controles sobre os preços e salários, reduzindo a capacidade de negociação ("barganha") de certos agentes, como sindicatos e grandes empresas.

DEFLAÇÃO

Enquanto a inflação indica uma subida generalizada dos preços, a deflação, ao contrário, revela uma redução generalizada dos preços dos bens e serviços por um período entendido como longo. É um processo oposto à inflação geralmente verificado em situações de recessão (crises) da atividade econômica. Na deflação, a oferta de bens e serviços é maior que a demanda; há mais bens à venda do que a quantidade que os consumidores desejam (ou apresentam condições) de comprar.

Assim, inflação e deflação são resultados das variações observadas no índice geral de preços de um período. Quando o índice cresce, há um aumento percentual dos preços, identificado como inflação; do contrário, a variação dos preços é negativa, ocorrendo uma deflação.

2.4.1 Planos econômicos adotados no Brasil

Até a entrada em vigor do Plano Real (1994), o Brasil conviveu com elevadas taxas de inflação que debilitaram bastante a economia. Para combatê-las, o Governo promulgou diversos planos econômicos, que ficaram conhecidos por Plano Cruzado (1986), Plano Bresser (1987), Plano Verão (1989), Plano Collor (1990), Plano Collor 2 (1991) e Plano Real (1994).

Todos esses planos tinham por objetivo debelar a inflação e promover o crescimento econômico, de maneira a atrair novos investimentos e elevar a riqueza nacional. Foram adotadas diversas medidas nos planos econômicos, como desvalorizações cambiais seguidas de congelamento do câmbio, congelamento de preços e salários, restrições ao crédito, corte de despesas públicas, criação de novas moedas e assim por diante. Em verdade, a economia brasileira nesses anos todos foi um verdadeiro laboratório de testes de ideias econômicas quase sempre frustrantes, que agravaram sua situação de desequilíbrio. Os principais planos econômicos adotados no Brasil e suas medidas são apresentados a seguir.

PLANO CRUZADO

- Congelamento dos preços de bens e serviços (28/02/1986).
- Objetivo do plano: combater a alta taxa de inflação da economia, a qual atingiu a 242,2% em 1985 e 225,9% em 1984.
- Congelamento dos salários pela média dos últimos seis meses e acrescida de um aumento real de 8%.
- Junto com o congelamento dos salários, foi introduzido um gatilho salarial que estabelecia um reajuste imediato sempre que a taxa de inflação da economia atingisse 20%.
- Substituição da ORTN[4] (criada em 1964) pela OTN,[5] com valor congelado por um ano.
- Criação de uma nova moeda nacional (cruzado) em substituição à moeda em circulação (cruzeiro).
- Diante da desinflação da economia, foi introduzida uma tabela de conversão de dívidas contraídas em períodos de taxas elevadas de inflação para um contexto de inflação praticamente nula.
- Diante de resultados pouco satisfatórios alcançados, o Plano Cruzado foi extinto no início de 1987.

---

[4] Obrigações Reajustáveis do Tesouro Nacional (ORTN).
[5] Obrigações do Tesouro Nacional (OTN).

PLANO BRESSER

- Congelamento de salários e preços em geral por três meses, prevendo-se uma flexibilização controlada após esse período com o objetivo principal de corrigir distorções nos preços trazidas do passado. O Plano Bresser previa que, após esse período de ajuste, os preços seriam liberados e mantidos estáveis pelas forças de mercado de oferta e procura. O Plano Bresser procedeu, ainda, a desvalorização da moeda nacional (cruzado) em relação ao dólar.
- Criação da Unidade de Referência de Preços (URP), um novo indicador de preços da economia, que seria destinado a corrigir os salários e fixar um limite máximo no reajuste dos preços da economia.
- Adoção de uma política monetária e fiscal bastante restritiva, visando reduzir o déficit público e refrear a demanda. O Plano Bresser efetuou também reajustes nos impostos e nas taxas de juros.

PLANO VERÃO

Com o fracasso do Plano Bresser, o Plano Verão é implantado no início de 1989. A concepção básica desse plano foi semelhante à dos anteriores, adotando congelamento dos preços, desvalorização cambial de 17% e posterior congelamento do câmbio, limitação de gastos públicos ao montante arrecadado pelo Governo, aumento das taxas de juros, congelamento dos preços de bens e serviços por tempo indeterminado após ter efetuado reajuste para realinhamento desses preços.

PLANO COLLOR

Também conhecido por Plano Brasil Novo, esse primeiro Plano Collor (1990) propôs reformas profundas na economia brasileira. Tinha por objetivo conseguir, a curto prazo, eliminar a inflação e inserir a economia brasileira, de forma mais competitiva, no comércio internacional. As principais medidas adotadas foram:

- Fixação de uma nova moeda (reintrodução do Cruzeiro, extinto no Plano Cruzado) e estabelecimento de regras rigorosas para a conversão das aplicações financeiras disponíveis nos bancos para a nova moeda. Os recursos que não puderam ser sacados das contas de poupança ficaram bloqueados por 18 meses antes de converterem-se em Cruzeiros. Essa medida ficou conhecida por "sequestro da liquidez". Os recursos retidos eram remunerados com correção monetária e juros de 6% a.a.
- Ajuste fiscal profundo por meio de congelamento de salários do funcionalismo público, sequestro da liquidez da economia (como explicado), cortes de despesas, elevação dos impostos etc.
- Desindexação da economia.

PLANO COLLOR 2

Após quase 12 meses no Plano Collor, a economia brasileira dava sinais de profunda recessão, com queda do PIB na ordem de 3%, elevado número de desempregados e retomada da inflação a níveis insuportáveis.

Nesse ambiente, foi elaborado o Plano Collor 2 (1991), com o objetivo de retomar as metas iniciais de eliminar o processo inflacionário e promover o crescimento econômico por meio da inserção do Brasil na rota dos grandes negócios internacionais. Foram adotadas, entre outras, as seguintes medidas:

- Extinção do mecanismo de indexação dos preços e criação da TR[6] (Taxa Referencial), que deveria refletir a inflação futura.
- Congelamento de preços e salários.
- Controle rigoroso dos gastos públicos e forte elevação das tarifas públicas.

PLANO REAL

O Plano Real foi anunciado pelo lançamento prévio da Unidade Real de Valor (URV) e pela moeda "Cruzeiro Real". Essas medidas tiveram por objetivo alinhar os preços e reduzir as possibilidades de fracasso do Plano Real, à semelhança dos outros planos lançados anteriormente. Quando fosse atingido esse alinhamento (os preços estariam todos convertidos em URV), seria efetuada a desindexação definitiva da economia, substituindo-se a moeda em circulação pelo Real e extinguindo-se o indexador da economia. Outras importantes medidas adotadas pelo Plano Real foram:

- Referenciar o lastro de emissão de reais em reservas internacionais disponíveis e em ouro.
- Alteração da unidade monetária da economia, que passou a ser o "Real", tendo uma paridade com a moeda antiga (Cruzeiro Real) de R$ 1 = Cr$ 2.750,00 em 30-6-1994.
- Ajuste fiscal.

Em todos esses períodos, a economia brasileira conviveu com diversas reformas de seu sistema monetário, conforme ilustrado no quadro a seguir.

---

[6] TR é estudada com mais detalhes no Capítulo 7, item 7.2.1.

Moeda	Conversão	Observações
Cruzeiro (Cr$) 5-10-1942	100 Réis = Cr$ 1	Foi criado o centavo, correspondente à centésima parte do cruzeiro, como fração da moeda. Em 1º-12-1964 foi extinto o centavo
Cruzeiro Novo (NCr$) 13-11-1965	Cr$ 1.000 = NCr$ 1	Unidade monetária transitória. Foi restabelecido o centavo como fração da moeda
Cruzeiro (Cr$) 31-3-1970	NCr$ 1 = Cr$ 1	Mantido o centavo. Posteriormente, em 15-8-1994, foi extinta a fração do Cruzeiro denominada centavo
Cruzado (Cz$) 27-2-1986	Cr$ 1.000 = Cz$ 1	Restabelecido o centavo
Cruzado Novo (NCZ$) 31-1-1989	Cz$ 1.000 = NCZ$ 1	Mantido o centavo
Cruzeiro (Cr$) 12-4-1990	NCZ$ 1 = Cr$ 1	Mantido o centavo
Cruzeiro Real (Cr$) 27-8-1993	Cr$ 1.000 = Cr$ 1	Mantido o centavo
Real (R$) 30-6-1994	Cr$ 2.750 = R$ 1	Mantido o centavo. Como medida preparatória à implantação do Real, foi criada a Unidade Real de Valor (URV) em 28-2-1994

O Brasil convive desde 1999 com o sistema de *metas de inflação* (*inflation target*), que tem por objetivo perseguir, na execução de sua política econômica, uma taxa definida de inflação. A fixação desta taxa de inflação é de responsabilidade do Conselho Monetário Nacional, e o Bacen assume a obrigação de ajustar sua política monetária para que a economia cumpra a meta.

O sistema de meta admite margens de erros para mais ou para menos da taxa estabelecida. A margem atualmente adotada no Brasil é de 2,5 pontos percentuais.

2.5 A crise econômica mundial de 2008

A crise econômica mundial, que eclodiu com maior intensidade no segundo semestre de 2008, é considerada como uma das mais rigorosas que surgiram. Sua origem é explicada pela série de eventos que ocorreram com a globalização da economia, como a ampla desregulação do setor financeiro, redução dos juros, alta liquidez dos agentes econômicos, forte aumento da competitividade, entre outras causas apontadas.

Os primeiros sinais mais evidentes de que algo não estava bem na economia datavam de anos passados. A elevada oferta de crédito acompanhada de taxas de juros baixas para estimular a economia, convivendo em um mercado cada vez mais desregulamentado, formaram uma *bolha de crédito* na economia que, em algum momento, certamente iria se desfazer. Como nada foi feito para impor maior controle e equilíbrio às operações de mercado, os problemas se agravaram, produzindo turbulências históricas no ano de 2008.

Desde os primeiros anos deste século, foram percebidos sinais de *aumento da inadimplência* no mercado imobiliário dos Estados Unidos. Os agentes econômicos e autoridades monetárias esperavam que esses distúrbios pudessem ser controlados pelos livres mecanismos conhecidos de mercado. Os ativos estavam superavaliados, e os investidores, para auferirem maiores ganhos, passaram a aceitar riscos muito mais elevados.

> A elevada liquidez dos agentes inundou o mercado de recursos, valorizando em excesso os preços dos imóveis, e estimulando os bancos a ofertarem cada vez mais dinheiro para financiamento de moradias. Os empréstimos eram realizados sem garantias e com padrões de exigência mais frouxos. Esses débitos dos mutuários eram transformados em títulos e negociados, usando o nome da própria instituição financeira como se fossem de primeira linha.

No entanto, esta "onda de calotes" persistiu e se alastrou, transformando-se numa grave crise econômica de repercussão mundial. Os mercados de ações, de crédito e cambial de todas as economias sofreram, de alguma maneira, os efeitos da crise. Essa crise, que se iniciou no mercado financeiro americano, acabou se estendendo também para a economia real, atingindo a produção, o comércio e os empregos de todas as pessoas.

De maneira mais simples, a origem da crise econômica de 2008 pode ser explicada da maneira seguinte. As principais economias mundiais conviveram, notadamente a partir de 2003, com taxas de juros reduzidas, estimulando a atividade de toda a economia. Em especial, essas taxas mais baixas promoveram fortes estímulos ao financiamento de imóveis nos EUA, determinando uma disparada em seus preços de mercado. Os créditos concedidos não eram de boa qualidade, porém os bancos continuaram concedendo empréstimos imobiliários, visando ganhos maiores. Essa valorização das moradias aqueceu o mercado imobiliário, encorajando as instituições financeiras, com excesso de liquidez de caixa, a oferecerem mais créditos para o setor. Na prática, esses financiamentos tinham como garantia a valorização futura esperada dos imóveis.

Crédito Subprime

Neste ambiente de euforia generalizada, as instituições financeiras passaram também a conceder créditos a compradores de mais alto risco, gerando títulos de resgate duvidoso, conhecidos por *subprime*. Esses novos mutuários não possuíam renda compatível com a dívida assumida, oferecendo garantias insuficientes.

Os bancos concediam créditos em escala crescente e buscavam recursos, vendendo os títulos de dívida. Como cobravam altas taxas de juros de seus clientes *subprime*, podiam pagar remuneração atraente aos investidores na colocação dos títulos, criando, assim, uma boa demanda para esses papéis. Esses títulos "podres" foram negociados em todo o mercado e serviram de lastro também para operações mais arriscadas de derivativos.

> *Subprime* é um crédito imobiliário de alto risco, concedido a pessoa com baixo rendimento e uma situação econômica menos estável. É uma operação típica do mercado dos EUA. A garantia dessa operação é o próprio bem (imóvel), objeto do financiamento.

Assim, apesar da origem criticável desses títulos, as instituições financeiras passaram a negociá-los em todos os mercados internacionais, apoiados em suas próprias marcas comerciais conhecidas. Com isso, disseminaram o risco nas principais economias. Entre os principais investidores desses papéis de alto risco, estão incluídos os grandes bancos, os fundos de investimentos e fundos de pensão. Essas negociações de risco foram apoiadas pelas agências de classificação de riscos, ao atribuírem bons *ratings* para esses títulos "podres".

O sucesso dessas operações de financiamento imobiliário, e consequentes emissões de títulos *subprime*, estava, em boa parte, vinculado à manutenção de baixas taxas de juros na economia. Quando os juros começaram a subir no mundo, como estratégia de política monetária para combater a inflação que surgia, houve o esperado desaquecimento da economia e, em consequência, uma queda nos preços de mercado dos ativos e aumento da inadimplência. Os mutuários *subprime*, diante do encarecimento dos juros e da redução dos empregos, não podiam mais pagar suas dívidas. Muitos deles eram proprietários de um bem (imóvel), cujo valor de mercado era inferior ao montante de suas dívidas.

Repercussões da Crise no Mundo

Diversos bancos não suportaram as perdas com os títulos e com a inadimplência dos mutuários, e apresentaram sérios problemas de liquidez. Algumas Instituições Financeiras de renome são vendidas com urgência, outras declaram concordata, e, em outros casos, o Tesouro dos EUA assume o controle de empresas de hipoteca.

As Bolsas de Valores foram fortemente atingidas, apresentando altas desvalorizações nas cotações das ações negociadas. Houve, ainda, grande migração de recursos do mercado acionário para outros investimentos, entendidos como os mais seguros, principalmente os títulos do Tesouro dos EUA.

> **Algumas Repercussões da Crise Econômica**
>
> *Jan./2007* – Atingido pela crise, o *Countrywide Home Loans*, instituição financeira do setor de imóveis, é adquirido pelo Bank of America.
>
> *Fev./2007* – O Governo da Inglaterra nacionaliza o Banco *Northern Rock*.
>
> *Mar./2007* – O *JP Morgan* adquire, com a ajuda do Banco Central americano (FED), o Banco de Investimento *Bear Sterns*.
>
> *Set./2007* – O Tesouro dos EUA assume o controle das empresas de hipoteca *Freddie Mac* e *Fannie Mae*.
>
> *Set./2008* – O Banco de Investimento *Lehman Brothers* pede concordata.
>
> *Set./2008* – O Banco de Investimento *Merril Lynch* é vendido com urgência ao Bank of America.
>
> *Set./2008* – O Governo dos EUA nacionaliza a seguradora *American International Group (AIG)*.
>
> *Set./2008* – O *JP Morgan* compra, com a ajuda do Governo, o *Washington Mutual*.
>
> *Set./2008* – O Banco *Bradford & Bingley* é estatizado na Grã-Bretanha.

Out./2008 – O *Wells Fargo* adquire o Banco Wachovia.

Out./2008 – Congresso dos EUA aprova pacote de socorro financeiro às Instituições Financeiras no montante de US$ 700 bilhões.

Out./2008 – Os Bancos Centrais dos EUA, Europa e Inglaterra, em ação coordenada, decidem cortar as taxas de juros visando conter a desaceleração da economia.

A economia mundial passou a conviver com forte risco sistêmico, motivado por uma grave crise de confiança. A predominância da incerteza fez com que as instituições recuassem nas concessões de créditos, reduzindo fortemente a liquidez dos agentes econômicos. A redução da oferta de crédito fez com que as empresas revissem seus projetos de investimentos, contraindo a atividade da economia.

A Crise e o Brasil

Para o Brasil, podem ser apontadas as principais consequências da crise:

a. Falta de crédito. Com a crise internacional, os bancos, em todo o mundo, tornaram-se mais cautelosos, diminuindo o volume de empréstimos e elevando as taxas de juros cobradas. Essa situação pode interferir na capacidade de crescimento das empresas brasileiras e, também, nas empresas estrangeiras que planejam investir no Brasil.

b. As Bolsas de Valores têm sofrido fortes quedas no ano de 2008 e elevado bastante sua volatilidade. A desvalorização das ações afeta os investidores pela formação de perdas e, também, as empresas em sua busca de fontes de financiamento.

c. A valorização verificada no Dólar americano em relação ao Real brasileiro promove um encarecimento das importações, podendo alimentar a inflação na economia. Por outro lado, a queda do Real diante do Dólar traz benefícios aos exportadores, tornando nossos produtos mais competitivos em preços.

3 Sistema Financeiro Nacional

Este capítulo tem por objetivo apresentar a estrutura do Sistema Financeiro Nacional (SFN) e as principais características das instituições financeiras que o compõem. Essas instituições devem permitir, dentro das melhores condições possíveis, a realização dos fluxos de fundos entre tomadores e poupadores de recursos na economia.

A necessidade de conhecimento do sistema financeiro é crescente ao longo do tempo, explicada pela importância que exerce na economia o segmento empresarial de um país, como também pela maior complexidade que suas operações vêm apresentando.

O sistema financeiro é composto por um conjunto de instituições financeiras públicas e privadas, e seu órgão normativo máximo é o Conselho Monetário Nacional (CMN). Por meio do SFN, viabiliza-se a relação entre agentes carentes de recursos para investimento e agentes capazes de gerar poupança e, consequentemente, em condições de financiar o crescimento da economia. Por agentes carentes de recursos entende-se aqueles que assumem uma posição de tomadores no mercado, isto é, que despendem em consumo e investimento valores mais altos que suas rendas. Os agentes superavitários, por seu lado, são aqueles capazes de gastar em consumo e investimento menos do que a renda auferida, formando um excedente de poupança.

O SFN pode ser dividido em dois grandes subsistemas: *subsistema normativo* e *subsistema de intermediação financeira* (operativo).

O *subsistema normativo* compõe-se de instituições que definem e executam as regras de funcionamento do SFN, exercem a fiscalização das várias instituições e definem as diretrizes básicas de seu funcionamento. Fazem parte desse subsistema as instituições normativas: CMN (Conselho Monetário Nacional), Bacen (Banco Central), CVM (Comissão de Valores Mobiliários) e outras instituições classificadas como especiais: Banco do Brasil, BNDES (Banco Nacional de Desenvolvimento Econômico e Social) e CEF (Caixa Econômica Federal).

O *subsistema de intermediação financeira* é formado por instituições que promovem a transferência de recursos entre os vários agentes de mercado – tomadores de recursos e poupadores –, seguindo orientações e diretrizes estabelecidas pelo subsistema normativo. Fazem parte desse subsistema operativo as instituições financeiras bancárias e não bancárias, instituições que compõem o Sistema Brasileiro de Poupança e Empréstimo, e outras instituições.

Mercado Financeiro pode ser entendido como o ambiente onde são realizadas as operações de compra e venda de ativos financeiros, como ações, títulos de renda fixa, derivativos etc. O Mercado Financeiro é subdividido nos seguintes segmentos: Mercado Monetário, Mercado de Crédito, Mercado de Capitais e Mercado de Câmbio. Os mercados Monetário e de Crédito são desenvolvidos no Capítulo 4, e os mercados de Câmbio e de Capitais no Capítulo 5.

> **Intermediação Financeira**
>
> A *intermediação financeira* tem por finalidade levantar recursos no mercado financeiro visando sua transferência para diversos agentes de mercado. Os intermediários financeiros (bancos, companhias de seguro etc.) contribuem para a realocação de recursos na economia, canalizando fundos de agentes superavitários, classificados como "poupadores", para aqueles com carência de caixa.
>
> Agentes econômicos *superavitários* são todos que apuram fluxos de entradas de caixa (rendimentos) superiores aos seus fluxos de pagamentos. Os agentes econômicos *deficitários* são aqueles que incorrem em gastos de consumo e investimentos maiores que suas disponibilidades de caixa.
>
> Para a realização de intermediação financeira devem existir, entre outros pré-requisitos, bases institucionais adequadas para o bom funcionamento do mercado financeiro, sistema jurídico eficiente e respeito ao cumprimento dos contratos, além de agentes econômicos com excesso de caixa e agentes que desejam gastar mais do que recebem de rendimentos (agentes superavitários e deficitários).
>
> A alocação de recursos pela intermediação financeira confere maior dinamismo à economia, elevando a produção e oferecendo maior capacidade de consumo.

Uma característica presente na estrutura do Sistema Financeiro Nacional são os conglomerados financeiros, criados em função da política de concentração bancária desenvolvida nas últimas décadas por intermédio principalmente de fusões e aquisições. Esses conglomerados financeiros, por meio das diversas instituições que estão sob seu controle, costumam atuar nos diversos segmentos financeiros do mercado, limitando bastante a atuação de instituições independentes.

Ao final do capítulo (item 3.7), são detalhados os principais organismos financeiros internacionais: Fundo Monetário Internacional (FMI), Banco Mundial, BID, BIS e G-20.

3.1 Estrutura do Sistema Financeiro Nacional

O Sistema Financeiro Nacional pode ser entendido como um conjunto de instituições financeiras e instrumentos financeiros que visam, em última análise, transferir recursos dos agentes econômicos (pessoas, empresas, Governo) superavitários para os deficitários.

Todo processo de desenvolvimento de uma economia exige a participação crescente de capitais, que são identificados por meio da poupança disponível em poder dos agentes econômicos e direcionados para os setores produtivos carentes de recursos mediante intermediários e instrumentos financeiros. E é em função desse processo de distribuição de recursos no mercado que se evidencia a função econômica e social do sistema financeiro.

O Sistema Financeiro Nacional foi estruturado e regulado pela Lei de Reforma Bancária (1964), Lei do Mercado de Capitais (1965) e, mais recentemente, com a Lei de Criação dos Bancos Múltiplos (1988). É constituído por todas as instituições financeiras, públicas ou privadas, existentes no país.

As instituições financeiras podem ser classificadas em dois tipos: *bancárias* ou *monetárias* e *não bancárias* ou *não monetárias*. As instituições financeiras conhecidas por *bancárias* são aquelas a quem se permite a criação de moeda por meio do recebimento de depósitos à vista (moeda escritural, conforme estudado no item 1.5.6 do Capítulo 1). Operam basicamente com ativos financeiros monetários que representam os meios de pagamento da economia (dinheiro em poder do público mais depósitos à vista em bancos). Essas instituições são representadas fundamentalmente pelos bancos comerciais e múltiplos.

As instituições financeiras *não bancárias*, ao contrário, não estão legalmente autorizadas a receber depósitos à vista, inexistindo, portanto, a faculdade de criação de moeda. Essas instituições trabalham basicamente com ativos não monetários, tais como ações, letras de câmbio, certificados de depósitos bancários, debêntures etc. e são constituídas por praticamente todas as instituições financeiras que operam no mercado financeiro, exceto bancos comerciais e múltiplos. *Exemplos* de instituições não bancárias: sociedades corretoras, bancos de investimento, sociedades financeiras, sociedades de arrendamento mercantil etc.

> As Instituições Financeiras Bancárias (ou Monetárias) são aquelas que podem captar depósitos à vista, e usar esses recursos para realizarem empréstimos e financiamentos, geralmente de curto e médio prazo, às pessoas físicas e jurídicas. São criadoras de moeda escritural por meio do efeito multiplicador do crédito.
>
> As Instituições Financeiras Não Bancárias (ou Não Monetárias) não recebem depósitos à vista.

Uma possível estrutura do Sistema Financeiro Nacional envolve dois grandes subsistemas: **normativo** e **intermediação financeira** (operativo), conforme é ilustrado na Figura 3.1.

O subsistema **normativo** é responsável pelo funcionamento do mercado financeiro e de suas instituições, fiscalizando e regulamentando suas atividades por meio principalmente do Conselho Monetário Nacional (CMN) e do Banco Central do Brasil (Bacen). A Comissão de Valores Mobiliários (CVM) é um órgão normativo de apoio do sistema financeiro, atuando mais especificamente no controle e na fiscalização do mercado de valores mobiliários (ações e debêntures).

No subsistema normativo, enquadram-se, ainda, três outras instituições financeiras que apresentam um caráter especial de atuação, assumindo certas responsabilidades próprias e interagindo com vários outros segmentos do mercado financeiro, como são os casos do Banco do Brasil (BB), do Banco Nacional de Desenvolvimento Econômico e Social (BNDES) e da Caixa Econômica Federal (CEF).

A Figura 3.2, por outro lado, detalha as várias instituições componentes do subsistema de **intermediação**. Essas instituições são classificadas em *bancárias* e *não bancárias*, de acordo com a capacidade que apresentam de emitir moeda, instituições auxiliares do mercado e instituições definidas como não financeiras, porém integrantes do mercado financeiro. Faz parte também dessa classificação o Sistema Brasileiro de Poupança e Empréstimos (SBPE), cujos recursos captados são investidos no âmbito do sistema de habitação.

A seguir, são analisadas as diversas instituições que compõem o Sistema Financeiro Nacional.

```
                    ┌─ Conselho Monetário Nacional (CMN) ─── Comissões Consultivas
                    │
   Subsistema       ├─ Banco Central do Brasil (Bacen)
   Normativo ───────┤
                    ├─ Comissão de Valores Mobiliários (CVM)
                    │
                    └─ Instituições Especiais
                          ├─ Banco do Brasil – BB
                          ├─ Banco Nacional de Desenvolvimento Econômico e Social (BNDES)
                          └─ Caixa Econômica Federal (CEF)

Sistema
Financeiro
Nacional

   Subsistema de    ├─ Instituições Financeiras Bancárias
   Intermediação    ├─ Instituições Financeiras Não Bancárias
                    ├─ Sistema Brasileiro de Poupança e Empréstimo (SBPE)
                    ├─ Instituições Auxiliares
                    └─ Instituições Não Financeiras
```

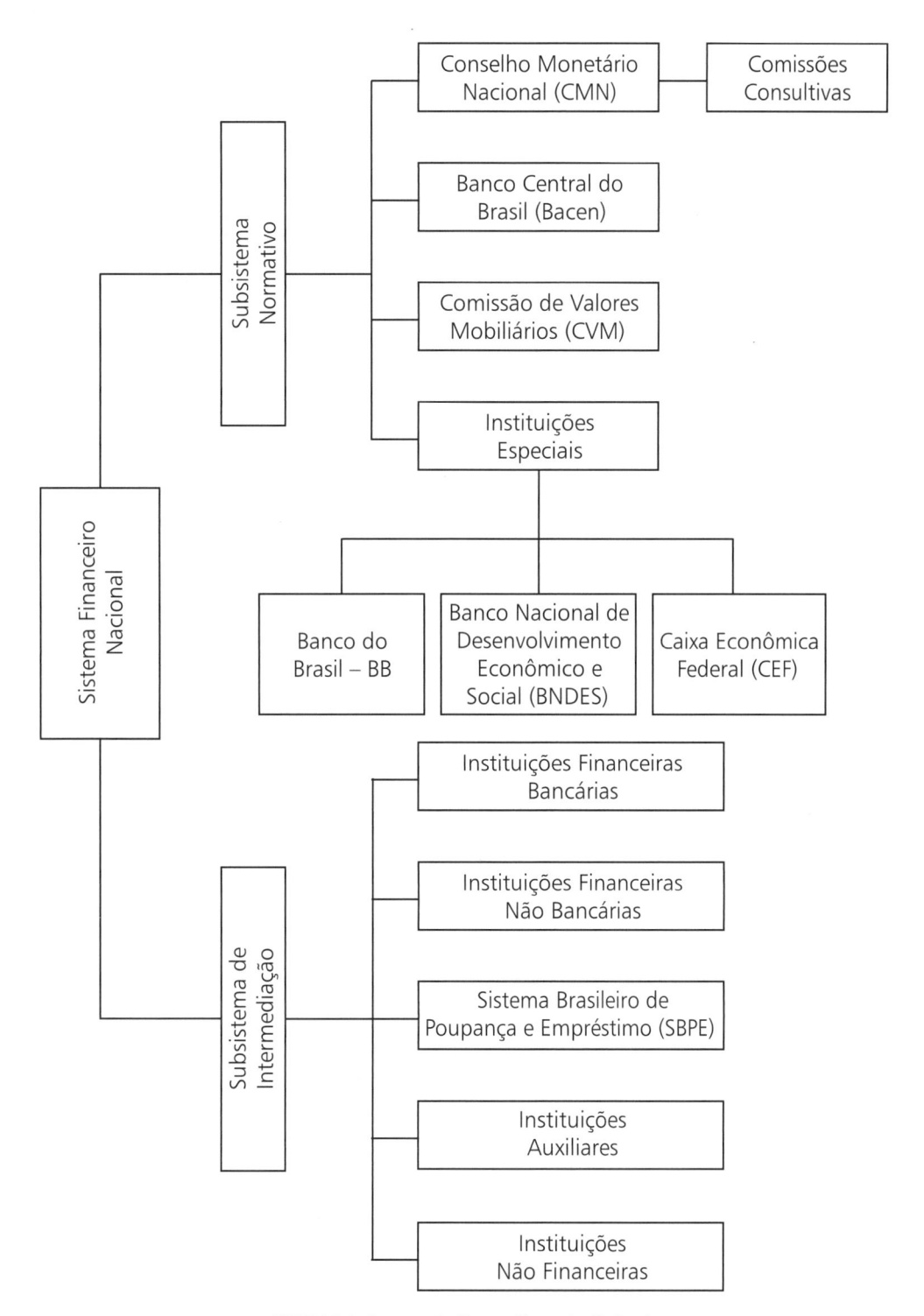

FIGURA 3.1 Estrutura do Sistema Financeiro Nacional.

3.2 Subsistema normativo

Essa subdivisão do Sistema Financeiro Nacional é constituída por instituições que estabelecem, de alguma forma, diretrizes de atuação das instituições financeiras operativas e controle do mercado. Compõem esse subsistema o Conselho Monetário Nacional, o Banco Central do Brasil, a Comissão de Valores Mobiliários, o Banco do Brasil, o Banco Nacional de Desenvolvimento Econômico e Social e a Caixa Econômica Federal.

```
Subsistema de Intermediação – operativo
├── Instituições Financeiras Bancárias
│   ■ Bancos Comerciais
│   ■ Bancos Múltiplos
│   ■ Caixas Econômicas
│
└── Instituições Financeiras Não Bancárias
    ■ Bancos de Investimento
    ■ Bancos de Desenvolvimento
    ■ Sociedades de Crédito, Financiamento e Investimento
    ■ Sociedades de Arrendamento Mercantil
    ■ Cooperativas de Crédito
    ■ Sociedades de Crédito Imobiliário
    ■ Associações de Poupança e Empréstimo

Sistema Brasileiro de Poupança e Empréstimo (SBPE)
■ Caixa Econômica Federal
■ Sociedades de Crédito Imobiliário
■ Associações de Poupança e Empréstimos
■ Bancos Múltiplos

Instituições Auxiliares
■ Bolsas de Valores
■ Sociedades Corretoras de Valores Mobiliários
■ Sociedades Distribuidoras de Valores Mobiliários
■ Agentes Autônomos de Investimento

Instituições Não Financeiras
■ Sociedades de Fomento Comercial – Factoring
■ Seguradoras
```

FIGURA 3.2 Subsistema de intermediação.

3.2.1 Conselho Monetário Nacional (CMN)

O *Conselho Monetário Nacional* é um órgão superior do SFN e de caráter eminentemente normativo, não desempenhando nenhuma atividade executiva. O CMN estabelece as diretrizes para o bom funcionamento e processa todo o controle do sistema financeiro nacional, influenciando as ações de órgãos normativos como o BNDES, *por exemplo*, além de assumir funções legislativas das instituições financeiras públicas e privadas.

O Conselho Monetário está revestido de amplas atribuições, que podem ser identificadas na finalidade principal de sua criação: *formulação de toda a política de moeda e do crédito, objetivando atender aos interesses econômicos e sociais do país.*

Algumas das principais atribuições do Conselho Monetário são expostas a seguir:

a. fixar as diretrizes e as normas da política cambial, assim como regulamentar as operações de câmbio, visando ao controle da paridade da moeda e ao equilíbrio do balanço de pagamentos;

b. regulamentar, sempre que julgar necessário, as taxas de juros, comissões e qualquer outra forma de remuneração praticada pelas instituições financeiras;

c. regular a constituição e o funcionamento das instituições financeiras, bem como zelar por sua liquidez e solvência;

d. estabelecer as diretrizes para as instituições financeiras por meio de determinação de índices de encaixe, de capital mínimo, de normas de contabilização etc.;

e. acionar medidas de prevenção ou correção de desequilíbrios econômicos, surtos inflacionários etc.;

f. disciplinar todos os tipos de créditos e orientar as instituições financeiras no que se refere à aplicação de seus recursos, tendo como objetivo promover desenvolvimento mais equilibrado da economia;

g. regular as operações de redescontos e as operações no âmbito do mercado aberto.

O Conselho Monetário Nacional é atualmente composto por somente três representantes: Ministro da Fazenda, seu presidente, Ministro do Planejamento e o Presidente do Banco Central do Brasil.

Estão previstas, também, *Comissões Consultivas*, que têm por objetivo assessorar o Conselho Monetário Nacional nos assuntos que lhe forem pertinentes. Algumas das comissões consultivas em funcionamento são: Bancária, Mercado de Capitais e Mercados Futuros, Crédito Rural e Crédito Industrial, Política Monetária e Cambial etc.

3.2.2 Banco Central do Brasil (Bacen)

O *Banco Central* é o principal poder executivo das políticas traçadas pelo Conselho Monetário Nacional e órgão fiscalizador do Sistema Financeiro Nacional.

São objetivos também do Banco Central garantir o poder aquisitivo da moeda nacional, promover a formação de poupança na economia, e preservar as reservas internacionais e garantir a estabilidade do sistema financeiro.

A política monetária atual do Banco Central é conduzida de acordo com o regime de *metas de inflação*. O regime de metas de inflação atua no sentido de trazer a inflação da economia para a meta preestabelecida pelo CMN. Cabe ao Banco Central ajustar seus instrumentos de política monetária (taxas de juros, taxa de câmbio e base monetária) visando manter a taxa de inflação na meta estabelecida.

Caso a taxa meta de inflação da economia definida pelo CMN não seja atingida em determinado ano, o Banco Central tem o dever de justificar formalmente as razões do não cumprimento da meta. O Regime de Metas de Inflação representa um compromisso explícito para o Banco Central em preservar a taxa de inflação no percentual (ou intervalo) estabelecido pelo CMN.

AUTONOMIA DO BANCO CENTRAL – O Banco Central do Brasil teve aprovada sua autonomia formal pelo Congresso Nacional no início de 2021. A autonomia concedida envolve as áreas Operacional, Administrativa e Financeira, e libera a autarquia de subordinação hierárquica ou vinculação a Ministérios. Segundo Nota publicada no *site* do Banco Central (www.bcb.gov.br – 11/02/2021), a autonomia objetiva principalmente separar o ciclo político do ciclo de política monetária, o qual exige um horizonte de tempo mais longo para se avaliar os impactos das decisões sobre a atividade econômica.

O Presidente e os Diretores do Banco terão mandato de 4 anos não coincidentes com o do Presidente da República. O Presidente do Bacen deve assumir o cargo na metade do mandato do Presidente da República (1º dia do segundo ano de mandato). A indicação dos nomes da diretoria do Bacen é feita pelo Presidente da República e eles devem ser aprovados pelo Senado Federal.

Atendendo a uma conceituação mais abrangente de sua atuação, pode-se tratar o Banco Central como um banco *fiscalizador* e *disciplinador* do mercado financeiro, ao definir regras, limites e condutas das instituições, banco de *penalidades*, ao serem facultadas pela legislação a intervenção e a liquidação extrajudicial em instituições financeiras, e *gestor* do Sistema Financeiro Nacional, ao expedir normas e autorizações e promover o controle das instituições financeiras e de suas operações. É também considerado um *executor* da política monetária, ao exercer o controle dos meios de pagamento e executar o orçamento monetário e um *banco do Governo*, na gestão da dívida pública interna e externa.

Entre as principais atribuições de competência do Banco Central do Brasil, são destacadas:

a. fiscalizar as instituições financeiras, aplicando, quando necessário, as penalidades previstas em lei. Essas penalidades podem ir desde uma simples advertência aos administradores até a intervenção para saneamento ou liquidação extrajudicial da instituição;

b. conceder autorização às instituições financeiras no que se refere ao funcionamento, instalação ou transferência de suas sedes e aos pedidos de fusão e incorporação;

c. realizar e controlar as operações de redesconto e as de empréstimos dentro do âmbito das instituições financeiras bancárias;

d. executar a emissão do dinheiro e controlar a liquidez do mercado;

No Brasil, a *cunhagem* (impressão) da moeda é realizada com exclusividade pela Casa da Moeda, e a *emissão* da moeda (entrega do numerário ao sistema bancário) é de responsabilidade do Banco Central.

e. efetuar o controle do crédito, de capitais estrangeiros e receber os depósitos compulsórios dos bancos;

f. efetuar operações de compra e venda de títulos públicos federais;

> **Casa da Moeda – Monopólio da Emissão do Dinheiro**
>
> A Casa da Moeda do Brasil (CMB) possui monopólio da emissão do dinheiro no Brasil (produção de papel-moeda e moeda metálica). A quantidade a ser emitida pela CMB é definida pelo Banco Central de acordo com autorização e condições prévias estabelecidas pelo Conselho Monetário Nacional (CMN), sendo programado um estoque de numerário (cédulas e moedas) que atenda às efetivas necessidades de dinheiro da economia e forme uma reserva de segurança. O dinheiro emitido pelo Banco Central possui duas características: *Curso Legal Forçado* – é obrigatoriamente aceito no país; e *Poder Liberatório* – liquida as obrigações.

O Banco Central atua em negociações de títulos públicos de emissão do Tesouro Nacional, tendo por objetivo regular a demanda e a oferta da moeda na economia e as taxas de juros.

g. supervisionar os serviços de compensação de cheques entre instituições financeiras;
h. receber depósitos compulsórios das instituições financeiras e executar operações de política monetária.

No desempenho dessas funções, o Banco Central pode ser, em resumo, entendido como:

- *Banco dos bancos*, por captar depósitos dos bancos (compulsórios e livres) e preservar a liquidez do sistema (bancário).
- *Executor da política monetária do Governo*, ao exercer controle sobre os meios de pagamentos e taxas de juros da economia.
- *Instituição emissora de moeda*, ao coordenar a distribuição do dinheiro emitido pela Casa da Moeda aos bancos.
- Entidade que detém o poder *Fiscalizador* do sistema financeiro, ao controlar e fiscalizar as instituições financeiras, aplicar penalidades e decretar intervenções, e elaborar normas.
- *Banco do Governo*, ao manter, entre outras atribuições, depósitos em moeda nacional e internacional do país, representar o país no sistema financeiro internacional e assim por diante.

Regimes Especiais do Banco Central

O Banco Central, como entidade reguladora do Sistema Financeiro Nacional, possui diversas alternativas e instrumentos legais para intervir nas instituições financeiras diante de qualquer ameaça ou concretização de crises no sistema bancário. Esse poder especial concedido pela legislação à autoridade monetária de intervir no mercado financeiro é executado por meio de *Regimes Especiais*, os quais podem ser de três tipos:

- Intervenção;
- Liquidação;
- Regime de Administração *Especial Temporário* (RAET).

A adoção do tipo de Regime Especial pelo Banco Central depende sempre das características de cada caso, definidas após uma avaliação efetiva da instituição. Uma *intervenção* é uma medida cautelar que tem por objetivo evitar que a crise bancária se agrave. Os dirigentes atuais são destituídos de seus cargos, sendo nomeado um interventor que irá gerir a instituição por um tempo determinado. Após o prazo de intervenção estabelecido, a instituição poderá voltar às suas atividades normais, desde que todos os seus problemas tenham sido sanados e a crise debelada, ou ter decretada sua liquidação extrajudicial.

O regime de *liquidação extrajudicial* tem por objetivo viabilizar, da melhor forma possível, todos os pagamentos aos credores da instituição e decretar sua liquidação (extinção). Este regime é coordenado por um "liquidante" nomeado pelo Banco Central, com amplos poderes administrativos.

O *Regime de Administração Especial Temporário (RAET)* é uma forma de intervenção no qual o Banco Central costuma manter as atividades normais da instituição, porém com a gestão sob a responsabilidade de um Conselho Diretor nomeado. O RAET também tem duração limitada e, ao final do período, a instituição pode retomar suas atividades normais ou ter a liquidação extrajudicial decretada, caso considere inevitável a insolvência da instituição.

3.2.3 Comissão de Valores Mobiliários (CVM)

A *Comissão de Valores Mobiliários* (CVM) é uma autarquia vinculada ao Poder Executivo (Ministério da Economia), que age sob a orientação do Conselho Monetário Nacional. É administrada de forma autônoma por um colegiado composto por um presidente e quatro diretores, todos nomeados pelo Presidente da República e aprovados pelo Senado Federal.

A CVM tem por finalidade básica a normatização, fiscalização, controle e regulação do mercado de valores mobiliários, representado principalmente por ações, partes beneficiárias e debêntures, cotas de fundos de investimentos, *commercial papers* e outros títulos emitidos pelas sociedades anônimas e autorizados pelo Conselho Monetário Nacional. A CVM foi criada em 1976 pela Lei nº 6.385 (dez./1976).

São funções básicas da Comissão de Valores Mobiliários, entre outras, promover medidas incentivadoras à canalização das poupanças ao mercado acionário; estimular o funcionamento das bolsas de valores e das instituições operadoras do mercado acionário, em bases eficientes e regulares; assegurar a lisura nas operações de compra e venda de valores mobiliários e promover a expansão de seus negócios; dar proteção aos investidores de mercado.

A atuação da CVM abrange, dessa forma, três importantes segmentos do mercado: **(a)** instituições financeiras do mercado; **(b)** companhias de capital aberto, cujos valores mobiliários de sua emissão encontram-se em negociação em bolsas de valores e mercado de balcão; **(c)** investidores, à medida que é seu objetivo atuar de forma a proteger seus direitos.

3.2.4 Banco do Brasil (BB)

O Banco do Brasil é uma sociedade anônima de capital misto, cujo controle acionário é exercido pela União. Até 1986, a instituição era considerada uma autoridade monetária, atuando na emissão de moeda no país por meio do acesso direto à conta movimento do Tesouro Nacional. Por decisão do Conselho Monetário Nacional, esse privilégio do

Banco do Brasil foi revogado, conservando ainda a função de principal agente financeiro do Governo Federal.

No desenvolvimento de suas atividades, o Banco do Brasil assume três funções, conforme discutidas a seguir:

a. **Agente Financeiro do Governo Federal**, na execução de sua política creditícia e financeira, atuando sob a supervisão do CMN. Nessa atribuição, pode o Banco do Brasil, entre outras operações, receber os tributos e as rendas federais, realizar os pagamentos necessários e constantes do orçamento da União, receber depósitos compulsórios e voluntários das instituições financeiras, efetuar redescontos bancários e executar a política dos preços mínimos de produtos agropecuários. Pode ainda o Banco do Brasil, na vigência dessa sua primeira função, executar a política de comércio exterior do Governo, adquirindo ou financiando os bens de exportação, e ser o agente pagador e recebedor no exterior.

b. A outra função exercida pelo Banco do Brasil é a de um **Banco Comercial**, ao exercer as atividades próprias dessas instituições. Dessa maneira, o banco mantém contas-correntes de pessoas físicas e jurídicas, opera com caderneta de poupança, concede créditos de curto prazo aos vários segmentos e agentes da economia, executa operações de descontos, além de outras funções típicas de bancos comerciais.

c. A terceira função exercida pelo Banco do Brasil é a de um **Banco de Investimento e Desenvolvimento** ao operar, em algumas modalidades, com créditos a médio e a longo prazos. Na execução dessa nova função, o Banco do Brasil pode financiar as atividades rurais, comerciais, industriais e de serviços (Banco de Investimento), além de fomentar a economia de diferentes regiões, ao atender a suas necessidades creditícias (Banco de Desenvolvimento). Nessa sua atividade de fomento, ainda, o Banco do Brasil objetiva o fortalecimento do setor empresarial do país por meio do apoio a setores estratégicos e às pequenas e médias empresas nacionais.

3.2.5 Banco Nacional de Desenvolvimento Econômico e Social (BNDES)

O Banco Nacional de Desenvolvimento Econômico e Social é uma empresa pública federal que está atualmente vinculada ao Ministério do Desenvolvimento, Indústria, Comércio e Serviços. Constitui-se no principal instrumento, de médio e longo prazos, de execução da política de financiamento do Governo Federal.

Apesar de operar algumas vezes de forma direta, a atuação do banco desenvolve-se geralmente de maneira indireta, por meio de agentes financeiros credenciados a operar com linhas de financiamento do BNDES, como Bancos Comerciais, Bancos de Investimentos e Sociedades Financeiras. Esses agentes do banco assumem a responsabilidade de analisar e aprovar o crédito solicitado, assim como definir as garantias exigidas. O BNDES monitora e fiscaliza estas operações de crédito.

Esses agentes recebem uma comissão do BNDES, denominada *del credere*, para executarem essa intermediação entre a instituição e o financiamento, tornando-se corresponsáveis também pela liquidação da dívida junto ao banco.

Em resumo, os custos financeiros presentes nas operações que envolvem recursos do BNDES são os seguintes:

Operações Diretas Realizadas pelo Próprio BNDES = Custo Financeiro + Remuneração do BNDES + Taxa de Risco de Crédito

Operações Indiretas Realizadas por Agentes Credenciados = Custo Financeiro + Remuneração do BNDES + Taxa de Intermediação Financeiras + Remuneração da Instituição Financeira Credenciada.

O custo financeiro é representado por algum índice da economia, sendo o mais adotado a Taxa de Longo Prazo (TLP), formada pela taxa de inflação da economia (IPCA) mais os juros reais de um título público (NTN-B).

O objetivo principal do BNDES é o de reequipar e fomentar, por meio de várias linhas de crédito voltadas para os setores industrial e social, as empresas consideradas de interesse ao desenvolvimento do país.

Nova Taxa de Juros do BNDES – TLP

A Taxa de Juros de Longo Prazo (TJLP), taxa adotada desde 1994 pelo BNDES, foi substituída pela TLP (*Taxa de Longo Prazo*) como taxa de juros referencial para empréstimos de longo prazo. A TLP foi oficialmente adotada em 01/01/2018, sendo implantada gradualmente ao longo de cinco anos. A expectativa é que a TLP convirja para a taxa de juros praticada pelo Tesouro Nacional na colocação de títulos públicos no mercado ao final desse período.

A TJLP teve um comportamento geralmente abaixo das taxas de mercado, atuando como uma taxa subsidiada na economia. Essa taxa era estabelecida a cada três meses com base em metas de política econômica do Governo. A TLP deve seguir uma metodologia de cálculo mais transparente, replicando o comportamento das taxas de juros de mercado.

A proposta da nova taxa é que a TLP acompanhe, de forma mais próxima, as taxas pagas pelo Governo para colocação de seus títulos no mercado. A referência definida para a TLP é o título público *Tesouro IPCA com juros semestrais* (NTN-B), conforme será estudado no Capítulo 4.

Para os tomadores de recursos do BNDES, a expectativa é que o custo das operações se eleve e, para o Governo, que a nova taxa reduza o subsídio do crédito praticado pelo banco. Esse subsídio é medido pela diferença entre o custo que o Governo paga para colocar seus títulos no mercado, taxa de juros mais elevada, e a taxa cobrada nos empréstimos desses recursos, taxa mais baixa.

O sistema BNDES é formado atualmente por duas empresas:

EMPRESAS DO SISTEMA BNDES: → BNDESPAR
→ FINAME

Por meio da fusão das subsidiárias *Embramec*, *Fibasa* e *Ibrasa*, originou-se uma nova empresa: BNDES Participações S.A. (BNDESPAR), controlada pelo BNDES. Seu objetivo principal é o de promover a capitalização da empresa nacional por meio de participações acionárias. Alternativamente à concessão de um financiamento, o BNDESPAR adquire ações das empresas, injetando recursos próprios (não exigíveis) para financiar seus investimentos. Após consolidado o investimento, o banco coloca as ações adquiridas à venda no mercado. Outra forma de atuação do BNDESPAR é a garantia oferecida no lançamento público de novas ações e financiamento para que os acionistas venham a subscrever o aumento de capital da empresa.

A Agência Especial de Financiamento Industrial (FINAME) é uma empresa pública subsidiária do BNDES que está voltada ao financiamento da produção e comercialização de máquinas e equipamentos de uso na atividade econômica. As operações de financiamento ocorrem geralmente por meio de instituições financeiras credenciadas.

> O BNDES, e suas subsidiárias integrais, BNDESPAR e FINAME, formam o chamado "Sistema BNDES".

Com isso, o sistema está atualmente composto pelo próprio BNDES, controlador das demais empresas, BNDESPAR e FINAME. Para a consecução de suas atividades, o Sistema BNDES conta principalmente com recursos provenientes do PIS (Programa de Integração Social), Pasep (Programa de Formação do Patrimônio do Servidor Público), dotações orçamentárias da União, recursos captados nos mercados externo e interno, e recursos próprios provenientes do retorno das várias aplicações efetuadas.

3.2.5.1 Fundos Administrados do BNDES

A criação de Fundos de Investimentos pelo Governo Federal, operados pelo BNDES, tem por objetivo financiar as necessidades de capital de longo prazo da economia, não cobertas pelo perfil de curto prazo do crédito no país.

Principais Fundos:

– Fundo de Amparo ao Trabalhador (FAT);
– Fundo Nacional de Desenvolvimento (FND);
– Fundo para o Desenvolvimento Tecnológico das Telecomunicações (FUNTTEL);
– Fundo de Garantia à Exportação (FGE);
– Fundo de Garantia para a Promoção da Competitividade (FGPC).

O *Fundo de Amparo ao Trabalhador (FAT)* tem por objetivo financiar o seguro-desemprego e o abono salarial, assim como alguns programas de desenvolvimento econômico realizados por meio do BNDES. O FAT, dentro de suas linhas de financiamento, atua preferencialmente no combate ao desemprego, amparando o trabalhador e fomentando a criação de novos empregos na economia.

O *Fundo Nacional de Desenvolvimento (FND)* tem por objetivo apoiar os investimentos da economia, públicos e privados, direcionados ao crescimento da atividade econômica e desenvolvimento nacional.

O FND repassa recursos a agentes financeiros (BNDES, FINEP e Banco do Brasil) para aplicações em empresas de ciência e tecnologia (FINEP), de insumos básicos e bens de consumo (BNDES), e também para pequenas e médias empresas (BNDES e Banco do Brasil).

O *Fundo para o Desenvolvimento Tecnológico das Telecomunicações (FUNTTEL)* visa, segundo a legislação que o instituiu, fomentar o processo de inovação tecnológica, apoiar a capacitação dos trabalhadores, incentivar a criação de empregos na economia, viabilizar o acesso das pequenas e médias empresas a fontes de financiamento de longo prazo, de modo a promover maior competitividade na indústria brasileira de telecomunicações.

O *Fundo de Garantia à Exportação* (FGE) tem a finalidade de dar cobertura às garantias oferecidas pela União nas operações de Seguro de Crédito à Exportação. Esse seguro garante as exportações brasileiras contra riscos comerciais, políticos e outros que possam prejudicar transações brasileiras com o exterior.

O *Fundo de Garantia para a Promoção da Competitividade* (FGPC) é um fundo de aval administrado pelo BNDES. Tem por objetivo oferecer garantia parcial do risco das instituições financeiras, identificado nas operações de crédito que utilizam recursos de linhas de financiamento do BNDES.

3.2.6 Caixa Econômica Federal (CEF)

Tanto a Caixa Econômica Federal como as demais caixas econômicas são instituições financeiras públicas que atuam de forma autônoma e apresentam um objetivo claramente social. São classificadas como órgãos auxiliares do Governo Federal na execução de sua política creditícia.

A CEF executa, ainda, atividades características de bancos comerciais e múltiplos, como recebimentos de depósitos à vista e a prazo, cadernetas de poupança, concessões de empréstimos a financiamentos em consonância com as políticas governamentais, adiantamentos a governos com garantia na arrecadação futura de impostos, empréstimos sob consignação a funcionários de empresas com desconto em folha de pagamento. Pode também executar operações de arrendamento mercantil e promover o crédito direto ao consumidor, por meio do financiamento de bens duráveis.

A Caixa Econômica Federal constitui-se, com base em sua função social, no principal agente do SFH (Sistema Financeiro de Habitação) atuando no financiamento da casa própria, principalmente no segmento de baixa renda.

O Sistema Financeiro de Habitação foi criado em 1964 com o intuito de desenvolver o segmento de construção civil no país e promover, ao mesmo tempo, as melhores condições para a aquisição da casa própria. O órgão executivo e fiscalizador desse sistema, o BNH (Banco Nacional da Habitação), foi extinto, sendo incorporado pela CEF em 1986. Os recursos previstos para o SFH são originados, principalmente, do FGTS (Fundo de Garantia do Tempo de Serviço), cadernetas de poupança e fundos próprios dos agentes financeiros.

A CEF tem alternado diversos programas de financiamento à aquisição ou construção da casa própria ao longo do tempo, procurando melhor viabilizar o acesso da população mais pobre à moradia. Como exemplos atuais desses programas, citam-se o Procred (Programa de Crédito Individual à Moradia), Poupança Azul Imobiliária, Credcasa, Capital de Giro para Construção etc.

Seus estatutos preveem outros objetivos à Caixa Econômica Federal, tais como:

- administrar, com exclusividade, os serviços das loterias federais;
- constituir-se no principal arrecadador do FGTS;
- ter o monopólio das operações de *penhor*. Essas operações constituem-se em empréstimos garantidos por bens de valor e alta liquidez, como joias, metais preciosos, pedras preciosas etc.

3.2.7 Secretaria do Tesouro Nacional (STN)

A Secretaria do Tesouro Nacional foi criada em 1986 por meio do Decreto nº 92.452, e tem por objetivo básico o aprimoramento das Finanças Públicas do Brasil. Sua atividade principal é de operar a administração e o controle das receitas e despesas públicas, garantindo que os recursos arrecadados sejam repassados conforme previstos no orçamento. A partir de 1993, a STN passou também a ser responsável por controle e gestão de toda a dívida pública federal interna e externa, mobiliária ou contratual, centralizando em uma única unidade governamental a responsabilidade pelo gerenciamento de todos os compromissos do Governo Federal.

Esta atribuição do Tesouro Nacional foi reforçada posteriormente com a proibição do Banco Central em emitir títulos da dívida pública interna. O Tesouro Nacional emite títulos da dívida pública para financiar déficit orçamentário, e o Banco Central executa somente política monetária.

As colocações dos títulos emitidos pelo Tesouro Nacional são realizadas por meio de leilões do Banco Central e da CETIP, que são também custodiantes desses papéis. Nestes leilões primários podem participar diretamente apenas instituições financeiras credenciadas (habilitadas no Selic). Pessoas físicas ou jurídicas interessadas em adquirir esses títulos podem fazê-lo por meio das instituições credenciadas.

A custódia dos títulos no Banco Central e CETIP funciona como uma conta-corrente, sendo creditada ao comprador e debitada ao vendedor.

Tipos de Leilões – A Secretaria do Tesouro Nacional (STN)[1] realiza leilões de títulos da Dívida Pública Mobiliária Federal utilizando-se do sistema eletrônico do Banco Central. Os leilões podem ser de **venda** ou de **compra** de títulos, de acordo com cronograma divulgado pelo Tesouro.

Os leilões de **venda** de títulos podem ser do tipo *tradicional*, onde são selecionadas pelo Tesouro as melhores propostas oferecidas (melhores preços de compra); e leilões *de troca*, nos quais novos títulos de dívidas ofertados podem ser adquiridos por meio de pagamentos em títulos em circulação no mercado.

Os leilões *tradicionais* são liquidados em moeda corrente, e os *de troca*, mediante a entrega de títulos de dívida em circulação.

O Tesouro promove também leilões de **compra** de títulos, que equivalem a um resgate antecipado dos papéis em circulação. Esses leilões são conhecidos por "Leilões de Resgate Antecipado". Os leilões de compra são utilizados para promover a liquidez dos papéis e ajustar a maturidade (prazos de vencimento) dos títulos em circulação no mercado.

Com o objetivo de integrar os sistemas de programação financeira, de execução orçamentária e de controle interno do Poder Executivo, e fornecer ainda informações gerenciais relevantes e confiáveis para a Administração Pública, a STN desenvolveu o Sistema Integrado de Administração Financeira do Governo Federal (SIAFI). Com esse sistema informatizado, é possível acompanhar, por meio de registros em Conta Única, todo o fluxo de saídas de recursos da União.

---

[1] Ver: www.tesouro.fazenda.gov.br.

3.3 Subsistema de intermediação

Esse subsistema, também denominado operativo, é composto das instituições (bancárias e não bancárias) que atuam em operações de intermediação financeira. O subsistema foi estruturado, conforme demonstrado no item 3.1, em cinco grandes grupos de instituições: *Bancárias, Não Bancárias, Sistema de Poupança e Empréstimo (SBPE), Auxiliares* e *Instituições Não Financeiras.*

3.3.1 Instituições financeiras bancárias

Englobam os Bancos Comerciais, Bancos Múltiplos e Caixas Econômicas.

Os **bancos comerciais** são instituições financeiras constituídas obrigatoriamente sob a forma de sociedades anônimas. Executam operações de crédito caracteristicamente de curto prazo, atendendo, dessa maneira, às necessidades de recursos para capital de giro das empresas.

A grande característica dos bancos comerciais é a sua capacidade de criação de moeda (moeda escritural, conforme estudada no Capítulo 1), a qual é estabelecida com base nos depósitos à vista captados no mercado.

Houve grande incentivo por parte do Governo nos últimos anos para que esses bancos processassem fusões e incorporações, diminuindo consideravelmente o número de sedes bancárias e promovendo um acentuado incremento na quantidade de agências. Em verdade, essa tendência de concentração dos bancos comerciais pode ser estendida também às demais instituições do Sistema Financeiro Nacional, formando conglomerados financeiros com atuação nos vários segmentos do mercado. As principais justificativas geralmente apresentadas para essa política de concentração são: reduzir, via economia de escala, o custo operacional e, consequentemente, o custo final do dinheiro, e elevar a eficiência administrativa e produtividade das instituições, capacitando-as a atuar em contextos de maior competitividade.

Os bancos comerciais têm a prestação de serviços como uma importante atividade, podendo realizar pagamentos de cheques, transferências de fundos e ordens de pagamentos, cobranças diversas, recebimentos de impostos e tarifas públicas, aluguel de cofres e custódia de valores, serviços de câmbio etc.

As principais operações ativas desenvolvidas pelos bancos comerciais concentram-se na concessão de créditos por meio de descontos de títulos, crédito pessoal, crédito rural, adiantamentos sob caução de títulos comerciais, cheques especiais etc. Os recursos dessas instituições são provenientes, principalmente, dos depósitos à vista e a prazo, operações de redesconto bancário e assistência financeira e operações de câmbio.

Os bancos, de maneira geral, vêm apresentando rápida evolução em sua estrutura de funcionamento, procurando adaptar suas operações e produtos a um mercado cada vez mais exigente e globalizado. Atualmente, vêm trabalhando da forma mais especializada, segmentando informalmente sua participação no mercado com base no volume de negócios dos clientes e na forma de atendimento.

Pelo volume de negócios, os bancos são classificados em *bancos de varejo* ou *bancos de negócios* (ou *bancos de atacado*). Os *bancos de varejo* costumam operar sob uma mesma denominação social com diversas modalidades e tipos de produtos financeiros, abrangendo também um número grande de clientes. As principais fontes de recursos dos *bancos de varejo* são os depósitos a prazo e, principalmente, os depósitos à vista, captados em sua extensa rede de agências.

Os *bancos de negócios,* por outro lado, estão voltados preferencialmente para operações financeiras de maior porte e complexidade, trabalhando, por isso, com um número mais reduzido de clientes, porém de poder aquisitivo mais alto. As operações desses bancos são mais estruturadas e voltadas para atender necessidades mais específicas dos clientes. Estas instituições mantêm um contingente menor e, geralmente, mais especializado de funcionários. Da mesma forma, esses bancos atuam com uma rede menor de agências e buscam tratamento diferenciado em seus negócios.

Com relação ao tipo de atendimento dispensado, as instituições financeiras costumam atuar como *private bank*, em que atendem pessoas físicas de elevadíssima renda e/ou patrimônio; *personal bank*, em que dão atendimento a pessoas físicas de alta renda e, muitas vezes, a pequenas e médias empresas; *corporate bank*, voltadas preferencialmente para empresas (pessoas jurídicas) de grande porte. Há também os segmentos *prime* e *varejo* para clientes com rendas inferiores (pessoas físicas) e faturamento anual (pessoas jurídicas).

A criação de **bancos múltiplos** surgiu como reflexo da própria evolução dos bancos comerciais e crescimento do mercado. A tendência de se formarem conglomerados financeiros no mercado, conforme foi anteriormente discutido, era também consequência do interesse dos bancos em promover sinergia em suas operações, permitindo que uma instituição completasse sua atividade de intermediação. A convivência da intermediação financeira com outras operações ativas dos bancos apresentava-se como estratégica às pretensões de crescimento.

Nesse ambiente, a segregação formal das atividades bancárias presente na época impunha algumas restrições ao funcionamento do setor financeiro. Era comum observar grandes disponibilidades de recursos em algumas instituições e déficits em outras do mesmo grupo, provocando custos que poderiam ser evitados se fossem autorizados repasses entre as empresas.

Assim é que surgiu, de maneira natural, o perfil dos bancos múltiplos. Inicialmente, o mercado adotou espontaneamente o conjunto de operações financeiras, reunindo-as em torno de uma única unidade decisória. Posteriormente, as autoridades monetárias passaram a reconhecer essa estrutura, regulamentando o funcionamento dos bancos múltiplos.

O projeto do banco múltiplo prevê sua formação principalmente com base nas atividades (carteiras) das seguintes instituições: banco comercial, banco de investimento e desenvolvimento, arrendamento mercantil e sociedade de crédito, financiamento e investimento e sociedade de crédito imobiliário. Para que uma instituição seja configurada como um banco múltiplo, ela deve operar pelo menos duas das carteiras apresentadas, uma delas necessariamente de banco comercial ou de banco de investimento.

3.3.2 Instituições financeiras não bancárias

As instituições classificadas como não bancárias são as que não apresentam capacidade de emitir moeda ou meios de pagamento, como os bancos comerciais.

Os **bancos de investimento** (ou bancos de negócios) são os grandes municiadores de créditos de médio e longo prazos no mercado, suprindo os agentes carentes de recursos para investimento em capital de giro e capital fixo. Como agentes financiadores dessas empresas, essas instituições efetuam, principalmente, operações de maior escala, como repasses de recursos oficiais de crédito, repasses de recursos captados no exterior, operações de subscrição pública de valores mobiliários (ações e debêntures), *lease-back*, financiamentos de bens de produção a profissionais autônomos e financiamento de operações de fusões e aquisições.

Estas instituições podem também desenvolver novos produtos financeiros.

Uma operação mais recentemente realizada pelos bancos de investimento é a *securitização de recebíveis* que consiste, em essência, na transformação de valores a receber e créditos das empresas em títulos negociáveis no mercado.

Os bancos de investimento podem dedicar-se também à prestação de vários tipos de serviços, tais como: avais, fianças, custódias, administração de carteiras de títulos e valores mobiliários, assessorias etc.

Estes bancos não mantêm contas-correntes. Além das reservas próprias e dos resultados de suas operações, os bancos de investimento operam, em grande parte, com recursos de terceiros provenientes principalmente da colocação de certificados de depósitos bancários (CDB), vendas de cotas de fundos de investimento, empréstimos contratados no país e no exterior etc.

Os **bancos de desenvolvimento** constituem-se em instituições públicas de âmbito estadual, que visam promover o desenvolvimento econômico e social da região onde atuam. Diante desse objetivo, os bancos de desenvolvimento apoiam formalmente o setor privado da economia, por meio principalmente de operações de empréstimos e financiamentos, arrendamento mercantil, garantias, entre outras.

Esses bancos são regidos pelas normas legais vigentes a todas as demais instituições do Sistema Financeiro Nacional, e sua constituição e funcionamento dependem de autorização do Banco Central.

As **sociedades de crédito, financiamento e investimento**, mais conhecidas por *financeiras*, dedicam-se basicamente ao financiamento de bens duráveis às pessoas físicas (usuários finais) por meio do mecanismo denominado *Crédito Direto ao Consumidor (CDC)*. Podem também as financeiras realizar repasses de recursos governamentais, financiar profissionais autônomos legalmente habilitados e conceder crédito pessoal.

Além dos recursos próprios gerados em suas operações, a principal fonte de recursos dessas instituições consiste no aceite e na colocação de letras de câmbio no mercado. As letras são emitidas pelo mutuário do financiamento, ou seja, o devedor do contrato, e aceitas pela instituição financeira. Ao adquirirem esses papéis, os investidores têm, em verdade, duas garantias: do emissor (financiado) e da financeira, que aceitou a letra de câmbio.

Para facilitar essa operação de crédito direto ao consumidor, o financiado costuma constituir um procurador junto à financeira com o objetivo de emitir a letra de câmbio.

Outra forma de atuação das sociedades financeiras é o *crédito com interveniência*. Nessa modalidade, a instituição adquire os créditos comerciais de uma loja. Por ser o credor do contrato de crédito firmado, a empresa comercial emite as letras de câmbio correspondentes e a financeira as aceita. O crédito é liberado à loja líquido dos encargos financeiros cobrados, os quais são repassados ao cliente no preço de venda cobrado das mercadorias.

Nesse caso de interveniência, a financeira trabalha com a garantia do estabelecimento comercial que vendeu as mercadorias (sacador) e do cliente comprador, cuja participação na operação ocorre por meio de um contrato de adesão assinado por ocasião da compra. Além dessas garantias, há ainda a alienação fiduciária dos bens negociados.

As sociedades financeiras podem ser classificadas como:

- *independentes*, quando atuam sem nenhuma vinculação com outras instituições do mercado financeiro;
- *ligadas* a conglomerados financeiros;
- *ligadas* a grandes estabelecimentos comerciais;
- *ligadas* a grandes grupos industriais, como montadoras de veículos, por exemplo.

As empresas conhecidas por *promotoras de vendas* não são instituições financeiras. Visam unicamente cadastrar clientes para as operações de financiamento, mediante, geralmente, postos avançados de atendimento, percebendo uma comissão por esses serviços.

As **sociedades de arrendamento mercantil** têm por objetivo a realização de operações de arrendamento mercantil (*leasing*) de bens nacionais, adquiridos de terceiros e destinados ao uso de empresas arrendatárias.

Os recursos que lastreiam essas operações são levantados principalmente por meio de emissões de debêntures e empréstimos no país e exterior. Essas instituições também praticam operações de cessões de créditos, que consistem na negociação das contraprestações dos contratos de arrendamento realizados com outras instituições financeiras.

Os principais tipos de *leasing* são:

- *leasing* operacional: assemelha-se muito a um aluguel, e é efetuado geralmente pelas próprias empresas fabricantes dos bens;
- *leasing* financeiro – é realizado por algumas instituições financeiras, como bancos múltiplos e sociedades de arrendamento mercantil. A arrendadora adquire o bem selecionado de um fornecedor e o entrega para uso da arrendatária. Ao final do prazo pactuado, a arrendatária poderá ou não exercer seu direito de compra do bem por um valor residual garantido estabelecido previamente. A operação de arrendamento mercantil envolve a participação de duas pessoas jurídicas: a *arrendadora*, que adquire o bem selecionado pelo cliente, e a *arrendatária*, cliente da arrendadora, que destinará o bem arrendado para uso próprio;
- *lease-back*: ocorre quando uma empresa vende determinado bem de sua propriedade e o aluga imediatamente, sem perder sua posse. Em verdade, o bem não é removido fisicamente, passando a empresa de proprietária do ativo para arrendatária do mesmo. Essa modalidade é demandada principalmente por empresas que necessitam de reforço de capital de giro.

As **cooperativas de crédito**[2] são instituições voltadas a oferecer créditos e prestar determinados serviços financeiros a seus associados. A cooperativa de crédito, de acordo com a legislação em vigor, é equiparada a uma instituição financeira, tendo seu funcionamento regulado e autorizado pelo Banco Central.

As cooperativas podem ser constituídas basicamente de funcionários de uma mesma empresa ou grupo de empresas, de profissionais de determinado segmento de atividade, e de empresários.

Os recursos são captados dos associados por meio de depósitos à vista e a prazo, e também de empréstimos, repasses e refinanciamentos de outras instituições financeiras. Podem ainda receber doações. O crédito concedido pode se realizar mediante empréstimos, descontos de títulos e financiamentos.

As cooperativas de crédito podem ser classificadas nas seguintes categorias:

- *Cooperativas Singulares*, formadas por, no mínimo, 20 associados, e se caracterizam pelas operações de crédito e serviços prestados diretamente aos seus cooperados.
- *Cooperativas Centrais*, formadas por cooperativas de crédito singulares, e têm por objetivo prestar serviços a estes membros associados, incentivar a prestação de serviços recíprocos entre os filiados e oferecer orientações de suas atividades.
- *Confederações*, constituídas pelas cooperativas centrais, visam orientar e assessorar as diversas atividades de suas filiadas.

São instituições bastante importantes para o desenvolvimento econômico e social de um país, capazes de manter milhões de associados e promover um volume bastante considerável de transações financeiras na economia, principalmente operações de crédito e serviços.

Apesar de classificadas como instituições financeiras de mercado, as cooperativas de crédito apresentam algumas características diferenciadoras:

- não possuem finalidades lucrativas e não estão, ainda, sujeitas a falência;
- estão preferencialmente voltadas a seus associados, oferecendo condições mais vantajosas nos empréstimos (menores taxas e encargos), melhores condições para aplicações financeiras, cobrança de menores taxas

---

[2] Para o leitor mais interessado no assunto, recomenda-se: PINHEIRO, M. A. Henriques. *Cooperativas de crédito*: história da evolução normativa no Brasil. 5. ed. Brasília: Banco Central do Brasil, 2007. Disponível em: www.bcb.gov.br.

de serviços e menores exigências para concessão de crédito que as praticadas normalmente por outras instituições financeiras de mercado;

- os depósitos à vista são captados de seus associados e não estão sujeitos a recolhimentos compulsórios no Banco Central. Com isso, as cooperativas de crédito podem dispor do total dos recursos levantados para empréstimos, cobrando taxas mais reduzidas;
- o cliente é, ao mesmo tempo, um associado da cooperativa, o que lhe permite usufruir de algumas vantagens;
- com relação à captação de recursos, as cooperativas de crédito podem receber depósitos somente de seus associados, e levantar empréstimos (e linhas de repasses) em instituições financeiras no país e exterior.

Assim, apesar de se reconhecer a capacidade de criação de moeda escritural das cooperativas de crédito pela captação de depósitos à vista, decidiu-se incluir esta instituição como não bancária. As diversas características próprias das cooperativas de crédito, principalmente sua limitação em captar depósitos à vista unicamente de seus associados, justificam esta classificação. Nada impede que, sob diferente avaliação, sejam as cooperativas de crédito entendidas como instituições financeiras bancárias.

As **sociedades de crédito imobiliário** voltam-se ao financiamento de operações imobiliárias, que envolvem a compra e a venda de bens imóveis. Prestam apoio financeiro também a outras operações do setor imobiliário, como vendas de loteamentos, incorporações de prédios etc. Essas instituições costumam levantar os recursos necessários por meio de letras imobiliárias e cadernetas de poupança.

As **associações de poupança e empréstimo** (APEs) são instituições financeiras que atuam também na área habitacional, por meio de financiamentos imobiliários.

Essas associações fazem parte do Sistema Brasileiro de Poupança e Empréstimo (SBPE) e costumam atuar de forma restrita a determinada região. São constituídas sob a forma de sociedades civis sem fins lucrativos, sendo de propriedade comum de seus associados.

A principal alternativa de captação financeira é a caderneta de poupança, cujos depositantes são somente pessoas físicas. Por atuarem de forma restrita a seus associados, os aplicadores assumem um vínculo societário com as APEs, adquirindo direito a voto nas assembleias e participação na distribuição dos lucros. Assim, a caderneta de poupança remunera os aplicadores com dividendos e correção monetária.

3.3.3 Sistema Brasileiro de Poupança e Empréstimo (SBPE)

Com a extinção do Banco Nacional da Habitação (BNH), comentada anteriormente, o sistema financeiro de habitação do Brasil passou a ser constituído praticamente pelas instituições integrantes do SBPE, ou seja: Caixa Econômica Federal, sociedades de crédito imobiliário, associações de poupança e empréstimos e bancos múltiplos com carteira de crédito imobiliário. A captação de recursos (*funding*) dessas instituições é identificada principalmente pelas cadernetas de poupança e pelos fundos provenientes do FGTS.

3.3.4 Instituições auxiliares

As **bolsas de valores** são organizações que mantêm um local onde são negociados os títulos e valores mobiliários de pessoas jurídicas públicas e privadas (ações e debêntures, basicamente). Para tanto, devem apresentar todas as condições necessárias para o perfeito funcionamento dessas transações, tais como organização, controle e fiscalização.

Devem também as bolsas de valores dotar seu local de funcionamento de todas as condições para que os negócios se efetuem num mercado livre e aberto, obedecendo a suas próprias regras e propiciando a continuidade dos preços e a liquidez dos negócios realizados.

A essência da existência de bolsas de valores é proporcionar *liquidez* aos títulos negociados, atuando por meio de pregões contínuos. Têm responsabilidades pela fixação de um preço justo, formado por consenso de mercado mediante mecanismos de oferta e procura. Obrigam-se as bolsas, ainda, a efetuar, dentro do menor prazo e da maior amplitude possível, a divulgação de todas as operações realizadas.

As bolsas de valores atuam com diversos tipos de mercado. No mercado *à vista*, são realizadas operações com liquidação financeira imediata ou, no máximo, num prazo bastante curto. Nos mercados *a termo*, *opções* e *futuros*, cada um com características próprias de funcionamento, conforme será estudado nos Capítulos 17 e 18, as operações têm sua liquidação processada num prazo maior.

O denominado *mercado de balcão* resume as operações realizadas com diferentes tipos de papéis, não necessitando estar registrados em bolsa. *Exemplos*: títulos patrimoniais de associações diversas, ações de empresas não registradas em bolsas de valores e outras espécies de títulos. O mercado de balcão não possui um lugar físico determinado para realizar suas atividades, sendo os negócios geralmente realizados mediante contatos telefônicos.

Por outro lado, as *caixas de liquidação* (*clearings*) atuam nos pregões e têm por função básica registrar, liquidar e compensar as várias operações processadas no âmbito das bolsas de valores. Essas empresas estão habilitadas também para receber depósitos e garantias exigidas em certas operações financeiras realizadas. As *clearings* podem estabelecer-se juridicamente como empresas controladas das bolsas de valores ou, se autorizado pelas sociedades corretoras membros das bolsas, de forma independente.

> A Bolsa de Valores de São Paulo (Bovespa) foi uma das mais importantes bolsas de valores do Brasil. A Bovespa apura e divulga o índice de bolsa *Ibovespa*, o qual mensura o desempenho de uma seleção das principais ações negociadas em bolsa, servindo como um parâmetro de decisão para os investidores. No início deste século (2008), ocorreu a fusão da Bovespa com a *Bolsa de Mercadorias e Futuros (BM&F)*, criando a BM&FBovespa. Em 2017, ainda, a bolsa realizou uma nova fusão com a Central de Custódia e de Liquidação Financeira de Títulos (CETIP), criando a *B3 – Brasil, Bolsa, Balcão*.
>
> A CETIP era uma sociedade que oferecia serviços de custódia, controle, registro e liquidação de ativos negociados no mercado de títulos de renda fixa (públicos e privados). No ambiente da B3 também foi criado, em 2000, o *Novo Mercado*, formado por empresas que apresentam um padrão diferenciado de Governança Corporativa, tornando-se uma referência de transparência para os investidores em geral. As empresas que compõem o Novo Mercado adotam voluntariamente práticas de Governança Corporativa mais rigorosas, acima das exigências estabelecidas pela legislação brasileira vigente. Nesse segmento de mercado, podem somente ser emitidas ações que dão ao seu titular o direito a voto em assembleias de acionistas, identificadas como Ações Ordinárias (ON).

As **sociedades corretoras** são instituições que efetuam, com exclusividade, a intermediação financeira nos pregões das bolsas de valores.

Entre outros direitos que lhes competem, as sociedades corretoras podem:

a. promover ou participar de lançamentos públicos de ações;
b. administrar e custodiar carteiras de títulos e valores mobiliários;
c. organizar e administrar fundos e clubes de investimentos;
d. efetuar operações de intermediação de títulos e valores mobiliários, por conta própria e de terceiros;
e. efetuar operações de compra e venda de metais preciosos, por conta própria e de terceiros;
f. operar em bolsas de mercadorias e futuros, por conta própria e de terceiros;
g. operar, como intermediadora, na compra e venda de moedas estrangeiras, por conta e ordem de terceiros (operações de câmbio);
h. prestar serviços de assessoria técnica em operações inerentes ao mercado financeiro.

As **sociedades distribuidoras** são também instituições intermediadoras de títulos e valores mobiliários, cujos objetivos básicos se assemelham bastante aos das corretoras. Entre as operações típicas dessas instituições, destacam-se:

a. aplicações por conta própria ou de terceiros (intermediação) em títulos e valores mobiliários de renda fixa e variável;
b. operações no mercado aberto;
c. participação em lançamentos públicos de ações;
d. administração de carteiras e custódias de títulos e valores mobiliários;
e. administração de fundos e clubes de investimento;
f. intermediação no mercado de câmbio e em bolsas de mercadorias.

Importante destacar que até o ano de 2009 somente as Sociedades Corretoras podiam atuar em bolsa de valores. A partir desse ano, porém, a CVM e o Banco Central autorizaram as Sociedades Distribuidoras a atuarem também em mercados organizados de bolsas de valores, igualando-se em direitos com as Sociedades Corretoras. Ambas as instituições possuem hoje praticamente os mesmos direitos de operarem no mesmo mercado (ações) e executando as mesmas funções. Assim, Distribuidoras e Corretoras são definidas atualmente como instituições financeiras que executam intermediações (compra e venda de títulos) em bolsas de valores, eliminando-se as diferenças entre elas.

Os **agentes autônomos de investimentos** são pessoas físicas credenciadas pelas instituições financeiras intermediadoras (corretoras, distribuidoras, bancos e financeiras) para atuarem na colocação de títulos e valores mobiliários e outros serviços financeiros no mercado, operando em troca do recebimento de uma comissão. Esses profissionais, da mesma forma que as instituições financeiras, são fiscalizados pelo Banco Central e pela Comissão de Valores Mobiliários.

3.3.4.1 Clube de Investimento

O *Clube de Investimento* é formado por investidores (pessoas físicas) que têm por objetivo constituir uma carteira diversificada de títulos e valores mobiliários, mediante a aplicação de recursos financeiros próprios. A constituição do clube é processada mediante aprovação e assinatura, por seus membros, do estatuto social, o qual regulará sua conduta e procedimentos de atuação.

O estatuto social do clube de investimento deve dispor, entre outros, dos seguintes assuntos: política de investimento a ser adotada, cálculo da quota a que cada membro tem direito, prazo de duração do clube, forma de resgate das quotas. O principal órgão deliberativo do clube de investimento é a assembleia geral, prevista em seu estatuto social e constituída por todos os seus membros.

O objetivo da criação do clube de investimento para o mercado financeiro é o de dinamizar os investimentos em ações, ampliando a participação dos investidores em bolsas de valores. Instituições especializadas, como sociedades distribuidoras e bancos de investimento, são geralmente solicitadas a assessorar a administração da carteira de títulos dos clubes. Todas as operações de compra e venda de títulos e valores mobiliários são registradas sempre em nome do clube de investimento, devendo ser custodiadas em instituição autorizada a prestar esse tipo de serviço.

A participação dos membros do clube é efetuada por meio de quotas do mesmo valor, livremente arbitradas por sua administração e emitidas de forma escritural. Cada quota corresponde a um voto nas assembleias gerais, e atualmente nenhum membro pode deter mais de 40% das quotas disponíveis. A todo membro do clube de investimento é assegurado o direito de transferir suas quotas para outros investidores, bem como se retirar do clube, mediante o resgate das quotas por seu valor patrimonial.

Todos os resultados financeiros auferidos em operações com títulos, como lucros nas vendas, dividendos recebidos etc., devem ser obrigatoriamente reinvestidos. O lucro do membro do clube realiza-se somente com o resgate parcial ou total de suas quotas.

A carteira do clube é constituída privilegiadamente por ações ou debêntures conversíveis em ações, de emissão de companhias de capital aberto e negociadas em bolsas de valores. Em caráter eventual e temporário, os recursos do clube de investimento podem ser aplicados em outros títulos de renda fixa.

3.3.5 Instituições não financeiras

As **sociedades de fomento comercial** (*factoring*) são empresas comerciais (não financeiras) que operam por meio de aquisições de duplicatas, cheques etc. de forma similar a uma operação de desconto bancário. A diferença fundamental é que o risco do título negociado passa a ser de exclusiva competência da empresa de *factoring*, eximindo a empresa-cliente das responsabilidades de recebimento. Para isso, cobram juros, repassando à empresa-cliente os resultados líquidos no ato da operação.

O *factoring* não é considerado uma operação financeira de crédito, e sim uma transferência (cessão) plena dos créditos da empresa produtora para o *factor*, isto é, uma aquisição definitiva dos valores recebíveis, inclusive do risco inerente ao pagamento desses valores.

As empresas de *factoring* têm como fonte de recursos principalmente os fundos próprios e empréstimos bancários.

As **companhias seguradoras** estão consideradas no Sistema Financeiro Nacional por terem a obrigação de aplicar parte de suas reservas técnicas no mercado de capitais. Estas instituições e o mercado segurador no Brasil são estudados com mais detalhes no Capítulo 14, ao tratar dos investidores institucionais.

3.3.6 *Fintech* e *startup*

As *fintechs* (*financial technology*) são empresas digitais inovadoras que oferecem exclusivamente serviços financeiros por meio do uso de uma tecnologia que as diferencia em relação às demais empresas concorrentes. Além da tecnologia mais moderna que permite soluções que atendam melhor às necessidades dos clientes, essas empresas são mais ágeis, menos burocráticas e operam com custos bastante reduzidos para os consumidores.

Assim como todas as demais empresas que operam no setor financeiro, as *fintechs* são controladas e reguladas pelo Banco Central, e devem seguir normas específicas para operar no mercado.

Fintechs × *startups* – as *fintechs* são empresas de serviços financeiros que se destacam das demais do setor pela inovação e pelo uso mais amplo e intenso de tecnologia. As *startups*, por seu lado, são empresas jovens, com perfil também inovador, porém se encontram em uma fase inicial (pré-operacional). Uma empresa *startup* adota também um modelo de baixo custo, alta escala de negócios e uso intenso da tecnologia. Porém essas empresas não atuam necessariamente no mercado financeiro, como as *fintechs*, sendo identificadas *startups* em diversos outros setores de atividade, como tecnologia, comércio, entretenimento etc.

As *fintechs* operam com diversos produtos financeiros, como cartões de crédito e débito, conta-corrente, alternativas de investimentos financeiros, empréstimos, pagamentos, entre outros.

3.4 Composição do SFN proposta pelo Banco Central

O Banco Central propõe uma composição para o Sistema Financeiro Nacional segmentado em três grandes partes, conforme demonstrada no quadro a seguir.[3]

---

[3] Disponível em: www.bcb.gov.br. Sistema Financeiro Nacional/ Composição e evolução do SFN/Composição.

Órgãos normativos	Entidades supervisoras	Operadores			
Conselho Monetário Nacional (CMN)	Banco Central do Brasil (Bacen)	Instituições financeiras captadoras de depósitos à vista	Demais instituições financeiras	Outros intermediários financeiros e administradores de recursos de terceiros	
			Bancos de câmbio		
	Comissão de Valores Mobiliários (CVM)	Bolsas de mercadorias e futuros	Bolsas de valores		
Conselho Nacional de Seguros Privados (CNSP)	Superintendência de Seguros Privados (Susep)	Resseguradores	Sociedades seguradoras	Sociedades de capitalização	Entidades abertas de previdência complementar
Conselho Nacional da Previdência Complementar (CNPC)	Superintendência Nacional de Previdência Complementar (PREVIC)	Entidades fechadas de previdência complementar (fundos de pensão)			

São destacados na composição sugerida pelo Banco Central do Brasil:

Conselho Nacional de Seguros Privados (CNSP) – tem por objetivo fixar as diretrizes e estabelecer as normas da política de seguros privados no Brasil. O CNSP é o órgão máximo do segmento de seguros, exercendo fiscalização e controle do funcionamento das sociedades seguradoras e dos corretores de seguros.

Conselho Nacional de Previdência Complementar (CNPC) – suas principais competências são as de regular, normatizar e coordenar as atividades das Entidades Fechadas de Previdência Complementar (Fundos de Pensão).

Superintendência de Seguros Privados (Susep) – autarquia responsável pelo controle e fiscalização do mercado de seguros, previdência privada aberta e sociedades de capitalização.

A Susep é uma instituição executora da política fixada pelo CNSP, cumprindo e fazendo cumprir todas as suas deliberações.

A Superintendência incorpora, entre outras, as seguintes atribuições: proteção da poupança popular gerada por meio de operações de seguros, previdência privada aberta e capitalização; atuação no sentido de manter a liquidez e a solvência das instituições que atuam em seu segmento de mercado.

A **Superintendência Nacional de Previdência Complementar (Previc)** atua na fiscalização e na execução das políticas dessas entidades, observadas as diretrizes do CMN e do CNPC.

INSTITUIÇÕES FINANCEIRAS CAPTADORAS DE DEPÓSITOS À VISTA:
- Bancos Múltiplos, com carteira comercial;
- Bancos Comerciais;
- Caixa Econômica Federal;
- Cooperativas de Crédito.

O **Instituto de Resseguros do Brasil (IRB)** é uma instituição que executa resseguros e retrocessão do seguro. O resseguro ocorre quando uma companhia aceita um contrato acima de sua capacidade financeira em honrar com o risco. Nessa situação, a seguradora repassa (ressegura) parte ou todo o risco assumido.

O objetivo do resseguro é de minimizar o risco da operação, constituindo-se em prática bastante comum em todo o mundo.

Entidades Fechadas de Previdência Complementar (Fundos de Pensão) – são sociedades formadas exclusivamente por funcionários de uma mesma empresa, ou grupo de empresas, ou por servidores públicos. Essas entidades são constituídas na forma de Fundação ou Sociedade Civil.

Sociedades Seguradoras – são instituições especializadas em elaborar contratos de seguros que preveem alguma indenização em caso de ocorrência do risco (acidentes, incêndio, morte etc.) O segurado, para ter o benefício, paga uma determinada quantia à sociedade, denominada "prêmio".

Corretores de Seguros – são pessoas físicas ou jurídicas que atuam na intermediação dos contratos de seguros estabelecidos entre a sociedade seguradora e o segurado. A profissão do corretor de seguros é regulamentada em lei, e para seu exercício é necessário habilitação legal.

Os corretores de seguros, por não terem vínculo empregatício com as seguradoras, ficam mais livres para defender os interesses do segurado.

Sociedades de Capitalização – são empresas que negociam títulos de capitalização. Esses títulos são representados por contratos que visam levantar um depósito periódico do contratante, e oferecem, ao final do prazo estabelecido, o direito de resgate do valor depositado corrigido por uma taxa de juros combinada previamente em contrato. O contrato de capitalização pode prever, ainda, o direito do contratante em concorrer a prêmios periódicos.

Entidades Abertas de Previdência Complementar (Fundos de Pensão) – essas entidades têm por objetivo instituir e administrar planos de benefícios previdenciários depositados, por meio de pagamentos periódicos ou único, por qualquer pessoa física.

Bancos de Câmbio – instituições financeiras que recebem autorização para realizar, sem restrições, operações de câmbio e operações de crédito, como financiamentos à exportação e importação, adiantamentos sobre contratos de câmbio etc. Essas instituições incluem em sua denominação a expressão "Bancos de Câmbio".

> OUTROS INTERMEDIÁRIOS FINANCEIROS CLASSIFICADOS PELO BACEN:
> - Administradoras de Consórcio;
> - Sociedades de Arrendamento Mercantil;
> - Sociedades Corretoras de Câmbio;
> - Sociedades Corretoras de Títulos e Valores Mobiliários;
> - Sociedades Distribuidoras de Títulos e Valores Mobiliários.

Administradoras de Consórcios – Consórcio é um grupo fechado de pessoas, denominadas cotistas, que se unem com a finalidade de formarem uma poupança comum visando à aquisição de bens (móveis e imóveis) e serviços, conforme definidos e estabelecidos em contrato. As contribuições pagas geram créditos a todos os integrantes do grupo, e esses valores são utilizados para a aquisição dos bens e serviços previstos.

As **administradoras de consórcios** são empresas autorizadas a operar pelo Banco Central, e têm como objetivo social constituir e administrar consórcios, representando os direitos e interesses dos membros dos grupos formados.

Entidades Supervisoras atuam sobre diversas instituições do sistema financeiro nacional, conforme resumidas na tabela a seguir:

Entidades supervisionadas pelo Banco Central (BC)	Entidades supervisionadas pela Comissão de Valore Mobiliários (CVM)	Entidades supervisionadas pela Superintendência de Seguros Privados (Susep)
- Bancos comerciais e múltiplos - Caixa Econômica Federal - Cooperativas de crédito - BNDES - Bancos de desenvolvimento e investimento - Instituições de câmbio - Sociedades financeiras - Sociedades de crédito imobiliário - Corretoras e distribuidoras de títulos e valores mobiliários e de câmbio - Sociedades de arrendamento mercantil - Outras	- Companhias abertas com ações negociadas em bolsas de valores - Bolsas de valores, mercadorias e futuros - Operações com valores mobiliários realizadas por sociedades corretoras e distribuidoras - Fundos de investimento - Outras	- Sociedades seguradoras - Sociedades que atuam no resseguro - Entidades abertas de previdência complementar - Outras

3.5 Títulos públicos negociados no mercado financeiro

Os títulos públicos no Brasil podem ser emitidos pelos três níveis do Poder Executivo: Federal, Estadual e Municipal, com os seguintes rendimentos:

- pós-fixados;
- prefixados;
- indexados ao dólar.

Os títulos públicos federais são adquiridos no mercado primário por instituições financeiras por meio de leilões promovidos pelo Banco Central e, posteriormente, podem ser negociados no mercado secundário para outras instituições financeiras ou não financeiras. Esses títulos são identificados no mercado com diferentes condições de prazo e formas de remuneração. Nos últimos anos, apresentaram uma série enorme de denominações e siglas, tais como: LTN, LFT, NTN etc.

Os títulos pós-fixados apresentam diferentes indexadores, como IPCA, IGP-M, taxa Selic, e assim por diante. Os títulos prefixados não possuem indexadores, oferecendo uma taxa fixa de remuneração.

Atualmente, somente o Tesouro Nacional está autorizado a emitir títulos públicos.

Basicamente, os títulos federais negociados no mercado financeiro nacional visam:

- à consecução da política monetária estabelecida pelo Governo, regulando o fluxo dos meios de pagamento da economia;
- financiar o déficit orçamentário e de caixa do Governo;
- prover o Governo de fundos para realizar os investimentos públicos necessários na economia.

Os títulos públicos federais negociados no mercado financeiro nacional são:

- Tesouro Selic – LFT (Letra Financeira do Tesouro);
- Tesouro Pré-Fixado – LTN (Letra do Tesouro Nacional);
- Tesouro Pré-Fixado com juros semestrais – NTN-F (Notas do Tesouro Nacional – Série F);
- Tesouro IPCA com juros semestrais – NTN-B (Notas do Tesouro Nacional – Série B);
- Tesouro IPCA – NTN-B Principal (Notas do Tesouro Nacional – Série B Principal).

Os títulos públicos do Tesouro Nacional possuem liquidez diária, permitindo que sejam geralmente resgatados a qualquer momento. No entanto, como esses títulos são avaliados a preços de mercado, podem ocorrer variações nos valores de resgate realizados em *data anterior ao seu vencimento*. A rentabilidade do título é garantida somente se o investidor permanecer de posse até a sua data de vencimento.

Os títulos do Tesouro são considerados como livres do risco de Crédito (Inadimplência) em razão de o emitente ser o governo brasileiro. Os títulos também são emitidos e resgatados tendo como referência a moeda nacional (Real). No entanto, permanece no título o risco de variação de valor determinado pelas oscilações de seus preços de mercado em razão de variações das taxas de juros (risco de mercado).

Os títulos criados pelos governos estaduais e municipais propõem-se a atender às mesmas finalidades dos federais, exceto na gestão da política monetária, que é de competência das autoridades monetárias. Dependendo das características de sua emissão, podem ser denominados Letras, Apólices ou Obrigações.

Existem ainda títulos públicos criados com a finalidade de indenizar proprietários de terras desapropriadas pelo Governo Federal, de acordo com sua política de reforma agrária. São negociados com deságio em razão da pouca credibilidade que apresentam de honrar o compromisso financeiro firmado, tendo atualmente circulação bastante restrita. É o caso dos *Títulos de Reforma Agrária*.

O denominado *Certificado de Privatização* foi emitido pelo Tesouro Nacional com a expectativa de promover a aquisição de ações de empresas estatais em seu processo de privatização. As autoridades colocaram compulsoriamente esses títulos nas instituições financeiras privadas, companhias de seguros e de assistência privada. Esse certificado é escritural, sendo negociado no mercado (pode também participar dos pregões das bolsas de valores) geralmente com deságio.

3.6 Regulação do mercado financeiro

As mudanças ocorridas no cenário mundial, principalmente nos campos econômico e tecnológico, expressam a necessidade de melhor adaptação dos mercados financeiros a esse novo contexto. Mesmo em sistemas de livre iniciativa, vem crescendo a percepção da necessidade de um conjunto de regras e procedimentos orientados para oferecerem maior segurança e qualidade nas operações com produtos financeiros.

O mercado financeiro apresenta-se como um dos setores de maior regulação de suas atividades pelas autoridades públicas. Nessa orientação, destacam-se no mercado financeiro brasileiro as iniciativas de regulação, como a criação do Mercado Novo no âmbito da Bolsa de Valores (B3), as práticas de Governança Corporativa adotadas com o intuito principal de proteger os acionistas minoritários, o Código de Proteção ao Consumidor vigente na economia, a Lei de Falências, entre outras iniciativas importantes.

Mishkin[4] justifica essa postura mais rigorosa de regulação citando três motivos: melhorar a disponibilidade de informações aos investidores, manter o equilíbrio do sistema financeiro e propiciar melhores condições para o controle e a execução de política monetária.

A *assimetria de informações* é um dos fatores que mais prejudicam o funcionamento normal do mercado financeiro. As informações formam um ativo valioso e fundamental para as negociações no mercado e podem não ser as mesmas para todos os participantes (agentes econômicos) do mercado. A desigualdade no acesso às informações pode levar os investidores a tomar decisões equivocadas, gerando perdas e desequilíbrio em todo o sistema.

Em ambiente de assimetria informacional, a compra de um título que resulte em perdas ao investidor, devido a fraudes ou má avaliação do risco da operação, por exemplo, pode afastá-lo do mercado financeiro por um longo tempo. A regulação, nesses casos, deve propiciar o aumento do volume de informações disponíveis a todos os participantes, melhorando a eficiência do mercado.

A regulação dos *intermediários financeiros* visa manter a solvência do sistema, evitando crises financeiras de maior repercussão com potencial de atingir os investidores e a economia. Foi muito discutido que a amplitude da crise financeira de 2008 ocorreu, em grande parte, devido à falta de medidas de regulação dos mercados financeiros.

Da mesma forma, normas de regulação devem também apresentar o objetivo de melhorar os controles dos *meios de pagamentos* da economia. Para tanto são regulamentados, entre outros procedimentos, as garantias de depósitos bancários (o Brasil tem o instrumento do Fundo Garantidor de Crédito – FGC), os recolhimentos compulsórios para controle sobre a oferta de moeda, cadastramento de emitentes de cheques sem fundos, operações do mercado interfinanceiro, medidas de combate à lavagem de dinheiro etc.

> A *regulação* no mercado financeiro é explicada como um conjunto de leis, recomendações, regulamentos, contratos e procedimentos de fiscalização e acompanhamento, visando adequar os agentes econômicos de mercado aos objetivos de estabilidade e confiança de todo o sistema financeiro. A regulação é geralmente executada pelas autoridades governamentais, como o Banco Central (Bacen) e a Comissão de Valores Mobiliários (CVM).

> A *autorregulação*, por seu lado, origina-se fora de uma iniciativa do Governo Central, sendo adotada pelas instituições que participam do mercado. Nesse sentido, pode-se entender a B3, o BNDES, Associações de Bancos de Investimentos, Anbima, entre outras, como entidades que contribuem para a autorregulação do mercado financeiro.

A falta de regulamentação do setor bancário traz geralmente consequências bastante danosas a toda a sociedade. A citada crise financeira de 2008, por exemplo, que se iniciou com o estouro da bolha do setor imobiliário dos EUA, provocou uma séria crise bancária que logo se alastrou para o mundo, atingindo não somente os mercados financeiros, mas também toda a economia real. Os efeitos principais desse desequilíbrio do sistema foram a contração do crédito bancário, a queda da atividade econômica de todas as nações e a desvalorização dos preços internacionais das principais mercadorias (*commodities*).

O pesado custo imposto pelas medidas saneadoras adotadas pelos países, como os vultosos socorros financeiros oferecidos às instituições de mercado, trouxe consequências negativas a toda a economia, provocando uma crise de dívidas soberanas principalmente nos países da Comunidade Europeia. Essa crise de endividamento soberano pode ainda afetar todo o mercado bancário, seja por meio da redução das atividades dos bancos, seja por elevação do risco sistêmico e do custo financeiro.

Nesse ambiente conturbado coloca-se, uma vez mais, que a principal contribuição da regulação dos mercados financeiros é a de evitar o risco de contágio entre os participantes e a desestruturação de todo o sistema bancário.

O sistema regulatório no Brasil é formado basicamente pelo Conselho Monetário Nacional (CMN), Banco Central do Brasil (Bacen), Comissão de Valores Mobiliários (CVM), Superintendência de Seguros Privados (Susep) e Superintendência Nacional de Previdência Complementar (Previc). Como entidade autorreguladora do sistema pode ser enquadrada a Bolsa de Valores, entidade que procede à normatização e fiscalização das operações com valores mobiliários e mercadorias.

> O objetivo da regulação do mercado financeiro deve ser o de elevar a garantia e confiabilidade das instituições que o compõem, e proporcionar confiança e proteção aos investidores. A regulação é adotada sempre que que se verifica algum desequilíbrio entre a situação vigente e o objetivo ideal do mercado. A regulação do mercado financeiro deve criar condições para que os recursos aplicados pelos investidores produzam o melhor retorno possível com o menor custo.

---

[4] MISHKIN, Frederic S. *Moedas, bancos e mercados financeiros*. 5. ed. Rio de Janeiro: LTC. p. 27.

Calado[5] cita que o entendimento da regulação do sistema financeiro exige o conhecimento de seus elementos fundamentais: regulação, fiscalização e supervisão. A *regulação* estabelece regras comportamentais específicas do mercado; a *fiscalização* preocupa-se em verificar se as regras estabelecidas estão sendo atendidas pelos agentes; e a *supervisão*, ainda segundo o autor, acompanha a atuação operacional dos participantes de mercado.

3.7 Organismos financeiros internacionais

3.7.1 Fundo Monetário Internacional (FMI)

O FMI foi a instituição central da conferência internacional de Bretton Woods (New Hampshire – EUA) realizada em 1944, na qual representantes de vários governos delinearam, entre outras decisões relevantes para a economia mundial, as regras básicas e a estrutura monetária mundial.

O objetivo delineado na criação do FMI foi o de promover a estabilidade do Sistema Financeiro Internacional e garantir a conversibilidade das diferentes moedas. A partir da década de 1970 o Fundo passou a atuar mais destacadamente no controle das várias turbulências econômicas ocorridas em diversas partes do mundo (América Latina e Ásia, especialmente).

A atuação do FMI engloba os seguintes objetivos essenciais:

- promover o crescimento e as relações de equilíbrio do comércio mundial, por meio, principalmente, de um regime de estabilidade cambial e apoio financeiro aos países com dificuldades em seus balanços de pagamentos;
- atuar como mecanismo coordenador, regulador e assessor das políticas monetárias e econômicas adotadas pelas diversas nações do mundo;
- levantar e padronizar as diversas informações econômicas internacionais.

O FMI tem sede em Washington, D.C., EUA, e é constituído nos dias atuais por praticamente todas as nações do mundo. São denominadas países-membros e assumem o compromisso formal de seguir suas regras básicas e cumprir com seus compromissos. De maneira semelhante a uma sociedade anônima, cada país subscreve sua participação no Fundo, passando a ter o direito de voto proporcional a sua *quota-parte*.

A principal fonte de financiamento do FMI são as quotas pagas (subscritas) por cada país-membro. O montante deste pagamento é calculado com base em certos indicadores econômicos de cada país, como PIB, reservas monetárias, volume de comércio internacional etc. A participação de cada país serve como referência para a definição de seu poder de voto, ponderando uma quantidade fixa de votos pela quota paga, mais um adicional por cada valor que venha a exceder.

Os empréstimos aos países com problemas no balanço de pagamentos são efetuados em *Direito Especial de Saque (DES)*,[6] moeda escritural de emissão do Fundo, criada com o objetivo de substituir o ouro nas transações internacionais. O DES foi criado na conferência realizada pelo FMI, no Rio de Janeiro, em 1967, possui aceitação internacional e convive com uma paridade relacionada a uma cesta de moedas de diversos países. Cada país-membro do FMI tem o direito de sacar uma quantidade de DES na proporção das quotas possuídas.

As funções básicas do FMI podem ser resumidas:

- *Assessoria econômica* — Avalia a conjuntura internacional e suas perspectivas, assessorando os países com relação ao planejamento de uma política econômica a ser adotada. Divulga ainda relatórios de análise de tendências da economia mundial.
- *Apoio financeiro* — Oferece apoio financeiro (empréstimos) a países com desequilíbrio no balanço de pagamentos, apoiando também medidas de ajuste e reforma estrutural das várias economias mundiais.
- *Apoio técnico* — Capacita tecnicamente os governos em áreas especializadas, visando a elaboração de políticas econômicas mais adequadas.

3.7.2 Banco Mundial

O Banco Mundial foi criado com a finalidade de contribuir para o desenvolvimento dos países. Atua com empréstimos a longo prazo e assistência técnica para projetos direcionados aos objetivos econômicos e sociais, como infraestrutura, agricultura e crescimento rural, desenvolvimento urbano, pequenas e médias empresas, saúde, educação e habitação.

Apesar de oferecer empréstimos e gerenciar recursos como uma instituição financeira comum, o Banco Mundial difere de um banco em seu sentido mais conhecido. Trata-se de uma organização financeira internacional, constituída por países desenvolvidos e em desenvolvimento, que são seus membros (e acionistas).

---

[5] CALADO, L. Roberto. *Regulação e autorregulação do mercado financeiro*. São Paulo: Saint Paul, 2009. p. 44.

[6] "*Special Drawing Rights*" – SDR (em inglês).

O apoio financeiro e a assistência prestada pelo Banco Mundial aos países em desenvolvimento visam ajudar no combate à pobreza. Os créditos oferecidos são de longo prazo, muitas vezes maior que os oferecidos pelas instituições privadas, e cobram juros bastante reduzidos (em algumas operações não há cobrança de juros).

Tanto o Banco Mundial como o Fundo Monetário Internacional foram criados na convenção de *Bretton Woods*, em 1944, com a finalidade de apoiar a ordem econômica e financeira mundial.

Enquanto o FMI preocupa-se em manter um sistema de pagamentos equilibrado entre os países, o Banco Mundial visa promover o desenvolvimento econômico e a redução da pobreza nas nações. Os projetos financiados pelo Banco Mundial são prioritariamente voltados à educação, infraestrutura e meio ambiente.

Os recursos do Banco Mundial são originados de colocações de títulos de emissão própria no mercado financeiro internacional e de contribuições recebidas de países ricos.

O Banco Mundial é constituído, entre outras, por três importantes instituições:

- **Banco Internacional de Reconstrução e Desenvolvimento (Bird);**
- **Agência Internacional de Desenvolvimento (AID)** *ou International Development Agency (IDA);*
- **Companhia Internacional de Financiamento (CIF)** *ou International Finance Corporation (IFC).*

O **Banco Internacional de Reconstrução e Desenvolvimento** é uma instituição que tem por objetivo financiar investimentos direcionados a satisfazer às necessidades básicas e aos investimentos produtivos dos países em desenvolvimento. A participação do Banco pode ocorrer mediante participação nos empréstimos realizados, por concessões de garantias e, também, por meio de assistência técnica aos países mais necessitados.

A **Agência Internacional de Desenvolvimento** é uma instituição direcionada a financiar as nações mais pobres em suas necessidades essenciais, geralmente oferecendo condições bastante especiais de pagamentos de empréstimos (prazos longos e carência) e cobrança de juros (baixos e, em certos casos, taxa zero). Os recursos da **AID** são provenientes, em sua maior parte, de contribuições dos países ricos.

A **Companhia Internacional de Financiamento** está voltada a apoiar o setor privado produtivo dos países em desenvolvimento, mediante operações de empréstimos, participações no capital e garantias de subscrição de novas ações emitidas pelas sociedades. A **CIF** avalia os projetos a financiar com base tanto em suas perspectivas de geração de caixa/lucros, como nos benefícios que oferecem à comunidade.

3.7.3 Banco para Pagamentos (Compensações) Internacionais (BIS)[7]

O BIS foi criado em 1930 por ocasião da conferência de Haia, Holanda, que tratava da negociação dos ônus da Primeira Guerra Mundial atribuídos à Alemanha. É considerado como a mais antiga organização financeira internacional, tendo sua sede atual na Basileia (Suíça).

O objetivo desta instituição é o de manter relações de cooperação entre os bancos centrais do mundo, de maneira a incentivar as operações financeiras internacionais, facilitar as transações e estabilizar a moeda no mundo.

Sempre que necessário, o BIS costuma participar de forma direta (aporte de recursos) e indireta (organizando apoio financeiro) de toda iniciativa de recuperação financeira do sistema financeiro internacional. Atua também em programas de apoio financeiros a países emergentes. Mais recentemente, disponibilizou apoio financeiro, no contexto do programa de estabilização do FMI, a países em crise econômica, como foram os casos do Brasil em 1998 e do México em 1982.

O BIS, em seu objetivo de promover a estabilidade financeira mundial, coordena comitês e organizações com elevado grau de autonomia, como:

- Comitê da Basileia de Supervisão Bancária;
- Comitê do Sistema Financeiro Global;
- Comitê do Sistema de Pagamentos e Recebimentos;
- Comitê de Mercado.

Por prestar serviços de apoio aos bancos centrais e organizações internacionais, o BIS é conhecido também por *banco central dos bancos centrais*.

3.7.4 Banco Interamericano de Desenvolvimento (BID)

O BID[8] é considerado uma instituição regional voltada a apoiar o desenvolvimento econômico e social de países da América Latina e Caribe. Seu principal objetivo é a redução da pobreza e melhor distribuição de renda, promovendo um crescimento sustentável para toda região. O BID atua nesses países por meio de empréstimos e cooperação técnica. Seus objetivos voltam-se também para promover o comércio e a integração regional.

---

[7] BIS – *Bank for International Settlements*.

[8] Em inglês: IDB *Inter-American Development Bank*.

O BID foi criado em 1959 e encontra-se atualmente sediado em Washington.

O banco é controlado pelos países-membros, que têm poder de voto proporcional ao montante de recursos subscritos de seu capital ordinário.

Os recursos do BID são provenientes do capital aportado pelos países-membros, e também da emissão de títulos em mercados de capital internacionais.

Apesar de ser denominado banco e atuar, em muitas ocasiões como uma instituição financeira, o BID possui certas características diferenciadoras. Além das operações normais de crédito, o banco também concede doações e assistência técnica aos países mais carentes, e desenvolve pesquisas cujos resultados são importantes para a formulação de políticas econômicas eficazes.

3.7.5 Grupo dos 20 (G-20)

O G-20 é um grupo informal constituído por países industrializados e emergentes com participação dinâmica na economia mundial e estabilidade econômica global. Este Grupo foi formado em 1999 como reflexo das crises financeiras mundiais ocorridas principalmente na década de 1990. O G20 é um grande Fórum de Cooperação Econômica Internacional, visando ao debate e à contribuição para a solução dos principais problemas econômicos mundiais.

Esse grupo, em verdade, é formado pelos 19 países mais ricos do mundo, mais a União Europeia, representada pelo Banco Central Europeu.

Os países que compõem o G-20 representam algo próximo a 90% do Produto Interno Bruto (PIB) do mundo, e cerca de 85% do comércio internacional.

O G-20 não é uma organização financeira formal, e não possui quadro de pessoal permanente. É um fórum de discussões sobre o crescimento, desenvolvimento da economia mundial e cooperação internacional.

A presidência do G-20 é rotativa anualmente entre seus membros, sendo todo ano escolhido um novo presidente oriundo de diferentes regiões do mundo. Os países dos presidentes do G-20 nos últimos anos foram os seguintes:

Ano	País
2015	Turquia
2016	China
2017	Alemanha
2018	Argentina
2019	Japão
2020	Arábia Saudita
2021	Itália
2022	Indonésia
2023	Brasil

3.7.6 Blocos econômicos

A globalização da economia trouxe a abertura comercial e a livre circulação de capitais entre os países, promovendo maior competitividade no mercado global. Este ambiente incentivou a formação de blocos econômicos, cujos objetivos principais são dinamizar o comércio entre os países-membros e promover seu crescimento. Os blocos econômicos adotaram medidas facilitadoras ao intercâmbio comercial, estabelecendo relações econômicas privilegiadas entre os países-membros como redução ou isenção de impostos, tarifas alfandegárias e demais taxas, livre circulação de mão de obra e de capitais.

Na tabela a seguir, são apresentados alguns dos principais blocos econômicos em atividade no mundo.

Sigla	Bloco	Descrição
UE	União Europeia	Formada em 1992 por meio do Tratado de Maastricht. Possui moeda única – *euro* –, abertura alfandegária, sistema financeiro comum e livre circulação de pessoas.
NAFTA	Tratado Norte Americano de Livre Comércio (*North American Free Trade Agreement*) – 1994	Tem por objetivo a eliminação de todas as barreiras alfandegárias existentes entre os países-membros, permitindo a livre circulação de mercadorias e dinheiro. Pretende com isso criar uma zona livre de comércio.
MERCOSUL	Mercado Comum do Sul (1991)	As metas são eliminar as barreiras comerciais entre os países-membros e promover os negócios, estabelecer total isenção de tarifas alfandegárias e criar uma moeda única.
ASEAN	Associação das Nações do Sudeste Asiático – 1967	Tem por objetivo incentivar o comércio entre os países-membros e obter maior competitividade na economia mundial. Sua meta é de promover maior desenvolvimento econômico e estabilidade política na região.
	Pacto Andino –1969	Bloco formado por países da América do Sul, formado com o objetivo de promover maior integração econômica na região.
APEC	Cooperação Econômica da Ásia e do Pacífico – 1993	Objetiva promover a livre troca de produtos entre os países-membros e abertura de mercado. É previsto que se torne, quando em pleno funcionamento, o maior bloco econômico do mundo.
ALCA	Acordo de Livre Comércio das Américas – 1994	Objetiva reduzir as barreiras alfandegárias entre os países americanos.
G-8	Grupo dos 8 – 1975	Grupo formado pelos oito países mais industrializados do mundo. Tem por objetivo atuar sobre a política econômica mundial.
BRICS	Países Emergentes: Brasil, Rússia, China, Índia e África do Sul – 2001	Grupo formado por países que apresentam características econômicas comuns (economias emergentes), com potencial econômico de ultrapassarem as economias das grandes potências mundiais.

4 Mercados Financeiros: Monetário e Crédito

A intermediação financeira desenvolve-se de maneira segmentada, com base em quatro subdivisões estabelecidas para o mercado financeiro:

- mercado monetário;
- mercado de crédito;
- mercado de capitais;
- mercado cambial.

Apesar de servirem de referência para o estudo do mercado financeiro, esses segmentos sugeridos de mercado muitas vezes se confundem na prática, permitindo que as várias operações financeiras interajam por meio de um amplo sistema de comunicações. Apresentam, ainda, uma referência comum para as diversas negociações financeiras, a *taxa de juros*, entendida como a moeda de troca desses mercados.

Este capítulo dedica-se ao estudo do mercado *monetário* e mercado de *crédito*. Os demais mercados financeiros são desenvolvidos no Capítulo 5, a seguir.

Estrutura dos Mercados Financeiros

Mercados	Atuação	Maturidade
Monetário	Controle dos meios de pagamentos (liquidez) da economia	Curtíssimo e curto prazos
Crédito	Créditos para consumo e capital de giro das empresas	Curto e médio prazos
Capitais	Investimentos, financiamentos e outras operações	Médio e longo prazos
Cambial	Conversão de moedas	À vista e curto prazo

O *mercado monetário* envolve as operações de curto e curtíssimo prazos, proporcionando um controle ágil e rápido da liquidez da economia e das taxas de juros básicas pretendidas pela política econômica das autoridades monetárias.

O *mercado de crédito* engloba as operações de financiamento de curto e médio prazos, direcionadas aos ativos permanentes e capital de giro das empresas. Esse mercado é constituído, basicamente, pelos Bancos Comerciais e Sociedades Financeiras.

> O mercado financeiro pode ser interpretado como o ambiente da economia onde se realizam todas as transações com moedas e títulos, *commodities*, câmbio, derivativos e participações de capital. Conforme estudado no capítulo anterior, esse mercado é formado por instituições normativas (CMN, Bacen, CVM), instituições especiais (BNDES, BB e CEF), e instituições de intermediação (bancos comerciais e múltiplos, corretoras e distribuidoras de valores, bancos de investimentos, bolsas de valores etc.).
>
> O mercado financeiro é geralmente representado pelo mercado monetário e pelo mercado de capitais, diferenciando-se esses segmentos notadamente pelos prazos dos ativos negociados. O mercado monetário é composto por ativos de curto prazo, com alto nível de liquidez. O mercado de capitais se desenvolve com instrumentos de longo prazo (títulos, financiamentos etc.), ou de prazo indeterminado (ações). Uma visão mais ampla do mercado financeiro sugere a inclusão também do mercado cambial e mercado de crédito.

4.1 Mercado monetário

O mercado monetário encontra-se estruturado visando ao controle da liquidez monetária da economia, e das taxas de juros fixadas pelas autoridades monetárias. Nesse mercado, as instituições financeiras costumam suprir seus desencaixes financeiros eventuais e o Governo financia suas necessidades de caixa e realiza a rolagem de sua dívida. Os papéis são negociados nesse mercado tendo como parâmetro de referência a taxa de juros, que se constitui em sua mais importante moeda de transação. Os papéis que lastreiam as operações do mercado monetário caracterizam-se pelos reduzidos prazos de resgate e alta liquidez. É um mercado de curto e curtíssimo prazos (duração de até um ano), sendo ainda responsável pela formação das taxas de juros da economia (taxa Selic e taxa DI).

São negociados, principalmente, os papéis emitidos pelo Tesouro Nacional, com o objetivo de financiar o orçamento público (ex.: NTN – Notas do Tesouro Nacional; LTN – Letras do Tesouro Nacional), além de diversos títulos públicos emitidos pelos Estados e Municípios.

São ainda negociados no mercado monetário os certificados de depósitos interfinanceiros (CDI), exclusivamente entre instituições financeiras, e títulos de emissão privada, como o certificado de depósito bancário (CDB) e debêntures.

O mercado monetário é essencial para o estabelecimento do nível de liquidez da economia, controlando e regulando o fluxo de moeda convencional (papel-moeda) e de moeda escritural (depósitos à vista nos bancos comerciais). Para adequar o volume de moeda com o objetivo de manutenção de liquidez da economia, a autoridade monetária (Banco Central) atua no mercado financeiro disponibilizando ou retirando recursos da economia.

> Para aumentar a oferta de moeda, o Banco Central compra títulos no mercado, injetando assim recursos. Ao contrário, para reduzir a liquidez, o Banco Central vende títulos para os investidores de mercado, retirando assim recursos da economia.

4.1.1 Sistemas de Custódia e Liquidação de Títulos – Selic e Cetip

Grande parte dos títulos públicos e privados negociados no mercado monetário são escriturais, ou seja, não são emitidos fisicamente, exigindo maior organização em sua liquidação e transferência. As negociações com esses valores são, dessa forma, controladas e custodiadas por dois sistemas especiais, denominados *Selic* e *Cetip*.

O Selic (**Sistema Especial de Liquidação e Custódia**) foi desenvolvido pelo Banco Central do Brasil e pela Andima (Associação Nacional das Instituições do Mercado Aberto) em 1979, voltado a operar com títulos públicos de emissão do Tesouro Nacional. Esse sistema tem por finalidade controlar e liquidar financeiramente as operações de compra e de venda de títulos públicos (Dívida Pública Federal Interna) e manter sua custódia física e escritural.

Atualmente, as operações com títulos públicos são realizadas de forma eletrônica, e a liquidação financeira, pela introdução do novo Sistema Brasileiro de Pagamentos (SBP), é processada em tempo real.

O sistema trouxe maior segurança para as operações de compra e venda de títulos, oferecendo garantias da existência dos papéis em negociação e dos recursos necessários para a liquidação financeira (pagamento) da operação.

Os pagamentos no Selic processam-se através de *reservas bancárias*, e as transferências dos títulos entre os investidores somente são autorizadas pelo sistema mediante movimentações nessas reservas.

> *Reservas bancárias* são contas mantidas pelos bancos no Bacen. Esta conta é similar a uma conta-corrente, servindo para processar toda a movimentação financeira diária decorrente de operações próprias ou de terceiros (clientes), e também para cobrir recolhimentos de depósitos compulsórios.
>
> Os bancos procuram gerenciar as movimentações dessa conta de modo a não sobrarem excedentes de caixa – excessos de recursos impõem maior custo de oportunidade aos bancos – e também falta de reservas, sobre a qual o Bacen cobra juros.

Os títulos mais negociados no Selic são os emitidos pelo Tesouro Nacional que compõem a Dívida Pública Federal Interna.

Os vários negócios com esses títulos são acertados diretamente entre os operadores das instituições financeiras credenciadas a operar no mercado monetário, que repassam as informações, via terminal, ao Selic, para que ocorra a transferência do dinheiro e, a seguir, dos títulos envolvidos nas operações.

Os participantes do Selic são todas as instituições autorizadas a funcionar pelo Banco Central, como bancos, caixas econômicas, sociedades corretoras, sociedades distribuidoras, entre outras.

> O Selic é um sistema informatizado que executa a custódia dos títulos públicos de emissão do Tesouro Nacional (Dívida Pública Mobiliária Federal), e efetua também registro, controle e liquidação das operações com esses papéis. No Selic as operações são liquidadas uma a uma em tempo real.
>
> Os leilões de títulos por parte do Tesouro Nacional são realizados pelo sistema denominado de "Oferta Pública Formal Eletrônica – *OfPub*" e "oferta a *Dealers – ofDealers*", sob controle e gestão do Bacen.
>
> Todos os títulos são emitidos de forma escritural (eletrônica). A taxa de juros apurada nas negociações destes títulos é conhecida por *taxa Selic*.

OfPub e *OfDealers* são sistemas eletrônicos nos leilões de compra e venda de títulos. No OfPub participam todas as instituições autorizadas a funcionar pelo Banco Central; no OfDealers participam unicamente instituições autorizadas pelo Bacen e Tesouro Nacional.

Cálculo da taxa Selic

A taxa Selic é apurada diariamente após o encerramento das operações. É determinada como uma média ponderada das operações de financiamento de um dia, lastreadas em títulos públicos federais e realizadas no âmbito do Sistema Especial de Liquidação e Custódia (Selic). A taxa é expressa ao ano com prazo de um dia.

A formulação básica de cálculo da taxa é a seguinte:

$$\text{Taxa Selic (\% a.a.)} = \left[\left(1 + \frac{\sum_{j=1}^{n} K_j \times V_j}{\sum_{j=1}^{n} V_j}\right)^{252} - 1\right] \times 100 = \% \text{ ao ano}$$

K_j = taxa diária aplicada a "j-ésima" operação
V_j = valor ($) da "j-ésima" operação

Neste cálculo, é adotada a capitalização da taxa média ponderada das operações por *dia útil*. O cálculo de "dias úteis" exclui sábados, domingos e feriados nacionais. Por resolução do Banco Central, são computados 252 dias úteis no ano.

Com o intuito de *ilustrar* a aplicação da fórmula da taxa Selic, considere que em determinado dia foram realizadas quatro operações de um dia, sendo identificadas a seguir:

Operação	Volume ($ mil.)	Taxa diária (% ao dia)
I	$ 108,0	0,054667%
II	$ 207,6	0,055179%
III	$ 491,3	0,054533%
IV	$ 350,1	0,055861%
Total	$ 1.157,0	

- Taxa Média Ponderada do Dia

Operação	Volume (%)	Taxa diária (% ao dia)	Taxa ponderada (% ao dia)
I	9,34%	0,054667%	0,005106%
II	17,94%	0,055179%	0,009899%
III	42,46%	0,054533%	0,023155%
IV	30,26%	0,055861%	0,016904%
	100%		0,055063%

- Taxa Efetiva Anual da Selic

$$\text{Taxa Selic} = \left[(1 + 0,00055063)^{252} - 1\right] \times 100 = 14,88\% \text{ a.a.}$$

Os negócios com títulos públicos podem ser realizados no sistema Selic e também em *operações compromissadas*. Uma operação compromissada admite que a venda do título é feita com compromisso de recompra assumido pelo vendedor e, ao mesmo tempo, de um compromisso de revenda assumido pelo comprador. A liquidação do título se dá no dia seguinte. As operações compromissadas podem ser executadas somente por instituições financeiras habilitadas pelo Banco Central.

A taxa Selic representa a taxa média de juros das operações diárias de financiamentos realizadas entre as instituições financeiras no mercado monetário, sendo as operações lastreadas em Títulos Públicos Federais. Os negócios são registrados e controlados pelo Sistema Especial de Liquidação e Custódia (Selic).

A taxa *Selic* é tratada como a taxa básica de juros da economia brasileira, servindo de referência para a formação dos juros de mercado. Variações na taxa Selic influenciam os custos dos *créditos* (empréstimos e financiamentos) da economia, o nível de consumo da população e os investimentos, principalmente os de renda fixa que prometem remuneração calculada em juros.

A taxa Selic é fixada periodicamente (meta para a taxa) pelo Comitê de Política Monetária (COPOM) do Banco Central. O Banco Central, por meio de seus instrumentos de política monetária, atua no sentido de manter a taxa de mercado em torno da taxa meta definida para a Selic.

Conforme demonstrado no exemplo acima, a taxa Selic é calculada com base anual, considerando 252 dias úteis. O comportamento desta taxa deve convergir para a taxa meta de juros definida pelo Banco Central.

A taxa *Selic overnight*, ou somente taxa *over*, representa a média ponderada de um dia das operações de financiamento lastreadas em títulos públicos federais no sistema Selic. Essa taxa é referência para as operações de curtíssimo prazo (1 dia) realizadas entre os bancos.

A Cetip (Central de Custódia e de Liquidação Financeira de Títulos Privados) passou a funcionar a partir de 1986 como um sistema bastante semelhante ao Selic, só que abrigando títulos privados. Algumas vezes, o sistema opera também com títulos públicos que se encontram em poder do setor privado da economia.

O principal título do sistema Cetip é o *Certificado de Depósito Interfinanceiro (CDI)*, que permite transferências de recursos (liquidez) entre as instituições do sistema financeiro. A Cetip opera também com outros títulos, como CDB, Debêntures, "*Commercial Papers*" (notas promissórias), Letras Financeiras do Tesouro (LFT), cotas de fundos de investimentos etc.

Os mercados atendidos pela Cetip são regulados pelo Banco Central e pela Comissão de Valores Mobiliários (CVM).

As operações financeiras da Cetip processam-se por transferências bancárias de fundos (cheques ou formas equivalentes), e somente após as respectivas compensações é que o sistema providencia as transferências da custódia dos títulos.

No início de 2017, foi aprovada a fusão da Cetip com a Bolsa de Valores de São Paulo (BM&FBovespa), sendo o novo conglomerado conhecido por *B3* (Brasil, Bolsa, Balcão).

> A Cetip é uma câmara de compensação que realiza a custódia escritural de ativos, registro e controle das operações no mercado de balcão, e efetua a liquidação financeira. A Cetip oferece, ainda, através de uma plataforma eletrônica, a possibilidade de realização de diversos tipos de operação *on-line*, como leilões e negociações de títulos públicos, privados e valores mobiliários de renda fixa.

Os participantes da Cetip são todas as instituições que compõem o mercado financeiro, como bancos, corretoras e distribuidoras de TVM, fundos de investimentos, fundos de pensão, companhias de seguro etc.

Os dois sistemas de liquidação e custódia (Selic e Cetip) têm por objetivo básico promover a boa liquidação das operações do mercado monetário, propiciando maior segurança e autenticidade aos negócios realizados. Por sua importância no volume de operações do mercado monetário, o Selic e a Cetip divulgam periodicamente duas taxas de juros amplamente adotadas pelos agentes econômicos, a *taxa Selic* e a *taxa Cetip*.

Por meio do Selic, as instituições financeiras podem adquirir e vender títulos todos os dias, criando uma taxa diária conhecida por *overnight* e representativa das operações de um dia útil.

Como os títulos negociados no Selic são de grande liquidez e teoricamente de risco mínimo (títulos públicos), a taxa definida no âmbito desse sistema é, geralmente, aceita como uma *taxa livre de risco* da economia, servindo de importante referencial para a formação dos juros de mercado.

Dessa maneira, ao se identificar a *taxa Selic* tem-se a taxa de juros por dia útil formada pelas negociações que envolvem os títulos públicos, também denominada **taxa de carregamento**, por difundir a ideia de que o investidor, por meio dos juros da aplicação, está carregando o título.

Os jornais costumam publicar diariamente o volume negociado nos sistemas Selic e Cetip e as respectivas taxas do dia.

Por outro lado, foi observado que na Cetip os negócios não eram liquidados imediatamente como no Selic, visto que as transferências de recursos eram efetuadas por meio de cheques administrativos das instituições operadoras (ou ordens de pagamentos equivalentes). Dessa forma, toda compra de títulos nesse mercado somente teria sua liquidação financeira efetuada no dia seguinte ao da operação, após a devida compensação bancária, sendo por isso a taxa de juros formada diariamente no sistema conhecida por *taxa Cetip* ou D_1. A taxa Selic, por ter sua liquidação financeira prevista para o ato da operação, é conhecida por D_0. Por ser liquidada mediante cheques administrativos dos bancos, a taxa Cetip era ainda denominada taxa **ADM** (administrativa).

Atualmente, com a entrada em funcionamento do Sistema Brasileiro de Pagamentos (SBP), a liquidação das operações no Cetip se faz no momento zero, e não mais no dia seguinte mediante a compensação de cheques. Em termos de liquidação financeira das operações, os sistemas Selic e Cetip passaram a ter o mesmo procedimento de pagamento. Com isso, não foi mais possível fazer arbitragens entre as taxas, prática bastante adotada pelas tesourarias dos bancos.

As taxas do CDI, conhecidas por *taxa DI*, são provenientes da troca de posição financeira dos bancos entre si. Em operações de um dia, as instituições negociam aplicações e captações de recursos, visando reforçar suas reservas de caixa ou apurar retornos sobre saldos excedentes.

> Os *Certificados de Depósitos Interfinanceiros (CDIs)* são títulos emitidos por instituições financeiras com circulação restrita no mercado interfinanceiro. Normalmente, o prazo das operações no mercado interfinanceiro é de um dia, refletindo o custo da troca de reserva dos bancos por um dia. As taxas DI por um dia são conhecidas no mercado por DI *over*.
>
> As instituições financeiras que atuam no mercado interfinanceiro negociam, em verdade, dinheiro entre si. Esse mercado procura manter o equilíbrio do sistema, transferindo recursos de agentes superavitários para aqueles que demandam liquidez.
>
> As operações do interfinanceiro são lastreadas pelos *Certificados de Depósitos Interfinanceiros (CDIs)*, sendo as taxas de juros dos títulos formadas livremente pela oferta e procura de dinheiro. A taxa do CDI é uma taxa de referência do mercado financeiro, atuando sobre a formação das demais taxas de juros.
>
> A taxa DI é influenciada pela taxa real de juros sem risco da economia (taxa real, livre da inflação, de títulos públicos) e pelas expectativas da taxa de inflação.

Esta taxa CDI é também usada como referência (*benchmark*) da taxa livre de risco no Brasil. Como balizamento do mercado, a taxa Selic é mais importante, referenciando o custo do dinheiro no mercado financeiro (base das taxas de juros). As diferenças entre as taxas Selic e Cetip são em geral pequenas, representadas principalmente pela natureza dos títulos (público e privado) constantes do sistema.

O Copom e a Taxa de Juros Meta no Brasil

O Comitê de Política Monetária (Copom), vinculado ao Banco Central, foi instituído em 1996, com os objetivos principais de estabelecer as diretrizes da política monetária e definir a taxa de juros meta a ser praticada pela autoridade monetária. A taxa de juros meta, que servirá de referência para o mercado financeiro, é definida no Brasil pela taxa Selic.

Desde sua criação, o funcionamento do Copom sofreu diversas alterações no que se refere a seus objetivos, composição de seus membros, frequência das reuniões, atribuições e competências. Esses ajustes no regulamento tiveram sempre por objetivo adequar o Comitê à dinâmica do ambiente monetário, assim como aperfeiçoar o seu processo decisório.

O Copom realiza reuniões periódicas visando avaliar a economia e calibrar os instrumentos de política monetária. Ao final de cada reunião é informada ao mercado a meta da taxa Selic, a vigorar até a próxima reunião ordinária do Comitê. Junto com a taxa, pode também ser divulgado um eventual *viés*, de subida ou descida dos juros, que representa um poder concedido ao presidente do Banco Central para modificar a taxa meta Selic em qualquer momento que julgar conveniente, antes da próxima reunião ordinária. Essa prerrogativa de modificar a meta da taxa de juros entre as reuniões é usada normalmente diante de expectativas de eventos novos e relevantes na conjuntura econômica.

> A *taxa Selic* representa a taxa média dos financiamentos lastreados em títulos públicos federais, apurados diariamente pelo Sistema Especial de Liquidação e Custódia. É entendida como "taxa básica" de juros da economia. O *viés* é uma tendência de comportamento das taxas de juros para o intervalo entre duas reuniões ordinárias do Copom.
>
> A calibragem da taxa Selic para a meta estabelecida pelo Copom pode ser executada por operações de compra e venda de títulos públicos no mercado conduzidas pelo Banco Central.
>
> Em suma, a *taxa meta da Selic* é estabelecida periodicamente pelo COPOM, e o Banco Central atua no mercado com o objetivo de trazer as taxas de juros de um dia útil de operações compromissadas entre instituições financeiras o mais próximo possível da meta estabelecida. A *taxa Selic over*, por seu lado, é a taxa efetivamente praticada no mercado. A taxa é definida diariamente a partir de uma média diária ponderada das operações com títulos públicos realizadas no sistema Selic, conforme ilustrado no item 4.1.1.
>
> As taxas Selic meta e *over* são historicamente muito próximas, permanecendo, em geral, a taxa *over* ligeiramente abaixo da meta do Banco Central. Sempre que as taxas começam a se distanciar, o Banco Central realiza intervenções no mercado, comprando ou vendendo títulos, com o intuito de aproximar essas taxas.

Os objetivos do Copom em suas decisões de política monetária passaram a incluir também o cumprimento das "metas de inflação" da economia, conforme definidas pelo Conselho Monetário Nacional. Essas metas representam um intervalo no qual se pretende manter a inflação da economia. Caso essas metas não sejam cumpridas, o Banco Central deve elaborar um documento no qual expõe as razões do descumprimento e as providências tomadas para que a inflação atinja as metas estabelecidas.

Alguns dias após cada reunião do Copom, o Banco Central divulga uma ata da reunião, onde é apresentada uma avaliação da decisão tomada e tendências das próximas decisões do colegiado. O Copom divulga ao final de cada trimestre o documento "Relatório de Inflação", o qual avalia em pormenores o desempenho da conjuntura econômica e financeira do Brasil e disponibiliza suas projeções para a taxa de inflação.

> **Taxa Selic × Taxa DI**
>
> Por definição, a *taxa Selic* representa a média ponderada das taxas de juros das operações compromissadas de compra e venda de títulos públicos com prazo de um dia. *Operações compromissadas* envolvem o compromisso de recompra (em caso de venda) ou de revenda (em caso de compra) de títulos no mercado financeiro. Essas operações podem ser entendidas como operações de crédito com garantia no lastro de títulos públicos oferecidos. A taxa Selic é divulgada pelo Banco Central diariamente.
>
> A *taxa DI* (ou Depósito Interfinanceiro) é determinada pelas operações com títulos de crédito, emitidos por instituições financeiras e denominados CDI (Certificados de Depósitos Interfinanceiros). Essa taxa é também expressa com base em um ano e prazo de um dia. Sua divulgação é feita todos os dias pela Cetip.
>
> Tanto a taxa Selic como a taxa DI são admitidas como livres de risco. Uma *taxa livre de risco* é considerada em aplicações com mínima (ou nenhuma) probabilidade de inadimplência (calote da dívida). A taxa Selic, por ser lastreada em operações com títulos públicos, deve apresentar menor risco de crédito que a taxa DI, que remunera títulos de créditos privados sem garantias.
>
> No entanto, essa relação risco-retorno das taxas não se verifica geralmente no mercado financeiro, permanecendo a taxa DI muitas vezes menor que a taxa Selic. As instituições financeiras costumam usar a taxa DI com prazo de um dia, como taxa livre de risco (ou taxa de risco mínimo). Algumas razões podem explicar esse comportamento, como o excesso de liquidez do mercado DI em relação ao mercado Selic, o mercado da taxa Selic ser controlado pelo Governo por meio do Bacen etc.

4.1.2 Títulos públicos

Os governos federal, estadual e municipal costumam captar recursos no Mercado Financeiro por intermédio da emissão de títulos públicos visando suprir suas necessidades de recursos de custeio e investimento. Esses títulos constituem-se em alternativa de investimento para o mercado e são registrados como dívida mobiliária. Os títulos estaduais e municipais apresentam baixa liquidez no mercado, tendo uma circulação mais restrita. Os títulos públicos federais, ao contrário, têm maior aceitação e liquidez.

Essencialmente, os títulos públicos emitidos pelo Tesouro Nacional estão voltados para a execução da política fiscal do Governo, antecipando receitas orçamentárias ou financiando déficits fiscais. Anteriormente, o Banco Central podia emitir títulos públicos com o objetivo principal de implementação e execução da política monetária. No entanto, por resolução do Conselho Monetário Nacional, o Banco Central não pode mais emitir títulos da dívida pública desde o ano 2000 (Lei de Responsabilidade Fiscal – 04.05.2000). Para execução de política monetária, o Banco Central opera no mercado aberto negociando somente títulos de emissão do Tesouro Nacional.

> Os títulos públicos são emitidos e garantidos pelos governos federal, estadual e municipal e têm por finalidade financiar a dívida pública, antecipar as receitas, ou serem utilizados como instrumento de política monetária.

As vendas de títulos públicos podem ser realizadas mediante três formas:

- oferta pública com realização de leilões;
- oferta pública sem a realização de leilões (venda direta pelo Tesouro);
- emissões destinadas a atender a necessidades específicas previstas em lei.

Os leilões de títulos públicos no mercado podem ocorrer de duas formas:

- leilão formal (primário);
- leilão informal (*go around*).

No **leilão formal**, a autoridade monetária divulga ao mercado as condições dos negócios, como tipo, características, quantidade e prazo dos títulos que serão objetos do leilão, entre outras informações.

Os investidores efetivam suas propostas de compra, as quais são encaminhadas ao Sistema Especial de Liquidação e Custódia (Selic) para que sejam efetuadas as respectivas transferências de titularidade e liquidações financeiras.

O **leilão informal** caracteriza-se pela possibilidade de o Banco Central intervir no mercado, comprando ou vendendo títulos conforme sejam seus objetivos.

Para colaborar neste processo, o Banco Central atua junto com instituições credenciadas a operar no mercado aberto, conhecidas por *dealers*. Ao decidir entrar no mercado para comprar ou vender títulos, o Banco Central avisa aos agentes de sua intenção por meio dos *dealers*.

Os interessados em negociar com o Banco Central enviam suas ofertas, as quais poderão ser aceitas ou rejeitadas.

Assim, o Banco Central atua regularmente no mercado aberto, negociando títulos públicos de modo definitivo ou por meio de operações compromissadas, que apresentam uma obrigação de recompra. Seu objetivo com estas intervenções é o de direcionar as taxas de juros para a meta estabelecida.

Todas as pessoas residentes no Brasil que possuam Cadastro de Pessoa Física (CPF) podem investir diretamente em títulos públicos, através do programa conhecido por *Tesouro Direto*. Estão disponíveis para compra diversos títulos emitidos pelo Tesouro Nacional, como: LTN (Letra do Tesouro Nacional), LFT (Letra Financeira do Tesouro), NTN (Notas do Tesouro Nacional), entre outros.

> O *Tesouro Direto* é um programa do Tesouro Nacional (com o apoio da B3) de venda de títulos públicos para investidores pessoas físicas por via eletrônica (Internet). Ao aplicar seus recursos financeiros na compra de títulos públicos, o investidor está, na verdade, emprestando dinheiro ao governo na expectativa de uma remuneração (juros). Nessa modalidade, a compra dos títulos é feita diretamente, não incorrendo em custos de intermediação. Os títulos públicos negociados pelo Tesouro Direto são garantidos pelo Tesouro Nacional, sendo considerados os de mais baixo risco.

Estes títulos são considerados de baixíssimo risco, e assumem somente o risco conjuntural. Por definição, um título público não tem o risco do emitente. A rentabilidade dos títulos pode ser prefixada, pós-fixada ou indexada por algum índice de preços da economia.

O investidor pode vender os títulos adquiridos a qualquer momento do prazo de emissão. Assim, se mantiver os títulos até o vencimento, auferirá um retorno exatamente igual à rentabilidade (antes dos impostos) definida no momento da aplicação. Ao desejar negociar antecipadamente o título, se sujeitará aos preços de mercado vigentes na data da venda, podendo o retorno superar ou ficar abaixo da taxa contratada.

4.1.2.1 Principais títulos da dívida pública interna no Brasil

Os títulos mais conhecidos da dívida pública do Governo Federal, de responsabilidade do Tesouro Nacional, classificados pela natureza de suas emissões e suas principais características de negociação, são apresentados a seguir. Esses títulos tiveram sua denominação recentemente alterada pela Secretaria do Tesouro Nacional (STN).

Prefixados		
Título	Rendimento	Remuneração
Tesouro Prefixado (LTN) Tesouro Prefixado com Juros Semestrais (NTN-F)	Taxa contratada Taxa contratada	No vencimento Semestral e no vencimento
Pós-Fixados Indexados à Inflação		
Tesouro IPCA (NTN-B Principal) Tesouro IPCA com Juros Semestrais	IPCA + Taxa contratada IPCA + Taxa contratada	No vencimento Semestral e no vencimento
Pós-Fixados Indexados à Taxa Selic		
Tesouro Selic (LFT)	Selic + Taxa contratada	No vencimento

Os *títulos prefixados* oferecem uma remuneração fixa, independentemente da taxa de inflação (rendimento nominal). No momento da aplicação, o investidor sabe o valor exato que irá resgatar na data de vencimento. Os *títulos pós-fixados* com rendimentos atrelados à taxa de inflação oferecem um retorno real ao investidor, ou seja, um ganho acima da inflação (taxa prefixada de juros mais a variação da inflação). Nesse segmento de *títulos pós-fixados*, são disponíveis também aqueles com retorno acima da taxa Selic (taxa básica de juros da economia).

Tesouro Prefixado (LTN): possuem valor nominal múltiplo de R$ 1.000,00 e são negociados com deságio sobre o valor nominal no mercado (desconto), pagando o investidor uma quantia inferior a seu valor de face. A diferença entre o valor recebido e o valor pago representa a remuneração do título. O resgate se dá pelo valor nominal do título independentemente de seu prazo de emissão. As formas de emissão e colocação das LTNs se dão por: (a) oferta pública, com a realização de leilões, podendo ser ao par, com ágio ou deságio; (b) forma direta, mediante expressa autorização do Ministério da Fazenda, não podendo nesse caso ser colocadas por valor inferior ao par. O prazo das LTNs é definido no momento de sua emissão.

Tesouro Selic (LFT): são títulos pós-fixados com rendimentos definidos pela média da taxa Selic, garantindo uma rentabilidade de mercado ao investidor. O resgate se dá pelo valor nominal acrescido do respectivo rendimento (taxa Selic) acumulado desde a data-base do título. São papéis atraentes, e seus prazos de resgate são definidos por ocasião de sua emissão. As formas de emissão e colocação desses papéis são semelhantes às descritas para as LTNs: oferta pública e direta. São emitidas diversas séries de Letras Financeiras do Tesouro, alterando-se basicamente a forma de remuneração.

Notas do Tesouro Nacional (NTN): oferecem rendimentos pós-fixados e atrelados a um indexador de preços da economia. Os juros são definidos na emissão e pagos periodicamente. São lançadas também diversas séries de NTN, pagando rendimentos diferenciados. Estes títulos apresentam opções de rendimentos e prazos diferentes de acordo com seu tipo de emissão. Esses títulos receberam novas denominações definidas pelo seu indexador.

A gestão da dívida pública federal, interna e externa, é de responsabilidade da Secretaria do Tesouro Nacional (STN). O Banco Central é o agente financeiro do Tesouro Nacional, e responsável pelos negócios (compra e venda) com títulos mobiliários internos.

A atuação do Banco Central no mercado secundário de compra e venda de títulos públicos visa exclusivamente a execução da política monetária.

Ofertas Públicas de Títulos do Tesouro Nacional

Os títulos públicos podem ser emitidos através de *emissões diretas* ou por *ofertas públicas*. As *emissões diretas* são destinadas principalmente para refinanciamentos de dívidas, assunção de dívidas (substituição do titular da obrigação por outro) etc. As *ofertas públicas* são realizadas através de leilões de títulos por meios eletrônicos. Esses leilões podem ser de oferta de novos papéis ao mercado e também de troca de títulos, visando geralmente ao alongamento dos prazos de pagamento.

Os leilões de títulos públicos de emissão do Tesouro Nacional são realizados com a participação de instituições financeiras, como bancos comerciais e múltiplos, Caixa Econômica, bancos de investimentos e sociedades corretoras e distribuidoras de valores. Todas as pessoas físicas e jurídicas enquadradas como não financeiras podem participar dos leilões somente pela intermediação de uma instituição financeira.

Para uma instituição participar da oferta pública de títulos, deve previamente ser registrada no *Sistema de Oferta Pública Formal Eletrônica (OfPub)*, criado com o objetivo de regulamentar o funcionamento destas operações. O *OfPub* é um sistema interligado ao Selic, registrando e controlando todas as propostas das instituições financeiras do leilão.

> As pessoas jurídicas financeiras (Caixas Econômicas, Distribuidoras e Corretoras de Títulos e Valores Mobiliários, Sociedades Financeiras etc.) podem adquirir títulos públicos mediante participação direta nas ofertas públicas promovidas pelo Tesouro Nacional no mercado primário, ou através de negociações diretas com outras instituições financeiras no mercado secundário.
>
> Os investidores pessoas físicas podem adquirir títulos da Dívida Pública diretamente, mediante cadastro no programa "Tesouro Direto", por meio da intermediação de instituições financeiras, ou como aplicador de Fundos de Investimentos ou de Previdência Privada.

4.1.3 Mercado aberto

O mercado monetário encontra-se estruturado visando ao controle da liquidez monetária da economia e das taxas de juros por meio de operações de compra e venda de títulos públicos no mercado secundário.

Ao decidir reduzir a oferta monetária da economia, a autoridade monetária coloca (vende) títulos de sua emissão junto aos agentes econômicos, retirando do sistema monetário parte do dinheiro em circulação. Ao contrário, desejando expandir os meios de pagamento e, consequentemente, a liquidez da economia, recompra os títulos anteriormente vendidos, contribuindo com isso para o aumento da oferta de moeda.

Dentro desse enfoque econômico, as operações realizadas dentro do âmbito do mercado aberto constituem importante instrumento de política monetária, conforme discutido no Capítulo 2 (item 2.1). A liquidez monetária da economia pode ser regulada, assim como supridas as necessidades de caixa do Tesouro Nacional, de forma mais dinâmica e imediata pelas operações de compra e venda de títulos públicos no mercado. A maior flexibilidade desse sistema, comparativamente aos outros instrumentos de política monetária, permite que se regule, no dia a dia da economia, o nível da oferta monetária e da taxa de juros a curto prazo.

O funcionamento do mercado aberto é relativamente simples. Para captar recursos no mercado, o Banco Central, como executor da política monetária, efetua a venda **primária (leilão primário)** de títulos de sua emissão. Essa colocação desenvolve-se por meio do recebimento de propostas feitas por instituições financeiras junto aos *dealers*, que são instituições escolhidas como representantes do Bacen no mercado. O Banco Central pode aceitar ou não as ofertas recebidas de compra dos títulos de sua emissão – objetos do leilão.

A instituição financeira adquirente do papel no leilão primário pode renegociar esses ativos no denominado **mercado secundário**, cujo instrumento de operação é o *open ecomp* (mercado aberto). Nesse mecanismo, a instituição financeira vende o título com o compromisso de recomprá-lo em uma data futura, financiando, assim, sua posição. O diferencial de taxa de juros verificada entre o que é ganho na compra do título e o que é pago em sua colocação (financiamento) determina a receita financeira (*spread*) da instituição.

> **Operações Definitivas e Compromissadas**
>
> As operações no mercado aberto são realizadas, em sua maior parte, através de negociações compromissadas de títulos públicos. Na operação compromissada, uma das partes assume o compromisso de efetuar uma negociação contrária àquela que realizou. Por exemplo, se uma instituição vendeu um título, ela se compromete a adquirir esse mesmo papel de volta, em um prazo preestabelecido; em caso de compra, há o compromisso de revenda em determinada data futura.
>
> Um banco, ao vender um título com compromisso de recompra, se comporta como se estivesse tomando recursos emprestados no mercado para financiar sua aquisição, entregando os próprios títulos como garantia de pagamento.
>
> Caso o investidor decida ficar com o título e a instituição se desfizer do papel, *por exemplo*, ocorre a operação *definitiva*.
>
> A Taxa Selic representa a taxa média das operações compromissadas realizadas por um dia útil, conhecidas por operações *overnight*.

Rendimentos – Os títulos da dívida pública podem oferecer rendimentos prefixados, ou pós-fixados, atrelados a algum indexador, como inflação, taxa Selic ou variação cambial.

> O título *prefixado* tem a rentabilidade definida no momento da compra, sendo garantida ao investidor desde que permaneça com o papel até o seu vencimento (não realiza venda antecipada).
>
> O título *pós-fixado* tem a rentabilidade atrelada à variação de algum índice de preços previamente selecionado ou taxa de juros.

O investidor não é obrigado a manter o título até o seu vencimento. A negociação desses papéis no mercado ocorre à taxa do dia, podendo ser diferente da taxa contratada na aquisição. A relação entre a taxa de juros do mercado e o preço do título é inversa: se a taxa subir, o título se desvaloriza, ocorrendo valorização quando os juros de mercado caírem. O investidor garante a rentabilidade prometida pelo título na compra somente se mantiver o título até o seu vencimento.

O prazo de vencimento de um título objeto do mercado aberto é geralmente superior ao de sua colocação no mercado (com compromisso de recompra), determinando-se, com isso, a possibilidade de que um mesmo papel seja negociado diversas vezes até seu resgate final.

As operações de *open market* são atualmente exclusivas das instituições financeiras. Os bancos utilizam esse mercado secundário também para recompor suas necessidades mais imediatas de caixa, mediante trocas de reservas lastreadas em títulos públicos.

Quando o financiamento das instituições financeiras no mercado secundário se realiza por somente um dia – a instituição repassa os títulos públicos subscritos aos investidores com o compromisso de recomprá-los no dia seguinte –, a operação é conhecida por *overnight*.

As operações *overnight* se desenvolvem no âmbito do mercado aberto, e preveem um prazo de 1 dia útil. O investidor adquire o título em determinado dia no mercado com o compromisso de revenda no dia seguinte, cobrando uma taxa de juros arbitrada pelo mercado. O *overnight* é uma operação que apresenta prazo e preço fixos, realizada por um dia (curtíssimo prazo).

As operações de *overnight* são controladas e custodiadas no sistema Selic, o qual emite, ao final de cada dia, a posição financeira de cada participante das operações realizadas.

4.1.4 Atuação dos bancos comerciais no mercado monetário

As reservas monetárias dos bancos são formadas basicamente pelo volume de depósitos voluntários e compulsórios mantidos junto às autoridades monetárias e dinheiro (papel-moeda e moeda metálica) disponível no caixa das instituições.

Os bancos comerciais levantam recursos no mercado mediante principalmente captações de depósitos à vista e colocação de títulos de sua emissão, com o objetivo de financiar suas diversas aplicações de ativos, tais como concessões de créditos, formação de carteiras de títulos e valores mobiliários etc.

Os depósitos à vista tipicamente não remunerados, constituem-se na forma mais vantajosa de captação dos bancos, principalmente pela alta alavancagem que promovem em sua taxa de rentabilidade. Pela capacidade exclusiva das instituições bancárias de criar moeda, esses depósitos permitem que se multipliquem suas aplicações remuneradas, por meio de empréstimos. Em verdade, os depósitos bancários geram empréstimos que, por sua vez, retornam às instituições sob a forma de novos depósitos, estabelecendo-se assim um contínuo fornecimento de recursos ao sistema.

Como maneira de controlar esse efeito multiplicador dos meios de pagamento na economia, as autoridades monetárias estabelecem às instituições bancárias a abertura de contas de **depósitos compulsórios** no Banco Central, calculados como uma parcela do volume de recursos captados pelo sistema bancário. Alterações que venham a ocorrer na taxa de recolhimento dos depósitos compulsórios exigidos pelo Bacen promovem modificações equivalentes nas disponibilidades bancárias para empréstimos e, em consequência, no volume dos meios de pagamento.

Além da taxa dos depósitos compulsórios exigida pelas autoridades monetárias, outras transações também afetam o nível das reservas bancárias, citando-se principalmente:

- recolhimentos e respectivas transferências ao Tesouro Nacional de tributos e contribuições federais;
- negociações (compra e venda) com títulos de sua própria emissão no mercado;
- saldo das transações realizadas pela instituição, envolvendo entradas de recursos (depositantes) e saídas (tomadores);
- operações com títulos públicos em leilão primário e no mercado secundário (mercado aberto);
- operações com moeda estrangeira.

As instituições bancárias devem, ao final de cada dia, equilibrar as contas de débito e crédito das diversas transações financeiras realizadas. Ocorrendo sobras ou faltas de recursos, o equilíbrio é geralmente acertado entre os bancos no *mercado interfinanceiro*, atuando na situação de comprador ou vendedor de reservas de acordo com a posição de liquidez.

> **Relembrando o Mercado Interfinanceiro**
>
> As Instituições Financeiras atuam no mercado interfinanceiro como compradoras ou vendedoras de dinheiro, por meio de operações lastreadas em títulos denominados CDI (Certificados de Depósitos Interfinanceiros). Por intermédio dessas forças livres de oferta e demanda, o mercado interfinanceiro estabelece uma taxa de juros que reflete as expectativas dos agentes de mercado com relação ao comportamento da economia, fixando-se principalmente nas taxas de juros e inflação.
>
> A taxa de juros calculada do mercado interfinanceiro é a taxa CDI, ou simplesmente taxa DI, sendo entendida como a taxa básica do mercado financeiro.

O *mercado interfinanceiro* foi criado de maneira a atender ao fluxo de recursos demandado pelas instituições financeiras, exprimindo as taxas de juros praticadas as expectativas de seus participantes com relação ao custo do dinheiro. Nesse mercado, uma instituição com sobras de caixa transfere (empresta) fundos a outra com baixa disponibilidade de dinheiro, permitindo o equilíbrio na distribuição de recursos demandados pelas instituições. As operações no interfinanceiro são lastreadas em CDI (Certificado de Depósito Interfinanceiro), de emissão das instituições participantes e com circulação restrita nesse mercado. As transações são realizadas eletronicamente entre as instituições financeiras e repassadas aos terminais da Cetip, que controla todo o sistema de operações.

As taxas do CDI costumam apresentar-se ligeiramente superiores às praticadas pelos títulos públicos controlados pelo Selic. Essas variações são geralmente entendidas como consequência do maior risco que os papéis de emissão privada apresentam em relação aos títulos públicos negociados no mercado aberto.

> As Instituições Financeiras trocam dinheiro entre si – compram e vendem dinheiro – no denominado *Mercado Interfinanceiro*. Ao apresentar sobras de caixa, a instituição *vende* liquidez comprando títulos de outras instituições; na falta de disponibilidade, a instituição *compra* liquidez vendendo títulos no mercado.
>
> Essas operações são lastreadas pelos *CDI (Certificados de Depósitos Interfinanceiros)*, títulos emitidos pelas instituições que atuam nesse segmento de mercado. Os CDIs possibilitam a troca de reservas entre as instituições participantes do Mercado Interfinanceiro. O CDI é emitido de forma escritural, sendo os negócios no interfinanceiro controlados pela Cetip.
>
> As taxas de juros negociadas no Mercado Interfinanceiro não sofrem normalmente intervenções oficiais diretas, refletindo, de forma mais isenta, as expectativas do mercado com relação ao comportamento futuro esperado do custo do dinheiro. Estas taxas são definidas diariamente em função dos negócios realizados no mercado pelas instituições financeiras, e apresentam ampla divulgação pela imprensa.
>
> A taxa CDI pode ainda ser entendida como uma taxa de juros básica do mercado financeiro, que influencia a formação das demais taxas de juros. São formadas, essencialmente, com base nas taxas de juros reais do mercado de títulos públicos e nas taxas de inflação da economia.

Quando não for possível fechar a posição de caixa no mercado, as instituições podem recorrer ao Bacen por meio das operações de *redesconto de liquidez* (assistência financeira de liquidez). Esse empréstimo constitui-se essencialmente em abertura de um crédito rotativo, firmado entre o Bacen e a instituição financeira tomadora dos recursos, em que a autoridade cobra determinada taxa de juros para o desconto dos títulos dos bancos comerciais.

Em geral, essa política de socorro financeiro junto ao Banco Central é uma das últimas alternativas selecionadas pelos bancos para cobrirem sua posição desfavorável de caixa. A operação financeira revela um caráter mais punitivo, principalmente quando os juros cobrados excederem às taxas cobradas pela instituição em suas operações de crédito.

Deve ser ressaltado, ainda, de acordo com o que foi estudado no Capítulo 3, que o redesconto bancário firma-se também como importante instrumento de política monetária. Manejando o volume de recursos, os prazos dos descontos e as taxas de juros cobradas nessas operações, as autoridades monetárias atuam sobre as reservas bancárias e a oferta monetária da economia.

Por exemplo, uma elevação nas taxas de redesconto tende a atuar como um fator inibidor da oferta da moeda, exigindo que as instituições bancárias elevem suas reservas voluntárias, operando com uma posição de maior liquidez de caixa. Uma decisão de facilitar essas operações aos bancos, ao contrário, costuma promover uma redução nas reservas bancárias pela maior segurança financeira proporcionada, incentivando as concessões de créditos.

4.1.5 Mercado de títulos de dívida externa

O mercado de títulos de dívida externa é constituído pelos papéis emitidos pelas diversas economias como consequência de (re)negociações de dívidas com credores privados externos e organismos financeiros internacionais (FMI e Banco Mundial).

Na economia globalizada, as negociações com esses títulos são quase instantâneas, interligando os vários mercados financeiros. Assim, quando há perdas previstas em determinado papel, os recursos são retirados e transferidos para outro ativo sujeito a melhores expectativas de rendimentos. É esse movimento bastante ágil das divisas internacionais que eleva o risco dos países emergentes, determinando a fuga maciça de capitais diante de turbulências econômicas.

O principal papel representativo da dívida externa do Brasil é o **bond** (bônus ou obrigação) emitido pelo Governo em troca de dívidas bancárias. O *bond* é um título de renda fixa identificando uma obrigação de pagamento, por parte do Governo, diante de um empréstimo concedido por um investidor.

O *bond* tem um valor de resgate, denominado **valor de face**, sobre o qual é calculada a remuneração do título. Os pagamentos dos juros podem ser efetuados periodicamente, ou ao final do prazo de emissão, quando o investidor resgata o principal aplicado. As características de prazo, remuneração etc. desses títulos são assumidas quando de sua colocação no mercado primário.

Os títulos da dívida externa brasileira de emissão mais recente (1994 em diante) são denominados ***brady bonds***, em decorrência da intervenção do ex-secretário do tesouro dos EUA Nicholas Brady nas negociações dos países devedores com os diversos credores internacionais (FMI, Banco Mundial, bancos privados).

Foram emitidos e vendidos diversos tipos de *brady bonds*, como os *C-bonds*, *IDV (Interest Due Unpaid)*, *Par bonds* e *discount bonds*, *EL (Elegible Interest)*, entre outros. Esses títulos diferenciam-se por prazo de emissão, forma de remuneração e garantias. Atualmente, os *bonds* são encontrados somente no mercado secundário, por renegociações de seus compradores.

As oscilações nos valores desses papéis são decorrentes da situação econômica e política do país devedor, ou seja, de seu risco. Ao se comparar com os títulos emitidos pelo Governo americano (*T-bonds*), a remuneração adicional paga pelos *C-bonds* brasileiros pode ser interpretada como a medida do risco Brasil, amplamente usada pelos investidores internacionais para formarem sua taxa mínima de atratividade.

Atualmente, a dívida externa brasileira é constituída pelos conhecidos títulos globais (*global bonds*), conforme estudados no Capítulo 2.

Os *Global Bonds* são emitidos em diversos mercados e geralmente na mesma moeda do país em que são negociados. Os principais títulos globais brasileiros de financiamento externo do Tesouro Nacional são o *Global US$ Bond* e *Global BRL Bond*. Ambos os títulos pagam juros (cupons de juros) semestrais e reembolsam o principal ao final, na data de vencimento.

Os *Eurobonds*, por seu lado, são denominados geralmente em euros e atualmente são também negociados no mercado global.

O Capítulo 10 desenvolve, de forma mais completa, a avaliação financeira dos *bonds*.

4.1.6 Precatórios

Quando uma entidade estatal (União, Estados e Municípios ou, até mesmo, autarquias) é declarada culpada por uma ação judicial que lhe foi movida, e não cabendo mais recurso algum, a obrigação financeira decorrente é expressa por um documento *precatório*. A partir desse julgado definitivo, a obrigação é incluída no orçamento público, tornando-se dívida ativa da União, Estados e Municípios.

O precatório pode ser de natureza *alimentar*, representando um crédito que se origina de ações judiciais relativas a questões trabalhistas, aposentadorias, pensões e indenizações, ou *não alimentar*, decorrente de outras ações, como desapropriações, questões tributárias e fiscais etc.

Um *precatório* é um título de crédito originado de uma ordem judicial que obriga o devedor, considerado culpado na ação impetrada, a pagar ao credor (impetrante da ação) o valor atribuído na causa. O credor do precatório são todas as pessoas que tenham obtido decisão favorável final em ações judiciais abertas contra o poder público.

No Brasil, diante da morosidade nos pagamentos desses títulos, funciona um *mercado secundário* de precatórios, no qual as pessoas podem adquirir os títulos em livre negociação. O interesse das pessoas em adquirirem precatórios nesse mercado decorre da possibilidade de sua utilização para liquidação de seus débitos tributários – IPI, ICMS, INSS, por exemplo – mediante a entrega dos títulos adquiridos (compensações tributárias). É interessante notar que, nessa operação, o adquirente se mantém ao mesmo tempo na posição de devedor e de credor do Estado emitente do título.

Os valores dos precatórios negociados no mercado são formados pela oferta e procura dos papéis. Geralmente, esses títulos de crédito são negociados com alto deságio (desconto) em relação ao seu valor de face, atraindo investidores e devedores do Estado. Assim, para um devedor do Estado adquirente de um precatório, o negócio apresenta-se bastante interessante na medida em que possa eliminar passivos com descontos, ou seja, usando títulos adquiridos por um preço desagiado no mercado.

Para o titular de um precatório, credor do Estado, a negociação do título com deságio também pode ser um negócio atraente, principalmente considerando a reconhecida dificuldade em receber seus créditos de entidades estatais. O titular sente-se atraído em receber no ato (à vista) seu precatório com desconto, cujo valor de face seria recebido em prazo incerto. Além desse prazo dilatado e incerto para pagamento, o credor pode também receber seu crédito em diversas parcelas, ampliando ainda mais o prazo de resgate.

Discute-se muito atualmente, na esfera do judiciário, se os precatórios alocados em garantia em uma execução fiscal devem ser expressos pelo seu valor de face (valor de resgate) ou valor de mercado (desagiado). Como o valor de mercado é bastante inferior ao nominal, o seu uso pode eliminar as vantagens do uso do precatório para compensação em questões judiciais.

4.2 Mercado de crédito

O *mercado de crédito* visa fundamentalmente suprir as necessidades de caixa de curto e médio prazos dos vários agentes econômicos, seja por meio da concessão de créditos às pessoas físicas, seja por empréstimos e financiamentos às empresas.

As operações desse mercado, dentro de uma política de especialização do Sistema Financeiro Nacional, são tipicamente realizadas por instituições financeiras bancárias (bancos comerciais e múltiplos). As atividades dos bancos, que visam principalmente reforçar o volume de captação de recursos, têm evoluído para um processo de diversificação de produtos financeiros e também na área de serviços prestados.

Muitas vezes, são também incluídas no âmbito do mercado de crédito as operações de financiamento de bens de consumo duráveis praticadas pelas sociedades financeiras. Nessa estrutura, a atuação do mercado torna-se mais abrangente, provendo recursos a médio prazo, por meio de instituições financeiras não bancárias, aos consumidores de bens de consumo.

4.2.1 Intermediação financeira no mercado de crédito

No processo de intermediação financeira para as operações de crédito, uma instituição pode atuar como sujeito *ativo* (credor de empréstimos de recursos), ou sujeito passivo (devedor de recursos captados), conforme ilustra a Figura 4.1.

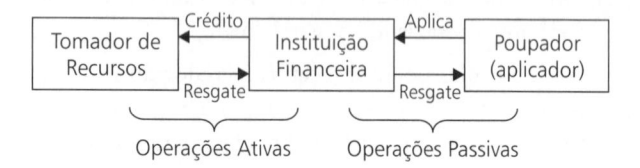

FIGURA 4.1 Intermediação financeira.

A Instituição Financeira recebe recursos de poupador, *funding* da operação de crédito, assumindo a obrigação de devolver o principal acrescido de juros. É uma posição passiva, ficando o banco devedor dos recursos captados. *Exemplos*: depósitos à vista e depósitos a prazo fixo.

Com o capital levantado junto a investidores de mercado, o banco realiza operações de empréstimos e financiamentos a tomadores carentes de recursos, na expectativa de receber no futuro o principal acrescido de juros. *Exemplos*: empréstimos e financiamentos concedidos pelos bancos.

As taxas cobradas nas operações ativas são geralmente maiores que as pagas nas operações passivas, formando a diferença entre as taxas um resultado bruto definido por *spread*.

Uma estrutura de intermediação financeira mais avançada envolve a participação indireta da instituição. A sua função é a de conciliar os interesses de poupadores e aplicadores de recursos para viabilizar os negócios, cobrando uma comissão por esses serviços. A Instituição Financeira não se envolve diretamente com os recursos, atua somente no sentido de colaborar com as partes para a realização do negócio. A Figura 4.2 ilustra esta intermediação ("desintermediação") financeira.

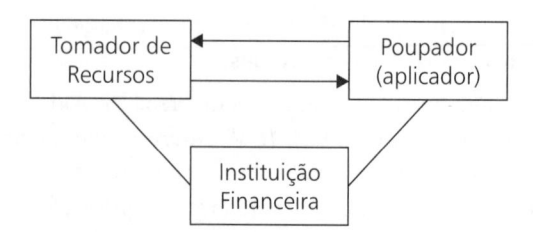

FIGURA 4.2 Intermediação (desintermediação) financeira.

Este formato de intermediação financeira é mais representativo de operações a longo prazo, conforme serão estudadas no capítulo seguinte ao tratar de mercado de capitais.

Por outro lado, os créditos concedidos pelos bancos podem ser realizados através de recursos *livres* ou recursos *direcionados*. Uma parcela dos fundos captados pelos bancos (passivos dos bancos) deve ser necessariamente *direcionada* para operações de crédito específicas, atendendo condições de taxas, volume e prazo preestabelecidos pelo Banco Central. Os beneficiários destes recursos direcionados são, basicamente, o setor rural, infraestrutura e habitacional.

Os créditos com recursos livres, que constituem a maior parte das operações ativas dos bancos, são concedidos com taxas de juros livremente estabelecidas entre os tomadores de recursos e as instituições financeiras.

4.2.2 Empréstimos de curto e médio prazos

As instituições bancárias realizam diversas modalidades de créditos no mercado, destacando-se o desconto de títulos, contas garantidas, créditos rotativos, *hot money*, empréstimos para capital de giro e para pagamento de tributos das empresas, *vendor*, repasse de recursos externos e crédito direto ao consumidor, assunção de dívidas e adiantamentos de contratos de exportação (ACC e ACE).

DESCONTO BANCÁRIO DE TÍTULOS. É uma operação de crédito típica do sistema bancário, que envolve principalmente duplicatas e notas promissórias. No desconto, a instituição concede um empréstimo mediante a garantia de um título representativo de um crédito futuro. É uma forma de antecipar o recebimento do crédito por meio da cessão de seus direitos a um mutuante. *Por exemplo*, se o credor de uma duplicata, cujo vencimento se dará em alguma data futura, necessitar do dinheiro, poderá negociá-la junto a um banco, isto é, receber à vista o valor de seu crédito mediante o pagamento de alguma compensação financeira. O valor liberado ao tomador é inferior ao valor nominal (valor de resgate) dos títulos, em razão da cobrança antecipada dos encargos financeiros, caracterizando assim a operação de desconto bancário.

As empresas podem também entregar um borderô de títulos ao banco para desconto. Nesse caso, recebem um valor antecipado em troca de o banco cobrar o valor nominal de cada devedor do título no vencimento.

Um empréstimo a curto prazo, conforme praticado normalmente pelos bancos comerciais, mediante a emissão de uma *nota promissória*, é também considerado uma operação de desconto, dada a existência de um crédito cujo vencimento ocorrerá em determinada data posterior a sua negociação.

Nas operações de desconto bancário, a responsabilidade final da liquidação do título negociado perante a instituição financeira, caso o sacado não pague no vencimento, é do *tomador de recursos* (cedente). Em verdade, o desconto constitui-se mais efetivamente num empréstimo. Existe uma liberação menor de recursos, que equivale ao capital tomado emprestado, e um encargo que será pago no vencimento quando se liquidar a dívida total assumida.

> *Duplicata* é um título de crédito derivado de uma transação comercial de compra e venda ou de prestação de serviços.
>
> No fluxo de uma relação mercantil, são emitidos três papéis:
>
> a) *Nota Fiscal* – documento fiscal obrigatório do produto/mercadoria comercializado, ou dos serviços prestados.
>
> b) *Fatura* – documento que atesta a venda realizada. A fatura pode incluir mais de uma nota fiscal.
>
> c) *Duplicata* – emitida com base na fatura, podendo ser emitida mais de uma duplicata correspondente à mesma fatura. A duplicata é emitida pelo sacador contra o sacado.
>
> A titularidade (propriedade) da duplicata pode ser transferida por meio de *endosso*. A duplicata é negociada no mercado de crédito (bancos comerciais) por operação de *desconto bancário*.

CONTAS GARANTIDAS. Equivale à abertura de uma conta com um limite de crédito garantido pela instituição bancária. O mutuário da operação saca fundos até o limite contratado para saldar suas necessidades mais imediatas de caixa.

Na prática, a conta garantida é geralmente criada fora da conta-corrente do cliente do banco (pessoa jurídica em geral). Conforme o cliente necessite de recursos para seu giro, é feita uma transferência dos valores para a sua conta-corrente.

As contas garantidas são movimentadas geralmente mediante cheques, podendo ocorrer depósitos para cobrir (ou reduzir) o saldo devedor existente. Os encargos financeiros são calculados sobre o saldo que permanecer a descoberto e cobrados dos clientes normalmente ao final de cada mês.

CRÉDITOS ROTATIVOS. São linhas de crédito abertas pelos bancos, que visam ao financiamento das necessidades de curto prazo (capital de giro) das empresas, e são movimentadas normalmente por meio de cheques.

Constituem-se em operações bastante próximas às contas garantidas, diferenciando-se por serem operadas normalmente com garantias de duplicatas. Por meio da entrega de duplicatas como garantia da operação, a instituição bancária abre uma linha de crédito com base num percentual calculado sobre o montante caucionado (valor nominal das duplicatas dadas em garantia). Conforme as duplicatas vão sendo resgatadas pelos sacados, a empresa cliente do banco (cedente) deverá ir substituindo-as por outras de forma a manter o limite e a rotatividade do crédito concedido.

> O *crédito rotativo* e a *conta garantida* são créditos oferecidos às empresas com limites preestabelecidos. A empresa pode sacar todo o saldo num único momento, ou, de acordo com suas necessidades, realizar retiradas repetidas.
>
> Os juros destas linhas de crédito são calculados sobre o saldo devedor diário e cobrados geralmente ao final do mês.

OPERAÇÕES *HOT MONEY*. São operações de empréstimos de curto e curtíssimo prazos, demandadas para cobrir as necessidades mais permanentes de caixa das empresas. As taxas do *hot money* são formadas com base nas taxas do mercado interfinanceiro (taxa CDI), conforme estudado anteriormente. Essas taxas são repactuadas diariamente, o que permite aos tomadores de recursos mudanças rápidas de posição de acordo com as variações que venham a ocorrer em seus percentuais.

Conforme foi discutido em itens anteriores, o CDI (Certificado de Depósito Interfinanceiro) é o título que lastreia as operações realizadas nesse mercado, sendo emitido pelas instituições financeiras participantes.

Basicamente, as operações do mercado interfinanceiro são realizadas por um dia, sendo estabelecida a taxa *over* como padrão dos juros do CDI. Mesmo que eventualmente ocorram operações com prazos maiores, a taxa de juros é geralmente computada com base na cotação diária do mercado. São essas taxas do CDI-*over*, ainda, que estabelecem a taxa de juros-base para operações de curtíssimo prazo, conhecidas por *hot money*. O custo dessas operações é baseado na taxa dia do CDI, acrescida do *spread* cobrado pelo banco intermediador mais o PIS sobre o faturamento do empréstimo.

> As operações *hot money* visam liberar recursos a curto prazo às empresas, direcionados para suprir suas necessidades mais imediatas de caixa. As taxas cobradas no *hot money* seguem os juros do mercado interfinanceiro.

EMPRÉSTIMOS PARA CAPITAL DE GIRO E PAGAMENTO DE TRIBUTOS. Os empréstimos para capital de giro são oferecidos pelos bancos por meio de uma formalização contratual que estabelece as condições básicas da operação, como garantias, prazo de resgate, encargos financeiros etc. As garantias podem ser oferecidas por meio de duplicatas, avais, notas promissórias etc.

Os empréstimos para pagamento de tributos, por outro lado, constituem-se em adiantamentos concedidos às empresas para liquidação de impostos e tarifas públicas, como IPI, ICMS, IR, INSS etc.

OPERAÇÕES DE *VENDOR*. São operações de crédito em que uma instituição bancária paga à vista a uma empresa comercial os direitos relativos às vendas realizadas e recebidos em cessão, em troca de uma taxa de juros de intermediação. No *vendor*, a empresa vendedora atua como cedente do crédito, e o banco como cessionário e financiador do comprador.

O banco paga à vista ao vendedor o valor dos créditos recebidos, descontado dos respectivos encargos financeiros. A responsabilidade principal do pagamento dos títulos ao banco é da empresa compradora, sendo por isso geralmente exigido que seja cliente conhecida da instituição. Observe a Figura 4.3.

As principais vantagens do *vendor* para a empresa comercial vendedora são identificadas na possibilidade de recebimento à vista e redução da base de cálculo de impostos e comissões incidentes sobre o faturamento (PIS, Cofins, ICMS, IPI etc.). Para a empresa compradora, o interesse maior são as taxas de juros cobradas pelo banco na operação, geralmente mais baixas do que se tomasse o empréstimo de forma isolada no mercado.

O objetivo da operação é viabilizar as vendas comerciais a prazo, permitindo que a empresa vendedora receba à vista e, ao mesmo tempo, repasse um crédito ao comprador.

REPASSE DE RECURSOS EXTERNOS. A operação de empréstimo, regulamentada pela Resolução 2.770/2000 (antiga Resolução 63) do Banco Central do Brasil, constitui-se num repasse de recursos contratados por meio de captações em moeda estrangeira efetuadas pelos bancos comerciais e múltiplos e bancos de investimentos. Esses recursos são obtidos no exterior pelas instituições financeiras por meio de empréstimos ou colocação de títulos e repassados às empresas nacionais visando ao financiamento de capital de giro e capital fixo. Para maior segurança da operação, os bancos procuram repassar os recursos externos às empresas sediadas no país seguindo as mesmas condições de prazo e de formação das taxas de juros.

As empresas nacionais beneficiárias do repasse incorrem em vários encargos, como juros, definidos pela taxa de juros interbancária do mercado de Londres (Libor); *spread*, expressa pelo adicional que ultrapassa a Libor, servindo de remuneração da instituição credora externa; comissão de repasse cobrada pelo banco nacional repassador dos recursos; e variação cambial.

Quando a operação se realiza diretamente entre o banco estrangeiro e uma empresa não financeira nacional, o empréstimo passa a ser regulamentado pela Lei nº 4.131. Nesse caso, a instituição financeira nacional atua somente como intermediadora da operação.

> A Libor – Taxa Interbancária do Mercado de Londres – é uma taxa referencial de juros praticada em operações de empréstimos, geralmente de montante elevado, entre instituições financeiras que operam no mercado de euro-moedas. Esta taxa flutua de acordo com a situação de mercado.

CRÉDITO DIRETO AO CONSUMIDOR. O crédito direto ao consumidor, conhecido no mercado por CDC, é uma operação tipicamente destinada a financiar aquisições de bens e serviços por consumidores ou usuários finais. A concessão do crédito é efetuada por uma sociedade financeira, e a garantia usual da operação é a alienação fiduciária do bem objeto do financiamento.

O *CDC com interveniência* representa crédito bancário concedido às empresas para repasse a seus clientes, visando ao financiamento de bens e serviços a serem resgatados em

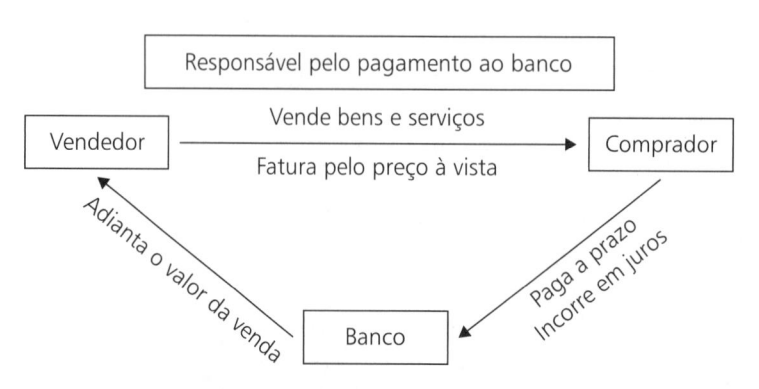

FIGURA 4.3 Fluxo financeiro de uma operação de *vendor*.

prestações mensais. A empresa comercial passa assim a se constituir na interveniente da operação, assumindo o risco do crédito. O item 3.3.2 do Capítulo 3 tratou também dessas operações ao estudar as sociedades financeiras.

Outra modalidade é o *CDC direto*, no qual a instituição financeira assume a carteira dos lojistas e, consequentemente, todo o risco dos créditos concedidos. Os juros nessa alternativa de crédito, por apresentarem maior risco, são mais elevados que os cobrados nas operações com interveniência.

ASSUNÇÃO DE DÍVIDAS. Constitui-se em operação destinada a empresas com recursos em caixa para quitação de uma dívida futura. O banco negocia a liberação de recursos equivalentes ao valor de liquidação da dívida vincenda, garantindo uma aplicação financeira a taxas superiores às geralmente praticadas, para os fundos a serem utilizados na quitação. Com isso, a empresa consegue baratear o custo de sua dívida.

A *assunção de dívidas* pode também ser realizada em operações comerciais internacionais. Incentivados pelo diferencial das taxas de juros internas e externas, os devedores nacionais procuram alongar o prazo de quitação de seus compromissos com empresas internacionais, mediante a intermediação de garantia concedida por um banco. É uma operação casada entre uma empresa não financeira e uma instituição financeira, cujo objetivo básico é o de prolongar os pagamentos externos de forma a se aproveitar dos juros internacionais inferiores aos praticados na economia nacional.

De forma resumida, a operação funciona da seguinte maneira. O importador (devedor) de uma dívida internacional transfere a responsabilidade de seu pagamento a uma instituição financeira mediante sua liquidação antecipada. Seu ganho na operação é o desconto (deságio) concedido no montante pago.

A instituição compradora da dívida, com a anuência prévia do credor internacional, passa a ser responsável por seu pagamento. Ela pode transferir esses recursos a tomadores interessados em créditos vinculados à variação cambial e obter um ganho medido pelo diferencial de taxa (*spread*). Quando do vencimento da dívida, os tomadores de recursos devolvem o dinheiro à instituição intermediadora para a liquidação junto ao credor internacional.

ADIANTAMENTO DE CONTRATO DE CÂMBIO – ACC. O denominado ACC é uma operação que representa um incentivo de crédito aos exportadores. É desenvolvida com o objetivo de dinamizar as exportações nacionais, tornando-as mais competitivas no mercado. As instituições financeiras, autorizadas a operar com câmbio, adiantam aos exportadores recursos lastreados nos contratos de câmbio (ACC) firmados com importadores estrangeiros, proporcionando recursos antecipados às empresas nacionais vendedoras (exportadoras).

A operação pode ocorrer na fase de produção da mercadoria a ser embarcada ao exterior, apresentando-se com características de financiamento à produção. Nessa fase, a operação é conhecida por *ACC – Adiantamento de Contrato de Câmbio*.

O exportador pode solicitar o adiantamento dos recursos somente após o embarque da mercadoria ao importador, sendo a operação nesse caso denominada *ACE – Adiantamento sobre Cambiais Entregues*. Ao solicitar o ACE na fase pós-embarque, o exportador aufere toda a variação cambial ocorrida no período coberto desde a produção até a entrega final da mercadoria.

Deve ser acrescentado que o lastro das operações de ACC são as mercadorias entregues para embarque, pagando o exportador encargos adicionais em contratos não cumpridos. O custo dessa operação costuma apresentar-se baixo em relação às outras alternativas de crédito disponíveis no mercado, pagando o tomador (exportador) a Libor (taxa interbancária do mercado de Londres), a margem de risco do país e a margem de lucro do banco.

Quando o juro cobrado na operação de ACC for inferior aos rendimentos das aplicações financeiras, será interessante ao exportador, mesmo que apresente folga de caixa, adiantar as receitas futuras. Com isso, aufere ganhos adicionais medidos pela diferença favorável entre a taxa das aplicações financeiras e o custo da operação de ACC.

Uma oportunidade alternativa de ganho do exportador é manter os recursos de moeda nacional do ACC aplicados a determinada taxa de juros no banco repassador até o momento de embarque dos produtos ao exterior.

COMMERCIAL PAPER – *Nota Promissória Comercial.* Este título constitui-se, na prática, numa nota promissória de curto prazo (geralmente prazo máximo de um ano) emitida por uma sociedade tomadora de recursos para financiar suas necessidades de capital de giro. A garantia do título é o próprio desempenho da empresa emissora, e os papéis podem ser adquiridos pelas instituições financeiras para sua carteira própria ou repasse a seus clientes investidores.

O *commercial paper* é negociado através de deságio de seu valor nominal.

Uma importante vantagem para o emissor do título é a possibilidade de levantar recursos no mercado, pagando um custo muitas vezes inferior às taxas de juros praticadas nos empréstimos bancários. O barateamento das taxas pagas ao *commercial paper* ocorre, em grande parte, devido à eliminação da intermediação bancária no processo de captação e aplicação dos recursos. As sociedades anônimas carentes de recursos podem emitir estes títulos e colocá-los diretamente junto aos investidores no mercado.

Os principais investidores interessados em aplicar em *commercial paper* são as carteiras de bancos, fundos de pensão e empresas seguradoras. São atraídos pela diversificação que o título pode proporcionar em suas carteiras de investimento, e também por sua maturidade mais curta.

EXPORT NOTE – Nota de Exportação, em português. Representa uma cessão de créditos provenientes de contratos de exportação de bens e serviços firmados por empresas brasileiras.

O exportador brasileiro transfere (cede) a um investidor, através de um *export note*, seus direitos provenientes da exportação realizada, recebendo em troca o correspondente em moeda nacional. O título é emitido no mercado doméstico pelo exportador, lastreado por um contrato firmado com um importador para uma entrega futura de mercadorias.

O título é negociável no mercado financeiro e, mediante sua colocação, os exportadores levantam recursos para financiar suas vendas externas. Em razão de o *export note* ser expresso em moeda estrangeira, é possível também a realização de *hedge* (proteção) cambial para empresas que mantenham dívidas em moeda estrangeira, diante de uma eventual desvalorização na paridade da moeda nacional.

CESSÃO DE CRÉDITO. A operação de cessão de crédito é realizada entre instituições financeiras interessadas em negociar carteiras de crédito. Os créditos podem ser cedidos com a transferência total ou parcial de seu risco, alterando-se em razão dessa decisão o *spread* cobrado na operação. Evidentemente, o *spread* é maior quando a instituição compradora dos direitos assume integralmente o risco da carteira.

CRÉDITO CONSIGNADO. Representa uma linha de crédito concedida a funcionários públicos e trabalhadores de empresas privadas regularmente registrados, cuja liquidação é realizada através de desconto das prestações em folha de pagamento.

Os prazos, montante e juros da operação são negociados entre as partes. Para o tomador, os juros costumam ser mais baixos que outras formas convencionais de empréstimos, como cartão de crédito, cheque especial e crédito pessoal.

PORTABILIDADE DO CRÉDITO. É a possibilidade do cliente (tomador de recursos) de uma instituição financeira em transferir sua dívida (empréstimos, financiamentos ou arrendamento mercantil) para outra instituição financeira. Essa transferência ocorre mediante a liquidação antecipada do crédito original. As condições dessa operação são negociadas diretamente entre o cliente interessado na transferência e a instituição que liberará o novo crédito.

Taxas de Juros dos Créditos

Os créditos podem ser concedidos com taxas prefixadas, pós-fixadas e flutuantes. Alguns exemplos:

Taxas Prefixadas: cheque especial, descontos bancários de títulos, contas garantidas etc.;

Taxas Pós-fixadas: ACC, *export note* etc.;

Taxas Flutuantes: com encargos corrigidos por indicadores diários como a taxa Selic e a taxa do mercado de depósitos interfinanceiros (DI). Exemplos: empréstimos de capital de giro, contas garantidas, operações *hot money* etc.

4.2.3 Sistema de Informações de Crédito

O Banco Central administra o Sistema de Informações de Crédito (SCR Bacen) criado em substituição à antiga Central de Risco de Crédito (CRC). Esse sistema é um banco de dados e informações das operações de crédito concedidas pelas instituições financeiras às pessoas físicas e jurídicas. Todo mês as instituições encaminham ao Sistema de Informações de Crédito as informações de todas as operações de crédito vencidas e a vencer, assim como os valores referentes às fianças e avais prestados pelos bancos a seus clientes.

O Sistema de Informações de Crédito não avalia a capacidade de pagamento dos tomadores de recursos; isto é tarefa de cada instituição financeira. O Sistema armazena apenas as informações sobre as dívidas (saldo devedor) dos clientes e sua posição de adimplência e inadimplência. É considerado o maior cadastro brasileiro, contendo dados e informações sobre o comportamento dos clientes de bancos relativos aos créditos contraídos no sistema financeiro.

O Sistema de Informações de Crédito é um banco de dados bastante importante para as instituições financeiras tomarem suas decisões de crédito, contribuindo para a gestão de risco e redução da inadimplência. Para o Banco Central, o Sistema contribui para a supervisão bancária, melhorando a avaliação dos riscos sistêmicos e atuando na prevenção de crises.

As informações armazenadas no Sistema de Informações de Crédito podem ser consultadas por:

- Instituições Financeiras participantes do sistema. Nesse caso, as instituições devem ter uma autorização expressa dos clientes para acessar seus dados;
- clientes, tomadores de crédito (pessoas físicas e jurídicas);
- Banco Central.

Ao acessar as informações de crédito do Sistema de Informações de Crédito, o Banco Central é capaz de avaliar, com maior precisão, as instituições financeiras que apresentam problemas com os créditos concedidos, e que exijam um acompanhamento especial.

4.2.4 *Rating* de crédito dos bancos

A classificação do risco de crédito (*rating*) atribui uma "nota" que deve expressar o risco de inadimplência, ou seja, a possibilidade de os tomadores de recursos não honrarem seus compromissos financeiros. Uma importante contribuição do *rating* para as instituições que oferecem créditos é tornar a análise do risco menos subjetiva, fixando alguns padrões objetivos mínimos exigidos dos tomadores de empréstimos. O sistema de *rating* apresenta-se ainda como um fator importante para os bancos promoverem um melhor controle e gestão de risco do crédito.

> *Rating* significa "classificação". O *rating* de crédito revela a expectativa de um tomador de crédito em se tornar inadimplente, ou seja, incapaz de pagar o passivo no prazo e nas condições contratadas. Os *ratings* refletem a qualidade do crédito, e são elaborados e divulgados por agências de classificação de risco. O *rating* pode também ser estendido para países, refletindo o risco dos investidores em suas aplicações. Algumas agências de classificação de riscos do mercado são: Moody´s, Fitch Rating e Standard & Poor´s (S&P).

O entendimento de insolvência é geralmente traduzido por falência ou situação de recuperação judicial ou extrajudicial. No entanto, a inadimplência pode ter diferentes definições. Para alguns modelos de risco, a inadimplência ocorre quando o tomador de recursos não paga o crédito contratado no momento de seu vencimento; para outros, a empresa é considerada inadimplente quando atrasar o pagamento da dívida por um determinado número de dias (10 dias, 30 dias etc.).

A inadimplência pode levar a empresa a uma situação de insolvência. Vários eventos podem exprimir a inadimplência, como emissão de cheques sem fundos, protestos de títulos de dívidas, ações judiciais de cobrança etc.

O Banco Central tornou obrigatório para a instituição financeira classificar as operações de créditos concedidos segundo seu risco, utilizando uma escala de *rating* proposta pela própria autoridade pública. Essa escala, dividida em classes de risco e dispostas em ordem crescente, apresenta definida em cada classe assinalada uma expectativa de perda na operação (risco) expressa em percentual para provisionamento. O quadro a seguir ilustra nove classes de risco, conforme sugeridas pelo Banco Central.[1]

---

[1] Sobre o assunto, recomenda-se a consulta às Resoluções do Bacen nos 2.689/99 e 2.697/2000, e atualizações promovidas.

Tabelas de Risco do Banco Central

Classe de Risco	Percentual de Provisionamento	Dias de Atraso
AA	0%	–
A	0,5%	–
B	1,0%	15 a 20 dias
C	3,0%	31 a 60 dias
D	10,0%	61 a 90 dias
E	30,0%	91 a 120 dias
F	50,0%	121 a 150 dias
G	70,0%	151 a 180 dias
H	100,0%	acima de 180 dias

A definição do percentual de provisionamento definido pelo Banco Central deve ser feita segundo o modelo de risco desenvolvido por cada banco. Esses modelos de risco são geralmente probabilísticos, medindo as chances de cada evento ocorrer. As probabilidades calculadas são representadas em diferentes classes de risco, originando daí o *rating* do crédito.

Periodicamente, ainda, por ocasião da publicação das demonstrações contábeis publicadas pelas instituições financeiras, deve ser feita a atualização dos níveis de classificação de risco, obedecidos os prazos constantes da terceira coluna (dias de atraso) da *Tabela de Risco do Banco Central*.

4.2.4.1 *Tipos de* rating

Basicamente, são adotados dois tipos de *rating* estruturados da seguinte maneira:

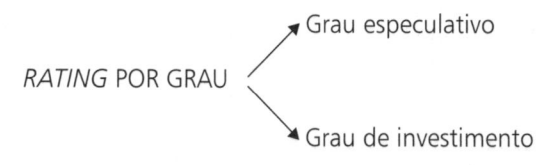

RATING POR GRAU → Grau especulativo
RATING POR GRAU → Grau de investimento

RATING POR NOTA

O *rating por grau* revela, por meio de notas atribuídas aos diversos créditos, sua posição em relação ao risco. Os créditos com maior risco de inadimplência e, consequentemente, os de maiores expectativas de ganhos (retornos) são classificados como *especulativos*. Exemplos de grau especulativo: empresas bastante alavancadas (endividadas) e baixa geração de caixa, pouco lucrativas; países com alto endividamento em relação ao PIB, convivendo com crise política interna e aumento da dívida pública etc. No grau de *investimento*, ao contrário, são colocados os créditos (títulos) de menor risco de "calote" e, consequentemente, de mais baixo retorno.

O *rating por nota* atribui uma menção, expressa em nota, ao crédito em função da perspectiva do emissor (governos ou empresa) do título em honrar seu compromisso, independentemente do ambiente da economia. A nota é atribuída pela capacidade demonstrada pelo devedor em pagar corretamente a sua dívida.

A tabela a seguir ilustra a classificação de risco por nota adotada pelas agências de *rating*.

GRAU DE INVESTIMENTO			GRAU ESPECULATIVO		
MOODY'S	S & P	FITCH	Ba1	BB+	BB+
Aaa	AAA	AAA	Ba2	BB	BB
Aa1	AA+	AA+	Ba3	BB-	BB-
Aa2	AA	AA	B1	B+	B+
Aa3	AA-	AA-	B2	B	B
A1	A+	A+	B3	B	B
A2	A	A	Caa 1	CCC+	CCC
A3	A-	A-	Caa 2	CCC	CCC
Baa 1	BBB +	BBB +	Caa 3	CCC -	CCC
Baa 2	BBB	BBB	Ca	CC	CCC
Baa3	BBB -	BBB -	C	D	DDD

4.2.5 Serviços bancários

O sistema bancário presta inúmeros e importantes serviços a todos os segmentos da economia, cujas opções vêm ampliando-se bastante nos últimos anos. Essas atividades impulsionam o crescimento de inúmeras instituições, seja por meio da cobrança de tarifas ou outras formas de receitas ou, ainda, pelo ganho que podem obter do *floating* que diversas operações costumam oferecer.

O *floating* é entendido como uma retenção temporária por uma instituição de recursos de terceiros, proporcionando ganhos financeiros provenientes da aplicação desses valores até a data de entrega a seus proprietários. *Por exemplo*, um banco pode receber certa quantia em cobrança de um título de um cliente, sendo o valor creditado na conta do titular somente um ou dois dias após a cobrança. Nesse intervalo, a instituição apura uma receita financeira pela aplicação que venha a fazer desses recursos.

Alguns dos principais serviços prestados pelas instituições bancárias são apresentados a seguir:

- emissão de saldos e extratos de conta-corrente em terminais de computador;
- emissão de documentos de créditos (TED, por exemplo);
- acesso eletrônico a saldos de aplicações financeiras; e relacionamento via Internet;
- extratos por meio de *fax* e serviços de *homebanking*;
- caixas eletrônicos para saques, depósitos e pagamentos etc.;
- emissões de cartões eletrônicos e cartões de créditos;
- sustações de pagamentos;
- cobranças bancárias;
- débito automático em conta-corrente de tarifas públicas;
- cofres de aluguel;
- abertura de crédito etc.

Os serviços prestados são geralmente cobrados dos clientes, através de tarifas bancárias, exceto alguns casos previstos em resolução do Bacen. Os bancos devem afixar, em suas agências, os valores cobrados por cada tipo de serviço prestado, assim como a periodicidade do pagamento. É permitida aos bancos, ainda, a cobrança de tarifas unificadas, através da oferta de um pacote englobando diversos serviços. Alguns clientes especiais, ainda, que oferecem reciprocidade aos bancos, costumam ter isenção parcial ou total das tarifas cobradas.

O Bacen define certos serviços como isentos de cobrança de tarifas, como fornecimento de um extrato mensal de movimentação da conta-corrente, fornecimento de cartão magnético (ou de um cheque mensal com no mínimo 10 folhas), manutenção de Cadernetas de Poupança, devolução de cheques (exceto por motivo de insuficiência de fundos), entre outros.

4.2.5.1 Cheques

O cheque é definido como uma ordem de pagamento à vista. Sua emissão envolve quatro partes:

- emitente (sacador) – aquele que emite o cheque;
- beneficiário (favorecido) – a pessoa a favor de quem o cheque foi emitido;
- sacado – banco em que o emitente tem o dinheiro depositado;
- depositário – banco onde o cheque foi depositado.

A transferência do cheque de um beneficiário a outro pode ser realizada mediante endosso (indicação do novo favorecido do cheque em seu verso).

Cheques ao *portador* não contêm o nome do beneficiário; cheques *nominais* devem conter o nome do favorecido preenchido. Atualmente, todos os cheques acima de R$ 100,00 no Brasil devem ser nominais. Quando o cheque é *cruzado*, entende-se que não pode ser descontado no caixa da agência bancária, devendo ser liquidado somente por meio de depósito em conta-corrente do favorecido.

Um cheque será definido como *administrativo* quando for emitido pelo próprio banco, devendo ser sacado em seu caixa. O cheque administrativo é emitido pelo banco em nome do cliente que o adquire, ou de uma pessoa ou empresa que venha a ser indicada pelo adquirente.

O cheque é *especial* quando concede ao seu titular um limite de crédito para saque, utilizável quando não apresentar fundos em sua conta. O cheque especial é concedido mediante a assinatura de um contrato de abertura de crédito, em que são definidos o limite de crédito, prazo do contrato, taxa de juros cobrada sobre o saldo devedor etc.

O uso manual dos cheques como pagamento vem sendo substituído no mercado por meios eletrônicos como PIX, cartões de débito e crédito etc.

4.2.5.2 Cartões de crédito e de débito

O *cartão de crédito* é um instrumento que disponibiliza ao seu titular um limite de crédito para aquisição de bens e serviços. As despesas realizadas no período (geralmente mês) são consolidadas em uma única fatura para pagamento em determinada data. A quitação da dívida pode ser à vista, na data de vencimento da fatura ou através de uma linha de financiamento disponibilizada pela instituição financeira.

O *cartão de débito* é utilizado para saques em espécie a débito de conta-corrente (ou conta de poupança) e também para pagamentos de transações diversas realizadas. O uso do cartão de débito exige a existência de saldo bancário ou de um limite de crédito disponibilizado.

4.2.5.3 Instrumentos de transferência de fundos: DOC e TED

O *Documento de Crédito* (DOC) é um modo adotado pelos bancos para transferência de recursos entre contas mantidas por seus depositantes. O crédito é reconhecido na conta do favorecido no dia útil seguinte à sua emissão.

A *Transferência Eletrônica Disponível* (TED) é uma forma nova de transferir recursos entre instituições financeiras, permitindo a confirmação do crédito no mesmo dia. Esta maior agilidade da TED se deve à implantação do Sistema de Pagamentos Brasileiro (SPB).

A principal vantagem da TED em relação ao DOC na transferência de recursos é explicada pelo tempo em que os recursos são efetivamente disponibilizados na conta do favorecido. O DOC, por transitar pelo Serviço de Compensação de Cheques, demanda um dia útil para ser compensado, enquanto a TED permite que o favorecido tenha confirmação do crédito no mesmo dia.

4.2.5.4 PIX

Ao final de 2020, o Banco Central lançou uma nova modalidade de pagamento e transferência de recursos, denominada PIX. O PIX é um meio de pagamento instantâneo que realiza eletronicamente a transferência de recursos de um agente para outro. A principal diferença do PIX em relação aos outros meios de pagamento é que todas as transferências de recursos e pagamentos podem ser realizadas em qualquer dia e em qualquer momento. O PIX pode ser oferecido por instituições financeiras, instituições de pagamentos e *fintechs*.

De acordo com o Banco Central, o PIX irá competir no mercado com os outros meios de pagamentos disponíveis, como boletos, TED, DOC etc. As transferências de recursos e pagamentos com o PIX que podem ser realizados são:

- transações entre pessoas (P2P – *person to person*);
- transações entre pessoas e empresas comerciais (P2B – *person to business*);
- transações entre empresas (B2B – *business to business*);
- transações entre pessoas e empresas com o Governo (P2G – *person to government*; B2G – *business to government*).

4.2.6 Títulos de crédito

DUPLICATA E FATURA. A *duplicata* é um título de crédito representativo de uma transação de compra e venda mercantil, ou prestação de serviços. A emissão do título origina-se de um contrato de compra e venda a prazo.

O documento que substancia a venda a prazo é denominado *fatura*. Uma fatura pode incorporar uma ou mais notas fiscais; porém, não é permitida a emissão de uma duplicata representativa de várias faturas.

Importante: a duplicata é um título de crédito, e a fatura é somente um documento que comprova a operação comercial realizada. A fatura discrimina as mercadorias (ou serviços), e as demais informações das notas fiscais emitidas pelas transações realizadas (como valor, número da nota fiscal etc.).

Na duplicata são identificadas as figuras do sacador e do sacado. O sacador é o vendedor, ou credor da operação; o sacado é o devedor, ou comprador. A duplicata é emitida pelo sacador contra o sacado.

O aceite de uma duplicata é feito pelo devedor (comprador) através de assinatura, e atesta a exatidão do título e a obrigação de efetuar o pagamento.

LETRA DE CÂMBIO. É uma *ordem* de pagamento emitida pelo credor (sacador) contra o devedor (sacado). O favorecido da letra de câmbio pode ser o próprio sacador, ou um terceiro indicado pelo sacador.

Assim, na letra de câmbio o sacador é o seu emitente, aquele que ordena o pagamento; o sacado é o devedor;

e beneficiário é o favorecido (tomador), aquele a quem a ordem de pagamento é definida. Para a existência de uma letra de câmbio, estas três pessoas devem existir.

NOTA PROMISSÓRIA. É um título de crédito que representa uma *promessa* de pagamento feita pelo próprio devedor em favor de um credor. Assim, a nota promissória equivale a uma promessa unilateral de pagamento, que deverá ocorrer à vista ou a prazo, envolvendo certo montante. Pela sua característica de ser emitido pelo devedor, este título não costuma ser utilizado em operações comerciais de venda. A dívida expressa na nota promissória é considerada líquida e certa, não se discutindo sua formação e origem.

Como diversos outros títulos de crédito, a nota promissória pode ser transferida a terceiros mediante um endosso.

4.2.7 Descasamento do caixa dos bancos

Os fluxos de caixa dos bancos, talvez de forma mais acentuada que nos demais tipos de empresas, são bastante dinâmicos, exigindo um acompanhamento mais rigoroso de seus eventuais *superávits/déficits* e descasamentos.

Os principais descasamentos de caixa que podem ocorrer nos bancos são de *prazo*, *moeda* e *disponibilidade*.

O *descasamento de prazo* verifica-se quando os prazos de reembolso dos fundos captados não coincidem com o de retorno dos fundos emprestados (aplicados). *Por exemplo*, um banco pode ter levantado recursos de poupança no mercado por 60 dias e aplicado (emprestado) esses fundos a um cliente para pagamento em 120 dias.

Este hiato de 60 dias (120 dias – 60 dias) nos prazos de captação e aplicação pode proporcionar bons lucros ou altas perdas ao banco, dependendo do comportamento das taxas de juros no mercado.

Ocorrendo um aumento dos juros, este descasamento provocará perdas ao banco, pois ele deverá renovar a captação que lastreia o empréstimo pagando uma taxa de juros mais elevada. Em caso contrário, observando-se uma redução das taxas de juros, os recursos serão tomados a um custo menor durante o período de hiato, apurando-se um ganho para a instituição.

Quando uma instituição financeira capta recursos em moeda diferente daquela com que aplica esses mesmos fundos, tem-se o denominado *descasamento de moeda*. *Por exemplo*, um banco pode captar recursos no exterior em dólar e os repassar no mercado interno através de uma linha de financiamento indexada na inflação da economia. Se a variação cambial e a taxa de inflação da economia assumirem variações iguais, o resultado do banco não será afetado, sendo o resultado de uma operação compensado pelo da outra. Porém, verificando-se uma defasagem entre essas taxas, o descasamento da moeda irá gerar ganhos ou perdas para a instituição, elevando seu risco.

O *descasamento de disponibilidade* verifica-se quando uma instituição financeira toma uma decisão de empréstimo a um cliente sem dispor, no momento da efetivação da operação, dos recursos financeiros suficientes. O descasamento de disponibilidade verifica-se também quando o banco levanta recursos no mercado sem ter uma imediata aplicação desses valores.

Por exemplo, um banco pode captar recursos através da colocação de CDB de sua emissão pagando juros de 12% a.a. ao poupador. Se não tiver aplicação rentável imediata desses fundos, ele vai acumulando (carregando) custos e onerando o seu ganho potencial. Por outro lado, diante de uma eventual queda nas taxas de juros, o prejuízo é agravado, podendo inviabilizar toda a operação.

5 Mercados Financeiros: Capitais e Cambial

Em continuação ao estudo dos Mercados Financeiros, este Capítulo desenvolve o funcionamento e principais operações do mercado de capitais e do mercado cambial.

As operações do *Mercado de Capitais* são de médio e longo prazos, e de prazo indeterminado, envolvendo títulos representativos do capital das empresas e de operações de crédito sem intermediação financeira.

Os principais títulos e valores mobiliários no mercado de capitais são os derivados do capital das empresas (ações), e os representativos de empréstimos realizados através do mercado, como debêntures e *commercial papers*.

O *Mercado Cambial* inclui as operações de conversão (troca) de moeda de um país pela de outro, determinada principalmente pela necessidade da prática de comércio internacional.

O mercado de câmbio é regulamentado, controlado e fiscalizado pelo Banco Central. Os agentes que atuam nesse mercado são as caixas econômicas, sociedades distribuidoras, corretoras, agências de turismo e outras instituições autorizadas pelo Bacen.

O mercado de câmbio no Brasil apresenta duas cotações oficiais para o dólar em paridade com a moeda brasileira: *Dólar Comercial* (Câmbio Livre) e *Dólar Turismo* (Câmbio Flutuante). O dólar comercial é adotado nas operações comerciais de exportações e importações, e outras transações de serviços realizadas com o exterior. O dólar turismo, por sua vez, é referência de câmbio principalmente para viagens ao exterior, pagamentos de serviços e transferências unilaterais. A cotação do dólar turismo é formada pelo dólar comercial mais um *spread* determinado pelo IOF (Imposto sobre Operações Financeiras) cobrado e outros custos de transação.

Uma instituição apresenta uma *posição de câmbio comprada* quando realiza compras de moedas estrangeiras, no mercado à vista ou futuro, em montante superior às suas vendas. Uma *posição de câmbio vendida* é quando o volume de vendas de moedas estrangeiras supera as aquisições efetuadas pela instituição.

> A avaliação de um investimento envolve basicamente a análise de seu *risco*, a taxa de *retorno* esperada e a *liquidez* do papel. É importante ressaltar que o retorno esperado de uma aplicação deve ser relacionado com o seu grau de risco: títulos de riscos mais elevados devem oferecer taxas de retorno mais altas que os de menores graus de risco.
>
> A decisão de investimento deve ser avaliada pelo risco oferecido por um título em relação à rentabilidade prometida.

5.1 Mercado de capitais

O mercado de capitais assume papel dos mais relevantes no processo de desenvolvimento econômico. É o grande municiador de recursos permanentes para a economia, em virtude da ligação que efetua entre os que têm capacidade de poupança, ou seja, os investidores, e aqueles carentes de recursos de longo prazo, ou seja, que apresentam déficit de investimento.

O mercado de capitais está estruturado de forma a suprir as necessidades de investimentos dos agentes econômicos, por meio de diversas modalidades de financiamentos a médio e longo prazos para capital de giro e capital fixo. É constituído pelas instituições financeiras não bancárias, instituições componentes do sistema de poupança e empréstimo (SBPE), bolsas de valores e diversas instituições auxiliares, desenvolvidas no Capítulo 3 e ilustradas na Figura 3.2.

O mercado de capitais oferece também financiamentos com prazo indeterminado, como as operações que envolvem a emissão e subscrição de ações, contribuindo, assim, com o processo de capitalização das empresas.

5.2 Principais papéis negociados no mercado de capitais

5.2.1 Ações

As ações[1] constituem a menor parcela (fração) do capital social de uma sociedade anônima. São valores caracteristicamente negociáveis e distribuídos aos subscritores (acionistas) de acordo com a participação monetária efetivada.

As ações podem ser emitidas com e sem valor *nominal*, de acordo com o regido no estatuto da companhia. Na hipótese de emissão com valor nominal, todas as ações terão idêntico valor, não podendo ainda ser emitidas novas ações com valor diferente. A fixação de valor nominal oferece ao acionista certa garantia ao estabelecer um valor mínimo de preço para o valor mobiliário, principalmente em casos de aumento de capital ou dissolução da sociedade.

Quando as ações não possuírem valor nominal, o preço de emissão será definido pelos sócios fundadores da companhia, e, quando do aumento de capital, pela assembleia geral de acionistas (ou Conselho de Administração). Nessa alternativa de emissão, a companhia pode estabelecer qualquer valor para suas ações, não havendo obrigatoriedade de se respeitar um valor mínimo, como no caso descrito das ações com valor nominal.

Ações escriturais são aquelas que não exigem a emissão de certificados, não ocorrendo a movimentação física dos papéis. As negociações são registradas por uma instituição financeira contratada, a qual lança a débito ou a crédito de seus titulares (acionistas) as várias movimentações de compras e vendas realizadas. A instituição emite extratos destacando a posição acionária de cada correntista, comprovando sua propriedade.

Atualmente as ações são emitidas, em sua ampla maioria, na forma escritural, sem emissão física de certificados.

As ações podem ser classificadas, de acordo com a natureza dos direitos e vantagens que conferem a seus titulares, em três espécies: *ordinárias, preferenciais* e de *fruição* ou *gozo*.

As ações *ordinárias* apresentam como principal característica o direito de voto, podendo, assim, essa espécie de acionista influir nas diversas decisões de uma empresa. Os acionistas ordinários deliberam sobre os destinos da sociedade, analisam e votam suas contas patrimoniais, decidem sobre a destinação dos resultados, elegem a diretoria da sociedade e podem promover alterações nos estatutos, além de deliberar sobre outros assuntos de interesse da companhia.

Com relação aos dividendos, sua distribuição aos acionistas ordinários normalmente é efetuada em função do dividendo obrigatório previsto em lei, ou de acordo com o percentual previsto no estatuto da companhia, se maior ao mínimo legal.

As ações *preferenciais* apresentam as seguintes preferências ou vantagens:

a. preferência no recebimento de dividendos, devendo isso ocorrer antes dos acionistas ordinários, ficando eles na dependência de saldo;

b. vantagem no recebimento dos dividendos, com a fixação de um dividendo mínimo obrigatório ou fixo (caso bastante raro nas empresas brasileiras);

c. preferência no reembolso do capital em caso de liquidação da sociedade;

d. acumulação das vantagens e preferências enumeradas.

Em razão desses privilégios na distribuição de dividendos, as ações preferenciais não possuem o direito a voto, não participando, em consequência, das deliberações da empresa. No entanto, podem adquirir o direito de voto caso a empresa não distribua, pelo prazo de três anos consecutivos, os dividendos mínimos ou fixos a que os acionistas preferenciais fizerem jus, mantendo esse direito até a realização do referido pagamento. Esse direito ao voto dos acionistas preferenciais, se utilizado, é capaz de comprometer a posição do acionista controlador de uma sociedade.

As ações preferenciais podem ser divididas em classes, como A, B, C etc. Cada classe de preferenciais tem seus direitos previstos no Estatuto Social da Companhia.

Uma empresa pode optar por distribuir a seus acionistas montantes, expressos em ações, que supostamente lhes caberiam na hipótese de dissolução da companhia. Essas ações são denominadas de *gozo* ou *fruição*. Confere-se, ainda, a esses valores mobiliários certa participação nos lucros produzidos pela empresa.

As ações de *gozo* ou *fruição* são colocadas em negociação em bolsas de valores, revelando interesse somente aos fundadores da companhia.

A legislação prevê, ainda, que o estatuto da companhia pode autorizar que suas ações sejam mantidas em contas de depósito, em nome de seus titulares, na instituição que designar (fiel depositário), sem emissão de certificados (cautelas). Essas ações são denominadas *escriturais* e podem circular no mercado de capitais sem a emissão de títulos de propriedade, somente mediante extratos das instituições depositárias.

As vantagens dos investidores na aquisição de ações podem ser definidas em quatro itens:

---

[1] O estudo de ações será retomado, com maior profundidade, no Capítulo 11, ao tratar do mercado primário de ações.

a. **Dividendos:** é uma parte dos resultados da empresa, determinada em cada exercício social e distribuída aos acionistas sob a forma de dinheiro. Todo acionista tem o direito de receber, no mínimo, o dividendo obrigatório fixado em lei.

No Brasil, foi introduzido o *juro sobre o capital próprio* como forma adicional de remuneração dos acionistas de uma companhia. Seu pagamento é facultativo e, quando efetuado, é entendido como se fosse dividendo. O Capítulo 11 (item 11.3) trata desse assunto com mais detalhes.

b. **Bonificação:** é a emissão e distribuição gratuita aos acionistas, em quantidade proporcional à participação de capital, de novas ações emitidas em função do aumento de capital efetuado por meio de incorporação de reservas.

Esse tipo de vantagem ao investidor é conhecido por "bonificação em ações".

Algumas vezes, uma companhia pode pagar dividendos adicionais aos seus acionistas na forma de "bonificação em dinheiro".

c. **Valorização:** os subscritores de capital podem ainda beneficiar-se das valorizações de suas ações no mercado, ganho este que dependerá do preço de compra, da quantidade de ações emitidas, da conjuntura de mercado e do desempenho econômico-financeiro da empresa.

d. **Direito de subscrição:** os atuais acionistas gozam do direito de serem previamente consultados (preferência) em todo aumento de capital, visando a aquisição de novas ações emitidas, em quantidade proporcional às ações possuídas. Com essa preferência, os atuais acionistas podem manter sua participação no capital da empresa.

O direito de subscrição pode também ser vendido em bolsa a terceiros, constituindo-se em novo tipo de remuneração. Esse ganho ocorre quando o preço fixado pelo mercado para determinada ação se apresentar valorizado em relação ao seu preço de lançamento. Nesse caso, o investidor negocia o direito no mercado por um preço superior ao de subscrição.

Observe que o valor dos direitos de subscrição está diretamente relacionado com o preço de mercado das ações. *Por exemplo*, se o preço de emissão de uma nova ação (preço de subscrição) for de R$ 10,00 e no mercado esta ação estiver cotada a R$ 9,00, o acionista não deve mostrar interesse em subscrever as novas ações emitidas. Se desejar manter sua participação acionária, poderá adquirir ações no mercado (bolsa de valores) por um preço inferior ao oferecido na subscrição. O acionista é motivado a exercer seu direito somente em caso de o preço de mercado ser maior que o de subscrição.

5.2.2 Opções sobre ações

As opções sobre ações representam um direito de compra (ou venda) de ações a um preço previamente fixado e válido por determinado período. A opção está vinculada a determinado ativo, denominado ativo-objeto, e seu valor deriva do preço deste ativo.

Esse valor prefixado é conhecido pela expressão *strike price* em inglês. As opções são negociadas em bolsas de valores por meio do pagamento de um *prêmio*, e o resultado da operação é calculado pela diferença entre o preço de mercado na data da realização da opção (compra ou venda) e o valor pago pelo prêmio.

Uma opção de *compra* garante ao titular o direito de adquirir no futuro um lote de ações a determinado preço, denominado *preço de exercício*, durante certo tempo. Se não for exercido o direito de compra no prazo estipulado na opção, o contrato caduca e o comprador (titular) perde o prêmio pago.

Uma opção de *venda*, ao contrário, garante a seu titular o direito de vender um lote de ações a um preço fixado durante certo intervalo de tempo.

> O *prêmio* é o valor do contrato de opção negociado. O prêmio é pago pelo investidor de uma opção para poder no futuro exercer seu direito de comprar *(call)* ou vender *(put)* certa quantidade de ações a um preço fixado em contrato (preço de exercício).
>
> Os investidores de contratos de opções são denominados *titulares*. O titular de uma opção de compra tem o *direito* de adquirir, e o de uma opção de venda o *direito* de vender certa quantidade de ações conforme condições e características previstas no contrato de opção. Para ter esse direito, o titular do contrato paga um prêmio.

Um investidor de uma opção de compra tem expectativa de valorização da ação no futuro. Como tem o preço de realização do papel previamente firmado, seu ganho será medido pela diferença encontrada entre o preço que a ação alcançar no mercado e seu preço de realização definido na opção.

Um investidor de uma opção de venda tem avaliação inversa. Como pagou um prêmio para ter os direitos de venda de um lote de ações no futuro a um preço previamente estabelecido, tem expectativa de comprar este papel no mercado a um preço mais baixo, realizando um ganho na operação.

Caso os investidores (titulares das opções de compra e de venda) reavaliem suas expectativas de valorização das ações, eles podem, a qualquer momento, cancelar o negócio recebido, mediante a compra de uma opção de natureza inversa.

Tipo de investimento	Expectativa do investidor
Opção de compra	Valorização do preço da ação no mercado à vista. Preço mercado à vista > Preço de exercício
Opção de venda	Redução (desvalorização) do preço da ação no mercado à vista. Preço mercado à vista < Preço de exercício

5.2.3 Depositary Receipts (DRs)

As empresas brasileiras podem captar recursos no mercado internacional mediante o lançamento de recibos (certificados) de depósitos lastreados em ações ordinárias (ou outros valores mobiliários). São denominados **DRs** (*Depositary Receipts*), conhecidos também por **ADR** (*American Depositary Receipts*), quando lançados no mercado dos Estados Unidos, e por **IDR** ou **GDR**, quando negociados em outros países.

As ações que lastreiam essas operações são custodiadas em uma instituição financeira custodiante (Banco Custodiante), responsável por manter a guarda dos títulos, e o ***IDR/DR*** é emitido, com base nesse lastro de ações, por um Banco Emissor.

Em essência, os **DRs** são títulos negociáveis no mercado e lastreados na existência de ações de uma sociedade instalada em outro país. O recibo pode ser trocado a qualquer momento pelas ações custodiadas no banco depositário.

A emissão de **DRs** traz diversos benefícios às empresas, citando-se principalmente a possibilidade de a sociedade ter suas ações conhecidas e negociadas em outro país. Para os investidores, esse papel é uma oportunidade de adquirir ações de empresas estrangeiras, ajustadas a certas garantias do mercado de negociação.

As empresas listadas em bolsas internacionais ganham maior visibilidade no mercado, reconhecendo todos os benefícios que poderão daí surgir.

As empresas brasileiras, para serem listadas na bolsa de valores dos EUA, devem passar pelas rígidas regras do mercado de capitais americano, demonstrando bons fundamentos de desempenho econômico e financeiro, maior transparência das informações e respeito amplo aos direitos dos acionistas.

> Os ADRs podem ser *Patrocinados* e *Não Patrocinados*.
>
> O *ADR Patrocinado*, forma mais comum de negociação, é quando a empresa estrangeira emissora das ações revela interesse na negociação dos papéis, participando do processo de emissão junto com o banco dos EUA. Esse tipo de ADR ocorre geralmente a partir de um contrato de *agreement* firmado entre a empresa emissora e a instituição financeira norte-americana. Esse compromisso prevê todas as obrigações das partes envolvidas no negócio. O ADR Patrocinado é geralmente emitido mediante solicitação da empresa estrangeira.
>
> O *ADR Não Patrocinado* não exige a autorização da sociedade brasileira emissora, sendo organizado pelos bancos depositários das ações. Neste tipo de ADR, a empresa não participa da negociação dos papéis, ficando inteiramente sob a responsabilidade da instituição financeira.

Os **ADRs** negociados nas bolsas de valores norte-americanas apresentam três categorias, definidas pela forma como o recibo é negociado:

- **Nível I** – *Mercado de balcão* – são **ADRs** emitidos com base em ações existentes e negociadas no mercado doméstico, as quais se encontram depositadas no banco custodiante. Estes recibos são negociados no mercado de balcão. Não há captação efetiva de novos recursos pela sociedade, não determinando qualquer alteração em sua posição patrimonial. Em verdade, somente o banco depositário capta novos recursos pela negociação desses **ADRs**.

  Este nível de ADR é o mais simplificado. As empresas não precisam seguir as regras contábeis dos EUA aplicáveis às companhias abertas, porém sua negociação somente é possível em mercado de balcão, o que restringe um pouco a liquidez dos papéis.

- **Nível II** – *Registro em Bolsas* – não há, também, captação de novos recursos pela companhia, somente pelo banco depositário. Os **ADRs** do nível II são negociados em bolsas de valores de âmbito nacional ou por meio de um sistema informatizado de cotações de preços para títulos negociados (Nasdaq). Esse nível de **ADR** traz novas responsabilidades à empresa emitente, sendo entendido como uma elevação de nível do papel.

  As vantagens desse programa podem ser resumidas em três: maior *exposição* da empresa nos mercados; maior *liquidez* dos papéis, principalmente por serem listados também em bolsa de valores (mercado secundário); maiores facilidades de novas *captações* no futuro.

- **Nível III** – *Oferta Pública* – neste nível, os **ADRs** são negociados em bolsas de valores com atuação nacional ou na Nasdaq como consequência de uma efetiva subscrição pública, no mercado dos EUA, de novas ações. No nível III há a oferta pública de ações pela empresa emitente, existindo, portanto, a captação de novos recursos.

Os ADRs oferecem ainda aos investidores as vantagens dos mecanismos de *flow-back* e *inflow*.

Por meio do *flow-back*, o investidor pode converter seus ADRs adquiridos em ações correspondentes e negociar esses valores no mercado acionário nacional. Esse direito é relevante para o investidor estrangeiro, permitindo que faça arbitragem em termos da taxa de câmbio da cotação dos papéis nos mercados.

O mecanismo do *inflow* permite, por seu lado, que o investidor adquira no mercado nacional ações de uma companhia que tenha lançado um programa de ADR, e com esses papéis obtenha junto ao Banco Custodiante os correspondentes ADRs emitidos no exterior através do Banco Emissor. Da mesma forma que o mecanismo do *flow-back*, o *inflow* permite a arbitragem cambial com os valores de negociação das ações nos mercados nacional e estrangeiro.

> A *Companhia Brasileira de Liquidação e Custódia (CBLC)* tem por objetivo fornecer serviços de *custódia* e *liquidação* física e financeira das operações realizadas nos mercados à vista e a prazo da B3.
>
> A *Liquidação* processa a transferência dos ativos e fluxos financeiros entre os investidores de mercado (compradores e vendedores).
>
> Nos serviços de *custódia*, a CBLC atua como uma depositária de títulos e valores mobiliários. A custódia é oferecida pela CBLC em conjunto com um Agente de Custódia (Corretoras, Distribuidoras de Valor e Bancos). A CBLC disponibiliza o suporte e a garantia dos serviços, e os agentes movimentam os ativos custodiados.

5.2.4 Brazilian Depositary Receipts (BDR)

A abertura do mercado financeiro brasileiro aos capitais estrangeiros, que teve início na segunda metade da década de 1990, viabilizou a emissão de BDRs (*Brazilian Depositary Receipts*) na bolsa brasileira. Os BDRs constituem-se em recibos de depósitos representativos de valores mobiliários emitidos por companhias abertas, sediadas no exterior, e negociados no Brasil.

Este papel apresenta-se como uma alternativa para aplicações em ações e debêntures (e assemelhados) no exterior, disponível aos investidores brasileiros. Ao aplicar parte de seus recursos em BDR, o investidor pode diversificar sua carteira de ativos, mesclando ações de companhias brasileiras com ações de companhias estrangeiras negociadas no país.

O lastro para a emissão dos BDRs são as ações emitidas por empresas no exterior, podendo ser provenientes do mercado primário (lançamento de novas ações) ou do mercado secundário (bolsas).

As ações de companhias estrangeiras, que lastreiam os BDRs negociados no Brasil, ficam depositadas no exterior, em uma instituição custodiante participante da operação. Assim como se dá com as ADRs, a emissão das BDRs pode ser de forma *Patrocinada* (Níveis I, II e III) e *Não Patrocinada* (somente Nível I).

No Brasil, a emissão dos BDRs é de responsabilidade de um banco depositário, que representa a companhia aberta no país. A instituição depositária no país emite os BDRs com base nos valores mobiliários custodiados em uma instituição financeira no exterior, representando o lastro da operação.

A CBLC (Companhia Brasileira de Liquidação e Custódia) efetua a custódia dos BDRs, e também a liquidação das operações de compra e venda no mercado.

Fluxo de Lançamento de ADR – Mercado Primário

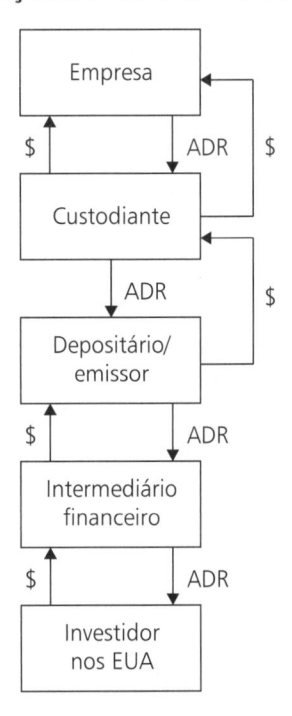

```
        Empresa
       ↑      ↓
     $ │      │ ADR    $
       │      ↓
       Custodiante
       ↑      ↓
              │ ADR    $
              ↓
       Depositário/
        emissor
       ↑      ↓
     $ │      │ ADR
              ↓
       Intermediário
        financeiro
       ↑      ↓
     $ │      │ ADR
              ↓
        Investidor
         nos EUA
```

Empresa – sociedade brasileira que lança o ADR e comunica o lançamento ao banco custodiante.

Banco custodiante – instituição que presta serviços de custódia para emissão de *depositary receipts*. O banco custodiante é sediado no Brasil.

Banco depositário/emissor – instituição que providencia a emissão de ADRs com lastro nas ações custodiadas no banco custodiante. O dinheiro da colocação dos ADRs é repassado pelo intermediário financeiro (corretora) ao custodiante que providencia sua transferência para a empresa.

> *Intermediário financeiro* – instituição que recebe os ADRs para negociação e transfere os recursos recebidos do investidor ao banco custodiante.
>
> *Investidor* – este recebe os ADRs e efetua o respectivo pagamento.

5.2.5 Debêntures

Debêntures são valores mobiliários expressos em títulos de dívida de médio e longo prazos emitidos por sociedades por ações e destinados, geralmente, ao financiamento de projetos de investimentos (fixo e giro) ou para alongamento do perfil de endividamento das empresas. Constitui-se, em essência, num instrumento pelo qual o tomador de recursos (emitente do título) promete pagar ao aplicador (debenturista) o capital investido, acrescido de juros, em determinada data previamente acertada.

Da mesma forma que as ações, as operações com debêntures são normatizadas pela Comissão de Valores Mobiliários (CVM). As emissões de debêntures podem ser feitas por Sociedades por Ações (S.A.) de capital aberto ou fechado. No entanto, as emissões públicas somente podem ser realizadas por Companhias de Capital Aberto com registro na CVM.

A emissão de debêntures é acompanhada de um documento conhecido por *Escritura de Emissão*, o qual contém todas as características e condições de emissão do título, e direitos e deveres das partes envolvidas: sociedade emissora e debenturista.

Algumas emissões de debêntures são feitas com cláusula de *repactuação*, em que é permitida, ao final de cada período combinado, uma livre negociação entre os debenturistas e a Sociedade emitente dos títulos com relação aos rendimentos oferecidos. Diante de modificações nas taxas de juros de mercado, essa cláusula de repactuação permite que as partes ajustem novas condições de remuneração do capital investido. Em caso de um ou mais debenturistas não aceitarem os novos termos oferecidos, a emissora é obrigada a promover o resgate obrigatório (ou recompra para posterior colocação no mercado) antecipado dos títulos adquiridos, pagando nesse ato aos investidores todos os rendimentos previstos antes da repactuação.

GARANTIAS – As debêntures têm diferentes formas de garantias conforme previstas na escritura de emissão. As espécies mais comuns são comentadas a seguir:

- **Garantia Real:** todos os ativos da sociedade emissora são dados como garantia aos debenturistas pelo pagamento de seus direitos creditórios. Nessa espécie, a sociedade não pode negociar seus ativos em garantia até o vencimento das obrigações com os debenturistas. Em geral, a emissão de títulos com garantia real é limitada a 80% dos bens ativos da sociedade.
- **Garantia Flutuante:** nesse caso, os titulares das debêntures assumem uma prioridade geral sobre os ativos da sociedade emissora, sem que haja qualquer impedimento na negociação dos bens.
- **Garantia Quirografária (ou sem preferência):** os debenturistas não têm preferência sobre os ativos da sociedade emissora (garantia real), concorrendo em idênticas condições com os demais credores quirografários em caso de liquidação da companhia.
- **Garantia Subordinada:** em caso de liquidação da sociedade emissora, os investidores terão privilégios para reembolso do capital aplicado somente em relação aos acionistas.

REMUNERAÇÃO – Os direitos e as remunerações oferecidas pelas debêntures são juros, participação nos lucros e prêmios de reembolso.

De forma mais ampla, a remuneração oferecida pelas debêntures pode ser:

- Taxa de juros prefixada.
- Taxa de juros flutuante, em que se prevê a pactuação dos juros (ajuste das taxas de juros) a cada intervalo estabelecido de tempo. As taxas flutuantes variam durante toda a vigência do contrato de empréstimo. Do ponto de vista do aplicador, os juros flutuantes protegem o investidor da variação das taxas de juros de mercado. Em cenários de elevação dos juros, as taxas flutuantes acompanham a variação de mercado, e as taxas prefixadas, ao contrário, protegem em momentos de baixa dos juros.
- Taxa de juros real fixa acrescida de um índice de correção de preços da economia.

Além dessas formas de remuneração, a debênture pode prever ao investidor participação nos lucros da Sociedade emissora, determinada por meio de um percentual fixado incidente sobre seus resultados. Algumas emissões, ainda, podem oferecer um prêmio pelo reembolso aos investidores, equivalente a uma remuneração adicional, visando ajustar os rendimentos do título às condições do mercado à época de sua distribuição.

Os juros podem ser pagos periodicamente, durante todo o prazo de emissão da debênture, ou ao final, no momento do resgate. Quando o prazo de emissão do título for superior a um ano, os juros serão pagos, em geral, periodicamente.

As debêntures, conforme deve constar da escritura de emissão, podem também ser emitidas com cláusula de *conversibilidade*, criando-se a *debênture conversível em ações*. Nesse caso, a debênture, por opção do debenturista, é resgatada quando de seu vencimento em dinheiro, ou em seu equivalente em ações preferenciais da sociedade. A conversibilidade pode ser atraente para o debenturista dependendo da cotação da ação em bolsa. A conversibilidade em ações é calculada segundo uma fórmula de conversão previamente definida. Os acionistas da companhia têm prioridade de compra no lançamento das debêntures com cláusula de conversibilidade em ações.

Uma outra modalidade de debênture com cláusula de conversibilidade é a *debênture permutável*, a qual pode ser em ações de emissão de uma companhia que não a emissora dos papéis, geralmente do mesmo conglomerado.

Outras características referentes a prazo, vencimento, remuneração, amortização, resgate etc. de debêntures são estabelecidas pela assembleia de acionistas da companhia e constantes da *escritura de emissão* desses títulos.

Os investidores em debêntures são geralmente representados por um *Agente Fiduciário*, que tem por principal objetivo representá-los e defender seus interesses na Sociedade emitente e na Comissão de Valores Mobiliários.

As debêntures são negociadas em Bolsa de Valores e também no Mercado de Balcão (negociação fora do ambiente da Bolsa), sendo intermediadas por uma instituição do mercado de capitais. O valor nominal das debêntures é geralmente expresso em unidade monetária nacional.

RESGATE – O resgate de uma debênture pode ser feito de diversas maneiras, conforme previstas na escritura de emissão do título.

A forma de *resgate antecipado facultativo* permite que a sociedade emitente decida, em qualquer momento, promover o resgate (ou compra) total ou parcial dos títulos em circulação no mercado. Esse resgate é facultativo e previsto na escritura de emissão, assim como todas as condições de realização.

Diversos lançamentos de debêntures programam datas fixas para o resgate antecipado facultativo, oferecendo geralmente um prêmio ao investidor como forma de compensar a antecipação oferecida. Todas essas condições são previstas na escritura de emissão. Outros lançamentos não apresentam prazos previamente estabelecidos para o resgate antecipado facultativo, ficando a cargo da sociedade essas definições. Nesse caso, o debenturista é avisado pela sociedade emissora de sua proposta de resgatar os títulos emitidos de forma antecipada. A quantidade da operação de resgate pode, ainda, ser definida pelo volume total ou parcial das debêntures em circulação.

Outra forma de resgate (ou recompra) antecipado de uma emissão de debêntures é o *resgate obrigatório*. Nessa modalidade, as datas e as quantidades de recompra dos títulos, e outros procedimentos, são previamente estabelecidos na escritura de emissão.

As debêntures podem também ser negociadas na subscrição com *deságio* em relação ao seu valor nominal, o que eleva a rentabilidade do investidor. Este deságio deve ser explicitado na escritura e no anúncio de distribuição pública do título.

Remuneração	Condições	Prazo mínimo para vencimento ou período de repactuação da debênture
Taxas Prefixadas		-
Taxas Flutuantes	As taxas flutuantes utilizadas em debêntures devem ser regularmente calculadas e de conhecimento público, devendo ser baseadas em operações contratadas a taxas prefixadas, com prazo não inferior ao período de reajuste estipulado contratualmente. Estas taxas seguem o comportamento do mercado, podendo elevar-se em determinados momentos, onerando os pagamentos, ou cair, beneficiando os devedores.	180 dias (apenas prazo mínimo de vencimento). As taxas deverão ser reajustadas em períodos fixos.
Índice de Preços + Taxa de Juros Fixa	O índice de preços deve ter série regularmente calculada e ser de conhecimento público. A periodicidade de aplicação da cláusula de atualização não pode ser inferior a um ano e o pagamento de seu valor somente pode ocorrer por ocasião do vencimento ou da repactuação das debêntures. Além disso, o pagamento de juros e a amortização realizados em períodos inferiores a um ano devem ter como base de cálculo o valor nominal das debêntures, sem considerar atualização monetária de período inferior a um ano.	Um ano.
Participação nos Lucros	As debêntures podem remunerar os investidores por meio de participação nos lucros, agregando características de renda variável ao papel.	Não há (quando a debênture possuir exclusivamente esta forma de remuneração).

Fonte: Decisão Conjunta Bacen/CVM nº 07/99.

Emissão de Debêntures – A estrutura de emissão de debêntures segue o influxo da Figura 5.1, bastante semelhante ao lançamento de ações (conforme será estudado no Capítulo 11).

```
┌─────────────────────┐
│  Assembleia de      │
│  Acionistas – AGE   │
└──────────┬──────────┘
           ↓
┌─────────────────────┐
│  Registro na CVM    │
│  e na CETIP/SND     │
└──────────┬──────────┘
           ↓
┌─────────────────────┐
│  Coordenação da     │
│  Emissão            │
└──────────┬──────────┘
           ↓
┌─────────────────────┐
│  Agente Fiduciário  │
└──────────┬──────────┘
           ↓
┌─────────────────────────┐
│ Colocação das Debêntures│
│ no Mercado              │
└─────────────────────────┘
```

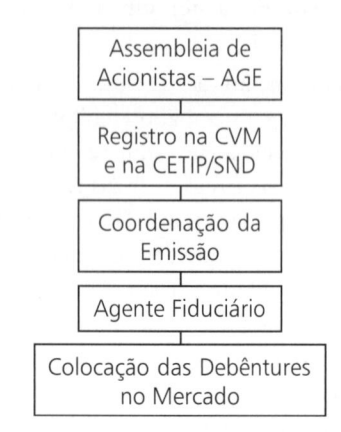

FIGURA 5.1 Estrutura da emissão de debêntures.

A **assembleia de acionistas**, mais especificamente a AGE (Assembleia Geral Extraordinária), decide sobre todas as condições de emissão dos títulos, elaborando um documento denominado *Escritura de Emissão*. Essa escritura define o montante a ser lançado, remuneração, garantias, prazo de emissão etc., devendo ser registrada em cartório.

A emissão das debêntures poderá também ser feita por séries, com características próprias referentes a prazo e remuneração dos investidores.

Toda emissão deve ainda ser **registrada** na Comissão de Valores Mobiliários (CVM), equivalendo a uma autorização de lançamento público dos títulos. Por serem normalmente emitidas sob a forma escritural (não há emissão física dos títulos), as debêntures devem também ser registradas na Cetip/SND (Sistema Nacional de Debêntures), em que são realizados os controles de transferências de titularidade por negociações e efetuadas as várias liquidações financeiras das operações.

A emissão das debêntures pode ser *privada*, quando já existem compradores para os títulos (investidores institucionais e grandes investidores, geralmente), e mediante *oferta pública*, quando as debêntures serão oferecidas ao público em geral do denominado mercado primário.

No caso de oferta pública de debêntures, é necessária a **coordenação** de uma instituição financeira, ou um *pool* de instituições, como Bancos de Investimento, Sociedades Corretoras etc.

Os direitos dos debenturistas são defendidos junto à empresa emitente por um **agente fiduciário**. Suas atividades básicas são as de zelar pelo cumprimento da escritura de emissão, elaborar relatórios sobre o desempenho da empresa emitente e informações gerais sobre os títulos, relatar qualquer ato que possa prejudicar os debenturistas etc.

Bovespa Fix – O *Bovespa Fix* é um sistema eletrônico, apoiado na plataforma de negociação SISBEX, lançado pela Bolsa de Valores de São Paulo, que tem por objetivo negociar, liquidar e custodiar títulos de dívida corporativa em Bolsa. O Bovespa Fix foi constituído com o intuito de dar maior liquidez e transparência, com a divulgação de preços em tempo real, ao mercado secundário de renda fixa, reduzir os custos de transação e dar maior eficiência aos negócios.

O Bovespa Fix iniciou-se com a implantação do mercado de debêntures, e atualmente permite negociações de todos os títulos privados de renda fixa, como *commercial papers* e CDBs. As negociações neste mercado são garantidas pela Companhia Brasileira de Liquidação e Custódia (CBLC).

Debêntures com participação nos lucros – Uma sociedade também pode emitir debêntures vinculando sua remuneração como uma percentagem de seu lucro do exercício, em vez de adotar uma taxa prefixada para pagar aos investidores. As condições de emissão do título devem prever o percentual da remuneração e indicar sobre qual lucro deve incidir (lucro operacional ou lucro líquido, por exemplo).

Essa forma de remuneração da debênture não deve ser considerada como se fosse um dividendo; ao contrário, deve ser interpretada como uma despesa financeira da sociedade emissora do título. O investidor deverá recolher Imposto de Renda Retido na Fonte sobre a remuneração financeira paga pela debênture.

5.2.6 Formas de remuneração dos títulos de renda fixa no Brasil

O mercado financeiro brasileiro remunera os títulos de renda fixa de três formas:

- prefixada;
- pós-fixada;
- indexada à inflação.

A remuneração **prefixada** define a taxa de juros prometida pelo título no momento da aplicação, revelando ao investidor exatamente qual será o seu retorno. A taxa de juros de um título prefixado mantém-se inalterada mesmo diante de variações que venham a ocorrer nos juros de mercado, revelando-se mais atraente em momentos de redução das taxas de juros de mercado.

A taxa **pós-fixada** expressa geralmente a remuneração do título como um percentual da taxa Selic ou do CDI (Certificado de Depósito Interfinanceiro). Esta taxa pós-fixada acompanha o comportamento do mercado, sendo maior em cenários de alta dos juros e menor em períodos de redução das taxas de mercado.

A remuneração **indexada à inflação**, muitas vezes denominada taxa **pós-fixada**, é formada por uma taxa de juros real (líquida da inflação) previamente definida e acrescida da variação da inflação verificada no período da aplicação. Essa correção da taxa de juros real é calculada geralmente pelo IPCA, IGPM ou INPC.

Essa remuneração é uma mistura de taxa pré e pós-fixada, atrelada a um índice de inflação. Uma vantagem desses títulos é que garantem ao investidor um ganho real prefixado, líquido da inflação, atuando como uma proteção contra a perda de poder de compra da moeda.

> **MARCAÇÃO A MERCADO (MaM)**
>
> A Marcação a Mercado (MaM) é um processo diário de ajuste dos preços de negociação dos títulos de renda fixa (e variável) diante das atuais condições de mercado. A MaM revela o valor de negociação de um título no mercado em determinado momento.
>
> Por exemplo, admita que um título de renda fixa com prazo de três anos seja negociado no mercado a taxa de juros (rendimentos) de 10% a.a.
>
> Suponha ainda que após seis meses a taxa de juros de mercado aumente para 12% a.a. Para manter a atratividade do título, o seu valor deverá cair (desvalorizar) com a marcação a mercado, de forma que produza um retorno maior compatível com as taxas de juros de mercado em alta. O título sofreria, ao contrário, uma valorização caso os juros de mercado se reduzissem.
>
> *O preço do título prefixado aumenta diante de uma redução nas taxas de juros de mercado; ao contrário, há desvalorização no valor do título se as taxas de juros de mercado subirem.*
>
> Um aspecto importante é que no vencimento do título o aplicador irá receber exatamente o rendimento contratado. Não há perda para o investidor caso decida manter o papel até o seu vencimento. Na data de vencimento do título, irá receber integralmente o capital aplicado acrescido dos juros contratados na operação. O risco de perda irá ocorrer somente se decidir negociar o título no mercado antes de seu vencimento.

5.2.7 Letras de câmbio

As letras de câmbio são emitidas (sacadas) pelos financiados dos contratos de crédito, sendo aceitas pelas instituições financeiras participantes da operação. Posteriormente ao aceite, a Letra de Câmbio é vendida a investidores por meio dos mecanismos de intermediação do mercado financeiro. Constituem-se, dessa forma, no principal *funding* das operações de financiamento de bens duráveis (crédito direto ao consumidor) realizadas pelas Sociedades Financeiras.

São títulos nominativos, com renda fixa e prazo determinado de vencimento.

> Por meio da Letra de Câmbio, o emitente do título (sacador ou devedor) transfere ao aceitante (sacado ou instituição financeira) ordem de pagamento ao investidor (tomador ou adquirente da Letra de Câmbio), de certa quantia em determinada data. A Letra de Câmbio é emitida por conta e ordem do sacador. O lastro do título é um contrato de financiamento, sendo utilizado pelo aceitante, visando à captação de recursos para realizar a operação de crédito.

Pessoas jurídicas envolvidas na emissão e negociação de Letra de Câmbio:

Sacador   Financiado, emitente do título ou devedor. A Letra de Câmbio origina-se de um financiamento de bens e serviços concedido por uma instituição financeira. É a parte que saca os recursos dando a ordem para pagar.

Sacado   Aceitante do título. Parte responsável pelo pagamento da Letra de Câmbio.

Tomador   Beneficiário da ordem de pagamento. Detentor da Letra de Câmbio.

5.2.8 Certificados/Recibos de Depósitos Bancários (CDB/RDB)

O *Certificado de Depósito Bancário* (CDB) é uma obrigação de pagamento futura de um capital aplicado em depósito a prazo fixo em instituições financeiras (bancos comerciais ou múltiplos e bancos de investimento e desenvolvimento). Esses recursos destinam-se, basicamente, ao financiamento de capital de giro das empresas. As emissões desses títulos são feitas em função do volume de crédito demandado pelas empresas.

A diferença básica entre o *Certificado* e o *Recibo de Depósito Bancário* (RDB) é que o primeiro pode ser transferido por meio de endosso, sendo, portanto, negociável no mercado. Os RDB são obrigatoriamente nominativos e intransferíveis, determinando muitas vezes variações nas taxas de juros pagas aos aplicadores.

O CDB pode ser emitido com remuneração prefixada ou pós fixada. O título *prefixado* informa ao investidor, no momento da aplicação, quanto irá pagar em seu vencimento. A taxa de remuneração do título é estabelecida no ato da compra. Um CDB *pós-fixado*, ao contrário, tem seus rendimentos formados por um índice de preços de mercado (IGP-M, CDI etc.) mais uma taxa real de juro pactuada no momento da aplicação. Sobre os rendimentos produzidos pelo CDB incide Imposto de Renda Retido na Fonte (IRRF), sendo atualmente calculado segundo uma tabela regressiva, devendo ser pago pelo investidor no resgate.

Esse título pode ser negociado antes de seu vencimento mediante uma consulta ao banco emissor. O preço de recompra negociado entre as partes é geralmente referenciado nas livres cotações de mercado no momento da transação.

O principal risco desses títulos é a insolvência da instituição financeira emitente. Nesse caso extremo, o investidor tem sua aplicação garantida até determinado valor, conforme previsto pelo Fundo Garantidor de Crédito (FGC), conforme será estudado adiante (item 5.3.9).

5.2.9 Caderneta de Poupança

A Caderneta de Poupança é considerada a modalidade de investimento mais tradicional do Brasil, classificada como conservadora por oferecer baixo risco e, também, menor retorno, principalmente.

Os recursos aplicados na caderneta de poupança realizados até maio de 2012 são remunerados mensalmente à taxa linear de 6% a.a. (0,5% a.m.), mais a TR (Taxa Referencial de Juros). Os rendimentos são creditados mensalmente na conta de poupança, na data de aniversário (abertura da caderneta).

Os depósitos realizados na Poupança a partir de maio de 2012 passaram a ser vinculados pela Taxa Selic definida pelo Bacen. Se a Selic for fixada igual ou acima de 8,5% a.a., o investidor será remunerado pela regra antiga: 0,5% a.m. de juros mais variação da taxa TR. Caso a Selic seja igual ou menor que 8,5% a.a., os rendimentos da Caderneta de Poupança serão de 70% da Taxa Selic mais a variação da TR. Os rendimentos da Caderneta de Poupança estão isentos do pagamento do Imposto de Renda. Assim:

Taxa Selic >= 8,5% a.a.

Rendimento da Poupança = 0,5% a.m. + TR

Taxa Selic < 8,5% a.a.

Rendimento da Poupança = 70% da Taxa Selic + TR (Taxa Referencial)

A *Taxa Referencial* representa a média dos juros dos CDBs dos maiores bancos brasileiros, conforme praticados no mercado financeiro, descontada por um redutor (percentual), conforme definido pelo Banco Central. A TR é informada diariamente no *site* do Bacen.

A Caderneta de Poupança pode ser aberta em qualquer dia do mês pelo investidor. Os rendimentos são calculados e creditados na mesma data do mês seguinte que representa a data de aniversário da caderneta.

Os valores depositados na Caderneta de Poupança podem ser retirados (sacados) a qualquer momento, apresentando liquidez imediata. No entanto, as aplicações resgatadas antes da data de aniversário não recebem qualquer remuneração.

Caso se realize um depósito fora da data de aniversário, é recomendada ao investidor a abertura de nova Caderneta de Poupança. Os rendimentos sobre os depósitos realizados somente são calculados a partir da data de aniversário da conta de poupança.

Os recursos captados pelas Cadernetas de Poupança têm direcionamento previsto, em sua maior parte, para o financiamento imobiliário, principalmente no âmbito do Sistema Financeiro de Habitação.

5.2.10 Letras Hipotecárias (LH)

As *Letras Hipotecárias* são títulos de renda fixa emitidos por instituições financeiras que atuam com crédito imobiliário por meio do Sistema Financeiro de Habitação (SFH). A prática atual estabelece que essas instituições têm como *funding* principal do crédito imobiliário a Caderneta de Poupança. Somente quando o volume captado por esse instrumento financeiro for inferior ao total do financiamento concedido é que se permite a emissão de Letras Hipotecárias. Os principais emissores desses títulos são os bancos múltiplos com carteira de crédito imobiliário, as sociedades de crédito imobiliário (SCI) e as associações de poupança e empréstimo (APE).

Em verdade, os recursos obtidos pela colocação de Letras Hipotecárias devem lastrear os financiamentos já concedidos, não sendo usual que sejam direcionados a novos investimentos. A Letra Hipotecária é entendida como captação complementar à Caderneta de Poupança.

As Letras Hipotecárias costumam pagar uma remuneração superior à da Caderneta de Poupança exigindo, no entanto, um prazo de aplicação maior. É uma captação mais onerosa para a instituição financeira. Para o investidor, além da maior remuneração obtida, as Letras Hipotecárias oferecem ainda a vantagem de ser isentas de Imposto de Renda.

A remuneração das Letras Hipotecárias pode ser prefixada ou pós-fixada.

5.2.11 Letras Imobiliárias (LI)

As *Letras Imobiliárias* são títulos emitidos por instituições componentes do sistema habitacional, como Sociedades de Crédito Imobiliário e Caixa Econômica Federal. Essas Letras constituem-se em promessa de pagamento. Os recursos captados com a colocação desses papéis destinam-se ao financiamento de imóveis para construtores e adquirentes.

> *Sociedades de Crédito Imobiliário (SCI)* são instituições de crédito direcionadas ao financiamento imobiliário. O funcionamento de uma SCI depende de autorização prévia do Banco Central.

A Letra Imobiliária pode ser garantida pelo Governo Federal, quando emitida pela Caixa Econômica Federal, ou ainda ter preferência sobre os bens do ativo da sociedade emissora em relação a outros créditos contra a sociedade, quando emitida por Sociedades de Crédito Imobiliário.

A principal diferença entre a Letra Imobiliária e a Letra Hipotecária é que a primeira possui vantagens em relação a todos os ativos da sociedade, ou ainda é garantida pelo Governo quando emitida pela Caixa Econômica Federal. A Letra Hipotecária, por seu lado, tem a garantia do lastro imobiliário hipotecário.

Os Certificados de Recebíveis Imobiliários (CRI)[2] são títulos de renda fixa emitidos com lastro em financiamentos imobiliários e outras gerações de crédito, como aluguéis e arrendamento. Esses títulos são emitidos por sociedades de securitização. A remuneração dos CRIs pode estar atrelada ao IPCA (na maioria das emissões), IGP-M ou TR, ou ainda garantida por uma taxa prefixada.

O investidor do título incorre, entre outros, no risco de crédito do emissor e de uma possível falta de liquidez no mercado secundário.

O CRI pode ser emitido no tipo *performado*, quando os imóveis que lastreiam a emissão já foram concluídos; e *não performado*, quando os imóveis ainda não foram concluídos.

5.2.12 Letra de Câmbio do Agronegócio (LCA)

A LCA é um título de renda fixa nominativo emitido por instituições financeiras públicas ou privadas, lastreado em direitos creditórios de operações de empréstimos e financiamentos direcionados ao setor de agronegócio.

A remuneração da LCA pode ser pós-fixada, com base em percentual do CDI, prefixada ou ainda atrelada à inflação. A maior parte das LCAs emitidas é indexada ao CDI.

A letra de crédito imobiliário (LCI), por seu lado, é lastreada na carteira de empréstimos ao setor imobiliário. A principal diferença entre a LCA e a LCI para o investidor é o lastro do título: créditos concedidos ao setor de agronegócio (LCA) e créditos de financiamentos ao setor imobiliário (LCI).

5.2.13 *Warrants*

Warrant[3] é um título que atribui ao seu titular um direito de negociar (comprar ou vender) um ativo, por um prazo estabelecido e por um preço previamente fixado, conhecido por preço de exercício. Em geral, a maturidade da *warrant* é de longo prazo.

A legislação vigente no Brasil, elaborada pela CVM, define *warrant* como uma opção de compra (ou venda, se autorizada) não padronizada. Cada emissão de *warrant* deve prever condições específicas de vencimento, data de emissão, forma de distribuição dos proventos do ativo subjacente, e assim por diante. Assim, para cada emissão deve ser elaborado um "Contrato de Emissão de *Warrant*".

A emissão de *warrant* pressupõe dois participantes essenciais: o **emissor** e o **agente** da *warrant*.

O emissor é uma instituição que mantém certos ativos financeiros em sua carteira e deseja lançar uma opção não padronizada *(warrant)*. *Por exemplo*, se um banco tiver ações de uma empresa siderúrgica, pode emitir, se desejar, *warrants* concedendo aos seus titulares o direito de adquirir do emissor (banco) as ações da empresa, por um preço e prazos acordados no "Contrato de Emissão".

O agente da *warrant* é escolhido e contratado pelo emissor, entre as instituições integrantes do sistema de distribuição de títulos e valores mobiliários. É responsável pela qualidade do papel emitido, devendo acompanhar e controlar todo o processo de colocação do título, pagamentos das obrigações, baixas e cancelamentos etc.

No exemplo ilustrativo do banco emissor descrito, a *warrant* foi emitida a partir de um ativo subjacente (ações da empresa siderúrgica) existente na carteira do banco. É, por isso, denominada *coberta*. Os papéis que formam o lastro da *warrant* devem ficar bloqueados (ou caucionados) durante toda a sua maturidade, até o vencimento do título. Uma *warrant* pode também ser lançada na modalidade *descoberta*. Neste caso, são exigidas garantias.

Podem ser emitidas *warrants* sobre ações, debêntures, notas promissórias para distribuição pública e outros ativos financeiros. O preço de exercício da *warrant* é definido pelo emissor do título, levando em consideração o valor do ativo-objeto que lastreia a emissão, prazo da operação, taxas de juros de mercado, risco do ativo etc.

São emitidos dois tipos de *warrant*: *warrant* de compra (*call warrant*) e *warrant* de venda (*put warrant*).

O *warrant de compra* confere o direito de compra do ativo subjacente, oferecendo uma oportunidade de ganho ilimitada diante da valorização do preço do ativo no mercado. A possibilidade máxima de perda do investidor na operação com *warrant de compra* é o capital aplicado.

O *warrant de venda*, por outro lado, atribui ao investidor o direito de negociar o ativo subjacente nas condições estipuladas. Esse tipo de *warrant* oferece ganhos ao investidor na medida de uma desvalorização do ativo no mercado.

5.2.14 Título conversível

Um *título conversível* diferencia-se de um *warrant* pelo direito que concede a seu titular de trocar o ativo possuído por outro, e não o de comprar. No instrumento de compra

---

[2] Os CRIs serão também estudados mais adiante, neste capítulo, no item 5.3.5.1, ao tratar de securitização.

[3] Esta parte é baseada no documento "Opção de Compra Não Padronizadas *Warrants*", elaborado pela Bolsa de Valores de São Paulo, e disponível em: www.b3.com.br/pt_br/.

de um título conversível constam explicitadas todas as condições de conversibilidade do título adquirido em outro.

Um caso bastante comum no mercado é o bônus (ou obrigação) conversível em ações da empresa emitente. A opção de conversão pode verificar-se também em outros ativos, como ouro, outros tipos de bônus etc. As debêntures, conforme foi demonstrado, costumam também ser emitidas com cláusula de conversibilidade em ações da empresa. No momento do resgate, o debenturista faz a opção entre receber o montante em espécie ou convertê-lo em ações da própria companhia.

O valor de uma debênture conversível em ações, *por exemplo*, é constituído segundo duas fontes de remuneração: debênture e conversão. O título constitui-se, em outras palavras, numa debênture com opção de compra de ações da empresa. Se ocorrer uma valorização na cotação das ações emitidas pela companhia, o título conversível também se valoriza, ocorrendo o inverso com o valor do título no caso de os preços das ações caírem no mercado.

Deve ser acrescentado que tanto as *warrants* como os títulos conversíveis podem ser considerados fontes de financiamento das empresas, e também opções de compras de títulos de emissão da empresa (ações, por exemplo) negociados com os investidores no mercado.

A administração da empresa, ao se utilizar desses instrumentos financeiros para captação de recursos, ou os investidores, na expectativa de retorno de suas aplicações, devem avaliar, de maneira mais efetiva, os riscos envolvidos na operação. Dois aspectos importantes, entre outros, devem merecer a atenção do analista: o comportamento do preço de mercado do ativo e a obrigação de entrega do ativo objeto do contrato a um preço previamente estabelecido. A diferença entre o valor do título e o valor acordado entre as partes na operação é que vai determinar o ganho do comprador (fornecedor de capital) e a perda para a empresa vendedora (captadora de recursos). Para Valle,[4] como não há limite, pelo menos teórico, para a valorização de um título, também não haveria para essa perda.

5.2.15 Letra Financeira (LF)

As *Letras Financeiras* (LF) foram regulamentadas pelo Conselho Monetário Nacional em 2010 (Resolução 3.836/2010) para emissão pelas instituições financeiras. As LFs são títulos de renda fixa de longo prazo e têm por objetivo alongar o perfil de captação dos bancos, oferecendo maior possibilidade de ampliação do crédito na economia.

Uma importante função das LFs é a de contribuir para reduzir o descasamento de prazos entre ativos e passivos dos bancos; as captações são realizadas com predominância em CDB, de curto prazo (mesmo se emitidos em longo prazo, esses títulos permitem recompras diárias), e as operações de crédito podem atingir maturidade maior, como é o caso do crédito imobiliário.

As Letras Financeiras são emitidas por bancos comerciais, bancos múltiplos, bancos de investimentos, Financeiras (SCFI), caixas econômicas e sociedades imobiliárias. O prazo mínimo de emissão é de dois anos, não podendo ocorrer o resgate do título antes do vencimento pactuado. É exigido ainda um capital mínimo para aplicação no título.

A remuneração prevista para o título é taxa de juros prefixada, que pode ou não ser combinada com taxas flutuantes e índices de preços. Os rendimentos são pagos periodicamente.

5.2.16 Certificado de Operações Estruturadas (COE)

O COE é uma alternativa de produto financeiro para investimento que mescla ativos de renda fixa e de renda variável, permitindo uma diversificação de ativos e de mercados. O título é emitido por instituições financeiras e regulado pela CVM. Os principais riscos do COE são:

- *Risco de Crédito* da Instituição Emissora do Título: o COE não tem cobertura do Fundo Garantidor de Créditos (FGC);
- *Risco de Liquidez*: o COE estipula uma data fixa de vencimento, geralmente de prazo mais longo (mínimo de dois anos). Não é possível o resgate antecipado. O título pode ser vendido no mercado secundário caso o investidor necessite de recursos, pelo seu preço de mercado.

São negociadas duas modalidades do COE: *Capital Protegido* e *Capital em Risco*. O COE *Capital Protegido* garante o total do capital investido na data de vencimento do título; o COE *Capital em Risco* prevê uma garantia parcial do capital investido ou a fixação de perda até determinado limite.

5.3 Principais financiamentos no mercado de capitais

As principais modalidades de financiamento realizadas no mercado de capitais são desenvolvidas a seguir.

5.3.1 Financiamento de capital de giro

O financiamento de capital de giro, realizado por bancos comerciais/múltiplos e bancos de investimentos, visa suprir as necessidades de recursos do ativo circulante (capital de giro) das empresas. As operações são realizadas geralmente dentro de um prazo de resgate de 6 a 24 meses, e os pagamentos podem ser realizados de uma única vez (ao final do

---

[4] VALLE, Maurício Ribeiro do. *O custo de captação nos mercados americano de bonds e de eurobonds*. 2000. Tese (Doutorado) – FEA/USP, p. 49.

prazo) ou em prestações periódicas (mensais, trimestrais etc.). As garantias exigidas são normalmente duplicatas, avais ou hipoteca de ativos reais.

Para a realização dessas operações, as instituições financeiras utilizam-se de recursos próprios e/ou provenientes de depósitos a prazo fixo captados mediante a emissão de Certificados de Depósitos Bancários (CDB) e Recibos de Depósitos Bancários (RDB), estudados no item anterior.

O financiamento de capital de giro das empresas pode também ser efetuado por meio da colocação de outros papéis no mercado.

As sociedades anônimas podem emitir um título denominado *commercial paper*, destinado à subscrição pública, cujos recursos são canalizados para financiar suas necessidades correntes de capital de giro. Não costuma oferecer maiores garantias de liquidação, sendo entendido como uma promessa de pagamento vinculada ao desempenho financeiro do emitente do título.

O *commercial paper*, conforme estudado no capítulo anterior, é tipicamente uma nota promissória de baixa maturidade, não se estendendo o prazo de resgate para mais de nove meses. Uma característica relevante desse título é a possibilidade de se eliminar a intermediação financeira bancária, pois os tomadores de recursos podem negociar a emissão diretamente com os investidores (bancos, fundos de pensão etc.). Representa, dessa forma, um instrumento bastante ágil de captação disponível para financiamento de capital de giro, permitindo uma redução do custo financeiro para os tomadores.

As Notas Promissórias são negociáveis no mercado, sendo classificadas como valores mobiliários quando emitidas por sociedades por ações, e destinadas à oferta pública.

5.3.2 Operações de repasses

As *operações de repasses* constituem-se em empréstimos contratados por instituições financeiras do mercado de capitais e repassados a empresas carentes de recursos para investimentos de longo prazo. Os repasses podem ser recursos internos e externos.

As *operações de repasses de recursos internos* consistem na alocação de disponibilidades provenientes de fundos governamentais em diversos ativos de empresas nacionais considerados como de interesse econômico nacional. Suas diversas linhas de crédito visam ao desenvolvimento de diversos segmentos empresariais, como apoio financeiro às pequenas e médias empresas, incentivos à produção de bens de capital produzidos no país etc. A transferência desses recursos processa-se normalmente mediante a intermediação de alguma instituição financeira do mercado de capitais.

Essas operações de repasses são geralmente contratadas a longo prazo, e apresentam grande destaque no mercado financeiro nacional em virtude, principalmente, do precário nível de captação de poupança privada voluntária. Os fundos apresentam normalmente taxas de juros favorecidas (em geral, as taxas de juros são inferiores às praticadas no mercado) e são originados, basicamente, de dotações orçamentárias da União, da poupança compulsória (PIS, Finsocial etc.) e de captações processadas no exterior.

Os principais executores dessa política são o BNDES, por meio do BNDESPAR e do Finame, Bancos Regionais de Desenvolvimento, Caixa Econômica e Banco do Brasil.

As *operações de repasses de recursos externos*, também estudadas no capítulo anterior, processam-se por meio da contratação de empréstimos em moeda estrangeira por parte de instituições financeiras (bancos comerciais/múltiplos e bancos de investimentos) sediadas no país e seu consequente repasse às empresas comerciais, industriais e de serviços nacionais, visando ao financiamento de capital de giro e de capital fixo. Em verdade, essa modalidade de crédito prevê o envolvimento de três partes: o banco estrangeiro emprestador dos recursos, o banco nacional captador e repassador dos recursos externos e a empresa sediada no país tomadora dos recursos (financiada).

A instituição financeira repassadora cobra do tomador de recursos os mesmos custos incorridos na transação original (juros, variação cambial e impostos). O resultado da instituição financeira é unicamente a comissão de repasse cobrada.

Essas operações de repasses são regulamentadas pelo Banco Central do Brasil. Algumas captações de recursos externos, todavia, podem ser efetuadas sem a necessidade da presença da instituição financeira nacional repassadora. A empresa financiada pode contratar diretamente essa operação junto a organismos financeiros internacionais, atuando a instituição financeira nacional como repassadora. A empresa financiada pode contratar diretamente essa operação junto a organismos financeiros internacionais, atuando a instituição financeira nacional como avalista.

As garantias oferecidas para as operações de repasses são duplicatas, títulos de crédito, garantias reais etc.

5.3.3 Arrendamento mercantil

A operação de *arrendamento mercantil* pode ser compreendida como uma forma especial de financiamento. Basicamente, essa modalidade é praticada mediante a celebração de um contrato de arrendamento (aluguel) efetuado entre um cliente (arrendatário) e uma sociedade de arrendamento mercantil (arrendadora), visando à utilização, por parte do primeiro, de certo bem durante um prazo determinado, cujo pagamento é efetuado em forma de aluguel (arrendamento).

A empresa de *leasing*, na verdade, intervém entre a empresa produtora do bem ativo e a empresa que necessita do bem. O ativo demandado pela empresa arrendatária é adquirido pela sociedade de arrendamento mercantil e transferido ao cliente por determinado período. Ao final desse prazo, à arrendatária é assegurado o direito de prorrogar o contrato, devolver o bem à empresa arrendadora ou adquirir o bem definitivamente pelo preço estabelecido no contrato de arrendamento firmado.

As prestações do aluguel do bem, comumente denominadas contraprestações, são normalmente mensais, iguais e sucessivas, nada impedindo que sejam estabelecidas outras formas de pagamento. Essa modalidade de arrendamento é denominada **leasing financeiro**, amplamente adotada no Brasil.

Outra modalidade de arrendamento mercantil praticada no mercado por empresas carentes de recursos a longo prazo para giro é o **lease-back**. Nessa operação, a empresa tomadora de recursos, proprietária (ou produtora) de um bem, por meio de um único contrato de arrendamento, vende para a sociedade de *leasing* o ativo e o arrenda simultaneamente. Pelo *lease-back*, uma empresa passa de proprietária para arrendatária do ativo, podendo continuar utilizando normalmente o bem como se fosse um *leasing* financeiro.

O denominado **leasing operacional**, apesar de bastante difundido no exterior, apresenta pouco uso no Brasil. Essa modalidade constitui-se em locação de um bem, em que o valor residual obtido ao final do contrato é avaliado por seu preço de mercado. Os valores pagos na locação não podem ultrapassar 75% do valor do bem, correndo todas as despesas de manutenção por conta da empresa de *leasing* (arrendadora). O bem é geralmente devolvido à empresa de *leasing* ao final do prazo contratado, permitindo que seja novamente arrendado no mercado. Essa renovação do contrato de *leasing* é essencial para que a empresa arrendadora possa recuperar o investimento efetuado no bem e os custos dos serviços de manutenção e assistência técnica prestados.

As principais vantagens do arrendamento mercantil para uma empresa arrendatária podem ser resumidas da maneira seguinte:

- permite a renovação periódica da maquinaria da empresa, atendendo assim às exigências do desenvolvimento tecnológico e do próprio mercado;
- evita os problemas e as dificuldades do processo de imobilização, reduzindo o risco da empresa;
- permite maior flexibilidade e dinamismo aos recursos financeiros da empresa, deixando os mesmos disponíveis para outros investimentos e para a sustentação do capital de giro;
- pode-se obter, também, um benefício fiscal para as empresas oriundo da dedutibilidade integral, para efeitos de cálculo da provisão para o Imposto de Renda das pessoas jurídicas, das contraprestações do contrato de arrendamento.

Apesar de todas essas vantagens, o *leasing* não pode ser considerado como a solução ótima para toda a necessidade de financiamento. É preferível considerá-lo como uma opção a mais colocada à disposição das empresas, opção essa que exigirá sempre uma análise cuidadosa de suas condições de utilização.

5.3.4 Oferta pública de ações e debêntures

Caracteriza-se por uma operação típica das sociedades anônimas. A *emissão e colocação de novas ações* no mercado, que se apresenta como uma das formas mais vantajosas que essas empresas possuem de levantar recursos, devem obedecer a uma sistemática legal. Assim, desejando a empresa um financiamento por meio de uma chamada de capital, procurará ela uma instituição financeira do mercado de capitais capacitada para a operação e oferecerá a venda do lote das novas ações emitidas. Essa transação denomina-se *subscrição de ações* ou *underwriting*.[5] Não se deve esquecer que os atuais acionistas terão sempre o privilégio da compra dessas ações.

Adquiridas as ações, a instituição financeira efetuará seu lançamento no *mercado primário*, constituído por investidores que subscrevem esses valores mobiliários pela primeira vez. Após essa operação, esses investidores podem negociar entre si e com outros as ações subscritas. É o conhecido *mercado secundário*, identificado nas negociações que se efetuam nos pregões das bolsas de valores.

O lançamento das ações no mercado primário é efetuado por instituições financeiras do mercado de capitais devidamente credenciadas, que podem ser ou um banco de investimento, ou um banco de desenvolvimento, ou uma sociedade corretora, de forma isolada, ou mediante a constituição de um consórcio.

Conforme estudado, as *debêntures* são classificadas como títulos privados de crédito, emitidos exclusivamente por sociedades por ações e colocadas no mercado principalmente entre os investidores institucionais. Visam essencialmente ao levantamento de recursos de médio e longo prazo.

A emissão das debêntures por parte das sociedades por ações pode ser *privada* ou por *oferta pública*.

Uma sociedade realiza emissão privada quando consegue identificar previamente os compradores dos títulos,

---

[5] Este assunto será detalhado no Capítulo 11, ao tratar do mercado primário de ações.

geralmente investidores institucionais. Na emissão por oferta pública, existe a figura de um intermediário financeiro, constituído por uma instituição ou um *pool* de instituições financeiras, que se responsabiliza pela coordenação da colocação das debêntures junto aos investidores de mercado. Nesse caso, o lançamento público segue a mesma sistemática descrita para as ações, precisando efetuar o registro e receber autorização da Comissão de Valores Mobiliários (CVM).

As debêntures são atualmente emitidas na forma escritural, ou seja, não há emissão física do título, devendo ser registradas na Cetip/SND (sistema nacional de debêntures).

5.3.5 Securitização de recebíveis

> A securitização envolve a transformação de algum ativo a receber no futuro em uma *security* (título ou valor mobiliário), e respectiva negociação no mercado financeiro.

Uma importante característica observada na dinâmica do sistema financeiro nacional é o destacado crescimento das operações de captações financeiras por meio de títulos emitidos pelos próprios tomadores de recursos. Essa alternativa de financiamento vem tomando, em boa parte, o lugar dos empréstimos convencionais dos bancos, constituindo um mercado de emissão direta em que se estabelece a securitização da carteira de recebíveis das empresas.

> A securitização de recebíveis é uma forma de captação de recursos envolvendo a emissão de títulos de crédito pelo tomador, os quais são garantidos mediante caução de recebíveis. Por meio dessa operação financeira, é possível uma empresa levantar fundos no mercado sem comprometer seus níveis atuais de endividamento de balanço.

A securitização de recebíveis é realizada geralmente por empresas que apresentam uma carteira bastante pulverizada de valores a receber, em que nenhum recebível represente parcela relevante de seu total. A empresa tomadora de recursos negocia sua carteira de recebíveis com uma empresa criada especialmente para essa finalidade, denominada **SPE – Sociedade de Propósitos Específicos** (*Special Purpose Company*) –, a qual levanta recursos no mercado mediante a emissão de títulos (geralmente debêntures) lastreados nesses valores adquiridos.

Os recursos captados pela SPE com a emissão e colocação de debêntures, geralmente de longo prazo, são utilizados para a compra da carteira de recebíveis, com vencimento, frequentemente, a curto prazo. Com isso é possível formar um caixa que viabiliza a realização de novos negócios com os recebíveis.

Deve ser acrescentado que, na securitização de recebíveis, o risco de crédito dos recebíveis é segregado do risco de crédito da empresa originária, viabilizando uma emissão nem sempre possível de ser realizada pela empresa originária.

Na operação de securitização, é nomeada uma instituição financeira para atuar como agente fiduciário – *Trustee* –, cujo objetivo principal é monitorar, por meio da análise de relatórios financeiros e de auditoria, a situação da SPE, efetuando avaliações de seu desempenho, e acionar medidas necessárias, visando proteger os interesses dos investidores (debenturistas). A *Trustee* deve, ainda, enviar periodicamente aos debenturistas relatórios que contenham as demonstrações financeiras e pareceres de auditoria externa.

> **Fluxo Básico de uma Securitização de Recebíveis**
>
> - Uma empresa, com base em sua carteira de recebíveis, decide levantar recursos no mercado emitindo títulos de crédito para colocação junto a investidores.
>
> - É constituída, para tanto, uma sociedade de objeto social específico, denominada *Special Purpose Company* – *SPC* (Sociedade de Propósitos Específicos – SPE). O objetivo básico dessa sociedade é adquirir os recebíveis mediante a respectiva emissão de títulos.
>
> - A SPC constituída procede à colocação dos títulos emitidos no mercado, ocorrendo continuamente a renovação dos recebíveis repassados à sociedade especial e a consequente entrega dos recursos efetivos à empresa comercial (tomadora final dos recursos).
>
> - Os clientes da empresa comercial realizam seus pagamentos normalmente nos locais determinados, resgatando os recebíveis.
>
> - É nomeado um agente fiduciário da operação (*trustee*), geralmente um banco, com a responsabilidade de supervisionar a gestão da *special purpose company*. O agente fiduciário é responsável pelo acompanhamento dos interesses dos credores.
>
> - É efetuada auditoria externa nas operações relacionadas com a empresa comercial e a *SPE*, cujas avaliações são encaminhadas ao agente fiduciário. O objetivo da auditoria é preservar os interesses dos investidores nos títulos de crédito emitidos.
>
> - Os investidores recebem relatórios periódicos do agente fiduciário, contendo análises das demonstrações financeiras e pareceres.

O Capítulo 19 desenvolve a estrutura e o funcionamento dos Fundos de Investimentos em Direitos Creditórios (FIDC), também conhecidos por "Fundos de Recebíveis" importante instrumento de securitização do mercado financeiro nacional.

5.3.5.1 Outras formas de securitização

A **securitização de exportação** é uma operação de captação de recursos externos lastreada por recebíveis provenientes de contratos comerciais de exportação. Mesmo que não haja a emissão correspondente de títulos (*securities*), essa operação é conhecida no mercado como securitização.

As receitas de exportação nessa operação são depositadas em contas remuneradas, permanecendo bloqueadas como garantia da liquidação do empréstimo. Quando do pagamento, os recursos caucionados são liberados ao exportador, acrescidos dos juros remuneratórios desses depósitos.

A **securitização de recebíveis imobiliários** é uma operação em que são emitidos e negociados títulos no mercado imobiliário que têm como lastro os contratos de créditos imobiliários realizados no âmbito do sistema financeiro imobiliário. Essa securitização é efetuada pelas companhias securitizadoras de créditos imobiliários, empresas constituídas principalmente para essa finalidade.

As companhias securitizadoras podem emitir quaisquer títulos negociados no mercado financeiro nacional, além de terem exclusividade em operarem com títulos criados especialmente para essa operação, os denominados *Certificados de Recebíveis Imobiliários* (CRIs).

5.3.6 Mercado de bônus (*bonds*)

O mercado internacional de dívidas permite também o levantamento de recursos por meio da emissão de títulos pelos próprios tomadores. Nesse contexto, destacam-se duas importantes formas de captações das empresas processadas pela emissão de bônus e *commercial papers* (conforme estudado anteriormente, ver também os *brady bonds* representativos da dívida externa brasileira, conforme estudado no Capítulo 2).

Os bônus apresentam atualmente grande expressão nas operações desenvolvidas pelo mercado financeiro internacional, constituindo-se em importante fonte de recursos a longo prazo. São essencialmente títulos de renda fixa, representativos de dívidas de maior maturidade, emitidos diretamente pelos tomadores de recursos. Não costumam apresentar garantia real, podendo eventualmente ser negociados com garantia por fiança bancária. Os emitentes desses títulos são geralmente empresas privadas e, mesmo, Governos e instituições públicas.

Os bônus prometem geralmente pagamentos periódicos de juros e amortização do principal ao final do prazo de aplicação. Outros esquemas de desembolsos financeiros podem também ser encontrados na dinâmica das operações de mercado. O título costuma apresentar ainda uma única data de vencimento, podendo-se eventualmente encontrar *bonds* com opção de resgate antes do vencimento.

As taxas de juros pagas por esses títulos podem ser **fixas** (mesmo percentual para todo o prazo de emissão) ou **flutuantes** (repactuadas periodicamente segundo critérios definidos na emissão).

A remuneração dos bônus é basicamente definida com base nas taxas de juros pagas por um *treasury bond* (obrigação emitida pelo Governo dos EUA), de vencimento comparável, admitidas como livres de risco. Os bônus negociados no mercado, emitidos por diferentes instituições, costumam oferecer um prêmio pelo risco como forma de compensar a possibilidade de insolvência do emitente, o denominado *default premium*. Esse prêmio adicional varia de acordo com o prazo e o risco do emitente do título.

Os adquirentes dos bônus emitidos pelas empresas tomadoras de recursos são, em grande parte, investidores institucionais, representados por fundos de pensão, instituições financeiras, Governos, grandes corporações, fundos de investimentos etc.

É importante ressaltar, de forma mais ampla, o conceito da operação de captação (financiamento) por meio de bônus. Em verdade, o emitente do título (tomador de recursos) é quem efetua diretamente a captação junto ao credores (investidores), eliminando a presença das instituições financeiras com suas funções tradicionais de reserva e fonte natural de fundos. As instituições financeiras no mecanismo das operações com bônus assumem mais a função de prestadoras de serviços, colaborando no planejamento e execução das várias fases de emissão e colocação dos títulos.

Nesse mercado de *bonds*, segundo Valle,[6] os bancos atuam sob diferentes formas. Inicialmente, podem surgir como tomadores de recursos (emissores de *bonds*); podem utilizar-se do mercado de *bonds* como investidores de recursos, incorporando esses títulos de grande liquidez em suas carteiras de aplicações; e, também, podem atuar como intermediários nos lançamentos de bônus emitidos por outras empresas.

Duas importantes características dos bônus, também citadas por Valle, são a **diluição** de seu risco entre os vários investidores nos títulos emitidos – no empréstimo bancário convencional, o risco é concentrado nas mãos das instituições financeiras emprestadoras – e a **liquidez** dos títulos pela presença de um atuante mercado secundário.

Diante da expressiva negociação desses títulos no cenário econômico europeu, atribui-se a denominação *eurobonds* aos *bonds* (bônus) emitidos no euromercado e expressos em euros.

Os *bonds globais* são emitidos em dólar norte-americano (US$) e negociados em todos os mercados do mundo.

Pela importância atual, o Capítulo 10 é dirigido exclusivamente ao estudo dos *bonds*, seu mercado, preço e risco e maturidade.

---

[6] VALLE, Maurício Ribeiro do. *Eurobonds*: aspectos do mercado e do investimento. 1995. Dissertação (Mestrado) – EAESP, FGV, São Paulo. O trabalho também é recomendado para um estudo mais abrangente sobre o assunto.

5.3.7 *Rating* das dívidas e bônus de alto risco

As empresas têm sido comumente avaliadas com relação aos riscos de créditos de suas dívidas, num processo denominado *rating*. Existem no mercado diversas organizações especializadas nessa análise de risco, que costumam atribuir conceitos (*ratings*) à qualidade oferecida pelos créditos. Entre as conhecidas empresas que atuam no mercado mundial, citam-se a *Standard & Poor's*, *Moody's* (a mais antiga), *Fitch Ratings*, entre outras.

O *rating* é uma opinião expressa por uma agência especializada sobre a qualidade do crédito de uma empresa, não devendo expressar uma verdade inquestionável. É um julgamento emitido de acordo com uma avaliação quantitativa e qualitativa do emitente do título, que expressa sua capacidade em honrar os compromissos financeiros.

> *Rating* é uma avaliação divulgada por uma agência especializada revelando a capacidade de pagamento de um devedor, empresa ou país, em pagar suas dívidas.

Conforme estudado no capítulo anterior (item 4.2.4), os *ratings* (avaliações de risco) são atribuídos a partir principalmente de informações contidas nos demonstrativos financeiros publicados, além de outras de caráter setorial e conjuntural, e expressam a qualidade da dívida da empresa em termos de inadimplência e garantias do crédito.

As escalas de *rating* são diferentes de acordo com as agências. Em geral, são representadas por letras (maiúsculas ou minúsculas), podendo ainda apresentar um sinal positivo (+) ou negativo (-) indicando sua importância dentro do nível de classificação. A tabela a seguir ilustra uma escala de *rating* pela agência Standard & Poor's.[7]

Rating	Avaliação do crédito
AAA	Excelente
AA	Ótimo
A	Bom
BBB	Satisfatório
BB	Regular
B	Baixo
CCC	Ruim (risco de inadimplência)
CC	Ruim (risco de inadimplência)
C	Ruim (risco de inadimplência)
D	Inadimplente

Estas letras são utilizadas para avaliar a idoneidade das obrigações de longo prazo, com prazo mínimo de um ano.

---

[7] O Capítulo 4 apresenta a classificação completa de risco das três principais agências de *rating*.

A classificação mais alta da escala de *rating* é AAA, indicando que o título em avaliação apresenta margem de segurança contra inadimplência. A categoria C indica elevado risco no crédito, destacando uma alta probabilidade de inadimplência. A classificação D, a mais baixa da escala apresentada, indica uma situação de inadimplemento. Entre essas classificações, são apresentadas também diversas gradações mais apuradas de risco.

As letras atribuídas a um crédito são revistas periodicamente, ou a qualquer momento, caso um fato novo justifique nova avaliação.

É interessante acrescentar que o *rating* de uma empresa está vinculado ao *rating* do país. No mundo globalizado, é comum as escalas de *rating* expressarem o restrito ambiente do país ou o ambiente global. Por exemplo, algumas de nossas instituições financeiras possuem um *rating* alto para operações limitadas ao Brasil, e uma outra avaliação, mais baixa, ao operarem em escala global.

As dívidas mais bem classificadas na escala dos *ratings* são as que apresentam o menor risco possível, permitindo que a empresa tomadora de recursos opere no mercado financeiro com uma taxa de juros mais reduzida. Uma empresa com classificação de crédito baixa denota maiores riscos aos investidores, determinando normalmente custos financeiros mais elevados em sua captação de fundos no mercado.

> **Grau de Investimento**
>
> A classificação de "Grau de Investimento" é atribuída a toda empresa ou país considerados como de reduzido risco de calote, ou seja, "bons pagadores". É como se fosse um selo de qualidade pelo baixo risco de inadimplência apresentado.
>
> Por refletir maior segurança, o Grau de Investimento atrai maior oferta de recursos a custos mais baixos.
>
> Os fundos de investimentos internacionais são incentivados a aplicar em países com menor risco, que tenham recebido grau de investimento. Da mesma maneira, há maior demanda por títulos de dívida dos países e empresas com grau de investimento, além de se beneficiarem com o pagamento de juros menores.

Os títulos de baixa qualidade de crédito exigem, em contrapartida, elevados rendimentos compatíveis com o risco assumido, e são conhecidos no cenário financeiro internacional por *junk bonds*. Esses títulos, também denominados *high level bonds*, surgiram principalmente a partir dos anos 1980, e são classificados como de alto nível de risco na escala de qualidade do crédito. A participação dos *junk bonds* no mercado de capitais internacional permitiu que as empresas de maiores riscos pudessem também levantar recursos para financiamento por meio de uma taxa de remuneração mais alta paga aos investidores.

5.3.8 Forfaiting

O mercado de *forfaiting* concentra as negociações com título de crédito e contratos representativos de exportações realizadas por empresas brasileiras. É uma forma de financiamento bastante ágil, destinada a reforçar o capital de giro das empresas exportadoras, beneficiárias dos títulos de crédito.

O título de crédito aceito pelo importador (devedor) é adquirido, como se fosse uma operação de desconto, por uma instituição financeira, a qual repassa à empresa exportadora (beneficiária do título) o valor descontado da venda realizada. Nessa operação, a instituição financeira compradora dos créditos de exportação costuma assumir todo o risco da liquidação da dívida, liberando o exportador de responsabilidade financeira sobre o crédito cedido. Em verdade, o *forfaiting* constitui-se numa operação bastante semelhante ao *factoring*, diferenciando-se pela maior maturidade dos títulos negociados.

Os encargos da operação são negociados com a empresa exportadora, considerando o risco da empresa importadora (devedora do título) e da economia. O mercado de *forfaiting* é coordenado por instituições financeiras especializadas.

5.3.9 Fundo Garantidor de Crédito (FGC)

O *FGC* foi constituído na forma de uma associação civil de direito privado, sem fins lucrativos, composta pelas instituições financeiras e associações de poupança e empréstimos participantes do Sistema Financeiro Nacional. Seu objetivo principal é o de oferecer maior garantia aos agentes de mercado (depositantes e investidores) com recursos depositados/aplicados nas instituições citadas na eventualidade de sofrerem intervenção, ser decretada a liquidação extrajudicial ou a sua falência.

O Fundo garante depósitos à vista, depósitos a prazo, contas de poupança, letras de câmbio, letras imobiliárias, letras de crédito imobiliário e letras hipotecárias, recibos e certificados de depósito bancário (RDB e CDB), entre outros. São excluídos dessas garantias as aplicações em fundos de investimentos, títulos públicos e os recursos captados no exterior, entre outros meios.

Existe um limite para a garantia oferecida pelo FGC, definido por cliente e por instituição financeira. O Fundo é mantido por contribuições mensais efetuadas pelas instituições participantes, e viabilizadas pela cobrança de um percentual sobre o montante dos saldos das contas enquadradas na garantia. São observados os seguintes critérios:

I – titular do crédito é aquele em cujo nome o crédito está registrado;

II – devem ser somados os créditos de cada credor identificado pelo respectivo CPF contra todas as instituições do mesmo conglomerado financeiro;

III – os cônjuges são considerados pessoas distintas, seja qual for o regime de bens do casamento. Sendo os CPF distintos, o Fundo reconhece o direito a indenizações por titular;

IV – um casal com o mesmo CPF terá direito apenas a uma indenização.

O valor máximo garantido atualmente pelo FGC para cada depositante de uma mesma instituição (ou contra todas em caso de conglomerado) é de R$ 250.000,00 (duzentos e cinquenta mil reais) por CPF (Pessoa Física) ou CNPJ (Pessoa Jurídica).

Em caso de o patrimônio do Fundo ser insuficiente para cobrir a garantia, serão utilizados recursos de diferentes origens, como contribuição extraordinária dos participantes do Fundo até o limite de 50% de sua contribuição ordinária, adiantamento exigido dos participantes dos Fundos até o máximo de 12 contribuições ordinárias mensais, entre outras fontes de recursos.

Novos Limites do FGC

Pelas regras atuais, não há limite global de cobertura, somente limite de aplicação por instituição de R$ 250 mil. Assim, se um investidor mantiver 10 aplicações de R$ 250 mil em 10 instituições financeiras diferentes, terá garantia total de R$ 2,5 milhões. Em dez./2017, no entanto, o Conselho Monetário Nacional alterou os limites de garantia do FGC para um teto global de R$ 1,0 milhão por investidor, para cada período de 4 anos. Nessa mudança nas regras do Fundo, fica mantido o limite de até R$ 250 mil por instituição financeira. Assim, mesmo que o investidor mantenha aplicações de R$ 250 mil cada em 10 instituições, o limite de garantia não pode ultrapassar a R$ 1,0 milhão.

5.4 Mercado de ouro no Brasil

O mercado de ouro no Brasil, assim como em outras economias do mundo, tem suas cotações baseadas nos preços internacionais do metal. As principais variáveis que afetam os preços do ouro no Brasil são:

– comportamento das taxas de juros internas;
– paridade cambial da moeda nacional com o dólar;
– risco país.

O mercado de ouro é muito demandado em momentos de crises conjunturais, sendo utilizado como uma alternativa de proteção contra o risco (*hedge*). Nestes momentos de turbulência, o ouro torna-se uma "reserva de valor".

A principal bolsa de ouro do mundo é a *Commodities Exchange* (COMEX) da Bolsa de Valores de Nova York. As cotações internacionais do ouro são fornecidas diariamente em dólar por *onça-troy*, que equivale a 31,1035 gramas. No Brasil, as cotações são estabelecidas em reais por grama de ouro puro.

Os principais negócios com ouro no Brasil são realizados através da Bolsa de Valores (B3), e suas cotações refletem, de alguma forma, os preços dos mercados internacionais, principalmente de Londres e Nova York.

As negociações com ouro no Brasil podem ser realizadas através dos seguintes mercados:

- *Mercado de balcão* – as operações são realizadas pelos investidores fora do ambiente das bolsas de valores. Neste mercado, o comprador deve retirar fisicamente o metal ou mantê-lo custodiado em alguma instituição financeira.
- *Mercado Spot* – é o mercado à vista, sendo as operações realizadas em bolsas através de pregões eletrônicos. O ouro negociado é transferido automaticamente do vendedor para o comprador. No mercado *spot*, o ouro é negociado para entrega imediata.
- *Mercado Futuro* – no mercado futuro, o ouro físico é negociado entre os investidores para entrega no futuro, tendo sido o preço da transação previamente estabelecido.
- *Mercado de Opções* – neste mercado são negociados direitos de compra ou venda do metal no futuro, a um preço previamente acordado entre as partes e denominado "preço de exercício". O investidor não é obrigado a adquirir o produto, tem somente a opção de fazê-lo caso haja interesse econômico no negócio. Para ter esta opção realiza um pagamento, conhecido por "prêmio".
- *Mercado a Termo* – o ouro é negociado a termo, para entrega futura e mediante um preço ajustado entre as partes.

5.5 Mercado cambial

O mercado cambial é o segmento financeiro em que ocorrem operações de compras e vendas de moedas internacionais conversíveis, ou seja, em que se verificam conversões de moeda nacional em estrangeiras e vice-versa. Esse mercado reúne todos os agentes econômicos que tenham motivos para realizar transações com o exterior, como operadores de comércio internacional, instituições financeiras, investidores e bancos centrais, que tenham necessidades de realizar exportações e importações, pagamentos de dividendos, juros e principal de dívidas, *royalties* e recebimentos de capitais e outros valores.

No Brasil, a política cambial é definida pelo CMN e executada pelo Bacen.

A *taxa de câmbio* revela a relação entre uma moeda e outra moeda, ou seja, as unidades de uma moeda em comparação a outra. *Por exemplo*, a moeda brasileira (R$) pode ser expressa em relação ao dólar (US$) em R$ 2,20 por US$ 1,00.

- *Notação da taxa de câmbio*:

$$XXX/WWW$$

Essa notação indica a cotação da moeda *X* (*moeda cotada*) para a moeda *W* (*moeda de cotação*).

Por exemplo, se US$ 1,00 compra R$ 2,90, tem-se:

US$ 1,00 / R$ 2,90 (1 US$ = 2,90 R$)

ou:

R$ 1,00 / US$ 0,3448 (1 R$ = 0,3448 R$)

- *Tipos de cotação*:

Taxa de câmbio Bid (compra) – É o preço (taxa) no qual a moeda cotada (X) é adquirida com relação a moeda de cotação (W).

Taxa de câmbio Ask (venda) – É o preço (taxa) no qual a moeda cotada é vendida em relação à moeda de cotação.

Exemplo

US$/R$	BID	ASK
	3,10	3,12

– US$ 1,00 é comprado por R$ 3,10, ou é pago (vendido) R$ 3,10 por US$ 1,00.

– US$ 1,00 é vendido no mercado por R$ 3,12, ou R$ 3,12 são adquiridos por US$ 1,00.

O Banco Central, de forma mais específica, atua nesse mercado cambial visando principalmente ao controle das reservas cambiais da economia e manter o valor da moeda nacional em relação a outras moedas internacionais.

> No Brasil, o mercado de câmbio é regulamentado e fiscalizado pelo Banco Central. As operações de câmbio são realizadas entre os agentes autorizados (bancos, corretoras e distribuidoras, caixas econômicas, agências de turismo etc.), e entre estes agentes e seus clientes.
>
> Exceto as operações de viagens internacionais e outras, bem específicas, as demais operações de câmbio no Brasil são, em sua maioria, liquidadas através da emissão de ordem de pagamento.

A demanda por moeda estrangeira está refletida nos importadores, investidores internacionais, devedores que desejam amortizar seus compromissos com credores estrangeiros, empresas multinacionais que necessitem remeter capitais e dividendos etc. No grupo de vendedores de moedas estrangeiras, incluem-se os exportadores, os tomadores de empréstimos, os turistas que deixam o país, entre outros.

As operações cambiais processam-se basicamente por meio de *operadores* (corretores) *de câmbio*, que são especialistas vinculados às instituições financeiras na função de transacionar divisas, e as *corretoras de câmbio*, que atuam como intermediários entre os operadores e os agentes econômicos interessados em comprar ou vender moedas. O corretor de câmbio intervém nas operações cambiais aproximando as partes interessadas em negociar divisas e municiando os participantes com importantes informações relacionadas às negociações e taxas de mercado.

O mercado de câmbio no Brasil encontra-se atualmente segmentado em:

a) Mercado de câmbio de taxas livres – câmbio comercial.
b) Mercado de câmbio de taxas flutuantes – câmbio turismo.

As taxas de câmbio comercial (taxas livres) cobrem as operações de importações e exportações, pagamentos internacionais de juros e dividendos, empréstimos externos, investimentos de capital etc.

As taxas flutuantes incluem as negociações de moeda estrangeira para operações de turismo e demais despesas relacionadas.

> *Taxa de câmbio spot* ocorre quando o pagamento pela moeda estrangeira, e a respectiva entrega da moeda nacional, são realizados à vista. *Taxa de câmbio forward*, por outro lado, é quando a entrega e o pagamento se dão em uma data futura, geralmente em prazo não inferior a um mês.
>
> A taxa *spot* é liquidada na prática em até 2 dias úteis (D+2). A taxa *forward* (ou taxa futura) é utilizada para liquidação em prazo superior a 2 dias úteis.
>
> Nas operações *forward*, a taxa de câmbio é estabelecida livremente pelas partes contratantes no momento da negociação. O principal uso deste mercado a prazo é o de criar proteção contra o risco cambial em operações realizadas em moeda estrangeira para liquidação futura.

Diversos fatores são determinantes para a formação das paridades monetárias no mercado de câmbio. Um fator que influi na taxa de câmbio é o *nível de reservas monetárias* que um país deseja manter. Quando surge a necessidade de elevar-se o volume dessas reservas, determinado principalmente pela obrigação em cumprir certos pagamentos no exterior, a autoridade monetária promove intervenção no mercado de moedas estrangeiras, alterando a taxa de câmbio. Com isso, incentiva um aumento das exportações da economia e, de maneira oposta, inibe as importações. A atuação do Banco Central no mercado dá-se principalmente por compra e venda de moeda estrangeira no mercado.

Outro fator que atua sobre a taxa de câmbio é a *liquidez da economia*, entendida pelo nível interno de oferta da moeda. Em situação de aperto de liquidez, os importadores de bens e serviços costumam adiar suas aquisições e, de maneira inversa, os exportadores procuram antecipar seus negócios para realizarem recursos de caixa. Essas decisões geralmente tomadas elevam a oferta de moeda estrangeira, promovendo uma redução da taxa de câmbio.

Outros fatores importantes ainda são apontados como influenciadores das paridades cambiais, como a taxa de inflação doméstica e a do resto do mundo, política interna de juros, resultado do balanço de pagamento etc.

> **Dealers de Câmbio**
>
> *Dealers* de câmbio são instituições financeiras que atuam no mercado secundário de câmbio, conhecido também por interbancário, representando o Banco Central. Essas instituições *dealers* são selecionadas pela autoridade monetária de acordo com critérios estabelecidos de volume de negócios e qualidade de transmissão de informações ao Bacen.
>
> As principais obrigações das instituições credenciadas como *dealers* são:
>
> – disponibilizar ao Banco Central todas as informações necessárias para o controle do mercado de câmbio;
> – cotar as taxas de câmbio de compra e venda sempre que solicitadas pela autoridade monetária;
> – participar dos leilões de câmbio promovidos pelo Bacen;
> – prover liquidez ao mercado de câmbio.

5.5.1 Taxa de câmbio e paridade cambial

A *taxa de câmbio* expressa uma relação entre unidade de uma moeda e outra, ou seja, entre os valores de duas moedas. *Por exemplo*, se são necessários R$ 1,70 para se adquirir US$ 1,00, diz-se que a taxa de câmbio é de R$ 1,70 por US$ 1,00 ou: US$ 0,5828 para R$ 1,00. Se, em algum momento, são necessários mais reais para se adquirir a mesma quantidade de dólar, conclui-se que a moeda nacional se desvalorizou em relação à moeda estrangeira; ao contrário, tem-se uma valorização (apreciação) da moeda nacional.

O *Valor Efetivo Total* (VET) equivale ao total, em unidade monetária brasileira, da moeda estrangeira adquirida no mercado. Esse valor incorpora a taxa de câmbio, o Imposto sobre Operações Financeiras (IOF) e tarifas incidentes na operação.

Por exemplo, admita os seguintes dados de uma operação de câmbio (R$/US$):

– Taxa de Câmbio (R$/US$) = R$ 3,00
– IOF (1,2%) = R$ 0,036

Tarifas Cobradas p/ Instituição (0,5%) = R$ 0,015

VET de Compra

VET = Taxa de Câmbio + IOF + Tarifas

VET = R$ 3,00 + R$ 0,036 + R$ 0,015 = R$ 3,051

VET de Venda

VET = Taxa de Câmbio − IOF − Tarifas

VET = R$ 3,00 − R$ 0,036 − R$ 0,015 = R$ 2,949

A *paridade cambial*, por seu lado, refere-se a uma relação de poder de compra entre as moedas emitidas por diferentes economias. Pela teoria econômica da paridade, admite-se que a taxa de câmbio entre duas moedas esteja em equilíbrio quando é equivalente à capacidade de compra interna de cada moeda. Ou seja, a taxa de câmbio de duas moedas encontra-se em equilíbrio quando o poder aquisitivo das moedas é equivalente à taxa de câmbio. *Por exemplo*, se R$ 1,00 equivale a US$ 2,00, conclui-se que as duas moedas se encontram em equilíbrio se os mesmos bens puderem ser comprados por R$ 2,00 no Brasil e por US$ 1,00 nos EUA.[8]

Se com os R$ 2,00 é possível adquirir mais bens no Brasil que US$ 1,00 nos EUA, torna-se mais interessante converter dólar em reais e comprar no Brasil. Com isso, a demanda se eleva no Brasil, o que força a um aumento nos preços, e se retrai nos EUA, reduzindo os preços. Nesse processo, as taxas de câmbio tendem a se ajustar, restabelecendo a paridade entre as duas moedas.[9]

Em resumo, sempre que a paridade de compra entre diferentes países se encontra em desequilíbrio, a tendência é ocorrer maior compra na economia mais barata e maior venda onde o preço for mais alto. Com isso, a taxa de câmbio recupera sua paridade eliminando toda a possibilidade de ganho na transação. Esta situação de equilíbrio é conhecida por "Lei do Preço Único".

A formação da taxa de câmbio no mercado segue a lei de oferta e procura. Ocorrendo maior demanda pelo dólar, por exemplo, é esperada uma valorização da moeda estrangeira; ao se verificar uma oferta superior à demanda, a expectativa é de uma queda na taxa de câmbio. Sempre que julgar conveniente para os objetivos de política econômica, o Banco Central (Bacen) pode atuar no mercado realizando leilões de compra e venda de moedas estrangeiras, ou oferecendo contratos de *swap* cambial aos investidores.

---

[8] A teoria da paridade da moeda foi proposta no início do século XX (1916) por Gustav Cassel.

[9] É importante destacar que muitas vezes, no mercado, o conceito de paridade é tratado através de uma relação de preço verificada entre duas moedas, que não o real.

Swap[10] (ou permuta, em português) é uma operação em que as partes trocam posições entre si. No *swap* cambial, um investidor assume o compromisso de pagar ao outro o resultado da variação cambial verificada em certo período, recebendo em troca pagamento baseado em taxa de juros (Selic mais um adicional). Por exemplo, o Bacen pode atuar no mercado para conter uma valorização do dólar oferecendo contratos de *swap* cambial. Com base nesses instrumentos financeiros, o Bacen paga ao investidor a variação do câmbio, e recebe em troca uma taxa de juros.

O *swap* cambial se processa sem a necessidade do manuseio físico das moedas. Ao final do prazo da operação, cada investidor apura seu resultado líquido e efetua o acerto financeiro. Assim, se o dólar se valorizou frente ao real (moeda brasileira), a parte que "apostou" no real apura uma perda, devendo ser paga a outra parte que "apostou" na variação do dólar.

A operação mais comum no mercado cambial é o Bacen pagar a variação cambial e receber taxa de juros. Quando sucede o contrário, ou seja, a autoridade monetária pagar taxa de juros e receber variação cambial, a operação recebe o nome de *swap cambial reverso*.

> **Swap e valorização da moeda estrangeira**
>
> Se o dólar apresentar uma tendência de alta, *por exemplo*, o Bacen pode atuar no mercado vendendo contratos de *swap* cambial através de leilões. Por meio desses instrumentos financeiros, o Bacen promete pagar a variação do câmbio ao investidor e este, por sua vez, devolve o rendimento com o pagamento de uma taxa de juros. Esta operação equivale a venda do dólar para pagamento futuro (mercado futuro).
>
> **Swap e desvalorização da moeda estrangeira**
>
> Se houver uma expectativa de queda do dólar, a intervenção do Bacen tem por meta segurar o preço da moeda americana. Nesse caso, o Bacen realiza uma operação conhecida por *swap reverso*, pagando ao investidor uma taxa de juros e recebendo a variação cambial verificada no período. É como se o Banco Central tivesse adquirido o dólar no mercado futuro.
>
> O *swap* cambial reverso é utilizado em momentos de elevada oferta da moeda estrangeira no mercado, e tem por objetivo evitar a sua desvalorização.

5.5.2 Taxa de câmbio e a *Ptax*

A *taxa de câmbio*, conforme estudada, corresponde ao preço, em moeda nacional, atribuído a uma moeda estrangeira, ou, em sentido contrário, ao preço expresso em moeda estrangeira para cada unidade de moeda nacional. Em outras

---

[10] Estudo mais detalhado de *swap* é desenvolvido no Capítulo 18 (item 18.7).

palavras, é o valor pelo qual duas moedas de diferentes economias podem ser trocadas. *Por exemplo*, na relação cambial entre a moeda nacional (R$) e o dólar (US$), tem-se:

US$ 1,00 = R$ 3,00
R$ 1,00 = US$ 0,33

Assim, cada 1,00 dólar pode adquirir 3,00 reais, ou cada real pode comprar 0,33 dólar.

Taxa Cruzada de Câmbio – Ocorre quando a cotação de uma moeda é calculada com base na taxa de câmbio de outras moedas.

Por exemplo, admita as cotações do dólar (US$) em relação ao real (R$) e ao euro (€):

US$ 1,00 = R$ 2,1016

US$ 1,00 = € 0,6350

A cotação do real brasileiro em relação ao euro é calculada:

$$\text{Taxa} = \frac{2,1016}{0,6350} = 3,3096$$

Ou seja: € 1,00 = R$ 3,3096

Arbitragem Cambial – É uma operação em que um investidor procura apurar um ganho, assumindo risco mínimo, pelas diferentes cotações de uma mesma moeda em distintos mercados.

Para demonstrar uma operação de arbitragem, admita as seguintes paridades entre dólar e euro em dois mercados distintos:

Nova York – US$ 1,00 = € 0,92

Paris – US$ 1,00 = € 0,85

Para um investidor com capital disponível de US$ 1.000.000, é recomendado adquirir € 920.000 em Nova York, e trocar esta quantia por US$ 1.082.353 em Paris (€ 920.000/€ 0,85 = US$ 1.082.353), apurando um ganho de US$ 82.353 na arbitragem.

Diz-se que ocorre uma *valorização cambial* da moeda nacional quando se verifica um aumento de seu poder de compra em relação às demais moedas. *Por exemplo*, na relação cambial entre o real brasileiro e o dólar norte-americano, verifica-se valorização da moeda nacional quando um dólar adquire menos reais que antes. Ao contrário, a *desvalorização cambial* ocorre quando o poder de compra se reduz, ou seja, quando com um dólar se compram mais reais.

Uma redução na taxa cambial (valorização da moeda nacional em relação à estrangeira) inibe as exportações da economia e estimula as importações, provocando reflexos negativos sobre o balanço de pagamentos. De forma contrária, uma elevação do valor do câmbio (desvalorização da moeda nacional) apresenta-se como incentivo às exportações e desincentivo às importações, gerando um resultado positivo (*superávit*) no balanço de pagamentos.

O Brasil vem adotando o regime de câmbio flutuante administrado, o qual permite variações livres da taxa cambial, intervindo o Governo, geralmente como comprador (ofertante) ou vendedor (demandante) de divisas, sempre que julgar algum risco ao equilíbrio do mercado. Essas intervenções do Governo têm por objetivo promover uma valorização ou desvalorização da taxa de câmbio e trazê-la a um patamar mais adequado a um melhor desempenho de variáveis econômicas como inflação, contas externas e crescimento econômico.

Entende-se por *taxa de câmbio real* a taxa nominal de câmbio deflacionada pela relação entre a inflação interna da economia e a inflação externa. Utiliza-se este conceito de taxa real no mercado com o intuito principalmente de avaliar a competitividade dos produtos nacionais em relação aos estrangeiros. A formulação de cálculo desta taxa real é a seguinte:

$$TC_R = \frac{(1 + TC_N)}{\dfrac{(1 + I_I)}{(1 + I_E)}} - 1$$

onde:

TC_R = variação da taxa de câmbio real;
TC_N = variação da taxa de câmbio nominal;
I_I = taxa de inflação interna;
I_E = taxa de inflação externa.

Paridade no Mercado de Câmbio e Taxa de Juros

A *paridade cambial* é expressa atualmente, em razão do fim da conversão das reservas em ouro, pela relação entre duas moedas normalmente negociadas no comércio internacional.

A *paridade cambial do poder de compra* se verifica quando a taxa de câmbio expressa o poder de compra interno das moedas. *Por exemplo*, se US$ 1,00 equivale a R$ 1,60, entende-se que duas moedas estão em equilíbrio se US$ 1,00 puder adquirir nos EUA os mesmos bens que R$ 1,60 no Brasil.

A fórmula da paridade cambial do poder de compra, conforme sugerida por Cassel, é:

$$E^* = E \times [I_{INT} / I_{EXT}]$$

onde:

E^* = taxa nominal de câmbio a ser ajustada visando manter a paridade cambial do poder de compra;

E = taxa de câmbio antes do ajuste (antiga);

I_{EXT} = inflação externa;

I_{INT} = inflação interna.

Taxa nominal é a taxa de conversão da moeda de um país pela de outro país.

> Se a inflação brasileira, *por exemplo*, é maior que a inflação dos EUA em determinado ano, e a taxa de câmbio se mantém constante no período, a paridade da taxa de câmbio se apresenta em desequilíbrio. Em consequência, é esperado um *déficit* comercial no balanço de pagamentos determinado principalmente pela queda das exportações e estímulos para adquirir bens e serviços do exterior.
>
> Para retomar a posição de paridade cambial de poder de compra, a moeda nacional (real) deve ser desvalorizada diante da moeda estrangeira (dólar).

EXEMPLO ILUSTRATIVO – Cálculo da Paridade entre Moedas

Admita que a taxa nominal de câmbio entre o real brasileiro e o dólar norte americano esteja fixada em R$ 1,60/US$ 1,00. Se a inflação brasileira em determinado ano for de 7,0% e a dos EUA de 2,5%, a nova taxa de câmbio visando manter a paridade cambial passa para:

E* = R$ 1,60 × [1,07/1,025] = R$ 1,67,

indicando uma desvalorização de 4,2% na moeda nacional [(R$ 1,60/R$ 1,67) – 1].

A *paridade das taxas de juros* no mercado cambial é observada quando o retorno das aplicações em duas moedas diferentes apurarem a mesma taxa esperada, tornando as duas moedas igualmente desejáveis.

> O equilíbrio das taxas de juros no mercado de câmbio ocorre quando aplicações em duas moedas diferentes produzirem os mesmos retornos, sempre que mensurados em uma mesma moeda.

A fórmula de paridade da taxa de juros, admitindo como moedas o real brasileiro (R$) e o dólar dos EUA (US$) é:

$$\text{Paridade da Taxa de Juros} = R_{US} + \frac{E^e_{BR/US} - E_{BR/US}}{E_{BR/US}}$$

onde:

R_{US} = taxa de juros de uma aplicação financeira, por um período **t**, expressa em dólar;

$E^e_{BR/US}$ = taxa de câmbio esperada (R$/US$) para o período **t**;

$E_{BR/US}$ = taxa de câmbio (R$/US$).

O rendimento obtido na fórmula acima de aplicação em moeda estrangeira (US$) é medido em moeda nacional. A taxa encontrada não incorpora o risco país.

Por exemplo, se o câmbio à vista no Brasil em determinado ano for de R$/US$ = 1,52, e se esperar uma desvalorização da moeda nacional para R$/US$ = 1,72, e sendo de 2,8% a taxa de juros do mercado dos EUA, a paridade de juros no Brasil atinge:

$$\text{Paridade da Taxa de Juros} = 0,028 + \frac{1,72 - 1,52}{1,52}$$

Paridade da Taxa de Juros = 0,1596 (15,96%)

Taxa *Ptax*

A ***Ptax***[11] é um indicador de câmbio oficial do Banco Central para divulgar a cotação das moedas estrangeiras negociadas no Brasil. Esta cotação é divulgada diariamente ao mercado e serve como referência, e não como obrigatória.

A *Ptax* é calculada para todas as moedas. Como o dólar é a moeda estrangeira mais negociada no mercado brasileiro, associa-se geralmente a *Ptax* a esta moeda.

O Banco Central definiu uma metodologia de apuração da *Ptax* ao mercado financeiro. É calculada através da média ponderada das operações realizadas no mercado interbancário de câmbio, no decorrer de cada dia.

Por meio de Circular o Banco Central divulgou, em setembro de 2010, uma nova metodologia de cálculo da taxa *Ptax*, com a justificativa principal de tornar a taxa mais representativa da situação do mercado. A nova forma de cálculo da *Ptax* foi implantada no segundo semestre de 2011.

Na nova metodologia, o *Ptax* é calculado simplesmente pela média aritmética das taxas divulgadas pelos maiores bancos (instituições credenciadas a operar como *dealers* de câmbio). Esta metodologia desconsidera o volume das operações realizadas (a média das taxas é simples), e também os dois maiores e os dois menores valores informados. As taxas que serão usadas no cálculo da *Ptax* são obtidas através de consultas diárias às instituições financeiras.

A *Ptax* do dia é apurada para todos os negócios realizados no mercado de câmbio interbancário com liquidação para dois dias (conhecida por *d* + 2), admitida como o prazo padrão do mercado.

> **Risco Cambial**
>
> *Risco cambial* pode ser entendido como o resultado do valor de um investimento diante de uma oscilação desfavorável na taxa de câmbio. Por exemplo, uma empresa brasileira que exporte seus produtos em dólares, incorre em risco cambial diante de uma oscilação da moeda nacional perante a estrangeira.
>
> Caso a moeda nacional (real) se valorize perante o dólar, as receitas de vendas em dólares se converterão em menos reais, provocando uma redução nos resultados da empresa.
>
> A globalização da economia levou também as instituições financeiras a conviverem com um risco cambial mais alto. Cada vez mais, essas instituições procuram alternativas de

---

[11] *P* – programa, *tax* – taxa.

investimentos e financiamentos fora das fronteiras de seu país, expondo-se ao risco cambial. Como a correlação entre as oscilações das taxas cambiais de diferentes economias não apresentam uma correlação perfeita, endividamentos em moedas estrangeiras para captar fundos e aplicações em títulos estrangeiros, por exemplo, tornam a instituição mais exposta ao risco de câmbio.

A forma que as instituições financeiras e investidores têm de se protegerem do risco do câmbio é realizarem operações de *hedging* (proteção) do risco assumido. Estas estratégias de cobertura de risco são desenvolvidas no Capítulo 17, ao tratar de Derivativos.

5.5.3 Cupom cambial

O *cupom cambial* expressa a taxa de juros calculada pela diferença entre a taxa Selic (ou DI) em determinado período e a variação da taxa de câmbio verificada no mesmo período. O cupom cambial mede, de outra maneira, a variação entre a taxa interna de juros da economia e a variação da taxa de câmbio.

O mercado utiliza a taxa do cupom cambial como uma importante referência (*benchmark*) das decisões de investimento em moeda estrangeira. *Por exemplo*, se a taxa básica de juros da economia for de 10,75% ao ano e a variação cambial do período de 6,2%, o rendimento do cupom cambial atingirá:

$$\text{Cupom Cambial} = \frac{\text{Selic} = 1{,}1075}{\text{Variação Cambial} = 1{,}062} - 1 = 4{,}28\%$$

Assim, pode-se concluir que o rendimento real de um título em moeda estrangeira (dólar) atinge 4,28%.

Uma análise interessante do cupom cambial é comparar seu rendimento com a taxa real (ganho acima da inflação) de um título negociado internamente na economia.

Por exemplo, se um fundo DI estiver pagando uma taxa de 11,25% e a taxa de inflação atingir 5,5%, o ganho real com a taxa interna é de:

$$\text{Ganho Real (Juros Internos)} = \frac{1{,}1125}{1{,}025} - 1 = 5{,}45\%$$

A taxa real interna é superior ao rendimento da aplicação em título em moeda estrangeira, tornando o cupom cambial, nessa situação, menos interessante.

5.5.4 Taxas internacionais de juros

As operações de financiamento no exterior são realizadas por meio de taxas internacionais de juros, como a *Libor* (*London Interbank Offered Rate*) e a *prime rate*.

A *Libor* é a taxa de juros interbancária do mercado de Londres, comumente utilizada nas operações internacionais de empréstimos realizadas entre instituições financeiras. Essa taxa é referência (*benchmark*) para a fixação dos juros que os bancos cobram de seus empréstimos, geralmente dentro de um horizonte de tempo de médio prazo (dois anos). As operações de repasses de recursos externos, conforme praticadas no Brasil, adotam a *Libor* como o principal encargo financeiro do financiamento, sendo geralmente acrescida de um adicional de risco (*spread*). A taxa flutua no mercado de acordo com a conjuntura internacional.

Enquanto a *Libor* equivale à taxa mínima à qual os bancos aplicam seus recursos, a *London Interbank Bid Rate* (*Libid*) representa a taxa mínima que pagam para levantar recursos no mercado.

A diferença entre a *Libor* e a *Libid* é o *spread* mínimo cobrado pelos bancos em suas operações de crédito. Sobre esse diferencial, ainda, é adicionada uma taxa, denominada *over Libor*, com o intuito de remunerar certas características de prazo e forma de amortização da operação e os riscos evidenciados pelo tomador.

Prime rate é a taxa de juros cobrada pelos bancos americanos de seus clientes classificados como preferenciais (clientes de mais baixo risco). É a taxa de referência de operações de empréstimos envolvendo bancos e empresas. Para operações com clientes de menor qualidade, as instituições costumam também incluir na *prime rate* um adicional de risco, denominado *spread*.

O mercado costuma avaliar o risco cobrado de uma operação de empréstimo pela diferença entre a *prime rate* considerada e a taxa de juros dos títulos emitidos pelo Governo dos EUA, admitida como a mais próxima de risco zero.

A taxa *European Interbank Offered Rate* (*Euribor*) é a denominação da taxa interbancária da Zona do Euro. A Zona do Euro é composta pelas economias que adotam o Euro como sua moeda oficial. Essa taxa é adotada como referência pelas instituições financeiras da Zona do Euro em suas operações de empréstimos entre si (operações interbancárias), e também como referência para várias outras operações de mercado. Serve também para os bancos formarem suas taxas de empréstimos a consumidores. A taxa Euribor é calculada diariamente pela média dos juros praticados por bancos selecionados, sendo excluídos 15% das taxas de juros mais altas e 15% das mais baixas.

Algumas diferenças entre a Euribor e a Libor:

- A Euribor é obtida pela média das taxas de juros *praticadas* nas operações interbancárias na Zona do Euro. É considerada uma taxa de juros de mercado. A Libor, ao contrário, é uma *estimativa* das taxas de juros que as principais instituições financeiras pretendem adotar em suas operações financeiras no mercado monetário de Londres.

- Outra diferença importante é que a Libor é aplicada a diferentes moedas (dólar, euro etc.), enquanto a Euribor tem aplicação mais restrita ao Euro.

5.5.5 Operações futuras e arbitragem de câmbio

Na modalidade de operação cambial futura, a moeda é negociada no presente em paridade e quantidade, ocorrendo, entretanto, a entrega efetiva no futuro. Na dinâmica do mercado, é possível um credor e um devedor em moeda estrangeira definirem no ato da operação o valor dos respectivos recebimento e pagamento futuros em relação a sua moeda.

Por exemplo, um importador que tenha adquirido bens para pagamento em uma data futura encontra duas opções para liquidar sua dívida. A primeira é aguardar o prazo de pagamento concedido pelo exportador para efetuar o pagamento. Nessa alternativa, seu risco é a moeda do país exportador se valorizar em relação à sua moeda e ter de incorrer num custo maior ao comprar divisas no mercado para processar o pagamento. Para compensar esse risco, o devedor pode alternativamente adquirir a moeda de pagamento no mercado cambial futuro a uma taxa definida no momento da compra, protegendo-se assim contra uma alteração na paridade cambial.

Da mesma forma, um exportador que tenha negociado o prazo corre o risco de ter a moeda do país importador se desvalorizado em relação à sua, apurando um prejuízo na operação. Para se proteger dessa situação, é possível também vender seu crédito de divisas no futuro, a uma taxa predeterminada, garantindo-se assim de eventual queda da moeda a receber.

Dessa maneira, os riscos cambiais de mudanças nas cotações das moedas podem ser eliminados mediante operações futuras, efetuando-se uma venda ou compra de divisas para entrega futura, sendo a taxa de conversão, entretanto, definida previamente.

Quando ocorrem diferenças de cotações temporárias em diferentes centros financeiros, é possível atuar em um mercado e outro de maneira a tirar vantagens dessas diferenças. Esse é o processo conhecido por *arbitragem*, em que uma moeda é adquirida em um mercado onde seu preço for mais baixo e vendida em outro, que opera com um preço mais elevado, apurando-se um resultado (lucro) na transação.

Por exemplo, admita que as cotações do dólar norte-americano (**US$**) e da libra esterlina (**£**) em Londres e Nova York apresentem os seguintes valores:

Londres	Nova York
US$ 1,15 = £ 1,00	£ 1,00 = US$ 1,10

O valor do dólar norte-americano nos dois mercados não é o mesmo, evidenciando uma oportunidade de se apurar lucro na remessa de moeda de um lugar para o outro. Referenciando-se o câmbio na moeda americana, o valor do **US$** atinge a seguinte cotação nos dois mercados:

Londres	: US$ 1,00 = £ 0,8696 (£ 1,00/US$ 1,15)
Nova York	: US$ 1,00 = £ 0,9091 (£ 1,00/US$ 1,10)

Mantida a paridade, um agente de câmbio pode realizar lucro adquirindo dólar em Londres, onde se encontra cotado a um preço mais barato, e vendendo as divisas no mercado de Nova York, cujo valor é maior.

Esse desajuste nas taxas de câmbio costuma ser temporário, ajustando-se seus valores ao equilíbrio nas cotações conforme o mercado for identificando essa possibilidade de ganho. A maior demanda por libra esterlina em Londres e por dólar no mercado de Nova York tende a promover, gradativamente, um nivelamento de seus preços nos dois mercados.

Outro *exemplo* de arbitragem pode ocorrer quando um investidor admite que a moeda brasileira se encontra sobredesvalorizada em relação ao dólar norte-americano. Verifica-se, nessa situação, um desequilíbrio na taxa de câmbio da moeda nacional, sendo possível auferir ganhos com arbitragem.

Se o câmbio atingir R$ 3,10 por US$ 1,00, e entende-se ser essa uma cotação muito alta, o investidor que possui dólares pode convertê-los em reais, obtendo uma quantidade de moeda nacional alta em relação ao que poderia obter se a taxa de câmbio se encontrasse em equilíbrio.

Ao atingir o câmbio sem ponto de equilíbrio, admitido como ilustração em R$ 2,90 por US$ 1,00, o investidor poderia adquirir mais dólares do que possuía no momento da venda. Nessa operação, iria auferir um ganho de 6,9% sobre o capital que possua.

Se possuísse US$ 5.000,00, poderia vender a moeda estrangeira e arrecadar, no câmbio em desequilíbrio, R$ 15.500,00 (US$ 5.000,00 × R$ 3,10). Retornando o câmbio para a posição de equilíbrio, poderia adquirir mais dólares do que possuía antes, ou seja: R$ 15.500,00/R$ 2,90 = US$ 5.344,83, obtendo um resultado 6,9% maior.

5.5.6 *Swap* cambial tradicional e reverso

O termo *swap* indica uma troca (ou permuta). Em contratos financeiros, pode indicar troca de indexadores (ou de posição) entre as partes. O *swap* é bastante usado para proteção (*hedge*). As operações podem envolver índices, câmbio e taxas de juros.

O Banco Central costuma usar operações de *swap cambial* visando estabelecer o equilíbrio da moeda nacional. Diante da livre flutuação do câmbio, os vários agentes incorrem em risco ao trocarem uma moeda por outra. O *swap* cambial realizado pelo Banco Central visa trazer uma proteção aos agentes diante da baixa previsibilidade do mercado de câmbio.

No Brasil, são praticados dois tipos de *swap*: tradicional e reverso. No *swap tradicional*, o Banco Central paga a variação cambial ao agente em troca da taxa de juros (geralmente DI). Por exemplo, um agente com um investimento remunerado pela taxa DI troca seus rendimentos pela variação do dólar, durante certo período. O Banco Central, ao realizar essa operação, está acreditando que a taxa de câmbio irá cair; o agente que aceitou o negócio tem expectativa diferente, de valorização do câmbio. O Banco Central objetiva nessa operação tirar os investidores do mercado à vista e reduzir a taxa de câmbio no período pela diminuição da demanda por moeda estrangeira.

No *swap reverso*, por outro lado, o Banco Central paga a taxa de juros aos investidores em troca da variação cambial do período. A expectativa com essa operação reversa é que a taxa de câmbio aumente pela maior demanda de moeda estrangeira pelos investidores. Essa operação é usada para controle de fortes quedas da moeda estrangeira.

5.5.7 Comunidade Econômica Europeia (CEE) e Euro

A Comunidade Econômica Europeia (CEE), também conhecida por Mercado Comum Europeu, foi constituída oficialmente em 1957 pelo Tratado de Roma, assinado por cinco países-membros: Itália, Holanda, Alemanha Ocidental, Luxemburgo e Bélgica. Mais tarde, outras nações passaram a incorporar a entidade (Inglaterra, Irlanda e Dinamarca, em 1973; Grécia em 1981; Portugal e Espanha em 1986), criando-se assim o que se convencionou chamar de União Europeia (UE).

Os objetivos da criação da CEE foram fortalecer as economias e ampliar os mercados dos países do continente europeu, promovendo economias de escala no processo produtivo e ganhos de produtividade. Entendida em seu todo, a comunidade europeia representa uma potência econômica, competindo em condições de igualdade com a economia dos Estados Unidos e com os fortes mercados asiáticos.

Em dezembro de 1992 é assinado em Maastricht, cidade da Holanda, um tratado que recebe o nome dessa localidade, e que prevê a total unificação das economias europeias signatárias mediante a adoção de uma moeda única, o *Euro*. Por meio dessa União Europeia, era possível criar-se efetivamente um mercado comum que removesse todas as barreiras econômicas, comerciais, de transportes e comunicações, entre outras, presentes entre os países. Pelo tratado, produtos poderiam ser exportados de um país para outro dentro do continente europeu sem nenhuma barreira; da mesma maneira, cidadãos de um país poderiam locomover-se ou trabalhar entre os países-membros da União Europeia sem a necessidade de documentos e autorizações adicionais; e assim por diante.

Junto com o Euro foi também criado o Banco Central Europeu, com sede em Frankfurt (Alemanha), como autoridade econômica máxima do novo sistema monetário implantado. A nova instituição passa a ter a missão de definir e executar a política monetária do continente e administrar as reservas de todas as operações financeiras da União Europeia.

Como consequência desse processo de revitalização da Europa previsto no Tratado de Maastricht, aprovou-se em 1999 a unificação da moeda dos países da União Europeia, mediante a emissão do Euro. Essa moeda única teve sua circulação física definida a partir do ano de 2002, quando foram extintas as moedas nacionais (marco alemão, franco francês, peseta espanhola, lira italiana etc.). A introdução do Euro como moeda única constitui a maior reforma monetária já ocorrida no mundo, substituindo a partir do início de 2002 as cédulas e moedas nacionais de 12 dos 15 países que participam da comunidade econômica. Decidiram não participar dessa operação monetária nesse estágio inicial o Reino Unido, a Suécia e a Dinamarca, basicamente por decisão própria, e a Grécia por não cumprimento das exigências estabelecidas pelos Estados-membros de rigorosos ajustes de políticas econômicas e destacadas no Tratado de Maastricht. As principais medidas exigidas das nações europeias foram a apresentação de um déficit público inferior a 3% do PIB, volume de dívida interna menor que 60% do PIB e taxa de inflação não superior a 1,5% da média das três menores taxas de inflação alcançadas pelos países-membros.

As principais vantagens apontadas pela introdução de uma moeda única europeia podem ser resumidas da forma seguinte:

a. pelo apoio e facilidades que dará às relações comerciais e financeiras dentro do próprio continente europeu;

b. pela redução dos custos financeiros, motivada principalmente por economias realizadas na conversão de uma moeda para outra (extinção de diversas despesas cambiais);

c. diante da introdução do Euro pelos Estados-membros da União Europeia, passa a existir, de fato, somente um mercado monetário, o que permite maior estabilidade nas taxas de juros de curto prazo.

As empresas tornam-se menos vulneráveis às oscilações nos juros correntes de mercado determinadas por crises monetárias;

d. a introdução da moeda única elimina o risco de câmbio para as empresas, permitindo que explorem novos mercados e ampliem seus negócios. As condições de atuação nos mercados estrangeiros para os países do Euro passam a igualar-se à de seus mercados domésticos, gerando novas oportunidades de negócios;

e. o Euro permite, ainda, que as empresas possam melhor comparar os preços praticados nas diversas economias europeias, melhorando os resultados dos negócios realizados.

6 Fundamentos de Avaliação

O capítulo objetiva estudar os diferentes tipos de taxas de juros e as principais medidas estatísticas adotadas na avaliação de ativos e no estudo do risco no mercado financeiro.

As taxas de juros serão definidas conceitualmente e desenvolvidas suas expressões de cálculos. Em outros capítulos, essas taxas serão utilizadas em diversas situações práticas de avaliações. As medidas estatísticas, por seu lado, são de grande importância para o estudo do risco de ativos, encontrando também ampla aplicação prática ao longo dos capítulos.[1]

6.1 Taxa linear (proporcional)

É uma taxa caracteristicamente de juros simples, formada de modo proporcional. A maior parte dos juros praticados nos sistemas financeiros nacional e internacional encontra-se referenciada na taxa linear, como a remuneração real da caderneta de poupança, as taxas internacionais *Libor* e *prime rate*, o desconto bancário, os juros da Tabela Price, as taxas do mercado interfinanceiro, entre outros.

A taxa linear é determinada pela relação simples entre a taxa de juros considerada na operação e o número de vezes em que ocorrem juros (quantidade de períodos de capitalização). *Por exemplo*, a taxa de 24% ao ano equivale linearmente a 2,0% ao mês (24% / 12 meses). Se aplicadas em juros simples, a um mesmo capital e idêntico intervalo de tempo, produzem o mesmo montante linear de juros.

Logo, as taxas lineares (ou proporcionais) devem atender à seguinte proporção:

$$n_2 \times i_1 = n_1 \times i_2$$

onde n_1 e n_2 representam os prazos de cada taxa, e i_1 e i_2 os percentuais das taxas consideradas.

EXEMPLOS:

a. 2,4% a.m. é proporcional à taxa de 28,8% a.a.;
b. 5,0% a.t. é proporcional à taxa de 20,0% a.a.;
c. a taxa de 5,7% a.s. é proporcional a 0,95% a.m.;
d. 1,35% a.m., 5,4% a.q. e 16,2% a.a. são taxas proporcionais etc.

onde: *a.m* = ao mês; *a.t.* = ao trimestre; *a.q.* = ao quadrimestre; *a.s.* = ao semestre; *a.a.* = ao ano.

6.2 Taxa equivalente

Pelo critério de juros simples, a taxa equivalente é a própria taxa proporcional da operação, conforme calculada acima. Assim, 4,5% ao trimestre é uma taxa proporcional (equivalente) a 18% ao ano, pois: 4 trimestres × 4,5% = 18% a.a.

A importância da taxa equivalente volta-se para as operações que referenciam suas taxas em *juros compostos*. Nesse critério de capitalização exponencial, duas taxas são admitidas como equivalentes quando, incidindo sobre um mesmo capital durante certo intervalo de tempo, produzem montantes iguais pelo regime de capitalização composta.

Na ilustração acima, ao se definir em 18% a.a. o juro efetivo de uma operação, o percentual trimestral deverá, após os quatro períodos de capitalização no ano, produzir uma taxa acumulada (efetiva) de 18%, ou seja:

Taxa Equivalente Trimestral (i_q) =

$$= (1 + i_q)^4 = (1 + 0{,}18)$$
$$= (1 + i_q)^4 = 1{,}18$$
$$= \sqrt[4]{(1 + i_q)^4} = \sqrt[4]{1{,}18}$$
$$= 1 + i_q = 1{,}0422$$
$$= 4{,}22\% \text{ a.t.}$$

---

[1] Para maior aprofundamento no estudo de cálculos financeiros e estatística e risco, recomendam-se: ASSAF NETO, Alexandre. *Matemática financeira e suas aplicações*. 15. ed. São Paulo: Atlas, 2022. LIMA, F. Guasti. *Análise de riscos*. 2. ed. São Paulo: Atlas, 2020.

De maneira genérica, a expressão de cálculo da taxa equivalente no regime de juros compostos é apresentada:

$$i_q = \sqrt[q]{1+i} - 1$$

onde: i_q = taxa equivalente;
 i = taxa efetiva de juros considerada na operação;
 q = número de períodos de capitalização.

Por exemplo, a rentabilidade efetiva oferecida por um banco em aplicações de CDB é de 22,5% a.a. Para uma aplicação por um mês, esse percentual deve ser expresso em termos de taxa equivalente composta, isto é:

$$i_{30} = \sqrt[30]{1 + 0,032} - 1$$
$$i_{30} = (1,032)^{1/30} - 1$$
$$i_{30} = 0,105\% \text{ a.d. (corrido)}$$

Observe que sempre que for adotado o conceito da taxa equivalente composta no processo de apropriação dos juros, a taxa de juros considerada para a operação representa sua taxa efetiva (capitalizada exponencialmente).

EXEMPLO 1. Determinar a taxa trimestral equivalente a 18% a.a.

Como no ano existem 4 trimestres, tem-se 4 períodos de capitalização ($q = 4$).

Solução: $i_4 = \sqrt[4]{1 + 0,18} - 1$
$i_4 = (1,18)^{1/4} - 1$
$i_4 = 4,22\%$ a.t.

EXEMPLO 2. Determinar a taxa anual equivalente a 4,5% a.t.

Solução:

Ocorrendo quatro capitalizações trimestrais de 4,5% cada no período, a taxa acumulada (efetiva) atinge:

$$i_{12} = [(1+0,045) \times (1+0,045) \times (1+0,045) \times (1+0,045)] - 1$$
$$i_{12} = (1,045)^4 - 1$$
$$i_{12} = 19,25\% \text{ a.a. (dia corrido)}$$

EXEMPLO 3. Sendo o juro mensal de 3,2%, determinar a taxa diária equivalente, também conhecida por *taxa por dia corrido*, considerando o mês de 30 dias.

Solução: $i_{30} = \sqrt[30]{1+0,032} - 1$
$i_{30} = (1,032)^{1/30} - 1$
$i_{30} = 0,105\%$ a.d. (corrido)

6.3 Regimes de capitalização de juros: discreto e contínuo

A capitalização dos juros pode ocorrer de forma *discreta* ou *contínua*. Na capitalização *discreta*, os juros de um período são calculados e incorporados ao principal no final desse período. A capitalização ocorre somente uma única vez, e em data estabelecida, e o principal da operação sofre, com isso, modificações somente ao final do período. A capitalização discreta é amplamente adotada no mercado.

No regime *contínuo*, a capitalização ocorre inúmeras vezes, sendo os juros apurados durante todo o período de forma contínua. Os juros são incorporados continuamente ao principal, verificando-se um número muito elevado de operações, tendendo ao infinito. Assim, para uma quantidade de capitalização muito grande, sugerindo um processo infinito, o regime de apropriação dos juros é realizado por *capitalização contínua*, e a taxa de juros é denominada *taxa instantânea*.

A capitalização contínua encontra diversas aplicações em Finanças, sendo aplicada em modelos de precificação e risco no mercado de opções, mercados futuros e derivativos.

Formulações da capitalização contínua:

$$\frac{FV}{PV} = e^r \qquad FV = PV \times e^{r \times n} \qquad PV = FV \times e^{-r \times n}$$

onde:

FV = montante, valor futuro (*future value*);
PV = principal, valor presente (*present value*);
e = número constante, base dos logaritmos neperianos (e = 2,7182818284 ...);
r = taxa de juros periódica (taxa nominal).

EXEMPLO ILUSTRATIVO 1 – Admita que um capital de $ 100.000,00 foi aplicado pelo prazo de um ano. Calcular o montante dessa operação admitindo uma taxa instantânea de 6% ao semestre.

Solução:

FV = $ 100.000,00 $\times e^{0,06 \times 2}$

FV = $ 100.000,00 $\times$ 1,1274968 = $ 112.749,68

r = 6% Taxa instantânea de juros. Taxa de juros na capitalização contínua. Para cálculo da taxa instantânea de juros é usado logaritmo natural.

Usando a calculadora financeira HP 12C, tem-se:

Comandos	Significado
0,06 ENTER	Introduz a taxa instantânea
2 X	Taxa de todo o período (ano)
g e^x	Constante
100.000 X	Calcula o montante (FV)

Como o montante é de $ 112.749,68, tem-se uma taxa efetiva de juros de 12,75% ao ano (12,7496852%). Assim, a taxa instantânea nominal de 12% ao ano é equivalente à taxa efetiva de 12,75% a.a.

EXEMPLO ILUSTRATIVO 2 – Um capital foi aplicado por um ano em alternativa financeira que remunera à taxa instantânea de 10% a.a. Ao final do período, o investidor resgatou $ 442.068,37. Qual foi o capital investido?

Solução:

PV = $ 442.068,37 × $e^{-0,10}$

PV = $ 442.068,37 × 0,90483742 = $ 400.000,00

Usando a HP 12C:

| 442.068,37 ENTER |
| 0,10 CHS   g e^x |
| X |

EXEMPLO ILUSTRATIVO 3 – Um capital de $ 70.000,00 é aplicado pelo prazo de 6 meses, apurando ao final do período um montante de $ 74.100. Determinar a taxa instantânea de juro da operação.

Solução:

$ 74.100 = $ 70.000 × e^r

$$\frac{\$\,74.100}{\$\,70.000} = e^r$$

$$r = \ln \frac{\$\,74.100}{\$\,70.000}$$

r = 5,69% a.s.

Usando a HP 12C:

| 74.100 ENTER |
| 70.000 ÷ |
| g   ln |

Formulação de cálculo da taxa instantânea de juros (capitalização contínua): r = ln (1 + i)

EXEMPLO ILUSTRATIVO 4 – A tabela a seguir identifica o preço diário de uma ação e o cálculo do retorno contínuo, referente à última semana de negociação de determinado mês.

Data (Dia)	Preço de negociação (P)	Retorno contínuo (r) ln (P_t/P_{t-1})
23 – 6ª F.	$ 16,13734	
26 – 2ª F.	$ 15,91678	– 0,013762 (– 1,3762%)
27 – 3ª F.	$ 15,84457	– 0,004547 (– 0,4547%)
28 – 4ª F.	$ 16,11094	0,016672 (1,6672%)
29 – 5ª F.	$ 16,29898	0,011604 (1,1604%)
30 – 6ª F.	$ 16,38743	0,005412 (0,5412%)

6.4 Prazos envolvidos nos juros e taxa efetiva

Para se compreender mais claramente a formação das taxas de juros, deve-se reconhecer que seu uso envolve fundamentalmente a identificação de dois prazos: **(a)** o prazo a que se refere especificamente a taxa de juros; e **(b)** o prazo de ocorrência (capitalização) dos juros.

Por exemplo, admita que o rendimento de uma aplicação financeira seja definido por uma taxa anual de 6%. Ao se estabelecer que os rendimentos ocorrem (incidem sobre o principal) somente ao final de cada ano, os dois prazos são considerados coincidentes (prazo da taxa de juros e prazo de capitalização). Se os juros são capitalizados (acrescidos ao principal) em prazo diferente ao da taxa de juros (mensal, trimestral etc.), deve ser definido o critério de rateio dessa taxa anual (proporcional simples ou equivalente composto).

Admita que os juros sejam capitalizados ao principal aplicado todo mês, por meio da taxa proporcional de 0,5% (6% a.a./12 meses). Logo, ao ocorrerem 12 capitalizações no período, a *taxa efetiva* do ano eleva-se para 6,17%, ou seja:

EFE (i) = [(1 + 0,005) × (1 + 0,005) × (1 + 0,005) × ... × (1 + 0,005)] – 1

EFE (i) = (1 + 0,005)^{12} – 1

EFE (i) = (1,005)^{12} – 1

EFE (i) = 6,17% a.a.

Sendo: *EFE* = taxa efetiva de juros.

Assim, compreende-se que a taxa *efetiva* está associada ao tipo de taxa de juros utilizado nos períodos de capitalização. Sabe-se que o uso da taxa proporcional promove uma taxa efetiva mais elevada que a taxa implicitamente declarada para a operação, ocorrendo de serem absolutamente iguais na hipótese de se adotar a taxa equivalente.

Por exemplo, o custo de um financiamento está definido em 24% a.a., sendo os juros capitalizados mensalmente. Se o critério de apuração da taxa mensal for a taxa equivalente composta, pode-se concluir que os 24% representam efetivamente o custo anual do financiamento, ou seja:

$$i_{12} = \sqrt[12]{1 + 0,24} - 1$$

i_{12} = 1,81% a.m.

Ao se capitalizar essa taxa de 1,81% a.m. para o período de um ano, encontra-se, evidentemente, a taxa efetiva acumulada de 24%.

Se os juros durante os períodos de capitalização forem calculados linearmente, a taxa mensal atinge 2% (24%/12 meses), acumulando uma taxa efetiva anual pelo critério de juros compostos superior ao percentual declarado, ou seja:

EFE (i) = (1 + 0,02)^{12} – 1

EFE (i) = 26,82% a.a.

Por outro lado, se o prazo da operação coincidir com a periodicidade com que os juros são capitalizados, a taxa declarada será a própria taxa efetiva. *Por exemplo*, 2,4% a.m. capitalizados *mensalmente* e 16% a.a. capitalizados *anualmente* são taxas efetivas de seus respectivos períodos. Nesses casos, o prazo a que se refere cada taxa coincide exatamente com o prazo com que os juros são capitalizados. Quando não se verifica essa coincidência entre os prazos, a taxa de juros costuma ser definida como taxa *nominal*.

Ilustrativamente, são apresentados na tabela desta página alguns tipos de taxas de juros adotados no mercado financeiro nacional.

EXEMPLO 4. Sendo de 30% a.a. a taxa nominal, determinar a taxa efetiva anual para capitalizações mensal e trimestral.

Solução:

- Proporcional Mensal: 30%/12 meses = 2,5% a.m.
  $EFE(i) = (1 + 0,025)^{12} - 1 = 34,49\%$ a.a.
- Proporcional Trimestral: 30%/4 trimestres = 7,5% a.t.
  $EFE(i) = (1 + 0,075)^4 - 1 = 33,55\%$ a.a.

EXEMPLO 5. Converter a taxa efetiva de 20% a.a. em taxa nominal com capitalização mensal.

Solução:

$EFE(i) = \sqrt[12]{1 + 0,20} - 1$

$EFE(i) = 1,53\%$ a.m.

Proporcional (linear) anual: 1,53% × 12 meses = 18,36% a.a.

6.5 Taxa por dia útil (taxa *over*)

A denominada *taxa over* é uma taxa de juros nominal com capitalização diária, porém válida somente para dias úteis, ou seja, sua capitalização ocorre unicamente em dia de funcionamento do mercado financeiro. A taxa costuma ser linear e expressa ao mês, obtida pela simples multiplicação da taxa ao dia por 30.

Por exemplo, admita que em determinado mês a taxa *over* esteja fixada em 2,4%, sendo computados 22 dias úteis (du) no período. Logo, a taxa de juros a ser considerada em cada dia útil é a proporcional de 0,08%, ou seja: [2,4% ao mês/30 dias].

Estando definidos 22 dias úteis no prazo de referência da taxa *over*, a taxa efetiva apurada por capitalização composta atinge:

$EFE(i) = (1 + 0,0008)^{22} - 1 = 1,77\%$ a.m.

A expressão básica de cálculo da taxa efetiva com base em uma taxa *over* mensal é dada:

$$EFE(i) = [1 + OVER/30]^{du} - 1$$

sendo: **OVER**, a taxa nominal mensal *over* (a.m.o); **du**, o número de dias úteis previsto no prazo da operação.

Por outro lado, a transformação de uma taxa efetiva em taxa OVER, ambas as taxas referenciadas em bases mensais, é efetuada pela seguinte expressão de cálculo:

$$OVER = \{[1 + EFE]^{1/du} - 1\} \times 30$$

Por exemplo, sendo de 2,1% a.m. a taxa efetiva, e sabendo-se que no período existem 21 dias úteis, a taxa OVER atinge 2,97% a.m., ou seja:

$OVER = \{[1 + 0,021]^{1/21} - 1\} \times 30$

$OVER = 2,97\%$ a.m.

6.5.1 Taxa *overnight* do Selic

A taxa *overnight* do Sistema Especial de Liquidação e Custódia (Selic) é expressa em bases anuais, admitindo a existência de 252 dias úteis, de acordo com orientação do Banco Central. Representa a taxa média ponderada pelo volume das operações de financiamento, lastreadas em títulos públicos federais, de um dia, realizadas no Selic. A taxa OVER/Selic é publicada diariamente, sendo usada no mercado como a taxa básica de juros de referência da política monetária executada pelo Banco Central.

Operação	Prazo da Taxa de Juros Normalmente Convencionado	Tipo de Taxa Normalmente Adotado no Período de Capitalização
Mercado Aberto	mês	Proporcional
CDB, RDB	ano	Equivalente (composta)
Repasse de Recursos Externos	ano	Proporcional
Sistema Price de Amortização	ano	Proporcional
Caderneta de Poupança	ano	Proporcional
Desconto de Duplicatas	mês	Proporcional
Debêntures	trimestre	Efetiva

O cálculo da taxa efetiva OVER/Selic é efetuado pela seguinte expressão:

$$i_{a.d.} = (1 + OVER_{a.a.o.})^{1/du} - 1$$

sendo: $i_{a.d.}$ = taxa ao dia

$OVER_{a.a.o.}$ = taxa OVER efetiva ao ano

du = número de dias úteis (du = 252)

Alguns exemplos ilustrativos:

- Sendo de 15,5% a.a.o. a taxa OVER/Selic, a taxa diária será:

$$i_{a.d.} = (1,155)^{1/252} - 1 = 0,0572\% \text{ a.du}$$

- Se num determinado mês existirem 22 dias úteis, a taxa OVER efetiva anual "mensalizada" atingirá:

$OVER_{a.m.} = (1,155)^{22/252} - 1 = 1,266\%$ a.m.o. (ao mês OVER)

ou:

$OVER = (1,000572)^{22} - 1 = 1,266\%$ a.m.o.

- Admita que no mês de fevereiro de determinado ano existam somente 18 dias úteis. As taxas ao ano OVER (a.a.o.) para cada dia útil divulgadas são as seguintes:

Dia	Taxa a.a.o. (%)	Dia	Taxa a.a.o. (%)	Dia	Taxa a.a.o. (%)	Dia	Taxa a.a.o. (%)
01	16,5	08	16,0	15	15,9	22	15,6
02	16,5	09	16,0	16	16,0	23	15,6
03	16,4	10	15,8	17	15,8	24	15,6
06	16,1	13	15,8	20	15,6		
07	16,0	14	15,8	21	15,7		

A partir destas taxas ao ano OVER, podem-se determinar as taxas mensal e anual efetivas. A taxa efetiva mensal *over* é o produto da taxa *over* anual equivalente para dia útil do mês, ou seja:

$i_{a.m.} = [(1,165)^{1/252} \times (1,165)^{1/252} \times (1,164)^{1/252} \times ... \times (1,156)^{1/252}] - 1$

$i_{a.m.} = 1,06\%$ a.m.o. (para $du = 18$)

$i_{a.a.} = (1,0106)^{252/18} - 1 = 15,93\%$ a.a.o. (para $du = 252$).

> Com base em dias de calendário, as taxas de juros podem ser expressas em *dias corridos* e *dias úteis*.
>
> A taxa de juros por *dias corridos* considera geralmente um ano de 360 dias ou 12 meses de 30 dias corridos cada um. Eventualmente, algumas operações são avaliadas considerando um ano de 365 dias.

> Na convenção de *dias úteis*, são considerados 252 dias úteis no ano. Isso equivale a 12 meses de 21 dias úteis cada um. A capitalização dos juros ocorre somente nos dias úteis contados da data de aplicação até a data de resgate da aplicação.

6.6 Taxa de desconto

A *taxa de desconto* representa o percentual a ser aplicado sobre o valor de resgate de uma operação visando ao cálculo do valor do desconto (deságio). Representa, em outras palavras, os juros (encargos ou rendimentos) antecipados calculados no momento da realização da operação. São identificadas inúmeras aplicações para a taxa de desconto no mercado financeiro, como nas diversas operações bancárias de curto prazo (desconto de duplicatas, empréstimos bancários, cheques especiais etc.), *factoring* e subscrição de letras do tesouro nacional, entre outras.

A taxa de desconto é definida geralmente de forma linear, podendo ainda ser mensurada por meio de dois tipos de desconto: **(a)** desconto *por dentro* ou racional; e **(b)** desconto *por fora*, bancário ou comercial.

O desconto *por dentro* incorpora os conceitos e as relações básicas de juros simples, não apresentando aplicação prática mais relevante. O desconto *por fora*, no entanto, é o que encontra ampla aplicação no mercado financeiro, sendo preferencialmente adotado nas várias operações de curto prazo do mercado bancário. Esse tipo de desconto incide sobre o valor nominal (valor de resgate) do título, proporcionando maior volume de juros efetivos nas operações.

Por exemplo, ao estar definida em 1,6% ao mês a taxa de desconto a ser aplicada sobre as LTN, o investidor, por apurar seus rendimentos no ato da aplicação sobre o valor de resgate dos títulos, eleva sua remuneração para a taxa efetiva de 1,63% ao mês. Assim, ao adquirir títulos por um mês no valor de resgate de $ 100.000, o investidor aplica esse valor descontado da taxa contratada de 1,6%, apurando os seguintes resultados:

Valor Nominal da Aplicação	: $ 100.000
Desconto: 1,6% × $ 100.000	: (1.600)
Valor da Aplicação	: $ 98.400

Apurando-se a rentabilidade efetiva dessa operação, chega-se à taxa mensal de 1,63%. A formulação de cálculo da taxa efetiva com base na taxa de desconto é a seguinte:

$$EFE = \frac{d}{1-d}$$

sendo: d a taxa de desconto calculada para todo o período da operação.

Substituindo-se os dados da ilustração acima:

$$EFE = \frac{0,016}{1-0,016} = 1,63\% \text{ a.m.}$$

EXEMPLO 6. Determinar a taxa efetiva mensal de uma operação de desconto nas seguintes condições de prazo e taxa:

> a. prazo: 1 mês $d=2,4\%$ a.m.
> b. prazo: 28 dias $d=2,8\%$ a.m.

Solução:

a. $EFE = \dfrac{0,024}{1-0,024} = 2,46\%$ a.m.

b. A taxa de desconto (d) na fórmula deve expressar o juro de todo o período. Assim:

$d = [2,8\%/30 \text{ dias}] \times 28 \text{ dias}$

$d = 2,6133\%$ para 28 dias

Taxa Efetiva Mensal

$$EFE = \frac{0,026133}{1-0,026133} = 2,68\% \text{ para 28 dias}$$

$EFE = (1+0,0268)^{30/28} - 1 = 2,88\%$ a.m.

Taxa Linear Mensal

$$\text{Taxa Linear} = \frac{2,6133\%}{28} \times 30 = 2,80\% \text{ a.m.}$$

EXEMPLO 7. Sendo de 2,9% a.m. a taxa efetiva de mercado, determinar a taxa de desconto a ser considerada para esse prazo.

Solução:

$0,029 = \dfrac{d}{1-d}$

$d = 0,029 - 0,029\, d$

$1,029\, d = 0,029$

$d = \dfrac{0,029}{1,029} = 2,82\%$ a.m.

Pela formulação acima de cálculo da taxa efetiva, pode-se derivar a seguinte expressão para a determinação da taxa de desconto:

$$d = \frac{EFE}{1+EFE}$$

Aplicando no exemplo:

$d = \dfrac{0,029}{1+0,029} = 2,82\%$ a.m.

6.7 Taxa preferencial de juros

A taxa preferencial de juros é representada pela taxa mínima de juros (a mais baixa) que as instituições financeiras cobram de financiamentos (aplicações) concedidos a clientes caracterizados como de primeira linha, ou seja, os de menor risco.

Deve ser ressaltado que a taxa preferencial de juros incorpora um adicional de risco, em seu valor mínimo, não devendo, por conseguinte, ser confundida com a taxa de juros (taxa livre de risco).

As duas principais taxas preferenciais de juros, com grande influência sobre o mercado financeiro nacional, são a ***prime rate*** americana, que reflete o menor encargo cobrado pelos bancos dos EUA diretamente de seus clientes preferenciais, e a ***Libor***, a taxa interbancária do mercado financeiro de Londres. Acima dessas taxas é cobrado um percentual adicional de juro (*spread*) para tomadores classificados como de maior risco. Essas taxas internacionais foram estudadas no Capítulo 5.

6.8 Taxa real

A taxa real representa o encargo (ou receita) financeiro, calculado livre dos efeitos inflacionários. A utilização de taxas reais no mercado financeiro permite que se apure quanto se ganhou (ou perdeu) verdadeiramente, sem a interferência das variações verificadas nos preços.

A conhecida formulação de Fischer permite que se apurem de uma taxa de juros os efeitos da inflação, sendo obtida pela relação:

$$EFE = [(1+r) \times (1+INF)] - 1$$

onde: EFE = taxa efetiva de juro que incorpora uma expectativa de inflação (ou taxa operante);

r = taxa real de juro, depurada dos efeitos inflacionários;

INF = taxa de inflação, considerada por um índice de preços.

Por exemplo, sabe-se que o custo de um empréstimo em dólar atinge, em determinado período, 15% ao ano mais variação cambial. A taxa cobrada de 15% é definida como **real**, sendo obtida acima da variação cambial do período. Ao se admitir em 8,5% a desvalorização da moeda nacional em relação ao dólar no período da operação, chega-se a um custo efetivo total de 24,78%, ou seja:

$EFE = [(1+0,15) \times (1+0,085)] - 1$

$EFE = [(1,15) \times (1,085)] - 1$

$EFE = \mathbf{24{,}78\%}$

Essa taxa de 24,78% incorpora a taxa real de 15% a.a. mais a variação cambial do período, sendo denominada também taxa *prefixada*. Observe que a taxa efetiva não é a simples soma da taxa real mais a taxa de inflação; representa, mais adequadamente, a capitalização exponencial dessas duas taxas.

Por meio da expressão de Fischer é possível deduzir-se a taxa real, isto é:

$$\text{Taxa Real } (r) = \frac{1 + EFE}{1 + INF} - 1$$

Os dados do *exemplo ilustrativo* indicam que a taxa nominal (aparente) é de 24,78%, calculada a partir de uma taxa real de juros de 15% e de variação cambial de 8,5%. Por outro lado, se a variação cambial não seguir a inflação da economia, a taxa real (líquida da inflação) apurada é outra, retratando a diferente taxa de inflação.

Assim, ao se admitir uma inflação de 10% no período da operação, taxa superior aos 8,5% de variação cambial, a taxa real do empréstimo pela inflação é menor, atingindo 13,44%, ou seja:

$$\text{Taxa Real } (r) = \left(\frac{1 + 0,2478}{1 + 0,10} - 1\right) = 13,44\%$$

EXEMPLO 8. Um CDB pagou uma taxa efetiva de juro de 2,2% em determinado mês. Sabendo-se que a inflação do período atingiu 0,9%, determinar a rentabilidade real oferecida por esse título.

Solução:

Sendo: **EFE** = 2,2%

INF = 0,9%

$$\text{Taxa Real } (r) = \frac{1 + 0,022}{1 + 0,009} - 1 = 1,29\%$$

O investidor ganhou, efetivamente, 1,29% acima da inflação no mês.

Ganho Real de uma Aplicação Financeira

Se um investimento promete pagar uma taxa de juros nominal (aparente), o retorno fica diretamente dependente da inflação esperada. Quanto *maior* for a inflação, *menor* o retorno real auferido pelo aplicador.

Por exemplo, se um título prometer uma remuneração nominal (aparente) de 14% a.a., tem-se os seguintes retornos reais para diferentes taxas de inflação:

Taxa de inflação esperada	Rendimento real
3,0%	[(1,14/1,03) − 1] × 100 = 10,68% a.a.
4,0%	[(1,14/1,04) − 1] × 100 = 9,62% a.a.
5,0%	[(1,14/1,05) − 1] × 100 = 8,57% a.a.
6,0%	[(1,14/1,06) − 1] × 100 = 7,55% a.a.

Em todo investimento, é importante que se conheça a *taxa real* de juros, e não somente a taxa nominal (ou aparente). Dizer que o retorno é de 14% a.a. quando a inflação do período atinge 6%, por exemplo, equivale a considerar um ganho real, líquido da inflação, de 7,55%. Esta é a taxa que pode ser considerada como ganho genuíno do investidor.

6.8.1 Taxa de inflação e desvalorização da moeda

A taxa de **inflação** representa, em essência, o acréscimo percentual médio verificado nos preços de diversos bens e serviços produzidos pela economia. Existem diversos indicadores de variações de preços adotados na economia nacional, cujos usos são praticados em diferentes segmentos de atividade. *Exemplos*: **IGP-M** (índice geral de preços de mercado), bastante adotado no mercado financeiro; **IGP-di** (índice geral de preços – conceito disponibilidade interna), apurado mensalmente pela Fundação Getulio Vargas; IPCA (índice de preços ao consumidor ampliado), medida oficial da inflação brasileira; **TR** (taxa referencial), indexador da caderneta de poupança e de outros instrumentos financeiros do mercado, entre outros índices de preços.

Qualquer que seja o índice selecionado, a taxa de inflação é obtida da forma seguinte:

$$INF = \frac{I_N}{I_{N-T}} - 1$$

onde: I_N = indicador de variação de preço selecionado para o cálculo da taxa de inflação;

$N, N - T$ = data de início e de fim do período em que se deseja calcular a taxa de inflação.

Por exemplo, ao desejar-se apurar a taxa de inflação de determinado ano, deve-se relacionar o índice verificado ao final do ano em que se deseja calcular a taxa com aquele verificado ao final do ano imediatamente anterior. Assim, sendo de 118,1 o índice de 20X9 e 107,3 o índice ao final de 20X8, tem-se a seguinte taxa de inflação referente ao ano de 20X9:

$$INF = \frac{118,1}{107,3} - 1 = 10,0\%$$

Enquanto a taxa de inflação exprime uma subida de preços, a taxa de **desvalorização** da moeda (**TDM**) indica a perda percentual verificada no poder de compra da moeda. Quanto maior for o aumento dos preços, maior será também a desvalorização da moeda e, consequentemente, menor a capacidade de compra.

Por exemplo, sabe-se que no primeiro semestre de determinado ano a inflação atingiu 3,8%. Para um assalariado que receba $ 1.000/mês, a reposição salarial necessária para que mantenha, em média, a mesma capacidade de compra deve atingir $ 38,00 (3,8% × $ 1.000). Em outras palavras, essa pessoa irá precisar de uma renda de $ 1.038 para adquirir os mesmos produtos e serviços anteriormente consumidos. Permanecendo em $ 1.000 seus vencimentos, a capacidade média de compra do assalariado reduz-se para 96,34% ($ 1.000/$ 1.038), identificando-se em contrapartida uma queda de 3,66% (100,0% – 96,34%) em seu poder aquisitivo (desvalorização da moeda).

A identidade de cálculo da taxa de desvalorização da moeda (**TDM**), dada uma taxa de inflação, é apresentada a seguir:

$$TDM = \frac{INF}{1 + INF}$$

Aplicando-se a expressão para a inflação de 3,8%, chega-se a uma taxa de desvalorização de:

$$TDM = \frac{0,038}{1 + 0,038} = 3,66\%$$

ou seja, a moeda perdeu 3,66% de sua capacidade de compra, podendo adquirir unicamente 96,34% de bens e serviços consumidos no início do semestre.

6.9 Medidas estatísticas de avaliação e risco

A estatística é um método científico que permite que seus usuários tomem as melhores decisões em condições de incerteza. A evolução que a estatística vem apresentando ao longo do tempo é significativa, evidenciando processo constante de aperfeiçoamento de seus métodos e alargamento de seu campo de atuação.

A área de mercado de capitais, pelas suas características fortemente previsionais e centradas em ambientes de incerteza, não pode evidentemente prescindir do uso do método estatístico na avaliação de seus instrumentos financeiros. Mais rigorosamente, boa parte da evolução conceitual e prática apresentada pelos mecanismos do mercado financeiro é atribuída ao uso das técnicas estatísticas no processo de avaliação de ativos e do risco das decisões.

A denominada **estatística descritiva** objetiva descrever analiticamente as variáveis incluídas numa amostra. Essa descrição é feita basicamente mediante a quantificação de medidas representativas dos elementos que compõem a amostra (e, evidentemente, a população), as quais visam condensar suas mais importantes características. Apesar da existência de diversas medidas estatísticas descritivas, esse item concentra os estudos nas medidas de *posição* (ou *tendência central*) e nas medidas de *dispersão*.

6.10 Medidas de posição – tendência central

As medidas de posição são os valores que visam identificar as características de concentração dos elementos de uma amostra. Esses valores são muitas vezes denominados tendência central, visto, geralmente, os dados agrupados concentrarem-se em torno da posição central da distribuição. As principais medidas de posição a serem estudadas são: *média, mediana, moda, quartis* e *decis*.

6.10.1 Médias

É a medida de tendência central mais comumente utilizada. Existem vários tipos de médias, destacando-se a média aritmética simples, média aritmética ponderada, média harmônica e média geométrica.

A *média aritmética simples* é calculada pela divisão entre a soma do conjunto de informações (valores de uma distribuição) e o número de valores contidos nesse conjunto. *Por exemplo*, apurou-se que o índice de endividamento (exigível/ativo) de cinco grandes empresas de um setor de atividade atingiu, em determinado período, os seguintes valores: 37%, 77%, 63%, 45% e 69%. Com base nesse conjunto de valores, e de acordo com a definição apresentada, tem-se a média aritmética simples de 58,2%, ou seja:

$$X = \frac{37\% + 77\% + 63\% + 45\% + 69\%}{5} = 58,2\%$$

Generalizando, tem-se:

$$X = \frac{\sum_{i=1}^{n} X_i}{n}$$

onde: X_i é o valor de cada elemento do conjunto de informações; n o número de informações contido no conjunto.

> A média aritmética é sensível a todos os valores que compõem o conjunto, porém sofre influência mais destacada dos valores extremos, principalmente quando se apresentarem muito dispersos.

Por exemplo, a rentabilidade média das ações no Brasil (BMF&Bovespa) no período 2007-2010 atingiu:

Ano	Retorno
2007	43,65%
2008	– 41,22%
2009	82,66%
2010	1,04%

Fonte: www.institutoassaf.com.br.

A média anual é calculada:

$$x = \frac{43,65\% - 41,22\% + 82,66\% + 1,04\%}{4 \text{ anos}}$$

$$x = 21,53\%$$

Há forte dispersão dos valores, indo de – 41,22% até +43,65%.

Nesse caso, a média aritmética não pode ser considerada uma medida mais rigorosa, capaz de exprimir a tendência central das taxas de retorno.

A *média aritmética ponderada* é utilizada quando se atribuem diferentes pesos a cada elemento do conjunto de informações. Observe que a média aritmética simples admite implicitamente que todos os valores do conjunto apresentam a mesma importância em termos de peso, ou seja, supõe o mesmo peso para todas as variáveis, ao passo que a média ponderada somente é considerada quando esses valores apresentarem pesos (importância) diferentes.

A *média ponderada* é obtida pela divisão entre a soma dos valores de uma distribuição ponderada pelos seus respectivos pesos e a soma dos pesos, isto é:

$$X_p = \frac{\sum_{i=1}^{n}(X_i \times f_i)}{\sum_{i=1}^{n} f_i}$$

Por exemplo, uma carteira composta por três ativos (valores a receber) apresenta os seguintes valores:

Ativo	Prazo de cobrança (dias)	Valor ($)
A	47	22.600
B	76	68.000
C	91	134.000

O prazo ponderado pelos respectivos valores da carteira atinge:

$$X_p = \frac{(\$ 22.600 \times 47) + (\$ 68.000 \times 76) + (\$ 134.000 \times 91)}{(\$ 22.600 + \$ 68.000 + \$ 134.000)}$$

$X_p = 82,0$ dias

A *média harmônica* de uma série de valores é obtida por meio do inverso da média aritmética dos inversos dos valores considerados, ou seja:

$$X_h = \frac{1}{\dfrac{\sum_{i=1}^{n} 1/X_i}{n}} = \frac{n}{\sum_{i=1}^{n} 1/X_i}$$

Ilustrativamente, admita as seguintes informações relativas aos preços de quatro produtos:

Produto	Preço no período (t – 1)	Preço no período (t)	$1/\dfrac{Preço\ (t)}{Preço\ (t-1)}$	$1/\dfrac{Preço\ (t)}{Preço\ (t-1)}$
A	40,00	42,40	1,06	0,9434
B	90,00	97,20	1,08	0,9259
C	8,00	10,00	1,25	0,8000
D	200,00	230,00	1,15	0,8696
Total				3,5389

Com base no cálculo da média harmônica, conclui-se que os preços dos produtos aumentaram, em média, 13,0% no período (t) em relação a $(t – 1)$, isto é:

$$X_h = \frac{4}{3,5389} = 1,13$$

Evidentemente, quanto mais os inversos dos números índices (última coluna do quadro) aproximarem-se de uma distribuição normal, mais adequado apresenta-se o uso da média harmônica.

A *média geométrica* representa a raiz n-ésima do produto de *n* valores, ou seja:

$$X_g = \sqrt[n]{\prod_{i=1}^{n} X_i}$$

onde: $\prod_{i=1}^{n} X_i$ é o símbolo referente ao produto de valores $(X_1 \cdot X_2 \cdot X_3 ... X_n)$

Por exemplo, a média geométrica dos preços relativos dos quatro produtos considerados anteriormente (penúltima coluna do quadro) atinge:

$$\prod_{i=1}^{n} X_i = 1,06 \times 1,08 \times 1,25 \times 1,15 = 1,6457$$

Logo:

$$X_g = \sqrt[4]{1,6457} = 1,1326$$

O aumento verificado nos quatro produtos no período *t* em relação ao período anterior $(t – 1)$ foi de 13,26%, indicando variação superior àquela obtida pela média harmônica. A média geométrica é bastante utilizada, principalmente em problemas envolvendo juros compostos e outros valores que assumem um comportamento exponencial, como inflação acumulada, retorno de carteiras etc. Esta medida é sugerida também quando os valores de cálculo não apresentarem a mesma importância (peso).

6.10.2 Mediana e moda

A *mediana* é outra medida de tendência central que expressa o valor que divide um conjunto de valores pela metade, ou seja, exatamente em duas partes iguais. Uma maior importância é dispensada ao uso da mediana quando os valores extremos do conjunto de informações apresentarem pouca relevância.

Para o cálculo da mediana de um rol de informações, é necessário, inicialmente, que os valores sejam dispostos em ordem de grandeza. Se o número de valores for par, tem-se:

$$\text{Mediana } (Md) = \frac{n+1}{2},$$

que representa o valor central da série.

Se o número de valores for ímpar, a mediana é representada simplesmente pela média aritmética dos dois valores centrais.

Por exemplo, a seguir são registrados os índices de liquidez de dez empresas, já distribuídos em ordem de grandeza crescente:

0,35 – 0,68 – 0,82 – 0,89 – 1,00 – 1,09 – 1,31 – 1,33 – 1,37 – 1,61

Por se tratar de conjunto de número par, a mediana é obtida pela média aritmética de 1,00 e 1,09, os dois valores centrais, ou seja: $Md = (1,00 + 1,09)/2 = 1,045$.

Pelo resultado, constata-se que existem cinco valores menores (0,35 – 0,68 – 0,82 – 0,89 – 1,00) e cinco maiores (1,09 – 1,31 – 1,33 – 1,37 – 1,61) que a mediana. Se esse conjunto de valores fosse constituído unicamente pelos nove primeiros valores (eliminando-se o mais elevado índice de liquidez, de 1,61), a mediana seria o resultado encontrado no quinto elemento da série (liquidez = 1,00). Identificada a mediana, a série estaria separada em duas partes iguais em termos de número de valores.

A *moda*, por outro lado, representa o valor encontrado com maior frequência num conjunto de observações. Quando se afirma, *por exemplo*, que o índice de endividamento modal das 50 maiores empresas do Brasil é de 46%, está-se afirmando que esse é o nível de endividamento apresentado pelo maior número de empresas consideradas na amostra.

A importância do uso da mediana cresce à medida que se carece de informações sobre os elementos do conjunto de valores que se pretende estudar. Algumas publicações especializadas utilizam essa medida como modo de identificar a posição de determinada empresa dentro de seu setor de atividade, ou do mercado em geral.

O uso da moda, por seu lado, é limitado por essa medida não refletir mais efetivamente a tendência central de um conjunto de valores. A moda, em verdade, pode ser encontrada em qualquer parte do conjunto e, mesmo, não existir. Seu emprego é melhor justificado quando se tem interesse específico em determinar sobre qual valor encontra-se uma maior concentração de frequência.

6.10.3 Média e mediana

Comparativamente com a média, o uso da mediana ganha maior importância quando a distribuição dos valores for assimétrica (curva com deformação), caracterizada pela presença de valores extremos bastante pronunciados.

Por exemplo, admita os dois conjuntos de valores ilustrados a seguir:

W_1: 20 – 22 – 25 – 28 – 30
W_2: 20 – 22 – 25 – 50 – 100

O primeiro conjunto de valores (W_1) é simétrico, apresentando média e mediana iguais a 25. O segundo conjunto (W_2), no entanto, é assimétrico, apurando uma média de 43,4 e mediana de 25. A diferença entre essas medidas é relevante, sendo influenciada pelos valores extremos do conjunto.

Por não sofrer influência dos números extremos da série, a mediana é mais indicada em amostras marcadamente assimétricas. Nos exemplos comentados, a média aritmética calculada elevou-se de 25, no conjunto W_1, para 43,4, em W_2, enquanto que a mediana permaneceu inalterada.

É importante considerar, antes de qualquer conclusão sobre esses resultados, que tanto a mediana como a média não incorporam em seus cálculos o grau de dispersão dos valores considerados, o qual pode ser obtido pela medida do desvio-padrão a ser estudada a seguir. Observe, por exemplo, que o conjunto W_2 apresenta grande amplitude, variando de 20 a 100, evidenciando forte dispersão dos indicadores considerados. A falta de medidas de dispersão limita bastante um estudo mais conclusivo sobre o desempenho dos valores.

6.10.4 Medidas de retorno

As três medidas de retorno de um investimento adotadas nas análises financeiras são as seguintes:

- Retorno Absoluto;
- Retorno Relativo (Discreto);
- Retorno Contínuo (Logarítmico).

O quadro a seguir calcula os retornos de uma ação em cada ano, sempre em relação ao ano anterior (referência).

O *Retorno Absoluto* é a simples diferença entre o preço de um ativo em dado momento e o seu preço em algum outro momento, ou seja:

Retorno Absoluto = $P_t - P_{t-1}$

O *Retorno Relativo* (*Discreto*) demonstra o percentual de crescimento (positivo ou negativo) temporal dos preços (ou retornos) de um ativo. É determinado pela seguinte expressão:

Retorno Relativo = $\dfrac{P_t}{P_{t-1}}$

O retorno relativo calculado pela formulação sugerida acima é o *discreto*, onde se considera que os preços das ações são identificados em períodos inteiros, no caso da ilustração em anos. As variações percentuais desses preços nos respectivos períodos discretos são denominadas *Retorno Relativo* (*Discreto*).

O *Retorno Contínuo* (*Logarítmico*) é aplicado para avaliações de ativos que são negociados continuamente, ou em espaços irregulares (aleatórios) de tempo ao longo de um dia. Por exemplo, as ações são negociadas continuamente durante o dia, em intervalos irregulares (aleatórios) de tempo. Os retornos de ativos com essas características são obtidos por meio de capitalização contínua por meio da seguinte formulação:

Retorno Contínuo = $\ln\left(\dfrac{P_t}{P_{t-1}}\right)$

Observe no quadro ilustrativo a seguir, os cálculos dos retornos de uma ação (evolução de seus preços de mercado) usando as três formulações sugeridas. As diferenças entre os retornos discreto e contínuo serão menores quanto mais reduzidas forem as diferenças temporais dos preços dos ativos.

Ano	Preço da ação	Retorno Absoluto	Retorno Relativo – Discreto	Retorno Contínuo
1	$ 17,50	–	–	–
2	$ 20,60	$ 3,10	$\left(\dfrac{20,60}{17,50}\right) - 1 = 17,71\%$	$\ln\left(\dfrac{20,60}{17,50}\right) = 16,31\%$
3	$ 18,70	$ 1,90	$\left(\dfrac{18,70}{20,60}\right) - 1 = (9,22\%)$	$\ln\left(\dfrac{18,70}{20,60}\right) = (9,67\%)$
4	$ 21,90	$ 3,20	$\left(\dfrac{21,90}{18,70}\right) - 1 = 17,11\%$	$\ln\left(\dfrac{21,90}{18,70}\right) = 15,79\%$

6.11 Medidas de dispersão

As medidas de dispersão indicam como os valores de um conjunto distribuem-se (dispersam) em relação a seu ponto central (média). Quanto maior apresentar-se o intervalo entre os valores extremos de um conjunto, menor será a representatividade estatística da média, pois os valores em observação distanciam-se desta medida central.

As principais medidas de dispersão a serem estudadas neste item, que apresentam larga aplicação prática na avaliação de risco, são o *desvio-padrão*, a *variância* e o *coeficiente de variação*.

6.11.1 Desvio-padrão e variância

São as mais importantes e utilizadas medidas de dispersão. O *desvio-padrão* é representado por σ (*sigma*), quando calculado de dados de uma população, e por *S*, quando obtido da amostra (estimativa média da população). Essa medida visa medir estatisticamente a variabilidade (grau de dispersão) de um conjunto de valores em relação à sua média.

> O desvio-padrão é uma medida estatística destinada a quantificar a incerteza com relação ao comportamento de um ativo. Reflete a variação (ganho ou perda) de um ativo em relação à média. Quando calculada sobre um conjunto de retornos discretos, a medida do desvio-padrão é definida por *risco*. Quando o desvio-padrão for determinado de uma série temporal de retornos contínuos, tem-se a *volatilidade*.

O desvio-padrão de um conjunto de números: $X_1, X_2, X_3, \ldots, X_n$ de uma *amostra* de *n* elementos é representado por:

$$S = \sqrt{\dfrac{\sum_{i=1}^{n}(X_i - \overline{X})^2}{n-1}}$$

onde: $\bar{X}$: média aritmética da amostra de n elementos;

$X_i - \bar{X}$: desvio de cada um dos números X_i em relação à média da amostra ($\bar{X}$).

O desvio-padrão da *população* é obtido pela expressão:

$$\sigma = \sqrt{\frac{\sum_{i=1}^{n}(X_i - \bar{X})^2}{n}}$$

onde: $\bar{X}$ representa a média aritmética da população, e X_i cada um dos elementos que a compõem.

Deduções estatísticas indicam que, se for usado ($n-1$) como denominador do cálculo do desvio-padrão de uma amostra, apura-se uma estimativa de dispersão mais representativa da população, notadamente quando o número de elementos ficar abaixo de 30 ($n < 30$).

Quando os valores em avaliação estão agrupados em uma tabela de distribuição de frequências, a medição do desvio-padrão se processa da maneira seguinte:

$$S = \sqrt{\frac{\sum_{i=1}^{k}(X_i - \bar{X})^2 \times f_i}{n-1}},$$

sendo f a frequência de cada classe. É dada preferência à utilização do denominador ($n-1$) na fórmula pelas mesmas razões técnicas expostas anteriormente.

A *variância*, por outro lado, é definida como o quadrado do desvio-padrão. É identificada por σ^2 e S^2, respectivamente variância de população e variância de amostra. De outra maneira, pode-se dizer que o desvio-padrão é a raiz quadrada da variância.

EXEMPLO ILUSTRATIVO – Cálculo da Média e do Desvio-Padrão na Calculadora Financeira[2]

Dados de retorno do Índice Bovespa no período 2009-2013:

Ano	Taxa de Retorno
2009	82,66%
2010	1,04%
2011	–18,11%
2012	7,4%
2013	–15,5%

---

[2] Ver ASSAF NETO, Alexandre; LIMA, F. Guasti. *Investimento no mercado financeiro usando a calculadora financeira HP 12C*. 3. ed. São Paulo: Atlas, 2013.

Por meio dos recursos da Calculadora Financeira HP 12C, tem-se:

f	REG	
f	Σ	
82,66	Σ+	
1,04	Σ+	
18,11	CHS	Σ+
7,4	Σ+	
15,5	CHS	Σ+
g	$\bar{x}$	Calcula a taxa média dos retornos
g	s	Calcula o desvio-padrão dos retornos

6.11.2 Volatilidade

Na análise de um investimento deve ser levada em consideração, junto com a medida do retorno esperado, a *dispersão* dos valores em torno da média. Quanto mais dispersos se apresentarem os resultados, maior a incerteza com relação ao retorno esperado, ou seja, mais arriscada se apresenta a alternativa. Esta dispersão é calculada pela medida do *desvio-padrão*. A variância é o quadrado do desvio-padrão. O desvio-padrão dos retornos de um investimento é calculado pelas taxas discretas de retorno.

A *volatilidade*, outra medida estatística de dispersão, expressa a incerteza dos retornos de um ativo ou, em outras palavras, a intensidade e a frequência das variações observadas em seus preços. Um mercado volátil é entendido quando os preços dos ativos oscilam rapidamente, sofrendo aumentos e reduções de preços. O desvio-padrão e a variância são indicadores bastante utilizados da volatilidade de um ativo.

Diversos outros indicadores mais sofisticados de cálculo da volatilidade são conhecidos, como volatilidade estocástica e GARCH. Este item irá priorizar o cálculo do desvio-padrão como uma volatilidade histórica de séries temporais de retornos de ativos. Esta volatilidade histórica admite a manutenção da tendência apresentada pelos retornos no tempo, e pode servir de referência para se conhecer a volatilidade futura. O cálculo do desvio-padrão como medida de volatilidade, e não de risco, é desenvolvido pela apuração do retorno contínuo, ao invés do cálculo do retorno discreto.

O desvio-padrão como medida de volatilidade é obtido adaptando-se a expressão básica do desvio-padrão desenvolvida no item anterior, pela dispersão dos retornos logarítmicos dos ativos em relação ao retorno médio, ou seja:

$$\text{Volatilidade } (\sigma) = \left[\frac{1}{n} \times \sum_{t=1}^{n}(R_t - \bar{R}_t)^2\right]^{1/2}$$

onde:

n = quantidade de valores da série histórica em análise;

R_t = retorno logarítmico dos preços verificados entre duas datas consecutivas. Conforme estudado no item 6.3:

$$R_t = \ln \frac{P_t}{P_{t-1}}$$

Cálculo da volatilidade dos Preços de uma Ação

O quadro abaixo ilustra os preços de mercado de uma ação na BM&FBovespa para o período de 3/08 a 13/08. Pede-se calcular a volatilidade desta ação.

Data	Preço da ação
03/08	$ 26,27103
04/08	$ 26,17373
05/08	$ 26,48509
06/08	$ 26,37806
07/08	$ 26,00832
10/08	$ 26,25157
11/08	$ 26,41698
12/08	$ 27,14673
13/08	$ 26,57266

Solução

- Cálculo de retorno contínuo por dia e médio do período:

Data	Preço da ação	Retorno contínuo ($\ln P_t/P_{t-1}$)
03/08	$ 26,27103	–
04/08	$ 26,17373	– 0,003710579
05/08	$ 26,48509	0,011825711
06/08	$ 26,37806	– 0,004049334
07/08	$ 26,00832	– 0,014116133
10/08	$ 26,25157	0,009309321
11/08	$ 26,41698	0,006281196
12/08	$ 27,14673	0,027249642
13/08	$ 26,57266	– 0,021373753
		$\overline{R}_t$ = 0,001427009

Calculando:

$\overline{R}$ = 0,001427009 (0,1427%)

$\Sigma (R_t - \overline{R})^2$ = 0,001678478

$$\sigma = \left[\frac{1}{n} \times \sum_{t=1}^{n} (R_t - \overline{R})^2 \right]^{1/2}$$

$$\sigma = \left[\frac{1}{8} \times 0,001678478 \right]^{1/2}$$

VAR = 0,0002098 (0,02098%)

σ = 0,0144848 (1,44848%)

6.11.3 Coeficiente de variação (CV)

Enquanto o desvio-padrão (e a variância) mede o grau de dispersão absoluta dos valores em torno da média, o coeficiente de variação, geralmente expresso em porcentagem, indica a dispersão relativa, ou seja, o risco por unidade.

Essa medida é obtida pela simples relação entre o desvio-padrão e a média aritmética da amostra (ou população), ou seja:

$$CV = \frac{S}{\overline{X}} \quad \text{ou:} \quad CV = \frac{\sigma}{\overline{X}}$$

A grande utilidade do coeficiente de variação é permitir que se proceda a comparações mais precisas entre dois ou mais conjuntos de valores. *Por exemplo*, uma empresa pode estar testando a resistência de dois tipos de molas a serem utilizadas em seu processo de fabricação. O primeiro tipo foi testado, em média, 1.600 vezes, com sucesso, apresentando um desvio-padrão de 150. O segundo tipo de mola atingiu uma média de teste com sucesso de 1.000 vezes, com um desvio-padrão de 140. Apesar de as duas situações apresentarem dispersões absolutas bastante próximas (desvios-padrões quase iguais), é nítido que o primeiro tipo de mola, com 600 testes positivos a mais, obteve nível de sucesso bem superior.

Em termos de coeficiente de variação, nota-se menor variação relativa na primeira mola em relação à segunda, indicando maior capacidade média de resistência dos testes efetuados. Demonstrando:

CV (1ª Mola) = $\frac{150}{1.600}$ = 0,09375   ou: 9,375%

CV (2ª Mola) = $\frac{140}{1.000}$ = 0,14   ou: 14,0%

Uma outra *ilustração* de cálculo do coeficiente de variação pode ser desenvolvida para situações que apresentem idêntico desvio-padrão. Assim, considere a existência de dois investimentos com as características seguintes:

Investimento	Retorno esperado	Desvio-padrão (σ)	CV = σ/R
W	24,0%	20,0%	0,833
Y	30,0%	20,0%	0,667

Observe que o nível de risco, medido pelo desvio-padrão, é igual para ambas as alternativas de investimento. No entanto, essa medida não leva em conta o cálculo do desvio-padrão por unidade de retorno esperado, estando baseada exclusivamente em valores absolutos. Pelo critério do coeficiente de variação, a alternativa Y é a que apresenta menor dispersão (risco), considerando que oferece um risco de 0,667 para cada unidade esperada de retorno, inferior a 0,833 da alternativa W.

Deve ser acrescentado, ainda, que as medidas calculadas são indicativas do grau de risco associado ao investimento, devendo ser confrontadas com o grau de aversão ao risco da unidade decisória. No exemplo considerado, a escolha da melhor alternativa, em termos de um conflito entre risco e retorno, não acarreta maiores dificuldades, dado que a alternativa de investimento de maior retorno (Y) é a que apresenta, ao mesmo tempo, menor risco por unidade de retorno. Não obstante, situações alternativas poderão normalmente ocorrer, principalmente aquelas que envolvam investimentos com risco e retornos esperados diferentes.

Para melhor *ilustrar* essa situação descrita, suponha que o desvio-padrão da alternativa Y seja de 29,0%, resultando os seguintes valores de decisão:

Investimento	Retorno esperado	Desvio-padrão (σ)	CV = σ/R
W	24,0%	20,0%	0,833
Y	30,0%	29,0%	0,967

Nessa hipótese, o projeto de menor risco passa a ser o W, que apresenta, também, o mais baixo retorno esperado. A preferência pela alternativa de maior retorno esperado e maior nível de risco (Y), ou pela de menor retorno esperado e menor dispersão dos resultados (W), é definida, conforme comentou-se, pelo grau de risco que se está disposto a assumir. A escolha do investimento Y denota menor grau de aversão ao risco; se a decisão recair sobre W, ocorre o inverso.

6.12 Probabilidades

O conceito de probabilidade refere-se à possibilidade (chance), expressa normalmente em porcentagem, de ocorrer determinado evento. *Por exemplo*, ao assumir uma probabilidade de 70% de que ocorra um fluxo de caixa de $ 800 de um investimento em determinado período, está-se, em verdade, introduzindo um risco de 30% de que tal não se verifique (1,00 – 0,70), dada sua chance de 70%.

Na prática das decisões de investimento, porém, a distribuição de probabilidade não se resume geralmente a um único resultado (evento) esperado, mas a diversos valores possíveis de ocorrer. O raciocínio básico é dividir os resultados esperados (elementos de incerteza da decisão) nos valores possíveis de se verificar, e identificar, em cada um deles, uma probabilidade de ocorrência. Nesse caso, tem-se um conjunto de eventos incertos (variáveis aleatórias), representado pelos resultados possíveis de ser gerados, e estruturados sob a forma de uma distribuição de probabilidades.

O quadro a seguir *ilustra* hipoteticamente uma distribuição de probabilidade relativa aos fluxos de caixa previstos de se verificar em um investimento.

Fluxos de caixa ($)	Probabilidade de ocorrência
200.000 – 299.000	5%
300.000 – 399.000	15%
400.000 – 499.000	60%
500.000 – 599.000	15%
600.000 – 699.000	5%
	100%

A distribuição de probabilidades ilustrada prevê cinco intervalos de valores nos quais poderão situar-se os fluxos (benefícios) de caixa esperados em determinado ano. A maior chance, evidentemente, é que os fluxos de caixa situem-se entre $ 400.000 e $ 499.000, sendo atribuída uma probabilidade de 60%. Para os demais valores possíveis de ocorrer, as probabilidades são menores. A soma das porcentagens atinge 100%, pois todos os valores possíveis estão representados na distribuição. Fluxos de caixa inferiores a $ 200.000 ou superiores a $ 699.000 não são esperados no período, admitindo-se, em consequência, uma probabilidade nula de se verificarem.

A probabilidade atribuída a um evento (ou conjunto de eventos dispostos em intervalos) de natureza incerta pode ser definida em termos *objetivos* ou *subjetivos*.

Uma probabilidade é definida como *objetiva* quando se adquire uma experiência passada sobre a qual não resta dúvida de que se repetirá. Por exemplo, a probabilidade de que um artigo saia defeituoso do processo produtivo pode ser obtida historicamente por meio da relação entre o número de vezes que o produto foi rejeitado pelo controle de qualidade e o número de unidades terminadas em certo período. Repetindo por diversas vezes essa observação, mantidas evidentemente inalteradas as condições da atividade, pode-se chegar a um percentual significativo da probabilidade de que sejam produzidos artigos defeituosos.

Enquanto a probabilidade objetiva é proveniente de situações que se repetem identicamente inúmeras vezes, a probabilidade *subjetiva* decorre de eventos novos, sobre os quais não se tem nenhuma experiência prévia relevante. Nessa situação típica de incerteza, a unidade decisória da empresa precisa atribuir subjetivamente probabilidades aos resultados esperados. *Por exemplo*, a atribuição de probabilidades aos fluxos de caixa esperados do lançamento de um novo produto, do qual a empresa não apresenta nenhuma experiência histórica, é desenvolvida subjetivamente, baseando-se em pesquisas de mercado e projeção de demanda, intuição do administrador, experiência empresarial etc.

6.12.1 Medidas estatísticas aplicadas ao estudo do risco

Admita *ilustrativamente* que se esteja avaliando o risco de dois investimentos: A e B. Baseando-se em sua experiência de mercado e projeções econômicas, o investidor formula a seguinte distribuição de probabilidades dos resultados monetários previstos.

Investimento A		Investimento B	
Resultados Esperados	Probabilidades	Resultados Esperados	Probabilidades
$ 600	0,10	$ 300	0,10
$ 650	0,15	$ 500	0,20
$ 700	0,50	$ 700	0,40
$ 750	0,15	$ 900	0,20
$ 800	0,10	$ 1.100	0,10

A primeira etapa a ser desenvolvida no estudo do risco é a mensuração do **valor esperado** de cada distribuição de probabilidades considerada. Essa medida representa uma média dos vários resultados esperados ponderada pela probabilidade atribuída a cada um desses valores, sendo seu cálculo processado pela multiplicação das diversas estimativas pelas respectivas porcentagens (probabilidades de ocorrência) associadas, ou seja:

$$E(R) = \overline{R} = \sum_{k=1}^{n} P_k \times R_k$$

onde: $E(R) = \overline{R}$: retorno (valor) esperado;

P_k: probabilidade de ocorrência de cada resultado;

R_k: valor de cada resultado considerado.

Substituindo-se a expressão para as alternativas desse investimento, tem-se:

- **Valor Esperado do Investimento A**

$E(R_A) = (0,10 \times 600) + (0,15 \times 650) + (0,50 \times 700) + (0,15 \times 750) + (0,10 \times 800)$

$E(R_A) = \$ 700$

- **Valor Esperado do Investimento B**

$E(R_B) = (0,10 \times 300) + (0,20 \times 500) + (0,40 \times 700) + (0,20 \times 900) + (0,10 \times 1.100)$

$E(R_B) = \$ 700$

Nota-se que as duas alternativas de investimento apresentam o mesmo valor esperado de $ 700, podendo-se considerar, em termos de retorno prometido, como indiferentes.

É indiferente selecionar o investimento A ou B, dado que apresentam o mesmo retorno esperado.

Uma maneira bem ilustrativa de representar os vários retornos (fluxos de caixa) esperados é efetuada por meio de um gráfico que envolva as distribuições probabilísticas dos investimentos em avaliação, conforme a Figura 6.1.

Em verdade, apesar de serem equivalentes em termos de retorno esperado, os investimentos não apresentam o mesmo risco. Visualmente, pode-se concluir da Figura 6.1 a presença de maior grau de risco no investimento B, em razão de uma dispersão mais acentuada na distribuição de probabilidades de seus resultados. A medida do valor esperado não demonstra o risco associado a cada proposta de investimento, o que faz com que seja necessário conhecer o grau de dispersão dos resultados em relação à média calculada de $ 700. Essa quantificação que denota o risco do investimento é efetuada pelos cálculos do desvio-padrão e da variância.

O uso do desvio-padrão, conforme foi anteriormente colocado, tem por objetivo medir estatisticamente a variabilidade (grau de dispersão) dos possíveis resultados em termos de valor esperado. Representa, em outras palavras, uma medida de risco, sendo determinada mediante a seguinte expressão de cálculo:

$$\sigma = \sqrt{\sum_{k=1}^{n} P_k (R_k - \overline{R})^2}$$

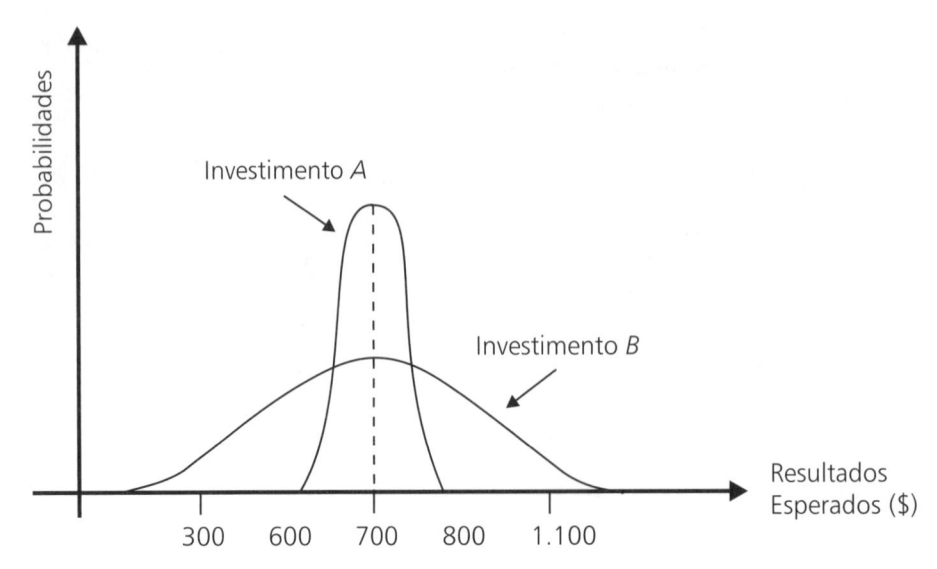

FIGURA 6.1 Distribuições de probabilidades das alternativas de investimentos A e B.

Aplicando essa identidade no cálculo do risco das alternativas de investimento consideradas no exemplo ilustrativo, tem-se:

$\sigma_A = [0,10 (600 - 700)^2 + 0,15 (650 - 700)^2 + 0,50 (700 - 700)^2 + 0,15 (750 - 700)^2 + 0,10 (800 - 700)^2]^{1/2}$

$\sigma_A = [1.000 + 375 + 0 + 375 + 1.000]^{1/2}$

$\sigma_A = [2.750]^{1/2}$

$\sigma_A = \$ 52,44$

$\sigma_B = [0,10 (300 - 700)^2 + 0,20 (500 - 700)^2 + 0,40 (700 - 700)^2 + 0,20 (900 - 700)^2 + 0,10 (1.100 - 700)^2]^{1/2}$

$\sigma_B = [16.000 + 8.000 + 0 + 8.000 + 16.000]^{1/2}$

$\sigma_B = [48.000]^{1/2}$

$\sigma_B = \$ 219,09$

Os resultados obtidos, em consonância com as conclusões extraídas da representação gráfica das distribuições de probabilidades dos investimentos, indicam um desvio-padrão (dispersão dos possíveis resultados) significativamente maior para a alternativa B, sendo esta classificada como a de maior risco. Dessa maneira, por apresentar o mesmo retorno esperado, o investimento A, ao assumir um nível de mais baixo risco (menor desvio-padrão), é considerado o mais atraente. Racionalmente, o investidor dá preferência a investimentos que ofereçam maior retorno esperado e menor risco associado.

6.13 Distribuição normal

Uma variável pode ser classificada como *discreta* ou *contínua*. É entendida como *discreta* quando assume número de valores finito, sendo, de maneira inversa, considerada *contínua* na hipótese de assumir um conjunto contínuo (infinito) de valores.

Quando uma variável assume infinitos valores, é definida uma distribuição de probabilidade normal, representada por uma curva contínua e simétrica em forma de sino. Essa curva é denominada curva **normal** ou de **Gauss**, sendo representada de acordo com a Figura 6.2.

Essa distribuição de probabilidade contínua (normal) é amplamente empregada no estudo da estatística, assumindo grande importância, ainda, na área de avaliação de investimentos, principalmente pela grande aproximação à curva normal dos retornos esperados e outros eventos financeiros.

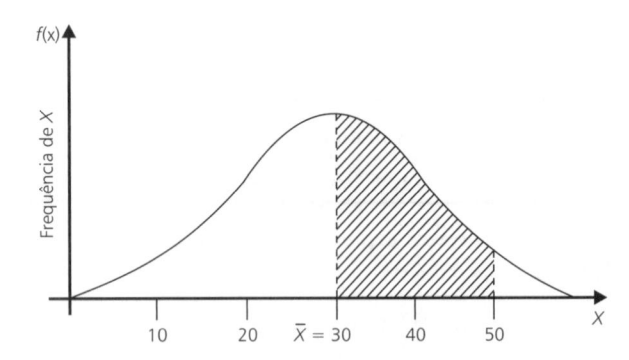

FIGURA 6.2 Representação de uma distribuição de probabilidade normal.

Voltando a atenção para a Figura 6.2, observe que a variável X pode ser fluxos de caixa (em \$), percentual de retorno, volume de demanda de qualquer ativo etc. A média desta distribuição normal, representada por $\overline{X}$, é, ilustrativamente, de 30, sendo o desvio-padrão igual a 10.

Admita que X representa, na Figura 6.2, as taxas de retorno de um investimento. Diante dessa distribuição contínua, a probabilidade de a taxa de retorno situar-se acima (ou abaixo) da taxa média ($\overline{X} = 30\%$) é de 50%.

A seguir, suponha que haja interesse em determinar a probabilidade de a taxa de retorno situar-se entre 30% e 50%. A Figura 6.2 identifica esses pontos por meio da área sombreada. Para esse cálculo de probabilidade, deve ser mensurada a área configurada entre esses limites (30% e 50%).

Sendo essas distribuições de probabilidades contínuas, o valor da probabilidade é calculado unicamente para determinado intervalo de valores. A equação da curva normal para esses cálculos é expressa da forma seguinte:

$$f(x) = \frac{1}{\sigma\sqrt{2\pi}} e^{-(x-\bar{x})^2/2\sigma^2}$$

onde: $f(x)$ = frequência de determinado valor;
$\bar{x}$ = média da distribuição;
σ = desvio-padrão da distribuição;
π = 3,14159...;
e = 2,71828... (base dos logaritmos naturais).

Felizmente, não é necessário processarem-se os cálculos dessa fórmula para determinar as áreas sob a curva normal. Seus resultados foram calculados pelos estatísticos e são apresentados em tabelas de distribuições. A Tabela 6.1 expõe alguns desses resultados. Tabelas completas da área sob a curva normal podem ser encontradas em obras específicas de estatística.

Para se utilizarem essas tabelas de cálculo, é necessário determinar uma variável padronizada denominada de Z. A expressão matemática de seu cálculo é a seguinte:

$$Z = \frac{X - \bar{X}}{\sigma},$$

onde Z representa a variável-padrão, isto é, o número de desvio-padrão existente a partir da média.

De posse dessa fórmula, pode-se obter o valor da variável-padrão para cada um dos pontos limites da área desejada, isto é:

$$Z_1 = \frac{30-30}{10} = 0 \quad \text{e} \quad Z_2 = \frac{50-30}{10} = 2,0$$

De acordo com a tabela de distribuição normal ilustrada de forma reduzida na Tabela 6.1, tem-se:

Variável-padrão	Área Normal Reduzida
$Z = 0$	0,0000
$Z = 2$	0,4772

Esses resultados extraídos da tabela normal denotam que há 47,72% de probabilidade de a taxa de retorno do investimento situar-se entre 30% e 50%. Admita adicionalmente o interesse em se apurar a probabilidade de a taxa de retorno situar-se entre 20% e 40%. Utilizando-se dos mesmos procedimentos, tem-se:

$$Z_1 = \frac{20-30}{10} = -1 \quad \text{e} \quad Z_2 = \frac{40-30}{10} = 1$$

O sinal negativo em Z_1 indica que o ponto situa-se à esquerda da média ($\bar{X}$) e, por simetria da distribuição normal, apresenta a mesma área de $Z_2 = +1$. Logo, identificando-se os padrões na tabela de curva normal ilustrada na Tabela 6.1, tem-se:

Variável-padrão	Área Normal Reduzida
$Z = -1$	0,3413
$Z = +1$	0,3413
	0,6826

Pelos resultados, identificam-se 68,26% de probabilidade de a taxa de retorno situar-se entre 20% e 40%.

Tabela 6.1 Área inserida sob a curva normal-padrão

Z	Área sob a curva (probabilidade)
0,0	0,0000
1,0	0,3413
1,5	0,4332
2,0	0,4772
2,5	0,4938
3,0	0,4987
3,5	0,4998

6.14 Covariância

As medidas estatísticas que refletem a variabilidade (grau de dispersão) dos valores individualmente em relação a sua média são o desvio-padrão e a variância. Esses indicadores de dispersão foram estudados em itens anteriores e serão utilizados na análise de risco de investimentos.

Por outro lado, as medidas que objetivam relacionar duas variáveis são a **covariância** e a **correlação**. A correlação será estudada no item seguinte, sendo tratados neste item o cálculo e a análise da covariância.

A covariância visa identificar como determinados valores se inter-relacionam. É basicamente uma medida que avalia como as variáveis X e Y movimentam-se ao mesmo tempo em relação a seus valores médios (covariam). Em outras palavras, indica a simetria existente entre X e Y.

Se dois títulos apresentam associações positivas [**COV>0**], admite-se que as taxas de retorno apresentam comportamento de mesma tendência. O desempenho de um título acompanha o do outro. A valorização de um título reflete tendência também de valorização em outro e vice-versa. Nesse caso, diz-se que os ativos são diretamente relacionados.

A covariância é negativa quando dois ativos apresentam relações inversas. Nessa situação, o retorno de um título tende a assumir o comportamento inverso do outro. Por exemplo, o retorno esperado de uma ação reduz-se diante de uma alta nas taxas de juros.

Evidentemente, não se verificando associação alguma entre dois ativos, a covariância calculada é nula [**COV = 0**].

A expressão de cálculo da covariância é:

$$COV_{A,B} = \frac{\sum_{k=1}^{N}(R_A - \overline{R}_A) \times (R_B - \overline{R}_B)}{n}$$

Admita ilustrativamente o seguinte desempenho esperado de dois títulos (*A* e *B*) diante de três cenários econômicos. É atribuída a mesma probabilidade de ocorrência para cada situação esperada da economia:

Situação da economia	Retorno do título A (RA)	Retorno do título B (RB)
Recessão	–15%	20%
Estabilidade	35%	–15%
Crescimento	55%	10%

A relação entre os retornos dos títulos é desenvolvida a seguir.

RA	(RA – RA)	RB	(RB – RB)	(RA – RA) × (RB – RB)
–15%	–40%	20%	15%	–6%
35%	10%	–15%	–20%	–2%
55%	30%	10%	5%	1,5%
$\overline{R}_A$ = 25%		$\overline{R}_B$ = 5%		–6,5%

A covariância calculada é negativa, ou seja: [**COV = –6,5%/3 = –2,17%**], indicando associação inversa entre os títulos. A tendência esperada é o retorno de um título valorizar-se acima de seu valor médio ($\overline{R}$) quando o resultado de outro ficar abaixo. Esses dois títulos com **COV < 0** estão contrabalançados, reduzindo o risco da carteira. Ocorrendo a desvalorização de um título, é esperada a valorização do outro. Essa situação é o que se chama de *hedging*.

Se a covariância calculada para esses títulos fosse positiva, a expectativa seria apresentarem tendências de retorno de mesmo sentido, isto é, valorizações ou desvalorizações conjuntas. Inversamente à situação anterior, de covariância negativa, os desempenhos de títulos com **COV > 0** não se compensam, elevando o risco (variância) da carteira.

Deve ser ressaltada, no estudo da covariância, a dificuldade de interpretação de seu resultado numérico, ficando sua avaliação mais centrada nas tendências de seus resultados. A análise numérica da combinação entre valores é desenvolvida pelo coeficiente de correlação.

6.15 Correlação

O conceito de *correlação* visa explicar o grau de relacionamento verificado no comportamento de duas ou mais variáveis. Quando se trata unicamente de duas variáveis, tem-se a correlação *simples*. Quando se relacionam mais de duas variáveis, tem-se a correlação *múltipla*. Esse item volta-se ao estudo da correlação simples, ou seja, do comportamento simultâneo de duas variáveis.

Por exemplo, é razoável esperar-se uma correlação (variação em conjunto) entre um aumento no nível de produção da economia e o número de pessoas empregadas. Ou, ainda, o percentual de inadimplência dos clientes de uma instituição financeira pode estar associado (correlacionado) com as variações verificadas em seus níveis de renda.

Assim, a correlação entre duas variáveis indica a maneira como elas se movem em conjunto. A quantificação desse relacionamento é obtida estatisticamente por meio do **coeficiente de correlação**, que pode variar de **+1 a –1**.

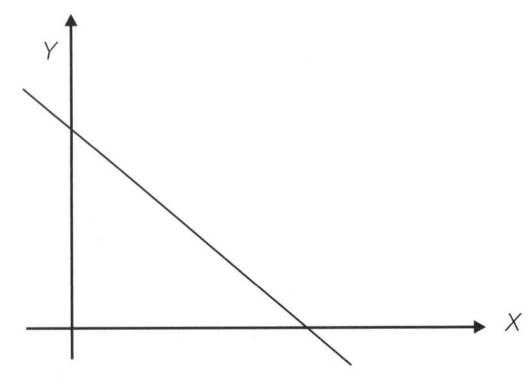

FIGURA 6.3 Correlação negativa (inversa).

Quando o coeficiente de correlação é igual a –1, diz-se que as variáveis em estudo estão negativamente (inversamente) correlacionadas, isto é, quando a variável Y diminui, a variável X tende a elevar-se. A Figura 6.3 ilustra esse comportamento. *Por exemplo*, é esperada uma queda na demanda de determinados bens de consumo (variável X). Quanto mais próximo de –1 situar-se o coeficiente, mais negativa será a correlação entre as variáveis; atingirá a posição perfeitamente negativa (inversa) quando o coeficiente de correlação for exatamente igual a –**1**.

Numericamente, esse comportamento inverso entre as variáveis pode ser ilustrado admitindo os seguintes valores para a demanda e o preço de venda dos bens de consumo:

Preço de venda (Variável X)	Demanda (Variável Y)
$ 40	10 unidades
$ 48	8 unidades
$ 52	7 unidades
$ 36	11 unidades
$ 32	12 unidades

Com base no comportamento desses valores, pode-se de forma intuitiva estabelecer uma correlação perfeitamente negativa (igual a –**1**) entre as variáveis *preço* e *demanda*, as quais apresentam um movimento conjunto proporcional. Um aumento de $ 8 no preço de venda (de $ 40 para $ 48) determina redução proporcionalmente igual no número de unidades demandadas (decréscimo de 20%), e assim por diante.

Quando o coeficiente de correlação é exatamente igual a +**1**, conclui-se que as variáveis em estudo apresentam-se perfeitamente (ou diretamente) correlacionadas. Isto é, variações de Y determinam alterações paralelas e no mesmo sentido na variável X. A Figura 6.4 representa esse tipo de correlação, em que se observa comportamento análogo nos valores das variáveis. Um crescimento de X leva também a um aumento correspondente em Y, e vice-versa.

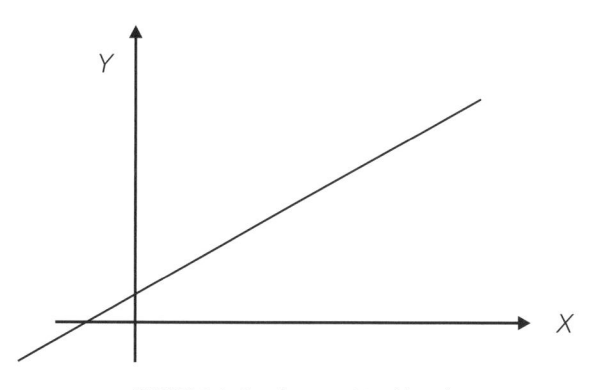

FIGURA 6.4 Correlação positiva (direta).

Considere os seguintes valores referentes ao comportamento de duas variáveis:

Variável Y	Variável X
150	50
200	100
250	150
120	20
110	10

Nesse exemplo, a correlação é tida como perfeitamente positiva (coeficiente de correlação igual a 1,0), pois os valores considerados movem-se de maneira exatamente igual, isto é, incrementos ou reduções em X ocasionam reflexos diretos e de mesma intensidade em Y.

Podem ser encontradas, ainda, variáveis que se comportam de maneira totalmente independente entre si. Ou seja, não existe relação alguma entre os valores, o que permite que estes sejam definidos como não correlacionados. O coeficiente de correlação, no caso, é igual a **zero**.

Da mesma forma que em outras áreas, para as decisões financeiras a aplicação do conceito de correlação é de grande importância, notadamente para o processo de redução do risco por meio de uma diversificação dos retornos esperados. Por exemplo, investimentos em ativos com semelhantes coeficientes de correlação não colaboram para a redução do risco total, visto que todos eles convergem para ganhos quando a situação econômica lhes for favorável, e para perdas em épocas desfavoráveis.

Em verdade, se o objetivo é diversificar os investimentos como forma de reduzir o risco dos ativos da empresa, é importante selecionar aplicações com diferentes magnitudes de correlação. Simplistamente, por um lado, pode-se supor uma carteira de investimentos composta unicamente de ações de empresas do setor de construção civil. Qualquer interferência negativa da economia sobre esse setor de atividade irá afetar igualmente todo o investimento. Por outro lado, ao optar-se por diversificar a natureza das aplicações, o risco da carteira reduz-se, sendo os prejuízos eventualmente apurados no setor absorvidos por somente uma parte das aplicações realizadas, e não pelo seu total.

6.15.1 Coeficiente de correlação

Conforme foi demonstrado, o estudo da correlação visa basicamente avaliar a existência de alguma relação entre duas ou mais variáveis. A medição do grau de relacionamento entre as variáveis dispostas por meio de pontos (X e Y) em torno de uma reta é processada pelo **coeficiente de correlação** ($CORR_{x,y}$).

O coeficiente de correlação varia entre -1 e $+1$, ou seja:

$$-1 \leq CORR_{x,y} \leq +1$$

sendo interpretado em função do resultado e sinal esperados. A Figura 6.5 ilustra o valor do coeficiente de correlação para diferentes associações de valores.

Pela expressão apresentada, pode-se determinar a covariância de X e Y pelo produto da correlação e desvio-padrão das variáveis, ou seja:

$$COV_{x,y} = CORR_{x,y} \times \sigma_x \times \sigma_y$$

Uma expressão geral de cálculo do coeficiente de correlação linear é apresentada da forma seguinte:

$$CORR_{x,y} = \frac{\sum X \times Y - \frac{(\sum x)^2 \times (\sum y)}{n}}{\left[\left(\sum X^2 - \frac{(\sum x)^2}{n}\right) \times \left(\sum Y^2 - \frac{(\sum y)^2}{n}\right)\right]^{1/2}}$$

onde n representa o número de observações.

Principalmente para o estudo do risco e teoria do portfólio, a ser desenvolvido nos Capítulos 10 e 11, é dada maior preferência à seguinte expressão alternativa de cálculo do coeficiente de correlação:

$$CORR_{x,y} = \frac{COV_{x,y}}{\sigma_x \times \sigma_y}$$

EXEMPLO ILUSTRATIVO – Admita os seguintes resultados apurados das ações A e B:

Ação	Retorno esperado	Desvio-padrão
A	15%	16,0%
B	22%	28,0%

A correlação entre os retornos das duas ações é 0,40.

Estas duas ações fazem parte de uma carteira de investimentos formada por 35% de A e 65% de B.

- *Retorno esperado da carteira – E(R)*

$E(R) = (15\% \times 35\%) + (22\% \times 65\%) = 19,55\%$

- *Covariância (COV) dos retornos*

$COV = 0,40 \times 0,16 \times 0,28 = 0,1792 \ (1,792\%)$

6.16 Regressão linear

Ao se identificar uma correlação entre as variáveis, é interessante que se expresse seu relacionamento por meio de uma equação. Esse é o objetivo da análise de regressão, a qual, por meio de sua expressão matemática, permite que se efetuem, além da identificação da relação das variáveis, importantes projeções futuras.

Para uma correlação linear, a expressão da reta ajustada, em que os valores de X explicarão os de Y (a variável Y é função da variável X), é definida por:

$$Y = a + bX$$

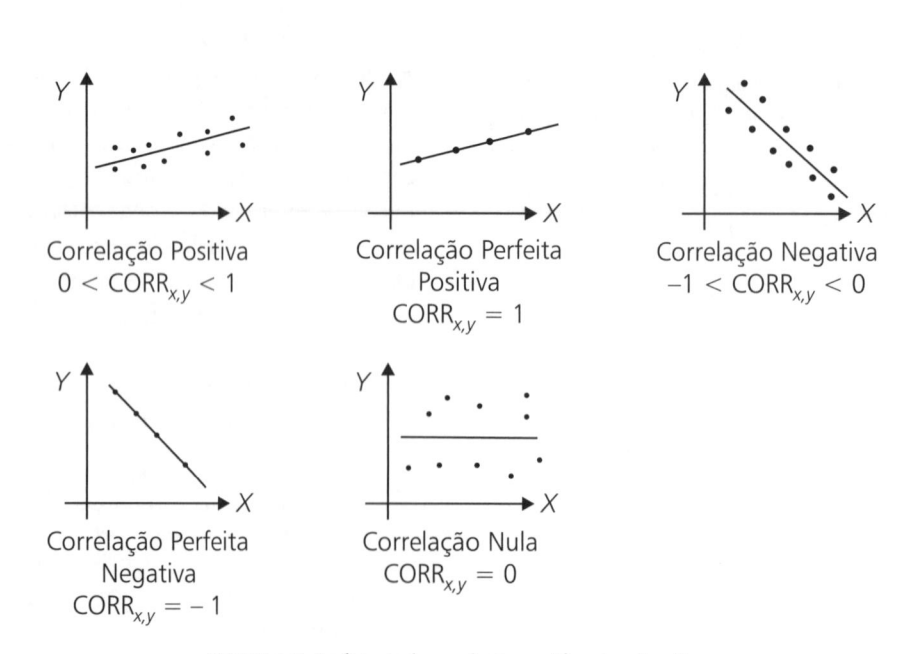

FIGURA 6.5 Coeficiente de correlação em diferentes situações.

onde:
- Y = variável explicada ou dependente. É a variável que normalmente se deseja estudar e sobre cujo comportamento efetuar previsões;
- X = variável explicativa ou independente;
- a = parâmetro *linear* do modelo, ou seja, representa o ponto onde a reta de ajuste corta o eixo da variável Y (ordenada de origem);
- b = parâmetro *angular*, também definido por coeficiente de inclinação ou declividade da reta de regressão.

Dessa forma, a partir de um conjunto de valores X e Y a serem estudados, o modelo de regressão linear objetiva estabelece, com base nesses valores observados, a reta que identifica a efetiva relação entre as variáveis. Essa reta ajustada é também definida por *reta de mínimos quadrados*.

Os parâmetros constantes a e b são obtidos de acordo com as seguintes expressões de cálculo:

$$a = \overline{Y} - b \times \overline{X}$$

$$b = \frac{\sum X \times Y - \frac{(\sum X) \times (\sum Y)}{n}}{\sum X^2 - \frac{(\sum X)^2}{n}} \quad \text{ou:} \quad b = \frac{COV_{x,y}}{VAR_x}$$

A Figura 6.6 ilustra a função linear das variáveis de estoques (Y) e vendas (X) de uma empresa referentes aos períodos de 20X1 a 20X7.

O parâmetro linear a revela que o estoque alcançará $ 0,3813 mil quando as vendas forem nulas ($X = 0$). Por outro lado, a declividade da reta (parâmetro angular b) indica as alterações dos valores dos estoques dadas as variações no montante de vendas. Logo, a ocorrência de um aumento de $ 1.000 nas vendas implica uma alteração de $ 6,55 nos estoques, e assim por diante.

APLICAÇÃO PRÁTICA – Regressão Linear pela Calculadora Financeira

Considere os retornos discretos anuais de uma ação de um índice de ações de mercado verificados no período no 20X9 a 20X4.

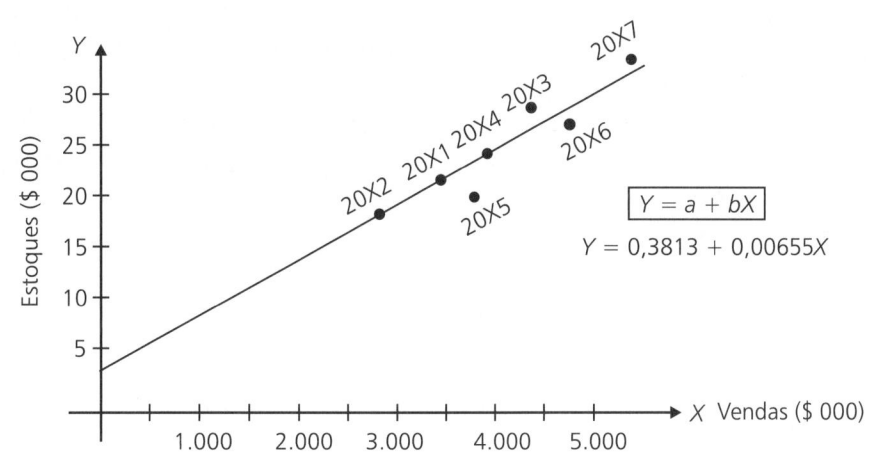

FIGURA 6.6 Regressão de duas variáveis: estoques e vendas.

Ano	Retorno da ação (Y)	Carteira de ações (X)
20X9	16,11%	20,66%
20X0	1,01%	1,04%
20X1	–5,14%	–18,11%
20X2	9,23%	7,40%
20X3	13,10%	15,50%
20X4	–0,61%	–2,91%

Introdução dos dados por meio de pares ordenados (Y, X) na calculadora. Deve ser informado primeiro o valor de Y e, depois, o valor de X.

Inserção dos Dados		Visor	Significado
f REG			Limpa registros
16,11 ENTER	20,66 Σ+	1,00	1º par de pontos
1,01 ENTER	1,04 Σ+	2,00	2º par de pontos
5,14 ENTER	18,11 Σ+	3,00	3º par de pontos
9,23 ENTER	7,40 Σ+	4,00	4º par de pontos
13,10 ENTER	15,50 Σ+	5,00	5º par de pontos
0,61 ENTER	2,91 Σ+	6,00	6º par de pontos
0 g Y,r		3,31	Valor do parâmetro linear (a)
STO 0 X≷Y		0,9692	Correlação (Corr)
2 Y^x		0,9393	Coeficiente de determinação (R^2)
1 g Y,r		3,8961	Valor estimado de Y quando X = 1
RCL 0 −		0,5872	Parâmetro angular (b) – Inclinação da reta

A correlação (CORR) entre o retorno da ação e a carteira de ações é alto, igual a 96,92%. O coeficiente de determinação (R^2) é calculado pelo quadrado da correlação, ou seja: $R^2 = CORR^2$.

O coeficiente de correlação é uma medida estatística que revela o ajuste da reta de regressão aos valores observados. O coeficiente varia de 0 a 1. Quanto mais alto o R^2, mais ajustados se apresentam os valores observados à reta.

Por exemplo, se R^2 for igual a 0,635, indica que 63,5% dos pontos da variável dependente (eixo y) encontram-se perfeitamente ajustados à reta de regressão.

A inclinação da reta (coeficiente b) é igual a 0,5872. Assim, a equação da reta pode ser representada da forma seguinte:

$$Y = a + bX$$
$$Y = 3,31 + 0,5872X$$

7 Juros

De maneira mais simples e generalista, a *taxa de juros* pode ser entendida como o preço da *mercadoria* dinheiro. No contexto de uma operação financeira, o juro é a remuneração que o tomador (captador) de um empréstimo paga ao doador (aplicador) de recursos.

O capítulo desenvolve o estudo das taxas de juros, abrangendo sua formação, comportamento e relações entre os juros e a maturidade de um título. Aborda também a composição do *spread* bancário e o risco-país.

Os fatores fundamentais que afetam os juros são:

- *expectativa* de inflação;
- *risco* do tomador de recursos;
- *liquidez* de mercado e risco conjuntural.

A influência dos juros é sentida em todo o mercado financeiro, atuando sobre as decisões de investimentos e financiamentos, tanto a curto como a longo prazos. Quando os juros apresentam um comportamento de alta, os investidores de mercado são atraídos para títulos de renda fixa com maior remuneração esperada. Em momentos de baixa dos juros, a situação inverte-se, migrando os investidores para o mercado de renda variável (ações).

A definição da taxa de juros promove amplas repercussões em toda a economia, influenciando a inflação, o crescimento da atividade, a poupança e o investimento. Diante dessa realidade, o Governo procura atuar no mercado, participando da fixação da taxa de juros por meio dos instrumentos de política monetária.

Uma contribuição importante é o estudo mais aprofundado da taxa de juros Selic, entendida como a taxa básica de juros da economia brasileira.

7.1 Formação dos juros

A taxa de juros é apropriadamente identificada como o preço do crédito, refletindo uma dimensão temporal. O juro exprime o preço de troca de ativos disponíveis em diferentes momentos do tempo. Em geral, receber uma quantidade de dinheiro hoje é preferível a receber amanhã, e o juro oferecido pela disponibilidade imediata do bem deve remunerar o adiamento de seu uso.

Quaisquer que sejam os tipos de taxas de juros conhecidos no mercado, todos eles exprimem a remuneração pela alocação de capital. A taxa de juros reflete, portanto, o preço pago pelo sacrifício de poupar, ou seja, a remuneração exigida por um agente econômico ao decidir postergar o consumo, transferindo seus recursos a outro agente.

Dessa maneira, toda operação que envolva uma remuneração de juros identifica a participação de dois agentes econômicos: *poupador* – que deseja adiar seu consumo para o futuro – e outro que, ao tomar os recursos disponíveis, decide, inversamente, antecipar seu consumo para o presente.

As relações entre o poupador e o tomador de recursos implicam, diante do que foi considerado, uma relação entre o poder de compra futuro e o poder de compra presente. Essa relação se mantém interessante até que os juros de mercado deixem de ser atraentes para as decisões temporais dos agentes: o genuíno valor da taxa de juros é definido pelas operações livremente praticadas no mercado, e não imposto por decisões externas a seu âmbito de atuação. Em verdade, a taxa de juros é o resultado das interações das ações de mercado executadas pelos agentes econômicos, servindo de balizador de suas decisões entre consumo e poupança.

Com base em formulações apresentadas por Keynes,[1] a taxa de juros é uma *taxa de referência* do processo decisório: decisões financeiras são consideradas atraentes somente se houver uma expectativa de que o retorno da aplicação supere a taxa de juros do dinheiro utilizado. Nessa colocação, insere-se a maior atratividade por investimentos empresariais em momentos de baixas taxas de juros; ambientes de taxas

---

[1] KEYNES, John M. *A teoria geral do emprego, do juro e da moeda.* São Paulo: Atlas, 1982.

elevadas funcionam como forte inibidor dos investimentos produtivos da economia, fazendo com que a atividade econômica se afaste do pleno emprego.

Em essência, a noção básica de taxa de juros está vinculada ao conceito de *taxa preferencial temporal* dos agentes econômicos envolvidos. Se para um indivíduo for indiferente receber $ 100 hoje ou $ 112 ao final de um ano, demonstrando disposição em aceitar indiferentemente qualquer das propostas, pode-se afirmar que sua taxa de preferência temporal é de 12%. Para outro agente, essa taxa pode ser diferente, definida em função de sua manifestação pessoal em relação a consumir no presente ou poupar na expectativa de um consumo maior no futuro. Admitindo-se um mercado livre, regulado por suas próprias forças, a taxa de juros é formada com base nas taxas de preferências temporais dos agentes econômicos possuidores de recursos para empréstimos e no retorno esperado daqueles que demandam recursos.

De certa maneira, a taxa de juros exprime a confiabilidade dos agentes econômicos com relação ao desempenho esperado da economia. Pode ser observado que, em momentos de maior instabilidade do ambiente econômico, ocorre certa elevação nas taxas de juros de mercado, como reflexo natural da incerteza associada às decisões de seus agentes.

O nível ótimo de juros de uma economia é uma meta a ser perseguida pelas autoridades monetárias, porém muito difícil de ser plenamente atingida na prática. Uma taxa ideal de juros pode ser entendida como aquela que promove a redução da dívida pública pelo menor custo da dívida, incentiva o crescimento econômico e, ao mesmo tempo, remunera os investidores com uma taxa real.

O comportamento dos juros na economia introduz diversas consequências, desde a curto prazo, onde atua sobre a demanda e a inflação, até a longo prazo, influindo sobre a geração de poupança e a taxa de investimento.

Evidentemente, estes aspectos podem criar uma cadeia de fatos entre si. *Por exemplo*, um aumento da demanda pela redução dos juros pode proporcionar uma retomada do crescimento e investimento da economia. Da mesma forma, uma elevação das taxas de juros com o intuito de conter a inflação pode promover uma situação de recessão na economia, desincentivando o investimento e o crescimento econômico.

Em essência, são estes os fatores determinantes da formação dos juros na economia.

7.1.1 As taxas de juros, as empresas e o governo

As taxas de juros e os preços dos bens físicos no mercado, expressos em porcentagens e unidades monetárias, respectivamente, têm por finalidade comum homogeneizar os valores de um conjunto de bens. Por meio dos juros, é possível aos agentes econômicos tomar as mais diferentes decisões, permitindo uma distribuição temporal mais adequada a suas preferências de consumo e poupança.

Por exemplo, decisões que envolvem compras à vista ou a prazo dependem, evidentemente, das taxas de juros consideradas nas operações. Da mesma forma, os agentes econômicos são envolvidos em decisões entre poupar e consumir, devendo definir o nível de renda a poupar e os ativos a adquirir. A decisão final para um conjunto heterogêneo de ativos centra-se naturalmente na taxa de juros associada a cada valor, permitindo uma avaliação da preferência temporal de cada um.

Decisões que envolvem as unidades empresariais devem ser, identicamente, adequadas continuamente às variações verificadas nas taxas de juros. Por exemplo, políticas de descontos financeiros, alternativas de pagamentos a fornecedores e políticas de estocagem, costumam ser decididas em consonância com o nível alcançado pelas taxas de juros de mercado.

Quanto mais baixa se situa a taxa de juros, maior se apresenta a atratividade dos agentes econômicos para novos investimentos, inclusive selecionando aqueles de maior maturidade. Para uma empresa, a taxa de juros reflete, em essência, o custo de oportunidade de seu capital passivo, ou o preço a ser pago pelos recursos tomados emprestados. Pela teoria enunciada da taxa de referência de Keynes, a aceitação de uma alternativa de investimento somente será decidida quando seu retorno esperado for superior ao custo (taxa de juros) das fontes de capital alocado.

O Governo, por seu lado, tem enorme poder sobre a fixação da taxa de juros. O Estado controla certos instrumentos de política monetária (*open market*, por exemplo, conforme desenvolvido no Capítulo 5), que permitem regular temporariamente os níveis das taxas de juros no mercado, sempre que for julgado recomendável para a economia. Adicionalmente, o Governo tem também o controle exclusivo (monopólio) dos meios de pagamento e emissões de títulos públicos, admitidos como ativos livres de risco (ou do risco mínimo). Com fundos praticamente ilimitados, o controle das taxas de juros, quando seus percentuais escapam para níveis economicamente indesejados, é estabelecido pelo Governo, forçando ou a procura ou a oferta de seus próprios títulos.

> Quando a autoridade monetária (Banco Central), entendida como quem estabelece as normas e executa o controle do dinheiro em circulação da economia, atua no mercado adquirindo títulos públicos em poder dos agentes econômicos, promove a redução das taxas de juros da economia. Ao contrário, quando a taxa de juros se situa em um patamar muito baixo com reflexos desfavoráveis para a estabelecida

> da economia, a autoridade monetária negocia no mercado a venda de títulos públicos motivando o aumento dos juros correntes.
>
> A curto prazo, a definição da taxa de juros é um importante instrumento de política monetária para controlar a inflação da economia. A longo prazo, a taxa de juros atua na formação da poupança e decisões de investimentos.

Essa taxa de juros que precifica os ativos do Governo no mercado é denominada taxa *pura* ou taxa *livre de risco*, constituindo-se na taxa de juros base do sistema econômico. Essa taxa de juros da economia, por seu lado, pode assumir diversos valores de acordo com o risco oferecido pelas diversas alternativas de aplicações. Assim, apesar de o mercado estabelecer taxas variáveis para cada nível de risco assumido pelas várias operações financeiras, o denominador comum dessa estrutura é a taxa de juros do sistema econômico. Ou seja, a taxa pura que embute unicamente a remuneração pelo sacrifício da poupança, constituindo-se, na colocação de Paula Leite,[2] *no piso para a estrutura de taxas de retorno da economia, na qual teremos não apenas a remuneração pelo diferimento do consumo, mas também a remuneração de cada nível de risco envolvido pelas outras alternativas de investimento.*

Em conclusão, a taxa de juros do sistema econômico é a taxa mínima, estando sempre abaixo dos retornos oferecidos pelos ativos que não sejam títulos governamentais. E a taxa de juros estabelecida livremente pelo mercado é a taxa referencial a ser comparada com os retornos oferecidos pelos investimentos com risco.

7.1.2 Investimentos financeiros e cenários econômicos

O entendimento das políticas econômicas, conforme estudadas nos Capítulos 1 e 2, é importante para se perceber as principais tendências do mercado financeiro.

As variáveis econômicas que definem os recursos dos preços e retornos dos ativos negociados no mercado são identificadas na taxa cambial, na taxa básica de juros da economia, na taxa de inflação, entre outras.

Por exemplo, em ambiente econômico mais estável, os juros caem, tornando os ativos de renda fixa menos atraentes. Em sentido oposto, esta conjuntura torna as aplicações em renda variável (ações) mais atraentes. Em ambientes mais previsíveis, o investidor mostra-se geralmente mais propenso a assumir mais riscos, visando obter maior rentabilidade em suas aplicações. Fundos de investimentos que mesclam ativos de renda fixa e variável são a preferência dos investidores mais a longo prazo.

Um cenário mais volátil, onde predomina um maior nível de incerteza com relação aos agregados econômicos, produz um recuo dos investidores do mercado, priorizando ativos de menor risco e, também, mais baixo retorno.

Elevações nas taxas de juros produzem menores ganhos ou, até mesmo, perdas aos investidores em papéis de renda prefixados. Neste ambiente, aplicações em papéis pós-fixados, que acompanham as tendências dos juros, são mais recomendadas por melhor seguirem o comportamento do mercado.

Em condições de redução das taxas de juros, a análise inverte-se, sendo mais atraentes os ativos prefixados, que garantem um retorno predefinido ao investidor.

> **Juros prefixados**: a taxa de juros é fixa e estabelecida de forma antecipada, no momento da operação. Essa taxa permanece inalterada por todo o período, independentemente do comportamento da economia e dos indicadores de mercado.
>
> **Juros pós-fixados**: em operações pós-fixadas, os juros são vinculados a uma medida de inflação ou a taxas de juros de curto prazo. Esses indexadores podem variar com o tempo, acompanhando as tendências de mercado. O resultado efetivo de uma operação pós-fixada somente é conhecido ao seu final, no momento de sua liquidação.

7.1.3 Comitê de Política Monetária (Copom)

O Comitê de Política Monetária foi instituído em 1996 e atua dentro do âmbito do Banco Central. A finalidade do Copom é de estabelecer as diretrizes básicas do comportamento das taxas de juros no mercado monetário, definindo metas de acordo com as políticas econômicas do governo.

Os objetivos básicos definidos para o Copom são:

- definir a meta da taxa Selic e eventual viés. A taxa fixada vigora por todo o período entre duas reuniões ordinárias do Copom;
- estabelecer as diretrizes da política monetária;
- analisar o comportamento da inflação.

> *Taxa Selic* é a taxa de juros média calculada dos financiamentos diários lastreados com títulos públicos federais, e realizados no âmbito do Sistema Especial de Liquidação e Custódia.
>
> A taxa divulgada pelo Bacen por intermédio do Copom é definida como *taxa meta*, referência para as demais taxas de juros de mercado. Estabelecida a taxa meta da Selic, a mesa de operações do Banco Central atua diariamente no mercado, por meio de compra e venda de títulos públicos emitidos pelo Tesouro Nacional (operações de mercado aberto) com o objetivo de manter a taxa de juros de mercado mais próxima possível da taxa meta definida.

---

[2] PAULA LEITE, Helio de. *Introdução à administração financeira*. 2. ed. São Paulo: Atlas, 1994. p. 248.

Estabelecida a *meta* para a Taxa Selic pelo Copom, é de responsabilidade do Bacen, por meio de sua mesa de operações do mercado aberto, manter a Taxa Selic diária o mais próximo possível da meta.

As reuniões ordinárias do Copom são realizadas periodicamente, de acordo com calendário divulgado, sendo, nessas ocasiões, decidida e comunicada ao mercado a taxa meta para o financiamento dos títulos públicos, conhecida como taxa Selic (conforme estudada nos Capítulos 2 e 4).

A taxa divulgada pelo Comitê, que vigora até a próxima reunião, vem geralmente acompanhada de um indicativo de viés, podendo ser de baixa, de alta ou neutra. Esse viés representa uma tendência de comportamento da taxa Selic, podendo seu percentual ser alterado pelo presidente do Banco Central, dentro dos limites definidos, sem necessitar de uma convocação extraordinária do Copom. Uma taxa neutra (ou sem viés) indica que deve permanecer inalterada até a próxima reunião.

Na avaliação das decisões de alterações nas taxas de juros, o Copom examina informações de três naturezas:

- *conjuntura*: estudos sobre a atividade da economia, finanças públicas, índices gerais de preços, entre outros indicadores;
- *mercado cambial*: avalia o ambiente econômico externo, comportamento do mercado cambial, reservas monetárias internacionais etc.;
- *mercado financeiro*: inclui a liquidez do sistema bancário, comportamento das operações do mercado aberto etc.

A definição da taxa de juros para uma economia tem repercussões sobre diferentes variáveis, promovendo inúmeras consequências e interações. A curto prazo, a função da taxa de juros é a de controlar a inflação da economia, priorizando o lado da demanda. A longo prazo, o juro repercute sobre todo o processo de poupança e investimento. Estas influências não são independentes, atuando unicamente sobre uma variável. Há importantes repercussões conjuntas, atuando na maioria das vezes de maneira inversamente correlacionada. *Por exemplo*, o uso da taxa de juros mais elevada, visando ao controle da inflação, costuma produzir um ambiente recessivo na economia, prejudicando suas metas de crescimento.

Desta maneira, a fixação de um nível ótimo de juros para uma economia, com a complexidade da brasileira, é uma tarefa bastante difícil. Em verdade, essa taxa ótima deveria permitir que, ao mesmo tempo: o Governo continuasse se financiando no mercado de títulos públicos, fosse controlada a inflação da economia, houvesse uma redução na dívida pública via despesa financeira, fosse oferecido um retorno real aos poupadores e, ainda, a criação de condições para o crescimento da economia.

Neste ambiente, conclui-se que a missão de balizar os juros de uma economia deve ser cautelosa e bem avaliada, em razão de suas inúmeras repercussões e interações nos agregados econômicos.[3]

7.1.4 Taxa *spot* e taxa *forward*

A **taxa de juros *spot*** (ou taxa *pronta*) é a taxa que se utiliza para descontar, ao seu valor presente, um título com um fluxo de caixa vencível em alguma data futura. Se o fluxo de caixa da operação fosse previsto para ser pago daqui a dois anos, a taxa de desconto para o momento atual seria definida como a taxa *spot* para dois anos; se o fluxo de caixa fosse previsto para três anos ter-se-ia a taxa *spot* para três anos; e assim por diante.

Assim, a taxa *spot* é obtida de títulos que não pagam juros durante sua vida prevista, sendo liquidados no vencimento pelo seu valor de face.

Um título usado como taxa *spot* no Brasil é a Letra do Tesouro Nacional (LTN) ou Tesouro Prefixado, conforme introduzida no Capítulo 4 ao tratar de Títulos Públicos. O Tesouro Pré não prevê pagamentos de juros durante toda a sua maturidade, sendo liquidado na data de vencimento pelo seu valor de emissão (valor de face). O ganho do investidor é medido pela diferença entre o valor pago pelo título e o valor de seu resgate.

Exemplo de taxa *spot* para um ano

Admita título *Tesouro Prefixado* com valor de face (resgate) igual a R$ 1.000,00, valor de negociação atual no mercado de R$ 901,335480 e prazo de resgate de um ano.

Graficamente tem-se a seguinte representação:

Valor de Face
R$ 1.000,00

1 ano (duração)

R$ 901,335480
Valor Presente

Uma prática adotada no mercado financeiro é calcular a taxa *spot* por desconto discreto. Assim:

$$PV = \frac{\text{Valor de Face}}{(1 + TS_1)} \quad TS_1 = \text{taxa } spot \text{ de um ano;}$$

---

[3] A carta do IBre (Instituto Brasileiro de Economia/FGV) de abril de 2004 – "Qual o patamar de juros para o crescimento" – oferece uma visão interessante sobre o assunto.

$$901,335480 = \frac{1.000,00}{(1 + TS_1)};$$

$$TS_1 = 10,95\% \text{ a.a.}$$

Exemplo de taxa *spot* para dois anos

Admita um título de cupom zero (não paga juros durante sua vida estimada), de dois anos de prazo, com valor de resgate igual a R$ 1.000,00, e valor de negociação atual igual a R$ 809,732950. A taxa *spot* para dois anos é calculada da seguinte maneira:

R$ 1.000,00

2 anos (prazo do título)

R$ 809,732950

$$809,732950 = \frac{1.000,00}{(1 + TS_2)^2}$$

$$TS_2 = \left(\frac{1.000,00}{809,732950}\right)^{1/2} - 1 = 11,13\% \text{ a.a.}$$

A **taxa *forward*** (ou taxa a termo) é a taxa de juros que será aplicada após o primeiro período da operação, podendo ser diferente da taxa de juros inicial. Representa, em outras palavras, a taxa que será aplicada no futuro para a operação de empréstimo acordada hoje.

Assim, uma taxa de um crédito que deve iniciar-se daqui a dois meses, é definida como a taxa *forward* da operação. Se o início fosse para seis meses, a taxa seria conhecida por taxa *forward* para daqui a seis meses, e assim por diante.

No mercado, uma taxa *forward* é geralmente acompanhada da data em que inicia a operação futura e a sua duração. Por *exemplo*, taxa *forward* 4/12 indica que a operação deve começar daqui a 4 meses e finalizar em 12 meses.

Para *ilustrar*, admita um título de longo prazo pagando diferentes taxas de juros de acordo com sua maturidade, conforme descritas a seguir:

Prazo	Taxa Anual
1 ano	6,5%
2 anos	7,7%
3 anos	9,6%

A taxa *forward* (ou taxa a termo) dessa ilustração é calculada da forma seguinte:

$$TF_2 = \frac{1,077^2}{1,065} - 1 = 8,91\%$$ Taxa *forward* (TF) para o intervalo entre os anos 1 e 2.

Observe que, aplicando a 6,5% por um ano e depois reaplicando o montante levantado a TF_2 de 8,91%, o valor acumulado é igual a aplicar a taxa de 7,7% por dois anos, ou seja:

$$(1,077)^2 = (1,065)(1,0891)$$

Esta taxa indica o custo do dinheiro hoje para vigir no futuro, entre os anos 1 e 2.

$$TF_3 = \frac{1,096^3}{1,065 \times 1,0891} - 1 = 13,5\%$$ Taxa de custo do dinheiro no futuro, entre os anos 2 e 3.

7.2 Estrutura Temporal das Taxas de Juros (ETTJ)

A Estrutura Temporal das Taxas de Juros (ETTJ), de forma mais simples, tem por objetivo expressar a relação entre a taxa de juros e o prazo (maturidade) do investimento. Em outras palavras, a ETTJ revela o comportamento das taxas de juros ao longo do tempo, informação de extrema relevância para os profissionais do mercado financeiro. Por meio da curva dos juros, é possível descrever visualmente qual a evolução esperada dos juros no tempo, de acordo com as condições apresentadas atualmente pelo mercado.

Graficamente, uma possível forma de se apresentar a estrutura temporal dos juros é ilustrada na Figura 7.1.

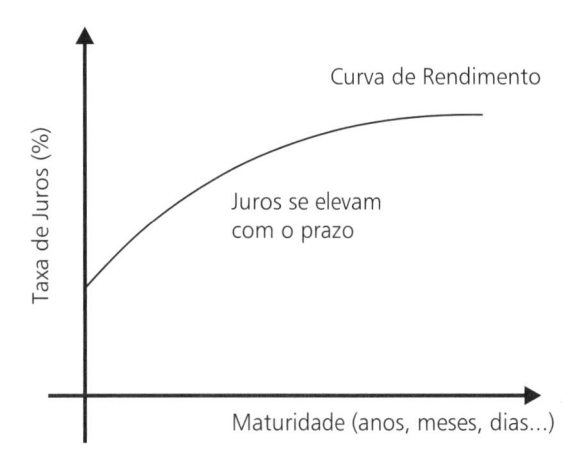

FIGURA 7.1 Rendimento ascendente.

A *curva de rendimento* descrita no gráfico visualiza o comportamento da estrutura a prazo dos juros a cada intervalo de tempo selecionado, ou seja, os juros para diferentes intervalos de vencimentos. A curva de rendimento sinaliza que os investidores exigem juros maiores (maiores prêmios pelo risco) à medida que o prazo da operação se eleva. O risco do longo prazo está centrado no crescimento da economia, na inflação futura e no custo de oportunidade.

No Brasil, a ETTJ é geralmente construída a partir de contratos futuros de juros, principalmente o DI Futuro, conforme negociado na Bolsa de Valores (B3), Tesouro Prefixado (LTN) e taxas *swap* DI × Pré. Esses assuntos serão tratados no Capítulo 18, ao se estudar instrumentos derivativos.

> A *Estrutura Temporal das Taxas de Juros (ETTJ)* descreve a relação entre os percentuais das taxas de juros e o prazo. Revela a taxa de juros esperada de um título de renda fixa em relação a sua maturidade.
>
> Títulos com diferentes maturidades apresentam diferentes taxas de juros, conhecidas por *rendimentos na maturidade*.
>
> Ao se observar em determinada data os rendimentos dos títulos de diferentes maturidades, pode-se representar graficamente essa relação entre taxas de juros e maturidade, conhecida por *curva de rendimentos*.

A curva descrita na Figura 7.1 mostra um comportamento da taxa de juros *ascendente* (ou positivo), elevando seu valor conforme se alcançam prazos mais longos. Pela curva de rendimento ascendente demonstrada, pode-se concluir que os rendimentos periódicos prometidos pelos títulos de prazo mais longo são superiores aos de prazo mais curto.

Outros comportamentos da curva de rendimento são descritos na Figura 7.2.

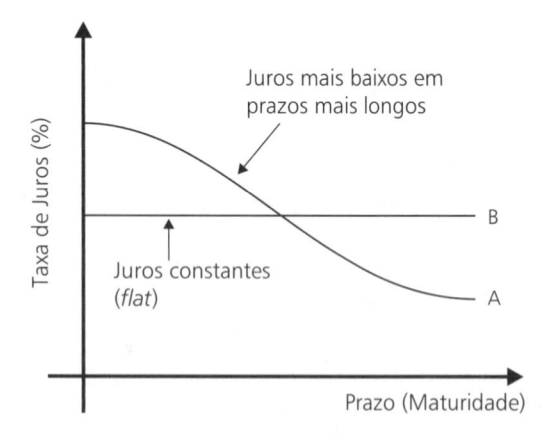

FIGURA 7.2 Estrutura temporal dos juros.

A curva A explica uma estrutura *descendente*, revelando taxas de juros descendentes para prazos mais longos. Essa curva é também denominada curva *negativa* ou *invertida*. A *curva* B, de verificação difícil na prática, apresenta um comportamento *constante*, indicando os mesmos valores para as taxas de juros, independentemente de sua maturidade. Em outras palavras, uma curva constante (*flat*) revela que as taxas de juros de prazos mais longos situam-se no mesmo patamar das de prazo mais curto. Os investidores demonstram preferência por taxas de juros constantes por longo prazo, priorizando aplicações de mais baixo risco, mesmo que ofereçam menor rendimento.

FIGURA 7.3 Estrutura temporal dos juros – decrescente.

A curva decrescente dos juros exprime expectativas de retração da economia, maior incerteza com relação ao comportamento das variáveis macroeconômicas (PIB, inflação, ações, taxas de juros etc.). Na incerteza do cenário futuro, o governo costuma reduzir os juros para incentivar a economia por meio do consumo e do investimento.

Para fugirem de taxas menores no futuro e garantirem melhor remuneração, os investidores preferem títulos de mais longo prazo, garantindo assim segurança e retorno maiores. Maior demanda por títulos de longo prazo produz uma valorização do seu preço e, em consequência, uma redução das taxas de juros.

Taxas de juros invertidas são, muitas vezes, interpretadas como um sinal de uma possível recessão da economia.

As principais teorias desenvolvidas para explicar a relação das taxas de juros e a maturidade da operação são:

- Teoria das Expectativas Não Viesadas;
- Teoria da Preferência pela Liquidez;
- Teoria da Segmentação de Mercado.

> A ETTJ, também conhecida por *yield curve*, descreve graficamente a relação entre as taxas de juros *spot* e as respectivas maturidades.
>
> No Brasil, a ETTJ é geralmente elaborada a partir de títulos prefixados (LTNs), contratos futuros de taxas DI e taxas *swaps* DI × pré. Participam da formação da estrutura a termo juros prefixados e livres de risco.
>
> Entre outras importantes aplicações, a ETTJ permite projetar as taxas de juros na economia. As taxas de longo prazo são formadas a partir de médias das taxas de curto prazo. Por ser formada por taxas prefixadas livres de risco, a ETTJ tem grande influência nas diversas operações do mercado financeiro que atuam com taxas prefixadas. *Por exemplo,*

> um crédito pode ser formado por uma taxa livre de risco, conforme descrita pela ETTJ, mais um prêmio (*spread*) pelo risco.
>
> A ETTJ permite, ainda, calcular o valor de mercado de uma carteira, operação conhecida por *marcação a mercado*.
>
> Por meio da ETTJ, é possível também avaliar oportunidades de arbitragem entre títulos de renda fixa.

7.2.1 Teoria das expectativas

Essa teoria propõe que a taxa de juros de longo prazo se constitua numa média geométrica das taxas de curto prazo correntes e previstas para todo o horizonte de maturação de um ativo de longo prazo. As taxas esperadas de curto prazo representam uma projeção não viesada das taxas futuras de juros, e os investidores estarão dispostos a tomar suas decisões em relação à maturidade de seus ativos com base nos diferenciais dos rendimentos. Se um título de longo prazo oferece ganhos acima das expectativas, ele passará a substituir outros ativos na composição do portfólio de um investidor.

A teoria procura focalizar o comportamento do investidor, atribuindo as diferenças de rendimentos oferecidas por ativos de diferentes maturidades às diversas expectativas do mercado com relação às taxas de juros futuras.

Por exemplo, admita um ativo de dois anos de duração que oferece um rendimento de 10% ao ano. Ao aplicar nesse ativo, o investidor acumulará um rendimento de 21% no biênio, ou seja: $[(1,10)^2 - 1]$.

Uma estratégia alternativa de investimento envolve comprar um ativo com prazo de resgate de um ano, que oferece rentabilidade de 9% ao ano. Nessas condições, o investidor deve reaplicar o montante acumulado ao final do ano em outro ativo pelo mesmo prazo. Ao se decidir por essa estratégia e mantendo-se em 9% a taxa de juros, o investidor apura no período um rendimento de 18,81%, ou seja: $[(1,09)^2 - 1]$ 100.

Evidentemente, ao se definir por esta segunda alternativa, o rendimento esperado ao final do período de dois anos dependerá da remuneração que o investidor conseguirá no segundo ano. Pela teoria das expectativas, o retorno esperado do último ano será de 11,01% $[(1,21/1,09) - 1]$, de forma que os retornos de curto e de longo prazos sejam equalizados.

Se as atuais taxas de juros projetarem um resultado inferior aos de 11,01% calculados, a decisão de investir no ativo de longo prazo deve ser preferida. Taxas maiores esperadas, ao contrário, indicam a opção de investimento a curto prazo, o que irá promover uma taxa acumulada maior que os 21% definidos pelos ativos de longo prazo. Esse caráter especulativo do mercado conduz a que as taxas futuras de juros de longo prazo sejam equivalentes à média das taxas de curto prazo esperadas pelos investidores. Ocorrendo mudanças nas expectativas dos agentes de mercado, os títulos de diferentes maturidades alterarão seus rendimentos de maneira a refletir as novas expectativas.

EXEMPLO – Suponha que um investidor pretende aplicar certo capital no mercado de renda fixa. As taxas de juros à vista para um ano prometem juros de 9,8%, e as de dois anos 12,1% a.a. Se o investidor decidir aplicar seus recursos por um ano e reinvestir o montante acumulado por mais um ano, surgirá a incerteza com relação à taxa que irá vigorar no ano 2.

Para as duas alternativas serem indiferentes, a taxa de juros no segundo ano atinge:

$$(1,121)^2 = (1,098) \times (1 + TF_2)$$

$$TF_2 = \frac{1,121^2}{1,098} - 1 = 14,45\%$$

Por outro lado, se a decisão for de investir por dois anos, os rendimentos serão conhecidos previamente, estabelecidos em:

Taxa de juros total para 2 anos $= (1,121)^2 - 1 = 25,66\%$

Observe que a taxa de 9,8% para o primeiro ano é de 14,5%; para o segundo ano, produz o mesmo resultado acumulado no período, ou seja:

Taxa Acumulada = $[(1,098) \times (1,1445) - 1] = 25,66\%$

A taxa de juros a termo (*forward*), esperada para os anos 1 e 2, formada pela teoria das expectativas, é aceita no pressuposto de os investidores serem neutros em relação ao risco.

O pressuposto básico da teoria das expectativas é que os investidores são indiferentes quanto à maturidade do título, selecionando a melhor decisão a partir da mais alta taxa de retorno encontrada. A teoria não considera a *incerteza* dos rendimentos futuros, assumindo a condição de certeza com relação às taxas de juros futuras.

Em *outras palavras*, esta teoria admite que, ao não esperar alterações nas taxas de juros no futuro, o investidor será indiferente a qualquer prazo para aplicar seus recursos. Ao prever, por outro lado, uma redução das taxas de juros no futuro, a decisão que melhor satisfaz ao investidor é aplicar a longo prazo, garantindo, assim, um melhor rendimento. Em caso contrário, na expectativa de uma elevação nas taxas de curto prazo no futuro, o investidor é atraído a aplicar a curto prazo, reinvestindo sucessivamente seus resgates.

EXEMPLO ILUSTRATIVO – Admita que os títulos com maturidade de quatro anos estejam sendo negociados no mercado financeiro de acordo com a tabela a seguir. Os juros são pagos por ocasião do resgate dos papéis.

Prazo	Taxa de Juros
1 ano	8,0% a.a.
2 anos	8,8% a.a.
3 anos	9,4% a.a.
4 anos	10,1% a.a.

A ETTJ para os próximos anos é obtida de acordo com os seguintes cálculos.

- *1º Ano*

A taxa de juros para o ano é de 8,0%, conforme fixada.

- *2º Ano*

O título de dois anos deve oferecer um rendimento de 8,0%, se for negociado em um ano, para que não ocorram arbitragens.

Aplicação por dois anos: $(1,088)^2 - 1 = 18,37\%$

Aplicação por um ano $= 8,0\%$

A taxa de juros do 2º ano, pela teoria das expectativas, será aquela que igualar o retorno das duas alternativas financeiras. É conhecida também por *taxa a termo* de juros.

$$1,1837 = [(1,08)(1+i)]$$

$$i = \frac{1,1837}{1,08} - 1$$

$$i = 9,6\%$$

- *3º Ano*

Repetindo os cálculos:

$$(1,094)^3 = [(1,08)(1,096)(1+i)]$$

$$i = \frac{(1,094)^3}{(1,08)(1,096)} - 1$$

$$i = 10,6\%$$

- *4º Ano*

$$(1,101)^4 = [(1,08)(1,096)(1,106)(1+i)]$$

$$i = \frac{(1,101)^4}{(1,08)(1,096)(1,106)} - 1$$

$$i = 12,2\%$$

Com base nas informações do mercado, pode-se descrever a estrutura das taxas de juros de acordo com Figura 7.4:

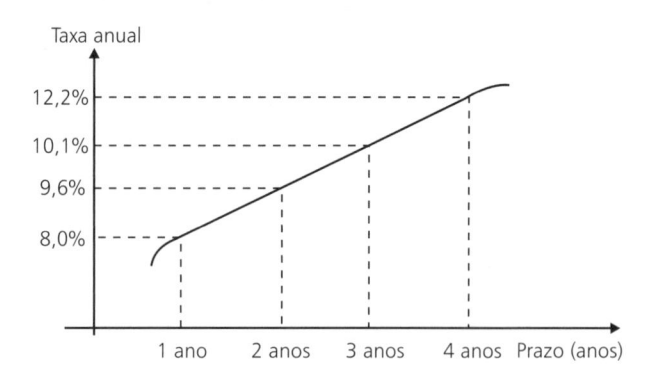

FIGURA 7.4 Estrutura das taxas de juros.

Teoria das Expectativas – Exemplo

Admita que as taxas de juros da economia para um ano sejam de 10%, e para dois anos de 12% a.a. Ao decidir aplicar seu capital de $ 1.000,00 por dois anos, um investidor calcula exatamente o seu montante final, ou seja: FV = $ 1.000,00 × $1,12^2$ = $ 1.254,40.

Se preferir a estratégia de aplicar seus recursos por um ano, deve prever a taxa com que poderá reinvestir seu dinheiro acumulado ao final desse prazo. Com isso, passa a conviver com a incerteza sobre o montante que será acumulado ao final do segundo ano.

Pela teoria das expectativas, a taxa de juros esperada para o segundo ano é tal que, se capitalizada com a taxa de um ano (10%), produz o mesmo montante ao final de dois anos, ou seja:

Taxa de juros (2º Ano) = $\frac{1,12^2}{1,10} - 1 = 14,04\%$

Esta taxa de 14,04% é entendida como a taxa a termo (*forward*) para o segundo ano. Assim:

$$1,122 = (1,10) \times (1,1404)$$

Em conclusão: aplicar por um ano ou adotar a estratégia de dois anos torna-se indiferente somente se produzido o mesmo montante, ou seja, se a taxa de 14,04% efetivamente ocorrer no segundo ano. De outra forma, se a taxa de juros à vista esperada para o segundo ano (entre os anos 1 e 2) for igual à taxa a termo, as duas alternativas de aplicação serão equivalentes.

É importante destacar que a teoria das expectativas não leva em consideração as incertezas associadas às taxas futuras de juros. Admite que os investidores são neutros (indiferentes) ao risco.

7.2.2 Teoria da preferência pela liquidez

A teoria da preferência pela liquidez admite que os rendimentos de ativos de longo prazo sejam superiores aos de curto prazo, não se observando a equalização das taxas consideradas pela teoria das expectativas não viesadas. Esses ativos de maior maturidade devem incorporar uma remuneração adicional pelo maior risco assumido (redução da liquidez), conhecido como *prêmio pela liquidez*.

Em outras palavras, a teoria propõe que as taxas futuras de juros podem ser decompostas em duas grandes partes: **(a)** taxas futuras esperadas de curto prazo; **(b)** prêmio de liquidez.

Em razão dos maiores riscos visualizados nos ativos de longo prazo, os investidores são inicialmente atraídos por aplicações de maior liquidez. Por outro lado, os tomadores de dinheiro do mercado costumam dar preferência a operações de prazos mais longos, de maneira a elevar sua liquidez. Para o equilíbrio desse conflito, deve ser oferecida nas alternativas de longo prazo uma compensação pela perda da liquidez, de forma a atrair os investidores para o mercado de mais longo prazo. Pela enunciada teoria da liquidez, somente um prêmio adicional pelo maior risco assumido pode incentivar os agentes econômicos a atuarem com ativos de maior maturidade.

A Figura 7.5 ilustra as curvas de retorno com e sem prêmios adicionais de liquidez. A curva de retorno baseada na teoria das expectativas é uma linha reta. Ao se incluírem compensações pelo maior risco incorrido no longo prazo (perda de liquidez), a curva adota um contorno de declividade positiva.

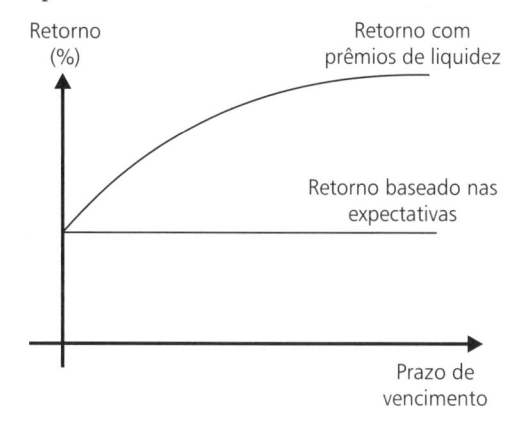

FIGURA 7.5 Retornos e prêmios de liquidez.

Pela teoria da liquidez, espera-se que os ativos de longo prazo ofereçam um retorno superior aos de curto prazo, mesmo admitindo-se o reinvestimento sucessivo em outros ativos de curto prazo até a data de vencimento. Em ambientes de incerteza, que embutem prêmios de liquidez nas taxas de juros, ativos com diferentes prazos de vencimento não se constituem em substitutos perfeitos uns dos outros, de acordo com o descrito pela teoria das expectativas.

> A *liquidez* é entendida pela rapidez com que um ativo pode ser vendido, transformado em dinheiro, acumulando o mínimo de perda na realização do negócio. Deve ser observado, ainda, que a teoria da preferência pela liquidez descreve somente uma curva de rendimento ascendente.

Não obstante as formulações enunciadas, deve ser acrescentado o viés produzido pelas características da economia brasileira. São observados em diferentes momentos desajustes na estrutura dos prazos dos créditos, com taxas de juros de curto prazo suplantando as de longo prazo.

Essa realidade de desequilíbrio é conflitiva com as teorias enunciadas por se dever, em grande parte, à duradoura política de subsídios direcionada ao mercado de crédito de longo prazo. Inexistindo poupanças de maior maturidade em volume suficiente para atender às necessidades de investimentos da economia, os agentes tomadores vêm sendo abastecidos com recursos oficiais subsidiados em relação às taxas de juros livremente formadas no mercado. Com isso, o tomador de recursos, ao selecionar alternativas de financiamento de longo prazo nessas condições, absorve duas grandes vantagens financeiras: maior liquidez e maior atratividade econômica em razão de os fundos oferecidos serem mais baratos que os de mercado.

Outros aspectos de ordem de política econômica poderiam ainda ser colocados para explicar o desequilíbrio natural das taxas de juros no mercado brasileiro. No entanto, é possível concluir que o custo do crédito a curto prazo mais elevado que o de longo prazo constitui-se num desajuste cíclico, com tendências, evidentemente, de desaparecer no momento em que a economia retomar suas diretrizes de equilíbrio.

7.2.3 Teoria da segmentação de mercado

A segmentação de mercado propõe que os agentes econômicos demonstram preferências bem definidas com relação aos prazos de vencimento dos ativos, sendo as taxas de juros arbitradas livremente pelos mecanismos de oferta e procura presentes em cada segmento temporal de mercado.

A presença de agentes captadores e aplicadores de recursos com preferências bem definidas em relação aos prazos de vencimento das operações promove um mercado segmentado em função da maturidade dos ativos, sendo as taxas de juros definidas para cada segmento. As taxas de juros de curto prazo e de longo prazo são formadas pela interação da oferta e da procura de recursos, determinada pela atuação de credores e devedores, podendo ocorrer diferentes taxas em cada segmento de mercado. A teoria da segmentação admite que cada mercado encontre seu próprio equilíbrio, independentemente do comportamento do outro.

A teoria considera que as preferências por determinados prazos de vencimento são bem definidas no mercado, admitindo que dificilmente um agente econômico trocará um segmento por outro na expectativa de obter um retorno mais favorável. Essa ideia é reforçada, ainda, pela possibilidade de serem efetuadas operações de *hedging* pelos participantes de mercado, tornando mais claramente diferenciadas as taxas de juros previstas para o longo e o curto prazos.

Os agentes econômicos do mercado procuram manter seus portfólios dentro de uma estrutura de equilíbrio financeiro, aproximando a maturidade de seus ativos e a maturidade de seus passivos. Para a teoria da segmentação, a minimização do risco e a consequente continuidade de uma instituição decorrem da efetiva adequação dessa maturidade, independentemente de eventuais retornos mais atrativos que possam ocorrer em instrumentos financeiros com diferentes maturidades.

A teoria da segmentação é criticada pela possibilidade atual de os agentes econômicos (aplicadores e tomadores de recursos) compararem, previamente a suas decisões, as taxas de juros de curto e longo prazos, assim como acessarem mercados que fornecem projeções futuras das taxas de juros. Essas informações permitem que os agentes se direcionem para um segmento específico do mercado que lhes pareça mais interessante. Os agentes mantêm-se fiéis a um segmento de mercado, enquanto são oferecidas oportunidades de um prêmio atraente, mudando a maturidade de suas operações quando as condições de ganhos deixarem de interessar.

7.2.4 Arbitragem

A arbitragem ocorre geralmente em mercados que apresentam discrepâncias entre os preços praticados: os preços são diferentes quando deveriam ser iguais. A arbitragem nesses casos consiste em auferir lucros determinados por essa diferença, trazendo os preços para uma situação de equilíbrio.

A arbitragem tende a igualar os preços de um ativo nos mercados, colaborando assim para o seu equilíbrio. *Por exemplo*, verificando-se uma diferença de preços de um ativo entre dois mercados, um arbitrador pode adquirir um contrato no mercado que negocia a um preço mais baixo, e vendê-lo no mercado em que se encontra mais valorizado. Nessas operações, o arbitrador apura um lucro medido pelo diferencial de preço entre os dois mercados.

Com a arbitragem, espera-se que a demanda pelo ativo no mercado em que é negociado mais barato aumente muito, pressionando seu preço. O contrário deverá ocorrer no mercado mais caro, onde a maior oferta do produto irá reduzir o seu preço.

Aproveitando-se dessas diferenças momentâneas de preços, os arbitradores permitem que os mercados atuem com maior eficiência. O risco do investidor é geralmente baixo, utilizando-se de um desequilíbrio entre dois preços para obter ganhos.

> Sempre que a Lei do Preço Único não for observada, ou seja, toda vez que o valor de um ativo em uma praça for diferente do valor do mesmo ativo negociado em outra praça, surgirá a oportunidade de *arbitragem*. A prática de arbitragem leva a que os preços do ativo praticados nos diferentes mercados se igualem, contribuindo para a regulação e estabilidade do mercado.

As diferenças nas taxas de juros nos diferentes mercados são explicadas pelo prêmio por risco embutido nas taxas. A taxa de referência de menor risco do mundo é admitida pela taxa de juros paga pelos títulos do Tesouro dos Estados Unidos (T-Bonds – *Treasury Bonds*). Qualquer economia do mundo, com risco maior, deve acrescentar à taxa paga pelos seus títulos uma remuneração pelo risco adicional. Todo investidor, ao aplicar seu capital nesses títulos, irá exigir ganhos maiores que os pagos pelos T-Bonds, como remuneração pelo maior risco incorrido.

Em caso contrário, se as taxas dos dois mercados forem iguais (ou o prêmio pelo risco se apresentar insuficiente), ele irá preferir a alternativa de menor risco.

A possibilidade de arbitragem nos mercados de juros é possível pela existência de diferentes taxas cobradas em dois lugares. O arbitrador identifica essas diferenças e realiza ganhos pelo desequilíbrio entre as duas taxas.

7.3 Formação do *spread* bancário

O *spread* bancário é medido pela diferença entre o custo de um empréstimo e a remuneração paga ao poupador. Há inúmeros fatores que definem o *spread* cobrado pelo banco, destacando-se principalmente a liquidez, risco da operação e garantias oferecidas e maturidade.

No Brasil, os fatores que compõem o *spread* cobrado pelos bancos são apresentados a seguir:

- taxa de captação do banco, incluindo o custo do depósito compulsório sobre captação;
- impostos indiretos e contribuições, como PIS, Cofins e IOF. Inclui-se neste item também a contribuição que as instituições financeiras devem fazer ao Fundo Garantidor do Empréstimo (FGC), calculada por meio de um percentual incidente sobre o saldo mensal de captação;
- despesas administrativas e judiciais incorridas pela instituição e calculadas sobre cada unidade de crédito concedido;
- inadimplência, cuja medida pode ser determinada pela relação sobre a provisão de devedores duvidosos e o volume de crédito concedido;
- impostos sobre lucros, como Imposto de Renda (IR) e Contribuição Social sobre o Lucro Líquido (CSLL);
- lucro do banco, o qual deve refletir a margem de lucro esperada pela instituição na operação, que é formada essencialmente pelas condições de negócios do mercado e risco de crédito concedido.

O *spread* bancário, indicador bastante avaliado pelo mercado, pode ser apurado em suas formas bruta e líquida, conforme demonstrado a seguir:

Taxa de Aplicação Financeira	%
Taxa de Captação	(%)
Spread Bruto	%
Impostos sobre Operações	(%)
Inadimplência	(%)
Despesas Operacionais	(%)
Spread antes IR	%
Provisão para IR e CSLL	(%)
Spread Líquido	%

Taxa de Aplicação Financeira – corresponde às receitas (taxas de retorno) auferidas pela instituição decorrentes das aplicações de seus recursos próprios e de terceiros em operações de crédito, cambiais, prestação de serviços e tesouraria, entre outras.

Taxa de Captação – são todas as despesas (custos) de captação de recursos financeiros (próprios e de terceiros) processados pelo banco para lastrear suas aplicações.

Impostos sobre Operações – compreendem os impostos diretos de responsabilidade da instituição financeira, como PIS, Cofins, ISS, IOF, contribuições ao FGC etc.

Inadimplência – percentual das aplicações financeiras, centradas principalmente em títulos adquiridos e operações de crédito, considerado como de realização duvidosa. Pode ser calculado pela relação entre a provisão para créditos de liquidação duvidosa e o volume de créditos concedidos.

Despesas Operacionais – envolvem despesas de pessoal, administrativas, judiciais e outras realizadas no período.

Provisão para IR e CSLL – alíquota dos tributos incidentes sobre os resultados do banco, e calculada geralmente no Brasil em 34%.

Para *ilustrar* o cálculo do *spread* bancário conforme estrutura demonstrada acima, admita a seguinte operação de empréstimo realizada a pessoa jurídica:

Premissas do Empréstimo	
Valor do Empréstimo	$ 10.000,00
Captação (Depósito a Prazo)	$ 10.000,00
Custo de Captação (Juros Pagos ao Poupador)	14% a.a.
Prazo da Operação	1 ano
Taxa de juros Cobrado do Tomador	20% a.a.
Despesas Operacionais Alocadas	$ 105,00

O resultado dessa operação é calculado na tabela a seguir, para as diversas partes envolvidas na operação de empréstimo: banco, poupador, tomador dos recursos e governo.

O *spread* líquido do banco na operação de crédito, de $ 265,32, equivale a 2,65% ($ 265,32/$ 10.000) do capital aplicado. Ou seja, de cada $ 100,00 emprestados, a instituição aufere um resultado líquido de $ 2,65.

O poupador aufere na operação um retorno líquido, descontando os impostos incidentes sobre a remuneração auferida, de 11,2% ($ 1.120,00/$ 10.000,00). O custo efetivo do tomador, por seu lado, sobe para 21,4% ($ 2.140,00/$ 10.000) ao se considerarem os encargos adicionais.

O exemplo teve por objetivo demonstrar, de maneira bastante simplificada, não somente a composição do *spread* bancário, mas também os resultados das diversas partes envolvidas na operação. De forma simplista, ainda, a demonstração não considerou outras despesas geralmente calculadas, como IOF, recolhimentos compulsórios sobre depósitos a prazo, despesas com fundo garantidor de crédito, inadimplência, entre outras.

($)

	Banco	Poupador	Tomador	Governo
Receita Financeira	2.000,00	–	(2.000,00)	–
Taxa de Captação	(1.400,00)	1.400,00	–	–
Spread Bruto	**600,00**	**1.400,00**	**(2.000,00)**	**–**
IR Pessoa Física (20%)	–	(280,00)	–	280,00
Pis, Cofins (4,65%)[1]	(93,00)	–	–	93,00
IOF e outras taxas	–	–	(140,00)[2]	140,00
Despesas Operacionais	(105,00)	–	–	–
Spread Antes IR/CSLL	**402,00**	**1.120,00**	**(2.140,00)**	**513,00**
IR/CSLL (34%)	(136,68)	–	–	136,68
Spread Líquido	**265,32**	**1.120,00**	**(2.140,00)**	**649,68**

(1) Calculado sobre a "Receita Financeira".
(2) Admitiu-se uma alíquota de 7%.

7.4 Risco de países emergentes

O *risco-país* pode ser entendido como a probabilidade de uma economia em não atender corretamente seus compromissos financeiros perante credores externos. Quanto maior se apresentar esse índice de risco, menor a credibilidade demonstrada pelo país para o investidor externo.

O *risco-país* indica, em outras palavras, o risco de crédito a que todo investidor incorre ao aplicar seus recursos em títulos públicos.

Uma metodologia prática e bastante adotada no mercado para se calcular o risco-país é desenvolvida pela diferença entre os juros pagos no país (taxa básica de juros) e a taxa de juros de títulos do Tesouro norte-americano, considerados como de mais baixo risco. Esta diferença de taxas, conhecida por *spread*, é indicativa do conceito que o país tem no exterior, servindo de referência para os investimentos estrangeiros.

O risco-país é determinado por ações governamentais que influem sobre a capacidade do governo, assim como de seus agentes econômicos, em honrar suas dívidas externas. Muitas vezes, o risco-país é denominado risco soberano.

A avaliação do risco-país incorpora importantes indicadores econômicos como volume das reservas internacionais, relação dívida pública/PIB, taxa de inflação, nível do investimento agregado, saldo da balança comercial, entre outros. São consideradas também na análise do risco as tendências dos agregados macroeconômicos e a situação política.

Diversas instituições financeiras internacionais e agências de *rating* elaboram sua análise de risco de países emergentes, sendo a medida mais conhecida e adotada atualmente o *EMBI*[4] criado pelo Banco J. P. Morgan Chase em 1992.

> *Rating* de risco soberano é uma medida que procura quantificar o risco que os investidores assumem ao adquirirem títulos de emissão do país. Tem por objetivo medir a capacidade de um país em honrar seus compromissos financeiros futuros.

O cálculo do *EMBI*, conforme originalmente proposto, é obtido pela média ponderada dos títulos da dívida de cada país que participa do índice. A partir de 2002, a carteira do *EMBI* era representada por títulos de 11 países. Posteriormente, o número de países foi se ampliando, sendo adotado o critério de que todo país com *rating* inferior a BBB+ (ou equivalente) passasse a ser incluído na carteira do índice. Quando recebe uma nota superior, o país é excluído do índice *EMBI*.

Em extensão ao *EMBI*, foi criado o *EMBI+*,[5] calculado a partir do retorno médio diário de títulos de dívida expressos em dólares dos Estados Unidos. Este índice incorpora títulos emitidos por 21 países classificados como emergentes, sendo 8 latino-americanos e 13 não latinos.

O *EMBI+* considera três tipos de títulos de dívida: *bradies*,[6] eurobônus e empréstimos, selecionados de forma rigorosa pelo critério de liquidez. Seu principal objetivo é o de refletir o comportamento de preços e rendimentos de uma carteira de títulos de dívida de economias emergentes. Comparando-se esse número em relação ao retorno apresentado por um título de prazo equivalente emitido pelo Tesouro dos EUA, chega-se ao cálculo do risco-país (ou risco soberano).

Uma vez mais, o risco-país representa a sobretaxa paga pelo título de maior risco (país emergente) em relação à rentabilidade oferecida pelo bônus do Tesouro dos Estados Unidos, país considerado como de maior solvência do mundo.

> O *spread over treasury* indica quanto o título emitido por um país paga de juro em excesso ao rendimento de um título equivalente emitido pelo Tesouro dos EUA. Esse *spread* reflete, de alguma forma, o risco de crédito de um país na percepção dos investidores. Por exemplo, se o juro de um título do Tesouro do Brasil atingir 7,7% a.a., e um título equivalente emitido pelo Tesouro dos EUA pagar 5,4% a.a., pode-se calcular o *spread* em 2,3% a.a. (7,7% − 5,4%). Este percentual sinaliza, para o mercado externo, o prêmio pelo risco da capacidade de pagamento da economia brasileira.

O risco-país é normalmente expresso em pontos básicos, sendo que cada 100 pontos equivalem a 1% de sobretaxa de risco. *Por exemplo*, se o risco-país estiver fixado em 217 pontos-base, indica que os títulos de emissão do país devem render 2,17% a mais que os dos EUA para serem atraentes.

O *EMBI+* pode também ser aplicado a cada país, seguindo a mesma metodologia de cálculo (média ponderada dos retornos diários dos títulos). Com isso, é possível conhecer-se o risco de cada país emergente.

O *EMBI GLOBAL* é mensurado de forma similar ao *EMBI+*, porém com a diferença de usar diferente critério para seleção de países que compõem a carteira composta. Este índice global é menos rígido em relação à liquidez dos títulos do que o *EMBI+*, incorporando em consequência uma seleção mais ampla de países.

---

[4] *Emerging Markets Bond Index* (Índice de Títulos da Dívida de Países Emergentes).

[5] *Emerging Markets Bond Index Plus*.

[6] Títulos da dívida externa criados na década de 1990 na reestruturação das dívidas de economias em crise, e que aderiram ao denominado "Plano Brady".

7.5 Taxas de juros do mercado financeiro

7.5.1 Taxa Referencial de Juros (TR)

A principal razão apontada para a criação da TR (1991) era promover a substituição da indexação presente na economia brasileira, a qual vinha realizando-se mediante inúmeros índices, como ORTN, OTN, BTN, entre outros. Nessa concepção, a taxa referencial devia corrigir todos os instrumentos financeiros de mercado que previssem alguma forma de indexação em seus valores, além de permitir a emissão de títulos públicos e privados com correção atrelada à TR.

As autoridades monetárias esperavam, ainda, que a introdução da TR no mercado funcionasse como a taxa básica da economia, referencial para a formação dos juros de seus vários ativos e passivos financeiros. Durante muito tempo, o mercado operou também com a TRD – taxa referencial diária, que refletia a TR rateada pelo número de dias úteis existentes no mês. Essa taxa *pro rata* foi extinta em 1993.

A TR é apurada e calculada diariamente pelo Governo; tem um valor ligeiramente menor que a TBF, taxa a ser estudada a seguir.

O cálculo da Taxa Referencial (TR) é desenvolvido a partir da seguinte expressão:

$$TR = 100 \times [(1 + TBF/R) - 1]$$

Em que:

TBF = Taxa Financeira Básica

R = Redutor da TR e calculado pela fórmula: R = a + b

Sendo: R = Fator redutor da TR

a = 1,005 (constante definida na criação da TR)

b = valor tabelado pelo Banco central de acordo com a TBF atual

Quanto maior a TBF, maior será o valor de b e, consequentemente, o valor da TR.

Na situação de a TBF apurar um valor bastante baixo, a fórmula de cálculo da TR pode apurar um valor negativo para a taxa. Nesses casos, a Taxa Referencial será igual a zero.

A divulgação dessas taxas é importante para o mercado, permitindo que os agentes melhorem suas estimativas com relação às várias taxas de economia (inflação, juros reais etc.). A TR é aplicada no cálculo dos rendimentos da Caderneta de Poupança, do FGTS, como fator de correção de diversos empréstimos e financiamentos imobiliários, entre outras operações.

A determinação do redutor TR vem sofrendo diversas alterações em sua metodologia de cálculo e periodicidade desde sua criação, sendo necessário um acompanhamento das normas vigentes.

7.5.2 Taxa Financeira Básica (TBF)

A Taxa Financeira Básica foi criada em 1995 com o intuito principal de alongar o perfil das aplicações financeiras da economia, meta sempre almejada pelas autoridades monetárias. Os rendimentos da TBF são superiores aos da TR, pois em seu cálculo não se inclui o redutor.

O Banco Central calcula a TBF desde 2018 com base nos rendimentos dos títulos prefixados emitidos pelo Tesouro Nacional (Letras do Tesouro Nacional – LTN). A TBF equivale a uma média ponderada das taxas de juros praticadas por esses títulos públicos.

A TBF é uma taxa futura de juros dos títulos públicos prefixados de renda fixa do mercado financeiro nacional que transmite aos agentes uma ideia sobre o comportamento dos juros previstos para os próximos 30 dias.

7.5.3 Taxa de Longo Prazo (TLP)

Conforme estudado no Capítulo 3 (item 3.2.5), a Taxa de Juros de Longo Prazo (TJLP), taxa de referência para os juros dos financiamentos do BNDES, foi substituída pela *Taxa de Longo Prazo* (TLP) a partir de 2018. A TLP é uma taxa que se aproxima dos juros praticados no mercado financeiro, tornando menos arbitrário seu cálculo e também menos dispendioso para as contas públicas.

A TLP está definida mensalmente pela variação do IPCA (Índice de Preços ao Consumidor Amplo) mais a taxa real de juros dos títulos do Tesouro Nacional de 5 anos (NTN – Série B). A nova taxa vigora desde janeiro de 2018 e a convergência da TJLP para a TLP será gradual, ocorrendo num prazo de 5 anos. A TLP é divulgada todo mês pelo Bacen e conforma-se à seguinte estrutura de cálculo no período de adaptação:

$$TLP = [(1 + IPCA) \times (1 + \alpha \times \text{Taxa Real de Juros: NTN-B})] - 1$$

O coeficiente alfa (α) está definido para cada um dos próximos 5 anos:

$\alpha_{2018} = 0,60$

$\alpha_{2019} = 0,68$

$\alpha_{2020} = 0,76$

$\alpha_{2021} = 0,84$

$\alpha_{2022} = 0,92$

α_{2023} em diante = 1,00

A taxa real de juros é fixa durante todo o prazo do contrato, sendo corrigida pelo IPCA.

Taxa Total de Juros do BNDES[7]

OPERAÇÕES DIRETAS – realizadas diretamente com o BNDES

> Taxa de Juros = [(1 + Custo BNDES) × (1 + Taxa BNDES)] – 1

Custo BNDES: custo de captação expresso geralmente pela TLP.

Taxa BNDES: remuneração cobrada visando cobrir despesas operacionais e de intermediação do banco, e o risco de crédito.

OPERAÇÕES INDIRETAS – por intermédio de instituições financeiras credenciadas

> Taxa de Juros = [(1 + Custo BNDES) × (1 + Taxa BNDES) × (1 + Taxa do Agente)] – 1

Taxa do agente: agente financeiro

Além das taxas identificadas, podem também ser cobrados outros encargos e comissões, como o *Encargo por Reserva de Crédito*.

7.6 Taxa básica de juros

A taxa básica de juros da economia brasileira é definida, conforme discutido, pela Selic.[8] Esta taxa, fixada pelo Banco Central, é a taxa de referência no mercado financeiro, exercendo influências diretas sobre o volume da dívida pública, oferta de crédito, nível de inflação, entre outros indicadores econômicos importantes.

A Selic é usada também para estabelecer o custo do dinheiro nas operações de mercado aberto com títulos públicos (*open market*). A taxa média dessas operações em um dia é conhecida no mercado por Taxa Média Selic (TMS).

Assim, a taxa conhecida por Selic é uma taxa "*over*", válida para dias úteis, e definida para operações realizadas com títulos públicos de emissão do Governo Federal, e registrados no Sistema Especial de Liquidação e Custódia (Selic).

A taxa Selic é admitida como a de mais baixo risco no mercado financeiro nacional, sendo referência para as demais taxas de juros do mercado. O Banco Central do Brasil, por meio do Comitê de Política Monetária (Copom), fixa a taxa Selic regularmente. Todo dia, ainda, é divulgada a taxa média diária praticada nas operações com títulos públicos.

A metodologia de cálculo da taxa média diária adotada pelo Banco Central é a seguinte:

$$\text{Selic}_{\text{Média}} = \left[\left(\frac{\sum_{j=1}^{n} F_j + V_j}{\sum_{j=1}^{n} V_j} \right)^{252} - 1 \right] \times 100$$

onde: F_j = fator diário da taxa de juros de cada operação;

V_j = valor de cada operação;

252 = número de dias úteis anuais definido pelo Banco Central.

Por orientação do Banco Central,[9] a taxa Selic é expressa em termos anuais (taxa ao ano *over* – a.a.o), fixando-se o ano em 252 dias úteis.

Assim, a descapitalização da Selic para dia útil, ou sua capitalização para ano *over*, é feita da forma seguinte:

$$\text{Selic}_{du} = (1 + \text{Selic}_{a.a.o})^{1/du} - 1$$

onde: Selic_{du} = taxa por dia útil;

$\text{Selic}_{a.a.o}$ = taxa ao ano *over*;

du = número de dias úteis (du = 252).

Por exemplo, admitindo-se que o Banco Central tenha divulgado a taxa anual Selic em 16,0% para o mês de agosto do ano de X6, tem-se a seguinte taxa equivalente por dia útil:

$\text{Selic}_{du} = (1 + 0{,}16)^{1/252} - 1$

$\text{Selic}_{du} = 0{,}0589\%$ a.du (dia útil)

Por outro lado, sendo de 0,0465% a taxa efetiva por dia útil, a taxa ao ano *over* é calculada:

$\text{Selic}_{a.a.o} = (1 + 0{,}000465)^{252} - 1$

$\text{Selic}_{a.a.o} = 12{,}43\%$ a.a.o (ao ano *over*)

7.6.1 Desmembramento da taxa básica de juros

A taxa Selic de um determinado período pode ser decomposta em duas partes: taxa real de juros e taxa de inflação. A taxa real, por seu lado, pode também cobrir a taxa livre de risco (taxa pura) e o risco da conjuntura (risco da economia). Assim, a taxa Selic é composta da seguinte maneira:

$$\text{Selic} = [(1 + i_{\text{REAL}}) \times (1 + \text{INF})] - 1$$

onde: i_{REAL} = taxa real de juros;

INF = taxa de inflação.

---

[7] Disponível em: www.bndes.gov.br.

[8] Ver Capítulo 4.

[9] Circular Bacen nº 2.761, de 18-6-1997.

Como:

$$I_{REAL} = [(1 + i_{PURA}) \times (1 + i_{RISCO})] - 1$$

onde: i_{PURA} = taxa livre de risco da economia;

i_{RISCO} = risco mínimo da economia,

pode-se apresentar a taxa Selic como capitalização de seus diversos componentes:

$$\text{Selic} = [(1 + i_{PURA}) \times (1 + i_{RISCO}) \times (1 + INF)] - 1$$

Por exemplo, sendo a taxa Selic fixada em 15,5% a.a.o e a taxa de inflação prevista para o período de 4,8%, pode-se calcular, de maneira mais simplificada, a taxa de risco da economia embutida nos juros básicos do mercado. Supondo-se uma taxa livre de risco de 6% a.a., tem-se:

$$i_{RISCO} = \frac{1,155}{(1,06) \times (1,048)} - 1$$

$$i_{RISCO} = 3,97\% \text{ a.a.}$$

Pelo desenvolvimento da ilustração, percebe-se que a taxa Selic, apesar de ser entendida como uma taxa livre de risco da economia, incorpora uma parcela mínima do risco conjuntural. Um investidor, ao aplicar seus recursos à taxa Selic, recebe cobertura deste risco.[10]

---

[10] Um tratamento mais detalhado sobre o assunto é apresentado em: SECURATO, J. Roberto (coord.). *Cálculo financeiro das tesourarias*. 5. ed. São Paulo: SP Institute of Finance, 2015.

8 Riscos das Instituições Financeiras

De maneira mais ampla, o risco no mercado financeiro pode ser entendido como a probabilidade de perda em razão de uma exposição ao mercado. As perdas no mercado financeiro podem decorrer de diversos eventos, principalmente aqueles relacionados às variações nas taxas de juros e nos preços de mercado.

Desde que o risco não possa ser eliminado, é essencial que sejam adotadas medidas para minimizá-lo de maneira a permitir que a organização atinja, da melhor forma possível, seus objetivos estabelecidos. Uma eficiente gestão de risco é essencial para a competitividade dos bancos e estabelecimento de suas estratégias de atuação.

Além do cumprimento dos objetivos da empresa, a gestão de risco é importante para:

- identificar a exposição da empresa ao risco e identificar seus aspectos mais frágeis;
- minimizar perdas financeiras;
- imunizar o capital da empresa.

Os riscos financeiros de um banco podem se originar de suas diversas atividades operacionais, tais como créditos concedidos, captações, variações das taxas de juros de mercado, falhas internas e controle, entre outras.

8.1 Assimetria de informações e o mercado financeiro

Os mercados financeiros atuam como intermediários entre os agentes com recursos em excesso e aqueles que apresentam escassez de capital para investimento e consumo. A intermediação permite que projetos agregadores de valor sejam executados, e o nível de consumo seja expandido, elevando o bem-estar dos agentes econômicos e contribuindo para maior eficiência do mercado financeiro.

Se a intermediação financeira não for bem executada, ou seja, se a transferência de recursos entre os agentes não for eficiente, toda a economia se ressentirá, comprometendo seu crescimento e geração de riqueza.

A existência da *assimetria de informações* no mercado financeiro afeta o funcionamento de todo o sistema, eliminando a eficiência da atividade econômica. A informação assimétrica é verificada quando os agentes que participam de uma transação possuem informações diferentes (uns detêm mais informações que os outros), em volume e qualidade. Essa assimetria restringe a competição do mercado, impedindo que os preços dos ativos sejam formados de maneira mais eficiente.

> A *assimetria de informações* é um comportamento observado no mercado financeiro em que um agente econômico tenha mais informações do que os outros. Em outras palavras, a assimetria impede que todos os participantes de mercado detenham as mesmas informações. *Por exemplo*, o solicitante de um crédito possui mais informações sobre sua real capacidade de pagamento e alocação que fará do capital emprestado que o doador de recursos (credor). Em toda transação financeira existe sempre um problema de assimetria de informações.
>
> Um mercado é entendido como eficiente quando todas as informações disponíveis são simétricas, ou seja, as informações são acessíveis e suficientes para que todos os agentes – tomadores e doadores de recursos – possam tomar suas decisões de maneira adequada. A assimetria informacional promove uma precificação incorreta dos bens negociados no mercado.

A assimetria de informações é baseada nos diferentes volumes de informações possuídos pelos agentes econômicos participantes de uma transação no mercado, prejudicando o relacionamento entre as partes. A falta de informações com relação à transação e comportamento dos agentes eleva a incerteza da transação financeira realizada. É importante observar que o desconhecimento de informações em uma operação financeira tem um custo. No mercado financeiro é frequente um agente conhecer a qualidade de um ativo antes de sua aquisição, assim como é bastante oneroso para os doadores de recursos acompanhar, de forma mais próxima e adequada, o comportamento do tomador de crédito.

No mercado financeiro, a assimetria de informações ocorre quando os fornecedores de recursos não podem acessar todas as informações necessárias do tomador, e também não dispõem de condições adequadas para acompanhar o uso desses recursos. Um investidor no mercado financeiro aplica recursos no presente diante de uma expectativa de receber um retorno no futuro. Sem as informações necessárias para uma adequada avaliação da operação, o aplicador incorre em riscos mais elevados.

No mercado de crédito, a assimetria informacional promove geralmente o encarecimento do dinheiro. Sem condições de identificar a real qualidade do devedor, os empréstimos são realizados embutindo uma taxa de juros mais alta, de maneira a refletir a falta de informações mais precisas. Assim, bons pagadores são penalizados pagando encargos financeiros acima do nível adequado para a operação, e os maus pagadores acabam obtendo ganhos ao incorrerem em juros menores do que estariam dispostos a pagar.

> No mercado de crédito, o tomador de recursos conhece melhor que o credor da operação o risco do empréstimo e a capacidade de a dívida ser liquidada de acordo com as condições contratadas. A presença de assimetria de informações compromete o funcionamento do sistema financeiro, trazendo maior ineficiência para a atividade econômica.

A assimetria de informações cria dois problemas para o mercado financeiro:

- risco moral (*moral hazard*);
- seleção adversa.

Risco moral

O *risco moral* (ou *moral hazard*, em inglês) se refere à possibilidade de o tomador de recursos, após a transação efetuada, alterar sua capacidade revelada de pagamento por mudanças inapropriadas em seu comportamento. O risco moral é explicado pela assimetria de informações, na qual uma parte sabe de informações desconhecidas pela outra.

Em uma operação de crédito, *por exemplo*, o agente financeiro possui geralmente mais informações sobre sua capacidade de pagamento que a outra parte. No momento da realização da operação, é de esperar que os agentes possuam informações similares. O risco moral surge, mais efetivamente, depois que o negócio é realizado, pois o principal (instituição doadora de recursos) não tem condições de acompanhar exatamente as ações (comportamento) do agente tomador.

No caso de uma operação de seguro, o risco moral é identificado quando um agente (segurado) reduz os cuidados com o bem após ter efetuado a cobertura de seguro. *Por exemplo*, uma pessoa pode desativar os alarmes de sua residência após ter contratado um seguro contra roubo; um motorista tende a ficar mais imprudente ao dirigir seu veículo após ter feito um seguro contra acidentes; e assim por diante.

> *Exemplos de risco moral* – os credores desejam acompanhar (monitorar) os riscos em que os devedores vêm incorrendo; as companhias seguradoras gostariam de conhecer os cuidados que seus segurados estão tomando para evitarem acidentes com seus veículos segurados etc.

É interessante ainda entender o risco moral em ações protecionistas do governo. O recente apoio financeiro dado pelo Tesouro dos EUA a diversas instituições financeiras pode revelar um *moral hazard*. É possível especular que aportes financeiros do governo sempre virão em momentos de maiores dificuldades e a indústria bancária, diante disso, poderia continuar operando em condições de risco elevado.

Seleção adversa

Uma consequência danosa da assimetria de informações para o mercado é a *seleção adversa*. Quando as partes de uma transação – compradores e vendedores – não chegam a um consenso sobre a efetiva qualidade do bem objeto da transação, a seleção adversa promove uma depreciação no preço, seja elevando a taxa de desconto do título, *por exemplo*, ou reduzindo o interesse no ativo, o que leva a uma perda de seu valor de mercado. A seleção adversa faz com que ativos de diferentes qualidades sejam negociados no mercado pelo mesmo preço, criando uma ineficiência nas transações.

> *Exemplos de seleção adversa*: investidores desejam conhecer o retorno dos ativos nos quais planejam adquirir; uma seguradora deseja saber a possibilidade de ocorrerem acidentes nos veículos segurados etc.

A seleção adversa no mercado financeiro refere-se à dificuldade em se distinguirem, previamente a uma operação de crédito, os bons e maus pagadores, ou seja, aqueles que apresentam maior ou mais baixo risco. O problema da seleção adversa é agravado quando a demanda por crédito é realizada, em sua maior parte, por agentes de risco mais elevado.

Os efeitos da seleção adversa entre os agentes são minimizados pela *sinalização*. A teoria da sinalização prevê que os agentes passem informações ao mercado. *Por exemplo*, as empresas conseguem passar importantes informações aos investidores de mercado pela divulgação de suas políticas de dividendos e investimentos. Um dos sinais de uma empresa tomadora de crédito são suas demonstrações contábeis, que devem confirmar sua boa capacidade de pagamento.[1]

> A *teoria da sinalização* pode ser utilizada para reduzir (ou eliminar) os problemas gerados pela seleção adversa, desde que a informação (sinal) transmitida seja verdadeira e acurada.
>
> Os administradores de uma empresa podem transmitir informações ao mercado sobre o seu desempenho futuro, por meio da política de dividendos adotada. Nesse caso, admite-se que os dividendos possuem conteúdo informacional.
>
> A *sinalização* é efetuada pela parte mais bem informada e direcionada para a parte menos informada, visando resolver um conflito de assimetria de informações.

8.1.1 *Insider trading* e *Chinese Wall*

Insider trading é uma negociação com títulos e valores mobiliários no mercado de capitais, em especial no mercado de ações, orientada por informações privilegiadas, que ainda não são do conhecimento público, visando auferir um ganho financeiro ao *insider*.

O *Insider*, por seu lado, é uma pessoa que tem acesso privilegiado e indevido a informações consideradas relevantes e confidenciais de companhias abertas, e as utiliza em benefício próprio antes que sejam disseminadas entre os investidores de mercado. O *Insider* possui informações privilegiadas, relevantes e confidenciais da empresa. Estas informações são obtidas pelos *insiders* usando a influência do cargo que ocupam ou atividades que exercem, e visam gerar benefícios financeiros às pessoas. A legislação brasileira proíbe o uso de informações confidenciais e relevantes por parte de qualquer pessoa, para proveito próprio ou para outrem.

> O *Insider trading* refere-se ao uso indevido de informações privilegiadas para proveito próprio do *Insider* ou de terceiros. Estas informações são obtidas por pessoas que, pela proximidade com a empresa (executivos ou prestadores de serviços), conheçam certos detalhes dos negócios antes do mercado, e decidem negociar as ações da companhia antes que as informações sejam divulgadas a todos os investidores.

A prática de *Insider trading* contraria o princípio econômico de eficiência na formação de preços: *os ativos devem ser precificados no mercado com base unicamente nas informações*

disponíveis ao público. Todas as informações sobre títulos e valores mobiliários devem estar disponíveis a todos indistintamente, e ao mesmo tempo, e ninguém pode ter o privilégio de utilizá-las em proveito próprio ou de outrem, antes que sejam divulgadas.

Assim, o uso de informação privilegiada tem o poder de impedir a livre formação dos preços dos ativos no mercado de capitais; pessoas portadoras de informações privilegiadas e que não sejam de domínio público, podem influir nas cotações dos papéis negociados. Assim, ao operar no mercado motivado por informações relevantes e desconhecidas do público, o *Insider* negocia ativos financeiros por preços bastante lucrativos, que ainda não refletem a informação privilegiada.

Por exemplo, um funcionário do setor financeiro que tenha acesso à negociação ainda sigilosa de fusão da empresa onde trabalha com outra empresa, pode usar essa informação privilegiada para adquirir ações antes da divulgação da notícia ao mercado. Ocorrendo a fusão das duas empresas, o funcionário realiza ganho financeiro pela esperada valorização dos papéis. Da mesma forma, um executivo financeiro que tenha conhecimento privilegiado dos resultados da companhia no exercício, antes de sua publicação aos investidores, pode usar essa informação para proveito próprio comprando ou vendendo ações no mercado.

> Segundo a Instrução nº 358/02 da CVM, *Informação Relevante* é toda e qualquer informação que seja capaz de influir na cotação das ações de uma companhia aberta, nas decisões dos agentes de mercado em negociar (comprar ou vender) ou manter a posse dos papéis, ou ainda nas decisões dos investidores de exercerem seus direitos como titulares dos valores mobiliários emitidos pela companhia aberta. Exemplos de fatos *relevantes*: transferência de controle acionário, definição de pagamento de dividendos, reestruturação de dívidas, entre outros.

Chinese Wall[2] são normas de conduta e segregação de atividades e funções adotadas com o objetivo de assegurar os interesses dos clientes de uma instituição, evitando conflito de interesses e uso de informações privilegiadas para benefício próprio (funcionário ou instituição) na gestão de ativos. O objetivo é separar gestores de ativos próprios da instituição (Tesouraria, por exemplo) e administradores de recursos de terceiros (Fundos de Investimentos, Clubes de Investimentos) visando colocar uma "muralha" na troca de informações.

A segregação na gestão de recursos financeiros de terceiros segue as normas expedidas pelo Banco Central de evitar

---

[1] Toda essa teoria é baseada em diversos trabalhos, destacando-se Joseph Stiglitz, Michael Jensen, George Akerlof e Kenneth Arrow, entre outros.

[2] *Chinese Wall* é um termo usado para exprimir segregação de atividades ou funções em alusão à grande muralha da China, construída para evitar invasão de outros povos.

que os seus administradores passem informações para os gestores de recursos próprios da instituição. É estabelecida assim, por meio de um conjunto de normas e procedimentos internos da instituição, uma barreira conhecida por *Chinese Wall*, que tem por objetivo inibir a comunicação entre as pessoas que trabalham em diferentes atividades de uma mesma instituição.

A *Chinese Wall* é geralmente adotada em instituições financeiras e aplicada a Fundos de Investimentos e outras formas de aplicações financeiras semelhantes que operam com recursos de terceiros, priorizando melhor transparência na relação entre Investidor e Gestor do Fundo.

A segregação de informações cuida, em essência, que determinadas informações geradas em diferentes áreas de uma instituição financeira não estejam disponíveis a funcionários de outras áreas. Da mesma forma, recursos de terceiros aplicados no banco não devem se comunicar com a gestão de recursos próprios. Em princípio, as áreas devem atuar de forma independente uma da outra, evitando com isso problemas de conflito de interesses, acesso a informações privilegiadas e atos fraudatórios.

Por exemplo, o fundo de investimentos de um banco pode subscrever ações da própria instituição como forma de colaborar na recuperação de uma eventual crise pela qual esteja passando, e não como decisão de um bom negócio para os investidores.

8.2 Riscos financeiros

Os principais riscos financeiros atualmente enfrentados pelos bancos em suas atividades de intermediação financeira são classificados da seguinte forma:

- Risco de Variação das Taxas de Juros;
- Risco de Crédito;
- Risco de Mercado;
- Risco Operacional;
- Risco de Câmbio;
- Risco Soberano;
- Risco de Liquidez;
- Risco Legal.

Desde que não seja possível ou, muitas vezes, desejável eliminar totalmente o risco, é importante que a instituição financeira planeje uma boa administração de seus riscos, avaliando o potencial de perda possível associada a um evento (alteração de preços ou de taxas de mercado, por exemplo) e sua respectiva probabilidade de ocorrência.

As perdas de uma instituição se potencializam quando certos eventos ocorrem ao mesmo tempo e de forma conflitante. Por exemplo, se uma instituição financeira atua em mais de um mercado ao mesmo tempo e o comportamento de ambos é contrário à sua posição assumida, isso determina perdas mais relevantes aos resultados do banco.

Ambientes econômicos de altas taxas de juros, associadas a baixa taxa de crescimento da economia, costumam também contribuir para a elevação do risco do crédito.

8.2.1 Risco de variação das taxas de juros

Uma instituição financeira está exposta ao *risco de variação de taxas de juros* quando trabalha descasada de prazos entre seus ativos (aplicações) e passivos (captações).

Admita, *por exemplo*, uma instituição financeira que tenha aplicado $ 100,0 milhões na concessão de créditos com prazo de dois anos. Para financiar estes ativos, o banco captou o mesmo montante de $ 100,0 milhões com prazo de resgate de um ano.

Esta situação demonstra um descasamento de prazos entre ativos (créditos) e passivos (captações) do banco, expondo ao risco de variação das taxas de juros. Quando vencer o passivo, a instituição não terá ainda recebido o capital aplicado, gerando uma necessidade de renovar a dívida. A estrutura temporal dos ativos e passivos do banco apresenta-se:

```
                    ATIVOS
|---------------------------------------------|
0                                          2 anos

           PASSIVOS        "Descasamento"
|------------------------|--------------------|
0                      1 ano
```

Considere que a instituição financeira tenha emprestado os seus recursos cobrando uma taxa de 14% a.a., e captado depósitos a prazo no mercado pagando uma remuneração equivalente a 12% a.a.

Ao **final do primeiro ano** o banco apura o seguinte resultado financeiro:

Receita Financeira do
Empréstimo: 14% × $ 100,0   = $ 14,0 milhões
Despesa Financeira da
Captação: 12% × $ 100,0   = $ 12,0 milhões
MARGEM FINANCEIRA   = $ 2,0 milhões

O resultado do **segundo ano**, no entanto, é incerto. A margem financeira do banco irá depender do comportamento das taxas de juros. Se as taxas sobem, a margem do banco se reduz em razão do maior custo de captação. Ao contrário, uma queda nos juros de mercado se reflete de maneira positiva nos resultados do banco, barateando seu custo de captação e elevando a margem financeira.

Para ilustrar, suponha que os juros de mercado subam um ponto percentual, passando de 12% para 13%. A receita financeira do crédito não sofre alterações, considerando que a instituição financeira aplicou os recursos por dois anos, prazo mais longo que o de captação. No entanto, o banco deverá voltar ao mercado para renovar seu passivo de um ano pagando uma taxa mais elevada, de 13% a.a.

O resultado financeiro do banco no segundo ano atinge $ 1,0 milhão, sendo 50% menor que o apurado no primeiro ano, ou seja:

Receita Financeira do Empréstimo	= $ 14,0 milhões
Despesa Financeira da Captação: 13% × $ 100,0	= $ 13,0 milhões
MARGEM FINANCEIRA	= $ 1,0 milhão

Com isso, o banco perde $ 1,0 milhão de margem no segundo ano pelo descasamento de prazos. Por ter emprestado seus recursos a um prazo mais longo que o de seu passivo, o banco expõe-se ao risco de elevação nas taxas de juros. Nesta estrutura de prazos (prazo de aplicação maior que o prazo de captação), seria melhor para os resultados do banco que as taxas de juros caíssem. *Por exemplo*, se os juros de mercado recuassem um ponto percentual, o custo de captação do banco seria de 11% a.a. e a margem financeira subiria para:

MARGEM FINANCEIRA:
(14,0% – 11,0%) × $ 100,0 = $ 3,0 milhões.

Risco de Reinvestimento – Ocorre sempre que os ativos mantidos por um banco apresentam prazos de vencimento mais curtos, inferiores ao prazo dos seus passivos. A incerteza desse descasamento é identificada na taxa de juros em que os passivos, com menor maturidade, podem ser reaplicados.

Risco de Refinanciamento é verificado quando o prazo dos ativos mantidos pelo banco é superior aos dos seus passivos (fundos captados). A incerteza está na renovação das captações de recursos de terceiros, podendo situar-se em níveis acima da taxa de retorno das aplicações desses fundos.

Em *resumo*, o descasamento de prazos de ativos e passivos expõe o banco ao risco de variação das taxas de juros:

- Quando o prazo do ativo (aplicação) é maior que o do passivo (captação), um aumento dos juros reduz a margem financeira do banco, e uma redução das taxas promove maiores ganhos.
- O contrário se verifica quando o prazo do ativo for menor que o do passivo. Um aumento dos juros permite que o banco renove seus créditos concedidos seguindo as taxas mais altas de mercado, reforçando seus resultados financeiros. Ao contrário, em cenário de queda nos juros as receitas dos ativos (créditos) diminuem, promovendo menor margem financeira.

Resultados do banco diante de oscilações nos juros – Quadro-Resumo

Situação	Taxa de Juro de Mercado	
	Aumenta	Diminui
Prazo de aplicação MAIOR que prazo de captação	Perda	Ganho
Prazo de aplicação MENOR que prazo de captação	Ganho	Perda

O risco de variação de taxa de juro surge geralmente de descasamento de prazos e diferenças de valores. O pressuposto básico é o risco que uma instituição financeira corre em ter o valor de seus títulos de renda fixa modificados, como consequência de variações nos juros de mercado.

Se a taxa de juro sobe no mercado, o valor dos papéis de renda fixa diminui no mercado secundário para que se produza uma taxa de juro maior. Quando este título é um crédito (ativo) da instituição, ocorre uma perda; no caso de ser uma obrigação (passivo) há um ganho, pois a dívida se desvaloriza. O resultado líquido da variação de taxa de juro é medida pela diferença entre a perda (desvalorização do ativo de renda fixa) e o ganho (desvalorização de obrigações).

Ao contrário, se as taxas de juros de mercado diminuírem, o efeito sobre o valor dos títulos será inverso ao descrito na elevação. Com juros menores, o valor de mercado dos títulos cresce de maneira a se ajustar a uma taxa menor. Se o título for um ativo da instituição, ele poderá ser negociado com ganho no mercado. Caso seja um passivo (obrigação), poderá ser liquidado por um preço menor.

A gestão do risco de taxa de juro é feita por meio de operações com derivativos, como contratos futuros, opções, *swaps* e outros instrumentos financeiros, conforme são demonstrados nos Capítulos 17 e 18 ("Derivativos").

8.2.2 Risco de crédito

Risco de crédito é a possibilidade de uma instituição financeira não receber os valores (principal e rendimentos e juros) prometidos pelos títulos que mantém em sua carteira de ativos recebíveis. Como *exemplos* desses ativos, apontam-se principalmente os créditos concedidos pelos bancos e os títulos de renda fixa emitidos pelos devedores.

> O risco de crédito é determinado pela possibilidade de as obrigações de caixa de uma dívida não serem corretamente liquidadas. O risco de crédito existe, em outras palavras, pela possibilidade de um devedor deixar de cumprir com suas obrigações financeiras, seja pela inadimplência no pagamento do principal da dívida, e/ou na remuneração dos juros.

O risco de crédito é afetado pela política de concessão de crédito e gestão de risco e eficiência administrativa da instituição. Os juros cobrados nas operações de crédito pelas instituições financeiras concedentes devem, em essência, atender a três objetivos:

- cobrir todas as despesas administrativas e de pessoal alocadas ao crédito;
- cobrir o risco de crédito determinado pela inadimplência esperada (provisão para devedores duvidosos);
- remunerar os acionistas pelo capital aplicado.

A primeira medida de âmbito mundial voltada à gestão dos riscos de crédito foi o estabelecimento das regras de dimensionamento do capital dos bancos fixadas pelo Banco de Compensações Internacionais (BIS), em 1988. Após essa orientação inicial, seguiram-se diversos outros documentos elaborados pelo BIS, todos eles voltados a reduzir a crescente exposição ao risco das instituições financeiras. Uma forma de gestão de risco é a diversificação dos ativos de crédito, reduzindo a probabilidade de risco de inadimplência da carteira. Uma carteira bem diversificada pode reduzir a inadimplência e, em consequência, o seu risco a um nível mínimo presente em todas as empresas da economia. Capítulos posteriores tratam em detalhes desse assunto, desenvolvendo toda a teoria de carteiras, risco e diversificação.

> **Convenant**
>
> É um acordo firmado entre as partes de um contrato que restringe certas decisões e obriga a execução de outras. O *convenant* é mais utilizado em contratos de financiamentos e seu objetivo é o de proteger os interesses do credor, oferecendo maior garantia de cumprimento de todas as cláusulas contratuais. As obrigações mais comuns de um contrato de financiamento são a limitação na distribuição de dividendos, restrições ao aumento do nível de endividamento e manutenção de um capital de giro mínimo.
>
> Outras obrigações também podem ser exigidas nos contratos, como manter a Contabilidade atualizada, informar todo e qualquer fato relevante que venha a ocorrer, não conceder avais a terceiros e nem oferecer garantias reais, não negociar ativos sem prévia anuência do credor, e assim por diante.

O risco do crédito no mercado financeiro é explicado, entre outras, pelas seguintes importantes origens:

- não pagamento da dívida (*default risk*) por parte do devedor;
- transações de instrumentos de crédito nos mercados futuros e de opções;
- risco legal que envolve o compromisso das partes com a estrutura legal do contrato, legislação do país, entre outros fatores;
- risco-país (risco soberano) que deriva principalmente de aspectos regulatórios, políticos e econômicos;
- carteira de crédito com baixa diversificação, elevando o risco pela concentração dos contratos em termos de perfil do devedor, setor de atividade ou região.

> **Sistema de Informações de Crédito (SCR)**
>
> O Sistema de Informações de Crédito (SCR) foi criado pelo Conselho Monetário Nacional em substituição à Central de Risco de Crédito, sendo administrado pelo Banco Central do Brasil. O sistema foi desenvolvido para que a área bancária do Bacen pudesse melhor controlar as carteiras de créditos das instituições financeiras, permitindo atuar sobre a estabilidade do mercado financeiro e controlar o mercado de crédito.
>
> O sistema é utilizado pela área bancária do Banco Central principalmente com o objetivo de acompanhar as instituições financeiras na prevenção de crises.
>
> O SCR constitui-se em um grande banco de dados onde são inseridas importantes informações sobre os créditos concedidos pelas instituições financeiras, e também dos tomadores de recursos. As informações sobre as operações de crédito são transmitidas ao SCR periodicamente pelas próprias instituições financeiras.
>
> Participam do SCR, entre outras, as seguintes instituições financeiras: Bancos Comerciais e Múltiplos, Bancos de Investimento, Caixa Econômica Federal, Sociedade de Crédito Imobiliário, Sociedade Financeira (SCFI), Associação de Poupança e Empréstimo, Sociedade de Arrendamento Mercantil e Cooperativas de Crédito.
>
> O SCR permite que se identifiquem ainda os tomadores de recursos que pagam seus compromissos pontualmente, o *cadastro positivo* do crédito, contribuindo para que se reduzam os juros cobrados pelos bancos.
>
> Podem acessar as informações do SCR as instituições financeiras participantes do sistema, pessoas físicas e jurídicas tomadoras de empréstimos e financiamentos cadastrados, e as áreas técnicas do Banco Central. Para que uma instituição financeira possa acessar ao sistema, deve ter autorização expressa do cliente.

> **Cadastro positivo**
>
> O cadastro positivo[3] é entendido como um banco de dados que traz informações sobre todo o histórico dos pagamentos realizados, ou que estejam ainda sendo feitos, das obrigações de responsabilidade de pessoas físicas e jurídicas. Por meio desse cadastro, as empresas que oferecem qualquer tipo de crédito podem municiar suas análises com informações mais completas para negociar melhores taxas de juros. Com o cadastro positivo, o consumidor terá uma nota de crédito (*score*) definida de acordo com seu perfil de pagamento; *scores* mais altos indicam perfil de pagamentos em dia que se reflete em melhores condições de taxas.
>
> As informações de pagamentos das obrigações são levantadas junto a bancos (empréstimos, financiamentos e cartões de crédito), crédito imobiliário, varejistas e serviços continuados como eletricidade, água e telefone. As instituições devem fornecer todos os dados financeiros e de pagamentos dos créditos concedidos de seus clientes de crédito com o objetivo de construir um histórico de pagamentos. Essas informações devem ser encaminhadas para os *gestores de banco de dados* (*GBDs*), entidades registradas no Banco Central que atuam no sistema de cadastro positivo.
>
> Os GBDs têm a responsabilidade de armazenar e organizar as informações enviadas pelos consumidores. Com essas informações, podem estabelecer uma nota (*score*) para cada consumidor de acordo com o seu perfil de pagamento.

8.2.3 Risco de mercado

O *risco de mercado* está relacionado com o preço que o mercado estipula para ativos e passivos negociados pelos intermediários financeiros, ou seja, com o comportamento verificado no preço de um bem no dia a dia. Este risco exprime quanto pode ser ganho ou perdido quando da aplicação em contratos e outros ativos diante de mudanças em seus preços de negociação.

Em outras palavras, o risco de mercado pode ser entendido como as chances de perdas de uma instituição financeira decorrentes de comportamentos adversos nos índices de inflação, taxas de juros, taxa de câmbio, indicadores de bolsas de valores, preços de *commodities*, derivativos etc.

Por exemplo, o *Banco Barings*, banco inglês de investimentos, faliu em 1995 devido a oscilações desfavoráveis nos preços de negociação de seus títulos no mercado. O banco apostou alto na subida do Índice Nikkei, índice da bolsa de valores do Japão, e diante dessa expectativa de valorização fez vultosos investimentos no mercado futuro, algo em torno de US$ 8 bilhões. O comportamento do mercado agiu derrubando o índice Nikkei, e o banco titular dos contratos futuros perdeu mais de 15% do capital aplicado. Como essa perda superou seus recursos próprios, o *Banco Barings* tornou-se insolvente, sendo sempre referenciado na literatura financeira como um exemplo típico de risco de mercado.

Se o mercado tivesse se comportado de forma a elevar o Índice Nikkei, evidentemente o *Barings* teria apurado enormes ganhos e teria outra situação nos dias de hoje. O risco de mercado se destaca nesse exemplo pela posição que o banco assumiu – apostou forte na alta de um ativo –, e os seus preços de negociação caminharam para uma situação oposta à prevista. Quanto mais voláteis se apresentarem os preços dos ativos (títulos de renda fixa, ações, derivativos, *commodities* etc.), mais altos serão os riscos de mercado das instituições financeiras que operam na expectativa de determinado comportamento em seus preços. Essa situação exige que se acompanhe diariamente o valor dos ativos negociáveis, atualizando sempre seus resultados e posições futuras.

A *marcação a mercado* (MM) tem por objetivo revelar o efetivo valor econômico dos ativos e passivos no momento corrente. Esse valor, quando se apresentar diferente dos valores contratados no momento da compra ou venda, pode revelar uma perda de posição econômica do banco.

Se as taxas de juros de mercado subirem em determinado momento, esta variação dos juros irá reduzir o valor (presente) do título. Seus fluxos futuros esperados de caixa (rendimentos) em cenário de elevação dos juros reduzem o valor de negociação do título. Sempre que as taxas de juros aumentam, o valor de mercado dos ativos diminui, apurando uma perda econômica para o banco.

Se a perda econômica dos ativos superar a dos passivos, o banco corre o risco de se tornar *insolvente*.

A metodologia amplamente adotada para a gestão do risco de mercado é o *Valor no Risco (VaR)*.[4]

8.2.3.1 VaR - Valor no Risco

O VaR é um método de fácil compreensão e amplamente utilizado para gestão, mensuração e controle dos diversos riscos de mercado. Por meio de técnicas estatísticas, o VaR mensura, em condições normais de mercado e considerando um certo grau de confiança num horizonte de tempo, a perda esperada máxima de um título ou de uma carteira de títulos.

---

[3] O cadastro positivo foi criado em 2011 (Lei nº 12.414) e sofreu alterações em 2019 por meio da Lei Complementar nº 166.

[4] *Value at Risk*. Sobre o assunto, recomenda-se: KIMURA, Herbert et al. *Value at risk*: como entender e calcular o risco pelo VaR. São Paulo: Inside Books, 2008.

A apuração do VaR exige a definição da perda máxima potencial de uma carteira, de um intervalo de tempo e do nível (intervalo) de confiança desejado.

A fixação do intervalo de confiança depende do conservadorismo da instituição financeira. O objetivo do VaR é estimar a probabilidade de o verdadeiro valor situar-se no intervalo de confiança definido.

Por exemplo, uma instituição financeira pode apurar que o VaR de sua carteira, para um determinado mês, é de $ 20 milhões, a um grau de confiança estabelecido de 97%. Esta medida apurada indica que há 3% de probabilidade de ocorrerem perdas na carteira superiores a $ 20 milhões, ou 97% de chance de se verificarem perdas máximas de $ 20 milhões, no intervalo definido de um mês.

- Mensuração do Risco da Carteira
    - VaR = $ 3 milhões
    - Período = 5 dias
    - Nível de Confiança = 98%
- Interpretação

    Em condições normais de mercado e ao longo de cinco dias:

    - há 2% de probabilidade de ocorrerem perdas na carteira em montante superior a $ 3 milhões; ou
    - há 98% de probabilidade de ocorrerem perdas máximas de $ 3 milhões na carteira.

De outra maneira, pode-se entender o VaR como uma medida que evidencia a exposição da carteira ao risco de mercado, bem como suas chances de perdas. É uma medida que resume a perda máxima esperada, facilitando bastante a compreensão do risco de uma carteira.

8.2.4 Risco operacional

A gestão de risco pode ser entendida como um processo de medição e controle dos riscos presentes nas atividades normais de uma organização. O gerenciamento envolve pessoas, sistemas e padrões de controle.

O *risco operacional*, por seu lado, é o risco de perdas (diretas ou indiretas) determinadas por erros humanos, falhas nos sistemas de informações e computadores, fraudes, eventos externos, entre outras causas. Ou seja, é a perda estimada caso a gestão de riscos não atinja seu objetivo de evitar perdas. No contexto de atuação de um banco, o risco operacional pode se originar de três segmentos: pessoas, processos e tecnologia.

A atuação de pessoas é crítica na gestão dos bancos, podendo representar, em muitos casos, a variável mais relevante de risco. Erros e fraudes são oriundos de transações e decisões envolvendo pessoas, muitas vezes influenciadas por pressões administrativas, fixação de metas ousadas, manuseio de grande quantidade de dinheiro etc. Estes erros são geralmente minimizados por meio de um sistema mais rígido de controles internos.

Além dos erros e fraudes de funcionários, é considerado ainda no estudo o risco de capacitação das pessoas, cuja origem pode ser atribuída a falhas no processo de seleção e recrutamento e também a deficiências na política de treinamento interno.

Ao mesmo tempo em que a inovação tecnológica trouxe ganhos aos bancos, principalmente os ganhos de escala e escopo, essa evolução trouxe também um risco verificado sempre que deixa de funcionar adequadamente.

As transações dos bancos, envolvendo compra e venda de dinheiro, são geralmente feitas por sistemas eletrônicos de forma *on-line*. Normalmente, esses sistemas funcionam com eficiência; porém, podem ocorrer falhas ou erros nas transmissões, deixando de registrar mensagens relevantes para o sucesso das operações. Embora essas falhas sejam pouco frequentes, quando ocorrem costumam promover fortes turbulências nas instituições e em todo o sistema financeiro.

Uma instituição necessita, como garantia de sua eficiência e identificação de seu risco operacional, de um bom sistema eletrônico de controle e acompanhamento de suas operações. Os processos devem sempre ser revistos e atualizados de maneira a reduzir as possibilidades de falhas.

Uma área mais recente incorporada ao risco operacional é o risco de mudanças nos procedimentos legais e práticas do mercado financeiro. *Por exemplo*, alterações repentinas nas exigências mínimas de garantias para operar com determinado instrumento financeiro exigem do investidor uma nem sempre disponível alta liquidez.

A gestão do risco operacional costuma embutir algumas dificuldades adicionais em sua definição. Não é simples um entendimento menos questionável de risco operacional, principalmente ao se tentar separar este tipo de risco financeiro de eventos incertos geralmente presentes nas atividades de um banco. *Por exemplo*, uma inadimplência pode ser atribuída ao risco padrão esperado do crédito ou a erro humano presente na avaliação da concessão do crédito.

A desconsideração, ou minimização da importância do risco operacional, pode determinar perdas elevadas às instituições financeiras. Crouhy, Galai e Mark[5] descrevem

---

[5] CROUHY, Michel; GALAI, Dan; MARK, Robert. *Gerenciamento de risco*. São Paulo: Qualitymark: SERASA, 2004. (p. 424).

as lições de risco operacional extraídas do caso do *Banco Barings*. Na colocação dos autores:

- a gerência deve conhecer plenamente os negócios sob sua responsabilidade;
- toda responsabilidade pelas atividades da empresa deve ser claramente definida e comunicada;
- devem ser estabelecidos controles internos relevantes e gestão de risco independente, cobrindo todas as atividades da organização;
- a alta administração e o Conselho Fiscal devem oferecer rápida solução às deficiências identificadas.

8.2.5 Risco de câmbio

Ao operar com investimentos no exterior, a instituição financeira expõe-se, além de outros riscos (taxas de juros, crédito etc.), também ao risco de câmbio.

Por exemplo, se uma instituição financeira no exterior utilizar seus recursos próprios para adquirir títulos da dívida brasileira no mercado, irá incorrer em quatro tipos de riscos financeiros:

- risco de variação das taxas de juros;
- risco de crédito;
- risco de câmbio;
- risco soberano.

O *risco de câmbio* surge quando uma instituição que tenha aplicado no exterior, por exemplo, verifica a tendência de a moeda desse país se desvalorizar em relação à moeda de sua economia, determinando um retorno menor na operação. Este risco pode também ser chamado de risco de variação cambial.

A possibilidade de desvalorizações cambiais em países emergentes, como o Brasil, tem gerado grandes preocupações nos investidores. Por exemplo, uma depreciação do real em relação ao dólar promove o ingresso de menos dólares ao aplicador e maior desembolso ao devedor em dólar.

Pode-se entender ainda o risco cambial pelo descasamento de posições em moedas estrangeiras de ativos e passivos de uma instituição financeira.

Muitas vezes esta desvinculação temporal é rentável ao banco, porém desde que se verifiquem as projeções efetuadas. *Por exemplo*, manter ativos em euros e passivos em dólares traz um ganho financeiro adicional à instituição financeira na expectativa de a moeda norte-americana se desvalorizar perante o euro. O acerto desta previsão produz maior retorno ao banco; um comportamento diferente do mercado, no entanto, provocado por alguma crise ou volatilidade nos preços, pode produzir significativas perdas.

A *posição de câmbio* refere-se ao resultado, apurado em determinada data, das operações de compra e venda de moedas estrangeiras (ou de títulos que expressam essas moedas) realizadas por uma instituição financeira no mercado de câmbio. A posição de câmbio pode se apresentar ativa (*comprada*) ou passiva (*vendida*).

Uma instituição financeira apresenta uma **posição ativa líquida** ou posição de câmbio comprada quando possui mais ativos expressos em determinada moeda que passivos (obrigações). A diferença é coberta por recursos em outra unidade monetária. Por outro lado, quando a instituição tem mais passivos que ativos referenciados em determinada moeda, diz-se apresentar uma **posição passiva líquida**.

> Uma *posição ativa* (ou comprada) é reconhecida quando a instituição financeira tenha adquirido, no mercado à vista ou mercado futuro, moedas estrangeiras em volume maior que as vendas realizadas. A *posição de câmbio vendida*, ao contrário, verifica-se quando a instituição tenha realizado vendas de moedas estrangeiras em montante superior às compras.

Posição de câmbio é a posição que uma instituição financeira mantém em moeda estrangeira como resultado líquido de todas as transações realizadas no período (remessas, ingressos etc.). De acordo com norma do Banco Central, a posição cambial é medida pela diferença entre o total dos ativos expressos em moeda estrangeira e o total do passivo na mesma moeda.

De forma mais ampla, a autoridade monetária acrescenta a posição futura líquida no cálculo da Posição de câmbio,[6] adotando a seguinte formulação:

POSIÇÃO DE CÂMBIO = (AME – PME) + (CCL – CVL)

Onde:

AME = Ativo Total em Moeda Estrangeira;

PME = Passivo Total em Moeda Estrangeira;

CCL = Total de Compra Moeda Estrangeira Contratada e Não Liquidada;

CVL = Total de Venda Moeda Estrangeira Contratada e Não Liquidada.

Uma posição cambial é denominada *Comprada* quando o total das operações de compra realizadas pela instituição financeira supera as de venda; a posição é *vendida* quando o

---

[6] Banco Central do Brasil. NAP – Norma de Aplicação Permanente, Art. 4, 17-7-2012.

volume total de compras for inferior ao de vendas; a posição será definida como *nivelada* quando o total das compras for igual ao das vendas.

Uma instituição (ou investidor) mantém uma posição comprada de câmbio quando prevê que moeda estrangeira irá se valorizar em relação ao seu preço atual, sugerindo a realização de ganho. Ao contrário, em cenário de redução da cotação da moeda, o detentor da posição vendida apura um ganho em razão de poder comprar moeda com preços em queda. *Por exemplo*, ao apostar em queda do dólar norte-americano (US$) em relação ao Real (R$), um investidor brasileiro pode formar uma posição vendida com a moeda estrangeira com o intuito de apurar um ganho com a sua esperada desvalorização. Com a mesma quantidade de R$, o investidor pode adquirir um volume maior de US$.

Outro exemplo. Admita que um banco adquira US$ 10,0 milhões de um cliente exportador de *commodities*, aplicando esses recursos em um banco dos EUA em dólares. Com isso, o banco forma uma posição comprada em dólar. Se a taxa de câmbio se valorizar (ou, o que é o mesmo, o R$ se desvalorizar perante o dólar), o banco aufere um ganho com o aumento; caso a taxa de câmbio se reduza, há uma perda.

Na suposição de o banco ter de captar US$ 15,0 milhões para repassar como crédito a um cliente, a instituição passa para uma posição vendida em dólar. Nessa posição, o ganho do banco ocorre se a taxa de câmbio cair (desvalorizar).

Para se proteger deste risco de descasamento de moeda, a instituição financeira deve procurar trabalhar com ativos e passivos expressos em mesma moeda. O descasamento de moeda de ativos e passivos sugere um risco cambial, da mesma forma que o descasamento de prazo expõe um banco ao risco de variação de taxas de juros.

8.2.6 Risco soberano

Ao operar em outros países, uma instituição financeira se expõe também ao denominado risco soberano, determinado principalmente por restrições que o país estrangeiro pode impor aos fluxos de pagamentos externos. Essas restrições podem ocorrer em termos de volume máximo de pagamento, tipo de moeda ou, até mesmo, da decretação de moratória de dívidas.

Por exemplo, um agente pode apresentar condições de resgatar uma dívida externa em moeda forte, porém as autoridades monetárias locais, por desequilíbrio das contas externas, podem limitar as transferências de reservas monetárias. Nesse caso, o agente econômico devedor fica dependente da situação do país, devendo seguir orientações das autoridades para efetuar o pagamento.

O risco soberano pode ainda ser entendido como um tipo de *risco de crédito*. A decisão de um governo em declarar unilateralmente a suspensão de qualquer pagamento de dívida em moeda estrangeira a credores externos é uma explicação clara de risco soberano. Nesse caso, para agravar mais a situação, percebe-se que não há tribunais internacionais competentes para julgar pedidos de falência de qualquer nação do mundo. Os recursos dos credores para acionar um governo devedor são bastante limitados.

Dessa forma, nas operações com países estrangeiros, deve ser avaliado, além do risco de crédito do tomador de recursos, o risco soberano do país no qual se situa o devedor. A qualidade dos dois riscos deve ser boa para a operação ser aprovada.

A taxa de juros desta decisão deve conter um prêmio pelo risco do tomador e também um prêmio pelo risco soberano. Mesmo que o tomador tenha o crédito aprovado, a operação pode não se realizar se o risco soberano for elevado. Saunders[7] defende que as considerações de risco soberano devem prevalecer sobre as considerações de risco de crédito privado em decisões de empréstimos no exterior.

> Risco soberano é entendido como o risco que um investidor corre ao aplicar seus recursos em um país estrangeiro, de proibições ou limitações internas legais dos residentes em fazer qualquer pagamento a credores externos, de principal e juros.
>
> Assim, uma aplicação em um país estrangeiro (empréstimo ou investimento) envolve, entre outros riscos:
>
> - risco de crédito do tomador da aplicação;
> - risco soberano da economia de destino dos recursos.
>
> Mesmo que a qualidade de crédito do tomador seja considerada boa, o risco soberano elevado pode inviabilizar a operação.

Risco Soberano e Risco-país

De forma resumida, pode-se entender que o *risco-país* (ou *country risk*) envolve todos os devedores de um país – governo e setor privado – e o *risco soberano* se restringe ao devedor público (Governo).

Tanto o risco-país como o risco soberano costumam ser mensurados pelo mercado por meio de pontuações divulgadas por empresas de *ratings* (Moody's, Standard & Poor's, Fitch, entre outras). Estas agências divulgam suas avaliações sobre o risco de um país (empresas ou títulos) focadas na

---

[7] SAUNDERS, A. *Administração de instituições financeiras*. São Paulo: Atlas, 1997. p. 301.

qualidade do emitente do título em cumprir corretamente com suas obrigações de pagamentos (principal e juros).

O banco de investimentos JP Morgan Chase desenvolveu uma metodologia de se apurar o risco-país de mercados emergentes por meio de índices conhecidos por *EMBI*, *EMBI+*, *EMBI+Br* e *EMBI GLOBAL*, conforme estudados no Capítulo 7.

EMBI significa *Emerging Market Bond Index* (Índice de Títulos de Dívidas de Mercados Emergentes), criado em 1992. O cálculo desse índice durou até 2002, quando foi cancelado.

O *EMBI+* foi desenvolvido em 2003, sendo atualmente o índice de risco de mercados emergentes mais utilizado. Este índice reflete o retorno de uma carteira teórica de títulos de economias emergentes, sofrendo ajustes frequentes em seus preços. Apesar de o mercado expressar muitas vezes o *EMBI+* como medida de risco-país, ele é mais corretamente entendido como risco soberano, por considerar preferencialmente os instrumentos de dívidas dos governos (títulos *bradies*, eurobônus e empréstimos em dólares).

> O *risco soberano* é medido considerando os títulos de dívida soberanos de um país, geralmente de longo prazo. Expressa, em outras palavras, os fundamentos econômicos de um país.
>
> O *risco-país* é formado por títulos também privados e de menor maturidade. O Banco Central indica que o risco soberano tende a apresentar maior estabilidade, sofrendo menos influências de fatores de curto prazo. No entanto, é possível ser constatada a alta correlação entre estas duas medidas de risco: *ratings* soberanos mais elevados tendem a projetar risco-país mais baixo, e vice-versa.

O *EMBI+* é calculado por pontos base, indicando quanto um título paga acima do prometido pelo *T-Bond (Treasury Bond)* emitido pelo Tesouro dos EUA. *Por exemplo*, se o índice *EMBI+* do Brasil for de 236 pontos base, entende-se que os títulos nacionais, emitidos pelo Governo, remuneram os investidores 2,36 pontos percentuais acima do título norte-americano.

Assim, se o *T-Bond* pagar 4,5% ao ano, um título do governo brasileiro deve pagar 6,86% ao ano (4,5% + 2,36%). A publicação do *rating* de crédito repercute diretamente sobre a cotação dos títulos emitidos.

O *EMBI+Br* tem por objetivo expressar o comportamento dos títulos da dívida externa brasileira. A relação entre os retornos desses títulos e dos títulos emitidos pelo Tesouro dos EUA, admitidos como livres de risco, é denominada pelo mercado *Spread over Treasury*. Por meio desse índice, os agentes econômicos avaliam a capacidade do país em honrar seus compromissos financeiros; quanto mais elevado for o *EMBI+Br*, maior o risco do crédito e mais altas devem ser as taxas de juros oferecidas ao capital estrangeiro.

O *EMBI GLOBAL* considera um número maior de títulos de dívida de economias emergentes, assumindo maior representatividade.

Os *ratings* de crédito são divulgados pelas agências especializadas por meio de escalas, permitindo uma medida padrão para se avaliar o risco do crédito e dos emitentes.

Interessante destacar que as despesas com juros externos do Brasil não se elevam conforme aumenta o risco de seus títulos de dívida. Os encargos financeiros foram fixados por ocasião do lançamento dos títulos. *Por exemplo*, se o Brasil lançar um título por 7 anos de prazo, prometendo pagamento de juros de 8% ao ano, essa taxa deve prevalecer sem qualquer alteração até o vencimento do papel.

As alterações no risco de crédito do país e, em consequência, nas taxas de juros dos títulos de dívida, irão ressoar somente no mercado secundário, na aquisição dos títulos por novos investidores. Caso o risco-país aumente, o preço de mercado do título se desvaloriza, oferecendo um retorno maior ao investidor de forma a compensar o maior risco; em caso de redução do risco, o preço de negociação no mercado secundário aumenta, ajustando o retorno do título ao novo patamar de risco.

O indicador de risco de crédito é uma referência relevante para se definir novas emissões de títulos de dívidas no mercado financeiro internacional. Uma redução no risco-país permite que tanto o setor público como o privado possam acessar taxas menores de juros em suas captações de recursos externos. O risco-país representa, em outras palavras, a percepção que os investidores externos têm em relação às perspectivas da economia do Brasil, se traduzindo em maiores ofertas ou restrições de capitais.

8.2.7 Risco de liquidez

O *risco de liquidez* está relacionado com a disponibilidade imediata de caixa diante de demandas por parte dos depositantes e tomadores (titulares de passivos) de uma instituição financeira. Quando os recursos de caixa disponíveis de um banco são minimizados por não produzirem retornos de juros, o risco de liquidez aumenta pela possibilidade de retiradas imprevistas dos depositantes do banco. Nesses casos, deve a instituição ter a flexibilidade de poder captar recursos adicionais no mercado sempre que essas retiradas se verificarem.

Por outro lado, diante de instabilidade de mercado ou mesmo de uma avaliação negativa da própria instituição, podem ocorrer solicitações de saques em montante superior ao normal, deflagrando uma efetiva crise de liquidez no banco. Nesses casos, o custo de captação dos bancos para cobrir essas retiradas imprevistas eleva-se e, ao mesmo tempo, há uma natural retração de oferta de fundos aos bancos. Essa situação descreve uma crise de liquidez ainda mais grave, obrigando a instituição a vender seus ativos, geralmente a preços mais baixos, para lastrear as retiradas exigidas pelos titulares de passivos.

O extremo dessa crise de liquidez verifica-se quando todos os titulares de passivos passam também a solicitar, ao caixa da instituição, a retirada de seus fundos aplicados, podendo levar o banco à falência.

Uma outra abordagem do risco de liquidez em instituições financeiras relaciona-se à liquidez apresentada por seus ativos ou pelo mercado em geral. O risco de liquidez neste enfoque surge quando não é possível a um banco concretizar uma negociação, pelos preços vigentes, em razão de a operação exceder em volume ao geralmente praticado no mercado. A liquidez do mercado se fará presente quando todo agente puder praticar negociações, em qualquer volume, sem que isso venha a afetar a estabilidade do mercado ou causar alterações relevantes nos preços praticados.

> A *liquidez* mede a facilidade com que um ativo se converte em caixa a qualquer momento. A liquidez de um banco é determinada pelos fundos mantidos disponíveis em caixa voltados a atender a todos os seus pagamentos. Uma característica dos bancos é a sua alta alavancagem, ou seja, o elevado financiamento por meio de recursos de terceiros.
>
> O Bacen exerce controle sobre a liquidez bancária por meio da definição dos percentuais de depósitos compulsórios que devem ser mantidos indisponíveis na instituição. Esses compulsórios recolhidos pelo Banco Central são calculados sobre os depósitos recebidos (captações) pelos bancos.
>
> A *insolvência* é decorrente da insuficiência de capital próprio para lastrear perdas nos ativos. Por exemplo, uma instituição financeira torna-se insolvente ao registrar perdas em operações com derivativos maiores que o patrimônio líquido mantido.

8.2.8 Risco legal

O *risco legal* vincula-se tanto à falta de uma legislação mais atualizada e eficiente com relação ao mercado financeiro como a um eventual nível de desconhecimento jurídico na realização dos negócios.

Um outro aspecto inerente ao risco legal é a falta de padronização jurídica e termos nos contratos financeiros elaborados em diferentes países, dificultando as transações internacionais.

Potenciais perdas decorrentes do risco legal podem também ser identificadas na incerteza da qualidade da aplicação da lei, descumprimento de contratos, contratos firmados mal elaborados e confusos, e assim por diante. Os principais tipos de risco legal são: Risco de Litígio, Risco Regulatório e Risco de Fraude.

8.2.9 Outros riscos

Os riscos descritos acima cobrem uma parte importante dos existentes nos modernos intermediários financeiros. O risco é um fator natural da atividade de intermediação financeira, e ele deve sempre estar associado ao retorno. Sem risco não há retorno, e todo retorno envolve incorrer em risco.

As mudanças nos mercados financeiros em todo o mundo, verificadas principalmente a partir da década de 1960, como a introdução de taxas cambiais flutuantes, revolução tecnológica, globalização da economia, operações financeiras mais complexas e arriscadas envolvendo derivativos, entre outros fatores, aumentaram a volatilidade dos mercados e expuseram as instituições financeiras a maiores e, também, novos tipos de riscos.

Neste ambiente, permanece a preocupação com a capacidade dos bancos em se protegerem desses riscos, principalmente por meio da criação de uma enorme quantidade de novos instrumentos financeiros voltados para o seu gerenciamento.

8.3 *Compliance* e risco de *Compliance*

Compliance[8] pode ser entendido como estar em conformidade com as normas e procedimentos legais impostos às instituições. Significa atender ao que for determinado por leis e cumprir regulamentos internos e externos de responsabilidade da instituição.

Diz-se que uma instituição está em *Compliance* quando tem como objetivo principal o cumprimento das leis e decide ainda implantar procedimentos que assegurem o atendimento das normas aplicáveis em geral.[9]

Os riscos de *Compliance* (conformidade), como exposto pelo BIS,[10] são representados pelas sanções legais ou regulatórias possíveis de serem aplicadas a uma instituição diante de alguma falha no cumprimento da aplicação de leis, regulamentos e código de conduta.

O *Compliance* complementa a função de Auditoria Interna em uma organização, estabelecendo um trabalho em conjunto. Para certificação do cumprimento das

---
[8] *Compliance*: verbo em inglês *to comply*, que significa "cumprir", "executar", "atender ao que foi determinado".
[9] Sobre o assunto, recomenda-se: Documento Consultivo: "A Função de *Compliance*". ABBI/FEBRABAN – 2004.
[10] BIS – *Bank for International Settlements*, conforme tratado no Capítulo 3, item 3.7.3.

normas, regulamentações e processos de uma organização, a Auditoria desempenha uma atividade independente, de consultoria, trabalhando de forma aleatória e utilizando técnicas estatísticas de amostragem.

O *Compliance*, por seu lado, executa seu trabalho de forma permanente, apresentando-se como responsável pela certificação de que as diversas áreas da empresa estejam atendendo a todas as regras e normas aplicáveis.

A necessidade de estar em *Compliance* é decorrente de uma série de eventos, que exigiram maiores controles nas organizações. Alguns eventos recentes mais relevantes são apontados a seguir:

- Acordo de Basileia, que estabeleceu, entre outras recomendações, padrões para definição do capital mínimo das instituições financeiras e a divulgação de princípios para uma supervisão bancária eficiente;
- evidência da fragilidade do sistema de Controles Internos das instituições financeiras, culminando com a falência do Banco Barings (1995);
- falhas significativas nos controles internos de empresas como Enron e WorldCom, culminando também com a falência dessas companhias;
- publicação da lei *Sarbanes-Oxley* pelo Congresso dos Estados Unidos.

Os principais benefícios da função de *Compliance* em uma organização podem ser resumidos:

- evita o descumprimento de leis e normas e de suas consequências punitivas;
- protege a imagem da empresa perante o mercado, colaborando para a formação de seu caráter ético;
- colabora na formação de uma cultura de controle interno e cumprimento dos regulamentos aplicáveis a cada unidade;
- desenvolve uma relação mais transparente e de atendimento imediato com os órgãos reguladores e fiscalizadores;
- avalia a observância de princípios éticos e normas de conduta.

8.4 Governança Corporativa e os Comitês de Auditoria

As empresas, de uma maneira geral, e em especial as instituições financeiras, estão se adaptando às novas exigências de mercado de monitoramento de seus valores e padrões de comportamento.

Após os escândalos financeiros referenciados acima, envolvendo grandes e reconhecidas corporações, passou a ser uma preocupação dos governos de todo o mundo o relacionamento entre acionistas, Conselhos Fiscal e de Administração, Diretoria e Auditoria das empresas.

Neste contexto, foram estabelecidas as ideias fundamentais daquilo que se denomina de **Governança Corporativa**. Pode-se entender a Governança Corporativa como a preocupação pela transparência da forma como uma empresa deve ser dirigida e controlada e sua responsabilidade nas questões que envolvem toda a sociedade.

Em outras palavras, a Governança Corporativa é um sistema de valores que rege as empresas, tanto em suas relações internas como externas.

Um dos pilares da Governança Corporativa é a criação dos Comitês direcionados a controlar as diversas áreas da empresa. Uma dessas áreas selecionadas é a Auditoria, que revela grande importância, pois é responsável pela qualidade das informações econômico-financeiras da sociedade refletidas nos demonstrativos contábeis.

Nos Estados Unidos, todas as empresas de capital aberto são obrigadas a manterem um Comitê de Auditoria com o intuito de atribuir maior transparência aos acionistas das companhias em suas operações e a aprimorar os trabalhos de seus Conselhos.

No Brasil, a legislação dispõe da obrigatoriedade de constituição de Comitês de Auditorias somente para Instituições Financeiras (resolução do Banco Central).

Apesar dessa não obrigatoriedade da criação de Comitês de Auditorias para empresas não financeiras, a Comissão de Valores Mobiliários e o Instituto Brasileiro de Governança Corporativa (IBGC) vêm, por meio de documentos próprios, destacando a sua importância para as companhias brasileiras, e recomendando fortemente a sua criação.

A função básica do *Comitê de Auditoria* é a de supervisionar e controlar a Contabilidade, os procedimentos de elaboração das demonstrações contábeis e a auditoria efetuada, tendo sempre por objetivo a transparência das informações e os atos da Administração.

Os Comitês de Auditoria são compostos por membros dos Conselhos de Administração e por profissionais com vivência em Finanças e Contabilidade contratados no mercado, sendo sua competência e responsabilidade (exceto para instituições financeiras) determinadas pela própria companhia, por meio de seus estatutos sociais ou por regulamento preparado pelo Conselho de Administração.

Os Comitês de Auditoria têm dado maior segurança aos acionistas, garantindo que os reflexos das decisões empresariais estejam corretamente refletidos nas demonstrações contábeis.

8.5 Lei *Sarbanes-Oxley* (SOX)

A lei conhecida por *Sarbanes-Oxley*,[11] editada em 2002 pelo Congresso dos Estados Unidos, veio como uma resposta do Governo aos diversos escândalos empresariais ocorridos (como a falência de grandes companhias como a Enron e a WorldCom em 2000) que atingiram a credibilidade dos mercados financeiros em todo o mundo.

A insolvência dessas empresas é grave para a economia dos EUA, principalmente pelo fundamento do mercado acionário que se apoia na cultura de companhias abertas com ações negociadas livremente em bolsas de valores.

O mercado acionário capta imensos volumes de recursos que financiam o crescimento da economia e, ao mesmo tempo, se apresenta como uma importante alternativa de aplicação das poupanças das famílias norte-americanas.

A quebra de grandes empresas ocorrida abalou a credibilidade dos valores de mercado em todo o mundo, e a *Sarbanes-Oxley* foi um esforço no sentido de recuperar a confiança dos investidores.

A lei torna as boas práticas de governança corporativa e os bons princípios éticos obrigatórios, visando garantir ao mercado maior transparência nos resultados das empresas. A *Sarbanes-Oxley* atinge todas as companhias dos EUA e, a partir de 2005, também todas as companhias estrangeiras com ações negociadas no mercado financeiro norte-americano.

A rigidez da legislação determinou a necessidade de muitas companhias em reavaliarem suas estruturas para adotarem as novas regras estabelecidas. Além da exigência de maior transparência contábil, as companhias foram pressionadas a adotarem estratégias competitivas de criação de valor e maior crescimento e participação de mercado.

A *Sarbanes-Oxley* agrupa diversas medidas visando a criação e aperfeiçoamento dos controles Internos, Administrativos, de Auditoria e de Risco das empresas. É objetivo principal da SOX, com esses procedimentos, inibir toda e qualquer prática lesiva aos interesses dos acionistas, como expô-los a riscos mais elevados. Em essência, a lei impõe maiores responsabilidades aos executivos das empresas, introduz práticas mais exigentes de auditoria, contabilidade e governança corporativa, institui punições severas contra fraudes corporativas e dispensa maior autonomia ao segmento de auditoria.

Os controles internos das empresas devem ser executados pela Diretoria e pelo Conselho de Administração da companhia, sendo responsáveis pela confiabilidade dos relatórios financeiros, adequado cumprimento da legislação e regulamento aplicáveis à eficácia do sistema de controle. Os administradores, de acordo com a *Sarbanes-Oxley*, devem estar cientes de todas as informações da companhia disponibilizadas aos acionistas e mercado financeiro e, também, assumir responsabilidade pela sua precisão e probidade.

Os administradores financeiros, ainda por exigência da nova legislação, deverão ser responsabilizados de que os relatórios financeiros produzidos pela companhia tenham sido convenientemente revisados, não contenham declarações falsas ou omissões, incluam todos os fatos relevantes e reflitam, de maneira adequada, a efetiva posição patrimonial e financeira da empresa.

Uma das medidas mais importantes da reforma contábil determinada pela *Sarbanes-Oxley* foi a criação de uma nova agência federal – *Public Company Accounting Oversight Board* (PCAOB) – sob supervisão da SEC e com representação do setor privado. Esta agência foi constituída com poderes de fiscalização, regulamentação e punição das atividades de auditoria e dos auditores.

As empresas que se negarem a adotar os princípios e os procedimentos previstos na lei *Sarbanes-Oxley* em toda a sua extensão poderão ser prejudicadas em razão de uma maior exposição a fraudes, repercussão de uma imagem desfavorável no mercado com reflexos sobre o valor de negociação de suas ações e, ainda, sofrerem penalidades legais previstas, principalmente da *Security Exchange Commission* (*SEC*), a CVM dos EUA.

A SOX no Brasil se aplica às companhias que tenham ações (e outros valores mobiliários) negociadas no mercado de capitais dos EUA. Apesar de inicialmente restrita aos EUA, a lei *Sarbanes-Oxley* atende aos interesses de todas as economias, prevendo-se sua ampla adoção pelos mercados de capitais globais.

8.6 Acordo de Basileia

O Comitê de Basileia apresenta-se como a maior fonte de regulamentação da atividade bancária no mundo. Suas publicações são entendidas como propostas de normas de conduta e diretrizes de supervisão, estimulando sua adoção em todos os mercados. Não possui, e também não é seu propósito, nenhuma força legal. O Comitê de Basileia para Supervisão Bancária elaborou, como consequência de um processo de negociação dos principais bancos centrais internacionais, um importante documento denominado *Acordo de Capital de Basileia* (1988),[12] destinado a regulamentar os capitais dos bancos em todo o mundo. O Acordo foi originalmente assinado pelos principais bancos centrais do mundo.

---

[11] Referência aos congressistas norte-americanos responsáveis por sua elaboração: Paul S. Sarbanes e Michael Oxley.

[12] *International Convergence of Capital Measurement and Capital Standards*.

Esse documento, conhecido também por *Acordo de Basileia I*,[13] promoveu a eliminação de diversas regulamentações presentes nos bancos internacionais que proporcionavam diferentes vantagens competitivas. O documento propõe diversas regras voltadas à adequação do capital dos bancos em todo o mundo ao novo ambiente dos mercados financeiros, estabelecendo uma capitalização mínima nas instituições financeiras. Apesar de esse primeiro acordo firmado ser apenas um tratado de intenções, foi amplamente aceito pelos mercados financeiros e tornou-se uma referência para todos os bancos com atuação mundial. Os bancos centrais signatários do documento conseguiram transformar em leis, em seus respectivos países, as recomendações firmadas, contribuindo para a estabilidade e solidez das instituições financeiras.

> Basileia é uma cidade localizada na Suíça, onde fica a sede do *Bank of International Settlements* (BIS), instituição que atua como Banco Central dos bancos centrais das principais economias do mundo. Em 1998, representantes de diversos países definiram um conjunto de regras aos bancos voltadas a oferecer maior segurança a todo o sistema financeiro. Estabelecem-se, assim, o primeiro acordo de Basileia, conhecido por *Basileia I*.

O *Acordo de Basileia I* definiu critérios para mensuração principalmente do risco do crédito e risco de mercado, e definiu um capital mínimo necessário aos bancos para financiar seus ativos de risco. Para tanto, foi proposto um capital próprio mínimo de 8% calculado sobre os ativos ponderados pelo risco (APR) mantidos pelos bancos. Isso significa que, para cada $ 100 de aplicações realizadas, o banco deve manter $ 8 (8%), no mínimo, em capital próprio. Os procedimentos de ponderação foram definidos pelo próprio Comitê.

Essa regulamentação sobre a adequação do capital dos bancos em relação ao ativo ponderado pelo risco (APR), denominada *índice de capitalização* dos bancos (Capital Próprio/APR), tem por objetivo proteger os depositantes de: **(a)** volatilidade dos indicadores econômicos internacionais; **(b)** crises das instituições bancárias; **(c)** surgimento de novos instrumentos financeiros no mercado, mais sofisticados e complexos, como derivativos, securitizações etc.; **(d)** exposição dos bancos a riscos decorrentes de novas oportunidades de negócios.

Quanto maior o Índice de Basileia de um banco, menor é a sua probabilidade de insolvência. Instituições financeiras com índices baixos costumam auferir taxas de retorno mais altas, porém convivem com maiores riscos de insolvência.

> A preocupação maior que norteou o Acordo de Basileia I, ao propor um ajuste no capital próprio dos bancos na proporção de suas aplicações, era de privilegiar a solvência das instituições financeiras e a estabilidade do sistema financeiro internacional. Outro objetivo perseguido por esse acordo era o de criar referências comparativas internacionais. Por exemplo, as instituições de um país operavam com forte alavancagem (alta participação de capital de terceiros financiando aplicações), enquanto as de outro país mantinham uma participação mais elevada de capital próprio (patrimônio líquido), induzindo a um desnivelamento competitivo entre as instituições.

Assim, o Acordo de Basileia I trouxe três novos conceitos para o sistema bancário:

- *Capital Regulatório*, que representa o capital próprio mínimo necessário para a proteção de ativos de risco;
- *Ativos Ponderados pelo Risco*, calculados pela aplicação de fatores de ponderação sobre os ativos expostos ao risco. Essa ponderação é feita por diferentes pesos estabelecidos pelo regulador;
- *Índice de Basileia*, identificado pela relação entre o capital regulatório e os ativos ponderados pelo risco. Como comentado acima, se o índice calculado de capital para cobertura do risco for de 8%, no mínimo, diz-se que o capital próprio do banco é adequado para a cobertura do risco de crédito.

O Acordo de Basileia I aprovado substitui a ênfase predominante nas instituições de *liquidez dos depósitos* por maior segurança de seus ativos e menor exposição à insolvência. A preocupação básica desse acordo na alocação de capital é a de cobrir principalmente o risco de crédito e o risco de mercado.

Alocação de Capital de Bancos

A *alocação de capital* é uma das principais atividades de uma instituição financeira, visando o gerenciamento de seus riscos, os quais incluem os riscos de mercado, crédito e operacionais.

A *alocação de capital* em bancos refere-se à formação de um capital mínimo pelas instituições financeiras para financiar suas operações, de forma a minimizar seus riscos financeiros.

A alocação de capital deve atender a dois conceitos importantes: *capital regulatório* e *capital econômico*.

O *capital regulatório*, conforme definido anteriormente, representa o capital mínimo a ser mantido pelos bancos, por recomendação do Acordo de Capitais de Basileia. Este capital deve ser suficiente para cobrir as perdas por riscos, visando manter a capacidade de pagamento do banco a seus credores e acionistas.

---

[13] Recebeu essa denominação por ter sido assinado na cidade de Basileia (Suíça), sede do Banco para Compensações Internacionais (BIS – *Bank for International Settlements*).

O objetivo do capital regulatório é o de manter a solvência da instituição financeira mesmo em condições desfavoráveis de mercado.

O capital regulatório é geralmente calculado de maneira normativa, seguindo regras e procedimentos divulgados por órgãos regulamentadores.

O capital econômico é identificado, em outras palavras, pelos ativos que superam os passivos da instituição em montante adequado para remunerar os investidores. Este capital está mais voltado a garantir o retorno dos acionistas, sendo utilizadas outras técnicas financeiras e quantitativas para o seu cálculo.

O *capital econômico*, por outro lado, é formado com o intuito de proteger o banco de perdas não esperadas, evitando qualquer interrupção em suas operações, ou a sua descontinuidade. Este capital deve minimizar riscos de eventual perda de confiabilidade no mercado e incertezas associadas ao negócio.

O *Value at Risk (VaR)* é uma das técnicas de mensuração do capital econômico bastante utilizadas no mercado atualmente.

Acordo de Basileia II

Em 2001, foi divulgada uma nova versão do Acordo de Basileia, conhecido por *Basileia II*. Este acordo apresenta-se bem mais abrangente e complexo que o anterior, e foi introduzido diante das relevantes mudanças verificadas no sistema financeiro internacional. O novo acordo pode ser entendido como um aperfeiçoamento do Basileia I introduzido em 1988, que teve como meta básica a internacionalização da atividade bancária.

As preocupações presentes no Basileia II são as de promover maior transparência nas operações, reduzir a assimetria de informações dos mercados, contribuir para a adoção de melhores práticas de gestão de riscos, fortalecer o equilíbrio financeiro e a disciplina do mercado.

Em resumo, o Basileia II está estruturado em três grandes pilares:

PILAR I – *Exigência de capital mínimo para os bancos* visando à cobertura de riscos incorridos em seu ambiente de negócios. Envolve principalmente o risco de crédito, risco de mercado e risco operacional. A introdução do risco operacional no capital mínimo, determinado principalmente por eventuais perdas por erros, fraudes ou falhas, é uma das novidades do Basileia II. Com isso, os bancos devem estimar um percentual de seu capital próprio para cobrir seus riscos operacionais.

O novo Acordo conservou o mesmo percentual mínimo de capitalização de 8% incluindo, no entanto, o risco operacional na formulação. O Acordo anterior considerava somente os riscos de crédito e de mercado.

A capitalização é calculada pela seguinte expressão:

$$\frac{\text{Capitalização}}{\text{Risco de Crédito} + \text{Risco de Mercado} + \text{Risco Operacional}} = 8\%$$

PILAR II – *Melhores práticas de gestão de riscos* e necessidade de adequação do capital de bancos para cobertura de riscos. É proposta uma revisão contínua da adequação de capital e demonstrada a necessidade de implantação de sistema de controles internos nas instituições financeiras, buscando a autorregulação. Com a prática de controles internos, as instituições passam também a colaborar na fiscalização, elevando a confiança do mercado. A fiscalização deve antecipar-se a qualquer desvio na gestão de riscos, intervindo para evitar que a instituição fique com capital insuficiente para suportar os riscos.

PILAR III – *Disciplina de mercado* e redução da assimetria informacional. Este Pilar propõe diversas orientações para uma ampla divulgação das informações dos bancos, reveladoras de seu desempenho e condição financeira. Essas informações devem permitir que os participantes de mercado possam melhor avaliar a exposição ao risco do banco, gestão e adequação de seu capital de risco.

Todas as informações relevantes, entendidas como aquelas que se fossem omitidas (ou publicadas de forma incompleta ou equivocada) trariam algum prejuízo aos agentes, devem ser divulgadas de acordo com uma periodicidade fixada pela instituição. Os bancos podem manter em sigilo apenas as informações confidenciais.

O Basileia estimula também, em seus pilares, a adoção de modelos de mensuração e controle de riscos de crédito, operacional e risco de mercado.

8.6.1 Acordo de Basileia no Brasil

A introdução das recomendações do Acordo de Basileia no Sistema Financeiro Nacional foi feita por meio da Resolução nº 2.099/94 do Conselho Monetário Nacional (CMN). Esta resolução é dividida em grandes partes, definidas por "Anexos", expressando cada uma as principais alterações no sistema financeiro nacional. Basicamente, esse documento regulamentou o seguinte:

a. Valores mínimos, a serem mantidos pelas instituições, de capital e patrimônio líquido compatíveis com o grau de risco apresentado em suas estruturas de ativos.

b. Necessidade de as instituições manterem um sistema de controle de risco e liquidez de todas as atividades desenvolvidas, que permita, principalmente, o acompanhamento e a avaliação de eventuais *descasamentos* entre ativos e passivos que possam colocar em risco sua capacidade de pagamento.

c. Adoção de um conjunto de medidas pelas autoridades monetárias, visando ao cumprimento dos direitos dos consumidores no mercado financeiro. Um exemplo é a obrigação das instituições de divulgarem todas as informações pertinentes aos contratos de crédito (taxas e outras despesas incidentes) aos clientes dessas operações.

d. Com o intuito, ainda, de reduzir os riscos do mercado financeiro, principalmente aqueles relacionados às atividades de compensação e liquidação de pagamentos e ativos financeiros, foi reestruturado o *Sistema Brasileiro de Pagamentos (SBP)*. O novo formato do SBP impede que as instituições participantes mantenham saldos negativos, em qualquer momento, na conta de Reserva bancária mantida no Banco Central.

Cálculo dos Ativos Ponderados pelo Risco (APR)

Conforme foi exposto, a Resolução nº 2.099/94 estabeleceu uma capitalização mínima de 8%, calculada pela relação entre o patrimônio líquido da instituição e os seus ativos ponderados pelo risco. Instabilidades econômicas verificadas em diversos países determinaram o aumento posterior desse percentual para 11% pelo Banco Central.

As principais contas patrimoniais dos bancos que compõem os fatores de ponderação dos ativos de risco, conforme estabelecidos pelas autoridades monetárias, são as seguintes:

Ativo Ponderado pelo Risco (APR)		
Tipo de risco	Fator de ponderação	Principais ativos
Nulo	0%	Aplicações em operações compromissadas; aplicações com recursos próprios em CDI (instituições ligadas) e aplicações em títulos de renda fixa (títulos públicos federais e de instituições ligadas); disponibilidades de caixa; reservas livres depositadas em espécie no Banco Central etc.
Reduzido	20%	Aplicações em ouro físico (temporárias); cheques enviados ao Serviço de Compensação; créditos fiscais; disponibilidades em moedas estrangeiras etc.
Médio	50%	Aplicações em certificados de depósitos interfinanceiros (CDI) com recursos próprios em instituições financeiras e aplicações em títulos de renda fixa de outras instituições financeiras; aplicações em títulos emitidos por governos de outros países; financiamentos habitacionais etc.
Normal	100%	Aplicações em ações no exterior; operações de crédito; aplicações em títulos de renda fixa (debêntures e outros); negociações na bolsa de mercadorias e de futuros; empréstimos e títulos descontados; arrendamentos a receber etc.

Diversos documentos oficiais (circulares e resoluções) publicadas posteriormente promoveram modificações nos fatores de risco.

8.6.2 Basileia III

As novas regras de regulação bancária internacional, conhecidas por Basileia III, foram definidas em 2010, sendo elaboradas a partir do pressuposto de que as versões I e II não se apresentaram suficientes para o controle do risco dos bancos, que permaneciam ainda expostos a potenciais problemas. A crise do sistema financeiro mundial de 2008 e 2009 foi uma importante sinalização para a exposição dos bancos a riscos. O Comitê de Basileia espera que esta nova regulamentação focada sobre o capital ajude a evitar práticas de mercado mais arriscadas por parte dos bancos.

A grande alteração introduzida pelo Basileia III foi o aumento das exigências em relação às reservas dos bancos, visando proteger as instituições de crises de liquidez e reforçar suas coberturas de eventuais perdas. A orientação da nova versão do Acordo é tornar as instituições mais resistentes a crises financeiras por meio de maior participação de recursos próprios financiando suas atividades, e redução dos riscos de seus ativos (risco de crédito e de mercado).

O quadro a seguir resume a composição do capital dos bancos na situação *atual* e na prevista pelo *Basileia III*:

	Atual	Basileia III
Capital de Alta Qualidade	2,0%	4,5%
Capital Tier 1	4,0%	6,0%
Capital Total Mínimo	**8,0%**	**8,0%**
Capitais Adicionais Criados:		
Colchão de Proteção	0,0%	2,5%
Capital Total Mínimo	**8,0%**	**10,5%**
Colchão Anticíclico	0,0%	0 a 2,5%

O *Capital de Alta Qualidade* (ou *Capital de Nível I*) inclui somente ações ordinárias e lucros retidos, sendo calculado sobre os ativos ponderados pelo risco (APR). Esta elevação ocorreria de modo gradativo no período de 2013 a 2015.

O *Capital Tier 1* (Capital Principal da Instituição) é definido pela regulação bancária para avaliação da situação financeira da instituição durante seu funcionamento. Fazem parte desse capital as ações ordinárias e os lucros retidos (Nível I), ações preferenciais e alguns títulos híbridos (incorporam capital e dívidas) sem previsão de vencimento. O Banco Central pode incluir somente o capital social e os lucros retidos na formação do Capital Principal da Instituição. É calculado também dos APR de forma gradativa até 2015.

O *Capital Total Mínimo* não foi alterado, permanecendo em 8%. No entanto, o Basileia III criou a necessidade dos bancos em constituir capitais adicionais, definidos por *Colchões de Capital*.

O *Colchão de Proteção* de capital é calculado em 2,5% sobre os ativos ponderados pelo risco (APR). Assim, o capital de Alta Qualidade passa, pelo Basileia III, dos atuais 4,5% para 7,0%. O *Capital Total Mínimo* também se eleva, atingindo nas novas normas de regulação 10,5% (8,0% + 2,5%).

O Basileia III também passará a exigir a formação de um *Colchão Anticíclico* de capital visando à proteção do sistema bancário frente a eventuais oscilações no ambiente econômico. O percentual desse capital adicional fica entre 0% e 2,5% de acordo com os ciclos econômicos de mercado de cada país signatário do Acordo. Com isso, o Capital Mínimo Total previsto no Basileia III pode atingir um total de 13% (10,5% + 2,5%).

O Basileia III define ainda índices de liquidez para os bancos a curto prazo e a longo prazo. O *Índice de Liquidez a Curto Prazo* (*Liquidity Coverage Ratio – LCR*) tem por objetivo avaliar a capacidade financeira da instituição diante de um cenário de forte recessão de liquidez do mercado. Na nova proposta do Basileia III, os bancos deverão manter um volume mínimo de ativos realizáveis, de alta liquidez, adequados a cobrir todas as obrigações vencíveis em até 30 dias. Os estoques de ativos de alta liquidez são compostos basicamente de disponibilidades de caixa, depósitos compulsórios, títulos públicos federais e títulos privados de primeira linha. É calculado pela relação entre o montante de ativos de alta liquidez de realização e as saídas de caixa previstas para os próximos 30 dias.

O *Índice de Liquidez a Longo Prazo* (*Net Stable Funding Ratio – NSFR*) visa reduzir o descasamento de prazos entre ativos e passivos e incentivar os bancos a cobrirem suas necessidades de investimentos com fontes estáveis de captação. É calculado pela relação entre o montante de captações estáveis disponíveis e o montante de captações estáveis necessárias. São *exemplos* de captações estáveis disponíveis os recursos próprios da empresa e as obrigações com prazo de vencimento mínimo de um ano.

Está previsto também o cálculo de um *Índice de Alavancagem* sobre os ativos totais do banco. Este índice está fixado, em princípio, em 3%. Assim, para cada $ 100.000 de ativos, os bancos deverão manter Capital Nível I igual a $ 3.000.

Basileia III e os bancos brasileiros

Os bancos brasileiros vêm atuando com um Índice de Basileia médio superior ao mínimo determinado pelo Banco Central do Brasil, indicando a adoção de critérios mais rígidos na definição do capital regulamentar. A alavancagem média dos bancos brasileiros é menor que a das principais economias mundiais.[14]

No entanto, mesmo diante desta estrutura de capital menos alavancada, é de se esperar que os bancos brasileiros precisarão elevar seu capital de Nível I (Capital de Alta Qualidade). Uma consequência provável desta decisão é a redução dos pagamentos de dividendos aos acionistas com o objetivo de reter mais lucros. Ao mesmo tempo em que se mostram mais seguros com uma capitalização mais alta, é possível se esperar uma redução da rentabilidade.

---

[14] Padrões de alavancagem dos bancos brasileiros, e outros indicadores de desempenho, podem ser obtidos em: www.institutoassaf.com.br.

9 Produtos Financeiros

O objetivo deste capítulo é o desenvolvimento de avaliações dos principais produtos financeiros (ativos e passivos) disponíveis no mercado financeiro.

Os vários instrumentos financeiros negociados no mercado foram definidos em capítulos anteriores, fixando-se esta parte mais nos cálculos de seus resultados efetivos. Nessas avaliações serão utilizadas as formulações apresentadas no Capítulo 5 referentes aos tipos de taxas de juros, priorizando suas aplicações práticas por meio de diversos exemplos ilustrativos.

Como orientação geral observada no livro, o capítulo prioriza as formulações e metodologias de cálculo. Aspectos normativos das operações não são tratados com maior profundidade e atualização.

9.1 Certificado/Recibo de Depósito Bancário (CDB/RDB)

Os CDBs e RDBs são títulos de renda fixa, representativos de depósitos a prazo realizados por pessoas físicas e pessoas jurídicas, e emitidos pelos Bancos Comerciais/Múltiplos, Bancos de Investimentos e Caixas Econômicas. Os recursos gerados pela colocação desses títulos são destinados principalmente a lastrear operações de financiamento de capital de giro. A subscrição de um CDB ou RDB constitui-se numa forma de empréstimo que um cliente/investidor efetua para o banco, tendo como remuneração os juros pagos pela instituição financeira tomadora dos recursos.

A principal diferença entre CDB e RDB é a possibilidade de o Certificado de Depósito Bancário ser transferido a qualquer momento a outros investidores por endosso nominativo. O RDB, ao contrário, é um título inegociável e intransferível em qualquer data antes de seu vencimento. Ambos os títulos são emitidos de forma escritural e custodiados na CETIP (atual companhia aberta e depositária de títulos privados).

A remuneração destes títulos pode basear-se em:

a. taxa prefixada, taxa de juros é definida no momento da aplicação;
b. taxa pós-fixada, a taxa acompanha o mercado;
c. taxa flutuante, atrelada à variação de algum índice (CDI, por exemplo).

Sobre os rendimentos auferidos de aplicações em CDB/RDB, há incidência de IR (Imposto de Renda) de acordo com uma tabela regressiva (maior o prazo da aplicação, menor a alíquota do imposto de renda). Os rendimentos das aplicações de renda fixa estão sujeitos também ao Imposto sobre Operações Financeiras (IOF), também segundo uma tabela regressiva. O IOF será cobrado somente se o resgate ocorrer até 29 dias. Caso o resgate da aplicação ocorra em 30 dias ou mais, não há incidência de IOF.

Taxa PRÉ × Taxa PÓS

A remuneração dos títulos de renda fixa pode ser *prefixada* ou *pós-fixada*.

A taxa de juro *prefixada* é definida no momento da contratação da operação e se mantém inalterada independentemente do comportamento dos juros de mercado ou das condições da economia. A taxa prefixada é uma taxa nominal normalmente definida para um ano. A taxa *pós-fixada* encontra-se vinculada a índices de inflação ou a taxas de juros de curto prazo, como a taxa DI.

O CDB e o RDB pagam IRRF (Imposto de Renda Retido na Fonte) e IOF (Imposto sobre Operações Financeiras) de acordo com tabela regressiva. Os agentes econômicos são atraídos por taxas pré e pós com base em expectativas futuras dos juros, seguindo basicamente estas orientações:

	Cenário de Aumento dos Juros	Cenário de Redução dos Juros
Aplicações Financeiras	Pós-fixada. Os rendimentos acompanham a alta dos juros.	Prefixada. Mantém a taxa de remuneração mesmo diante de queda dos juros.
Empréstimos	Prefixada. O custo não segue o aumento dos juros.	Pós-fixada. O custo do empréstimo, ao acompanhar as taxas de mercado, também se reduzem.

9.1.1 Exemplo – estrutura da taxa

Um banco anuncia pagar 22,6% ao ano para aplicação em CDB de sua emissão. É projetada uma inflação de 7,2% ao ano e o mercado vem trabalhando, como referencial da taxa pura de juros (taxa de juro real e livre de risco), 6% ao ano. Admita uma alíquota de IR de 20% calculada por ocasião do resgate sobre os rendimentos nominais. Defina, para o período de um ano:

a. taxa efetiva bruta e líquida do IR;
b. taxa real de juros;
c. taxa de risco embutida na remuneração do CDB.

Solução:

a. *Remuneração bruta* (i_b)

$i_b = 22,6\%$ a.a.

Remuneração líquida (i_L)

Para uma alíquota de IR de 20%, a remuneração equivale a 80% da taxa anual, ou seja:

$$i_L = i_b \times (1 - IR)$$

$i_L = 22,6\% (1 - 0,20)$

$i_L = 18,08\%$

b. *Taxa real de juros (r) – líquida da inflação*

$$r = \frac{1 + i_L}{1 + INF} - 1$$

$r = \frac{1 + 0,1808}{1 + 0,072} - 1 = 10,15\%$ a.a.

c. *Taxa de risco*

$$Risco = \frac{1 + r}{1 + R_F} - 1$$

onde R_F é a taxa livre de risco (taxa pura de juros).

$$Risco = \frac{1 + 0,1015}{1 + 0,06} - 1 = 3,92\%\ a.a.$$

A estrutura das taxas de juros embutidas na remuneração anual de um CDB/RDB pode ser ilustrada conforme a Figura 9.1.

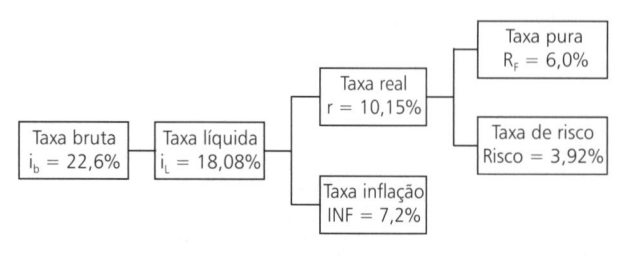

FIGURA 9.1 Estrutura das taxas de juros.

9.1.2 Tributação de Renda Fixa

A tabela do Imposto de Renda em vigor no Brasil adota uma alíquota decrescente (Tabela Regressiva) em relação ao prazo da aplicação, ou seja:

Prazo	Alíquota de Imposto de Renda
Até 6 meses	22,5%
De 6 a 12 meses	20,0%
De 12 a 24 meses	17,5%
Acima de 24 meses	15,0%

A *base de cálculo* dos rendimentos tributáveis é definida pela diferença entre o montante (ou valor de resgate do título), líquido de IOF (se houver), e o valor do capital aplicado. O recolhimento do imposto é na fonte, sendo responsável pela retenção a instituição pagadora dos rendimentos.

9.1.3 Certificado de Depósito Bancário (CDB)

1. Para *ilustrar*, admita uma aplicação de $ 200.000,00 em um título de renda fixa (CDB) pelo prazo de 36 dias corridos. No período da aplicação existem 24 dias úteis. A remuneração do título é definida na taxa prefixada de 11,9% a.a. (base 360 dias).

Determine:

a. valor líquido do resgate;
b. taxa efetiva líquida anual;
c. taxa efetiva líquida ao ano *over*.

Solução:

a. *Valor líquido do resgate*

Rendimento total:
$[(1,119)^{36/360} - 1] \times \$ 200.000,00$ = $ 2.261,40

IR retido:
22,5% × $ 2.261,40 = $ 508,82

RENDIMENTO LÍQUIDO = $ 1.752,58

Valor líquido do resgate (Aplicação + Rendimento Líquido):
$ 200.000,00 + $ 1.752,58 = $ 201.752,58

b. *Taxa líquida efetiva anual*

$$i = \frac{\$\ 201.752,58}{\$\ 200.000,00} - 1 = 0,8763\%\ \text{ao período (36 dias corridos)}$$

ou:

$$i = \frac{\$\ 1.725,58}{\$\ 200.000,00} = 0,8763\%\ \text{ao período}$$

c. *Taxa over ao ano (efetiva)*

Taxa *over* = $(1,008763)^{252/24} - 1 = 9,59\%$ a.a.o (ao ano *over*)

2. Admita um CDB que promete uma remuneração de 4% a.a. (taxa efetiva) mais a variação do IPCA. O prazo da operação é de 60 dias (2 meses) e o capital investido atinge $ 120.000,00. O IR na fonte para essa operação é de 15% incidente sobre os rendimentos nominais. A taxa do IPCA do período (2 meses) atinge 0,9%.

Pede-se calcular os resultados do investidor.

Solução:

- Montante Bruto Nominal:

$ 120.000,00 × $\underbrace{(1{,}04)^{2/12}}_{\text{juros}} \times \underbrace{(1{,}009)}_{\text{IPCA}}$ = $ 121.874,07

- Rendimento Nominal (Valor Bruto):
  $ 121.874,07 − $ 120.000,00 = $ 1.874,07
- IR na Fonte:
  15% × $ 1.874,07 = $ 281,11
- Rendimento Nominal (Valor Líquido):
  $ 1.874,07 − $ 281,11 = $ 1.592,96
- Montante Líquido:
  $ 121.874,07 − $ 281,11 = $ 121.592,96
- Taxa Efetiva Líquida do IR:

$i = \dfrac{\$\,121.592{,}96}{\$\,120.000{,}00} - 1 = 1{,}3275\%$ p/ 2 meses

ou:

$i = [(1{,}04)^{2/12} \times (1{,}009) - 1]$
$\times (1 - \underbrace{0{,}15}_{\text{IR}}) = 1{,}3275\%$ p/ 2 meses

9.2 Certificado de Depósito Interfinanceiro (CDI)

Os CDIs são títulos que lastreiam as operações realizadas entre os bancos no mercado financeiro. São emitidos por instituições financeiras e têm por função básica viabilizar a transferência de recursos entre os participantes do interfinanceiro. As operações são registradas eletronicamente na Central de Custódia e Liquidação de Títulos Privados (Cetip) da B3.

As operações com CDI são geralmente realizadas por um dia, podendo ainda ocorrer transações por prazos maiores. Os CDIs negociados por um dia são conhecidos no mercado por *Depósitos Interfinanceiros* (DI), e funcionam como uma taxa de referência diária para o mercado, o DI *over*. Esta taxa é conhecida no mercado por *Taxa DI*.

As operações com CDIs no mercado interfinanceiro são controladas e registradas pelas instituições participantes e nos terminais da Cetip. Estes títulos estão isentos de impostos e os juros são definidos pela denominada taxa *over*, geralmente expressa como linear mensal e capitalizada pelos dias úteis previstos na operação.

Diferenças entre a Taxa Selic e a Taxa DI

Conforme estudado no Capítulo 4, as operações de compra e venda de títulos públicos entre o Banco Central e os agentes de mercado podem ocorrer por meio de *operações compromissadas*. Essas operações são as que apresentam um compromisso de recompra ou de revenda dos títulos objetos da operação em alguma data diferente da do vencimento do título.

As *operações definitivas*, como a própria denominação indica, são operações finais, não prevendo nenhum compromisso de recompra ou de revenda dos títulos.

A *taxa Selic* é calculada pela média ponderada do volume negociado dos juros praticados nas operações compromissadas dos títulos públicos federais realizadas no ambiente da Selic (Sistema Especial de Liquidação e Custódia). Essas operações compromissadas consideradas no cálculo da taxa Selic têm prazo de um dia útil.

As Instituições Financeiras podem receber depósitos de outras Instituições Financeiras, denominados *Depósitos Interfinanceiros* (DI). Essas operações de troca de fundos entre as Instituições Financeiras são registradas e liquidadas na Cetip/B3. Os bancos devem encerrar o dia com suas posições de caixa sempre zeradas. Quando apuram excedentes de caixa sem remuneração ao final do dia, procuram aplicar esses recursos em outras instituições que fecharam o dia necessitando de dinheiro. Ao contrário, bancos com falta de fundos para fecharem sua posição financeira de caixa procuram o mercado para tomar recursos junto àqueles que apresentam superávit de dinheiro.

A taxa média diária (ao dia útil) calculada para os depósitos interfinanceiros é o que se define por *Taxa CDI* ou *Taxa DI*, sendo apurada e divulgada pela Cetip. A taxa DI é expressa em bases anuais admitindo 252 dias úteis.

A taxa Selic, pela sua importância para a economia, tem o poder de regular o mercado interfinanceiro, balizando a formação da taxa DI. Teoricamente, por representar o financiamento dos títulos públicos federais, o risco atribuído à taxa Selic é o menor da economia, inferior ao da taxa DI, em que a garantia da operação é um título privado emitido pelo tomador de recursos. Na prática, no entanto, as duas taxas são bastante próximas, sendo usadas como de risco mínimo (taxa livre de risco) pelo mercado financeiro.

9.2.1 Exemplo – taxa efetiva e taxa *over*

Uma taxa *over* está definida em 2,61% a.m. Admitindo a existência de 22 dias úteis no período, calcular a taxa efetiva da operação.

Solução:

$$EFE = [1 + (OVER/30)]^{du} - 1$$

EFE = taxa efetiva
du = número de dias úteis
$Over$ = 2,61%/30 = 0,087% ao dia
$EFE = [1 + 0{,}00087]^{22} - 1 = 1{,}93\%$ a.m.

9.2.2 Exemplo - operação interbancária

Uma operação interbancária é efetuada por três dias úteis. Sendo as taxas *over* mensais definidas em cada dia de: 2,17%, 2,23% e 2,30%, determinar a taxa efetiva no período e a taxa *over* média da operação.

Solução:

$$Over_1 = \frac{2,17\%}{30} = 0,0723\% \text{ ao dia}$$

$$Over_1 = \frac{2,23\%}{30} = 0,0743\% \text{ ao dia}$$

$$Over_1 = \frac{2,30\%}{30} = 0,0767\% \text{ ao dia}$$

Taxa Efetiva *(EFE)* $= [(1 + 0,000723) \times (1 + 0,000743) \times (1 + 0,000767)] - 1$

(EFE) $= 0,2235\%$ no período

Taxa Média $= \sqrt[3]{(1 + 0,002235)} - 1$

Taxa Média $= 0,0744\%$ ao dia útil

Taxa *over* Efetiva Anual (252 du):

$(1,000744)^{252} - 1 = 20,62\%$ a.a.o

ou:

$(1,002235)^{252/3} - 1 = 20,62\%$ a.a.o

9.2.3 Exemplo - CDB com taxa *over*

a. Um CDB está pagando no mercado a taxa bruta efetiva de 20,6% ao ano. A alíquota de IR é de 20%, incidente sobre os rendimentos totais por ocasião do resgate. Pede-se transformar a taxa de remuneração líquida do CDB em taxa *over* mensal, admitindo a existência de 23 dias úteis no período.

Solução:

Taxa Bruta (i_b) $= 20,6\%$ a.a.
Taxa Líquida (i_L) $= 20,6\% \times (1 - 0,20)$
$= 16,48\%$ a.a.

$i_L = \sqrt[12]{1 + 0,1648} - 1 = 1,28\%$ a.m.

$$Over = \left[\sqrt[du]{1 + EFE} - 1\right] \times 30$$

$Over = \left[\sqrt[23]{1 + 0,0128} - 1\right] \times 30$

$Over = \left[(1,0128)^{1/23} - 1\right] \times 30$

$Over = 1,66\%$ a.m.

b. Um CDB, com prazo de 34 dias corridos (ou 23 dias úteis), está pagando uma taxa efetiva de juros de 12,8% a.a. (base 360 dias). Calcular a taxa *over* efetiva equivalente anual (taxa a.a.o).

Solução:

Taxa efetiva anual (base 360 dias) $= 12,8\%$ a.a.

Taxa efetiva equivalente ao período:
$[(1,128)^{34/360} - 1]$ $= 1,1440\%$ a.p.

Taxa *over* anual equivalente:
$[(1,0114)^{252/23} - 1]$ $= 13,27\%$ a.a.o

9.2.4 Taxa *over* efetiva

As taxas apuradas no Selic são definidas como *over* anual efetiva. O Banco Central fixa 252 dias úteis no ano.

- **Exemplo - taxa *over* anualizada**

A taxa Selic apurada no mês de outubro/X5 anualizada atingiu 19,25%. Pede-se calcular:

a. *Taxa por dia útil.*

b. *Taxa efetiva mensal*, admitindo a existência de 20 dias úteis no mês.

Solução:

a. *Taxa por dia útil*

$i = (1,1925)^{1/252} - 1 = 0,0699\%$ a.du (ao dia útil)

b. *Taxa efetiva mensal*

$i = (1,1925)^{20/252} - 1 = 1,407\%$ a.m.o (ao mês *over*)

- **Exemplo - taxa *over* anualizada**

A taxa Selic efetiva mensal referente a dois meses, e seus respectivos dias úteis, são apresentados a seguir:

	Taxa Efetiva	Dias Úteis
Mês 1	1,475%	21
Mês 2	1,380%	20

Pede-se determinar a taxa efetiva anual (base de 252 dias úteis) da Selic para cada mês.

Solução:

$(1,01475)^{252/21} - 1 = 19,21\%$ a.a.o (ao ano *over*)

$(1,01380)^{252/20} - 1 = 18,85\%$ a.a.o

- **Taxa efetiva equivalente**

Um CDI, com prazo de 22 dias úteis e 30 dias corridos, paga uma taxa efetiva *over* anual de 13,25%. Pede-se calcular a taxa efetiva equivalente ao ano base de 360 dias corridos.

Solução:

Taxa efetiva no período:

EFE = $(1,1325)^{22/252} - 1 = 1,0922\%$ p/ 21 du (30 dc)

Taxa efetiva equivalente anual (base 360 dias):

EFE= $(1,010922)^{360/30} - 1 = 13,92\%$ a.a.

9.3 Hot money

São caracteristicamente operações de curtíssimo prazo (em geral, um a cinco dias), (um dia), visando atender às necessidades imediatas de caixa das empresas. O *hot money* tem como referencial a taxa CDI, acrescida de um *spread* cobrado pela instituição intermediadora. A operação incorre também em IOF calculado sobre a repactuação diária da taxa de juros.

9.3.1 Exemplo – operação *hot money*

Admita uma operação *hot money* contratada por três dias úteis no valor de $ 2.500.000,00. As taxas *over* nominais mensais estabelecidas para cada dia são, respectivamente, de 1,90%, 2,20% e 2,16%. São computados 23 dias úteis no período da operação.

O banco intermediário cobra um *spread* de 0,09% ao dia, incidindo também IOF de 0,0041% ao dia, descontado antecipadamente. O IOF é pago diariamente e os juros e o *spread* são acumulados ao montante da dívida e liquidados ao final da operação (3º dia).

Determinar os valores envolvidos na operação e o custo efetivo.

Solução:

1º dia:

Empréstimo	$ 2.500.000,00
IOF: 2.500.000,00 × 0,0041%	102,50
Empréstimo liberado:	**$ 2.499.897,50**

Juros + *Spread*:

$$2.500.000,00 \times \left[\frac{0,019}{30} + 0,0009\right] \quad 3.833,30$$

Saldo devedor:	**$ 2.503.730,80**

2º dia:

Saldo devedor anterior	$ 2.503.730,80
IOF: 2.503.730,80 × 0,0041%	102,70
Renovação do empréstimo:	**$ 2.503.628,10**

Juros + *Spread*:

$$2.503.730,80 \times \left[\frac{0,022}{30} + 0,0009\right] \quad 4.089,40$$

Saldo devedor:	**$ 2.507.717,50**

3º dia:

Saldo devedor anterior	$ 2.507.717,50
IOF: 2.507.717,50 × 0,0041%	102,80
Renovação do empréstimo:	**$ 2.507.614,70**

Juros + *Spread*:

$$2.507.717,50 \times \left[\frac{0,0216}{30} + 0,0009\right] \quad 4.062,50$$

Saldo devedor:	**$ 2.511.677,20**

O fluxo de caixa, sob o ponto de vista do tomador do empréstimo, apresenta-se da forma seguinte:

```
$ 2.499.897,50        1           2           3 (dias)
     ↑                ↓           ↓           ↓
                  $ 102,70    $ 102,80    $ 2.511.677,20
```

A taxa efetiva (custo da operação) por dia útil é a taxa interna de retorno do fluxo de caixa do empréstimo, ou seja:

$$2.499.897,50 = \frac{102,70}{(1+i)} + \frac{102,80}{(1+i)^2} + \frac{2.511.677,20}{(1+i)^3}$$

Com o auxílio de uma calculadora financeira apura-se a taxa de 0,1596%, que representa o custo efetivo da operação por dia útil. Capitalizando-se essa taxa para o período da operação (três dias), o custo efetivo atinge:

$$i = (1 + 0,001596)^3 - 1 = 0,4795\%$$

9.4 Desconto de duplicatas e notas promissórias

As operações bancárias de desconto costumam usar o conceito de desconto simples *por fora*, no qual o juro incide sobre o montante da dívida, e não sobre o principal solicitado de empréstimo. Dessa forma, é apurada uma taxa implícita na operação superior à taxa de desconto considerada.

As operações de desconto costumam cobrar, além do juro antecipado, imposto sobre operações financeiras (IOF) e uma taxa de abertura de crédito (TAC) com o intuito de cobrir despesas operacionais dos bancos.

9.4.1 Exemplo – desconto bancário simples

Um título de $ 70.000,00 é descontado junto a um banco 46 dias antes de seu vencimento. A taxa de desconto cobrada é de 2,7% a.m., sendo de 0,0082% ao dia o IOF incidente sobre a operação. É cobrado também um adicional de IOF de 0,38% sobre o valor do título.

O banco cobra ainda uma taxa de abertura de crédito (TAC) de 1,5% sobre o valor nominal do título no ato da liberação dos recursos. Calcular os diversos valores do desconto e o custo efetivo mensal do empréstimo.

Solução:

- Valor nominal do título $ 70.000,00

Desconto: $70.000,00 \times \dfrac{0,027}{30} \times 46$ dias   (2.898,00)

                                               $ 67.102,00

IOF: $67.102,00 \times 0,000082 \times 46$ dias   (253,10)

Adicional IOF: $67.102,00 \times 0,0038$ (254,98)

TAC: $70.000,00 \times 0,015$ (1.050,00)

Valor líquido liberado: **$ 65.543,92**

- Custo efetivo mensal da operação:

$ 65.543,92   46 (dias)

                                   $ 70.000,00

$70.000,00 = 65.543,92 (1 + i)^{46/30}$

$(1 + i)^{1,533} = 1,067986$

Custo efetivo (i) = 4,383% ao mês

9.5 *Factoring*

O *factoring*, também conhecido por faturização, é uma operação voltada sobretudo à prestação de serviços às pequenas e médias empresas, como gestão de caixa e estoques, controle de contas a pagar e a receber, negociações com fornecedores etc. Como consequência desses serviços prestados, a empresa de *factoring* adquire os direitos creditórios resultantes das vendas mercantis a prazo realizadas por empresas-clientes.

O *factoring* equivale, assim, a uma operação de prestação de serviços e de compra de direitos mercantis.

A empresa de *factoring* não é classificada como uma instituição financeira, sendo vedada a realização de operações de concessão de crédito. O *factoring* consiste em adquirir (e não descontar) os títulos de crédito provenientes da atividade empresarial de forma definitiva, assumindo todo o risco inerente ao crédito concedido pela empresa vendedora.

Uma empresa de *factoring* não capta recursos junto aos poupadores de mercado, respondendo os empresários integralmente pelos resultados (lucros ou prejuízos) de seus negócios.

O lucro de uma empresa de *factoring* é formado pela diferença entre o valor nominal dos créditos mercantis adquiridos e o preço pago pela compra desses títulos.

Existem diversas modalidades de *factoring* praticadas no Brasil. O *factoring tradicional* envolve a aquisição à vista de direitos creditórios provenientes de vendas a prazo realizadas por uma empresa-cliente. A empresa vendedora de bens e serviços faz a cessão *pro soluto* a uma empresa de *factoring* de seus ativos realizáveis (títulos a receber) sacados contra empresas compradoras, repassando todo o risco do crédito e recebendo um determinado valor pela operação.

Há casos, ainda, em que a empresa de *factoring* passa a controlar os fluxos de caixa da empresa-cliente, exercendo efetivamente a gestão financeira de curto prazo. Com isso, permite maior disponibilidade de tempo dos sócios para a gestão das atividades essenciais de produção, distribuição e comercialização.

A operação de *factoring* também é praticada pela intermediação na compra de matérias-primas para empresas-clientes. Por meio da negociação direta com os fornecedores, o *factoring* pode conseguir melhores condições de compra, colaborando com os resultados operacionais da empresa-cliente.

Uma outra modalidade de *factoring* envolve um adiantamento de recursos por conta de vendas ainda não realizadas, obrigando a empresa-cliente a resgatar a operação junto à casa de *factoring* em data futura, ou seja, quando da efetiva comercialização de seus produtos (ou serviços) e consequente emissão dos títulos de crédito.

Na operação de *factoring*, são identificados três agentes que operam de forma disciplinada por um contrato:

a. empresa de *factoring* ou *factor*;
b. empresa-cliente ou cedente dos direitos creditórios;
c. empresa compradora dos bens e serviços, também conhecida como sacada ou devedora, cuja participação na operação de *factoring* se dá de maneira involuntária.

O valor de aquisição dos títulos de crédito é apurado mediante a aplicação de um **fator**, o qual inclui todos os custos incorridos pela empresa de *factoring*: despesas operacionais, impostos, custo de oportunidade do capital investido e margem de lucro esperada.

9.5.1 Exemplo - valor do fator

Admita que uma empresa de *factoring* esteja operando da forma seguinte:

- Custo de oportunidade do capital (taxa efetiva): 2,1% a.m.
- Impostos (PIS etc.): 1,1%
- Despesas fixas: 0,6%
- Despesas bancárias: 0,3%
- Margem de lucro: 1,4%
- Valor nominal (valor de face) dos títulos: $ 120.000,00
- Prazo de vencimento: 30 dias

A partir dessas informações, são efetuados os seguintes cálculos para se obter o valor do fator a ser aplicado sobre o valor dos títulos em negociação:

- **Custo de oportunidade**

Também denominado taxa de *fundamento*. Equivale à remuneração mínima exigida na aplicação do capital.

Efetiva (i) = 2,1% a.m.

Transformação em taxa de desconto (d):

$$d = \frac{i}{1+i} = \frac{0,021}{1,021} = 2,06\% \text{ a.m.}$$

- **Fator**

Custo de oportunidade	: 2,06%
Despesas fixas	: 0,6%
Despesas bancárias	: 0,3%
Margem de lucro desejada	: 1,4%
Fator (antes dos impostos)	**4,36%**

- **Impostos**

Os impostos são incorporados na taxa do fator da forma "por dentro", sendo seu cálculo processado pelo critério "por fora", ou seja:

$$\text{Fator} + \text{Impostos} = \frac{4,36\%}{1-0,011} = \frac{4,36\%}{0,989} = 4,41\%$$

Este fator representa o custo da operação de *factoring*, devendo ser comparado com a taxa de desconto de duplicatas cobradas pelos bancos para se avaliar a atratividade da operação.

- **Preço de compra dos títulos**

Se o fator for aplicado pelo critério "por fora", o preço de compra dos direitos creditórios atinge:

Valor nominal	$ 120.000,00
(−) Fator (4,41%)	5.292,00
Valor de compra:	$ 114.708,00

A taxa efetiva da operação atinge:

$$\text{EFE}(i) = \frac{\$\,120.000,00}{\$\,114.708,00} - 1 = 4,6\% \text{ a.m.}$$

Se aplicado o critério de juros "por dentro", a taxa efetiva para um mês são os próprios 4,41%. Porém, o preço de compra eleva-se para $ 114.931,52, ou seja:

$$\text{Preço de compra} = \frac{\$\,120.000,00}{1,0441} = \$\,114.931,52$$

9.6 *Commercial papers*

Commercial papers[1] são títulos de crédito emitidos visando à captação pública de recursos para o capital de giro das empresas. O título é negociado no mercado, constituindo-se em importante mecanismo de financiamento para as companhias de capital aberto alternativamente ao sistema bancário. Costuma ter como vantagens, em relação às operações convencionais de empréstimos, o baixo custo financeiro e a maior agilidade em tomar recursos no mercado, explicados pela eliminação da intermediação bancária. Uma empresa, ao necessitar de recursos de curto prazo, pode colocar títulos de sua emissão junto a investidores no mercado.

Empresas que estejam negociando empréstimos maiores e de mais longo prazo podem usar a captação mais ágil do *commercial paper* como um crédito-ponte.

Além dos juros pagos, a empresa emitente dos títulos incorre também em despesas de emissão, tais como registro na CVM, publicações etc. Estes títulos são negociados sem garantia real, podendo oferecer garantia de fiança bancária.

Commercial papers são negociados no mercado por um valor descontado (deságio), sendo recomprados pela empresa emitente pelo seu valor de face (valor nominal).

Na negociação do título com deságio sobre seu valor nominal, fica implícita uma taxa efetiva de juros que o título paga aos investidores.

A colocação de *commercial papers* junto a investidores de mercado pode ser efetuada também por meio de *dealers*. Esses agentes adquirem os títulos das sociedades emitentes e os revendem ao público em geral, auferindo uma margem de lucro (comissão).

---

[1] Notas promissórias comerciais.

Apesar de não apresentarem um mercado secundário forte, os *commercial papers* costumam apresentar boa liquidez, devido principalmente à possibilidade de recompra pela própria empresa emitente ou pelos *dealers*.

9.6.1 Exemplos

1. Admita uma empresa que tenha decidido captar $ 9 milhões por meio da emissão e colocação de *commercial papers* por 90 dias. A empresa oferece aos investidores uma taxa de desconto de 2,4% no trimestre, além de incorrer em despesas de emissão, lançamento, registro etc., em percentual equivalente a 0,5% do valor de captação.

Apurar o valor de negociação do título (valor descontado), valor líquido recebido pela empresa e o custo efetivo da operação.

Solução:

- Valor de emissão: $ 9.000.000,00
  Desconto:
  2,4% × $ 9.000.000,00   216.000,00
  Valor descontado: **$ 8.784.000,00**
- Despesas de lançamento:
  0,5% × $ 9.000.000,00   45.000,00
  Valor líquido recebido pela empresa: **$ 8.739.000,00**

  Custo efetivo da operação:

$ 8.739 mil   90 (dias)
                                     $ 9.000 mil

O custo efetivo mensal é calculado:

$ 9.000 = $ 8.739 (1 + i)^3

$(1 + i)^3 = 1,02987$

$\sqrt[3]{(1+i)^3} = \sqrt[3]{1,02987}$

i = 0,986% ao mês, que equivale a 12,49% ao ano de taxa efetiva [$(1,00986)^{12} - 1$].

2. Uma empresa negocia um *commercial paper* para 120 dias por $ 9.400,00. O valor nominal desse título é de $ 10.000,00. Determinar a taxa de rentabilidade do aplicador.

Solução:

Rentabilidade (i) = $\dfrac{\$ 10.000,00 - \$ 9.400,00}{\$ 9.400,00}$

= 6,38% ao quadrimestre

Rentabilidade (i) = $(1 + 0,0638)^{1/4}$

= 1,56% ao mês

3. Suponha que um *commercial paper*, com prazo de resgate de 3 meses, esteja sendo negociado no mercado com um deságio de 5,4% sobre seu valor nominal de $ 1.000,00. A variação do IPCA no período da operação foi de 1,75%. Pede-se calcular a rentabilidade efetiva real (acima da inflação) mensal e anual auferida pelo investidor.

Solução:

- Taxa Efetiva (i) =

$= \dfrac{\text{Valor de Resgate} = \$ 1.000,00}{\text{Valor do Investimento} = \$ 1.000,00 \times (1 - 0,054)} - 1$

- Taxa Efetiva (i) = $\dfrac{\$ 1.000,00}{\$ 946,00}$ = 5,7% a.t.

- Rentabilidade Real (r) = $\dfrac{(1 + 0,057)}{(1 + 0,0175)} - 1 =$
  3,89% a.t.

r (mensal) = $(1 + 0,0389)^{1/3} - 1$ = 1,28% a.m.

r (anual) = $(1 + 0,0389)^4 - 1$ = 16,49% a.a.

9.7 Caderneta de poupança

A *caderneta de poupança* é a aplicação mais popular do mercado financeiro brasileiro. Tem como atrativos a possibilidade de se aplicar qualquer valor (não há exigência de um capital mínimo investido), liquidez imediata para o depositante, isenção de Imposto de Renda para pessoas físicas e baixo risco. Os saldos aplicados são garantidos, até determinado valor, pelo Governo.

A caderneta de poupança tem uma "data de aniversário", que é o dia em que foi efetuado o depósito (aplicação). Os rendimentos são calculados mensalmente e creditados sempre nessa data ao aplicador (pessoas físicas e pessoas jurídicas sem fins lucrativos). Os rendimentos dos demais depositantes são pagos a cada trimestre na data de aniversário. Caso haja retiradas antes da data de aniversário, a caderneta não paga nenhum rendimento sobre o dinheiro sacado. A remuneração é calculada sobre o menor saldo mantido no período.

A remuneração da caderneta de poupança até 04/05/2012 era baseada na TR (Taxa Referencial) mais 0,5% ao mês. A partir de 2012, essa forma de remuneração dos valores depositados passou a ser vinculada à taxa Selic da forma seguinte:

a. Se a taxa Selic for MAIOR que 8,5% a.a., os rendimentos da Poupança serão iguais a 0,5% a.m. mais a variação da TR.

b. Se a taxa Selic for IGUAL ou INFERIOR a 8,5% a.a., os rendimentos serão equivalentes a 70% da Selic mais a variação da TR.

9.7.1 Exemplo – rendimentos da aplicação

1. Admita, como ilustração, que a TR (Taxa Referencial de Juros) mensal tenha atingido os seguintes percentuais em determinado trimestre do ano:

Mês 1	Mês 2	Mês 3
0,0510%	0,0589%	0,1151%

Uma pessoa mantém aplicados $ 500.000,00 na caderneta de poupança no trimestre, sem efetuar nenhuma movimentação na conta (novos depósitos ou saques). A remuneração da aplicação é formada pela variação da TR mais uma taxa de 0,5% a.m. A data de aniversário desta conta é o último dia de cada mês.

Pede-se calcular, para cada mês e todo o período, o montante disponível e a rentabilidade oferecida pela aplicação.

Solução:

- *Mês 1*

    Rentabilidade
    Efetiva = [(1,000510) × (1,005) – 1]
    = 0,5513%

- *Mês 2*

    Rentabilidade
    Efetiva = [(1,000589) × (1,005) – 1]
    = 0,5592%

- *Mês 3*

    Rentabilidade
    Efetiva = [(1,001151) × (1,005) – 1]
    = 0,6157%

- *Montante Disponível ao Final do Trimestre*

    Montante = $ 500.000,00 × (1,000510) ×
    (1,000589) × (1,001151) × (1,005)^3

    Montante = $ 508.680,32

- *Rentabilidade Acumulada do Trimestre*

    Rentabilidade = [(1,000510) × (1,000589)
    × (1,001151) × (1,005)^3] – 1
    = 1,736% a.t.

2. Calcular a rentabilidade anual de uma nova caderneta de poupança admitindo:

a. SELIC = 9,0% e TR = 1,75%;
b. SELIC = 7,0% e TR = 1,50%.

Solução:

A remuneração das novas cadernetas de poupança é composta de duas partes, segundo a meta da Taxa Selic ao ano. Assim, se:

Selic > 8,5% – Rendimentos: 0,5% a. m. + TR
Selic ≤ 8,5 % – Rendimentos: 70% Selic + TR

a. *Selic = 9,0% e TR = 1,75%*

Taxa de retorno (i) = [(1,005)^{12} × (1,0175)] – 1
(i) = 8,0257% a.a.

b. *Selic = 7,0% e TR = 1,5%*

Selic = 70% × 7,0 % = 4,9%
Taxa de retorno (i) = [(1,049) × (1,015)] – 1
(i) = 6,4735% a.a.

9.8 Crédito Direto ao Consumidor (CDC)

O Crédito Direto ao Consumidor (CDC) é uma operação de financiamento direcionada para aquisição de bens e serviços pelo consumidor ou usuário final. O financiamento é geralmente pago em prestações mensais, iguais e consecutivas. Os encargos de uma operação de CDC são basicamente juros e a cobrança do "Imposto sobre Operações Financeiras (IOF)".

9.8.1 Exemplo – valor da prestação de um CDC com e sem IOF

Suponha um financiamento ao consumidor de $ 12.000,00 pagável em seis meses, por meio de prestações mensais, iguais e sucessivas. O CDC contratado não prevê carência, e o juro cobrado é de 1,4% a.m. A alíquota de IOF considerada nesse exemplo é de 0,0082% ao dia corrido.

Pede-se calcular o valor das prestações *sem* e *com* o IOF.

Solução:

Valor das Prestações sem Financiar o IOF

Utilizando-se as formulações da matemática financeira,[2] tem-se:

$$PV = PMT \times \frac{1-(1+i)^{-n}}{i}$$

onde: PV = valor presente (financiamento);

PMT = prestação periódica mensal;

i = taxa de juro;

n = prazo.

Substituindo, tem-se:

$$12.000 = PMT \times \frac{1-(1,014)^{-6}}{0,014}$$

PMT = $ 2.099,14/mês.

---

[2] Para o leitor interessado no uso de calculadoras financeiras, recomenda-se: ASSAF NETO, Alexandre; LIMA, F. Guasti. *Investimentos no mercado financeiro usando a calculadora HP 12C*. 4. ed. São Paulo: Atlas, 2019.

A seguir, é demonstrada a planilha financeira deste CDC.

($)

Mês (n)	Saldo Devedor	Amortização	Juros	Prestação (PMT)
0	12.000,00	–	–	–
1	10.068,86	1.931,14	168,00	2.099,14
2	8.110,68	1.958,16	140,96	2.099,14
3	6.125,10	1.985,59	113,55	2.099,14
4	4.111,71	2.013,39	85,75	2.099,14
5	2.070,13	2.041,58	57,56	2.099,14
6	–	2.070,13	28,98	2.099,14

O IOF é calculado com base no valor das amortizações calculadas para a operação. Admitindo a alíquota de IOF de 0,25% a.m., tem-se:

($)

Mês	Amortização	IOF sem financiar
1	1.931,14	4,83
2	1.958,16	9,79
3	1.985,59	14,89
4	2.013,39	20,13
5	2.041,58	25,52
6	2.070,13	31,05
Total	12.000,00	106,21

Valor das Prestações com Financiamento do IOF

Ao se desejar financiar o IOF, o cálculo da prestação seria:

$$IOF_{FIN} = \left(\frac{PV}{1 - \frac{IOF_{SEM}}{PV}} \right) - PV$$

onde: PV = valor do financiamento original;
IOF_{FIN} = valor do IOF financiado;
IOF_{SEM} = valor do IOF sem financiar.

Substituindo:

$$IOF_{FIN} = \left(\frac{12.000,00}{1 - \frac{106,21}{12.000,00}} \right) - 12.000,00$$

$$IOF_{FIN} = \$ \; 107,16$$

- Valor do Financiamento com IOF:

$\$ \; 12.000,00 + \$ \; 107,16 = \$ \; 12.107,16$

- Valor da Prestação do CDC com IOF (PMT_{IOF}):

$$12.107,16 = PMT_{IOF} \times \frac{1-(1,014)^{-6}}{0,014}$$

$$PMT_{IOF} = \$ \; 2.117,88/\text{mês}$$

9.9 Recolhimentos compulsórios

O recolhimento compulsório é determinado pelo Banco Central do Brasil e incide, atualmente, sobre os depósitos à vista, depósitos a prazo (poupança), fundos de investimento e recursos em trânsito.

Essa prática monetária repercute diretamente sobre o custo do crédito na economia, inibindo sua expansão. Os principais objetivos do recolhimento compulsório são controlar a quantidade de moeda em circulação na economia (política monetária) e também criar uma reserva de emergência (colchão de liquidez) na economia, cujos recursos ficam disponíveis para serem usados em momento de crise, a critério do Banco Central.

O recolhimento compulsório sobre os *depósitos a prazo* equivale a uma porcentagem das captações efetuadas pelas instituições financeiras por meio de CDB/RDB e letras de câmbio. Uma parte desse recolhimento é processada por meio de títulos públicos, e outra parte em espécie, sem qualquer remuneração.

Periodicamente, é efetuada uma avaliação do montante das exigibilidades das instituições financeiras, que servirá de base de cálculo do recolhimento compulsório, ocorrendo depósitos complementares ou saques em função das variações verificadas de um período para outro.

O recolhimento compulsório sobre o *Fundo de Investimento Financeiro* (FIF) é calculado pela aplicação de um percentual sobre o valor total captado (patrimônio do fundo). Se o depósito no Banco Central for sem remuneração, haverá redução na rentabilidade auferida pelo fundo equivalente ao percentual do recolhimento. Para um compulsório, por exemplo, de 5% sobre o patrimônio de um fundo de investimento que rende uma taxa equivalente ao CDI, o desempenho máximo que poderia obter seria de 95% da taxa do mercado interfinanceiro.

Os *depósitos à vista* nos bancos comerciais e múltiplos têm aplicações compulsórias bastante rígidas, restando poucos recursos para aplicações livres. Atualmente, as aplicações obedecem à seguinte composição:[3]

---

[3] Estes percentuais podem sofrer alteração pelo Bacen. Recomenda-se sempre ao leitor verificar os percentuais vigentes na data.

- 17% são obrigatoriamente aplicados em crédito rural, de acordo com as resoluções expedidas pelo Banco Central;
- 83% são encaixes obrigatórios a serem mantidos em reservas bancárias (caixa dos bancos) ou depositados no Banco Central.

Esses percentuais são calculados sobre o total dos depósitos deduzido de certo montante definido pelo Bacen. Pelos procedimentos atuais, a dedução para se chegar ao valor base de cálculo do compulsório é de R$ 2 milhões.

Recursos em trânsito são todos os valores recebidos pelos bancos e não repassados imediatamente aos respectivos credores, como cobrança de duplicatas, recolhimentos de tarifas públicas e impostos. Sobre esses transitórios devem também as instituições financeiras repassar um percentual ao Banco Central, geralmente em espécie e sem auferir qualquer remuneração.

Algumas operações são atualmente isentas do recolhimento compulsório, como o mercado interfinanceiro, cessões de créditos de exportação, entre outras.

9.9.1 Custo de captação do banco com compulsório

Para *ilustrar* o cálculo do custo dos depósitos a prazo de uma instituição bancária, admita que o Banco Central exija um recolhimento compulsório equivalente a 20% do valor captado. Uma parcela desse depósito (17%) é efetuada em títulos públicos, e os 3% restantes em espécie, sem qualquer remuneração.

Além desses custos, deve a instituição financeira, ainda, recolher o equivalente a 0,0125% mensalmente para o **Fundo de Garantia de Crédito (FGC)** criado por resolução do Banco Central, e que tem por finalidade garantir o investidor nas aplicações em títulos de renda fixa (CDB, RDB e LC), em caso de insolvência da instituição financeira emitente.

Se a instituição levantou depósito a prazo no mercado pagando a taxa de 1,8% ao mês, e estando a Selic em 1,65% ao mês, o custo total da captação para cada $ 100,00 é estruturado da seguinte forma:

a. Custo da Captação (remuneração do investidor) : ($ 1,80)
b. Rendimento do Compulsório:
   1,65% × (17% × $ 100,00) : $ 0,2805
c. Custo do Fundo de Garantia de Crédito (FGC): 0,0125% : ($ 0,0125)
   Custo de Captação : **($ 1,532)**

que equivale a um custo mensal de: $ 1,532/($ 100,00 – $ 20,00) = 1,915%.

O FGC está definido no cálculo em 0,025% a.m. sobre o saldo da captação. Sabendo-se que a instituição mantém somente 80% da captação em seu caixa (20% são recolhidos ao Banco Central), o custo efetivo da operação atinge:

```
$ 100,00 (a)                              $ 20,2805 (b)
    ↕
$ 20,00 (b)                               $ 101,80 (a)
                                          $ 0,0125 (c)
```

Resolvendo-se pela formulação da matemática financeira:

($ 101,80 + $ 0,0125) – $ 20,2805 =
   ($ 100,00 – $ 20,00) × (1 + i)

$ 81,532 = $ 80,00 × (1 + i)

i = 1,915% a.m.

9.10 Custo da captação bancária

Ao avaliar uma captação, o banco deve considerar as alternativas de aplicações dos recursos e as taxas de juros de mercado. Admita que um banco tenha uma oportunidade de colocação de $ 500.000,00 de CDB no mercado pelo prazo de 41 dias. A taxa efetiva dessa captação está estimada em 21,4% a.a.

- Determine o custo de captação do banco e o valor de resgate do CDB

Valor de resgate:

$FV = \$\,500.000,00 \times (1,214)^{41/360}$
   $= \$\,511.165,55$

Custo mensal:

$i = \dfrac{\$\,511.165,55 - \$\,500.000,00}{\$\,500.000,00} - 1 = 2,23\%$ para 41

dias equivalente a: $(1,0223)^{30/41} - 1 = 1,63\%$ a.m.

- Admita que o Banco Central exija um encaixe compulsório correspondente a 15% do valor captado. Esse encaixe não tem remuneração, e deve ser recolhido no momento da captação dos recursos. Calcule o custo efetivo mensal do banco incluindo os encargos provenientes deste recolhimento.

Sendo i_{rc} o custo de captação do banco com recolhimento compulsório, tem-se:

$$i_{rc} = \left[\dfrac{\text{Valor do Resgate} - \text{Compulsório}}{\text{Valor da Aplicação} - \text{Compulsório}} \right]^{30/t} - 1$$

$$i_{rc} = \left[\dfrac{\$\,511.165,55 - (15\% \times \$\,500.000,00)}{\$\,500.000,00 - (15\% \times \$\,500.000,00)} \right]^{30/41} - 1$$

$i_{rc} = 1,92\%$ a.m.

Esse custo efetivo (i_{rc}) pode também ser apurado por meio da seguinte expressão:

$$i_{rc} = \frac{i}{1-rc}$$

$i_{rc} = \dfrac{2,23\%}{1-0,15} = 2,62\%$ para 41 dias, o que equivale a 1,92% a.m.

Se o banco emprestar 85% da captação à taxa de 25,6% a.a., ele cobrirá integralmente o custo do dinheiro acrescido do compulsório. A esse percentual deve a instituição acrescentar um *spread* (margem de lucro) para emprestar o dinheiro.

- A instituição tomadora de recursos pode encontrar dificuldades para repassar os fundos da colocação dos CDBs. Nessa situação, tem a alternativa de utilizar o mercado interfinanceiro para obter um retorno aos recursos tomados no mercado. Determine a taxa de juro que o banco deve emprestar aos recursos captados no interfinanceiro, expressa por uma taxa *over* mensal, de maneira que as receitas financeiras apuradas cubram as despesas de captação. Admita que no período da operação (41 dias) são previstos 28 dias úteis.

Taxa *over* equivalente mensal do custo de captação:

Over $= [(1+0{,}0223)^{1/28} - 1] \times 30$
$= 2{,}36\%$ a.m.

Taxa *over* equivalente mensal do custo de captação com compulsório:

Over $= [(1+0{,}0262)^{1/28} - 1] \times 30$
$= 2{,}77\%$ a.m.

- Admitindo que a instituição bancária deseje ganhar um *spread* de 24% a.a. (taxa efetiva) na operação, apure a que taxa efetiva mensal deve emprestar os recursos captados

Taxa efetiva (i) =
$= [(1 + 0{,}0192) \times (1 + 0{,}24)^{1/12}] - 1$
$= 3{,}76\%$ a.m.

9.11 Warrants

O *warrant*, conforme estudado no Capítulo 5, constitui-se numa opção de compra, dentro de um prazo preestabelecido, de certa quantia de ações a determinado preço, definida por preço de exercício. O prazo da opção de compra é firmado no lançamento do título, e os investidores de *warrants* não recebem dividendos ou assumem direito de voto em assembleia de acionistas enquanto não definirem sua opção de compra das ações.

O *warrant* pode estar também associado a outros ativos, como índices e taxas de câmbio.

O valor teórico de um *warrant* é calculado pela diferença entre o preço de mercado das ações e o preço da opção definido no título e multiplicada, ainda, pela quantidade estabelecida para a troca, ou seja:

$$V_W = N[P_S - P_E]$$

onde: V_W = valor teórico de um *warrant*;

N = quantidade de ações que podem ser adquiridas com um *warrant*;

P_S = preço de mercado da ação objeto da opção de compra;

P_E = preço da ação definido para o exercício da opção de compra.

Na hipótese de o preço de opção se apresentar inferior ao preço de mercado da ação, o *warrant* demonstra atratividade, sendo negociado no mercado por um preço mínimo equivalente a seu valor teórico. Sendo o preço de mercado da ação menor que o preço de exercício da opção, o valor do *warrant* é entendido como nulo, não demonstrando nenhum interesse em seu investimento.

Importante reforçar que o *warrant* confere ao investidor um direito, não uma obrigação, de comprar ou vender o ativo subjacente.

Por exemplo, se o preço da opção for de $ 7,00 por ação e o preço de mercado atingir $ 12,00 no momento do exercício da opção de compra, o investidor pode exercer seu *warrant* e adquirir as ações por $ 7,00, auferindo um ganho de $ 5,00 por ação na base de troca de uma ação por um *warrant*. Evidentemente, no caso de o preço de exercício ser superior ao preço de mercado, os investidores não demonstrarão interesse em trocar seus *warrants* por ações, pois poderão adquirir as ações no mercado por um preço menor.

9.11.1 Exemplo

a. Se uma empresa definir uma opção de compra por três ações por *warrant* e um preço de exercício de $ 17,00 por ação, determine o valor teórico do *warrant* quando o preço da ação no mercado atingir $ 19,00.

Solução:

$V_w = 3\,[\$\,19{,}00 - \$\,17{,}00]$

$V_w = \$\,6{,}00$

O valor teórico é o preço mínimo que se espera que o título seja negociado no mercado. O *warrant* pode ser negociado no mercado a um preço superior a seu valor teórico, em razão de expectativas otimistas dos investidores com relação ao desempenho do preço da ação.

b. Admita agora que um investidor tenha adquirido o *warrant* por $ 6,00 e as ações respectivas por $ 19,00, totalizando $ 25,00. Se o preço de mercado da ação após a compra eleva-se para $ 20,00, calcule o valor teórico do *warrant* nessas novas condições.

Solução:

$V_w = 3\,[\$\,20{,}00 - \$\,17{,}00]$

$V_w = \$\,9{,}00$

A valorização da ação de $ 19,00 para $ 20,00 (ou 5,26%) determina um acréscimo de 50% no preço de mercado do *warrant*.

9.12 Títulos conversíveis

Um **título conversível** constitui-se também numa forma de opção do investidor em adquirir ações da empresa emitente, a preço e quantidade previamente definidos. O preço a que o título pode ser convertido em ações é denominado **preço de conversão**, definindo-se um prêmio ao investidor medido pela diferença entre o preço de mercado da ação e o preço de conversão do título. A empresa assume o compromisso de resgatar o título ao final do prazo de emissão pelo seu valor de face, desde que não tenha sido convertido em ações.

Por exemplo, se um título apresenta um preço de conversão de $ 5,00 e seu valor de face encontra-se definido em $ 1.000,00, a quantidade de ações que podem ser adquiridas com a conversão de cada título atinge 200 ações, ou seja:

$$\text{Ações convertidas} = \frac{\$\,1.000{,}00}{\$\,5{,}00} = 200 \text{ ações}$$

O **valor de conversão** de um título é obtido pelo produto das ações convertidas pelo seu preço de conversão. Assim, se o preço de mercado de cada ação atinge $ 3,50, o valor de conversão totaliza $ 700,00 (200 ações × $ 3,50). A diferença entre o valor de face do título ($ 1.000,00) e seu valor de conversão ($ 700,00) representa o prêmio que o investidor paga ao exercer a opção de trocar o título por ações da empresa. Em verdade, o investidor recebe $ 300,00 a menos do que pagou pelo título conversível ($ 1.000,00).

Se o preço da ação, ao contrário, sobe para $ 4,00, o título valoriza-se para $ 800,00 (200 ações × $ 4,00), recebendo ainda menos que o valor pago pelo título. Para o investidor, é interessante converter o título somente quando as ações atingirem o preço de mercado de $ 5,00, ou mais.

Tanto os *warrants* como os títulos conversíveis em ações são fontes adicionais de financiamento das empresas, e podem ser interpretados como opções de compra de valores de emissão das empresas (ações, por exemplo) negociados com os investidores. A administração da empresa, ao se utilizar desses instrumentos para captação de fundos, deve avaliar, efetivamente, os riscos envolvidos nas operações, motivada principalmente pela obrigação de entrega de um ativo objeto do contrato a um preço previamente estabelecido. A diferença entre o valor do título no mercado e o valor acordado entre as partes na operação é que vai determinar o ganho do comprador (fornecedor de capital) e a perda para a empresa vendedora (captadora de recursos). Para Valle,[4] como não há limite, pelo menos teórico, para a valorização de um título, também não haveria para esta perda.

Os *warrants* e os títulos conversíveis apresentam diferentes influências sobre os fluxos de caixa das empresas. O exercício de um *warrant*, conforme foi demonstrado anteriormente, envolve uma efetiva entrada de recursos em caixa; o exercício de um título conversível reflete unicamente uma troca de ativos, ou seja, um título por outro, sem reflexos sobre o caixa.

9.12.1 Exemplo

Admita ilustrativamente que uma empresa tenha lançado um título conversível em ações (debênture, por exemplo). O prazo de emissão é de cinco anos. O valor de face do título é de $ 1.000,00 e paga juros semestrais de 6%, sendo o principal reembolsado ao final do prazo estabelecido. O valor do título sem a cláusula de conversibilidade é definido, geralmente, da forma seguinte:

$$P_0 = \sum_{j=1}^{n} \frac{C}{(1+K)^J} + \frac{P_N}{(1+K)^N}$$

onde: K representa a taxa de retorno requerida pelo mercado para títulos de dívida não conversíveis da empresa;

C, os rendimentos periódicos (semestrais, na ilustração) prometidos pelo título;

P_N, o valor do principal a ser reembolsado ao final do prazo de emissão do título.

---

[4] VALLE, Maurício Ribeiro do. *Eurobonds*: aspectos do mercado e do investimento. 1995. Dissertação (Mestrado) – EAESP, FGV, São Paulo.

Para uma taxa de retorno semestral exigida pelo mercado de 8%, o valor do título para os investidores pode ser apurado segundo a seguinte expressão de cálculo:

$$P_0 = \frac{60,00}{1,08} + \frac{60,00}{(1,08)^2} + \frac{60,00}{(1,08)^3} + \frac{60,00}{(1,08)^4} + \ldots + \frac{1.060,00}{(1,08)^{10}}$$

$$P_0 = \$ 865,80$$

Este é o valor de um título não conversível da empresa, que representa o valor mínimo que seus títulos conversíveis em ações podem alcançar no mercado. Se o título estiver sendo cotado a um preço superior no mercado, tem-se a cobrança de um ágio na negociação.

Ao se admitir, ainda, que o título tenha sido lançado com conversão em 289 ações da empresa (preço de conversão de $ 3,46 por ação: $ 1.000,00/289 ações), e que o preço de mercado dessas ações alcance $ 3,17, o valor de conversão do título atingirá $ 916,13 (289 ações × $ 3,17), tornando atraente a conversão do investimento em ações da empresa. O ágio da conversão é definido em: $ 916,13 – $ 865,80 = $ 50,33, representando a diferença entre o valor de mercado e seu valor como título de renda fixa.

9.13 Export note

O *export note* é um título representativo de uma operação de cessão de créditos de exportação, sendo lastreado em negociações de vendas a importadores estrangeiros. É negociado por meio de um desconto, incorrendo o investidor em IR na fonte. Empresas com passivo em moeda estrangeira podem fazer *hedge* cambial adquirindo *export notes*. Com isso, é possível protegerem-se contra as variações nas taxas de paridade cambial.

9.13.1 Exemplo

Suponha que uma empresa exportadora tenha emitido *export note* no valor nominal (valor de resgate) de US$ 300.000,00. A cotação da moeda nacional em relação à moeda estrangeira (dólar) no momento da operação atingia R$ 1,08/US$, e no dia do resgate a paridade passou para R$ 1,119/US$.

A *export note* foi emitida pelo prazo de 90 dias, sendo a taxa de desconto definida em 13,2% ao ano.

Determine os valores da operação e do custo efetivo da empresa tomadora de recursos. Calcule também a rentabilidade do investidor que tenha adquirido este título, sabendo-se que há incidência de IR na fonte pela alíquota de 20%.

Solução:

	Em US$	Em R$
Valor nominal da emissão	300.000,00	324.000,00
Valor líquido captado: $\dfrac{US\$ 300.000,00}{1+\dfrac{0,132}{12}\times 3}$	290.416,26	313.649,56
DESCONTO:	9.583,74	10.350,44
Valor de resgate:	300.000,00	335.700,00

$$\text{Custo efetivo } (i) = \frac{335.700,00}{313.649,56} - 1 = 7,03\%$$

Esse cálculo embute a variação cambial de 3,61% [(R$ 1,119/R$ 1,08) – 1] e a taxa real de 3,3%.

Para um investidor, o cálculo da rentabilidade efetiva deve considerar o IR retido na fonte previsto para esta operação. Considerando a alíquota de 20% incidente sobre os rendimentos brutos, tem-se:

IR = 20% × (R$ 335.700,00 – R$ 313.649,56)
 = R$ 4.410,09

O valor líquido de resgate do investidor reduz-se para:

Resgate (FV) = R$ 335.700,00 – R$ 4.410,09
 = R$ 331.289,91

Logo, a rentabilidade efetiva líquida é calculada em:

$$\text{Rentabilidade líquida } (i) = \frac{R\$ 331.289,91}{R\$ 313.649,56} - 1$$

$$= 5,62\% \text{ a.t.}$$

9.14 Exemplos de debêntures

1. Admita uma debênture emitida por três anos a uma taxa nominal de juros de 10% a.a., com capitalização semestral. O título é vendido com deságio de 3,75% sobre seu valor de face (valor ao par) de $ 1.000,00 cada um. Determine o rendimento efetivo do título.

Solução:

Apesar de a debênture ser negociada com deságio de 3,75%, o cupom (rendimento) de 10% a.a. incide sobre o valor ao par de $ 1.000,00. Logo, tem-se o seguinte fluxo de caixa semestral para o investidor:

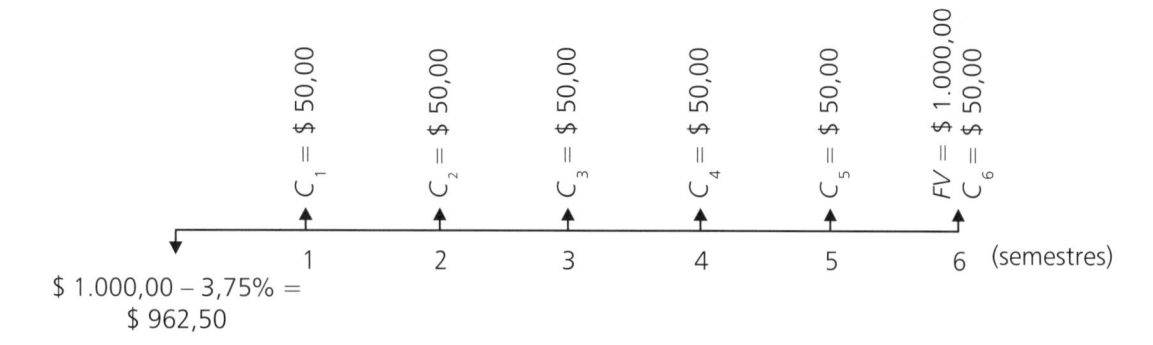

```
                  C₁=$50,00  C₂=$50,00  C₃=$50,00  C₄=$50,00  C₅=$50,00  FV=$1.000,00
                                                                         C₆=$50,00
                      ↑          ↑          ↑          ↑          ↑          ↑
  ─────────────────── 1 ──────── 2 ──────── 3 ──────── 4 ──────── 5 ──────── 6  (semestres)
  ↓
$ 1.000,00 – 3,75% =
$ 962,50
```

Expressando o fluxo de caixa na formação de cálculo da taxa interna de retorno (IRR), tem-se a seguinte rentabilidade efetiva anual:

$$\$\,962,50 = \frac{\$\,50,00}{(1+i)} + \frac{\$\,50,00}{(1+i)^2} + \frac{\$\,50,00}{(1+i)^3} + \frac{\$\,50,00}{(1+i)^4} + \frac{\$\,50,00}{(1+i)^5} + \frac{\$\,1.050,00}{(1+i)^6}$$

IRR (i) = 5,76% a.s., que equivale a:
$(1,0576)^2 - 1 = 11,84\%$ a.a.

O deságio de 3,75% sobre o valor do par elevou o retorno da debênture para 11,84% a.a. Se a debênture fosse negociada pelo seu valor ao par de $ 1.000,00, a rentabilidade oferecida seria exatamente igual a 5,0% a.s. (efetiva de 10,25% a.a.). Se o mercado negociar o título com ágio, por outro lado, então a taxa efetiva cairá para menos de 5,0% a.s., que representa a taxa de cupom (rendimento) do título.

2. Uma empresa lança debêntures com valor ao par de $ 1.000,00 cada e rendimentos nominais de 12% ao ano (6% ao semestre). O prazo da emissão é de quatro anos. O mercado desconta esse título à taxa de 14% ao ano (7% ao semestre).

Determine o valor de mercado da debênture.

Solução:

```
PV   1       2       3       4       5       6       7       8   (semestres)
 ↑   ↓       ↓       ↓       ↓       ↓       ↓       ↓       ↓
    C₁=     C₂=     C₃=     C₄=     C₅=     C₆=     C₇=     C₈=$60,00
    $60,00  $60,00  $60,00  $60,00  $60,00  $60,00  $60,00  FV=$1.000,00
```

$$PV = \frac{\$\,60,00}{1,07} + \frac{\$\,60,00}{(1,07)^2} + \frac{\$\,60,00}{(1,07)^3} + \frac{\$\,60,00}{(1,07)^4} + ... + \frac{\$\,1.060,00}{(1,07)^8}$$

$PV = \$\,940,29$

que equivale a um deságio de 5,97% sobre o valor ao par da debênture [($ 940,29 / $ 1.000,00) – 1].

9.15 Títulos públicos[5]

A emissão de títulos públicos apresenta dois grandes objetivos: financiar os déficits orçamentários do Governo e também servir como instrumentos de execução da política monetária. Ao vender títulos públicos no mercado, o Banco Central retira dinheiro de circulação, reduzindo a liquidez da economia. Na recompra desses títulos o efeito é inverso: a autoridade monetária eleva os meios de pagamento.

De acordo com o que foi ilustrado no Capítulo 6, os títulos públicos emitidos pelo Tesouro Nacional tiveram suas denominações alteradas, como demonstrado no quadro a seguir.

Denominação Atual	Denominação Antiga
Tesouro Prefixado A rentabilidade é conhecida no momento da aquisição	Letra do Tesouro Nacional (LTN)
Tesouro Prefixado com Juros Periódicos (semestre)	Notas do Tesouro Nacional Série F (NTN – F)
Tesouro IPCA com Juros Periódicos (semestre) Título pós-fixado atrelado ao IPCA mais juros semestrais	Notas do Tesouro Nacional Série B (NTN – B)
Tesouro Selic Título pós-fixado com retorno definido pela variação da taxa Selic	Letra Financeira do Tesouro – LFT

---
[5] Para um estudo mais aprofundado de avaliação de títulos públicos, recomenda-se: ASSAF NETO, Alexandre. *Matemática financeira e suas aplicações*. 12. ed. São Paulo: Atlas, 2012.

O Tesouro Nacional criou, junto com a Companhia Brasileira de Liquidação e Custódia (CBLC), uma plataforma de negociação de títulos públicos acessível pela Internet, denominada *Tesouro Direto*.

Os *títulos públicos* são títulos de renda fixa, podendo o investidor avaliar seu rendimento no momento da aplicação, diferentemente do investimento em ações, por exemplo. É uma alternativa de investimento mais conservadora, oferecendo menor risco, principalmente se comparada com o mercado de renda variável, que convive com mais alta volatilidade. É considerada a alternativa de menor risco na economia, tendo garantia do Tesouro Nacional.

9.15.1 Tesouro Prefixado – Cupom Zero

Os títulos públicos prefixados com cupom zero, também conhecidos por *Discount Bonds*, não preveem pagamentos periódicos de juros (cupons de juros) aos investidores e são negociados com deságio no mercado. O ganho do investidor, nesse caso, é calculado pela diferença entre o valor pago na aquisição do título e o seu valor de resgate (valor nominal).

O preço unitário (PU) do título prefixado sem pagamento de cupons de juros é o valor presente de seu valor nominal, descontado por uma taxa de juros que representa a remuneração mínima exigida pelo investidor.

A fórmula adotada de precificação desses títulos públicos prefixados é a seguinte:

$$PU = N / [1 + (Tx / 100)]^{n/252}$$

Onde: **PU** = preço unitário do título, ou preço de negociação;

Tx = taxa de juro anual, na base de 252 dias úteis, definida como remuneração exigida pelo mercado;

N = valor nominal (ou valor de face) do título. Representa o valor do principal que será pago ao investidor no vencimento do título;

n = número de dias úteis verificados entre a liquidação da operação e o seu vencimento;

N – PU = diferença entre o valor de resgate e o valor pago pelo título (valor de negociação). Rendimento oferecido pelo título.

Exemplos de Aplicação:

a. Determinar o PU (preço unitário) de Tesouro Pré, com vencimento em 59 dias, estando cotado à taxa de 14,8% a.a.o (ao ano *over*).

Solução:

$PU = 1.000,00/[1 + (14,8\%/100)]^{59/252}$

PU = $ 968,202025

b. Uma instituição financeira adquiriu um lote de títulos públicos (prefixados) pagando PU de $ 946,785000. O prazo dos títulos é de 101 dias.

Determinar:
- Taxa efetiva do título (i).
- Taxa *over* ano (% a.a.o).

Solução:

$$i(\text{efetiva}) = \frac{1.000,00}{946,785000} - 1$$

$i(\text{efetiva}) = 5,62\%$ ao período (101 dias)

$over = (1 + Tx)^{252/n}$

$over = (1,0562)^{252/101} - 1$

$over = 14,62\%$ a.a.o.

Tesouro Prefixado

Representação gráfica:

Principais características:

– Título prefixado sem previsão de pagamento de juros (CUPOM);

– O valor nominal (ou valor de face) é o valor de resgate do título;

– A taxa de juro é efetiva, geralmente calculada com base em 252 dias úteis por ano.

---

c. Pede-se calcular o PU e a taxa efetiva de rentabilidade de Tesouro Prefixado de valor nominal de $ 1.000,00 e prazo de 47 dias úteis. A taxa de desconto está fixada em 11,5% a.a.o.

Solução:

- Taxa efetiva de rentabilidade = $(1,115)^{47/252} - 1 = 2,05\%$ a.p. (47 du)

- Preço Unitário (PU) = $\dfrac{\$\ 1.000,00}{1,0205} =$

Preço Unitário (PU) = $ 979,90

Fluxo de caixa do título para um investidor:

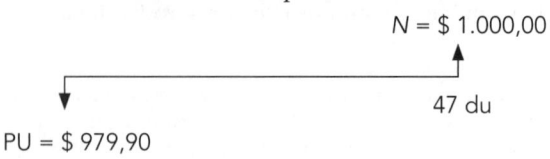

d. Sendo de $ 984,493618 o PU do título Pré com valor nominal de $ 1.000,00 e prazo de 34 dias úteis, pede-se determinar a taxa efetiva ao ano *over*.

Solução:

$$\text{Taxa anual } over = \left(\frac{\$\ 1.000,00}{\$\ 984,493618}\right)^{\frac{252}{34}} - 1$$

$$= 12,28\% \text{ a.a.o. (ao ano } over\text{)}$$

9.15.2 Tesouro Prefixado com Juros Periódicos

O título público prefixado com juros periódicos (semestrais), antiga NTN – Série F, considera pagamentos de juros ao investidor durante o prazo da aplicação, a cada seis meses.

O fluxo de pagamentos desse título apresenta-se da forma seguinte:

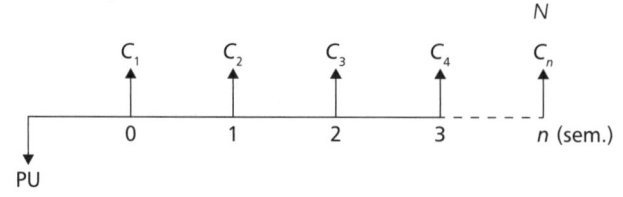

Sendo:

PU = preço unitário. Valor do título;

$C_1 \ldots C_n$ = Cupons (pagamentos de juros) previstos para o final de cada semestre;

N = Valor de face (resgate) do título na data de vencimento. Geralmente definido o valor de $ 1.000,00.

O PU do título equivale ao valor presente do fluxo de pagamentos. A taxa de desconto representa a taxa de juros mínima exigida pelo investidor (i), geralmente definida como efetiva ao ano.

Formulações do Cálculo:

$$C = [(1 + i_c)^{1/2} - 1] \times N$$

sendo: i_c = taxa efetiva anual do cupom

$$PU = \left[\frac{C_1}{(1+i)^{du/252}} + \frac{C_2}{(1+i)^{du/252}} + \ldots + \frac{C_n + N}{(1+i)^{du/252}}\right]$$

EXEMPLO ILUSTRATIVO – Calcular o PU de um título Tesouro Prefixado com juros semestrais emitido pelo prazo de dois anos e valor nominal de $ 1.000,00. O título paga cupom semestral equivalente à taxa efetiva de 6% a.a., sendo as parcelas pagas em 125, 252, 380 e 507 dias úteis. A remuneração exigida pelo investidor é igual a 8% a.a.

Solução:

$C = [(1 + 0,06)^{1/2} - 1] \times \$\ 1.000,00 = \$\ 29,56/\text{sem}.$

$$PU = \frac{29,56}{(1,08)^{125/252}} + \frac{29,56}{(1,08)^{252/252}} + \frac{29,56}{(1,08)^{380/252}} +$$

$$+ \frac{29,56}{(1,08)^{507/252}} + \frac{1.000,00}{(1,08)^{507/252}}$$

$PU = \$\ 964,01$

9.15.3 Título público: Tesouro Selic

O *Tesouro Selic*, antiga LF (Letra Financeira) do Tesouro, é também um título prefixado, não prevendo fluxos periódicos de pagamento de juros. Esse título oferece remuneração referenciada na taxa Selic.

O valor do título é geralmente expresso em cotação (%). Assim, o PU do Tesouro Selic é calculado multiplicando-se a cotação do título pelo seu valor nominal atualizado (VNA), ou seja:

$$\text{PU (Tesouro Selic)} = \text{VNA} \times \text{cotação (\%)}$$

A cotação é determinada admitindo-se uma base 100 ao fluxo, ou seja:

$$\text{Cotação (\%)} = \frac{100,0}{1 + ie}$$

sendo: ie = taxa efetiva do período.

Representação gráfica:

Principais características:

- Não há pagamento de juros (CUPOM) no período;
- Juros são calculados com base em 252 dias úteis por ano;
- O valor de resgate é formado pelo valor nominal do título acrescido dos rendimentos oferecidos pela Selic no período;
- O PU (preço unitário) do título é calculado pelo valor nominal atualizado, cobrindo o período desde a data-base (data de emissão) até a sua data de liquidação financeira;
- O valor nominal atualizado é calculado da forma seguinte:

  R$ 1.000,00 × Fator de correção da Selic.

Como *ilustração*, admita Tesouro Selic com valor nominal de $ 1.000,00 e prazo de vencimento de 505 dias úteis.

a. Sendo de 11,75% a.a.o. a taxa Selic, apure a taxa de juro anual para um investidor que pretende ganhar 12,25% a.a. no período de aplicação do título.

    Solução:

    Taxa de Juro Esperada pelo Investidor

    $$i = \frac{1,1225}{1,1175} - 1 = 0,4474\% \text{ a.a.}$$

    Esta taxa representa a remuneração exigida pelo investidor acima da taxa Selic.

b. Determine a cotação (%) do título

    Solução:

    A remuneração adicional requerida pelo investidor costuma ser bastante baixa no Tesouro Selic, permanecendo sua cotação de mercado bastante próxima (em torno de 100%) da taxa Selic.

    Assim:

    $$\text{Cotação (\%)} = \frac{100,00}{1,004474^{\frac{505}{252}}} = 99,1094\%$$

c. Calcule o Preço Unitário do Tesouro Selic

    Suponha ser de 20,06% a Selic acumulada no período (505 dias úteis). Esta taxa acumulada equivale ao fator de atualização do título. Desta forma, o valor nominal é corrigido por este fator, obtendo-se o valor nominal atualizado (VNA):

    Valor nominal = $ 1.000,00 × 1,2006
    atualizado (VNA) = $ 1.200,60

    O Preço Unitário (PU) do título é calculado por meio do produto de sua cotação (%) pelo valor nominal atualizado (VNA), ou seja:

    > PU = Cotação (%) × VNA ($)

    Substituindo:

    PU = 99,1094% × $ 1.200,60
    = $ 1.189,91

EXEMPLO ILUSTRATIVO 1 – Dados de um título Tesouro Selic com prazo de 123 dias úteis. O mercado exige um retorno mínimo de 13,50% a.a.o (ao ano *over*).

a. Calcular o valor de negociação do título (PU) se a taxa projetada da Selic for também de 13,50%.

Solução

$$PU = \frac{1.000 \times (1 + 0,1350)^{\frac{123}{252}}}{(1 + 0,1350)^{\frac{123}{252}}} = \text{R\$ 1.000}$$

b. Determinar o PU do título admitindo uma projeção da taxa Selic de 14,0% e de 13,0%.

Solução

- Selic = 14,0% > Taxa Exigida = 13,5%

$$PU = \frac{1.000 \times (1 + 0,14)^{\frac{123}{252}}}{(1 + 0,135)^{\frac{123}{252}}} = \text{R\$ 1.002,147780}$$

Nesse caso, o título é cotado no mercado com *ágio* de 2,147880%. A taxa Selic projetada é maior que o retorno mínimo exigido.

- Selic = 13,0% < Taxa Exigida = 13,5%

$$PU = \frac{1.000 \times (1 + 0,13)^{\frac{123}{252}}}{(1 + 0,135)^{\frac{123}{252}}} = \text{R\$ 997,847371}$$

O título é negociado com *deságio* de 0,215263%. Para obter o ganho efetivo de 13,5% na operação, o investidor deve comprar o título com deságio.

EXEMPLO ILUSTRATIVO 2 – O valor de mercado de um título (Tesouro Selic) é de R$ 998,475. O prazo do título é de 110 dias úteis. Pede-se calcular a taxa de retorno efetiva do título sendo a taxa Selic esperada para o período de 14,75% a.a.

Solução

$$998,475 = \frac{1.000 \times (1 + 1,1475)^{\frac{110}{252}}}{(1 + i.e.)^{\frac{110}{252}}}$$

sendo: i.e. = taxa efetiva de juro

$$(1 + i.e.)^{\frac{110}{252}} = \frac{1.061,897321}{998,475}$$

$$(1 + i.e.)^{\frac{110}{252}} = 1,063519$$

i.e. = 15,15% a.a.

9.15.4 Tesouro pós-IPCA

Esses títulos oferecem rendimentos formados por duas partes: taxa real de juros e taxa de correção pela variação da inflação. Há dois tipos de Tesouro IPCA: com pagamento intermediário de juros (semestral) e pagamento *final*.

Tesouro IPCA Principal (NTN – B Principal)

Esse título oferece rentabilidade corrigida pela variação da taxa de inflação (IPCA). Não há pagamento intermediário de juros, o investidor resgata o valor da aplicação na data de vencimento pelo valor nominal acrescido dos juros reais mais o IPCA. É um título *cupom zero*.

Estrutura do título:

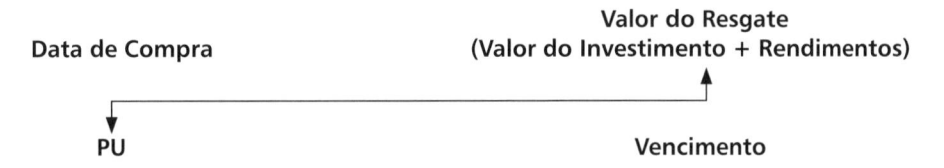

```
                                Valor do Resgate
Data de Compra         (Valor do Investimento + Rendimentos)
       |                              ↑
       ↓                              |
      PU ──────────────────────► Vencimento
```

Tesouro IPCA com Juros Periódicos

O Tesouro IPCA com Juros Periódicos (semestrais) é um título pós-fixado que prevê pagamentos semestrais de juros reais mais variação do IPCA (índice de inflação). A remuneração do título é formada de uma taxa de juro real prefixada, contratada no momento da aquisição, mais variação da inflação medida pelo IPCA. O título oferece rentabilidade sempre superior à taxa de inflação.

O fluxo de pagamentos do título apresenta-se da seguinte forma:

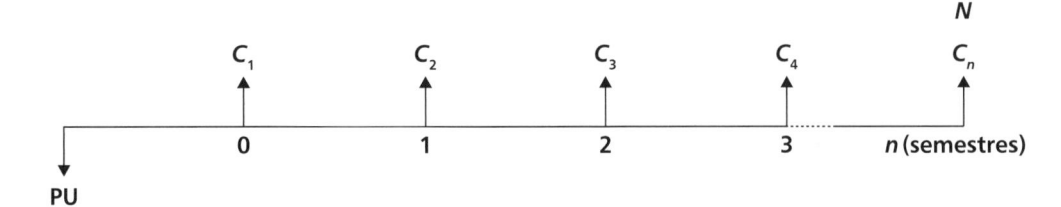

```
                                                N
         C₁      C₂      C₃      C₄      Cₙ
         ↑       ↑       ↑       ↑       ↑
    ─────┼───────┼───────┼───────┼───────┼────
         0       1       2       3       n (semestres)
    ↓
   PU
```

Formulação de Cálculo do Preço do Título (PU):

$$PU = \frac{C^1}{(1+ic)^{du(1)/252}} + \frac{C^2}{(1+ic)^{du/252}} + \frac{C^3}{(1+ic)^{du/252}} + \frac{C^4 + n}{(1+ic)^{du/252}}$$

Onde:

ic = taxa de juro do cupom (anual);
C^1, C^2, C^3, C^4 = Cupons semestrais;
$du(1), du(2), du(3), du(4)$ = número de dias úteis acumulados em cada semestre.

EXEMPLO ILUSTRATIVO – Um título Tesouro IPCA é negociado com prazo de vencimento em 2 anos com rendimentos semestrais equivalentes à taxa (efetiva) de 6% a.a. O valor nominal do título está fixado em $ 1.000,00.

A taxa de inflação medida pela variação do IPCA prevista para cada semestre atinge a: 1,2%, 0,9%, 0,8% e 1,0%.

Valor Nominal dos Cupons Semestrais:

Semestre	Valor Nominal Corrigido	Valor Nominal do Cupom Semestral
0	$ 1.000,00	
1	$ 1.000,00 × 1,012 = $ 1.012,00	$ 1.012,00 × [(1,06)^{1/2} – 1] = $ 29,92
2	$ 1.012,00 × 1,009 = $ 1.021,10	$ 1.021,10 × [(1,06)^{1/2} – 1] = $ 30,19
3	$ 1.021,10 × 1,008 = $ 1.029,28	$ 1.029,28 × [(1,06)^{1/2} – 1] = $ 30,43
4	$ 1.029,28 × 1,01 = $ 1.039,57	$ 1.039,57 × [(1,06)^{1/2} – 1] = $ 30,73

Valor do Título (PU) e Cotação:

O PU do título é determinado pela taxa de desconto definida pelo investidor. *Por exemplo*, se a taxa de retorno exigida pelo investidor for a taxa do cupom de 6% a.a., o PU do título será igual ao valor nominal de $ 1.000,00. Nesse caso, diz-se que o título é *negociado ao par*, com PU = $ 1.000,00 (ou Cotação = 100%).

O título prevê pagamentos de juros nos seguintes intervalos de dias úteis:

1ª Parcela: 125 du   2ª Parcela: 252 du
3ª Parcela: 380 du   4ª Parcela: 505 du

Formulação de Cálculo:

Rendimentos Reais do Cupom: $ 1.000,00 × $[(1 + 0{,}06)^{1/2} - 1]$ = $ 29,56/sem.

$$PU = \frac{\$\,29{,}56}{(1{,}06)^{125/252}} + \frac{\$\,29{,}56}{(1{,}06)} + \frac{\$\,29{,}56}{(1{,}06)^{380/252}} + \frac{\$\,1.000{,}00 + \$\,29{,}56}{(1{,}06)^{505/252}} = \$\,1.000{,}00$$

$$\text{COTAÇÃO} = \frac{PU = \$\,1.000{,}00}{N = \$\,1.000{,}00} = 100\%$$

Caso o investidor exija uma remuneração maior que a da taxa de cupom de 6% a.a., o título é negociado com *deságio*, ou seja, por um valor inferior de seu valor nominal. Assim, se a taxa de retorno exigida pelo investidor for de 7% a.a., por exemplo, a cotação do título atinge:

$$PU = \frac{\$ 29,56}{(1,07)^{125/252}} + \frac{\$ 29,56}{(1,07)} + \frac{\$ 29,56}{(1,07)^{380/252}} + \frac{\$ 1.000,00 + \$ 29,56}{(1,07)^{505/252}} = \$ 981,92$$

$$\text{COTAÇÃO} = \frac{PU = \$ 981,92}{N = \$ 1.000,00}$$
$$= 98,19 \ (\text{DESÁGIO} = 1,82\%)$$

O título é negociado com ÁGIO quando o investidor ficar satisfeito em ganhar menos que os juros do cupom, definido em 6% a.a. no exemplo ilustrativo. Nesse caso, o valor a ser pago pelo título supera ao seu valor nominal.

10 Mercado de Renda Fixa – Avaliação de Bônus

Bônus são títulos de renda fixa representativos de contratações de empréstimos pelas empresas, os quais prometem pagar a seus investidores determinado fluxo futuro de rendimentos. Esses papéis nada mais são do que notas promissórias emitidas sem garantias reais que pagam juros periódicos a seus proprietários, ou determinado montante fixo ao final do prazo de emissão.

Os títulos de renda fixa definem, em sua emissão, as condições de negociação, como a taxa de juros prometida, prazo de emissão, forma de pagamento dos juros (ao final ou em parcelas periódicas) etc.

A taxa de juros de um título de renda fixa representa, ao mesmo tempo, o retorno do investidor (tomador do dinheiro) e o custo do dinheiro a ser pago pelo tomador dos fundos (custo de captação).

A avaliação desses títulos é processada por meio do fluxo de caixa prometido ao investidor, descontado a uma taxa que reflete o risco do investimento. Outras variáveis, como liquidez do mercado, indicadores econômicos e aspectos tributários, também costumam influir sobre o preço de mercado dos títulos.

> Um título de renda fixa pode ser negociado de três formas: *ao par, com deságio e com ágio*.
>
> Um título *ao par* indica que seu preço de negociação de mercado é igual ao seu valor nominal. Ou seja, a taxa exigida de retorno do investidor (ou taxa de mercado) é a própria taxa do cupom.
>
> Um título será negociado com *deságio* quando a taxa de mercado for maior que a taxa de juro prometida pelo título (taxa de cupom). Nesse caso, para oferecer a rentabilidade desejada pelos investidores, o título deve ser desagiado. O preço de mercado é inferior ao valor nominal do título.
>
> Um título com *ágio* é um título valorizado em relação ao seu valor nominal, prometendo pagar juros (taxa do cupom) acima da taxa de retorno requerida pelo mercado.

Os principais riscos a que um investidor está exposto ao adquirir estes títulos são:

- oscilações nas taxas de juros de mercado;
- inadimplência do emitente;
- liquidez do mercado;
- oportunidades de reinvestimento dos fluxos de caixa recebidos pelo investidor.

Os juros pagos pelos bônus são representados por **cupons**, e as taxas podem ser *fixas* (percentual do principal), ou *variáveis*, calculadas de acordo com os referenciais estabelecidos. O capital aplicado pode ser pago integralmente no vencimento, ou em valores periódicos.

Existem no mercado financeiro inúmeros títulos de renda fixa, os quais se diferenciam essencialmente pela maturidade (prazo de resgate do título) e natureza do emitente. As emissões de títulos de renda fixa com maturidade inferior a um ano são geralmente identificadas como instrumentos de curto prazo do mercado monetário, como títulos públicos, *commercial papers* e certificados de depósitos bancários. Títulos com maturidade superior a um ano são normalmente denominados bônus ou obrigação (*bonds*). *Bond* é uma denominação genérica aplicada a títulos de renda fixa (títulos de dívida) e negociados no mercado interno e no exterior. Os *bonds* podem ser públicos (Títulos Públicos) ou privados (obrigações emitidas por empresas, como debêntures).

Os principais emitentes de títulos em uma economia são o Governo Federal, por meio da Secretaria do Tesouro Nacional, e as empresas privadas, as quais são geralmente classificadas nos segmentos de instituições financeiras e não financeiras.

São negociados no mercado financeiro internacional três tipos de títulos:

- títulos com *juros fixos* estabelecidos no momento do seu lançamento ao público. Esta remuneração tem por referência alguma taxa de juro de mercado, geralmente a dos títulos do governo dos EUA. É o tipo de *bond* mais negociado no mercado;

- títulos com *taxas de juros redefinidas periodicamente* (*floating*), geralmente nos momentos de pagamento dos *cupons*;
- títulos *conversíveis em ações* (*equity related*).

Os *bonds* (obrigações) classificados como de mais baixo risco são os emitidos pelo Governo. Os títulos emitidos por instituições que não o Tesouro Nacional (títulos privados) remuneram o investidor com um prêmio pelo risco, como forma de compensar a possibilidade de não serem pagos os juros e/ou o principal. O percentual deste prêmio é geralmente obtido por empresas especializadas em classificações de risco de crédito.

Os títulos do Tesouro dos EUA (*Treasuries*) são aceitos como os de menor risco (mais seguros) do mundo. São bastante utilizados como ativos livres de risco (*Risk Free*) na precificação dos diversos papéis negociados no mercado. Assim, se uma empresa decidir lançar um bond no mercado, a remuneração definida para o título será formada pela taxa de juros dos títulos públicos dos EUA mais um *spread* de risco.

Os *Treasury Inflation Protected Securities* (*TIPS*) são títulos emitidos pelo Tesouro dos EUA protegidos dos efeitos da inflação. A principal característica desses títulos é a correção do valor do Principal pela inflação verificada (variações nos índices de preços – IPC). A taxa de juros se mantém inalterada (fixa) ao longo do prazo do título, e os rendimentos são calculados pela aplicação da taxa fixa de juros sobre o valor nominal do título. Os fluxos de rendimentos passam, assim, a acompanhar a trajetória da inflação: fluxos crescentes para taxas de inflação em elevação e decrescentes na queda da inflação. No vencimento, o investidor do TIPS recebe o principal corrigido pela inflação desde a data de emissão do título. A taxa de juros é semestral e tem seu percentual definido em leilões de colocação dos títulos no mercado.

EXEMPLO ILUSTRATIVO – Admita um investimento de $ 100.000 em um TIPS com prazo de 10 anos, pagando juros de 3,0% a.a. Se a taxa de inflação for de 2,5% no próximo ano, apuram-se os seguintes resultados do TIPS:

Valor Nominal (N) = $100.000 × 1,025 = $102.500

Juros = 3% × $102.500 = $3.075, e assim por diante

Se, ao invés de inflação, ocorresse uma deflação, os valores de face (valor nominal) e os juros ($) diminuiriam.

> **RENDA FIXA: RISCO, RETORNO E LIQUIDEZ – UM RESUMO**
>
> **Risco de Taxas de Juros** – O preço de mercado de um título comporta-se de forma inversa ao da taxa de juros: sempre que a taxa de juros de mercado sobe, o título perde valor (preço de negociação cai); caso contrário, quando a taxa de juros recua no mercado, o preço do título aumenta (sofre valorização).
>
> **Risco de Reinvestimento** – O reinvestimento dos fluxos intermediários de caixa assume o risco de redução das taxas de juros de mercado. Sempre que as taxas caem, os rendimentos dos reinvestimentos também diminuem, sacrificando o retorno do investimento no título de renda fixa. Porém, se os juros de mercado aumentam, os ganhos financeiros dos reinvestimentos também se elevam, gerando maior retorno do investimento.
>
> **Risco de Negociação Antecipada** – O resgate antecipado de um título segue os juros de mercado. Quanto mais incerta a taxa de juros no mercado, mais alto se apresenta o risco de uma negociação antecipada do título.
>
> **Risco de Liquidez** – A liquidez de um título de renda fixa afeta seu risco. *Liquidez* é a capacidade de um título ser negociado rapidamente no mercado, mantendo uma certa estabilidade em seu preço, ou seja, sem necessidade do titular conceder descontos relevantes em seu preço.

Importante: Os preços de mercado dos títulos variam conforme se modificam as expectativas futuras das taxas de juros de mercado. Se as projeções dos agentes de mercado forem de aumento dos juros em relação à taxa contratada pelo investidor, ocorre uma redução no preço de negociação do título. Assim, quanto mais altas situam-se as taxas de juros de mercado, menores são os preços de negociação dos títulos de renda fixa. Uma expectativa de queda dos juros em relação à taxa pactuada na compra produz, ao contrário, uma elevação no preço de mercado do título.

Os títulos de renda fixa (prefixados) mantidos em carteira são atualizados de acordo com o seu comportamento de mercado, sendo esse processo conhecido por *marcação a mercado*. Uma vez mais, se o investidor decidir manter os seus títulos adquiridos em carteira até o seu vencimento, os seus rendimentos da aplicação serão exatamente iguais aos contratados no momento da compra, não sendo afetado pelas variações das taxas de juros de mercado. O retorno do investidor somente sofre alterações em relação à taxa contratada na aquisição, se decidir negociar o título antes de seu vencimento; nesse caso, o valor do título será calculado com base nas taxas de juros vigentes na época.

10.1 *Bonds, Eurobonds e Global Bonds*

Conforme estudado ao longo desse capítulo, *bonds* (ou bônus) são títulos representativos de uma dívida (obrigação) emitidos geralmente por longo prazo. Títulos com emissão de médio prazo são denominados *Notes*. Para padrões internacionais, títulos de longo prazo são muitas vezes definidos com vencimento de 10 anos ou mais; médio prazo são emissões com vencimento entre 5 e 10 anos, e curto prazo de 1 a 5 anos.

Os *bonds* envolvem duas partes: o *emissor* do título, agente que realiza a captação de recursos, e o *investidor*, adquirente do papel (doador de recursos). O emissor assume uma obrigação de pagar o principal recebido acrescido dos rendimentos prometidos (juros e atualização monetária) em datas futuras previamente estabelecidas.

Estes títulos podem ser negociados tanto nos mercados internos de uma economia, como nos mercados internacionais. Alguns *exemplos*: uma empresa brasileira pode emitir títulos de dívidas (debêntures, por exemplo) e negociar esses papéis na bolsa de valores do próprio país; outra empresa brasileira pode emitir títulos de dívidas (*bonds*) e negociá-los em outros mercados (ou em um único mercado), entre investidores locais. As empresas tomadoras de recursos (ou emitentes de títulos) ficam sempre sujeitas às leis e regulamentações dos mercados locais.

Os títulos estrangeiros emitidos e negociados em outros mercados assumem a denominação do próprio mercado. Assim, são conhecidos os *Samurai Bonds* (Japão), *Yankee Bonds* (EUA), *Rembrandt Bonds* (Holanda), entre outros.

As remunerações (juros) previstas nos *bonds* podem ser dos seguintes tipos:

- *fixed rate*, ou taxa de juros fixa. O rendimento do título é calculado por uma taxa de juros fixa, cobrindo todo o período de emissão. Os pagamentos de juros ocorrem geralmente em períodos semestrais;
- *floating rate*, taxa flutuante referenciada em alguma taxa internacional (LIBOR, por exemplo), devendo ser acrescida de um prêmio pelo risco (*spread*). A *floating rate* pode ainda prever alguma atualização periódica dos juros prometidos pelo título (cupons) aos valores de mercado;
- *zero coupon bond*, título que não prevê pagamento de juros, sendo a remuneração definida pelo deságio com que o título é negociado.

Os *eurobonds* são títulos de dívida emitidos em um país e negociados em diversos mercados internacionais, representados geralmente em moeda diferente daquela do mercado onde são emitidos. *Por exemplo*, uma companhia brasileira pode emitir títulos em dólar (US$) e negociar esses papéis em diversos países da Europa ou de outro continente. Os emissores dos *eurobonds* são geralmente grandes corporações, empresas multinacionais, governos e empresas estatais. As emissões dos *eurobonds* são geralmente subscritas por instituições financeiras internacionais e colocadas em diversos mercados mundiais.

Os *global bonds* são títulos emitidos simultaneamente em diversos mercados internacionais, podendo, ao contrário dos *eurobonds*, ser emitidos na mesma moeda do país emitente. *Por exemplo*, um *global bond* emitido no Japão e expresso em iene (moeda local), ou emitido nos EUA e denominado em US$.

10.2 *Yield to Maturity (YTM)*

O conceito de *Yield to Maturity (YTM)* reflete o rendimento (*yield*) efetivo dos títulos de renda fixa até seu vencimento (*maturity*). A determinação do *YTM* considera o preço de mercado do título e os fluxos de rendimentos associados, equivalendo sua metodologia exatamente à medida da taxa interna de retorno (IRR). A IRR é a taxa de desconto que iguala, em determinada data, entradas e saídas previstas de caixa de um investimento.

Comparando o resultado da IRR com o custo de capital, é tomada a decisão econômica do investimento. Se a rentabilidade oferecida (IRR) for **maior** ou **igual** à remuneração exigida pelos proprietários de capital, a proposta será aceita, sendo rejeitada quando a IRR for inferior ao retorno desejado.

Na análise de um bônus utiliza-se o mesmo raciocínio. Se a *YTM* superar a taxa de rentabilidade requerida, o investimento é considerado atraente, revelando-se desinteressante quando o retorno prometido for menor que a taxa requerida.

Genericamente, para um bônus com pagamentos periódicos de juros e resgate do principal ao final, modo de remuneração usualmente adotado pelo mercado e denominado *títulos de cupom*, a expressão de cálculo do *YTM* assume a seguinte formulação:

$$P_0 = \frac{C_1}{1+YTM} + \frac{C_2}{(1+YTM)^2} + \frac{C_3}{(1+YTM)^3} + \ldots + \frac{C_n + N}{(1+YTM)^n}$$

onde: P_0 = preço corrente de mercado do título (preço de negociação);

$C_1, \ldots, C_n$ = fluxos de caixa (cupons de rendimentos) prometidos para cada período, para serem pagos ao investidor;

Yield = rendimento nominal oferecido pelo título conforme identificado em seu cupom;

N = valor nominal (valor de face) do título ou valor a receber no vencimento. Os juros dos títulos incidem sobre o valor nominal;

YTM = *yield to maturity*, ou seja, taxa de juro que, ao descontar os fluxos de caixa, apura um valor presente igual ao preço corrente de mercado do título. Equivale à medida da *taxa interna de retorno*.

O preço de mercado de um título é bastante sensível às oscilações verificadas nas taxas de juros, variando inversamente à maneira como os juros se movimentam no mercado.

Por derivar do conceito de taxa interna de retorno (IRR), o *YTM* assume implicitamente seu pressuposto básico de reinvestimento dos fluxos intermediários de caixa à própria taxa de juros prometida pelo investimento. Identicamente, para que a taxa interna de retorno calculada efetivamente ocorra, é necessário que o investidor mantenha o título em seu poder até o momento de seu vencimento.

Ao se supor que os rendimentos dos títulos sejam periodicamente reinvestidos à própria taxa do *YTM* inerente ao fluxo de caixa, a rentabilidade (*yield*) periódica apurada na expressão é considerada efetiva. O pressuposto implícito no cálculo da IRR, conforme comentado, assume que o *YTM* é efetivo se os rendimentos de cada período forem reinvestidos pela própria taxa do *YTM* nos momentos de suas respectivas entradas de caixa, e acumulados exponencialmente até o final do prazo da operação (*maturity*).

Um bônus pode também oferecer um único pagamento ao final do prazo de emissão, o qual incorpora principal e juros. Graficamente, este tipo de *maturity* é representado da forma seguinte:

sendo a *YTM* periódica obtida pela formulação:

$$P_0 = \frac{C_n + N}{(1 + YTM)^n}$$

Os títulos podem ainda não prever qualquer pagamento de juros durante sua maturidade, sendo denominados *zero coupon bond* (título com cupom zero). Em substituição aos cupons de rendimentos, o título é geralmente negociado por um valor de face descontado (deságio), ou seja, por um preço inferior a seu valor de face.

Como *exemplos* desses títulos, podem ser citados alguns títulos públicos brasileiros, como a Letra do Tesouro Nacional (Tesouro Prefixado), Títulos do Tesouro dos EUA, *Commercial Papers*, entre outros.

Como são negociados com deságio em relação ao seu valor de face, e pagam no vencimento este valor, os títulos são representados da forma seguinte:

$$P_0 = \frac{N}{(1 + YTM)^n}$$

Rendimentos = $N - P_0$

Título Cupom Zero

Um título *zero coupon* prevê um único pagamento em uma data futura, indicada como data de vencimento (ou de maturidade). Nesta maturidade, o título paga o seu valor nominal (valor de face ou valor de resgate). O valor nominal de um título é definido quando de sua emissão.

A negociação do *cupom zero* no mercado é realizada com deságio em relação ao seu valor nominal.

Se um investidor adquire um título *zero coupon* e o mantém até o seu vencimento, e, não havendo qualquer risco de inadimplência, ele irá receber exatamente o valor de resgate prometido. Caso o titular decida negociar o título antes de seu vencimento, conforme estudado no Capítulo 8, ao tratar de riscos financeiros, ele assume o risco de variação das taxas de juros (risco de volatilidade dos juros). Ocorrendo variações nos juros de mercado, o valor do título também se altera, podendo-se apurar uma valorização ou desvalorização.[1]

Na hipótese de os juros de mercado subirem, o investidor apura uma queda no valor de revenda; em caso contrário, uma redução das taxas de juros promove uma valorização no valor de mercado do título.

Um título pode também ser emitido com duração indeterminada (não tem vencimento), sendo denominado *consol*. Dessa forma, *consol* é uma obrigação "sem vencimento" que paga juros prefixados a cada período (geralmente ano).

10.2.1 Exemplo ilustrativo

Admita um título com prazo de vencimento de três anos e que paga cupom semestral proporcional a 9% a.a. O valor nominal do título é de $ 1.000,00, sendo negociado ao mercado com deságio de 3,5%.

Pede-se determinar a *yield to maturity* (*YTM*) do título:

Solução:

- Cupom (juro) semestral pago: $\frac{9\%}{2} = 4,5\%$ a.s.

---

[1] É aceito que somente os títulos públicos federais estão isentos de risco de *default* (risco zero). Títulos de emissão privada, principalmente, carregam sempre algum risco associado ao seu pagamento.

- Valor de negociação (P_0): $ 1.000,00 – 3,5% = $ 965,00
- Prazo: 6 semestres (3 anos)

Representação gráfica dos fluxos de caixa do título:

```
                                    $1.000,00
$45,00  $45,00  $45,00  $45,00  $45,00  $45,00
   ↑       ↑       ↑       ↑       ↑       ↑
   1       2       3       4       5       6   (semestres)
↓
$965,00
```

- Cálculo da YTM:

$$965,00 = \frac{45,00}{(1+YTM)} + \frac{45,00}{(1+YTM)^2} + \frac{45,00}{(1+YTM)^3} +$$

$$+ \frac{45,00}{(1+YTM)^4} + \frac{45,00}{(1+YTM)^5} + \frac{1.045,00}{(1+YTM)^6}$$

Com o auxílio de uma calculadora financeira, chega-se a:

$$YTM = 5,19\% \text{ a.s.}$$

que equivale a 10,38% a.a. (linear) ou 10,65% a.a. (composto).

10.3 Preço de mercado dos títulos de renda fixa

O preço de mercado de um título é obtido de maneira similar à formulação do YTM, somente utilizando como taxa de desconto a remuneração exigida pelo mercado (K). Dessa forma, para um bônus com rendimentos periódicos:

$$P_0 = \left[\frac{C_1}{(1+K)} + \frac{C_2}{(1+K)^2} + \frac{C_3}{(1+K)^3} + ... + \frac{C_n + N}{(1+K)^n}\right]$$

onde K representa a taxa requerida de retorno definida pelo investidor do título.

Por exemplo, admita um bônus com valor de face de $ 1.000 que paga juros semestrais proporcionais a 10% ao ano. A *maturity* do título é de 10 anos. Se os investidores aceitarem descontar esse título à taxa semestral de 5%, conforme proposta em sua emissão, seu preço de mercado atingirá exatamente seu valor de face, ou seja:

Assim:

$N = \$ 1.000,00$

$C = 10\%$ a.a. (5% a.s.)

Maturity (n) = 10 anos (20 semestres)

$K = 5\%$ a.s.

$$P_0 = \left[\frac{50}{1,05} + \frac{50}{(1,05)^2} + \frac{50}{(1,05)^3} + ... + \frac{1.050}{(1,05)^{20}}\right]$$

$P_0 = \$ 1.000$

O preço obtido em qualquer momento do *maturity* não se iguala, necessariamente, a seu preço de mercado, podendo o título ser negociado com **desconto** ou **ágio** (prêmio), dependendo das expectativas dos fluxos de rendimentos e do preço de venda.

Se o mercado descontar esse título à taxa nominal de 12% ao ano, *por exemplo*, o preço de negociação se reduz para $ 885,30, ou seja:

$$P_0 = \left[\frac{50}{(1,06)} + \frac{50}{(1,06)^2} + \frac{50}{(1,06)^3} + ... + \frac{1.050}{(1,06)^{20}}\right]$$

$P_0 = \$ 885,30$

denotando um deságio de 11,47%.

Esse é o preço de consenso de mercado para uma taxa de YTM exigida de 12% ao ano. Ao admitir, ainda, uma expectativa de redução da YTM exigida do título para 9% ao ano após dois anos da data de sua emissão, o preço futuro esperado ao final do segundo ano também pode ser determinado pela seguinte formulação:

$$P_0 = \left[\frac{50}{(1,045)} + \frac{50}{(1,045)^2} + \frac{50}{(1,045)^3} + ... + \right.$$

$$\left. + \frac{1.050}{(1,045)^{16}}\right]$$

$P_0 = \$ 1.056,17$

A formulação implica num prazo de emissão para oito anos (16 semestres) e uma estimativa de YTM de mercado de 9% a.a. (4,5% a.s.). A redução da taxa de juro requerida pelo mercado elevou o preço de venda do título, sendo negociado com um ágio em relação a seu valor original de 5,6%.

A avaliação dos títulos de renda fixa e os juros de mercado apresentam um comportamento inverso. Quando as taxas de mercado se elevam, os preços de negociação dos títulos são reduzidos; quando ocorre uma queda nas taxas de juros, observa-se uma valorização nos preços de mercado dos títulos. Como os cupons são fixos por toda a maturidade, variações no retorno afetam unicamente o preço do título.

A relação entre o preço e retorno de um título pode ser assim descrita:

- se o retorno oferecido pelo título é igual ao cupom, então o título está negociado no mercado *ao par*, ou seja, o valor de mercado é igual ao valor de face.

    A) Neste caso, a taxa de juros paga pelo título prevista no CUPOM é igual ao retorno exigido;

- se o retorno apurado do título for inferior a seu cupom, o título será negociado no mercado com *ágio*, ou seja, por um preço superior a seu valor de face.

> Nesse caso, diz-se que há um prêmio em relação ao par.
>
> B) O título remunera o investidor acima da taxa de juros de mercado;
>
> - se o retorno do título for superior ao pagamento do cupom, o preço de mercado do título sofre um desconto, sendo negociado por um valor inferior ao de face, ou seja, com *deságio*.
>
> C) O valor do título com deságio indica um retorno exigido pelo investidor (juros de mercado) acima da taxa paga pelo CUPOM.

10.3.1 *Current Yield*

O cálculo do *Current Yield* (CY) demonstra a rentabilidade periódica de um título em relação a seu preço corrente de mercado, ou seja:

$$\text{Current Yield } (CY) = \frac{\text{Juro Periódico } (Cupom)}{\text{Preço de Mercado do Título}}$$

É uma medida que revela a geração de caixa promovida pelo título em relação ao seu valor de mercado.

Por exemplo, admita uma obrigação com maturidade de oito anos que paga cupom de 10% ao ano, com rendimentos semestrais. O bônus está sendo negociado no mercado pelo preço de $ 1.089, sendo seu valor de face $ 1.000.

Determinar a *Yield to Maturity* (YTM) e a *Current Yield* (CY) do título.

- **Yield to Maturity (YTM)**

$$1.089 = \left[\frac{\$\,50}{1+YTM} + \frac{\$\,50}{(1+YTM)^2} + \frac{\$\,50}{(1+YTM)^3} + \dots + \frac{\$\,50 + \$\,1.000}{(1+YTM)^{16}} \right]$$

$YTM = 4,22\%$ a.s.,

equivalendo, por juros compostos, a 8,63% a.a.

- **Current Yield (CY)**

$$CY = \frac{\text{Cupom anual}}{P_0} = \frac{\$\,100}{\$1.089} = 9,18\% \text{ a.a.}$$

O cupom anual de 10% é maior que a CY (9,18% a.a.) em razão de o título estar sendo negociado com ágio (preço corrente de mercado superior ao valor de face).

Por outro lado, a CY > YTM em razão de o cálculo da YTM considerar a perda do investidor no título diante do ágio pago. Em verdade, o título é adquirido por $ 1.089 e resgatado por $ 1.000 ao final do prazo de emissão.

10.3.2 Relação entre a taxa de juros e o preço dos títulos

A formação do preço dos títulos no mercado encontra-se relacionada com o comportamento da taxa de juros. Como o preço de mercado é obtido descontando-se os fluxos de rendimentos pela taxa de juros requerida, o título desvaloriza-se conforme os juros sobem, e apresenta valorização quando as taxas declinam, conforme ilustra a Figura 10.1.

O valor de um título é formado pelos fluxos de rendimentos futuros esperados e pela taxa de desconto aplicada em seu cálculo. A taxa de desconto expressa o risco do título.

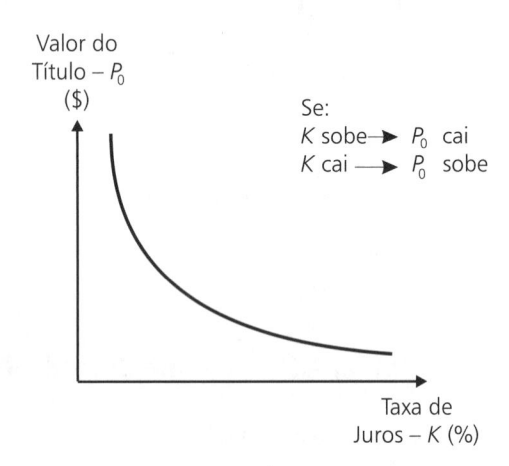

FIGURA 10.1 Preço e taxa de juros.

Assim, o valor presente não é uma função linear da taxa de desconto dos resultados de caixa do título, e sim uma função **convexa** desta taxa. Conforme a taxa de desconto for se elevando, o preço do título irá se reduzindo, porém a taxas decrescentes. Quanto maior a maturidade do título, mais significativa se apresenta esta variação em seu valor, ou seja, maior a volatilidade de seu preço.

Por exemplo, admita uma obrigação com valor nominal de $ 1.000,00 e que paga cupom anual de 8% a.a.. A volatilidade do título é apresentada a seguir:

Taxa de desconto	Maturidade = 4 anos		Maturidade = 8 anos	
	P_0	Variação	P_0	Variação
4% a.a.	$ 1.145,2	–	$ 1.269,3	–
6% a.a.	$ 1.069,3	–6,63%	$ 1.124,2	–11,43%
8% a.a.	**$ 1.000,0**	**–6,48%**	**$ 1.000,0**	**–11,05%**
10% a.a.	$ 936,6	–6,34%	$ 893,3	–10,67%
12% a.a.	$ 878,5	–6,20%	$ 801,3	–10,30%

Para qualquer maturidade, a desvalorização do preço do título, ao se incrementar a taxa de desconto, ocorre de forma decrescente. Por outro lado, quanto maior a maturidade, maior também a variação verificada.

Logo, o *risco é uma função crescente do prazo* do título, indicando que, quanto maior for o tempo de vencimento, mais alto é o risco apresentado.

Um ativo em que não se espera perda e que apresenta um prazo muito curto é considerado livre de risco (*risk free*). Se a maturidade do título for se incrementando, irá se tornando mais arriscado, demandando o pagamento de um prêmio pelo prazo mais longo.

Preço na Curva é o valor de um título atualizado pelos seus rendimentos previstos quando de sua emissão, sendo incorporadas no valor pago na aquisição as taxas de juros definidas pelos cupons e a variação monetária.

A marcação de um título na curva é geralmente usada para os papéis que permanecerão em carteira, tendo resgate previsto somente no seu vencimento.

Quando um investidor adquire um título de renda fixa, a sua expectativa é a de receber o valor investido (preço pago) acrescido de todos os rendimentos previstos quando de sua emissão. Caso o investidor decida negociar o título antes de seu vencimento, receberá os valores vigentes na época da venda.

10.4 Duration

Um aspecto relevante na avaliação de um título de renda fixa é a distribuição dos fluxos de caixa no tempo. Ao se admitir um título com um único pagamento ao final do prazo (principal mais juro), a *maturity* da operação é representada efetivamente pelo prazo de vencimento do título, sendo denominada no mercado como **zero coupon bond**, conforme estudado anteriormente.

No entanto, para um título que paga rendimentos periódicos e resgata o principal ao final, conforme expressão demonstrada anteriormente, partes do montante total prometido pelo título são desembolsadas ao longo de sua duração, não refletindo sua efetiva maturidade. Para que o prazo assumido pelo título expresse adequadamente sua maturidade, é necessário o cálculo de uma medida de duração representativa dos resultados de caixa esperados do título.

Para melhor *ilustrar* esse cálculo de duração efetiva de uma obrigação que desembolsa parcelas intermediárias, admita o lançamento de um título a um preço de subscrição de $ 1.000,00 igual ao valor nominal e que promete um rendimento linear de 10% ao ano. Os cupons são pagos semestralmente (5% a.s.), e o prazo do título é de três anos.

Graficamente, tem-se a seguinte representação:

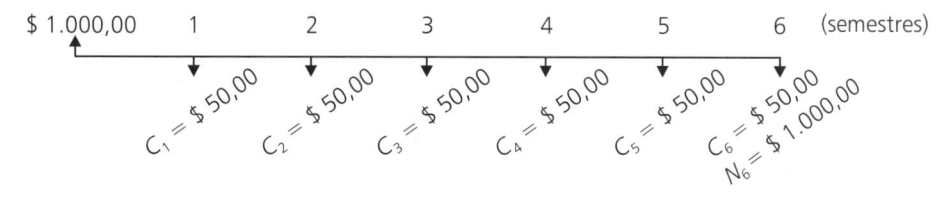

$ 1.000,00   1   2   3   4   5   6   (semestres)

$C_1 = \$50,00$ $C_2 = \$50,00$ $C_3 = \$50,00$ $C_4 = \$50,00$ $C_5 = \$50,00$ $C_6 = \$50,00$ $N_6 = \$1.000,00$

A duração efetiva desse fluxo com parcelas de rendimentos intermediárias é aquela que o torna equivalente (indiferente) à opção de resgatar o investimento por meio de um único pagamento.

Esses cálculos podem ser processados pela ponderação do valor presente para cada parcela com o respectivo prazo ou, de forma mais rigorosa, por meio do conceito de equivalência de matemática financeira.

A duração média dos fluxos de caixa dos resultados prometidos pelo título é determinada pela seguinte metodologia, denominada *Macaulay duration*, desenvolvida em 1938 por Frederick Macaulay:

(1)	(2)	(3)	(4) = (3) / Principal	(5) = (4) × (1)
Data	Rendimentos	Valor presente à taxa de 5% a.s. (YTM)	Participação em relação ao principal	Ponderação
1	$ 50,00	$ 50,00/1,05 = 47,6190	$ 47,6190/$ 1.000 = 0,047619	0,047619
2	$ 50,00	$ 50,00/1,05^2 = 45,3515	$ 45,3515/$ 1.000 = 0,045351	0,090702
3	$ 50,00	$ 50,00/1,05^3 = 43,1919	$ 43,1919/$ 1.000 = 0,043192	0,129576
4	$ 50,00	$ 50,00/1,05^4 = 41,1351	$ 41,1351/$ 1.000 = 0,041135	0,164540
5	$ 50,00	$ 50,00/1,05^5 = 39,1763	$ 39,1763/$ 1.000 = 0,039176	0,195880
6	$ 1.050,00	$ 1.050,00/1,05^6 = 783,5262	$ 783,5262/$ 1.000 = 0,783526	4,701156
Total:	$ 1.300,00		Duração efetiva:	**5,33 semestres**

A duração calculada de 5,33 semestres representa a maturidade média do título que promete desembolsos periódicos de rendimentos. Esta maturidade, segundo a proposição de Macaulay, é obtida pela média ponderada dos prazos de pagamentos dos cupons, trazida a valor presente.

> A *Duration* é uma medida de sensibilidade de um título que considera, em seus cálculos, todos os pagamentos intermediários. Pode ser entendida como o prazo médio dos rendimentos esperados ponderado pelo valor de mercado do título (valor presente dos fluxos de rendimentos). De outra forma: tempo médio ponderado em que se espera receber os rendimentos e o principal aplicado em um título de renda fixa.
>
> A *duration* é entendida também como uma medida de risco do título, pois descreve a sensibilidade do preço de mercado do título em relação à variação da taxa de juros.

Pela conceituação básica da matemática financeira, ainda, a maturidade efetiva de uma série de fluxos de caixa é aquela que produz uma única parcela equivalente a todos os valores financeiros. Utilizando-se das expressões desenvolvidas por Assaf,[2] tem-se o seguinte prazo efetivo da operação:

$$\sum_{j=1}^{t} VBF_j = \sum_{j=1}^{t} PV_j \times (1 + YTM)^n$$

onde: **VBF** = valor bruto final. Equivale à soma simples dos fluxos de caixa;

PV = valor presente do investimento (preço do título) descontado à taxa prometida pelo título;

n = prazo médio equivalente (*maturity* efetiva);

YTM = *yield to maturity*, ou seja, taxa efetiva de retorno oferecida pelo título.

Substituindo os valores do exemplo ilustrativo na expressão:

$1.300,00 = 1.000,00 \times (1 + 0,05)^n$

$1,05^n = 1,30$

$$n = \frac{Log\ 1,30}{Log\ 1,05} = 5,38\ semestres$$

A expressão sugerida é uma forma simplificada de cálculo da *duration*, não embutindo todo o rigor técnico da formulação desenvolvida por Macaulay. Os dois critérios produzem resultados bastante próximos para períodos e taxas reduzidos. Apresenta, outrossim, a vantagem da simplificação dos cálculos, permitindo apurar-se o prazo médio equivalente de forma mais direta.

A definição da duração efetiva (*duration*) de um fluxo de caixa reflete mais adequadamente o tempo (*maturity*) da operação do que simplesmente a medição do intervalo de tempo entre a emissão do título e o momento de seu resgate final. A formulação sugerida também propõe a utilização plena do critério de capitalização exponencial adotado pela matemática financeira.

A duração efetiva calculada revela que a alternativa de fluxos de caixa periódicos prometidos pelo título é equivalente ao desembolso de seu valor total ao final de *5,33 semestres*. Em outras palavras, ambas as alternativas de resgate são equivalentes por apresentarem idênticos resultados quando descontados para um mesmo momento do tempo, ou seja:

$ 1.000,00 | 1 | 2 | 3 | 4 | 5 | 6 (semestres)
$ 50,00 | $ 50,00 | $ 50,00 | $ 50,00 | $ 50,00 | $ 1.050,00

equivale a:

$ 1.000,00 → 5,38 (semestres)

$ 1.300,00 = $ 1.000,00 × (1,05)^{5,38}

---

[2] ASSAF NETO, Alexandre. *Matemática financeira e suas aplicações*. 14. ed. São Paulo: Atlas, 2019. p. 237, item 13.2.

10.4.1 Formulação da *Duration* de Macaulay

A determinação da ***Duration* de Macaulay**,[3] desenvolvida no item anterior, pode ser expressa de acordo com a seguinte formulação:

$$\text{Duration} = \frac{\sum_{t=1}^{n} C_t(t)/(1+YTM)^t}{P_0}$$

onde: C_t = valor do pagamento do título (principal e rendimentos) em cada momento t;

(t) = tempo decorrido até a data do pagamento;

n = maturidade total do título;

YTM = *yield to maturity*;

P_0 = preço de mercado do título descontado pela *yield to maturity*. É apurado, conforme foi demonstrado, pela fórmula:

$$P_0 = \sum_{t=1}^{n} \frac{C_t}{(1+Y_{YTM})^t}$$

O exemplo desenvolvido no item anterior considera o cálculo da *duration* de um título de três anos de maturidade e rendimentos anuais de 10%, pagos duas vezes por período (5% ao semestre). Substituindo esses valores na formulação indicada:

$$\text{Duration} = \frac{\frac{50 \times 1}{1,05} + \frac{50 \times 2}{1,05^2} + \frac{50 \times 3}{1,05^3} + \frac{50 \times 4}{1,05^4} + \frac{50 \times 5}{1,05^5} + \frac{1.050 \times 6}{1,05^6}}{1.000}$$

Duration = 5,33 semestres

O valor calculado indica ser equivalente a aplicação de todos os fluxos de rendimentos semestrais à taxa de 5% a.s. pelo período da *duration* com a aplicação do capital inicial para a mesma maturidade.

Sendo FV o valor futuro (montante) dos fluxos de caixa, tem-se:

$FV_D = 50(1,05)^{5,33-1} + 50(1,05)^{5,33-2} + 50(1,05)^{5,33-3} + 50(1,05)^{5,33-4} + 50(1,05)^{5,33-5} + 1.050(1,05)^{5,33-6}$

$FV_D = \$ 1.297,00$

$FV_D = 1.000 \,(1,05)^{5,33}$

$FV_D = \$ 1.297,00$

Como conclusão, a *duration* equivale ao tempo médio que um investidor tarda em receber seus fluxos de caixa (capital aplicado e rendimentos). Quanto maior a *duration*, mais exposto se apresenta o título diante de mudanças nas taxas de juros.

EXEMPLO ILUSTRATIVO – Admita um título de três anos de maturidade e que oferece rendimentos de 8% ao ano pagos semestralmente. Seu valor de face é de $ 1.000. A taxa de retorno exigida pelos investidores atinge 10% ao ano. Determinar o preço de mercado do título e a ***duration***.

---

[3] MACAULAY, Frederick R. *Some theoretical problems suggested by the movements of interest rates, bond* yields, *and stock prices in the United States since 1856*. New York: National Bureau of Economics Research, 1938.

- **Preço de mercado do título (P_0)**

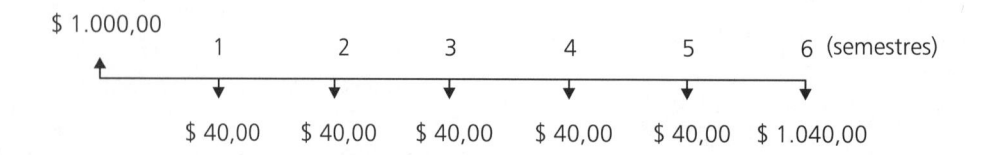

$$P_0 = \frac{\$\,40{,}00}{1{,}05} + \frac{\$\,40{,}00}{(1{,}05)^2} + \frac{\$\,40{,}00}{(1{,}05)^3} + \frac{\$\,40{,}00}{(1{,}05)^4} + \frac{\$\,40{,}00}{(1{,}05)^5} + \frac{\$\,1.040{,}00}{(1{,}05)^6}$$

$P_0 = \$\,949{,}24$

- **Cálculo da *Duration* de Macaulay**

$$Duration = \frac{\dfrac{\$\,40 \times 1}{1{,}05} + \dfrac{\$\,40 \times 2}{1{,}05^2} + \dfrac{\$\,40 \times 3}{1{,}05^3} + \dfrac{\$\,40 \times 4}{1{,}05^4} + \dfrac{\$\,40 \times 5}{1{,}05^5} + \dfrac{\$\,1.040 \times 6}{1{,}05^6}}{\$\,949{,}24}$$

Duration = 5,43 semestres

10.4.2 Exemplo ilustrativo

Admita três títulos de dívida de mesmo valor nominal de $ 1.000,00 e que pagam juros de 10% a.a. Os títulos têm a mesma maturidade de três anos, porém as condições de pagamento variam:

- Título A – Negociado com deságio;
- Título B – O principal é pago ao final de três anos e os juros anualmente;
- Título C – É amortizado em três parcelas anuais iguais de $ 402,11 cada uma.

Pode-se calcular a *duration* de cada dívida. Sabe-se que os títulos A e B são negociados pelo seu valor de face.

Solução:

- **Título A**

Como inexistem pagamentos no período, somente o principal é resgatado ao final, a duração média do título é o próprio prazo de vencimento. Logo: *D = 3 anos*.

- **Título B**

$$D = \frac{\dfrac{100{,}00}{1{,}10} + \dfrac{100{,}00 \times 2}{1{,}10^2} + \dfrac{1.100{,}00 \times 3}{1{,}10^3}}{1.000{,}00} = 2{,}736 \text{ anos}$$

- **Título C**

$$D = \frac{\dfrac{402{,}11}{1{,}10} + \dfrac{402{,}11 \times 2}{1{,}10^2} + \dfrac{402{,}11 \times 3}{1{,}10^3}}{1.000{,}00} = 1{,}937 \text{ ano}$$

A menor *duration* do título C é explicada pelo principal ser reembolsado junto com as parcelas anuais. O título B prevê o pagamento do principal somente ao final do terceiro ano, sendo os juros pagos anualmente.

> O título A não prevê pagamentos de juros, sendo o valor nominal reembolsado ao final. É o título que apresenta a maior *duration*, igual à própria maturidade de 3 anos.

10.4.3 Propriedades básicas da *duration*

Conforme ficou demonstrado, uma importante vantagem do uso da *duration* pela formulação de Macaulay é que esta medida leva em conta tanto o prazo de vencimento do título, como os diversos momentos de ocorrência dos fluxos de caixa.

O quadro a seguir retrata a *duration* de um título com valor de face de $ 1.000, que paga cupons semestrais. São calculadas as *durations* do título para os diferentes prazos e taxas de juros consideradas.

Duration em Semestres

	2 anos	4 anos	6 anos	8 anos
8% a.a.	D = 3,78	D = 7,00	D = 9,76	D = 12,12
9% a.a.	D = 3,75	D = 6,89	D = 9,53	D = 11,74
10% a.a.	D = 3,72	D = 6,79	D = 9,31	D = 11,38
11% a.a.	D = 3,70	D = 6,72	D = 9,09	D = 11,04
12% a.a.	D = 3,67	D = 6,58	D = 8,89	D = 10,71

A partir desses resultados, podem-se enunciar as propriedades fundamentais da *duration*, conforme também descritas por Saunders.[4]

- Conforme se eleva o prazo de vencimento do título, a *duration* também cresce, porém a taxas decrescentes. Observe que o crescimento da *duration* no quadro é bem mais acentuado nas primeiras variações de prazo, decrescendo proporcionalmente, conforme for se elevando a maturidade do título.
- A *duration* de um título mantém uma relação inversa com as taxas de juros de mercado. Conforme se elevam os juros, a *duration* decresce, em razão da perda de importância relativa dos fluxos de caixa temporalmente mais distantes quando descontados a taxas maiores.
- Uma propriedade importante é que, quanto maior se apresentam os juros dos cupons, mais rapidamente o titular realiza, em termos de caixa, seu investimento. Em resumo, observa-se que quanto mais elevado o cupom, maior o valor presente dos fluxos de caixa, e em consequência, menor a *duration*.
- A *duration* de um título "zero cupom" é igual a sua maturidade.

10.4.3.1 Duration de uma perpetuidade

Saunders[5] define uma perpetuidade (ou *consol*) como uma obrigação que promete rendimentos a cada ano por um período indeterminado. Este tipo de título não tem vencimento, apresentando um prazo de resgate teórico infinito.

A fórmula de cálculo da *duration* de uma obrigação perpétua, conforme proposta pelo autor, é finita, sendo calculada pela seguinte expressão:

$$D_{consol} = 1 + 1/K$$

sendo: K = taxa de retorno exigida pelo investidor.

Como *ilustração*, ao se admitir um K = 6% a.a. para um *consol*, a *duration* atinge:

$$D_{consol} = 1 + 1/0,06 = 17,7 \text{ anos}$$

A *duration* de um *consol* também varia de forma indireta à taxa de juros. Conforme a taxa se eleva, a duração média se reduz, como pode ser observado a seguir:

Taxa de Juros K	Duration
4,0% a.a.	26,0 anos
4,5% a.a	23,2 anos
5,0% a.a.	21,0 anos
5,5% a.a	18,2 anos
6,0% a.a.	17,7 anos
7,0% a.a.	14,3 anos

10.5 Volatilidade

A volatilidade de um título é entendida como as mudanças ocorridas nos preços do título em razão de modificações

---

[4] SAUNDERS, Anthony. *Administração de instituições financeiras*. São Paulo: Atlas, 2000. p. 128-129.

[5] SAUNDERS, A. Idem, p. 155.

Maturity	5 anos		10 anos		20 anos	
Taxa de desconto	8%	12%	8%	12%	8%	12%
Valor do bônus	$ 1.079,85	$ 927,90	$ 1.134,20	$ 887,00	$ 1.196,36	$ 850,61
Variação no preço do título	−14,1%		−21,8%		−28,9%	

verificadas nas taxas de juros de mercado. É, geralmente, mensurada pelo percentual de variação dos preços dos *bonds*. Quanto maior a volatilidade de um título, mais elevadas apresentam-se as mudanças em seus preços diante de alterações nas taxas de juros.

O quadro acima ilustra os resultados de uma obrigação emitida por um valor de face de $ 1.000,00 e que remunera à taxa de 10% ao ano (juros anuais). São demonstrados os valores do título para prazos de 5, 10 e 20 anos descontados a diferentes taxas de juros anuais de mercado.

O comportamento apresentado no quadro permite que se extraiam importantes conclusões sobre as relações dos preços dos títulos com a maturidade e as taxas de juros de mercado.[5]

Conforme ficou demonstrado anteriormente, os preços dos títulos têm uma relação inversa com as taxas requeridas de juros. Ao elevar-se a taxa de desconto do título, seu valor de mercado se reduz, ocorrendo um aumento no preço quando os juros diminuírem.

A volatilidade dos títulos é menor quanto mais reduzida apresentar-se sua maturidade, indicando uma relação positiva entre os preços dos títulos e o prazo de colocação.

Observe no quadro que a variação no preço é menor para um prazo de cinco anos, quando se verifica uma queda de 14,0% no valor total do título. Elevando-se a maturidade, a volatilidade acompanha esse incremento, praticamente dobrando a variação no preço para um prazo mais longo (20 anos).

Deve ser observado que as variações nos preços evoluem positivamente com modificações nos juros durante a maturidade, porém a uma taxa decrescente. De cinco para 10 anos, o aumento na variação ficou em torno de 54,6%, passando de 14,1% para 21,8%. Ao passar de 10 para 20 anos, a volatilidade também aumenta, porém a uma taxa menor, de 32,6% (subindo de 21,8% para 28,9%).

Em resumo, pode-se associar a volatilidade de preço de um título de renda fixa a três importantes características:

1. Taxa de Juros do Cupom

A volatilidade de preço de um título é maior para taxas mais baixas de cupom. O quadro a seguir ilustra a volatilidade de um título de 10 anos, com valor nominal de $ 1.000,00 e que paga cupom anual. São admitidas três diferentes taxas de juros.

	Cupom = 6% a.a.		Cupom = 8% a.a		Cupom = 10% a.a.	
	Preço ($)	Variação	Preço ($)	Variação	Preço ($)	Variação
4% a.a.	1.162,22	–	1.324,22	–	1.486,65	–
5% a.a.	1.077,22	−7,31%	1.231,65	−7,00%	1.386,09	−6,76%
6% a.a.	1.000,00	−7,17%	1.147,20	−6,86%	1.294,40	−6,62%
7% a.a.	929,76	−7,02%	1.070,24	−6,71%	1.210,71	−6,47%
8% a.a.	865,80	−6,88%	1.000,00	−6,56%	1.134,20	−6,32%
9% a.a.	807,47	−6,74%	935,82	−6,42%	1.064,18	−6,17%
10% a.a.	754,22	−6,59%	877,11	−6,27%	1.000,00	−6,03%
11% a.a.	705,54	−6,54%	823,32	−6,13%	941,11	−5,89%
12% a.a.	660,99	−6,31%	773,99	−5,99%	887,00	−5,75%

---

[5] Estas conclusões são demonstradas formalmente em: BURTON, G. Malkiel. Expectations, bond prices, and the term structure of interest rates. *Quarterly Journal of Economics*, nº 2, p. 197-218, May 1962. Uma avaliação mais completa desse comportamento é também desenvolvida em: REILLY, Frank K.; NORTON, Edgar A. *Investments*. 4. ed. Hinsdale: Dryden, 1995.

2. Prazo de Vencimento do Título

Quanto maior o prazo até o vencimento, mais elevada se apresenta a volatilidade de preço de um título. O item 10.3.2 (ver quadro ilustrativo) demonstrou a relação entre a taxa de juro e o preço dos títulos de renda fixa utilizando como ilustração uma obrigação com valor nominal de $ 1.000,00 e que paga cupom anual de 8%. Foram calculadas as variações nos preços do título (volatilidade) para duas maturidades diferentes (4 e 8 anos), conforme transcritas a seguir:

Taxa de Desconto (K)	Maturidade 4 anos Variação	Maturidade 8 anos Variação
4% a.a.	–	–
6% a.a.	– 6,63%	– 11,43%
8% a.a.	– 6,48%	– 11,05%
10% a.a.	– 6,34%	– 10,67%
12% a.a.	– 6,20%	– 10,30%

Observe que, quanto maior a maturidade do título, mais alta também é a sua volatilidade. Títulos de prazo de vencimento mais longos embutem também maiores riscos.

3. Taxa de Retorno Oferecida

Quanto maior o retorno oferecido pelo título em sua negociação, menor se apresenta a sua volatilidade diante de uma mudança na YTM. Para *ilustrar*, considere um título com valor nominal de $ 1.000,00, que paga cupom anual de 8% a.a. e prazo de seis anos.

Preço de Negociação ($)	Taxa de Retorno (YTM)	Variação de Preço
1.209,69	4%	–
1.098,35	6%	– 9,20%
1.000,00	8%	– 8,95%
912,89	10%	– 8,71%
835,54	12%	– 8,47%

10.5.1 Principais aplicações da *duration*

a) Gestão de risco de um título ou carteira de títulos. Conforme demonstrado, quanto maior a *duration* de um título, mais elevada é a variação de seu valor de mercado em função de variações nas taxas de juros. A *duration* permite que se estabeleçam estratégias protetoras de carteiras de títulos contra variações nas taxas de juros.

b) A *duration* é bastante utilizada para a avaliação de descasamento de prazos entre ativos e passivos de instituições financeiras. Bancos que trabalham com *durations* de captações e aplicações diferentes ficam expostos a riscos de variação das taxas de juros, podendo reduzir sua solvência. O conhecimento das *durations* permite que se efetue uma gestão mais adequada de ativos e passivos da empresa.

c) A *duration* permite que se avalie o equilíbrio dos fluxos de caixa (entradas e saídas), permitindo elaborar um planejamento financeiro futuro.

d) A *duration* permite também apurar, de forma rápida, o valor percentual aproximado de variação no preço de mercado de um título, sem a necessidade de calcular o valor presente de todos os fluxos de caixa futuros.

10.6 *Duration* de uma carteira

Conforme observado, o cálculo da *duration*, desenvolvido por Macaulay, representa o prazo médio do título levando em conta o valor do dinheiro no tempo. Para a determinação da *duration*, admita uma carteira constituída por três títulos com as seguintes características:

Título	Prazo de resgate	Valor de resgate	Taxas de juros
A	34 dias	$ 14.200	1,42% a.m.
B	58 dias	$ 9.900	1,55% a.m.
C	91 dias	$ 23.700	1,70% a.m.

Para a determinação da *duration* dessa carteira, considerando a estrutura das taxas de juros dos títulos que a compõem, são processados os seguintes cálculos:

- **Capital aplicado em cada título (*PV*)**

$$PV_A = \frac{\$ 14.200,00}{(1,0142)^{34/30}} = 13.974,89$$

$$PV_B = \frac{\$ 9.900,00}{(1,0155)^{58/30}} = \$ 9.609,94$$

$$PV_C = \frac{\$ 23.700,00}{(1,017)^{91/30}} = \$ 22.518,60$$

Total: $PV_A + PV_B + PV_C = \$ 46.103,43$

- **Cálculo da *duration***

$$D = \frac{(\$\,13.974{,}89 \times 34) + (\$\,9.609{,}94 \times 58) + (\$\,22.518{,}60 \times 91)}{\$\,13.974{,}89 + \$\,9.609{,}94 + \$\,22.518{,}60}$$

$D = 66{,}84$ dias

- **Representação gráfica**

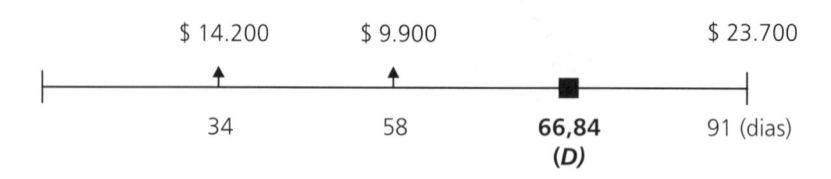

```
              $ 14.200         $ 9.900                      $ 23.700
                 ▲                ▲
    ├────────────┼────────────────┼────────■────────────────┤
                34               58      66,84             91 (dias)
                                          (D)
```

- **Cálculo do montante (*FV*) em D = 66,84**

$FV_A = \$\,13.974{,}89 \times (1{,}0142)^{D/30} =$		$\$\,14.420{,}88$
$FV_B = \$\,9.609{,}94 \times (1{,}0155)^{D/30} =$		$\$\,9.944{,}97$
$FV_C = \$\,22.518{,}60 \times (1{,}017)^{D/30} =$		$\$\,23.380{,}43$
Total:		**$\$\,47.746{,}28$**

Esses cálculos admitem que as taxas de juros não irão variar ao longo de todo o período. Ao projetarem-se alterações nesses percentuais, o cálculo do montante de cada título deve considerar as novas condições de mercado.

- **Título equivalente da carteira**

O fluxo a seguir ilustra o título equivalente à carteira constituída por três títulos de renda fixa, conforme definida no exemplo ilustrativo:

```
                              FV = $ 47.746,28
    ├────────────────────────────────▲
    ▼
  PV = $ 46.103,43              D = 66,84 dias
```

O fluxo de caixa denota uma taxa efetiva de retorno (*i*) de 1,58% a.m., ou seja:

$$i = \left[\frac{\$\,47.746{,}28}{\$\,46.103{,}43}\right]^{30/66{,}84} - 1 = 1{,}58\%\ \text{a.m.}$$

Conforme variam as taxas de juros de mercado, podem-se repetir esses cálculos de maneira a avaliar-se o impacto sobre os resultados efetivos.

- **Cálculo da IRR (taxa interna de retorno)**

Observe que se for calculada a IRR da carteira, a rentabilidade mensal altera-se para 1,63%, conforme demonstrado a seguir:

$$46.103{,}43 = \frac{14.200}{(1+i)^{34/30}} + \frac{9.900}{(1+i)^{58/30}} + \frac{23.700}{(1+i)^{91/30}}$$

Resolvendo-se com o auxílio de uma calculadora financeira:

$\text{IRR}(i) = 1{,}63\%$ a.m.

O valor obtido pela IRR (1,63% a.m.) é superior ao retorno da carteira equivalente (1,58%), em razão do pressuposto implícito no método do IRR de reinvestimento dos fluxos intermediários de caixa à mesma taxa.

10.7 *Duration* modificada

No estudo de volatilidade (item 10.4), demonstrou-se uma relação inversa (convexa e negativa) entre o rendimento (*yield*) e o preço (*price*) de um título, conforme é descrito na Figura 10.2.

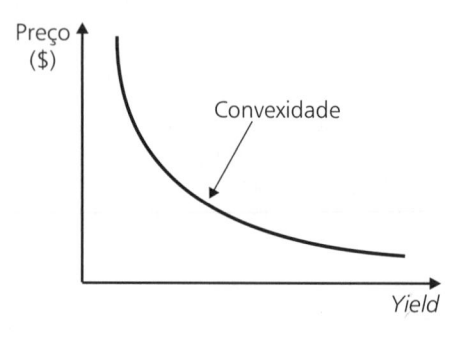

```
 Preço
  ($) │\
      │ \
      │  \     Convexidade
      │   \   ↙
      │    \_
      │      ‾‾──__
      │            ‾‾‾────___
      └──────────────────────→ Yield
```

FIGURA 10.2 Relação *preço-yield*.

Um aumento nas taxas de juros de mercado determina uma redução nos preços dos títulos; ao contrário, uma retração nos juros promove a valorização dos preços dos títulos.

> A convexidade expressa a relação (curvatura) entre o preço do título e a taxa de juros. A curva *Price-Yield* é convexa para todos os títulos que pagam cupons de juros.

No comportamento descrito, deve ser ressaltado que os preços dos títulos são influenciados também por sua maturidade. Para melhor descrever esta relação, *admita* um título de valor de emissão de $ 1.000 que paga um cupom anual de 8%. O quadro a seguir demonstra o desempenho do título para diferentes *yields* e maturidades.

Yield (rendimento) \ Maturidade	5 anos	10 anos	15 anos
6% a.a.	$ 1.084,2	$ 1.147,2	$ 1.194,2
7% a.a.	$ 1.041,0	$ 1.070,2	$ 1.091,1
8% a.a.	$ 1.000,0	$ 1.000,0	$ 1.000,0
9% a.a.	$ 961,1	$ 935,8	$ 919,4
10% a.a.	$ 924,2	$ 877,1	$ 847,9

Observe que os bônus de maior maturidade são os que apresentam as maiores variações em seus preços diante de uma dada modificação nas taxas de juros. Se a *yield* reduzir-se em 1%, por exemplo, passando de 8% para 7% ao ano, o ágio na negociação do título com maturidade de 5 anos é de 4,1%, subindo para 7,02% em 10 anos, e 9,11% em 15 anos.

Em sentido contrário, o mesmo ocorre diante de aumentos nos juros de mercado. Uma elevação de 1% na *yield* (subindo de 8% para 9% a.a.) impõe um deságio de 3,89% nos *bonds* de 5 anos e de 8,06% para títulos de 15 anos.

Estas modificações no preço de um título diante de variações nas taxas de juros podem ser determinadas por meio de uma modificação na *duration* de Macaulay, conforme estudado no item 9.3.

Esta nova medida, denominada de *duration modificada* (*MD*), é obtida pela seguinte expressão:

$$\text{Duration Modificada (MD)} = \frac{\text{Duration (Macaulay)}}{1 + K}$$

Por exemplo, no quadro anterior obteve-se que o valor de mercado do título com maturidade de 10 anos reduz-se para $ 935,8 se as taxas de juros elevarem-se de 8% para 9% ao ano, indicando uma variação (deságio) de 6,42% em seu preço de negociação, ou seja:

$$\Delta \text{ Preço} = (\$ 935,8/\$ 1.000,0) - 1 = -6,42\%$$

A *duration* de Macaulay nesta situação é obtida:

$$D = \frac{\frac{\$ 80}{1,09} + \frac{\$ 80 \times 2}{(1,09)^2} + \frac{\$ 80 \times 3}{(1,09)^3} + ... + \frac{\$ 1.080 \times 10}{(1,09)^{10}}}{\$ 935,8}$$

$$D = \frac{\$ 6.687,3}{\$ 935,8} = 7,15 \text{ anos}$$

Cálculo da *duration* modificada (*MD*):

$$MD = \frac{7,15}{1,09} = 6,56 \text{ anos}$$

Para um incremento da *yield* de 8% para 9%, é de se esperar uma variação no preço do título de $ 1.000,0 para $ 938,4, ou seja:

$$\Delta \text{ Preço} = \frac{\$ 1.000,0}{1,0656} = \$ 938,4$$

O valor encontrado constitui-se numa aproximação do resultado obtido no quadro anterior, o qual indica um preço de $ 935,8.

Exercício – Variação de Taxa de Juro

Admita um título com as seguintes características:

- Maturidade: 4 anos;
- *Cupom* semestral: 9% ao ano;
- Rendimento exigido pelo investidor: 10% ao ano;
- Valor de emissão: $ 1.000,00.

a. **Calcular o preço de mercado do título**

```
         $ 45   $ 45   $ 45   $ 45   $ 45   $ 45   $ 45   $ 1.045
    |-----+------+------+------+------+------+------+------+
          1      2      3      4      5      6      7      8 (Sem.)
```

$$P_0 = \left[\frac{\$ 45}{1,05} + \frac{\$ 45}{(1,05)^2} + \frac{\$ 45}{(1,05)^3} + ... + \frac{\$ 1.045}{(1,05)^8} \right]$$

$$P_0 = \$ 967,7$$

b. **Calcular a *Duration* de Macaulay**

$$D = \frac{\frac{\$\,45}{1,05} + \frac{\$\,45 \times 2}{(1,05)^2} + \frac{\$\,45 \times 3}{(1,05)^3} + ... + \frac{\$\,1.045 \times 8}{(1,05)^8}}{\$\,967,7}$$

$$D = \frac{\$\,6.649,2}{\$\,967,7} = 6,87 \text{ semestres } (3,44 \text{ anos})$$

c. **Se a *yield* elevar-se para 11% ao ano, qual a variação esperada no preço do título?**

$$\Delta P = \frac{\$\,45}{1,055} + \frac{\$\,45}{(1,055)} + \frac{\$\,45}{(1,055)} + ... + \frac{\$\,1.045}{(1,055)}$$

$$\Delta P = \$\,936,7$$

O preço do título reduz-se de $\$\,967,7$ para $\$\,936,7$, indicando uma desvalorização de 3,2%.

d. **Determinar a *Duration* Modificada**

$$MD = \frac{3,44}{1,11} = 3,1$$

Pela *Duration* Modificada (MD), para cada 1% de variação nas taxas de juros, espera-se uma variação de 3,1% no valor do título. Assim, se a *yield* crescer de 10% para 11% ao ano, o valor aproximado do título pelo método da MD reduz-se 3,1%, atingindo:

$$P_0 = \frac{\$\,967,7}{1,031} = \$\,938,6$$

valor próximo aos $\$\,936,7$ calculado acima.

> A *duration modificada* é uma medida que expressa a sensibilidade do preço de um título diante de variações nas taxas de juros. Quanto mais alta a *duration*, maior a oscilação do preço do título determinada pela volatilidade dos juros. A principal crítica feita à *duration* é seu comportamento linear. Em verdade, a *duration* é uma aproximação linear do comportamento não linear dos preços dos títulos.
>
> Pelo seu comportamento linear, a *duration* é considerada uma boa aproximação para descrever as mudanças no preço de um título somente quando a variação verificada nas taxas de juros for baixa.
>
> A *duration modificada* produz resultados válidos quando as variações nas taxas de juros forem pequenas (mínimas). Quando ocorrem grandes mudanças nas taxas, torna-se evidente a convexidade na relação entre o preço do título e as variações das taxas de juros. Esta realidade conflita-se com o comportamento linear da *duration*, demandando técnicas mais sofisticadas de avaliação do título.

10.8 Vantagens da convexidade

Conforme ficou demonstrado, a *duration* assume que a relação entre a variação de preço dos títulos e o comportamento dos juros de mercado é proporcional. A Figura 10.3, a seguir, descreve essa relação.

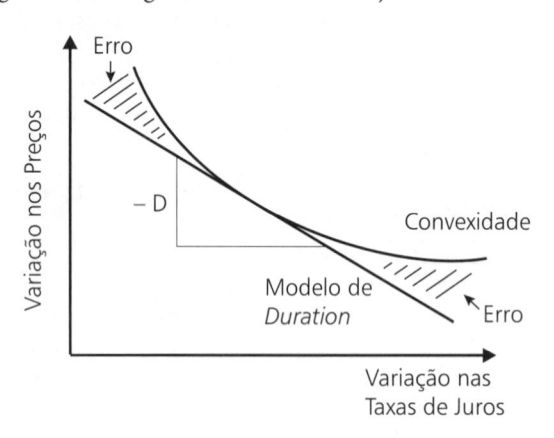

FIGURA 10.3 Convexidade.

No entanto, a relação verdadeira entre o preço de um título e a taxa de juro não é linear, forma uma convexidade. Observe na Figura 10.3 que para cada aumento da taxa de juro o preço do título se reduz, porém a uma taxa decrescente. O que é mais importante, no entanto, é que diante de reduções nas taxas de juros a valorização obtida pelo título (ganho de capital) é proporcionalmente mais alta que a desvalorização verificada em caso de aumentos dos juros.

Assim, é possível concluir que a convexidade traz benefícios ao investidor diante de mudanças nos juros de mercado. Um título mais convexo produz maior valorização e menor redução de preço quando as taxas de juros flutuam no mercado que outro título menos convexo. Em outras palavras, no aumento dos juros um título com maior convexidade perderá menos valor que outro menos convexo. Da mesma forma, em cenário de diminuição dos juros, títulos mais convexos apuram uma valorização maior em seus preços.

Todos os títulos apresentam alguma convexidade na relação entre preço e taxa de juros. Quanto maior a convexidade de um título, maior a proteção revelada diante de aumentos nas taxas de juros, e mais altos os ganhos esperados provenientes de uma redução dos juros.

EXEMPLO ILUSTRATIVO – Um título de cinco anos paga cupom de 8% a.a. semestral, está sendo negociado no mercado por $\$\,922,80$. O valor de face do título é de $\$\,1.000,00$.

a) Determinar a YTM – *Yield to Maturity*

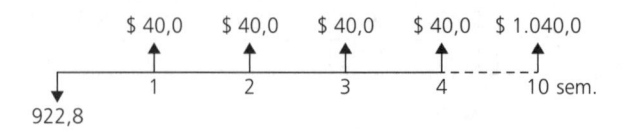

$$922,8 = \frac{40,0}{(1+\text{YTM})} + \frac{40,0}{(1+\text{YTM})^2} + \frac{40,0}{(1+\text{YTM})^3} +$$
$$+ \ldots + \frac{1.040,0}{(1+\text{YTM})^{10}}$$

Com a utilização de recursos de uma calculadora financeira, calcula-se:

YTM = 5,0% a.s.

YTM (nominal) = 5,0% × 2 sem. = 10,0% a.a.

YTM (efetiva) = $[(1,05)^2 - 1] = 10,25\%$ a.a.

b) Calcular a *duration* do título

$$D = \frac{\dfrac{40}{1,05} + \dfrac{40 \times 2}{(1,05)^2} + \dfrac{40 \times 3}{(1,05)^3} + \ldots + \dfrac{1.040 \times 10}{(1,05)^{10}}}{922,8}$$

$$D = \frac{7.714,1}{922,8} = 8,36 \text{ sem. } (4,18 \text{ anos})$$

c) Determinar a *duration* modificada (MD)

$$MD = \frac{-D}{1+K} = \frac{-8,36}{1,05} = -7,96 \quad (-7,96/2 = 3,98)$$

d) Se a taxa de juros de mercado subir para 11,0% a.a., determinar a variação no preço do título.

- Sabe-se pela MD que, para cada 1% de variação da taxa de juro de mercado, o preço do título sofre alteração de 7,96%. Logo:

Δ Preço do título $(P_0) = P_0 \times \Delta K \times MD$

ΔP_0 = variação do preço do título

P_0 = preço do título

ΔK = variação na taxa de juro

MD = *duration* modificada

Substituindo-se:

$\Delta P_0 = \$ 922,8 \times 0,5\% \times (-7,96) = -\$ 36,72$

$$\frac{\Delta P_0}{P_0} = \frac{-\$ 36,72}{\$ 922,8} = -3,98\%$$

- Calculando a perda no preço do título por fluxo de caixa:

$$P_0 = \frac{40,0}{1,055} + \frac{40,0}{(1,055)^2} + \frac{40,0}{(1,055)^3} + \ldots + \frac{1.040,0}{(1,055)^{10}}$$

$P_0 = \$ 886,94$

Renda ($) = $ 922,8 - $ 886,94 = $ 35,86

$$\text{Perda (\$)} = \left(\frac{\$ 886,94}{\$ 922,8} - 1\right) = 3,88\%$$

Valores bastante próximos ao calculado pela *duration* modificada.

> **Imunização de Carteiras**
>
> A carteira de uma empresa é admitida como *imunizada* quando o prazo médio dos valores a receber (carteira de ativos) coincidir com o prazo médio dos valores a pagar (carteira de passivos). Qualquer mudança nas taxas de juros provoca resultados iguais e compensadores nas carteiras, imunizando a carteira das variações nos juros.
>
> Assim, para que ocorra a imunização, a *duration* dos ativos (D_A) deve ser igual à dos passivos (D_P), ou seja:
>
> **Imunização → $D_A = D_P$**
>
> Importante destacar que o patrimônio líquido da empresa não é afetado pelas variações verificadas nas taxas de juros. Em outras palavras, o patrimônio líquido não possui prazo de vencimento, sendo a *duration*, por definição, igual a zero.

10.9 *Bookbuilding*

O *bookbuilding* constitui-se em um procedimento de consulta ao mercado, realizado geralmente pelo emitente do título, com o objetivo de conhecer as expectativas dos investidores com relação ao ativo. Para o emitente do papel, a grande contribuição do *bookbuilding* está em viabilizar a captação da melhor forma possível, procurando minimizar seu custo. Conhecendo o perfil de demanda e expectativas de ganhos dos investidores, o emitente acessa as intenções de compra do mercado e pode direcionar melhor a colocação dos títulos.

O *bookbuilding* pode ser realizado com títulos de renda variável e de renda fixa, como ações, debêntures, notas promissórias e cotas de fundos de investimentos. É normalmente feito de forma eletrônica (via Internet), interligando os investidores, emitente dos títulos e instituições financeiras com o sistema de distribuição de títulos e valores mobiliários. Bovespa, Andima e Cetip, entre outras organizações, mantêm sistemas de *bookbuilding* para seus papéis.

Para ilustrar: a Companhia Brasileira de Distribuição (Grupo Pão de Açúcar) publicou em 27-10-2007, como "Fato Relevante", a emissão de debêntures da companhia para oferta pública. A emissão era composta de 80.000 títulos de valor nominal de R$ 10.000,00 cada, a ser realizada em duas séries.

A companhia informa ainda que a quantidade de debêntures a ser alocada a cada série será definida em procedimento de *bookbuilding* a ser realizado pelos coordenadores da colocação dos títulos.

As debêntures preveem pagamentos de remuneração sobre o valor nominal calculada com base na taxa média dos Depósitos Interfinanceiros (DI) de um dia, conforme calculada e divulgada pela Cetip. Sobre este pagamento é calculada ainda uma remuneração adicional, sob a forma de *spread*, de no máximo 0,70% ao ano, conforme definida em procedimentos de *bookbuilding* realizados.

Alguns casos adicionais da prática de *bookbuilding* verificados no Brasil são apresentados a seguir:

Empresa	Título	Processo de *Bookbuilding* definiu preço em:	Data
Bovespa Holding S.A.	Ação	R$ 23,00/ação	24-10-2007
Marisa S.A.	Ação	R$ 10,00/ação	18-10-2007
Sistema Educacional Brasileiro S.A.	Units	R$ 33,00/unit	16-10-2007
Agrenco Group	BDR	R$ 10,40/BDR	23-10-2007
Amil Participações S.A.	Ação	R$ 14,00/ação	25-10-2007
Multiplan Empreendimentos Imobiliários	Ação	R$ 26,50/ação	24-9-2009
BRMALLS S.A.	Ação	R$ 15,00/ação	1º-7-2009
Abril Educação S.A.	Ação	R$ 20,00/ação	21-7-2011
Mahle Metal Leve S.A.	Ação	R$ 41,00/ação	30-6-2011
International Meal	Ação	R$ 13,50/ação	3-3-2011

10.10 Índice de Renda Fixa de Mercado (IRF-M)

O Índice de Renda Fixa de Mercado é uma medida utilizada com o objetivo de avaliar o desempenho dos títulos de renda fixa negociados no mercado secundário brasileiro. O IRF-M foi criado em 2000 pela Associação Nacional de Instituições de Mercado Financeiro (ANDIMA) e Bolsa de Mercadorias e Futuros (BM&F).

O IRF-M serve como *benchmark* para aplicações de renda fixa prefixadas, em especial para os gestores de portfólios.

> A ANDIMA (Associação Nacional de Instituições do Mercado Financeiro), é uma entidade civil sem fins lucrativos, que representa as instituições financeiras. A associação presta, ainda, diversos serviços às instituições financeiras e ao mercado.
>
> Em outubro de 2009, a ANDIMA uniu-se com a Associação Nacional dos Bancos de Investimento (ANBID) criando uma nova entidade: Associação Brasileira de Entidades dos Mercados Financeiro e de Capitais (ANBIMA).
>
> Esta nova associação é formada por bancos comerciais, bancos múltiplos, bancos de investimentos, sociedades corretoras e sociedades distribuidoras de valores mobiliários, e consultores de investimentos.
>
> www.anbima.com.br

O índice exprime a rentabilidade de uma carteira teórica composta por títulos públicos federais negociados no mercado. O IRF-M é composto atualmente pelos títulos públicos federais prefixados negociados no mercado secundário. A grande maioria dos instrumentos de renda fixa no Brasil encontra-se referenciada no Depósito Interfinanceiro (DI), taxa básica de juros interbancária.

O título é incluído na carteira de mercado a partir de sua data de emissão, e excluído no respectivo vencimento.

A taxa de retorno diária de cada título é apurada pela medida da *yield to maturity* (YTM), rentabilidade até o vencimento. As partir destas taxas é apurada a taxa média diária do mercado de títulos de renda fixa. A base do índice é 31-12-1999, quando o seu valor foi definido em 100,0 pontos.

Para *ilustrar* o cálculo da IRF-M, admita que em determinada data a rentabilidade (YTM) de três títulos de renda fixa negociados no mercado sejam, respectivamente, de 3,0%, 4,0% e 5,0%. A YTM representa, conforme foi demonstrado anteriormente no capítulo, a taxa de rentabilidade de um título até o seu vencimento.

A partir das informações de cada título, a taxa média de mercado é calculada em 4,0% no dia, ou seja: [(3,0% + 4,0% + 5,−0%)/3]. Com isso, a IRF-M alcança o valor de 103,0.

Se, no dia seguinte, a taxa média dos títulos negociados elevar-se para 3,2%, o novo valor de mercado atingirá 103,2. Assim pode-se apurar para o dia a seguinte evolução:

Data	Valor de Mercado	Variação
D0	103,0	–
D1	103,2	0,1942%

A seguir é apresentado um histórico de valor verificado entre 25-10-2007 e 31-10-2007, no mercado de renda fixa brasileiro, conforme divulgado e calculada a variação diária do IRF-M:

Data	Valor de Mercado	Variação
31-10-2007	405,9904	0,0435%
30-10-2007	405,8138	0,0392%
29/10/2007	405,6549	0,0998%
26-10-2007	405,2504	0,0439%
25-10-2007	405,0726	0,0312%

10.10.1 Índice de Mercado ANBIMA (IMA)

A ANBIMA publica o IMA (Índice de Mercado ANBIMA), que incorpora praticamente toda a carteira de títulos públicos negociados no mercado, sendo usado como um *benchmark* para o segmento.

Os índices de mercado ANBIMA medem a evolução de valor, a preços de mercado, das carteiras de títulos de renda fixa. A composição da carteira acompanha sempre as novas colocações de títulos no mercado ou recompras realizadas pelo Governo.

Com o intuito de atender as diferentes necessidades dos investidores, o IMA é dividido em quatro grandes índices, que representam características específicas de indexadores e prazos (IMA-B, IMA-C, IRF-M e IMA-S). O conjunto de índices elaborados pela ANBIMA é apresentado a seguir.

Nome	Composição
IMA – Geral	Composto pela quase totalidade da dívida mobiliária federal. É calculado pela média ponderada dos retornos do IMA-B, IMA-C, IMA-S e IRF-M.
IRF-M	Descrito anteriormente.
IMA-S	Composto por títulos públicos federais pós-fixados (indexados à Selic) negociados no mercado – LFT.
IMA-C IMA-C 5	Composto por títulos públicos federais atrelados ao IGP-M negociados no mercado NTN-C. O IMA-C é o índice cheio, que considera todos os títulos vendidos no mercado com diferentes vencimentos. O IMA-C 5 inclui títulos de prazo menor ou igual a 5 anos. O IMA-C 5 + é formado por títulos com maturidade acima de 5 anos.
IMA-B IMA-B 5 IMA-B 5 +	Composto por títulos públicos federais indexados ao IPCA em poder dos investidores no mercado NTN-B. O IMA-C é o índice cheio, composto por todos os vencimentos negociados no mercado. O IMA-B 5 é composto por títulos com vencimentos menor ou igual a 5 anos. O IMA-B 5+ considera vencimentos superiores a 5 anos.

A ANBIMA efetua constantes atualizações na metodologia do índice, procurando acompanhar a evolução da economia e contribuir da melhor forma para a formação dos preços.

11 Mercado Primário de Ações

À medida que a economia se expande, mais relevante se apresenta o sistema de distribuição de valores mobiliários como fator multiplicador da riqueza nacional. O sucesso dos investimentos produtivos está cada vez mais dependente da participação dos acionistas, cujos interesses de participação nos resultados impulsionam o crescimento das empresas.

As empresas têm diversas alternativas de financiamento, obtidas principalmente de empréstimos (capital de terceiros), geração e reinvestimentos de lucros e aporte de capital de acionistas. É por meio da participação dos proprietários que as empresas adquirem melhores condições financeiras de viabilização de seus projetos de investimentos, tanto pela natureza permanente da captação, como pelo baixo comprometimento do caixa.

A função básica do mercado de capitais é a de promover a riqueza nacional por meio da participação da poupança de cada agente econômico. Nesse mercado, os principais ativos negociados são as ações, representativos do capital das empresas. Este capítulo descreve o mercado de ações à vista, seus indicadores de mercado e avaliação, e o processo de abertura de capital das empresas.

O mercado à vista é geralmente entendido como o que liquida (paga) todas as operações de compra e venda de ações no prazo máximo de dois dias.

Esse mercado costuma operar com dois lotes de negociação de ações: *lote-padrão* e *lote fracionário*. O *lote-padrão* estabelece uma quantidade mínima de títulos para negociação no mercado. O investidor que desejar um volume maior de ações negocia, em verdade, certa quantidade de lotes de ações. O mercado *fracionário*, por outro lado, transaciona volumes inferiores ao padrão, ou frações de lote.

Entende-se por *mercado primário* de ações o mercado onde são negociados, pela primeira vez, os valores emitidos pelas companhias. Estes valores são, em sequência, revendidos no mercado secundário para os investidores em geral.

No mercado primário, os novos valores mobiliários emitidos são negociados diretamente, entre a empresa emissora e os investidores de mercado (subscritores de ações).

No *mercado primário*, quem vende os valores mobiliários (ações, por exemplo) são as próprias companhias emissoras, que utilizam os recursos para financiar seus investimentos. Este mercado constitui-se em importante alternativa de captação de recursos.

Todas as operações de emissão de títulos e valores mobiliários no mercado primário precisam de autorização da Comissão de Valores Mobiliários (CVM), sendo ainda obrigatório que a intermediação nesse mercado seja realizada por um intermediário financeiro, como banco de investimento, banco múltiplo, sociedade corretora e sociedade distribuidora.

No *mercado secundário*, o investidor titular das ações, pode reaver o capital aplicado vendendo as ações possuídas.

> Uma companhia é denominada *aberta* quando possui emissão de títulos e valores mobiliários registrados na Comissão de Valores Mobiliários (CVM) negociados em bolsa de valores ou em mercado de balcão organizado. Alguns valores mobiliários: ações, debêntures, notas promissórias para distribuição pública etc. *Por exemplo*, todas as empresas listadas na Bolsa de Valores são companhias abertas.

Neste mercado, os investidores em ações conseguem vender seus papéis ou adquirir mais valores mobiliários de outros investidores.

O conceito econômico de investimento ocorre somente no *mercado primário*; no mercado secundário há uma simples transferência de propriedade entre os investidores, não havendo participação da companhia emissora das ações. A função principal do mercado secundário é a de gerar liquidez aos títulos negociados.

No mercado primário, quem vende os valores mobiliários é a sociedade emissora, e no mercado secundário o que se observa é uma troca de propriedade desses papéis.

Bônus de subscrição são títulos nominativos, emitidos por sociedades por ação negociáveis no mercado, que atribuem ao seu titular o direito de subscrever (adquirir) ações da companhia emitente do título, em aumento de capital de acordo com as condições previamente estabelecidas.

A *Oferta Pública* de ações é a colocação, junto aos investidores de mercado, de uma certa quantidade de valores mobiliários de uma sociedade emissora (companhia aberta). Instituições financeiras participantes do mercado primário adquirem o lote (ou parte dele) de ações emitidas com o objetivo de renegociar os papéis no mercado secundário (bolsa de valores).

Há basicamente dois tipos de oferta pública de ações: *oferta primária*, identificada quando são emitidas e oferecidas novas *ações*, e *oferta secundária*, que se verifica mediante troca de ações entre os investidores. Na alternativa de oferta secundária, a companhia emissora não participa dos resultados das negociações, sendo os recursos gerados direcionados unicamente aos vendedores dos papéis.

Quando a empresa realiza a oferta pública de ações pela primeira vez, a operação recebe o nome de *Oferta Pública Inicial (Initial Public Offer – IPO)*. As demais ofertas de ações que surgem após a oferta inicial são conhecidas por *Ofertas Subsequentes (follow on)*.

Pode ocorrer também uma *Oferta Pública de Aquisição de Ações (OPA)*, realizada geralmente com o objetivo de reduzir uma elevada dispersão de acionistas da companhia ou, até mesmo, transformar a sociedade em empresa de capital fechado.

11.1 Ações

As ações constituem-se em títulos representativos da menor fração do capital social de uma empresa (sociedade anônima, sociedade por ações ou companhia). O acionista não é um credor da companhia, mas um coproprietário com direito a participação em seus resultados.

As ações podem ser emitidas sob a forma física de cautelas ou certificados, que comprovam a existência e a posse de certa quantidade especificada de ações, ou do tipo escritural, que dispensa sua emissão física, mantendo o controle das ações em contas de depósitos em nome de seus titulares em uma instituição depositária.

As operações de compra e venda de ações eram registradas no sistema eletrônico de negociação "Mega Bolsa". O *Mega Bolsa* foi desativado em 2020, sendo incorporado pelo *PUMA Trading System*, o qual integra em um único sistema todos os ambientes de negociações da B3, como Derivativos, Ações e Opções, Bovespa Fix (Títulos Privados de Renda Fixa) e Negociações com Títulos Públicos (SISBEX).

Uma ação não tem prazo de resgate, sendo convertida em dinheiro a qualquer momento mediante negociação no mercado. O investidor pode, sempre que desejar, alterar sua participação acionária, desfazendo-se de títulos possuídos ou mesmo vendendo as ações de uma empresa e adquirindo de outras.

As sociedades anônimas emitentes de ações podem ser de dois tipos: *abertas* ou *fechadas*. Uma companhia é *aberta* quando tem suas ações distribuídas entre um número mínimo de acionistas, podendo ser negociadas em bolsas de valores. Essas sociedades devem ser registradas na Comissão de Valores Mobiliários como de capital aberto e fornecem ao mercado, de forma periódica, uma série de informações de caráter econômico, social e financeiro. As companhias de capital *fechado*, por seu lado, são tipicamente empresas familiares, com circulação de suas ações restrita a um grupo identificado de investidores.

11.1.1 Tipos de ações

As ações são classificadas basicamente em dois tipos: **ordinárias** e **preferenciais**.

As ações **ordinárias** são as que comandam a assembleia de acionistas de uma empresa, conferindo ao seu titular o direito de voto. Os acionistas ordinários podem eleger e destituir os membros da diretoria e do Conselho Fiscal da companhia; decidir sobre o destino dos lucros; reformar o estatuto social; autorizar emissões de debêntures e aumentos de capital social; votar contas patrimoniais etc.

Cada ação ordinária equivale a um voto. O poder de decisão concentra-se no investidor (ou grupo de investidores) que detenha a maior quantidade de ações. Sociedades que tenham suas ações ordinárias concentradas nas mãos de um número reduzido de investidores têm seu controle bastante identificado, dificultando as livres negociações de mercado e os movimentos dos preços.

Uma maior pulverização das ações, de outro modo, permite que os investidores (ou grupos) com menor participação acionária assumam o controle da empresa, incentivando maior participação no capital votante. À medida que o mercado de capitais se desenvolve, aumenta a quantidade de acionistas com a maior distribuição das ações entre investidores, exigindo-se menor concentração no capital votante para se exercer o controle acionário de uma empresa.

Em economias mais desenvolvidas, com maior presença do mercado de capitais na formação do crescimento nacional, o controle das grandes sociedades pode ser feito com reduzida participação acionária (pode atingir menos de 5% em alguns casos), tornando seus preços de mercado bastante competitivos diante da maior disputa pelo controle da companhia. Em mercados menores, onde o controle acionário costuma ser exercido com participação superior a 5%, os preços de mercado das ações não refletem o valor efetivo da empresa, por não incorporarem o prêmio pelo seu controle acionário. A perda do controle acionário nesse mercado é bastante difícil, e as negociações ficam restritas a um reduzido número de ações.

As ações **preferenciais** não atribuem a seu titular o direito de voto, porém conferem certas *preferências*, como:

- prioridade no recebimento de dividendos, geralmente um percentual mais elevado que o valor das ações ordinárias;
- prioridade no reembolso do capital na hipótese de dissolução da empresa.

Para o acionista preferencial, o lucro é mais importante que o controle da companhia, priorizando a distribuição dos resultados.

Se uma companhia passar três anos consecutivos sem distribuir dividendos preferenciais, essas ações adquirem o direito de voto, situação essa capaz de alterar o controle acionário. De outro modo, as ações preferenciais podem ter direito de voto se estipulado no estatuto da companhia.

As ações preferenciais são mais atraentes em pequenos mercados, onde não existe maior diluição do capital votante (ordinário), caindo o interesse por esses valores conforme o mercado cresce, tornando mais disputado o controle de uma empresa.

Em qualquer decisão de investimento em ações, deve ser analisado o estatuto da companhia no que se refere, principalmente, à forma de distribuição de dividendos ao capital preferencial e ordinário, tipos de ações preferenciais e direitos previstos.

Existe ainda um outro tipo de ação, denominada **gozo** ou **fruição**. Essas ações equivalem ao montante que caberia aos acionistas de uma companhia na hipótese de sua dissolução. Essas ações não costumam ser colocadas em negociação em Bolsas de Valores, revelando interesse somente aos sócios fundadores da sociedade.

Uma sociedade pode também emitir ações com objetivos específicos em relação aos direitos dos acionistas. *Por exemplo*, o estatuto da companhia pode prever dividendos diferenciados a determinados acionistas, pode limitar o investimento estrangeiro etc. Para identificar estes objetivos, são emitidas ações com diferentes classes: PNA (preferenciais nominativas classe A), PNB (preferenciais nominativas classe B), e assim por diante. A sociedade pode criar quantas classes desejar.

A Bolsa de Valores (B3) negocia também papéis denominados *units* (também conhecidos por "Certificado de Depósito de Ações"). Os *units*, de acordo com definição adotada pela Bolsa, são ativos formados por mais de uma classe de valores mobiliários, como uma ação ordinária e mais de uma ação preferencial, ou uma ação ordinária e um bônus de subscrição, por exemplo. A quantidade de ações e a proporção de cada tipo (ordinárias ou preferenciais) são estabelecidas pela empresa emitente do *unit*. Os *units* são negociados no mercado como um título único. Ao adquirir um *unit*, o investidor aplica em um conjunto mais diversificado de ações, atenuando os riscos do investimento.

Ações Ordinárias e Preferenciais

As ações ordinárias apresentam como vantagem principal o direito de voto; os titulares dessas ações, mesmo os minoritários, têm o direito de participar das principais decisões da empresa e definições de suas estratégias futuras em assembleias de acionistas. Os preferencialistas não possuem esse direito, porém usufruem de certas vantagens econômicas. É frequente verificar no Brasil maior liquidez das ações preferenciais nas negociações nos pregões da bolsa de valores, permitindo que o investidor negocie com mais facilidade e rapidez suas ações.

Muitas companhias abertas brasileiras estão emitindo somente ações ordinárias, dando a todos os sócios, independentemente de sua participação, o direito de votar em decisões da empresa colocadas em assembleias. Os acionistas ordinários, mesmo os minoritários, votam em defesa de seus direitos e de decisões que julgam mais adequadas para a companhia. A atual legislação brasileira define que as companhias abertas devem ter uma participação mínima de 50% de ações ordinárias em seu capital social.

Acionista controlador é todo investidor em ações que detém, de forma permanente, a maioria dos votos de uma assembleia de acionistas, tendo o poder de participação relevante em suas decisões e o de eleger o quadro diretivo da companhia. O acionista controlador pode ser identificado por uma pessoa isolada, que possui a maioria das ações ordinárias (com direito a voto), como também por um grupo de pessoas que formam um bloco controlador comum.

As vantagens econômicas das ações preferenciais fixam-se na *preferência* pelo recebimento de dividendos e no reembolso do capital em caso de liquidação da sociedade. Estes acionistas adquirem o direito legal de votar quando a companhia não procede a distribuição de dividendos, de forma contínua, por mais de três exercícios sociais. Se o estatuto for omisso, o direito de voto surge logo no primeiro exercício em que o dividendo não for pago.

Algumas companhias abertas brasileiras, com níveis mais adiantados de governança corporativa, podem atribuir aos preferencialistas o direito de voto em certas decisões mais relevantes, como alienação do controle, incorporação e outros eventos que podem gerar algum tipo de conflito de interesses.

> *Tag Along*
>
> *Tag Along* é uma garantia prevista na Lei das S.A. (Lei 6.404/76 – art. 254), a qual faculta ao acionista ordinário minoritário, em caso de venda do controle de uma companhia aberta, o direito de alienar sua participação minoritária por um preço nunca inferior a 80% do valor desembolsado pelas ações do bloco de acionistas controladores. O adquirente deve, para tanto, efetuar uma oferta pública de aquisição das ações ordinárias (com direito a voto) dos acionistas minoritários da companhia.
>
> Por exemplo, se uma companhia negociar seu controle acionário por $ 150/ação, os acionistas ordinários minoritários (detentores de ações ON) terão o direito de receber $ 120/ação (80% × $ 150: valor equivalente a 80% do valor pago ao grupo controlador) pelas suas ações. Normalmente, a compra é realizada por meio de oferta pública de aquisição de ações (OPA).
>
> De acordo com a legislação, o *Tag Along* é oferecido somente aos acionistas ordinários. Muitas empresas estendem esse benefício também aos acionistas preferenciais.

11.1.2 Forma de circulação das ações

Quanto à forma de circulação, as ações podem ser **nominativas, nominativas endossáveis** e **escriturais**.

As ações **nominativas** são representadas por cautelas (certificados) e trazem o nome do investidor registrado em *livro de registro das ações nominativas*. Sua transferência dá-se mediante a entrega da cautela e averbação do nome do novo titular neste livro, conferindo todos os direitos de acionista.

As ações **nominativas endossáveis** registram somente o nome do primeiro acionista, sendo as transferências de titularidade processadas mediante endosso na própria cautela.

Conforme foi comentado, as ações são emitidas por meio de cautelas, as quais devem ser registradas no referido *livro de registro de ações nominativas* para que se caracterize, formalmente, a propriedade do título. No entanto, existem ações nominativas sem suas respectivas cautelas, sendo por isso denominadas **escriturais**. Essas ações têm seu controle executado por uma instituição fiel depositária das ações da companhia, a qual mantém uma conta de depósito em nome de seus proprietários. Todas as movimentações com essas ações ocorrem mediante extratos bancários emitidos pelas instituições depositárias, não ocorrendo o manuseio físico desses papéis.

> Conforme descrito no item anterior, *Units* (unidades) são ativos constituídos por diferentes tipos de valores mobiliários, como ações ordinárias e ações preferenciais, ações ordinárias e bônus de subscrição etc. A *unit* é negociada em bolsa de valores como um único título, formado por mais de um valor mobiliário. O titular de um *unit* possui direitos sobre todos os valores que compõem o título. *Por exemplo*, o VIIA3 é o código da *unit* da Via Varejo, a qual é composta por uma ação ordinária (ON) e duas ações preferenciais (PN).

11.2 Valor das ações

Podem ser definidos, de acordo com os objetivos da análise, os seguintes valores monetários para as ações: **nominal, patrimonial, intrínseco, de liquidação, de subscrição** e **de mercado**.

O **valor nominal** é o valor atribuído a uma ação previsto no estatuto social da companhia. É representado pelo seu valor de face, ou seja, pelo valor definido no próprio título. Pode ser calculado por meio da divisão do capital social da companhia pela quantidade de ações emitidas. Uma ação pode ser emitida com e sem valor nominal, sempre de acordo com o regulamentado no estatuto da empresa. Na hipótese de emitir ações sem valor nominal, todas as ações deverão ter o mesmo valor, não sendo permitidas ainda novas emissões com valores diferentes.

Quando as ações não têm valor nominal, ainda, o preço de emissão é definido pelos sócios fundadores da sociedade, e no aumento de capital, pela assembleia geral de acionistas (ou Conselho de Administração). Nessa alternativa de emissão, a companhia pode estabelecer qualquer valor para suas ações, não havendo obrigatoriedade de se respeitar um valor mínimo, como no caso descrito das ações com valor nominal. A parcela do preço de emissão da ação sem valor nominal que ultrapassar o montante definido ao capital social será considerada *reserva de capital*. O valor (preço) de emissão de uma ação é o valor atribuído pela própria sociedade ao valor mobiliário no momento de sua emissão na constituição da empresa, ou quando do aumento do capital social com a oferta de novas ações.

Uma companhia pode adquirir suas próprias ações no mercado, retirando-as de circulação. Essa operação é conhecida por *resgate de ações*. Enquanto mantidas em contas patrimoniais da empresa, essas ações não podem exercer seus direitos de voto e recebimento de dividendos. O resgate das ações pode ser efetuado com redução ou não do capital social, a critério da sociedade.

O **valor patrimonial** de uma ação representa a parcela do capital próprio (patrimônio líquido) da sociedade que compete a cada ação emitida. É determinado pelo valor do patrimônio líquido dividido pelo número de ações emitidas. *Por exemplo*, se o patrimônio líquido de uma empresa for de $ 80 milhões e ela tiver 40 milhões de ações emitidas, determina-se um valor patrimonial de $ 2,00 por ação, indicando que cada ação emitida participa com $ 2,00 do patrimônio da sociedade.

Deve ser registrado que a realização financeira total do valor patrimonial de uma ação somente ocorre em caso de dissolução da sociedade. A cada exercício, parte do capital próprio é distribuída aos acionistas sob a forma de dividendos, verificando-se, ao mesmo tempo, um crescimento do patrimônio líquido pela retenção de lucros e integralização de novas ações.

A realização financeira do valor patrimonial de uma ação depende, ainda, da alienação de todos os ativos da empresa pelos preços registrados nos relatórios financeiros elaborados pela Contabilidade. Essa realidade é de difícil verificação prática, reduzindo fortemente a importância do valor patrimonial para efeitos de análise e avaliação de empresas.

O indicador do valor patrimonial é uma informação claramente estática e histórica, medida com base em valores acumulados no passado. Com isso, deve ser desvinculada qualquer relação mais estreita entre o valor patrimonial de uma ação e seu efetivo preço de mercado.

O **valor intrínseco (ou valor econômico)** de uma ação equivale ao valor presente de um fluxo esperado de benefícios de caixa. Esse fluxo é descontado a uma taxa de retorno mínima requerida pelos investidores, a qual incorpora o risco associado ao investimento. Com isso, o valor intrínseco embute o potencial de remuneração da ação, fundamentando-se nas possibilidades de desempenho da empresa no futuro e no comportamento esperado da economia.

De outra forma, o **valor de mercado** representa o efetivo preço de negociação da ação no mercado. Não coincide, necessariamente, com seu valor intrínseco, sendo definido a partir das percepções dos investidores e de suas estimativas com relação ao desempenho da empresa e da economia.

O preço de mercado é formado no pregão da bolsa, como resultado das forças de oferta e procura de cada papel.

Uma decisão de investimento em ação exige que se localizem papéis que estejam sendo negociados no mercado a um preço inferior a seu valor intrínseco, identificando-se uma recomendação de compra. Ações com valor de mercado mais alto que o intrínseco, não apresentam atratividade econômica, denotando uma decisão de venda.

Deve ser registrado, uma vez mais, que não há nenhuma relação visível entre o valor patrimonial e o preço de mercado de uma ação. Enquanto o valor patrimonial é definido estritamente por critérios contábeis, o valor de mercado é obtido pela interação das forças de oferta e procura da ação nas bolsas de valores, correlacionando-se com os resultados esperados da empresa emitente e outros fatores decisivos na formação dos preços dos ativos, como desempenho esperado da conjuntura, liquidez do mercado, forma de tributação dos rendimentos, tipo da ação etc.

O **valor de liquidação** (ou valor de descontinuidade) é determinado na suposição do encerramento de atividade de uma companhia, indicando quanto compete do resultado da liquidação para cada ação emitida.

O **valor de subscrição** é o preço definido no lançamento de ações em operações de abertura de capital de uma empresa. Esse valor é determinado principalmente com base nas perspectivas da empresa emitente, no volume de emissão, no preço corrente de mercado da ação e em outras variáveis de mercado.

Fair Value – Valor Justo

O *fair value* representa o preço certo e legítimo de livre negociação de um ativo, sendo muitas vezes entendido como valor intrínseco ou valor econômico. A mensuração do valor justo deve ser imparcial, sem favorecimento a qualquer uma das partes envolvidas no negócio, e sem qualquer interferência externa que pressione o seu preço. Da mesma forma, os participantes da negociação (comprador e vendedor) devem mostrar razoável conhecimento do negócio e ter acesso a todas as informações igualmente (não há possibilidade de informação privilegiada). A formação do *fair value* admite ainda que as partes sejam independentes e que não estejam sendo compelidas a realizar o negócio. O preço firmado é entendido como o melhor valor possível para as condições e momento da avaliação, considerando inclusive o risco envolvido nos benefícios econômicos futuros esperados do investimento.

11.3 Rendimentos das ações e risco

Ação é um título de renda variável, oferecendo resultados (ganhos ou perdas) ao investidor baseados no comportamento de seus preços de mercado. Esses resultados, conforme comentou-se, dependem de diversos fatores ligados ao desempenho esperado da empresa emitente, das condições de mercado e evolução geral da economia.

Essencialmente, uma ação oferece duas formas de rendimentos aos seus investidores: **dividendos** e **valorização** de seu preço de mercado. Um benefício que o título também pode proporcionar aos seus titulares é o *direito de subscrição* em casos de aumento de capital por integralização. O direito de preferência na compra de novas ações emitidas permite preservar ao acionista a mesma participação no capital da sociedade. Dependendo ainda das condições de lançamento, o acionista pode também auferir um ganho adicional pela preferência. Mais recentemente, no Brasil, foi introduzida a figura dos "juros sobre o capital próprio" pagos aos acionistas com base nas reservas de lucros da empresa.

Os **dividendos** representam distribuição de lucros auferidos pela empresa aos seus acionistas, sendo normalmente pagos em dinheiro.

A decisão de uma política de dividendos envolve basicamente uma decisão sobre o lucro líquido da empresa: *retê-lo*, visando ao reinvestimento em sua própria atividade; *distribuí-lo*, sob a forma de dividendos em dinheiro aos acionistas.

O índice de *payout* mede a porcentagem do lucro líquido a ser distribuída aos acionistas de uma empresa, ou seja:

$$PAYOUT = \frac{Dividendos\ Distribuídos}{Lucro\ Líquido\ do\ Exercício}$$

Quanto *maior* se apresentar esse indicador de pagamento de dividendos, menor será a proporção de recursos próprios, proveniente de decisões de retenção de lucros, utilizada pela empresa em sua atividade. Baixos índices de *payout* (ou nulos) atribuem normalmente elevada importância à opção de reter lucros como fonte de financiamento de uma empresa.

Assim, pode-se resumir o *payout*:

	Menor *payout*	Maior *payout*
Pagamento de Dividendos aos Acionistas	Menor	Maior
Retenção de Lucros	Maior	Menor
Valorização Esperada da Ação	Maior	Menor

Todos os acionistas (ordinários e preferenciais) têm o direito de receber dividendos em cada exercício, tornando-se uma prática obrigatória para as sociedades por ações. A atual legislação brasileira sobre distribuição de dividendos encontra-se prevista basicamente na Lei das Sociedades por Ações. Os lucros são distribuídos com base no previsto nos estatutos sociais, tendo como percentual *mínimo obrigatório* 25% sobre o lucro líquido ajustado do período. No caso de o estatuto social da companhia ser omisso com relação a esse dividendo, a legislação prevê a distribuição de 50% desse resultado ajustado a todos os acionistas, devendo ainda os acionistas preferenciais receberem 10% a mais de dividendos que os ordinários.

Nas companhias fechadas, a assembleia de acionistas pode, desde que não haja oposição de nenhum dos presentes, deliberar a distribuição de dividendo inferior ao obrigatório descrito acima, ou a retenção de todo o lucro apurado no exercício. O acionista ausente na assembleia não pode reclamar da redução de seu dividendo.

Nas companhias abertas, o dividendo pode não ser distribuído nos exercícios sociais em que ele não seja compatível com a situação financeira da empresa. Esses lucros não distribuídos são registrados em conta especial, devendo ser pagos como dividendos assim que as condições da empresa permitam, desde que não tenham sido absorvidos por prejuízos futuros.

Os acionistas preferenciais podem ter seus dividendos apurados segundo critérios específicos (por exemplo, com base em percentual sobre o capital social preferencial, ou sobre o valor nominal da ação), conforme definidos nos estatutos da companhia. Nesse caso, o valor a ser pago aos acionistas não pode ser inferior ao calculado pelo dividendo mínimo obrigatório, prevalecendo sempre o de maior valor.

A legislação das sociedades por ações prevê ainda a possibilidade de distribuição de *dividendo fixo* para os acionistas preferenciais. Esse dividendo funciona como um pagamento periódico de juro, e o acionista preferencial não participa dos lucros remanescentes da companhia após o recebimento desse fixo. Apesar do uso generalizado do dividendo fixo em diversas economias, seu uso no Brasil é pouco comum, sendo bastante difícil de ser verificado na prática.

Os dividendos preferenciais podem ainda ser "cumulativos" e "não cumulativos". Os "cumulativos" são aqueles que, quando não pagos em determinado exercício pela inexistência de lucro, acumulam-se para distribuição futura no momento em que for apurado resultado suficiente. Os dividendos do tipo "não cumulativos" somente são pagos nos exercícios em que forem apurados lucros suficientes.

A *valorização* do preço de mercado de uma ação é consequência do comportamento de mercado e do desempenho da empresa em determinado período. Todo investidor especula sobre a possibilidade de ganhos futuros e valorização do papel, adquirindo ações na expectativa de crescimento de seu valor de mercado, em relação ao valor pago (ganhos de capital), e tomando decisões de venda em projeções de baixa.

Em geral, há dois tipos de ações negociadas:

- *Ações que pagam maiores dividendos* – Os rendimentos maiores dos acionistas estão nos fluxos de pagamentos de dividendos. Como reinveste menos por reter menos lucros, é esperada uma menor taxa de crescimento dos resultados futuros e, em consequência, menor valorização em seus preços de mercado.

  As ações pagadoras de melhores dividendos costumam ser de empresas de setores estáveis com baixa ou nenhuma concorrência, como saneamento básico e elétricas, ou de empresas líderes em seu segmento.

  O investidor que adquire ações na expectativa de rendimentos de dividendos avalia a possibilidade de crescimento futuro de seus lucros. O investidor que prioriza o ganho de capital estima um ganho futuro decorrente de uma valorização esperada do preço da ação.

- *Ações que pagam menores dividendos* – Ao distribuir um volume menor de lucros, a empresa reinveste um volume maior de seus resultados, incentivando a geração de mais alto crescimento no futuro. Como consequência, espera-se que estas ações gerem rendimentos aos acionistas principalmente pela sua valorização de mercado (ganho de capital).

> *Liquidez* de uma ação pode ser entendida como a facilidade de se adquirir ou vender o papel no mercado. São as ações mais negociadas no mercado. "Dar liquidez" a uma ação significa ter sempre alguém disposto a negociar (comprar ou vender) o papel.

> Ações *blue chips* são consideradas ações de primeira linha, que oferecem tradicionalmente uma remuneração atraente aos investidores. Possuem boa imagem no mercado, liquidez, grande porte e altos ganhos. São, geralmente, ações de companhias mais consolidadas e de maior valor na bolsa. Como consequência, costumam ser as mais negociadas em bolsa e apresentam altos índices de liquidez determinados pelo grande volume de negociação.
>
> As *blue chips* possuem geralmente alta capitalização (alto valor de mercado), sendo líderes (referências) em seus setores de atividade.
>
> Os retornos dessas ações costumam se apresentar mais estáveis e previsíveis (menor volatilidade).
>
> Exemplos de *blue chips* na bolsa de valores do Brasil: Vale, Petrobras, Itaú, Gerdau etc. Nas bolsas internacionais: GE, AT&T, IBM etc.
>
> O termo *blue chips* provém de cassinos, do jogo de pôquer, onde as fichas azuis (*blue chips*, em inglês) são as que apresentam maior valor.
>
> Em resumo, as ações podem ser classificadas no mercado de acordo com as seguintes características:
>
> - *Ações de 1ª linha (Blue Chips)* – ações de maior negociação (liquidez) no mercado. Essas ações apresentam risco mais baixo em relação às outras ações;
> - *Ações de 2ª linha (Mid Caps)* – apresentam um nível de negociação inferior ao das *blue chips*. São companhias com valor intermediário de mercado, em relação ao mercado como um todo, com alto potencial de crescimento a longo prazo. Geralmente, demandam alto volume de recursos para financiar seus planos de expansão;
> - *Ações de 3ª linha (Small Caps)* – ações de baixa liquidez (menor volume de negociação), geralmente de companhias de menor porte. Apresentam maior oscilação do preço de mercado e, em consequência, maior risco. São empresas em desenvolvimento, ainda pouco conhecidas, e geralmente com potencial de crescimento futuro.

11.3.1 Risco das ações

O investimento em ações envolve assumir certo grau de risco com relação às oscilações de suas cotações de mercado. A compensação desse risco deve ocorrer na remuneração oferecida pelo papel, sendo mais elevada quanto maior for o risco.

Um aspecto fundamental para obter ganhos com ações é o *timing* (momento oportuno) de entrar e sair do mercado. Em outras palavras, o diferencial de um bom investidor está em saber antecipar-se aos movimentos do mercado financeiro: *adquirir* ações numa tendência de alta, antes dos demais investidores e, em consequência de sua valorização, *vendê-las* igualmente antes que outros o façam (antes da desvalorização). A identificação desse *timing* exige acompanhamento e análises de cenários econômicos, do mercado financeiro e desempenho da empresa e seus concorrentes.

É importante entender-se que as ações, assim como todos os papéis de renda variável, não garantem rendimentos positivos aos investidores. Os preços das ações são formados pela interação de oferta e procura de mercado, formada com base em expectativas futuras de desempenho da empresa e do mercado. Os ganhos de capital oferecidos aos acionistas estão sujeitos ao comportamento incerto dos preços de mercado das ações.

Os rendimentos de dividendos são pagos a partir da viabilidade econômica (geração de retorno) e financeira (geração de caixa) das empresas emissoras. Não há certeza também no recebimento de dividendos e em seus montantes.

Podem ser identificados dois grandes tipos de risco no investimento em ações: *risco da empresa* captadora dos recursos e *risco do mercado*.

O *risco da empresa* é aquele associado às decisões financeiras (investimento e financiamento), em que são avaliados os aspectos de atratividade econômica do negócio, geração de valor e a capacidade financeira em resgatar os compromissos assumidos perante terceiros.

Dessa maneira, o risco da empresa pode ser identificado por:

- *risco econômico* – inerente à própria atividade da empresa e às características do mercado em que opera. Esse risco independe da forma como a empresa é financiada, restringindo-se às decisões de ativos. É identificado na possibilidade de não se verificarem os resultados operacionais esperados. *Exemplos* de risco econômico: aumento da concorrência, evolução tecnológica, elevação dos juros, qualidade, perda de margem de lucro etc.;
- *risco financeiro* – reflete o risco associado ao endividamento da empresa, ou seja, à capacidade da empresa em liquidar seus compromissos financeiros assumidos. Empresas com reduzido nível de endividamento apresentam baixo nível de risco financeiro; altos graus de endividamento, por outro lado, ao mesmo tempo em que podem promover maior capacidade de alavancar os resultados, denotam maior risco financeiro.

O desempenho desses dois componentes de risco afeta, evidentemente, o risco total da sociedade e o valor de mercado de suas ações. Deve haver um equilíbrio na relação risco/retorno do investimento em ações, alcançando a máxima rentabilidade associada a um nível de risco que promova o maior valor de mercado das ações.

O *risco de mercado* diz respeito às variações imprevistas no comportamento do mercado, determinadas, principalmente, por mudanças ocorridas na economia.

Esse tipo de risco encontra-se presente em todo o mercado e, principalmente, no mercado de ações. É identificado pela variabilidade dos retornos de um título em relação ao seu valor médio, denotando menor confiança ao investidor quanto maior for essa variância. Investimentos com retornos mais centrados em seu ponto médio são capazes de oferecer uma melhor aproximação do desempenho esperado futuro.

Este comportamento incerto do mercado pode ser determinado por fatores políticos, econômicos ou específicos de um determinado segmento de empresas.

11.3.2 Juros sobre o capital próprio

Uma outra maneira de remuneração recebida pelos acionistas no Brasil é o *juro sobre o capital próprio*, pago pela empresa com base em suas reservas patrimoniais de lucros (resultados de exercícios anteriores que ficaram retidos na empresa), e não com base nos resultados da empresa no período, como os dividendos.

Esse provento, criado pela Lei nº 9.249/95, veio substituir a sistemática de correção monetária dos balanços introduzida pela Lei nº 6.404/76, e extinta no ano de 1995. Com o término desse mecanismo de correção dos resultados, ocorreram repercussões contábeis sobre as empresas, provocando, em muitos casos, uma tributação adicional às pessoas jurídicas.

O pagamento dos juros sobre o capital próprio traz certos privilégios fiscais: por meio dessa figura, as empresas podem deduzir de seu lucro real (lucro tributável) os juros desembolsados a seus acionistas a título de remuneração do capital, promovendo uma economia de Imposto de Renda. Para seu cálculo, segundo a legislação vigente, é aplicada a taxa de juros de longo prazo (TLP) sobre o patrimônio líquido da empresa, e o valor total máximo a ser pago não pode exceder a 50% entre o maior dos seguintes valores:

a. lucro líquido antes do Imposto de Renda do exercício, e calculado antes dos referidos juros;

b. lucros acumulados de exercícios anteriores e registrados em reservas patrimoniais da empresa.

A apuração do juro sobre o capital próprio é facultativa a cada empresa, não constituindo obrigação. Quando calculada e paga aos acionistas, essa remuneração é interpretada como se fossem dividendos para efeitos de cálculo do dividendo mínimo obrigatório prevista na Lei das Sociedades por Ações. Em resumo, os juros sobre o capital próprio pagos aos acionistas são descontados do montante de dividendos obrigatórios devidos pelas sociedades anônimas, e também de seu lucro base de cálculo do Imposto de Renda, provocando um benefício fiscal.

11.3.2.1 Cálculo dos juros sobre o capital próprio

Para *ilustrar* a determinação dessa remuneração, admita os seguintes balanços de uma companhia apurados ao final dos exercícios de X2 e X3, e demonstrados no quadro a seguir.

(Em $)

Balanços Patrimoniais		
	31-12-X2	31-12-X3
ATIVO CIRCULANTE	44.573,00	42.816,00
ATIVO PERMANENTE	104.761,00	113.413,00
Total:	149.334,00	156.229,00
PASSIVO EXIGÍVEL	32.500,00	32.500,00
PATRIMÔNIO LÍQUIDO	116.834,00	123.729,00
Capital	97.500,00	97.500,00
Lucros Acumulados	19.334,00	26.229,00

O Demonstrativo de Resultados do Exercício findo em 31-12-X3 é apresentado no quadro a seguir.

Como ficou demonstrado, o montante dos juros sobre o capital próprio não pode exceder aos 50% do lucro antes do Imposto de Renda do exercício, ou aos 50% dos lucros acumulados da companhia (reservas de lucros), dos dois o de maior valor.

(Em $)

Demonstrativo de Resultados	
	31-12-X3
Receitas Operacionais	254.656,00
Despesas Desembolsáveis	(216.456,00)
Despesas de Depreciação	(14.828,00)
Lucro Antes dos Juros s/ o Capital Próprio	**23.372,00**
Juros sobre o Capital Próprio	(11.686,00)
Provisão para IR e CSSL	(3.856,40)
Lucro Antes da Reversão dos Juros	**7.829,60**
Reversão de Juros s/ o Capital Próprio	11.686,00
Lucro Líquido do Exercício	**19.515,60**

Presumindo-se em 15% a Taxa de Longo Prazo (TLP) do exercício de X3, tem-se:

- Juros sobre o Capital Próprio = TLP (%) × Patrimônio Líquido ($)

  Juros sobre o Capital Próprio = 15% × $ 116.834,00 = $ 17.525,10

- 50% × Lucro Antes de Juros s/ Capital Próprio = 50% × $ 23.372,00 = $ 11.686,00

- 50% s/ Lucros Acumulados = 50% × $ 19.334,00 = $ 9.667,00

O limite para os juros sobre o capital próprio é de $ 11.686,00, definido pelo maior valor entre as duas alternativas de cálculo. Para efeitos de tributação do lucro adotou-se, de forma mais simplificada, a alíquota de 33% sobre o total do resultado tributável do exercício.

Por orientação da CVM, esses juros, quando descontados do resultado do exercício, devem ser estornados para fins de publicação do Demonstrativo de Resultados.

O lucro publicado pelas demonstrações contábeis após o cálculo das despesas de juros sobre o capital próprio *não* deve ser interpretado como um genuíno resultado econômico. Além da evidente restrição de se utilizar a TLP como um custo de oportunidade (não considera o risco do negócio, entre outras limitações), o cálculo dessas despesas é feito de forma apenas parcial, incidindo até certo limite do patrimônio líquido. A diferença é relevante, impedindo o uso do lucro da Demonstração de Resultados para finalidades gerenciais e decisoriais.

A decisão de distribuir esses juros ao final de cada exercício social determina, ainda, a incidência de Imposto de Renda na Fonte (IRRF) a ser descontado dos acionistas. Atualmente, a alíquota desse imposto é de 15% sobre o valor pago dos juros. Com isso, a carga tributária total do lucro gerado pela empresa para o exercício social encerrado em 31-12-X3 atinge:

Imposto de Renda (IR) e Contribuição Social s/ o Lucro (CSSL)	=	$ 3.856,40
Imposto de Renda na Fonte s/TLP: 15% × $ 11.686,00	=	$ 1.752,90
Carga Tributária Total	=	**$ 5.609,30**

Comparando os dividendos da empresa *com* e *sem* os juros sobre o capital próprio, tem-se a seguinte remuneração aos acionistas:

Rendimentos dos Acionistas		
	Sem JSCP	Com JSCP
Distribuição de juros s/ capital próprio	–	$ 11.686,00
Imposto de Renda na Fonte (IRRF = 15%)		($ 1.752,90)
Dividendos s/ lucros	$ 15.659,20	$ 7.829,60
Dividendos Totais	**$ 15.659,20**	**$ 17.762,70**

Os rendimentos dos acionistas *sem* TLP são calculados de acordo com o lucro líquido do exercício: $ 23.372,00 × (1 – 0,33) = $ 15.659,20.

Percebe-se, pelos valores da ilustração, que os dividendos totais distribuídos aos acionistas com o uso do TJLP são 13,4% superiores aos rendimentos tradicionais, apurados com base nos lucros.

11.3.3 Direitos de subscrição

A subscrição é o direito de todos os acionistas em adquirir novas ações emitidas por uma companhia. Por meio da elevação de seu capital social, a sociedade emite e oferece para subscrição novas ações aos investidores, comprometendo-se a dar preferência de compra aos atuais acionistas por certo período e preço preestabelecido na proporção das ações possuídas. A aquisição, no direito de preferência, é efetuada pelo preço definido de subscrição, geralmente inferior ao valor de mercado, promovendo um ganho ao subscritor pela diferença verificada nesses valores.

Se o acionista não desejar exercer seu direito de subscrição, poderá vendê-lo, transferindo o direito a terceiros, por meio da venda em pregão da Bolsa de Valores.

Os recursos dos pagamentos efetuados pelos acionistas à sociedade emitente das novas ações são direcionados principalmente para financiar projetos de investimentos e reforço de capital de giro.

Os direitos de subscrição podem ser negociados mediante a emissão de "bônus de subscrição", título negociável no mercado de capitais e que dá a seu titular o direito de subscrever ações pelo preço de lançamento.

Como *exemplo ilustrativo*, admita uma empresa que tenha emitido 10 milhões de ações, cujo preço de mercado esteja atualmente cotado em $ 1,15 por ação. A assembleia de acionistas autorizou um aumento de capital de 25%, ou seja, uma subscrição de capital de uma ação nova para quatro antigas possuídas. O preço de subscrição das novas ações foi definido em $ 1,07 por ação.

Assim, um acionista detentor de 600.000 ações terá o direito de subscrever 150.000 novas ações (25% s/ 600.000 ações), pagando à sociedade emitente o valor de $ 160.500 (150.000 ações × $ 1,07). Com isso, pode apurar um ganho determinado pelo diferencial entre o valor que a ação venha atingir no mercado e o valor pago na subscrição.

O acionista perde o direito de subscrição se não exercê-lo no prazo determinado pela assembleia de acionistas da companhia.

O valor teórico de mercado de uma ação, após ter seu titular exercido seu direito de subscrição, é obtido da forma seguinte:

$$P_E = \frac{P_C + (S \times P_S)}{1 + S}$$

onde: P_E = preço teórico de mercado (ou preço de equilíbrio) ao qual a ação deve ajustar-se após ter sido exercido o direito de subscrição, ou seja, preço ex-direitos;

P_C = preço corrente de mercado da ação apurado antes da subscrição de capital, ou seja, preço da ação negociada com direitos de subscrição;

S = percentual de subscrição por cada ação antiga possuída;

P_S = preço de subscrição das novas ações.

Substituindo-se os valores do exemplo ilustrativo na formulação de cálculo do preço teórico de mercado, tem-se:

$P_C = \$ 1,15$

$S = 25\%$

$P_S = \$ 1,07$

$P_E = \dfrac{\$ 1,15 + (0,25 \times \$ 1,07)}{1 + 0,25}$

$P_E = \dfrac{\$ 1,4175}{1,25} = \$ 1,134/\text{ação}$

Em verdade, $ 1,134 representa o preço teórico de equilíbrio da ação, o qual manterá inalterado o patrimônio do acionista, expresso em valores de mercado, após ter exercido seu direito de subscrição. Assim, para o investidor com uma carteira de 600.000 ações, tem-se a seguinte demonstração:

- *Patrimônio do acionista antes do aumento de capital*

    Capital acionário inicial:

    600.000 ações × $ 1,15 $ 690.000

    Recursos disponíveis para subscrição:

    600.000 ações × 25% × $ 1,07   160.500

    Total: $ 850.500

- *Patrimônio do acionista após o exercício do direito de subscrição*

    Capital acionário após a subscrição:

    600.000 ações × 1,25 × $ 1,134 $ 850.500

    Total: $ 850.500

Na situação de aumento de capital por subscrição de ações, o valor teórico calculado nem sempre se verifica no mercado, dependendo o preço de diversos fatores oriundos do desempenho esperado da empresa, das condições de equilíbrio de mercado e do cenário econômico.

A diferença encontrada entre o preço de mercado da ação antes da subscrição ($ 1,15) e seu preço teórico de mercado, calculado em $ 1,134/ação, define o preço do direito de subscrição negociável no mercado de capitais. O valor teórico de um direito de subscrição negociável no mercado é determinado pela seguinte expressão:

$$D_{ir} = \dfrac{P_C - P_E}{S}$$

onde D_{ir} representa o preço do direito de subscrição.

Substituindo a expressão de cálculo no exemplo ilustrativo:

$D_{ir} = \dfrac{\$ 1,15 - \$ 1,134}{0,25} = \$ 0,064$

Esse resultado representa o preço teórico do direito de subscrição de uma nova ação inteira para quatro ações antigas possuídas. O preço do direito de cada ação antiga atinge $ 0,016 ($ 0,064/4), o que justifica o preço de equilíbrio de $ 1,134 ($ 1,15 − $ 0,016).

De forma idêntica, o patrimônio do acionista que optar pela venda dos direitos de subscrição também não sofre alterações. Partindo-se da mesma demonstração, tem-se:

- *Patrimônio do acionista antes do aumento da venda dos direitos de subscrição*

    Capital acionário inicial:

    600.000 ações × $ 1,15 $ 690.000

    Total: $ 690.000

- *Patrimônio do acionista após a venda dos direitos de subscrição*

    Capital acionário após a venda:

    600.000 ações × $ 1,134 $ 680.400

    Venda dos direitos de subscrição:

    600.000 ações × 25% × $ 0,064   9.600

    Total: $ 690.000

Para o cálculo do preço do direito de subscrição, de acordo com a fórmula enunciada, fica implícita a necessidade de ser calculado, previamente, o preço de equilíbrio da ação (P_E). Alternativamente, pode ser utilizada a seguinte identidade, a qual prescinde da apuração desse valor, sendo substituída pelo preço de subscrição (P_S):

$$D_{ir} = \dfrac{P_C - P_S}{1 + S}$$

Substituindo os valores do exemplo ilustrativo em consideração, chega-se evidentemente ao mesmo resultado do direito de $ 0,064, ou seja:

$D_{ir} = \dfrac{\$ 1,15 - \$ 1,07}{1 + 0,25}$

$D_{ir} = \dfrac{\$ 0,08}{1,25} = \$ 0,064$

É importante ressaltar, uma vez mais, que os valores calculados são teóricos, determinados em condições de equilíbrio do mercado. Na prática, esses valores podem diferenciar-se daqueles efetivamente estabelecidos pelo mercado, principalmente em razão da presença de custos de transação, impostos sobre ganhos e especulações praticadas no mercado acionário.

11.3.4 Bonificação

A *bonificação* é um direito do acionista em receber ações, proporcionais aos títulos possuídos, em decorrência do aumento de capital de uma empresa mediante incorporação de reservas. A bonificação não deve promover qualquer alteração no valor de mercado da ação, representando simplesmente uma transferência de contas patrimoniais, para atualização da participação do acionista no capital da empresa. Não promove qualquer alteração na estrutura econômica e financeira da empresa, não devendo, por conseguinte, determinar variações em seu preço de mercado.

O aumento do capital social de uma companhia por incorporação de reservas patrimoniais pode ser processado de três formas:

1. pela emissão de novas ações e consequente distribuição gratuita a seus atuais titulares, na proporção da participação acionária mantida por titular. É a denominada "bonificação em ações". Essa operação não produz alteração alguma na participação relativa dos acionistas, elevando unicamente a quantidade de ações possuídas;
2. mediante alteração do valor nominal da ação, não havendo necessidade de a sociedade emitir novos títulos. O reajuste do valor da ação deve refletir o valor da elevação do capital;
3. se as ações não apresentarem valor nominal, a quantidade de ações emitidas pela sociedade permanece inalterada, elevando-se unicamente o montante contábil do capital social.

Como *exemplo ilustrativo*, admita que uma empresa tenha um capital social de $ 300.000 e reservas patrimoniais de $ 200.000. A empresa decide incorporar 60% de suas reservas ao capital social. São analisadas a seguir as três situações comentadas.

- **Ações com Valor Nominal**

Sendo de $ 1,00 o valor nominal da ação (existem 300.000 ações emitidas), os atuais acionistas terão uma bonificação de 120.000 ações (60% das reservas patrimoniais), a qual será distribuída de forma proporcional ao número de ações possuídas.

Dessa forma, o acionista que detenha 10% do capital social receberá 12.000 ações, outro com participação de 5% tem direito a receber 6.000 ações de bonificação; e assim por diante.

O patrimônio líquido da companhia após a elevação do capital apresenta-se:

Capital social: 420.000 ações × $ 1	$ 420.000
Reservas	$ 80.000
Total:	$ 500.000

- **Alteração no Valor Nominal**

O valor nominal da ação é alterado de forma a ajustar-se ao aumento de capital. Nesse caso, não há necessidade de serem emitidas novas ações, efetuando-se unicamente um reajuste no seu valor nominal.

No exemplo ilustrativo em consideração, o valor nominal da ação é valorizado de $ 1,00 para $ 1,40 ($ 420.000/300.000 ações), ou seja:

Capital social: 300.000 ações × $ 1,40	$ 420.000
Reservas	$ 80.000
Total:	$ 500.000

- **Ações sem Valor Nominal**

No caso de as ações não possuírem valor nominal, não há necessidade de se alterar a quantidade emitida, permanecendo 300.000 ações em circulação. O capital social é elevado para $ 420.000 e o patrimônio líquido não se altera, conforme demonstrado a seguir:

Capital social: (300.000 ações)	$ 420.000
Reservas	$ 80.000
Total:	$ 500.000

É importante acentuar que alterações na quantidade de ações não deve significar maior ou menor volume de riqueza para o acionista. O patrimônio líquido da empresa mantém-se inalterado nas três situações ilustradas, ressaltando ser a bonificação uma simples transferência de valores de reservas patrimoniais para a conta do capital social. Algumas vezes, no entanto, as condições de ineficiência do mercado identificam a bonificação como lucro, fazendo com que o preço de negociação da ação apresente valorização. No entanto, é coerente admitir-se que a bonificação, inclusive quando procedida pela emissão e distribuição de novas ações, não gera nenhuma alteração na estrutura econômica e financeira da empresa, não devendo interferir, portanto, em seu valor de mercado.

11.3.5 Desdobramento de ações (*split*)

O *split*, por seu lado, é a emissão de novas ações em razão da representação do capital social em um número maior de ações. Nessa operação, cada ação antiga é desdobrada em uma ou mais ações novas, sem apresentar nenhuma interferência no capital social da companhia. O *split* altera unicamente o valor individual da ação, mantendo inalterado o capital da sociedade. As ações desdobradas são distribuídas aos atuais acionistas na proporção de cada ação possuída, não alterando também a participação acionária de cada um deles.

O objetivo principal de uma sociedade em efetuar um *split* de suas ações é dar maior liquidez a seus papéis, aproximando seu valor de mercado à cotação média da bolsa.

Por exemplo, suponha que uma empresa tenha suas ações negociadas em bolsa de valores a uma cotação média de $ 16,00 cada uma, e que seu valor nominal atinja $ 12,00 por ação. Diante desses valores elevados para os padrões médios vigentes no mercado, a empresa constata dificuldades em melhorar a liquidez de seus papéis no mercado, e observa ainda que a maioria de suas ações encontram-se em poder de investidores institucionais (fundos de pensão, carteiras de bancos etc.).

A solução empregada pode ser o uso do *split* por meio do desmembramento de cada ação em 12 ações de valor nominal de $ 1,00 cada uma. Com essa medida, a quantidade de ações negociadas diariamente eleva-se muito e seu preço de mercado sofre uma redução paralela, de maneira a possibilitar um maior número de negócios com o papel.

O *split* não deve ser confundido com bonificação em ações. Apesar de as duas práticas não alterarem o patrimônio líquido total da empresa, a bonificação é consequência de um aumento de capital social por incorporação de reservas, e o desdobramento é uma forma de reduzir o preço de mercado das ações mediante alterações em seu valor nominal e na quantidade física emitida. Conforme foi colocado acima, o objetivo do uso do *split* é melhorar os índices de liquidez de uma ação para torná-la acessível a uma quantidade maior de investidores.

O *split* pode ocorrer também com ações sem valor nominal. Nesse caso, quando o preço de mercado de uma ação assumir um valor que traga dificuldades em sua negociação, a empresa poderá ampliar o volume físico emitido de suas ações. Essa decisão pode ocorrer, na prática, de duas formas: ou distribuindo determinada quantidade de ações para cada uma possuída, ou recolhendo as ações antigas para "Carimbo" do novo número de ações emitidas.

No que se refere ao preço teórico de equilíbrio de mercado de uma ação após a prática do *split*, é de se esperar que atinja determinado valor de modo que o patrimônio dos acionistas não seja alterado. No exemplo considerado, suponha que certo acionista possua 100.000 ações e tenha seu patrimônio a valores de mercado, antes do desdobramento das ações, a $ 1,6 milhão (100.000 ações × $ 16,00).

Após a prática do *split*, o preço teórico dessa ação deve atingir um valor que não venha alterar o patrimônio de seus acionistas. Como foram emitidas 12 novas ações e trocadas por cada uma possuída pelos acionistas, o preço de equilíbrio teórico de mercado deve atingir $ 1,33 ($ 16,00/12 ações), mantendo, portanto, inalterada a riqueza do investidor. Demonstrando-se:

- Patrimônio do acionista antes da prática do *split*:
  100.000 ações × $ 16,00   = $ 1.600.000
- Patrimônio do acionista após a prática do *split*:
  (100.000 × 12) × $ 1,33   = $ 1.600.000

Intuitivamente, pode-se estabelecer a seguinte identidade de cálculo do preço de equilíbrio (teórico) de uma ação após a prática do *split*:

$$P_e = \frac{P_M}{n}$$

onde: P_e = preço teórico de mercado (ou preço de equilíbrio) a que a ação deve ajustar-se após a prática do *split*;

P_M = preço de mercado da ação antes da prática do *split*;

n = número de ações em que cada ação em circulação é desdobrada.

De qualquer forma, deve ser registrado que a bonificação em ações e o *split* só fazem sentido tecnicamente quando o valor de mercado de uma ação atinja preços tão altos que venha a dificultar sua negociação em pequenas quantidades.

É coerente afirmar que um aumento na quantidade de ações (por bonificação ou *split*) não eleva o lucro da empresa, não diminui suas despesas (pelo contrário, é capaz de aumentá-las), não altera sua capacidade futura de geração de lucros, não modifica o fluxo de caixa da empresa, e assim por diante. Em verdade, esperar uma valorização na cotação de uma ação como fruto desses mecanismos é puro irrealismo, consequência de um comportamento irracional do mercado.

11.3.6 Grupamento de ações (*inplit*)

As ações são cotadas no mercado de forma unitária ou em lotes de certa quantidade (geralmente lotes de 1.000 ações). Assim, uma ação da Cia. A, por exemplo, pode estar valendo no mercado $ 1,10/unidade, e a da Cia. B, $ 140,00 por lote de 1.000 ações. No caso da Cia. B, cada ação vale menos de $ 1,00 (em verdade $ 0,14/ação).

Estas diferentes medidas para se expressar o valor de negociação da ação estão gerando diversas confusões entre os investidores de mercado, principalmente naqueles que estão efetuando suas primeiras incursões no mercado acionário.

A existência desses lotes de 1.000 ações é devida aos inúmeros planos econômicos com que o Brasil conviveu no passado, os quais, em sua maioria, promoveram alterações na expressão monetária nacional.[1] Diante dos valores

---

[1] Ver item 2.4 (Capítulo 2) – A inflação brasileira.

bastante reduzidos que as ações assumiram, muitas vezes sem expressão monetária para negociação, a Bolsa de Valores autorizou a se estabelecer a cotação das ações a partir de lotes de 1.000.

O *grupamento de ações* (*inplit*) constitui-se no caminho inverso que as ações cotadas em lotes percorreram nos últimos anos na Bolsa. A Cia. aberta, com autorização de sua assembleia de acionistas, aprova o grupamento de suas ações, permitindo que se transforme o lote de mil ações em um número menor de títulos. *Por exemplo*, as ações da Cia. B, cotadas a $ 140,00 o lote de 1.000 ações, podem ser transformadas em 70 ações avaliadas em $ 2,00/ação. Nesse caso, a Cia. decidiu juntar cada 70 ações em uma única ação e operar no mercado cotada, cada uma, a $ 2,00. Caso não efetuasse esse agrupamento, sua ação estaria valendo $ 0,14 cada, valor de pouca expressão monetária.

11.3.7 Ações "com" e ações "ex"

As ações podem ser negociadas na forma "com" (cheias), ou na forma "ex" (vazias).

As chamadas ações "ex" ou "ex dividendos" (vazias) são aquelas cujos direitos a proventos (dividendos, bonificações) já foram exercidos pelos seus titulares. Essas ações são negociadas em pregão de bolsa de valores sem direito a receber proventos.

Por exemplo, uma companhia pode anunciar que pagará em certa data um valor em dividendos, e que a partir de uma data futura todas as ações adquiridas no mercado ficarão sem os direitos aos proventos anunciados.

As ações "com" (cheias) concedem aos seus titulares o direito aos proventos distribuídos pela empresa emitente, conforme autorização da assembleia da sociedade. Após ser concedida essa autorização, as ações passam a ser negociadas no mercado na forma "ex" direito.

Por exemplo, admita que uma ação informe que irá pagar dividendos de $ 1,20/ação em determinada data. A partir dessa data a ação será negociada "ex dividendos" (vazia).

Assim, se o preço da ação antes do pagamento do lucro for estabelecido no mercado por $ 21,20, após a distribuição de dividendos seu preço "ex", pela renda do direito de dividendos, será igual a $ 20,00.

11.4 Mercado primário e secundário

Conforme anteriormente estudado, o mercado financeiro pode ser classificado segundo diversos critérios. Pela natureza dos títulos negociados, tem-se o *mercado de ações, mercado de renda fixa, mercado de crédito* etc. Ao se considerar a maturidade dos títulos, são identificados principalmente o *mercado monetário*, que opera no curto prazo,

e o *mercado de capitais*, com operações de crédito de médio e longo prazos.

Uma outra classificação do mercado financeiro envolve o momento da negociação do título no mercado. O lançamento de um novo ativo financeiro ocorre no **mercado primário**; essencialmente, todo ativo financeiro é colocado no mercado (negociado pela primeira vez) por meio do mercado primário. Negociações posteriores, em Bolsa de Valores ou em Mercado de Balcão, envolvendo compras e vendas de títulos já lançados entre investidores, são realizadas no **mercado secundário**.

Nesse critério, o mercado acionário pode também ser identificado por meio desses dois segmentos distintos de operações. No **mercado primário**, ocorre a canalização direta dos recursos monetários superavitários, disponíveis aos poupadores, para o financiamento das empresas, por meio da colocação (venda) inicial das ações emitidas. É nesse setor do mercado que as empresas buscam, mais efetivamente, os recursos próprios necessários para a consecução de seu crescimento, promovendo, a partir do lançamento de ações, a implementação de projetos de investimentos e o consequente incremento da riqueza nacional.

No **mercado secundário** são estabelecidas as renegociações entre os agentes econômicos das ações adquiridas no mercado primário. Os valores monetários das negociações realizadas nesse mercado não são transferidos para o financiamento das empresas, sendo identificados como simples transferências entre os investidores. A função essencial do mercado secundário é dar liquidez ao mercado primário, viabilizando o lançamento de ativos financeiros.

Em verdade, a existência de um mercado secundário mais dinâmico somente é possível mediante certas condições de *liquidez* para as ações emitidas, as quais são verificadas fundamentalmente por meio das transações nas *Bolsas de Valores*. Dessa maneira, é nas bolsas que uma ação, representativa de determinado empreendimento, tem seu desempenho avaliado pelos investidores, assumindo maior demanda e, consequentemente, maior liquidez, em função do sucesso econômico alcançado pela empresa emitente.

Outras importantes contribuições do mercado secundário são seu papel *informacional*, pela incorporação das informações relevantes aos preços dos papéis negociados; e *transferência de riscos* entre os investidores por meio da constituição de carteiras.

O mercado secundário será estudado, em maior profundidade, no Capítulo 12.

Um investidor pode adquirir ações de três maneiras:

- negociação individual;
- fundos de investimento;
- clubes de investimento.

Na *negociação individual* o investidor pode escolher os papéis que pretende negociar (comprar ou vender) e realiza seus negócios geralmente por meio de uma sociedade corretora. O *Fundo de Investimento*, conforme estudado no Capítulo 3, assemelha-se a um condomínio de investidores que participam do capital aplicado por meio de "cotas de investimentos". Essas cotas representam a porção do total do capital investido pelo Fundo. *Clubes de Investimentos* são pessoas (investidores) que formam uma associação voltada a selecionar no mercado as ações mais atraentes para investimentos.

> **Tipos de Investidores no Mercado de Ações**
>
> – *Pessoas Físicas e Clubes de Investimentos.*
>   Este segmento apresenta uma grande quantidade de investidores, porém não costuma concentrar o maior volume de negociação em bolsa.
>
> – *Investidores Institucionais.*
>   Movimentam alto volume de recursos em bolsa. Incluem Fundos de Pensão, Fundos de Investimentos, entre outros.
>
> – *Pessoas Jurídicas.*
>   Segmento formado por empresas e instituições financeiras. Normalmente, as operações desse grupo ocorrem a partir das Tesourarias.
>
> – *Investidores Estrangeiros.*
>   Participação crescente nos negócios em bolsa.

11.5 Abertura de capital

O financiamento de uma empresa mediante recursos próprios pode desenvolver-se pela retenção de seus resultados líquidos (autofinanciamento) e, principalmente, pelo lançamento de ações ao público.

Uma companhia é aberta ou fechada conforme os valores mobiliários de sua emissão estejam ou não admitidos à negociação no mercado de valores mobiliários (Lei nº 10.303/2001 – art. 4º).

A colocação de ações no mercado pode ocorrer tanto pela emissão de novas ações pela empresa, como pela oferta pública de ações detidas por um investidor. Para ter ações negociadas no mercado, a sociedade deve, em primeiro lugar, ser registrada como "Companhia Aberta" junto à Comissão de Valores Mobiliários (CVM).

O lançamento público de novas ações, conhecido também por *underwriting*, é uma operação na qual a sociedade emitente coloca seus valores mobiliários no mercado primário, mediante a intermediação de uma instituição financeira. Nesse esquema, a sociedade atrai novos sócios pela subscrição e integralização de novas ações (capital), cujos recursos financeiros são direcionados para financiar seu crescimento.

O lançamento de ações no mercado pode ocorrer, também, pela oferta de um lote de ações possuídas por um acionista (ou grupo de acionistas). Essa modalidade de oferta pública constitui-se, em verdade, em uma distribuição secundária de ações, conhecida por *block trade*. Não resulta na entrada de novos recursos na empresa, restringindo-se os resultados financeiros da operação no âmbito dos investidores.

Essa transação secundária envolvendo um expressivo lote de ações é adotada geralmente em processos de transferência de controle acionário no mercado, em que um grupo controlador de uma sociedade coloca à venda as ações detidas em carteira, portanto, fora da negociação normal do mercado. A operação, ainda, ganhou maior notoriedade nos processos de privatização de empresas públicas executadas pelo Governo brasileiro nas décadas de 1980 e 90. O controle público foi oferecido ao mercado por meio de leilões em bolsas de valores, constituindo-se em excelentes alternativas de investimento.

> Na distribuição *primária* de ações o emitente é a própria empresa, que levanta recursos para o caixa mediante sua colocação (venda) junto aos investidores. Na colocação primária, há efetiva entrada de recursos na empresa.
>
> Na distribuição *secundária* as ações já existem, e foram emitidas e subscritas no passado. Os valores levantados na colocação dos papéis vão direto para o acionista vendedor (ou grupo de acionistas), e não para a empresa.

A abertura de capital é justificada, principalmente, pela necessidade sentida pelas empresas de aporte de recursos permanentes visando financiar novos projetos de investimentos, e promover o crescimento e a modernização de suas atividades. A abertura de capital implica, ainda, a transformação da empresa em uma Sociedade Anônima (S.A.), tendo suas ações listadas na bolsa de valores e negociadas no mercado.

No processo de colocação das ações junto ao público, a empresa realiza geralmente *road show*, que equivale a uma central ("mostra") de suas principais informações disponibilizadas para avaliação dos investidores interessados na subscrição dos papéis.

> **IPO – Oferta Pública Inicial de Ações**
>
> A abertura de capital de uma companhia pode ocorrer por uma emissão primária de ações ou de debêntures. A preferência por debêntures ocorre quando a empresa precisa levantar recursos para financiar seus investimentos e o mercado demonstra maior disposição por receber juros como rendimentos, principalmente diante das altas taxas praticadas no Brasil.

> O IPO, sigla em inglês de *Initial Public Offering*, pode ser realizado de duas formas: *oferta pública primária* e *oferta pública secundária*. A oferta primária de ações representa a primeira emissão e venda de ações de uma companhia no mercado, dando início a futuras negociações em bolsas de valores. Nessa *oferta primária* de ações, são emitidas novas ações que serão oferecidas aos investidores de mercado, ocorrendo o ingresso de novos recursos no caixa da empresa emissora das ações. Nessa oferta, a empresa *emite* e *coloca* novas ações no mercado com o consequente aumento de capital.
>
> Nas *ofertas públicas secundárias*, são principalmente os controladores que oferecem partes de suas participações a novos investidores. Não há entrada de novos recursos para a empresa (os recursos das ações são direcionados aos acionistas vendedores e não para a empresa), assim como não há alteração do capital social. O que ocorre é somente um aumento do número de acionistas.

Uma companhia de capital aberto pode ainda realizar novas ofertas de ações ao mercado, denominadas operações *follow-on* (ofertas subsequentes de ações). Nas operações de *follow-on*, a companhia emite novas ações e as oferece aos investidores de mercado para subscrição. Essa operação determina aumento do capital social da companhia e entradas de novos recursos de caixa.

Os principais objetivos dessas operações são:

- financiar novos investimentos de expansão de modernização de suas atividades;
- ajustar sua estrutura de capital, aumentando a participação de recursos próprios e promovendo melhor equilíbrio da alavancagem financeira;
- realizar fusões e aquisições de empresas estratégicas ao seu negócio.

O *fechamento de capital* é um processo inverso, identificado quando uma empresa deseja retirar suas ações de negociações em bolsas de valores. Para o fechamento de capital, é necessário que no mínimo 2/3 dos acionistas com direito a voto aprovem a operação, tornando a companhia fechada.

As razões que podem levar uma companhia aberta a se tornar fechada são muitas, podendo-se apontar o menor volume de informações que deve publicar uma Cia. fechada, falta de liquidez do mercado acionário, relacionamento nem sempre convergente com os acionistas minoritários, altos custos para manter uma Cia. aberta e estratégias societárias do grupo.

No processo de fechamento de capital, deve ser realizada *Oferta Pública de Aquisição (OPA)* do total de ações no mercado, pela empresa ou por seus acionistas controladores, a um preço admitido como justo. Quando da divulgação da informação de fechamento, a ação da empresa poderá se valorizar ou desvalorizar de acordo com estimativas do mercado. Alguns investidores especializam-se em investirem em ações de empresas com planos de fechamento de capital. Admitem que os preços a serem pagos na oferta de compra das ações possam ser superiores ao negociado no mercado, apurando ganho.

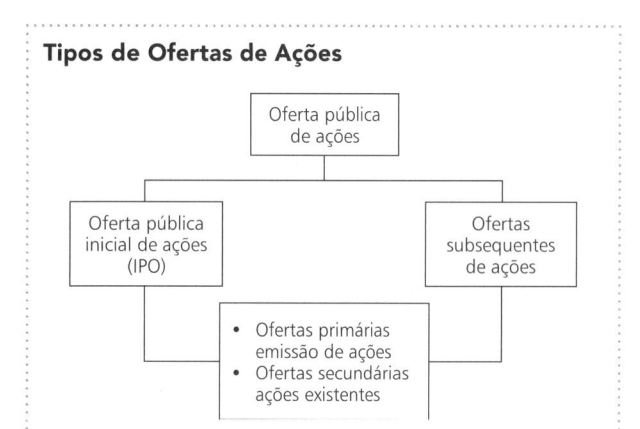

> **Tipos de Ofertas de Ações**
>
> ```
> Oferta pública de ações
>   ├── Oferta pública inicial de ações (IPO)
>   └── Ofertas subsequentes de ações
>         • Ofertas primárias — emissão de ações
>         • Ofertas secundárias — ações existentes
> ```
>
> Oferta Pública de Ações – Processo de colocação de títulos e valores mobiliários para negociação no mercado;
>
> Oferta Pública Inicial de Ações (IPO) – Decorrente da abertura de capital da empresa. É a primeira oferta pública de ações para venda aos investidores;
>
> Ofertas Subsequentes de Ações – São ofertas de ações posteriores à abertura de capital (IPO);
>
> Ofertas Primárias – Novas ações emitidas pela empresa. Os recursos são direcionados para investimentos em seus negócios;
>
> Ofertas Secundárias – São ofertas de ações existentes, não envolvendo a emissão de novos papéis. Essas ofertas são realizadas pelos sócios atuais ao desejarem vender parte ou o total de suas participações acionárias.

11.5.1 Acionistas minoritários

Para a transferência de controle das companhias abertas, é necessário que os adquirentes efetuem oferta pública para comprar as demais ações ordinárias (com direito a voto), devendo garantir um preço mínimo do valor da ação pago ao(s) acionista(s) controlador(es).

É possível também oferecer-se aos acionistas minoritários como alternativa à alienação de suas ações o pagamento de um prêmio para que mantenham sua participação na sociedade. Este prêmio a ser oferecido deve ser, no mínimo, igual à diferença entre o preço de mercado da ação e o valor pago por cada ação de controle da companhia.

Oferta Pública de Aquisição de Ações (OPA)

Os investidores podem realizar também uma *Oferta Pública de Aquisição de Ações (OPA)* com o objetivo de adquirirem certa quantidade de papéis, a um preço estabelecido e demais condições previstas na oferta.

A legislação societária atual prevê alguns casos em que essa oferta pública de compra de ações é obrigatória citando, entre outros, a situação em que a empresa decide pelo cancelamento do registro de companhia aberta.

A Oferta Pública de Compra, por outro lado, pode também ser facultativa, realizada por decisão própria do investidor. Em geral este OPA espontâneo ocorre quando o proponente tem intenção de adquirir o controle acionário da companhia.

O OPA para aquisição do controle é explicado em companhias que possuem o capital acionário pulverizado no mercado; onde não se identifica um investidor (ou grupo de investidores) com o controle das ações (acionista majoritário). A ausência de um acionista único com o controle das ações impede que a negociação de compra seja realizada diretamente, de forma separada do mercado.

A liquidação financeira de uma operação de OPA é efetuada geralmente por meio de pagamento em dinheiro ou mediante permuta por valores mobiliários. Essa operação deve ter a intermediação do uma instituição financeira do mercado de capitais (Sociedade Corretora ou Distribuidora de TVM), e devem seguir as normas expedidas pela Comissão de Valores Mobiliários (CVM).

11.5.2 Subscrição pública de ações (underwriting)

O processo de subscrição e integralização de novas ações, que se desenvolve dentro do segmento acionário do mercado de capitais, obedece a um fluxo sequencial de atividades, o qual é ilustrado na Figura 11.1.

Empresa Emitente de Novas Ações → Instituição Financeira Intermediadora → Mercado Primário → Mercado Secundário

FIGURA 11.1 Etapas do processo de subscrição de novas ações.

As principais características de cada uma dessas fases são expostas a seguir.

11.5.2.1 Empresa emitente

A decisão de aumento de capital por subscrição e integralização de novas ações pressupõe que a sociedade ofereça certas condições de atratividade econômica, as quais são avaliadas, principalmente, pelos seus resultados econômicos e financeiros e conveniência de abertura de capital, pelo estudo setorial, pelas características básicas de emissão e lançamento das ações, pela escolha do intermediário financeiro e auditoria independente, e pelo cenário conjuntural. Essa sequência de estudos é considerada nas várias etapas do processo de subscrição, ou seja, pela instituição financeira intermediadora e pelos diversos agentes que compõem o mercado primário e secundário de ações.

Os resultados econômico-financeiros de uma empresa são avaliados segundo as várias técnicas de análise, envolvendo a atual situação da empresa, atratividade dos planos de investimentos, a atual situação societária e capacidade em atender às várias exigências legais e às condições gerais do mercado e da economia. Apesar de normalmente basear-se em resultados históricos, o desempenho da empresa é preferencialmente considerado em termos prospectivos, em função dos resultados esperados e da viabilidade do investimento acionário.

O estudo setorial envolve, principalmente, o mercado consumidor, o mercado fornecedor de matérias-primas e as empresas concorrentes, sendo desenvolvido também com base no comportamento futuro esperado. Nessas avaliações, são consideradas, entre outros aspectos relevantes, o acesso às fontes supridoras de matérias-primas, estrutura e evolução dos custos, tecnologia, vantagens competitivas, potencial e participação no mercado de empresas concorrentes etc.

As características básicas de emissão e lançamento de ações levam em consideração a existência de incentivos fiscais na subscrição primária de ações, as condições fixadas de pagamento (integralização) da subscrição, existência de garantias de liquidez no mercado secundário, preço de lançamento das ações, política de dividendos definida no estatuto social da sociedade etc.

A presença de um intermediário financeiro nas operações de subscrição de ações é uma exigência da Lei das Sociedades por Ações, podendo ser bancos de investimento, bancos múltiplos, sociedades corretoras ou sociedades distribuidoras de valores. A experiência e qualificação técnica em operações de abertura de capital são fatores essenciais na escolha da instituição, influindo diretamente sobre o sucesso da colocação das ações no mercado.

A sociedade que tenha decidido abrir seu capital deve, segundo exigência legal, contratar uma auditoria externa devidamente credenciada na CVM (Comissão de Valores Mobiliários). Os trabalhos de auditoria são importantes para uma avaliação dos processos e procedimentos das diversas atividades da empresa, transmitindo ao mercado maior garantia da idoneidade das informações contábeis publicadas.

A situação conjuntural avalia, basicamente, o desempenho e as perspectivas do mercado acionário em geral, os níveis das taxas de juros de mercado, projeções econômicas e indicadores macroeconômicos etc.

11.5.2.2 Intermediário financeiro

A instituição financeira intermediadora constitui-se, basicamente, em uma junção entre a empresa tomadora de recursos e os agentes econômicos poupadores (superavitários) identificados no mercado primário. Assim, uma sociedade que deseje financiar-se mediante operação de aumento de capital, com a consequente emissão de novas ações, procura uma instituição financeira do mercado de capitais (Sociedade Corretora, Sociedade Distribuidora, Banco de Investimento e Banco Múltiplo), coordenadora da operação, que as subscreve visando a sua colocação no mercado primário de ações, sendo posteriormente transacionadas pelos proprietários no mercado secundário.

Os intermediários na colocação de ações podem organizar-se mediante um *pool* de instituições financeiras que participarão de todo o processo de colocação dos valores emitidos. Nesse *pool*, são definidos o *coordenador*, que trata de todo o processo de subscrição desde seu registro na CVM até a efetiva liquidação financeira, e as instituições *líderes* e *consorciadas*, assim definidas em função do volume (lote) de ações a ser distribuído.

O *pool* é firmado sem qualquer ônus à empresa emitente das ações, sendo regulado por um contrato de adesão firmado pelas instituições interessadas.

As principais formas de subscrição pública de ações (operação de *underwriting*), procedidas por uma instituição ou várias instituições intermediadoras (consórcio ou *pool*), são:

a. subscrição do tipo **puro** ou **firme**;
b. subscrição do tipo **residual** (*stand-by*);
c. subscrição do tipo **melhor esforço** (*best effort*).

11.5.2.3 Subscrição do tipo puro ou firme

Essa modalidade de *underwriting* prevê a subscrição e integralização, por parte da instituição financeira (ou consórcio de instituições) responsável pela distribuição, do total das novas ações emitidas por uma empresa. Em verdade, a intermediadora financeira na subscrição do tipo **firme** assume amplamente o risco de sua colocação no mercado, responsabilizando-se pelo pagamento à sociedade emitente do valor total das ações lançadas.

Para o investidor, essa modalidade de subscrição atribui certa garantia à operação, como se a instituição intermediadora tivesse dado um aval à subscrição. Uma vez que assume o ônus de todo eventual fracasso na subscrição, a instituição financeira revela acreditar no sucesso do lançamento, estendendo essa confiança a todo o mercado investidor.

11.5.2.4 Subscrição do tipo residual (stand-by)

Nessa maneira de subscrição pública, a instituição financeira não se responsabiliza, no momento do lançamento, pela integralização total das ações emitidas. Há um comprometimento, entre a instituição financeira e a empresa emitente, de negociar as novas ações junto ao mercado durante certo tempo, findo o qual, poderá ocorrer a subscrição total, por parte da instituição, ou a devolução, à sociedade emitente, do volume não negociado, ou seja, da parcela das ações que não for absorvida pelos investidores individuais e institucionais.

11.5.2.5 Subscrição do tipo de melhor esforço (best effort)

Nessa modalidade de subscrição, a instituição financeira não assume nenhum tipo de responsabilidade sobre a integralização das ações em lançamento, e o risco de sua colocação no mercado corre exclusivamente por conta da sociedade emitente. Existe, em verdade, um comprometimento, por parte da instituição financeira, de dedicar o melhor esforço no sentido de colocar o maior número possível de novas ações no mercado, dentro de certo período de tempo, promovendo ainda as melhores condições para a empresa emitente. Findo o prazo estabelecido de negociação, as ações restantes (residuais) serão devolvidas e não integralizadas pela instituição financeira, conforme determina a modalidade de subscrição anterior à empresa de origem.

11.5.2.6 Preço de emissão da ação

A fixação do *preço de emissão* de uma ação é importante para o sucesso da operação de subscrição pública, principalmente para os atuais acionistas definirem seu direito de preferência.

A preocupação básica da sociedade emitente é de estabelecer um preço que viabilize a colocação integral das novas ações no mercado, garantindo os recursos necessários para financiar seu crescimento.

A atual Lei das Sociedades por Ações prevê que o preço de emissão deve ser fixado tendo em vista a cotação das ações no mercado, o valor do patrimônio líquido e as perspectivas de rentabilidade da companhia. Essa preocupação inserida na legislação vigente é para que se evite a diluição injustificada dos antigos acionistas que não venham, por qualquer motivo, exercer seu direito de preferência de subscrição.

A sociedade, ao colocar ações no mercado primário por um preço substancialmente inferior daquele praticado no mercado secundário, pode prejudicar esses acionistas antigos, ocorrendo o que a lei denomina *diluição injustificada da participação acionária*.

Na prática, as ações vêm sendo colocadas no mercado primário por um preço inferior ao praticado no mercado secundário, tornando o direito de subscrição um bom negócio para o acionista que exercer seu direito. Qualquer acionista, evidentemente, somente manifestará interesse em exercer seus direitos de subscrição se o preço de lançamento das ações estiver fixado abaixo de seu valor de mercado no momento da aquisição.

Por outro lado, os atuais acionistas também têm a responsabilidade de decidir o tipo de ação a ser lançada (preferencial e ordinária, basicamente). Essa decisão depende de alguns fatores, como:

- aspectos legais. A Lei das Sociedades por Ações vigente no Brasil permite um limite máximo de 50% do capital social total expresso em ações preferenciais;
- condições financeiras dos atuais acionistas (principalmente os controladores) para acompanharem o aumento de capital ordinário e, assim, manterem suas participações acionárias;
- direito do acionista preferencial de receber dividendos, no mínimo, 10% maior que o atribuído ao acionista ordinário.

O limite de 50% de ações preferenciais sobre o total das ações emitidas tem sua aplicação imediata nas companhias em processo de abertura de capital. Empresas em funcionamento podem manter a proporção de 2/3 de ações preferenciais e 1/3 de ações ordinárias.

11.5.2.7 Vantagens da abertura de capital

A principal vantagem da abertura de capital para uma sociedade é o prazo indeterminado dos recursos levantados, não apresentando esses valores prazos fixos para resgate. A remuneração do capital integralizado depende, ainda, do sucesso do empreendimento, estando seu pagamento vinculado às condições econômicas e financeiras apresentadas.

No Brasil, o processo de abertura de capital traz vantagens adicionais determinadas principalmente por nosso cenário econômico de altas taxas de juros e restrições ao crédito de longo prazo. Basicamente, a única fonte de financiamento de longo prazo com um custo financeiro competitivo para o tomador de recursos são as linhas de crédito oferecidas pelo BNDES. Taxas de juros livremente praticadas no mercado são historicamente mais elevadas que o retorno médio dos ativos das empresas nacionais, inviabilizando seu crescimento e aumento de competitividade mediante uma estrutura de capital mais alavancada.

Uma companhia aberta pode, ainda, lançar recibos de depósitos para negociações no exterior (*Depositary Receipts*), visando à captação de recursos externos.

A abertura de capital pode também permitir arranjos societários para a solução de conflitos internos de controle acionário determinados, por exemplo, pela saída de um acionista com participação expressiva no capital, ou problemas sucessórios bastante comuns em empresas familiares.

Com ações negociadas livremente no mercado, a empresa passa a ter um referencial de avaliação. A cotação de mercado da ação pode exprimir um preço aproximado de seu valor econômico, o qual reflete expectativas dos investidores com relação ao desempenho futuro da empresa.

Outras vantagens que podem ser apresentadas são: um menor risco financeiro da empresa diante de maior capitalização, melhores condições de liquidez para os acionistas realizarem seu patrimônio, incentivo à profissionalização das decisões da empresa, facilitando inclusive o processo sucessório e arranjos societários e melhoria da imagem institucional da companhia pela exigência de maior transparência e qualidade das informações publicadas.

De outro modo, a abertura de capital traz também novas exigências e responsabilidades à sociedade, como a distribuição obrigatória de dividendos, levantamento e publicação periódica de informações ao mercado, elevação dos custos administrativos com a criação de departamento de relações com o mercado, taxas da CVM e das Bolsas de Valores, contratação de serviços mais qualificados de auditoria independente etc.

Em verdade, o mercado competitivo é cada vez mais exigente em termos de investimento, revela maior importância à abertura de capital como uma fonte permanente de recursos para as empresas. Esse processo de democratização do capital vem tornando-se mais interessante à medida que a economia se abre a investimentos externos e reduz os subsídios ao crédito, tornando os custos financeiros das empresas mais elevados. A decisão de abertura de capital está atrelada, no entanto, às decisões financeiras das empresas, determinando sua rentabilidade e risco. Cabe, evidentemente, a cada empresa, respeitadas suas características e condições de investimento e financiamento, definir sua estrutura adequada de capital de maneira a atingir seu objetivo de maximização de seu valor de mercado.

A abertura de capital exige também a definição de práticas de Governança Corporativa pela companhia. Em outras palavras, devem ser estabelecidos os relacionamentos entre a empresa e seus diversos níveis de decisão, e as inúmeras partes relacionadas (credores, fornecedores, consumidores, empregados etc.), destacando-se principalmente os acionistas.

A adoção de boas práticas de Governança Corporativa proporciona maior confiança aos investidores, com reflexos sobre o valor de mercado das ações.

11.5.2.8 Custos da abertura de capital

No processo de abertura de capital a sociedade incorre, basicamente, nos seguintes custos:

a. *Custos Legais e Institucionais*: taxas, emolumentos etc. incorridos em atendimento às exigências legais;

b. *Custos de Divulgação e Publicidade*: prospectos de lançamento, divulgação da operação de subscrição pública pela mídia etc.;

c. *Custos dos Intermediários Financeiros*: comissão de *coordenação* dos trabalhos de lançamento;

remuneração (comissão) de *garantia* paga ao coordenador da emissão somente do tipo puro ou firme e do tipo residual; e comissão pela *colocação* paga ao intermediário que atuou na colocação do papel junto ao investidor;

d. *Custos Administrativos* pela montagem de uma estrutura interna voltada a dar todo o suporte ao processo de abertura de capital e relações externas. Exemplo: criação do departamento de relações com investidores.

Na abertura de capital a empresa, deve, ainda, estar atenta à necessidade de remuneração dos acionistas, por meio da elaboração de uma "política de dividendos".

É esperado que estes custos sejam diluídos pelas vantagens enumeradas da abertura de capital.

Abertura de Capital e Emissão de Debêntures

A *abertura de capital* de uma sociedade e a emissão pública de debêntures podem ser desenvolvidas conjuntamente. Uma *emissão pública* é direcionada ao público investidor em geral, a todos os investidores de mercado, devendo ter prévio registro na Comissão de Valores Mobiliários (CVM) e intermediação de uma instituição financeira.

A abertura de capital, que irá transformar a empresa em sociedade por ações, deve ter a aprovação da Assembleia Geral Extraordinária (AGE).

As principais fases de um processo de abertura de capital e emissão de debêntures são apresentadas a seguir:

- elaboração de estudos técnicos de viabilidade da emissão e definição de suas características;
- realização de *due dilligence* para avaliação das informações da sociedade emissora que serão disponibilizadas ao mercado. A *due dilligence* é responsável pela veracidade, qualidade e suficiência das informações prestadas;
- registros junto à CVM;
- formação de consórcio de instituições para distribuição dos títulos junto ao público investidor em geral;
- registro dos títulos em bolsa de valores ou em mercado de balcão organizado;
- anúncio do início da distribuição e colocação dos títulos junto aos investidores;
- elaboração da "Escritura de Emissão" das debêntures, contendo todas as condições e características da emissão, tais como direitos dos debenturistas, deveres da companhia emissora, volume da emissão, data de vencimento dos títulos, remunerações prometidas, entre outras informações;
- presença de um *Agente Fiduciário*, atuando como representante legal dos interesses dos investidores (debenturistas) junto à sociedade emissora. A contratação do agente fiduciário é obrigatória nas emissões públicas de títulos.

11.5.3 *Tag Along*

O *Tag Along*, conforme introduzido no item 11.1.1, é um mecanismo que assegura, a todos os acionistas minoritários ordinaristas, um pagamento mínimo em relação ao valor pago aos controladores de uma sociedade, em caso de negociação do controle acionário.

Pela Lei nº 6.404/76 (artigo 254), o *Tag Along* era definido como o direito dos acionistas minoritários em vender em oferta suas ações com direito a voto, no caso de mudança de controle de capital de uma companhia, pelo mesmo preço negociado pelos controladores.

Pela Lei nº 10.303/2001, o direito de *Tag Along* obriga o controlador adquirente a realizar uma oferta de compra aos acionistas ordinários (com direito a voto) minoritários das ações remanescentes ao preço mínimo de 80% do valor pago por ação ao grupo controlador. Com isso, os acionistas minoritários ordinaristas têm na legislação uma garantia de alienar suas ações a um preço próximo ao recebido pelos controladores. O pagamento ao acionista minoritário do valor mínimo estabelecido é de responsabilidade do adquirente do controle.

A extensão desse direito aos acionistas preferenciais (sem direito a voto) não é obrigatória de acordo com a legislação societária vigente, obedecendo ao previsto no estatuto social da companhia.

Por outro lado, o Código de Melhores Práticas de Governança Corporativa[2] recomenda que, na transferência do controle acionário, a oferta de aquisição de ações deve ser dirigida a todos os sócios, nas mesmas condições oferecidas ao bloco de controle (acionistas controladores). Seguindo a mesma orientação, a B3 (Bolsa de Valores de São Paulo) exige das companhias listadas no segmento do Novo Mercado que os acionistas minoritários tenham garantia de poderem vender suas ações, em caso de transferência de controle acionário, pelo mesmo valor oferecido aos controladores.

Algumas companhias abertas brasileiras listadas na B3 que concedem *Tag Along*:

Empresa	Tag Along ordinário	Tag Along preferencial
Brasken	100%	100%
Bradesco	100%	80%
Lojas Renner	100%	100%
Gol	100%	100%
Itausa	80%	80%
Klabin S.A.	80%	70%

Fonte: www.bovespa.com.br.

---

[2] Disponível em: www.ibgc.org.br. 6. ed./2023.

Oferta Pública de Aquisição de Ações (OPA) e Tag Along

Quando uma empresa decide pelo cancelamento de seu registro de companhia aberta, também conhecido por *fechamento de capital*, a atual legislação societária determina que seja efetuada uma Oferta Pública de Aquisição de Ações (OPA), conforme apresentada anteriormente no item 11.5.1.

Essa exigência de uma OPA prévia ao fechamento de capital, é justificada como uma medida de proteção aos acionistas minoritários da companhia, permitindo que aqueles que não revelem interesse em se manter na sociedade após o cancelamento do registro de companhia aberta, possam vender suas participações acionárias.

O OPA pode também ser aplicado com o objetivo de reduzir a dispersão das ações entre inúmeros acionistas (dispersão acionária). Quanto mais alta a dispersão acionária, maior a chance também de um controle hostil (indesejado) do capital da empresa por meio de uma oferta pública de aquisição de ações.

A operação de OPA pode também ser utilizada para:

– transferência (aquisição) do controle acionário da sociedade;
– elevar a participação acionária de um sócio (ou grupo de sócios) no capital da empresa.

O controle do capital acionário de uma empresa pode ocorrer em três situações:

a) *controle total (totalitário)*, em que o controlador detém praticamente todo o capital acionário da sociedade;
b) *controle majoritário*, quando o acionista controlador é proprietário de 50% mais uma ação ordinária com direito a voto;
c) *controle minoritário*, verificado em uma sociedade que apresenta uma alta pulverização do capital acionário.

O valor da ação na operação de OPA deve ser estabelecido por empresa especializada e reconhecida no mercado, buscando sempre o valor justo da ação (*fair value*).

Em caso de alienação do controle acionário da companhia, os novos sócios majoritários devem realizar uma OPA envolvendo todas as ações com direito a voto e mantidas pelos acionistas minoritários. Nesse caso, os acionistas têm o direito ao *Tag Along* ao negociar suas ações com o novo controlador. Alguns segmentos da B3 exigem que as companhias abertas com ações negociadas ofereçam também o direito de *Tag Along* aos minoritários.

Conforme demonstrado acima, o preço oferecido aos acionistas minoritários na *Oferta Pública de Aquisição de Ações* deve ser igual a, no mínimo, 80% do valor pago pelas ações dos controladores. O estatuto social da companhia pode ainda prever percentuais maiores de *Tag Along*, estendendo a proteção aos acionistas minoritários em caso de transferência do controle acionário da companhia.

11.6 Principais direitos dos acionistas

O Caderno da CVM (Comissão de Valores Mobiliários) "Proteção ao Investidor", disponível em www.cvm.gov.br, descreve os principais direitos atribuídos aos acionistas no Brasil e, em especial, aos acionistas minoritários. Estes direitos são identificados na atual Lei das Sociedades por Ações e em regulamentações da própria CVM.

A seguir é apresentado um resumo dos principais direitos.

Dividendos

Todos os acionistas de uma companhia têm direito a participar de seus resultados sociais anuais, sob a forma de dividendos, toda vez que for apurado lucro. As condições da distribuição dos lucros aos sócios são previstas nas espécies e classes das ações, as quais preveem aos titulares vantagens em relação aos titulares de outras. O pagamento do dividendo deixa de ser obrigatório no exercício em que a companhia demonstrar incapacidade financeira.

Ações Preferenciais e Dividendos

As ações preferenciais, por apresentarem geralmente restrições ao direito de voto, devem oferecer aos seus titulares alguma vantagem econômica em relação às ações ordinárias, como prioridade no pagamento de dividendos e reembolso de capital, prêmio, distribuição de dividendo fixo ou mínimo, ou a acumulação destas vantagens.

Direito de Fiscalização e Informação

Todos os acionistas de uma companhia têm o direito de fiscalizar a gestão dos negócios, de acordo com as formas previstas em lei. Todo acionista tem direito, ainda, a requerer informações a respeito da companhia e de seus administradores. Neste aspecto, deve ser destacado o direito do acionista de ser informado sobre os fatos considerados relevantes para a companhia, como transferência de controle acionário, cancelamento do registro de companhia aberta, resultados sociais apurados e distribuição de dividendos etc.

Preferência na Subscrição

É assegurada a todos os acionistas a preferência na subscrição de ações que venham a ser emitidas por aumento de capital, na proporção da participação acionária atual. Este direito evita que o acionista sofra uma redução na participação do capital da companhia quando novas ações forem emitidas. Caso não participe da nova subscrição, o acionista pode negociar esse direito no mercado.

Direito de Recesso ou de Retirada

Todo acionista minoritário, desde que não concorde com certas deliberações da Assembleia Geral da companhia, nos casos previstos em Lei, tem o direito de retirada (ou recesso), recebendo o valor de suas ações. O objetivo é o de resguardar o acionista minoritário contra eventuais alterações relevantes no estatuto e no funcionamento da companhia, conforme previstas na Lei das Sociedades por Ações. O direito de recesso pode ser exercido pelo acionista minoritário, entre outras, nas seguintes condições previstas em Lei:

- alterações nas preferências, vantagens e condições de resgate ou amortização de uma ou mais classes de ações preferenciais, ou ainda a criação de nova classe de ação preferencial mais favorecida;
- redução do dividendo obrigatório;
- fusão, incorporação ou cisão da companhia;
- mudança do objeto social da companhia, ou de seu tipo societário.

Direito de Voto

Nas sociedades anônimas, as decisões sociais da companhia são tomadas por meio do exercício do direito de voto. Todo acionista tem o direito de participar em Assembleias Gerais, expressando sua opinião sobre os assuntos em pauta e solicitando também esclarecimentos. Os acionistas podem ainda se candidatar a cargos em órgão de administração e conselho fiscal das companhias.

O direito a voto nas deliberações da Assembleia Geral é atribuído normalmente aos acionistas ordinários, representando cada ação um voto. Em certas situações previstas em Lei, o acionista preferencial assume também o direito de voto, destacando-se as seguintes:

- em caso de a companhia deixar de pagar dividendos por prazo previsto no estatuto social da companhia, que não pode ser superior a três anos;
- na Assembleia de Acionistas convocada para constituição da sociedade;
- nas deliberações de transformação da sociedade em outro tipo societário;
- em todas as assembleias nas quais a companhia se apresentar em estado de liquidação etc.

Convocação de Assembleias

A Assembleia Geral de uma sociedade pode ser convocada pelos acionistas minoritários em diversas condições, conforme estabelecidas na Lei das S.A. Alguns exemplos desse direito de convocação:

- um acionista individual pode efetuar a convocação desde que os administradores não acatem a obrigação de constituir a assembleia, conforme prevista em Lei ou no Estatuto Social da companhia;
- os acionistas minoritários que representem, em separado ou em conjunto, no mínimo 5% do capital social têm o direito de convocar uma Assembleia para tratar de temas que considerem de interesse da sociedade etc.

Direito de *Tag Along*

Em caso de alienação do controle acionário de uma companhia, o novo controlador tem a obrigação de realizar uma oferta pública visando à aquisição das ações com direito a voto pertencentes aos acionistas minoritários. Esta possibilidade é denominada no mercado por direito ao *Tag Along*. O preço a ser pago na oferta pública pelas ações dos acionistas minoritários deve corresponder a um mínimo do valor pago aos acionistas que alienaram o controle da companhia.

11.7 Pulverização de ações e oferta hostil

A **pulverização de ações** é a propriedade das ações de uma companhia aberta por um grande número de acionistas, gerando uma empresa efetivamente "pública". Na pulverização, o controle do capital social não fica na posse de um único acionista, ou de um pequeno grupo deles, sendo disseminada entre vários investidores a sua propriedade (controle acionário).

A primeira pulverização de ações no Brasil ocorreu em 2005, com a venda das Lojas Renner ao mercado.

A controladora na época, J. C. Penney, ao decidir sair do negócio, vendeu todas as ações possuídas na Bolsa de Valores de São Paulo, pulverizando assim o controle da companhia entre os investidores de mercado. Com o intuito de manter a pulverização do capital da empresa, decidiu-se que todo acionista que acumular 20% ou mais das ações da companhia deve realizar uma Oferta Pública de Ações (OPA) visando adquirir a sua totalidade por um preço superior ao negociado em mercado.

A Embraer, em 2006, foi outra empresa brasileira que se transformou em companhia aberta de capital pulverizado, eliminando assim a figura do acionista (ou grupo) controlador. Na avaliação da empresa, esta mudança acionária irá permitir que possa acessar, com maior desenvoltura, o mercado financeiro internacional, importante para suportar seus planos de expansão.

A empresa manteve uma classe especial de ação, que já possuía antes desta pulverização, denominada *golden share*, a qual confere a seu titular o direito de veto em questões de natureza operacional. A detentora da *golden share* da Embraer é a União.

A Embraer incluiu em seus estatutos sociais alguns mecanismos de garantia da pulverização de seu capital, como:

- Nenhum acionista (ou grupo de acionistas) pode utilizar mais de 5% da quantidade de ações da companhia para votar em assembleias gerais.
- O estatuto da Embraer proíbe ainda que qualquer acionista (ou grupo de acionistas) mantenha participação igual ou maior que 35% de seu capital votante.

Outra companhia que "deixou de ter dono" foi a Perdigão, ao adotar um controle acionário pulverizado no mercado. Este controle difuso da companhia ocorreu em 2007 a partir da transformação de todas as suas ações preferenciais, sem direito a voto, em ordinárias, com direito a voto. Esta transformação ocorreu mediante o desdobramento dos papéis da Perdigão na proporção de três para um. Em outras palavras, cada acionista que detinha uma ação da companhia passaria a ter três sendo cotadas por 1/3 de seu valor inicial. A companhia, por meio desta pulverização, pretende atrair investidores nacionais e estrangeiros.

Em consequência deste processo de abertura do controle acionário, as companhias brasileiras ficam mais sujeitas a **ofertas (ou aquisições) hostis**. Uma oferta hostil se verifica quando um investidor decide comprar o controle acionário de uma empresa, ou uma empresa decide adquirir o controle de outra mediante uma oferta pública em bolsa de valores. A oferta hostil se caracteriza pela inexistência de qualquer consulta ou contato prévio dos controladores, realizando-se independentemente de sua vontade, e se verifica geralmente em companhias com controle acionário disperso.

Esta prática surgiu nos EUA e desenvolveu-se nos mercados financeiros internacionais. Para tanto, as companhias criaram diversos instrumentos de proteção visando limitar, ou até mesmo, eliminar todas estas iniciativas. A ideia central destes instrumentos de defesa é a de encarecer o máximo possível o preço para o investidor, de forma a desestimulá-lo de qualquer atitude hostil de aquisição. Uma medida de proteção a qualquer tentativa hostil de compra pode ser feita pelo incentivo a um aumento de Oferta Pública de Ações (OPA) a todo o mercado, por um preço justo que incorpore um prêmio pelo controle.

Uma tentativa protagonizada no Brasil em 2007 de aquisição hostil, admitida como a primeira deste tipo realizada em nosso mercado, foi a oferta de compra da Sadia em relação à Perdigão. Apesar de a oferta ter sido precedida de comunicação prévia aos controladores da Perdigão, o mercado ainda assim a considera hostil. Esta tentativa de aquisição não teve sucesso.

11.8 B3 – Brasil, Bolsa, Balcão

Em Assembleia Geral Extraordinária (AGE) realizada em 28-8-2007, foi aprovada a reestruturação societária da Bovespa. Por decisão desta assembleia, a Bovespa deixou de ser uma instituição sem fins lucrativos, tornando-se uma sociedade por ações (S.A.).[3]

Com a reestruturação aprovada foi criada a sociedade da *Bovespa Holding*, que tem como subsidiárias a Bolsa de Valores de São Paulo (BVSP) e a Companhia Brasileira de Liquidação e Custódia (CBLC), ambas de capital fechado.

A BVSP tem por objetivo as operações nos mercados de bolsa de valores e no de balcão organizado. A CBLC é responsável pelos serviços de liquidação, compensação e custódia.

A AGE aprovou também a criação, como associação civil sem fins lucrativos, do Instituto Bovespa de Responsabilidade Social e Ambiental, que tem por objetivo desenvolver os projetos ambientais e sociais da nova companhia.

O IPO da Bovespa, ou desmutualização como costuma ser denominada a abertura de capital de bolsas de valores, transformou todos os detentores de títulos patrimoniais da Bovespa e de ações da CBLC em acionistas. As ações da Bovespa Holding S.A. começaram a ser negociadas no novo mercado, em 26-10-2007, sob o código BOVH3.

Em agosto de 2008, a Bovespa Holding aprovou a integração de suas atividades com a BM&F – Bolsa de Mercadorias e Futuros, criando a *BM&FBovespa S.A.*, uma das maiores bolsas de valores do mundo.

A BM&FBovespa negocia títulos e valores mobiliários de renda fixa e renda variável, citando-se:

- Títulos e Valores Mobiliários: ações, cotas de fundos de investimentos, debêntures etc.
- Derivativos Agropecuários: algodão, boi gordo, café, etanol, milho, soja etc.
- Derivativos Financeiros: ouro, taxas de juros, taxas de câmbio, índices de ações etc.
- Minicontratos: café, dólar, boi gordo e índice Bovespa.
- Mercados de Balcão: termo, *swaps* e opções.
- Títulos Públicos Federais: prefixados, pós-fixados e indexados a taxas de inflação e de câmbio.

Em 2017, ocorreu a fusão entre a BM&FBovespa e a CETIP (Central de Custódia e Liquidação Financeira de Títulos), criando a *B3 – Brasil, Bolsa, Balcão*, única bolsa de valores existente no Brasil. A B3 foi constituída como uma sociedade de capital aberto com valores negociados em bolsa (Novo Mercado).

---

[3] Ver: www.b3.com.br/pt_br/.

O principal objetivo da bolsa é o de administrar mercados organizados de títulos, valores mobiliários e contratos de derivativos. A B3 oferece, ainda, diversos serviços relevantes, como:

- Registro, compensação e liquidação das operações realizados.
- Oferecer um ambiente de negociação e garantir o funcionamento da Bolsa de Valores, permitindo que os investidores tenham segurança e liquidez para negociar os valores mobiliários.
- Coordenar as ofertas de empresas que desejam abrir seu capital em bolsa.
- Oferecer serviços de *Mercado de Balcão*. Esse mercado concentra as negociações de títulos não negociados em bolsa de valores.
- Custódia e Liquidação.

As principais empresas que compõem o grupo da B3,[4] conforme descritas no *site* da Bolsa, são as seguintes:

- B3 S.A. Brasil, Bolsa, Balcão.
- Banco B3 S.A.: constituído como subsidiária integral da B3 e tem como objetivo principal atuar na compensação e liquidação financeira das diversas operações realizadas em seu ambiente e negociação. Atua também na mitigação de risco e apoio operacional.
- BM&F (USA) INC. e BM&F (UK) LTD: subsidiárias integrais localizadas, respectivamente, nas cidades de Nova York e Londres. Os principais objetivos dessas empresas é prospectar novos clientes e manter relacionamento com outras bolsas e agentes reguladores.
- Bolsa de Valores do Rio de Janeiro (BVRJ).
- B3 Social: sociedade civil de interesse público. Tem por objetivo coordenar os projetos de investimento social da B3.
- BSM Supervisão de Mercados: fiscaliza as operações realizadas no ambiente da Bolsa e na atuação de seus participantes.
- BLK: especializada no desenvolvimento de *softwares* e *algoritmos* de execução de ordens de mercados.
- Portal de Documentos: oferece soluções digitais para todo o processo de cobrança de crédito, como notificações, intimações eletrônicas, protesto eletrônico, ajuizamento etc.

---

[4] Disponível em: ri.b3.com.br.

12 Mercado Secundário de Ações

Em sequência ao mercado primário estudado no capítulo anterior, esta parte dedica-se a desenvolver os principais conceitos, indicadores e operações do mercado secundário de ações.

Finalizada a primeira etapa de colocação direta de novas ações junto aos investidores, as negociações com títulos e valores mobiliários passam a se realizar no denominado *mercado secundário*. As duas principais instituições criadas para facilitar a realização de negócios no mercado secundário são as bolsas de valores e o mercado de balcão organizado. A função básica dessas instituições é a de oferecer aos investidores um ambiente seguro e eficiente para a compra e venda de valores de companhias abertas.

Conforme foi demonstrado no Capítulo 3, ao tratar do Sistema Financeiro Nacional, somente instituições devidamente autorizadas a funcionar pela Comissão de Valores Mobiliários (CVM) e Banco Central é que podem participar ativamente das Bolsas de Valores e Mercado de Balcão organizado. Estas instituições atuam em nome dos investidores, seus clientes, comprando e vendendo títulos e valores mobiliários.

É importante destacar, uma vez mais, que o *mercado primário* concentra o lançamento de novas ações para negociação. Nesse mercado, as empresas emissoras de ações captam novos recursos para financiarem seus investimentos ou reordenarem suas dívidas, elevando a quantidade de papéis em circulação no mercado. No mercado primário, as novas ações emitidas por uma companhia são negociadas diretamente com os investidores (subscritores da emissão), e os recursos são direcionados para financiar os investimentos da empresa emissora.

O *mercado secundário*, por outro lado, não prevê a oferta de novas ações pelas companhias abertas, mas unicamente negociações (compras e vendas) de ações já emitidas. No mercado secundário ocorre somente uma transferência de propriedade dos papéis, não envolvendo a entrada de novos recursos financeiros para as companhias.

Em resumo, no mercado primário o investidor adquire novas ações emitidas pela empresa, e no mercado secundário ocorrem negociações entre os investidores, onde um investidor adquire ações de propriedade de outro investidor. O preço de negociação das ações no mercado secundário é estabelecido pelo mecanismo de oferta e procura. Quando a demanda de ações em relação a oferta se eleva, o preço de negociação sobe, acompanhando o maior interesse pela ação; ocorrendo o inverso (queda do preço) no caso de a demanda se reduzir.

Um importante conceito presente no mercado secundário de ações é a **liquidez**. A liquidez é percebida pelo investidor quando ele decide negociar suas ações e precisa encontrar investidores dispostos a comprar as ações ao preço de mercado. Diz-se que uma ação possui liquidez quando há facilidade em sua venda sem perda de valor, ou seja, quando há investidores dispostos a comprar a quantidade de ações oferecida pelo preço de mercado. Muitas vezes, ocorre de o vendedor encontrar dificuldades em identificar investidores interessados nas ações colocadas à venda, ou então oferecem um preço baixo para realizar o negócio (baixa liquidez).

12.1 Mercado secundário – Bolsa de Valores

O *mercado secundário* registra unicamente a transferência de propriedade dos títulos e valores mobiliários, não determinando variações diretas sobre os fluxos de recursos das sociedades emitentes. Uma empresa somente obtém novos recursos por meio de subscrição de capital no mercado primário, não se beneficiando diretamente das negociações do mercado secundário. O funcionamento do mercado secundário ocorre principalmente nas Bolsas de Valores, as quais viabilizam aos investidores a oportunidade de realizarem novos negócios com títulos anteriormente emitidos.

> **Oferta Primária e Secundária de Ações**
>
> As novas ofertas de ações podem ser *primárias* ou *secundárias*. Nas *ofertas primárias* todos os papéis colocados para subscrição são novos, negociados pela primeira vez, promovendo o aumento de capital da empresa.
>
> Nas *ofertas secundárias*, uma parcela (ou total) da colocação é representada por ações de atuais acionistas que desejam negociar (reduzir) uma parte de sua participação acionária.
>
> Somente os recursos da parcela primária são direcionados à empresa emissora, sendo os valores mobiliários da oferta secundária de propriedade dos acionistas.

As Bolsas de Valores são entidades, cujo objetivo básico é o de manter um local em condições adequadas para a realização, entre seus membros, de operações de compra e venda de títulos e valores mobiliários.

É preocupação das Bolsas de Valores, ainda, a preservação dos valores éticos nas negociações realizadas em seu âmbito, e a divulgação rápida e eficiente dos resultados de todas as transações realizadas.

Outros objetivos da Bolsa são:

- promover uma segura e eficiente liquidação das várias negociações realizadas em seu ambiente;
- desenvolver um sistema de registro e liquidação das operações realizadas;
- desenvolver um sistema de negociação que proporcione as melhores condições de segurança e liquidez aos títulos e valores mobiliários negociados;
- fiscalizar o cumprimento, entre seus membros e as sociedades emissoras dos títulos, das diversas normas e disposições legais que disciplinam as operações em bolsa.

As bolsas de valores são entidades integrantes do Sistema Financeiro Nacional, conforme detalhado nos Capítulos 3 e 11, sendo fiscalizadas pela Comissão de Valores Mobiliários (CVM).

O local onde são realizadas as diversas transações de compra e venda de ações registradas em Bolsas de Valores é denominado **pregão**. Pregão pode também ser entendido como um dia de trabalho na Bolsa. Todos os participantes do pregão devem ter amplo acesso às informações e fatos relevantes que possam influir sobre os preços de negociações das ações. Procura-se evitar, com essa maior igualdade à obtenção de informações, o acesso privilegiado de alguns investidores a dados que permitam uma melhor avaliação dos preços de mercado. Atualmente, no Brasil existe somente o Pregão Digital ou Eletrônico (desde 1997).

Nos pregões das bolsas, somente têm acesso os representantes credenciados pelas Sociedades Corretoras e Distribuidoras (conhecidos por *operadores* de Bolsa), que negociam ações segundo ordens de compra e venda expedidas pelos investidores. As negociações em Bolsas de Valores realizam-se no Brasil de forma contínua, cotando-se as ações em todo o seu período de funcionamento.

As negociações em Bolsa de Valores atualmente são realizadas de forma eletrônica, o denominado pregão eletrônico. As sociedades corretoras realizam as ordens de compra e vendas dos investidores por meio de um programa de computador disponibilizado pela Bolsa. Ao informar que um investidor deseja comprar ou vender determinada ação, o *software* da Bolsa irá procurar um investidor disposto a vender ou comprar a ação.

O acesso dos investidores aos pregões eletrônicos da bolsa é realizado por um sistema digital conhecido por *Home Broker*. O *Home Broker* é uma plataforma digital que permite que os investidores se conectem ao pregão eletrônico da Bolsa de Valores, viabilizando as negociações (compras e vendas) de ativos financeiros por meio da Internet.

O preço da ação na bolsa é formado pelo fluxo de oferta e procura de cada papel. Os investidores, dando ordens de compra e venda às Corretoras das quais são clientes, influenciam o processo de formação do preço de mercado, fazendo com que se aproxime do "valor justo" da ação.

> Maior demanda por uma ação influencia sua valorização no mercado; maior oferta de venda motiva sua desvalorização.
>
> Todo esse comportamento depende, em grande parte, da situação atual e esperada da empresa, de indicadores econômicos e setoriais, mudanças tecnológicas, entre outros.

12.1.1 BM&FBovespa Holding e B3 – Brasil, Bolsa, Balcão

A Bolsa de Valores de São Paulo promoveu uma importante reorganização societária em 2007, transformando-se de uma associação civil sem fins lucrativos, em uma sociedade por ações denominada *Bovespa Holding*.[1] Em 2008 torna-se uma companhia aberta pela integração das operações da Bovespa e da Bolsa de Mercadorias e Futuros (BM&F). A BM&FBovespa atua nos mercados de ações, futuros, opções, câmbio, crédito de carbono, renda fixa e futuro de índices.

Este processo de alteração societária em bolsas de valores é conhecido por *desmutualização*. Todas as instituições que detinham títulos patrimoniais da Bovespa ou ações da Companhia Brasileira de Liquidação e Custódia foram transformados em acionistas da nova sociedade Bovespa Holding.

---

[1] Informações detalhadas sobre a Bovespa Holding estão disponíveis em: http://www.b3.com.br/pt_br/. Este item traz um resumo do material oferecido no portal Investidores da Bovespa.

A história das Bolsas de Valores no Brasil inicia-se em 1845 com a criação da Bolsa de Valores do Rio de Janeiro. Posteriormente foram surgindo outras Bolsas de Valores no país, entre elas a Bolsa Livre (1890), que passou a se denominar de Bolsa de Fundos Públicos de São Paulo (1895) e teve finalmente alterada sua denominação em 1960 para Bolsa de Valores de São Paulo (Bovespa).

No ano de 2000 houve no Brasil um acordo de integração de todas as Bolsas de Valores em atuação, ficando todas as negociações com títulos de renda variável sob a responsabilidade única da Bolsa de Valores de São Paulo.

Os principais feitos históricos da Bolsa de Valores de São Paulo são resumidos a seguir:

ANO 1890 – Origem da Bovespa com a criação da Bolsa Livre.

ANO 1960 – Formada a instituição mutualizada Bolsa de Valores de São Paulo (Bovespa) sem fins lucrativos. Esta estrutura perdurou até o ano de 2007 com a transformação em uma sociedade anônima (desmutualização).

ANO 1970 – As cotações e demais informações passaram a ser divulgadas entre investidores e interessados de forma eletrônica e imediata. Foram introduzidas, de forma pioneira no Brasil, as operações com opções.

ANO 1980 – Foram criados os Fundos Mútuos de ações e previdência. A custódia foi transformada em escritural, agilizando bastante a liquidação dos negócios.

ANO 1990 – Introdução do sistema eletrônico de negociação de renda variável. Foi criada também a Companhia Brasileira de Liquidação e Custódia (CBLC) com o objetivo de oferecer uma estrutura de câmara de compensação.

ANO 2000 – Foi lançado o Bovespafix, sistema eletrônico de negociação de títulos de renda fixa corporativos.

ANO 2002 – As negociações em bolsa passaram a ser realizadas de forma totalmente eletrônica.

ANO 2007 – Conforme destacado acima, houve a desmutualização da Bovespa, sendo criada a Bovespa Holding S.A.

ANO 2008 – Integração da Bolsa de Mercadorias & Futuros (BM&F) e Bolsa de Valores de São Paulo, criando a BM&FBovespa S.A. – Bolsa de Valores, Mercadorias e Futuros.

ANO 2017 – Fusão com a Cetip, criando novo conglomerado: B3 S.A.[2]

---

[2] A B3 foi estudada também no Capítulo 11.

A Bovespa Holding atua em toda a cadeia de negócios envolvendo títulos e valores mobiliários, compreendendo principalmente:

– negociações realizadas totalmente por meio de sistemas eletrônicos;
– negócios com ações, títulos e contratos referenciados em ativos financeiros, índices, taxas, mercadorias e moedas;
– negócios nas modalidades à vista e de liquidação futura;
– compensação e liquidação;
– custódia e Depositária Central de ações;
– processamento de dados, cotações e divulgações de mercado;
– registro de emissores de títulos e valores mobiliários para negociação;
– comercialização de informações geradas pelos mercados de renda fixa e variável;
– cálculo, gestão e divulgação dos índices de bolsa etc.

> **B3 S.A. – Brasil, Bolsa, Balcão**
>
> A B3 S.A. foi criada em 2017 a partir da fusão da BM&FBovespa – Bolsa de Valores, Mercadorias e Futuros – com a Cetip, empresa prestadora de serviços financeiros no mercado de balcão organizado, como registros, depósitos, negociações e liquidações de títulos de renda fixa e outros instrumentos financeiros.
>
> A B3 foi constituída como uma sociedade de capital aberto emitindo somente ações ordinárias negociadas no Novo Mercado. O Novo Mercado é um segmento da Bolsa em que as empresas de capital aberto se comprometem a adotar as melhores práticas de Governança Corporativa.

12.1.2 Tipos de ordens de negociações

Conforme comentado, os investidores emitem uma ordem de compra ou venda de determinada ação a uma Sociedade Corretora de Valores. A Corretora, em atendimento ao cliente, compromete-se a executar a ordem recebida no pregão da bolsa. A *Ordem de Negociação* é uma instrução de compra ou venda enviada por um investidor (cliente) para que seja cumprida por uma Corretora.

As negociações (compra ou venda) com ações são executadas seguindo, em geral, os procedimentos seguintes:

- o investidor procura uma Sociedade Corretora (**ou outro intermediário**) e define a operação que deseja realizar (compra ou venda de ações) e também as condições do negócio;
- emite uma ordem de negociação a qual é executada pela Corretora de acordo com o tipo definido pelo investidor;

- a ordem de negociação é executada pela Corretora de acordo com o tipo definido pelo investidor;
- finalmente, é processada a liquidação física (entrega dos papéis) e a liquidação financeira (pagamento/recebimento) da operação realizada.

> O investidor pode aplicar em ações também por meio de Fundos de Ações, administrados por instituições financeiras, ou por Clubes de Investimentos, formados por pessoas físicas que têm por objetivo comum formarem uma carteira de ações.

Há vários tipos de ordens de compra ou venda, citando-se a *ordem a mercado, ordem limitada, ordem casada, ordem administrada, ordem discricionária* e *ordem de funcionamento*.

A *ordem a mercado* é dada quando não há qualquer limitação quanto ao preço de negociação, procurando o operador de bolsa executar a ordem recebida pelo melhor preço possível identificado no momento de realização do negócio. O investidor especifica previamente somente a quantidade e os títulos que deseja negociar (comprar ou vender). Essa ordem permite uma execução rápida da compra/venda da ação.

A execução da ordem de compra e venda de valores mobiliários pode também ficar a critério da Sociedade Corretora, sendo somente a quantidade e definição das características dos papéis para negociação determinadas pelo investidor. Esse tipo de negociação é conhecido no mercado por *ordem administrada*.

A *ordem discricionária* é gerada por administradores de carteiras de títulos e valores mobiliários (ou representantes de mais de um investidor) que estabelecem as condições prévias para a execução da ordem de negociação (compra ou venda de papéis), indicando, entre outras:

- a identificação do investidor (ou investidores);
- a quantidade de títulos que compete a cada investidor (ou investidores) e o preço.

A *ordem limitada* estabelece um limite ao preço de negociação, fixando geralmente um preço mínimo para a venda e um preço máximo para a compra. A ordem somente é realizada se o preço de mercado atingir o preço definido para a negociação. Comparativamente à ordem de mercado, esse tipo de negociação é mais demorado, realizando-se somente quando a cotação atingir o valor fixado. Promove, no entanto, uma maior garantia no caso de a negociação não ser realizada a um preço pouco atraente.

A *ordem casada* envolve a realização obrigatória de uma operação de compra e outra de venda. A execução da ordem casada somente é possível se as duas transações puderem ser realizadas.

A *ordem stop loss* é usada para limitar eventuais perdas do investidor, o que ocorre quando o mercado tem um comportamento diferente do previsto. Esse tipo de ordem de negociação visa limitar as perdas, apresentando-se como uma proteção ao investidor. Por exemplo, um investidor pode adquirir um lote de ações na expectativa de auferir ganho diante de uma subida de preço; no entanto, diante de uma alteração inesperada na conjuntura, as cotações das ações começam a cair. Se foi dada uma ordem de venda *stop loss*, as ações são vendidas quando atingirem o limite de preço programado, estancando, dessa maneira, o prejuízo.

Eventualmente, o investidor pode também desejar limitar seus ganhos com ações, fixando um valor para a ordem de venda ser executada. Ao atingir esse valor, a ordem de negociação (venda das ações) é realizada automaticamente. Essa operação é denominada *stop gain*. Por exemplo, um investidor comprou uma ação a $ 30,0 na expectativa de auferir um ganho de 10% ($ 3,0/ação) na operação. Na ordem de compra, admita que tenha sido definido um limite seguro de ganho (*stop gain*) de 5% ($ 1,5/ação). Assim, ao atingir um valor de $ 31,5/ação, e procurando se precaver de oscilações negativas nos preços de mercado, a ação é vendida automaticamente. Com a ordem *stop gain*, o investidor garante uma remuneração (lucro) na operação e foge do risco de ganhos menores (ou perdas).

A *ordem de financiamento* ocorre quando um investidor se financia por meio de duas ordens de compra e venda, com diferentes prazos, realizadas em dois mercados distintos. *Por exemplo*, um investidor pode comprar um título no mercado a termo (para pagamento futuro) e simultaneamente vender o mesmo papel no mercado à vista.

> *Day trade* é um tipo de operação na qual o investidor compra e vende os mesmos papéis no mesmo dia. Ao realizar uma operação de *day trade*, comprando e vendendo as mesmas ações em intervalo de poucas horas, o investidor não precisa desembolsar recursos, realizando uma operação alavancada. Por exemplo, pode ter adquirido um lote de ações por $ 48.000 e vendido algumas horas depois por $ 60.000. Nesse caso, a operação não exige desembolso de recursos, sendo liquidada pela entrada de um saldo de $ 18.000, que representa o resultado da operação.
>
> A operação de *day trade* pode ser explicada em duas situações de mercado. Na primeira, o investidor adquire determinado ativo na expectativa de uma subida em seu preço. Ocorrendo a valorização, realiza a venda pelo preço mais alto e apura um lucro. Na outra situação, ao prever uma queda de preço, ele vende o ativo na expectativa de readquirir novamente por um preço mais baixo.
>
> Essas operações costumam exigir a realização de um depósito de garantia (margem).

Uma operação para liquidação à vista no pregão da bolsa de valores é prevista para pagamento imediato, geralmente em D + 3. A liquidação física, que ocorre mediante a entrega dos papéis negociados, é feita em D + 2. Na definição, *D* indica o dia de negociação mais uma quantidade de dias prevista para a liquidação.

Por exemplo, se uma compra de ação for realizada no dia 10 de determinado mês, a liquidação física irá ocorrer no dia 12, e a liquidação financeira, no dia 13 do mês. São considerados dias úteis nos prazos de liquidação.

No mercado à vista, ainda, é permitido que um investidor, por intermediação de uma corretora, realize em um mesmo pregão operações simultâneas de compra e venda de um mesmo papel. Essa operação, conhecida por *day trade*, é uma arbitragem realizada pelo investidor.

A liquidação das negociações realizadas na bolsa de valores é processada pela B3 por meio da Câmara de Ações (CA), que substituiu a antiga Companhia Brasileira de Liquidação e Custódia (CBLC). A empresa também efetua a custódia das ações e se responsabiliza pelo recebimento e transferência dos direitos sobre as ações pagos pelas empresas (dividendos, juros sobre o capital, bonificação etc.).

Atualmente, todas as operações da CBLC estão migrando para a nova central de liquidação e registro das operações da Bolsa de Valores (B3).

A *liquidação física* ocorre mediante a entrega dos papéis (ações) à Bolsa de Valores pela Sociedade Corretora. Essas ações somente são repassadas aos adquirentes após a respectiva liquidação financeira.

Entende-se por *liquidação financeira* o pagamento pela Sociedade Corretora de todos os valores envolvidos na operação e seu recebimento pelo vendedor. Os pagamentos são efetuados à Central de Custódia e Liquidação Financeira de Título (Cetip), que opera em todo o país por meio de um acordo com a CBLC para recebimento de todos os pagamentos relativos às operações de compra e venda de valores mobiliários.

As negociações com ações em bolsas de valores são processadas exclusivamente pelo sistema eletrônico de negociação:

- **Sistema Eletrônico de Negociação:** permite que as sociedades corretoras executem as ordens de seus clientes por meio de terminais de computadores, sem necessidade de presença física de seus representantes nos pregões das bolsas.

Após o fechamento do mercado, o pregão pode continuar realizando eletronicamente as operações de compra e venda de valores mobiliários, por operadores e corretores credenciados, o que é conhecido por pregão *after market*.

A Bolsa de Valores disciplina os parâmetros de atuação desse segmento de mercado.

As negociações com ações fora do horário normal realizam-se somente no mercado à vista e por sistema eletrônico, estando somente autorizadas ao pregão ações que tenham base de preço formada no horário regular de negociação (pregão diurno).

Um conceito de negociação derivado deste sistema é o *home broker*, o qual permite o envio de ofertas de compra e venda de ações pela Internet às Sociedades Corretoras, as quais se mantêm interligadas com as bolsas de valores. O sistema de *home broker* permite, ainda, o acesso às cotações das ações e às demais informações de interesse dos investidores.

> *Home Broker*, conforme descrito anteriormente, é um sistema de negociação (compra ou venda) de ações (e outros ativos financeiros) realizado diretamente por meio da Internet. O sistema é oferecido pela B3 e visa permitir o acesso automatizado dos investidores ao pregão eletrônico da bolsa, facilitando as compras e vendas de ativos financeiros.

As negociações pela Internet seguem as mesmas regras presentes nas operações tradicionais em Bolsas de Valores, conforme estabelecidas pela Comissão de Valores Mobiliários (CVM).

12.1.3 *Clearings*

As *clearings* são instituições (câmaras) que fornecem serviços de compensação e liquidação de operações realizadas em bolsas de valores e em outros mercados organizados. A atuação de uma *clearing* tem por objetivo garantir o correto cumprimento de todos os negócios realizados no mercado em que atua, oferecendo segurança e confiabilidade, reduzindo os riscos das operações financeiras. São formadas *clearings* em bolsas de mercadorias, bolsas de futuros e outros derivativos, transações eletrônicas, transferências de fundos, operações de câmbio, compensações de cheques etc.

A *Câmara Brasileira de Liquidação e Custódia* (CBLC) é uma empresa que tem como objetivo básico, conforme descrito em seu estatuto: "compensar, liquidar (liquidação física e financeira) e controlar o risco das obrigações decorrentes das operações à vista e de liquidação futura, envolvendo títulos e valores mobiliários, realizados na Bolsa de Valores (B3)". Diante da fusão da Bovespa, a CBLC mudou a denominação para *Câmara de Ações e Renda Fixa Privada*.

No Brasil existem duas importantes *Clearing Houses*: Sistema Especial de Liquidação e Custódia (Selic), responsável pela custódia, controle e liquidação de títulos públicos de emissão do Tesouro Nacional; e a *Clearing* da B3 – Brasil, Bolsa, Balcão, a qual incorpora títulos privados de renda variável, renda fixa, fundos de investimentos, derivativos (mercados futuros e opções) e moedas. A *Clearing* da B3 surgiu da fusão da BM&F Bovespa com a Cetip, conforme descrito no item 12.1.1.

12.2 Operações à vista, a termo, opções e contratos futuros

Existem quatro modalidades de se operar no mercado de ações: **à vista**, **a termo**, **opções** e **contratos futuros**. A Bolsa de Valores de São Paulo – B3 oferece negócios nesses mercados.

Mercado à vista

No **mercado à vista**, a entrega dos títulos vendidos (liquidação física) ocorre até o terceiro dia útil (D + 3) após a realização do negócio em bolsa. A Corretora adquirente recebe os títulos transacionados e repassa-os ao investidor, formalizando-se a liquidação física da operação.

O pagamento e o recebimento respectivos do valor da operação (liquidação financeira) são processados também no terceiro dia útil posterior à negociação. Na prática, a liquidação financeira é realizada somente após a entrega física efetiva dos papéis, sendo efetuada no ambiente de compensação da Bolsa de Valores.

Mercado a termo

No **mercado a termo**, as operações são formalizadas por meio de um contrato preestabelecido firmado entre comprador e vendedor, o qual estipula uma quantidade determinada de ativos (ações ou *commodities*), prazo de liquidação do negócio em determinada data futura, a um preço previamente acordado entre as partes. No vencimento do contrato, o comprador efetua o pagamento do valor combinado de negociação da ação e recebe todos os rendimentos gerados no período como dividendos, JSCP etc. Os prazos permitidos para liquidação dessas operações são mais dilatados, podendo atingir 30, 60, 90, 120, 150 e 180 dias.

Mesmo que uma operação a termo tenha um prazo limitado a esses períodos, ela pode ser liquidada em qualquer momento antes do vencimento. Somente o comprador do contrato pode decidir pela liquidação antecipada.

> A *Liquidação* de uma operação a termo pode ocorrer no vencimento do contrato ou de forma antecipada, caso seja de interesse do comprador no contrato. A liquidação se realiza pela entrega física dos ativos negociados e o respectivo pagamento pelo comprador, de acordo com o preço previsto no contrato a termo firmado. Essa liquidação tem controle, fiscalização e garantia da Bolsa de Valores, por meio de sua Câmara de Compensação.

Todos os papéis negociados na Bolsa podem constituir-se em um título-objeto de um contrato a termo.

Os preços dos contratos a termo dependem da cotação da ação no mercado à vista e das taxas de juros futuras, previstas para o período do contrato.

Todos os direitos e proventos derivados dos ativos-objeto do contrato a termo são creditados ao comprador e pagos quando da liquidação do contrato.

A Bolsa de Valores costuma exigir, tanto do comprador como do vendedor desse mercado, um limite máximo para a transação e depósito de certo montante na CBLC, sendo entendido como uma *margem de garantia*.

Os investidores poderão ser exigidos a oferecerem garantias adicionais àquelas exigidas pela *Clearing* da Bolsa, sempre que julgado necessário pelos responsáveis pela operação a termo (CBLC e sociedade corretora intermediária).

Há essencialmente duas formas de garantia: **cobertura** e **margem**, conforme são detalhadas a seguir.

a. **cobertura:** depósito dos títulos objetos da operação a termo na Bolsa pelo vendedor. Ao oferecer garantia, o vendedor de papéis a termo fica desobrigado de oferecer garantias adicionais;

b. **margem:** como explicado, representa um valor monetário depositado na Bolsa pelos investidores (compradores e vendedores de ações). O montante da margem é definido pela Bolsa com base na liquidez e volatilidade dos papéis negociados no mercado, sendo periodicamente revisto de acordo com eventuais alterações na situação de mercado.

Conforme comentado, sempre que ocorrer desvalorização nas cotações dos títulos objeto dos contratos a termo, será exigido um reforço da garantia adicional dada para a operação, que pode ser efetuado por meio de depósitos em dinheiro ou em outros ativos aceitos pela *clearing*. As margens depositadas em dinheiro são aplicadas em títulos de alta liquidez no mercado, sendo os rendimentos creditados aos investidores.

As principais vantagens geralmente apontadas para uma operação de compra de ações a termo podem ser resumidas:

a. **ganhos futuros:** um investidor é atraído a adquirir a termo sempre que prever uma alta em seu preço de mercado. Sendo o preço de compra fixado no contrato, pode beneficiar-se de sua valorização, apurando um ganho de capital;

b. **diversificação do risco:** em operações a termo, o investidor pode diversificar suas aplicações adquirindo diversas ações de diferentes segmentos empresariais. Com isso, não assume maiores riscos trazidos pela concentração de sua carteira em papéis de uma única empresa. Na diversificação, eventuais perdas em uma ação podem ser compensadas por ganhos em outras;

c. **alavancagem:** as operações no mercado a termo possibilitam a um investidor a compra de uma quantidade de ações acima de sua capacidade financeira à vista naquele momento, oferecendo possibilidades de apurar um maior retorno em caso de valorização dos papéis;

d. **financiamento:** uma alternativa de fazer caixa para um investidor é vender suas ações no mercado à vista e adquirir, simultaneamente, o mesmo papel a termo. Com isso, o investidor não se desfaz de suas ações e é capaz de gerar recursos de caixa rápido.

As operações de venda a termo são geralmente justificadas por duas razões:

a. **ganhos de financiamento:** ao adquirir ações no mercado à vista e revendê-las a termo, o investidor pode obter uma remuneração (juro), medida pela diferença entre a cotação a termo e a cotação à vista, no prazo definido pela operação;

b. **maximizar receitas:** desejando vender uma ação, e não tendo necessidade imediata de recursos, o investidor pode optar pela operação a termo que lhe proporcione uma receita maior. O preço de um papel no mercado a termo é formado por sua cotação no mercado à vista, acrescida de juros decorrentes do período da operação.

EXEMPLO ILUSTRATIVO de uma Operação a Termo – Admita dois investidores dispostos a realizarem um negócio a *termo* com ações. No mercado à vista o papel está cotado a $ 20,00. O preço acertado para liquidação da operação em certa data futura é de $ 21,80. O negócio é formalizado em Bolsa por meio de um *contrato a termo*.

No vencimento da operação, o comprador deverá desembolsar $ 21,80 por cada ação adquirida para liquidação do contrato, independentemente do preço com que o papel esteja cotado no mercado à vista. Por exemplo, se a ação à vista estiver cotada acima de $ 21,80, valor pago na operação a termo, o investidor (comprador) aufere um ganho: adquire um ativo por um preço inferior ao qual pode vender no mercado à vista. Caso contrário, se o preço à vista for inferior a $ 21,80, apura uma perda medida pela diferença entre o preço no mercado à vista e o valor pago pela ação na liquidação a termo.

O vendedor a termo deve aceitar o preço ajustado no contrato estabelecido e entregar fisicamente o ativo-objeto da operação ao comprador.

Observe que as duas estratégias dos investidores são inversas. O vendedor tem uma expectativa de redução do preço de mercado da ação negociada. Aceitou vender por $ 21,80 supondo que a ação fosse cair no futuro, atingindo um valor inferior ao fixado no contrato a termo.

O comprador, ao contrário, está apostando na alta do preço da ação. Espera realizar um ganho na expectativa de que seu preço de mercado supere o valor pago de $ 21,80. Em resumo:

Comprador – Independentemente do comportamento do preço da ação no mercado à vista, o comprador deverá pagar $ 21,80, conforme estabelecido no contrato a termo. A perda eventual do comprador é limitada ao valor acertado de $ 21,80, e os ganhos possíveis são ilimitados, dependendo da variação (valorização) do preço de mercado da ação.

Vendedor – Situação inversa. O vendedor pode auferir perdas proporcionais à valorização da ação no mercado. Se o ativo estiver precificado em bolsa por $ 23,00, por exemplo, na liquidação do contrato, o investidor irá receber unicamente os $ 21,80 combinados. Para auferir ganhos na operação, o vendedor deve apostar na desvalorização da ação no mercado; recebe $ 21,80 por um ativo que vale menos no mercado.

Mercado de opções

As operações no **mercado de opções** envolvem negociações de direitos de compra e venda de ações, a um prazo de liquidação e preço preestabelecidos. O investidor de opções adquire, mediante o pagamento de um prêmio, o direito de comprar ou vender determinado lote de ações a outro investidor do mercado, em condições de prazo e preço previamente estabelecidos. Deve ser ressaltado que o investidor tem o *direito*, e não a obrigação de comprar ou vender o ativo-objeto do contrato de opções. O comprador da opção, ainda, pode negociar o prêmio pago no mercado, se não desejar exercer seu direito de compra ou venda até a data de vencimento da opção.

O preço com que uma opção pode ser exercida é denominado **Preço de Exercício**. Os preços de exercício das opções são fixados pela Bolsa de Valores de acordo com critérios próprios.

Algumas Definições dos Contratos de Opções	
Titular da Opção	Comprador do contrato de compra ou venda. Na opção de compra é adquirido o direito de comprar, e na opção de venda o direito de vender
Strike Price ou Preço de Exercício	Valor prefixado de compra/venda futura de uma opção
Prêmio	Valor de negociação do contrato no mercado para ter o titular o direito de compra ou venda
Call	Opção de compra
Put	Opção de venda
Lançador	Vendedor (lançador) de uma opção de compra

Caso o investidor de uma opção de compra ou venda não exerça o seu direito, ele perde o prêmio pago.

Uma **opção de compra** oferece ao titular o direito de adquirir as ações-objeto previstas no contrato, ao preço conveniado (preço de exercício), e obedecidas as condições estabelecidas pela Bolsa de Valores. Este direito (opção) pode, a qualquer momento, ser negociado pelo comprador no mercado.

O vendedor de uma opção de compra é denominado **lançador**. Ele assume o compromisso de vender (entregar) as ações-objeto em caso de o comprador decidir exercer seu direito.

Uma **opção de venda** confere ao seu titular o direito de vender as ações-objeto, ao preço ajustado e obedecidas as condições da Bolsa de Valores. Da mesma forma, o titular pode a qualquer momento negociar seu direito de venda. O lançador (vendedor da opção de venda) tem o compromisso perante a Bolsa de comprar as ações-objeto caso o direito seja exercido pelo comprador.

Diversas sociedades corretoras e as próprias Bolsas de Valores, conforme comentado, oferecem serviços de custódia (guarda) de ações e outros títulos. A custódia oferece diversas vantagens aos investidores, como maior segurança; acompanhamento por parte do custodiante dos direitos inerentes aos papéis, tais como dividendos, subscrição etc.; controle de movimentações (compra e venda) realizadas, entre outras.

EXEMPLO ILUSTRATIVO – Admita uma opção de compra de uma ação com valor de $ 4,00. Os possíveis resultados da opção devem ser calculados com base no preço no mercado à vista. São ilustradas a seguir duas possíveis situações.

- Preço da ação no mercado à vista > $ 4,00

    Se o preço no mercado à vista superar $ 4,00, diz-se que a opção de compra apresenta um valor intrínseco.

Por exemplo, para um preço à vista de $ 4,60, o valor intrínseco é de $ 0,60; se o preço for de $ 5,00, o valor sobe para $ 1,00; e assim por diante.

- Preço da ação no mercado à vista < $ 4,00

    Para um preço no mercado à vista inferior ao preço da opção ($ 4,00), conclui-se que a opção de compra não possui valor intrínseco; o titular da opção não exerce seu *direito* de compra. O investidor pode adquirir a ação no mercado à vista por um preço mais barato que o fixado para o exercício da opção. Nesse caso, diz-se que a opção "virou pó". O investidor perde o prêmio pago para poder exercer seu direito.

Contratos futuros

As operações a futuro são uma evolução das operações a termo, sendo os contratos futuros, diferentemente dos contratos a termo, negociados exclusivamente em Bolsa de Valores. Nos mercados futuros são negociados contratos de compra e venda de ativos-objeto, para uma liquidação (pagamento e entrega física dos títulos) prevista para certa data futura, por um preço previamente combinado entre as partes.

O preço de um ativo negociado a futuro é geralmente igual ao seu preço à vista, acrescido de uma taxa de juros que representa a remuneração do investidor. Esta taxa de remuneração é calculada para o intervalo de tempo entre a celebração do contrato futuro e a sua respectiva liquidação. É entendida como um custo de carregar uma posição física até o seu vencimento, conhecido por *custo de carregamento*.

Além de os negócios serem realizados unicamente em Bolsa de Valores, os contratos futuros são negociados de forma padronizada. Os contratos a termo podem ser negociados diretamente entre os investidores, de maneira particular, e não apresentam exigências de padronização (prazo de vencimento, quantidade de ações etc.).

Os contratos futuros exigem ainda ajustes diários nos valores envolvidos nas operações. *Por exemplo*, ocorrendo oscilações nos preços do ativo-objeto do contrato, é exigida pela Bolsa uma compensação diária desses ganhos e perdas. O contrato a termo prevê, de forma mais simplificada, que os preços sejam ajustados somente na data de vencimento.

Por exemplo, se um investidor adquirir um contrato futuro de ações de uma companhia, a Bolsa exige geralmente do investidor um depósito de margem visando manter a segurança do negócio.

Para que ocorra um negócio a futuro, os investidores devem apresentar expectativas opostas. O comprador de um contrato futuro é atraído ao negócio pela expectativa de uma alta nos preços do ativo-objeto; ao adquirir uma ação a futuro, por um preço predeterminado, o investidor (comprador) pode apurar ganhos na operação com a subida dos preços no mercado à vista.

O vendedor, por seu lado, aposta em uma redução no preço do ativo, pois poderá vender a ação no futuro por um preço maior que o de negociação no mercado à vista.

Observe que tanto o comprador como o vendedor não possuem fisicamente os ativos no momento da realização do negócio e também não desembolsam recursos na compra do ativo.

12.2.1 Negociações a descoberto

Negociação a descoberto é a venda de títulos não possuídos pelo investidor. *Por exemplo*, um investidor pode dar uma ordem de venda a uma corretora de 100.000 ações da Cia. Vale sem as possuir.

Para realizar esta operação de venda a descoberto, a corretora negocia o empréstimo dessas ações junto a outro investidor e as vende no mercado à vista. A corretora costuma exigir uma margem alta para garantir a operação. Decorrido o prazo do empréstimo, o investidor deve instruir a corretora para adquirir no mercado as 100.000 ações negociadas.

O resultado dessa operação a descoberto é apurado pela diferença de preço da ação à vista (no momento do negócio) e o seu preço ao final do prazo de empréstimo (geralmente um mês). Ao se verificar uma desvalorização da ação, o investidor realiza lucro; apura prejuízo se ocorrer uma valorização do preço da ação no período.

Assim, se a ação estava cotada para venda a $ 5,00/cada no mercado à vista, *por exemplo*, o investidor, ao tomar emprestados os papéis de outro e decidir vendê-los, recebe um total de $ 500.000. Ao final do período do empréstimo, quando a operação for concluída, se a ação estiver cotada a $ 4,50/cada, realiza um lucro bruto (antes de despesas de corretagem e outras) de $ 50.000; caso o preço da ação valorize para $ 5,50, apura um prejuízo de $ 50.000 na operação.

A venda a descoberto é uma operação de risco. O vendedor realiza lucro somente em caso de desvalorização do preço de mercado da ação.

A B3 oferece aos investidores em geral um serviço de aluguel de ativos. O aluguel ocorre por meio de uma sociedade corretora ou agente de custódia. O investidor que deseja disponibilizar ativos próprios para aluguel deve firmar um termo de adesão com a Bolsa de Valores.

O tomador de um aluguel assume o compromisso de devolver os ativos alugados na data estabelecida e remunerar o doador desses ativos de acordo com o combinado. A Bolsa, para garantir a liquidação da operação, exige geralmente garantias financeiras do tomador. Essas negociações são monitoradas pelo sistema de aluguel de ativos da Bolsa. Os ativos aceitos para essas operações são periodicamente definidos pela Bolsa, como ações, títulos públicos, títulos privados, entre outros.

O tomador do aluguel pode vender as ações objeto do contrato no mercado à vista, ou mantê-las em carteira até o vencimento.

12.2.2 Custódia de ações e sociedades custodiantes

A custódia representa os serviços prestados de guarda e exercícios de direitos dos títulos de propriedade de investidores, executados por uma instituição custodiante.

Os direitos de dividendos e bonificações são geralmente exercidos de maneira automática, e os valores creditados nas contas dos clientes. Outros direitos, como o de subscrição de ações, somente são realizados por meio de solicitação expressa do cliente da custodiante.

Uma custódia pode ser *fungível* ou *infungível*. Diz-se que uma custódia é *fungível* quando os valores retirados podem não ser exatamente os mesmos depositados, embora mantenham a mesma espécie e quantidade. *Por exemplo*, ao se depositar em custódia um certificado representativo de 100.000 ações de uma sociedade, quando de sua retirada o depositante receberá as mesmas 100.000 ações da companhia, porém o certificado poderá não ser da mesma espécie. Na custódia fungível não há identificação das características do título depositado.

Na custódia *infungível*, ao contrário, os valores guardados permanecem os mesmos, sendo identificados diretamente com o depositante. Na retirada, recebe-se exatamente o mesmo ativo depositado.

Para funcionar como instituição custodiante, a empresa precisa estar credenciada na Comissão de Valores Mobiliários (CVM). Podem se habilitar como prestadoras de serviços de custódia os bancos comerciais e múltiplos, bancos de investimentos, sociedades corretoras, sociedades distribuidoras, e as centrais de liquidação e custódia, apresentando todas reconhecida capacidade técnica e adequadas condições econômico-financeiras.

Estratégias Adicionais com Operações a Termo e Opções

VENDA A TERMO E COMPRA DE OPÇÕES DE COMPRA

Objetivo: proteger o vendedor a termo que não possui as ações negociadas.

Resultados:

	Venda a Termo	Compra de Opção de Compra
ALTA de preço no mercado à vista	Perde	Ganha
BAIXA de preço no mercado à vista	Ganha	Perde

Nessa estratégia, o investidor que vende a termo não possui ainda as ações negociadas. Dessa forma, comprando direitos de comprar o papel negociado a termo, ele está protegendo a carteira. Se ele vende a termo por $ 10 e o mercado vai a $ 11, por exemplo, ele receberá os $ 10 e, não tendo as ações, terá de comprá-las no mercado à vista por $ 11.

Adquirindo opções de compra, ele paga o prêmio para garantir comprar mais barato no mercado. Se ele compra por um preço de exercício de $ 8 e paga $ 1 de prêmio, ele compra a $ 8, vende por $ 10 e ganha $ 2. Pagou o prêmio de $ 1 e ainda está ganhando.

Se o mercado à vista disparasse, o investidor perderia dinheiro, pois teria de recomprar mais caro para zerar o termo. Mas, para evitar essa perda, ele tem as opções de compra para pagar mais barato.

COMPRAR A TERMO E LANÇAR OPÇÃO DE COMPRA

Objetivos: especular sobre as diferentes taxas de juros presentes nos dois mercados.

Resultados:

	Venda a Termo	Compra de Opção de Compra
ALTA de preço no mercado à vista	Ganha	Perde
BAIXA de preço no mercado à vista	Perde	Ganha

O investidor que compra a termo, compra "fiado". Se o mercado sobe, ele encerra o termo por diferença e embolsa o dinheiro. Comprando a $ 10 no termo, por exemplo, ele fica devendo esses $ 10 até o vencimento.

Se subir a $ 12, ele vende por $ 12 e paga os $ 10. Agora, se o mercado cair a $ 8, ele terá de pagar $ 10 de qualquer forma, perdendo $ 2. Então ele vende opções de compra e embolsa o prêmio para tentar tirar a diferença.

O problema do investidor é se a corretora exigir uma margem pela alavancagem na operação a termo. A finalidade da venda de opções de compra é tentar baixar o custo de compra. Se ele compra a $ 10 e recebe $ 1 de prêmio, o investimento passa a ser de $ 9. Nessa estratégia, se a opção não for exercida, o investidor reduz o custo de compra a termo pelo prêmio recebido.

Fonte: Adaptado de "Como Investir no Mercado a Termo" – BM&FBovespa.

12.3 Índices de Bolsa de Valores

O índice de Bolsa de Valores é um valor que mede o desempenho médio dos preços de uma suposta carteira de ações, refletindo o comportamento do mercado em determinado intervalo de tempo. O valor absoluto do índice da carteira expressa o valor de mercado da carteira de ações negociadas na Bolsa de Valores, sendo as variações verificadas de um período para outro entendidas como sua lucratividade. Para o analista, a informação relevante do índice é sua lucratividade, e não seu valor monetário absoluto.

A carteira deve conter ações que expressem, da forma mais próxima possível, o comportamento registrado pelo mercado, mostrando-se sensível às oscilações nos preços de negociação. Como as cotações das ações seguem geralmente a mesma tendência apresentada pelo mercado, o índice de bolsa de valores permite que se estude o comportamento de determinado título.

De uma maneira geral, a composição da carteira deve priorizar as ações que tenham grande representatividade nos negócios realizados na Bolsa de Valores, atingindo um percentual expressivo do volume transacionado no mercado à vista. A cada ação é atribuído um peso, representativo de sua importância no volume de negócios da carteira.

É demonstrado que as ações seguem, normalmente, o comportamento geral do mercado, permitindo que se compreenda a oscilação de uma ação a partir do desempenho estabelecido pelo mercado como um todo. Em verdade, uma parte considerável das flutuações das ações pode ser explicada pela evolução do mercado, o que vem a refletir-se no índice da Bolsa de Valores.

O índice do mercado acionário é bastante útil, ainda, por refletir o comportamento dos investimentos em ações e, em consequência, as tendências gerais da economia. Por meio de suas variações periódicas, é possível distinguir certos ciclos que caracterizam o funcionamento da economia, formando as expectativas dos investidores com relação a seu comportamento esperado.[3]

> Os *índices de ações* refletem a evolução temporal dos preços de uma carteira de ações. São importantes para demonstrar se as ações de mercado apresentaram valorização ou desvalorização no período. O comportamento observado do índice de ações revela ainda as expectativas de *alta* ou *baixa* da bolsa de valores em determinado momento.
>
> Além de serem um espelho da tendência do mercado, os índices de bolsa são utilizados também como uma referência para certos fundos de investimentos de ações. Essas carteiras podem tentar obter um desempenho superior (gestão ativa), ou um resultado mais conservador com retorno acompanhando o índice de bolsa.

12.3.1 Índice Bovespa (IBOV – Ibovespa)

O *índice da Bolsa de Valores de São Paulo* é o mais importante indicador do desempenho das cotações das ações negociadas no mercado brasileiro (B3). O Ibovespa foi criado

---

[3] Metodologia detalhada de cálculo dos índices de bolsa encontra-se disponível em: http://www.b3.com.br/pt_br/.

em 1968 (02-01-1968) a partir de uma carteira teórica de ações, expressa em pontos. O índice é medido em pontos, e o valor inicial foi de 100 pontos, refletindo sua pontuação atual a variação ocorrida na carteira desde 1968.

O cálculo do índice Bovespa não considera nenhum investimento adicional, admitindo somente a reinversão dos dividendos recebidos e do montante auferido na venda dos direitos de subscrição e da manutenção, em carteira, das ações distribuídas a título de bonificação.

O objetivo básico do Ibovespa é o de refletir o desempenho médio dos negócios à vista ocorridos nos pregões da Bolsa de Valores de São Paulo. A carteira teórica do índice procura retratar, da melhor forma possível, o perfil dos negócios realizados na Bovespa. É considerado um indicador do retorno total das ações que o compõem, apurando não somente as variações dos preços, mas também a distribuição dos proventos.

Com o objetivo de atualizar a amostra, tornando-a mais representativa do mercado bursátil, periodicamente a Bolsa de Valores procede à atualização de sua hipotética carteira de ações, incluindo os papéis mais representativos do último período e excluindo aqueles com menor participação.

Atualmente, a B3 procede, a cada quadrimestre, a uma reavaliação do mercado de ações, identificando o desempenho de seus principais papéis nos últimos 12 meses. Procura, em essência, identificar alterações nas participações das ações, constituindo uma nova carteira teórica a partir das participações relativas verificadas no período.

O Ibovespa é apurado em tempo real, considerando os negócios com ações realizados no mercado à vista de forma instantânea e com divulgação *on-line*.

O valor em pontos publicado pelo Ibovespa é determinado pelo produto da quantidade de cada ação que compõe a sua carteira técnica, e o seu respectivo preço de mercado. *Por exemplo*, admita, em nível de ilustração da metodologia de cálculo, que um índice de bolsa seja composto de somente quatro ações: A, B, C e D, cujas participações na carteira estão definidas em, respectivamente, 60.000, 20.000, 40.000 e 10.000 ações.

O quadro a seguir descreve o valor das ações ao final de dois pregões consecutivos, assim como a valorização ocorrida.

De um pregão para outro, o índice apurou uma variação positiva de 1,55% [(313,8/309,0) − 1], revelando uma valorização média das ações que o compõem.

EXEMPLO ILUSTRATIVO – Para ilustrar, admita que no mês de abril de 20X5, o Índice da Bolsa de Valores de São Paulo (Ibovespa) tenha apresentado os seguintes resultados:

Início do mês – Índice: 52.321,76 pontos
Final do mês – Índice: 56.229,38 pontos
Variação: 3.907,62 pontos

$$\text{Variação (\%)} = \left(\frac{56.229,38}{52.321,76} - 1\right) \times 100 = 7,468\%$$

ou:

$$\text{Variação (\%)} = \frac{3.907,62}{52.321,76} = 7,468\%$$

Essa taxa de 7,468% indica a evolução dos preços da carteira Bovespa.

O *índice da Bolsa de Valores de São Paulo*[4] considera em sua carteira teórica somente as ações com o maior grau de negociabilidade, sendo esse indicador definido pela seguinte expressão:

$$\text{Negociabilidade} = \sqrt{(n/N) \times (v/V)}$$

onde: n = número de negócios no mercado à vista observado com a ação em consideração no período;

N = número total de negócios realizado no mercado à vista da Bovespa;

v = montante ($) dos negócios realizados com a ação no mercado à vista da Bovespa;

V = montante ($) de todos os negócios realizados no mercado à vista da Bovespa.

Ação	Participação na Carteira	1º PREGÃO		2º PREGÃO	
		Preço da Ação	Preço × Quantid.	Preço da Ação	Preço × Quantid.
A	60.000 ações	$ 1,20	72.000	$ 1,30	78.000
B	20.000 ações	$ 2,70	54.000	$ 2,54	50.800
C	40.000 ações	$ 4,10	164.000	$ 4,10	164.000
D	10.000 ações	$ 1,90	19.000	$ 2,10	21.000
Índice:			309.000 pontos		313.800 pontos

---

[4] Para detalhes da metodologia do índice Bovespa, consultar: *Manual de definições e procedimentos dos índices da B3*. Disponível em: www.b3.com.br.

Para ser incluída na carteira teórica do índice Bovespa, é necessário também que a ação tenha uma boa participação em termos de volume no mercado à vista (superior a 0,1% do total). As ações selecionadas devem representar 95% do volume negociado no mercado à vista nos últimos 12 meses e apresentar, ainda, um mínimo de 80% de presença nos pregões da bolsa realizados no mesmo período. Todos esses indicadores de negociabilidade, participação e negócios devem ser apurados com relação aos 12 meses anteriores à constituição da carteira.

Uma ação é excluída da carteira Bovespa somente se deixar de atender a, pelo menos, dois dos critérios de seleção descritos. Sociedades sob regime de concordata preventiva, ou processo falimentar, também não podem integrar a carteira Bovespa.

12.3.2 Investimentos ESG – *Environment, Social, Governance*

A sigla ESG (*environment, social, governance*) identifica investimentos que apresentam sustentabilidade empresarial. O termo *sustentabilidade* é bastante amplo, podendo ser usado nos contextos social e ambiental (distribuição de renda, redução da desigualdade social, qualidade de vida etc.), bem como nos contextos econômico e empresarial.

No ambiente econômico, o conceito de sustentabilidade está relacionado com as questões sociais e ambientais do processo de produção e consumo de bens e serviços. Nas empresas, é crescente a preocupação com a sua responsabilidade social e ambiental, procurando sempre atender às expectativas dos consumidores em manter o equilíbrio das decisões financeiras com a preservação e a melhoria do ambiente social. Alguns exemplos de ações sustentáveis que podem ser adotadas pelas empresas são: prioridade para de fontes de energia renováveis; incentivos ao uso de produtos biodegradáveis; desenvolvimento de tecnologias de produção que não interfiram no equilíbrio ecológico; preservação dos ecossistemas, e assim por diante.

Os consumidores e os investidores têm procurado selecionar empresas reconhecidas como *sustentáveis*, ou seja, que se preocupam com a preservação do meio ambiente, sua diversidade e o desenvolvimento social. As empresas estão cada vez mais conscientes dos impactos ecológicos e sociais de suas decisões.

Nesse contexto, as bolsas de valores de todo o mundo vêm desenvolvendo indicadores de bolsas formados por companhias comprometidas com a sustentabilidade. A Bolsa de Valores do Brasil (B3) conta com diversos índices, com destaque para o ISE (Índice de Sustentabilidade Empresarial) e o ICO2 (Índice de Carbono Eficiente).

12.3.3 Outros índices de ações no Brasil

Outros importantes índices de ações do mercado do Brasil (índices B3) são apresentados de forma segmentada a seguir:

ÍNDICES AMPLOS DE MERCADO	- Índice Bovespa - IBrX – 50 – Índice Brasil 50 - IBrX – Índice Brasil de Ações - IBrA – Índice Brasil Amplo - MLCX – Índice *Mid – Large Cap* - SMLL – Índice *Small Caps* - IVBX – 2 – Índice Valor Bovespa - IDIV – Índice de Dividendos
ÍNDICES SETORIAIS	- IEE – Índice de Energia Elétrica - ITEL – Índice Setorial de Telecomunicações - INDX – Índice do Setor Industrial - ICON – Índice de Consumo - IMOB – Índice Imobiliário - IFNC – Índice Financeiro - IMAT – Índice de Materiais Básicos - UTIL – Índice de Utilidade Pública
ÍNDICES DE SUSTENTABILIDADE	- ISE – Índice de Sustentabilidade Empresarial - ICO2 – Índice de Carbono Eficiente
ÍNDICES DE GOVERNANÇA	- IGC – Índice de Ações com Governança Corporativa Diferenciada - ITAG – Índice de Ações com *Tag Along* Diferenciado

O *Índice Brasil* (IBrX) é um índice referente a uma carteira teórica composta pelas 100 ações de maior negociação (número de negócios e volume financeiro), na B3. Possui metodologia de cálculo bastante parecida com o Ibovespa.

Na família do Índice Brasil existe também o IBrX-50, com características semelhantes ao IBrX. O IBrX-50 mede o retorno total de uma carteira teórica de ações formada pelos 50 principais papéis negociados na B3, em termos de liquidez. O IBrX-50 foi construído com o objetivo de ser uma referência para investidores e gestores de carteiras de ações.

O *Índice Setorial de Telecomunicações* (ITEL) é um índice de um setor específico da economia brasileira, o setor de telecomunicações. O ITEL tem por objetivo oferecer uma visão segmentada do mercado acionário brasileiro. O ITEL incorpora tanto as ações de companhias de telefonia fixa como de telefonia celular em negociação na Bolsa.

O *Índice de Energia Elétrica* (IEE) é um índice setorial de empresas de energia elétrica mais representativas relacionadas na Bolsa de Valores de São Paulo. Tem por finalidade refletir o comportamento agregado da lucratividade das companhias que operam neste segmento de mercado (geradoras, distribuidoras e *holdings*), visando incentivar novas alternativas de negócios.

O *Índice do setor Industrial* (INDX) foi desenvolvido a partir de um convênio entre a B3 e a Fiesp. O índice tem por objetivo medir o desempenho das ações mais representativas do setor industrial brasileiro. As ações que compõem a carteira teórica do índice são selecionadas entre as de maior liquidez na Bovespa.

O *Índice Valor Bovespa* (IVBX-20) é um índice de ações elaborado pela Bolsa e pelo jornal *Valor Econômico*. O IVBX-2 tem por objetivo medir o retorno de uma carteira teórica composta por 50 papéis classificados a partir da 11ª posição de uma classificação que leva em consideração o valor de mercado e a liquidez (índice de negociabilidade).

Desta forma, não integram a carteira base de cálculo do IVBX-2 as dez ações com índices de negociabilidade mais altos, e também as dez ações com os maiores valores de mercado.

O Índice de *Ações com Governança Corporativa Diferenciada* (IGC) tem por objetivo apurar o desempenho de uma carteira teórica composta somente por ações de companhias que revelam bons níveis de governança corporativa. Estas ações são negociadas no Mercado Novo ou classificadas nos níveis 1 e 2 da Bolsa.

O *Índice de Ações com Tag Along Diferenciado* (ITAG) mede o desempenho de uma carteira teórica formada por ações de empresas que oferecam as melhores condições aos acionistas minoritários, em caso de alienação do controle.

São selecionadas para a carteira ações de companhias que concedem *Tag Along* acima do exigido pela legislação vigente. Por exemplo, se a legislação determinar que as companhias abertas devam oferecer, aos acionistas ordinários minoritários, *Tag Along* de 80% em relação ao preço de negociação do controle, serão selecionadas para comporem o ITAG ações de empresas que ofereçam um percentual de *Tag Along* superior aos 80%.

O *Índice Mid-Large Cap* (MLCX) é um índice criado pela B3, e tem por objetivo medir o desempenho de ações de empresas listadas para negociação e que apresentam maior capitalização (valor de mercado multiplicado pela quantidade de ações). O *Índice Small Cap* (SMLL), por seu lado, mede o desempenho de uma carteira constituída por empresas de menor capitalização.

Assim, em conjunto, as empresas que representam 85% do valor de mercado total da Bolsa são selecionadas para comporem o índice MLCX. As demais empresas fora deste universo são direcionadas a comporem o índice SMLL.

A partir do primeiro pregão de 2009, a BM&FBovespa iniciou o cálculo de dois novos índices setoriais: *Índice BM&FBovespa de Consumo* (ICON) e o *Índice BM&FBOVESPA Imobiliário* (IMOB). Os objetivos assinalados pela Bolsa para o lançamento destes novos indicadores de ações são os de melhor atender às demandas dos participantes do mercado, oferecer uma visão segmentada do mercado acionário, disponibilizar novas referências aos investidores, e possibilitar também o lançamento de derivativos financeiros.

A carteira teórica do ICON é formada pelas mais importantes ações de empresas que atuam no setor de consumo cíclico e não cíclico. No consumo cíclico são incluídos os subsetores de Tecidos, Vestuário e Calçados, Utilidades Domésticas, Automóveis, Mídia, Hotéis e Restaurantes, Lazer, Comércio etc. Os subsetores de *consumo não cíclico* são Agropecuária, Bebidas, Fumo, Saúde, Alimentos Processados, Produtos de Limpeza etc.

O IMOB é constituído pelos papéis também mais representativos do setor imobiliário, incluindo as atividades de construção civil, intermediação imobiliária e exploração de imóveis.

O *Índice Brasil Amplo* (IbrA) revela uma posição mais completa do mercado de ações, podendo incluir em seu cálculo todas as ações listadas na Bolsa de Valores que atendam a certos critérios estabelecidos, como a presença em pregões da bolsa em porcentagem mínima a 95%.

O *Índice de Carbono Eficiente* (ICO2) foi desenvolvido por meio de uma iniciativa conjunta da Bolsa de Valores e do Banco Nacional de Desenvolvimento Econômico e Social (BNDES). Este índice de mercado é formado por empresas constantes do IBrX-50 que revelam práticas de boa transparência em relação à emissão de gases efeito estufa, além de manter um *free float* total (total de suas ações em circulação).

O *Índice Financeiro* (INFC) considera somente as ações de companhias representativas dos segmentos de intermediação financeira, seguros e previdência e demais serviços financeiros, e que atendam a certos critérios de participação em pregões e negociabilidade mínima.

O *Índice de Materiais Básicos* (IMAT) é formado pelas ações de empresas mais representativas do setor de Materiais Básicos. O *Índice de Utilidade Pública* (UTIL), da mesma forma que o INFC e o IMAT, é um índice de mercado de ações segmentado, composto somente por companhias representativas do setor de utilidade pública, energia elétrica, saneamento básico, gás etc.

O *Índice de Governança Corporativa Trade* (IGCT) foi desenvolvido tendo por base o Índice de Governança Corporativa, sendo formado pelas ações que integram o IGC e que atendam a alguns critérios mínimos de liquidez definidos pela Bolsa de Valores.

O *Índice de Dividendos* (IDIV) demonstra o comportamento das ações de companhias que melhor remuneram os investidores mediante dividendos e juros sobre o capital próprio.

O *Índice de Utilidade Pública* (UTIL) é formado por ações de companhias mais representativas do setor de utilidade pública da economia, como empresas de energia elétrica, saneamento básico e gás. As ações que compõem o UTIL são selecionadas, segundo critério da B3, por sua liquidez e ponderadas nas carteiras pelo valor de mercado.

12.3.4 Índice de Sustentabilidade Empresarial (ISE B3)

O ISE (Índice de Sustentabilidade Empresarial) foi lançado pela Bolsa de Valores de São Paulo ao final de 2005 e segue uma tendência mundial de oferecer um indicador de desempenho de empresas rentáveis, sustentáveis e que apresentem ainda responsabilidade social e boas práticas de governança corporativa. Avalia-se que estas empresas, conhecidas como "socialmente responsáveis", por estarem mais preparadas para enfrentarem diferentes tipos de riscos, como econômico, social e ambiental, podem sustentar a criação de valor ao acionista a longo prazo.

O ISE constitui-se em um índice de ações adotado como referência para investimentos tidos como socialmente responsáveis. A construção do índice é coordenada pela Bovespa como presidente de um Conselho Deliberativo composto por diversas instituições. As ações que compõem a carteira do ISE devem representar empresas comprometidas com a responsabilidade social e sustentabilidade empresarial.

A *performance* das ações listadas na Bolsa de Valores em relação a seus aspectos de sustentabilidade é avaliada pelo Centro de Estudos de Sustentabilidade da Fundação Getulio Vargas (CES-FGV). Por meio de ferramental estatístico é desenvolvida uma análise, de modo integrado, do desempenho econômico-financeiro, ambiental e social e critérios de governança corporativa das ações mais negociadas na Bovespa. O grupo de empresas com melhor desempenho global final irá compor a carteira do ISE.

A carteira do Índice de Sustentabilidade de Mercado é composta aproximadamente por 40 ações de empresas selecionadas segundo os critérios descritos, sendo ponderadas suas participações na carteira pelos seus respectivos valores de mercado.

É interessante registrar que o Conselho Deliberativo do ISE não discriminou nenhum setor de produção no cálculo do índice, mantendo inclusive fumo e bebidas, sugerindo com isso uma oportunidade para todas as empresas demonstrarem sua sustentabilidade.

O ISE é apurado em tempo real pela Bolsa e disponibilizado ao longo de seus pregões. A carteira de ações é objeto de constante aprimoramento, tendo por preocupação principal manter sempre atualizadas as demandas contemporâneas da sociedade. O índice é revisto todo ano, quando as empresas são novamente avaliadas. A base do ISE foi fixada em 1.000 pontos para 30 de novembro de 2005.

12.3.5 Principais Índices de Bolsas de Valores no mundo

Outros importantes índices de Bolsas de Valores no mundo são apresentados a seguir.[5]

O **Índice Dow Jones Industrial** é um dos mais tradicionais e importantes indicadores do mercado acionário da economia norte-americana, apresentando grande influência sobre o comportamento das ações de outros países. É reconhecido como o primeiro índice de ações do mundo, sendo desenvolvido em 1884 por Charles Dow. Juntamente com Edward Jones, Dow constitui a empresa Dow Jones & Co., com o objetivo de divulgar ao mercado as cotações das ações e informações econômicas.

O primeiro índice de ações publicado foi obtido de uma relação de 11 papéis, incluindo nove sociedades do setor de estradas de ferro e somente duas indústrias. O primeiro índice foi uma média aritmética simples das cotações das 11 ações.

Apesar de sua grande popularidade no mercado, o índice Dow Jones não aprimorou muito sua metodologia de cálculo. Nos dias atuais, é constituído por uma carteira representativa das ações de maior importância na Bolsa de Valores de Nova York (indústrias, empresas de serviços etc.), e seu cálculo é efetuado pela média aritmética das cotações dessas ações. As alterações na composição da carteira Dow

---

[5] Para um maior aprofundamento no assunto, recomenda-se: LEITE, Helio de Paula; SANVICENTE, Antonio Zoratto. *Índice Bovespa*: um padrão para os investimentos brasileiros. São Paulo: Atlas/Bovespa/BM&F, 1995.

Jones não seguem normalmente critérios técnicos preestabelecidos, ficando a critério de variáveis mais subjetivas de seus responsáveis.

O grande surto de industrialização determinou a base do mais popular índice de ações de todo o mundo, o *Dow Jones Industrial Average (DJIA)*.

O índice atualmente continua sendo calculado como uma média das cotações, porém com os preços totais das ações que compõem a carteira teórica sendo divididos por um fator denominado *divisor*, e não pelo parâmetro original de quantidade de ações. Essa metodologia foi adotada para resolver certos problemas técnicos de cálculo que ocorreriam na utilização da média aritmética simples, verificados quando as ações altamente valorizadas eram divididas em duas ou mais (operação denominada *split*), ou reagrupadas (*inplit*), operação adotada quando a cotação de mercado encontra-se muito baixa. Ao ocorrer desdobramento ou reagrupamento de ações, o valor do divisor é ajustado, de maneira que mantenha o preço da ação inalterado.

O *Wall Street Journal* publica o divisor do índice Dow Jones todos os dias.

Apesar de sua tradição e influência nos mercados acionários de todo o mundo, o índice Dow Jones apresenta certos problemas metodológicos de elaboração.

O **Índice Standard & Poor's 500 (S&P 500)** trabalha com uma amostragem bem mais ampla que o Dow Jones, reproduzindo melhor as condições de mercado.

Ao contrário do Índice Dow Jones, o S&P é uma ponderação do valor de mercado da empresa, obtido pela multiplicação do número de ações emitidas por seu valor de negociação e o valor total de mercado da carteira de ações. Com isso, foi retirado da metodologia de cálculo do índice o uso de proporções fixas na composição de sua carteira. A relação entre o valor de mercado das ações e o valor total da carteira teórica de 500 ações é que define o peso de cada ação no denominado **S&P 500**.

O **New York Stock Exchange (NYSE)** considera uma carteira composta por todas as ações inscritas na Bolsa de Valores de Nova York, admitida como a mais importante do mundo. Representa, por envolver *todas* as ações, o próprio índice de mercado.

Além desse índice composto da bolsa, o **NYSE** apura também quatro outros índices setoriais, abrangendo indústria, serviços de utilidade pública, transportes e finanças. A metodologia de cálculo desses índices considera também todas as ações negociadas de cada setor, ponderadas pelos respectivos valores de mercado das companhias emitentes.

O **NASDAQ**, iniciais de *National Association for Security Dealers Automated Quotations System* (Sistema Automatizado de Cotações da Associação Nacional Corretora de Valores dos EUA), equivale a um sistema computadorizado de informações de ações. São incluídas no sistema diversas ações negociadas na Bolsa de Valores de Nova York (NYSE) e também aquelas não registradas (ou listadas) em bolsa, e transacionadas no mercado de balcão.

O sistema NASDAQ publica as cotações das ações e o índice representativo da variação dos valores negociados. O índice NASDAQ-100 INDEX, ou simplesmente índice NASDAQ, foi lançado em 1985, sendo apurado por meio de uma carteira teórica de ações negociadas no sistema. Por incluir ações novas de diferentes setores da economia, principalmente aquelas de tecnologia com predomínio de Internet, o índice é bem mais especulativo, sofrendo variações maiores que o Dow Jones e outros indicadores de ações mais tradicionais.

Em verdade, a alta volatilidade apresentada pelo índice NASDAQ é determinada pela própria incerteza associada a essas empresas da nova economia, tornando bastante difícil a tarefa de apurar o preço justo de mercado de suas ações. Por serem empresas novas e ainda não suficientemente consolidadas, para que se façam projeções mais confiáveis de seu crescimento não há um consenso entre os analistas sobre seu valor de mercado, proporcionando grandes oscilações em curtos períodos de tempo.

À medida que essas empresas de tecnologia vão viabilizando-se no mercado, gerando caixa e remunerando o investimento, a volatilidade das ações que compõem o NASDAQ tende a reduzir-se. Mais recentemente, o NASDAQ fundiu-se com a *American Stock Exchange (AMEX)*, constituindo o grupo *NASDAQ-AMEX*.

O índice **Nikkei** é o mais conhecido índice acionário japonês, cuja metodologia foi desenvolvida pela Bolsa de Valores de Tóquio. É constituído por mais de 200 ações, selecionadas principalmente segundo critérios de negociação e participação no mercado.

O índice **Nikkei** tem uma estrutura metodológica de apuração bastante semelhante à do **Dow Jones**, recebendo identicamente algumas críticas pela sua simplicidade matemática. O **Nikkei** foi substituído na bolsa de Tóquio pelo **Topix**, bem abrangente e informativo.

O índice mais antigo adotado na Bolsa de Valores de Londres é o **Financial Times Index**. É calculado pela média geométrica dos preços de uma carteira teórica composta pelas mais representativas ações de mercado.

A Bolsa de Londres é uma das maiores do mundo e, por operar com ações de empresas de diferentes países, é considerada uma bolsa de valores internacional.

12.3.6 Mercado Global de Ações (*Global Equity Market* - GEM)

O GEM é uma estrutura sugerida de negócios com ações formadas pelas principais bolsas de valores do mundo, participando as de Nova York (NYSE), Tóquio, Toronto, Paris, Bruxelas, Amsterdã, Bovespa, entre outras. Este novo mercado em formação deve movimentar, segundo estimativas iniciais feitas, algo em torno de 2/3 dos negócios mundiais com ações, transacionando os papéis das mais importantes empresas.

O Novo Mercado, cujas bases foram lançadas em junho de 2000, proporciona às empresas uma nova alternativa de buscarem poupança, em escala mundial, para desenvolver seus negócios e se tornarem mais competitivas.

Uma ideia predominante no mercado global é que serão negociadas apenas ações de empresas que apresentem certas características padrões, como a uniformidade nos balanços publicados, ampla divulgação das informações relevantes de sua situação econômico-financeira ao mercado (*disclosure*) e uma política de dividendos transparente.

Essas características serão regulamentadas pelo GEM, garantindo ao investidor globalizado atuar num mercado formado por ações com idênticos padrões e mesmas condições de negociação. Pelo alcance mundial desse mercado, profundas mudanças podem ocorrer na situação atual, admitindo-se inclusive que a formalização de negócios globais com ações possa fazer desaparecer certos mecanismos atuais de negociação, como os ADRs, por exemplo.

12.4 Mercado de balcão

O mercado de balcão é um segmento importante do mercado de capitais brasileiro. Nesse mercado são negociados ações e outros ativos financeiros atendendo a especificações determinadas pelos investidores e geralmente não atendidas nas negociações em Bolsas de Valores. As operações de balcão são entendidas como "sob medida", ou *tailor made*.

Diz-se que o mercado de balcão é *organizado* quando mantém uma estrutura que permite a realização normal de um negócio, dentro de um ambiente livre, atualizado e que ofereça liquidez aos papéis, sendo administrado por entidade autorizada pela CVM.

Um mercado de balcão é entendido como *não organizado* quando os negócios de compra e venda de títulos e valores mobiliários são executados diretamente entre as partes, sem a interveniência de qualquer órgão controlador ou regulador do mercado.

Em geral, o mercado de balcão não possui um local físico para a realização dos negócios, os quais são executados por via eletrônica entre as instituições que o compõem: sociedades corretoras, sociedades distribuidoras e bancos de investimento. Nas Bolsas de Valores são permitidas como intermediárias das negociações somente as sociedades corretoras.

No mercado de balcão organizado são negociados principalmente ações e debêntures de companhias abertas. Podem ainda ser transacionados outros papéis, como: opções de compra e venda de valores mobiliários, direitos de subscrição de capital, quotas de fundos de investimento fechados, certificados de recebíveis imobiliários, entre outros. Para a negociação desses títulos e valores mobiliários, é indispensável que os mesmos estejam custodiados em centrais de liquidação e custódia credenciadas pela CVM. Essas centrais são também responsáveis pela compensação, liquidação financeira e física dos negócios realizados.

No mercado de balcão é prevista a presença de "formadores de mercado", cuja função essencial é a de promover a liquidez de um determinado papel a pedido de investidores. Para este objetivo, os formadores mantêm e executam, durante todo o período de negociação, ordens de compra e venda para o título que estejam credenciados. O resultado apurado pela diferença entre o preço de compra e o preço de venda do título constitui-se na receita do formador na operação.

A presença desses formadores de mercado é importante para melhor viabilizar os negócios com a ação escolhida, facilitando os negócios para o investidor.

Uma importante contribuição do mercado de balcão é a oportunidade de acesso das companhias de menor porte ao mercado de capitais. Apesar de inexistir formalmente qualquer exigência mínima de porte e volume de papéis em circulação, as bolsas de valores são geralmente constituídas por companhias de grande porte, inibindo a presença de certos segmentos empresariais importantes. Com isso, o mercado de balcão oferece uma oportunidade a um grupo de sociedades menos conhecido dos investidores de negociarem seus valores mobiliários no mercado, oportunidade essa que provavelmente não teriam em bolsas de valores.

A *Sociedade Operadora do Mercado de Ativos S.A.* (SOMA) foi criada no Brasil em 1996[6] por inspiração da NASDAQ, e se constitui em uma instituição autorreguladora responsável pela administração do mercado de balcão organizado. O desempenho do mercado é transmitido por um índice de preços de todos os ativos negociados, denominado I-SOMA.

Em 2002 a Bovespa adquiriu a SOMA, concentrando em São Paulo toda a negociação de renda variável no Brasil.

---

[6] A SOMA foi criada por iniciativa das Bolsas de Valores do Rio de Janeiro e Paraná, e teve posteriormente outras adesões. Atualmente, vem funcionando junto à Bolsa de Valores de São Paulo.

A SOMA funciona como um sistema informatizado de negociações, no qual as instituições financeiras associadas e *market makers* (fornecedores de mercado) efetuam suas ofertas de compra e venda realizando seus negócios de forma eletrônica. Não há operação em pregão viva-voz na SOMA.

> *Formador de mercado (market maker)* é um agente que se compromete a promover uma liquidez mínima do mercado e contribuir para a formação justa dos preços dos ativos negociados, tornando-os referência para os negócios. Os formadores de mercado se comprometem a manter, durante todo o tempo de funcionamento do pregão, ofertas de compra e venda para os ativos em que estiverem credenciados. O formador pode estar credenciado para representar uma ou mais ações ou debêntures.

Principais ativos negociados na SOMA: títulos e valores mobiliários de emissão de companhias abertas, quotas de fundos de investimento fechado, carteira teórica referenciada em ações negociadas na SOMA, direitos de subscrição, entre outros papéis.

BOVESPA MAIS

Este segmento de mercado insere-se no mercado de balcão organizado da B3. As empresas que buscam ingressar no BOVESPA MAIS são geralmente de pequeno e médio porte, e que planejam buscar recursos no futuro no mercado de capitais pela ampliação de sua base de acionistas.

O BOVESPA MAIS deve ser entendido como uma alternativa de ingresso às linhas de financiamento do mercado de capitais de modo gradativo, mais ajustado à realidade de cada empresa. O objetivo principal desse segmento é o de tornar o mercado de ações mais acessível a um número maior de empresas, visando principalmente as de menor porte.

12.5 *Brazilian Depositary Receipts* (BDR)

Companhias abertas sediadas no exterior podem ter seus valores mobiliários listados na Bovespa por intermédio de negociação de certificados representativos desses títulos, os *Brazilian Depositary Receipts* (BDR). Os valores que lastreiam os BDRs encontram-se custodiados no exterior, mais especificamente em instituições do país em que os valores mobiliários que servem de lastro são negociados. Os títulos que lastreiam os BDRs podem ser provenientes do mercado secundário ou de novas ofertas públicas.

Os negócios com BDR ocorrem de maneira semelhante aos com demais valores mobiliários brasileiros negociados no mercado, podendo constar de operações em bolsas de valores ou em mercado de balcão organizado.

Os BDRs são emitidos no Brasil por meio de uma *instituição financeira depositária*, habilitada a emitir esses papéis pela Comissão de Valores Mobiliários (CVM). Esta instituição depositária dedica-se à estruturação e lançamento dos certificados no mercado de ações brasileiro, e ao registro da operação e da companhia emissora na CVM. Pode ainda, em alguns casos, ser responsável por outras funções, como divulgar informações sobre a sociedade emissora de valores que lastreiam os BDRs, coordenar a distribuição de dividendos e outros direitos no mercado etc.

Os BDRs podem ser emitidos em duas categorias: *patrocinados*, representados pelos Níveis I, II e III, e *não patrocinados* (Nível único).

De acordo com o "Guia Bovespa para Programas de BDRs",[7] o programa patrocinado prevê somente uma única instituição depositária contratada pela emissora dos valores mobiliários que servem de lastro para emissão dos certificados de depósitos. Essa sociedade é denominada patrocinadora e arca com todos os custos do programa. No programa classificado como *não patrocinado*, a instituição depositária do BDR não mantém nenhum acordo com a sociedade emissora de valores mobiliários lastro dos certificados de depósito.

O *BDR Nível I* não requer registro de companhia na CVM e pode ser negociado em mercado de balcão organizado ou em bolsa de valores. Esses certificados são destinados principalmente para aquisições de instituições financeiras e fundos de investimentos.

O *BDR Nível II* pode também ser negociado em bolsa de valores e mercado de balcão organizado, porém tem a necessidade do registro de companhia na CVM.

O *BDR Nível III* apresenta as mesmas características do Nível II, porém somente é permitido o registro nesse programa quando a distribuição de valores mobiliários for simultânea no Brasil e no exterior. O BDR Nível III exige ainda o cumprimento das normas aplicáveis à distribuição pública e instruções específicas da CVM.

12.5.1 *American Depositary Receipts* (ADR)

Os *American Depositary Receipts* (ADR) são certificados emitidos por bancos americanos representativos de uma determinada quantidade de ações de empresas estrangeiras, que não são dos Estados Unidos, negociadas no mercado norte-americano. O ADR permite que investidores dos EUA comprem ações de empresas estrangeiras sem os riscos de câmbio e exigências relativas a investimentos externos. Os preços dos ADRs são cotados em dólar, assim como todos os pagamentos de dividendos efetuados pelas ações.

---

[7] Disponível em: www.bmfbovespa.com.br.

Da mesma forma que o BDR, o *American Depositary Receipt* (ADR) é um título negociável emitido por um banco depositário brasileiro e lastreado por valores mobiliários de uma sociedade emissora estrangeira. Por meio do ADR, investidores americanos podem investir em ações estrangeiras.

O ADR pode ser emitido em três Níveis: I, II e III. O *ADR Nível I* é negociado somente em mercado de balcão dos EUA, não sendo possível a oferta pública. O *ADR Nível II* tem seus negócios realizados na bolsa NASDAQ. O *ADR Nível III* pode ser negociado em qualquer bolsa dos EUA, inclusive NASDAQ. A sua emissão deve ter como lastro novas ações da companhia, com emissão pública nos EUA.

12.6 Novo Mercado

O Novo Mercado é um segmento especial da Bovespa em que são listadas para negociação ações de empresas que se comprometem, de forma voluntária, com a adoção de boas práticas de governança corporativa, maior transparência e qualidade na divulgação de informações aos acionistas (*disclosure*) e concordância em submissão de divergências e conflitos à Câmara de Arbitragem de Mercado da Bovespa. O Novo Mercado foi criado pela B3 em 2002 na expectativa de se tornar um segmento de referência nas práticas de governança corporativa.

A premissa básica do Novo Mercado é que as ações das companhias listadas têm seu desempenho afetado favoravelmente pelos direitos adicionais concedidos aos acionistas e também pela qualidade das informações prestadas ao mercado.

As práticas de governança corporativa adotadas pelas empresas listadas no Novo Mercado devem ser, em princípio, mais rígidas que as previstas na legislação societária brasileira. O objetivo é o de ampliar os direitos dos acionistas e atribuir maior importância à melhoria da relação com os investidores, elevando o potencial de valorização dos ativos emitidos pela companhia no mercado. O mercado avalia que os investidores estarão dispostos a pagar mais pelas ações de empresas que demonstrem respeito aos direitos dos acionistas minoritários e adotem boas práticas de governança corporativa. Essas práticas de governança são fundamentadas, em essência, em maior transparência e integridade dos procedimentos de gestão e nas prestações de contas de acordo com padrões internacionais aceitos.

As principais exigências adicionais à legislação para as empresas ao Novo Mercado são:

- emissão somente de ações ordinárias (ON) com direito a voto. No Novo Mercado não é permitida a emissão de ações preferenciais pela companhia participante;
- realização de ofertas públicas de colocação de ações por meio de mecanismos que favoreçam a dispersão do capital;
- manutenção em circulação no mercado de, pelo menos, 25% das ações emitidas pela sociedade;
- extensão a todos os acionistas minoritários das mesmas condições obtidas pelos controladores no caso de negociação do controle da sociedade (direito de *Tag Along*);
- maior transparência na divulgação das informações e disponibilização do balanço anual de acordo com as normas do *US Gaap* ou *Iasc Gaap* (normas internacionais de Contabilidade);[8]
- fixação de mandato unificado de um ano para todo o Conselho de Administração, sendo permitida a reeleição. O Conselho é constituído por, no mínimo, cinco membros, eleitos pela assembleia geral de acionistas;
- obrigatoriedade de realização de uma oferta de compra de todas as ações em circulação, avaliadas por seu valor econômico, em caso de fechamento do capital ou cancelamento do registro de negociação no Novo Mercado;
- submissão à Câmara de Arbitragem da Bovespa para solução de disputa e controvérsia relacionadas ao regulamento do Novo Mercado.

A entrada de uma empresa nesse segmento de mercado ocorre mediante a celebração de um contrato com a Bovespa, por prazo indeterminado, em que é confirmada sua aceitação e especificadas todas as regras e as exigências de atuação no Novo Mercado.

12.6.1 Níveis de governança corporativa

As práticas de governança corporativa são também identificadas como de Nível 1 ou Nível 2, dependendo do grau de compromissos assumidos pela sociedade. Esses níveis criados pela Bovespa têm exigências menos rigorosas do que as do Novo Mercado, mas são usados para destacar as empresas empenhadas em oferecer um tratamento diferenciado aos acionistas. O Nível 3 de Governança Corporativa é o próprio Novo Mercado no qual somente são permitidas negociações de ações ordinárias (ON).

As empresas listadas no Nível 1 comprometem-se, entre outras, com as seguintes práticas de governança corporativa:

- manutenção de ações em circulação no mercado em quantidade equivalente a, pelo menos, 25% de todo o capital social da sociedade;

---

[8] US Gaap – *United States Generally Accepted Accounting Principles*. Normas de Contabilidade adotadas nos EUA.

Iasc Gaap – *International Accounting Standards Committee*. Normas de Contabilidade promulgadas pelo Iasc.

- realização de ofertas públicas de colocação de ações usando mecanismos que facilitem a dispersão do capital;
- melhor qualidade e transparência das informações prestadas, divulgação de balanços trimestrais e do demonstrativo do fluxo de caixa;
- divulgar todos os acordos de acionistas existentes e programas de opções de compras.

Para serem classificadas como de Nível 2, as empresas, além de aceitarem cumprir todos os compromissos assinalados no Nível 1, devem aderir a um conjunto mais amplo de práticas de governança corporativa. Os principais compromissos do Nível 2 são:

- mandato unificado de um ano para os membros do Conselho de Administração;
- divulgação de balanço anual de acordo com as normas do US Gaap ou Iasc Gaap;
- extensão para todos os acionistas detentores de ações ordinárias (ON) das mesmas condições obtidas pelos controladores quando da venda do controle da companhia (*Tag Along*), e de 70% desse valor para os detentores de ações preferenciais;
- em caso de cancelamento do registro no Nível 2 ou fechamento de capital, a empresa tem a obrigação de efetuar uma oferta de compra de todas as ações em circulação, por seu valor econômico;
- adesão à Câmara de Arbitragem de Mercado da Bovespa para solução dos problemas societários;
- direito de voto às ações preferenciais em determinadas matérias relevantes, como: transformação, incorporação, cisão e fusão; estabelecimento de contratos entre empresas do mesmo grupo, entre outras.

12.6.2 Índice de Ações com Governança Corporativa Diferenciada (IGC)

O IGC foi criado pela Bovespa com o objetivo de avaliar o desempenho de uma carteira de ações de empresas empenhadas em oferecer boas práticas de governança corporativa. Essa carteira é composta somente de ações negociadas no Novo Mercado ou que estejam classificadas pela Bovespa nos Níveis 1 e 2 de governança corporativa.

Esse índice é interessante à medida que permite acompanhar a reação dos investidores em relação às empresas de boa governança corporativa. O IGC é calculado pela Bovespa em tempo real, considerando sempre os valores dos negócios mais recentes realizados no mercado à vista com as ações que compõem sua carteira.

Da mesma forma que os demais índices calculados pela Bovespa, o IGC será reavaliado periodicamente, procurando identificar as ações que tenham excessiva participação na formação do índice (o limite máximo de participação na carteira teórica aceito é de 20%). Nesse caso, a Bovespa processa ajuste na carteira visando adequar o peso das ações ao limite fixado de 20%. Da mesma forma, são excluídas as ações que apresentam uma liquidez muito reduzida, abaixo do nível estabelecido pela Bovespa.

O valor da carteira de cálculo do IGC é determinado pelo valor de mercado das ações ponderado por um fator de governança corporativa. O fator para as ações negociadas no Novo Mercado é de 20%, para os papéis classificados como de Nível 2 é de 1,5, e para os de Nível 1 é 1,0.

12.6.3 Câmara de Arbitragem do Mercado (CAM)

A Câmara de Arbitragem do Mercado foi criada pela Bovespa em 27-01-2001, com o objetivo de solucionar controvérsias relacionadas ao mercado de capitais entre os participantes dos segmentos especiais de listagem: Novo Mercado e o Nível 2 de governança corporativa. A abrangência de atuação da CAM estende-se a todos os demais segmentos da Bovespa.

A Câmara de Arbitragem deve proporcionar aos investidores maior agilidade na solução de seus conflitos, de forma sigilosa e a um custo menor que os procedimentos geralmente adotados no poder judiciário. Outra vantagem da arbitragem é a qualificação técnica diferenciada de seu quadro de árbitros para questões do mercado de capitais.

A utilização da arbitragem como alternativa de solução de controvérsias e disputas tende a crescer bastante, evitando os desgastes com a reconhecida morosidade da Justiça Pública. Os processos de arbitragem são mais ágeis, fixando-se geralmente um prazo máximo para apresentação da sentença arbitral.

A Câmara de Arbitragem do Mercado é composta por, no mínimo, 30 árbitros escolhidos pelo Conselho de Administração da Bovespa. Os árbitros atuam como juízes, que analisam os conflitos de acordo com a lei e seus aspectos técnicos. Devem apresentar reputação ilibada e profundo conhecimento sobre o mercado de capitais.

A adesão à CAM é processada por meio da assinatura de um Termo de Anuência, com o compromisso dos participantes de respeitar seu regulamento. As partes que decidirem utilizar a arbitragem não poderão mais recorrer ao Poder Judiciário para tratar da mesma matéria, tampouco apelar ao Judiciário no intuito de alterar qualquer sentença arbitral proferida. Obrigam-se a apresentar para solução na CAM todos os conflitos decorrentes de disposições contidas em:

- Lei das Sociedades por Ações;
- Estatutos sociais da companhia;
- Normas de funcionamento no mercado de capitais em geral;
- Regulamentos de listagem do Novo Mercado;
- Contratos firmados pelas sociedades listadas no Novo Mercado e no Nível 2 de governança corporativa.

A CAM oferece três tipos de procedimentos arbitrais, relacionado em função da complexidade da controvérsia a ser decidida ou a critério das partes envolvidas:

a. arbitragem ordinária;
b. arbitragem sumária;
c. arbitragem *ad hoc* (informal).

A **arbitragem ordinária** é recomendada para questões mais complexas e prevê um Tribunal Arbitral composto por três árbitros. Cada parte indica dois árbitros, um titular e outro suplente, preferencialmente membros da CAM, para formar o Tribunal Arbitral que julgará a controvérsia. O terceiro árbitro titular, com respectivo suplente, que será o presidente do Tribunal Arbitral são escolhidos, de comum acordo, pelas partes. Não se verificando um consenso entre as partes, cabe ao presidente da CAM a escolha do terceiro árbitro e seu respectivo suplente.

Os dois primeiros árbitros escolhidos podem não ser integrantes da Câmara de Arbitragem do Mercado. No entanto, o terceiro árbitro deverá ser necessariamente membro da CAM.

A **arbitragem sumária** é utilizada para um processo arbitral mais simplificado (questões menos complexas), sendo conduzido por apenas um árbitro, escolhido preferencialmente entre os membros da CAM.

A **arbitragem *ad hoc*** é um processo arbitral informal, no qual as partes propõem à CAM normas e procedimentos próprios para aprovação.

12.6.4 Segmentos Especiais de Listagem do Mercado de Ações

A BM&FBovespa possui segmentos especiais de listagem no mercado acionário, criados com o objetivo de valorizar as companhias e atrair novas empresas e investidores para os negócios com ações. Em contrapartida, a bolsa oferece ao mercado uma listagem de empresas com regras rígidas de governança corporativa, indo além das exigências contidas na legislação societária, promovendo a redução do risco dos acionistas. Esses segmentos são identificados no Novo Mercado e nos Níveis Diferenciados de Governança Corporativa – Nível 1 e Nível 2.

A seguir apresentamos um quadro comparativo das principais diferenças entre os segmentos.

	Novo Mercado	Nível 2	Nível 1	BOVESPA MAIS	Tradicional
Ações emitidas	Negociações somente de ON	ON e PN com direitos adicionais	ON e PN	Somente podem ser negociadas ON	ON e PN
Free float (Ações em circulação)	Mínimo de 20%	Mínimo de 20%	Mínimo de 20%	25% até o 7º ano de listagem	Não há regra
Concessão de *Tag Along*	100% para ON	100% para ON e PN	80% para ON, conforme legislação	100% para ON	80% para ON, conforme legislação
Composição do Conselho de Administração	No mínimo 5 membros, dos quais 20% devem ser independentes	No mínimo 5 membros, dos quais 20% devem ser independentes	Mínimo de 3 membros	Mínimo de 3 membros	Mínimo de 3 membros
Adesão à Câmara de Arbitragem de Mercado	Obrigatória	Obrigatória	Facultativa	Obrigatória	Facultativa

Fonte: Adaptado de: www.B3.com.br.

12.7 Investimentos em *private equity* e *venture capital*

Os investimentos de *private equity*, ao mesmo tempo que buscam oportunidades atraentes de alocação de capital, constituem-se em importantes alternativas de financiamento do crescimento das empresas, principalmente aquelas localizadas em economias emergentes. Estes investimentos em empresas privadas fechadas (*private*) são realizados por investidores (fundos de investimentos) no capital (*equity*) de companhias em diferentes setores de atividade econômica, dispostos a auferirem atraentes taxas de retorno.

Uma decisão de *private equity* de sucesso costuma remunerar o capital investido de forma atraente e permite ainda, diante do aporte de novos recursos pelos investidores, melhores condições financeiras para a empresa lastrear o seu crescimento.

Os investimentos de *private equity* apresentam as seguintes características gerais:

- a empresa escolhida não tem seu capital muito diluído, sendo normalmente controlada por um pequeno grupo de investidores (acionistas);
- em geral, a empresa selecionada apresenta certas limitações de acesso ao mercado acionário, seja por liquidez, porte etc., o que impede sua capitalização e crescimento sustentado;
- os investidores de *private equity* costumam elaborar um estudo de viabilidade econômica para a empresa selecionada, definindo um tempo limitado de permanência do investimento;
- os investidores assumem riscos nas decisões tomadas, almejando como prêmio uma atraente valorização do capital investido;
- os investidores de *private equity* posicionam-se como coproprietários da sociedade, compartilhando o controle acionário com os empreendedores;
- os investidores de *private equity* almejam também, na maioria das vezes, terem alguma participação na administração das empresas investidas, atuando ativamente nos Conselhos de Administração.

A participação desses investimentos no capital social das empresas pode envolver desde porcentagens minoritárias até o seu efetivo controle acionário. Os investimentos são direcionados preferencialmente às empresas que apresentem algumas referências comuns, tais como:

- a prioridade dos investimentos de *private equity* é para empresas que apresentem excelente potencial de crescimento e de rentabilidade;
- o objetivo de todo investimento *private equity* é o de agregar valor econômico à empresa, de maneira que possa melhor remunerar o capital aplicado;
- estar entre as melhores de mercado ou demonstrar capacidade de situar-se entre as melhores em um prazo não muito longo;
- estar inserida em setor de atividade econômica em pleno crescimento ou com fortes indicativos de crescimento;
- apresentar boa transparência contábil e práticas de governança corporativa reconhecidas.

O processo de um investimento de *private equity* envolve três grandes atividades, segundo Mayer, Brown & Platt:[9]

a. Formulação de um plano operacional e estratégico detalhado da empresa (*Business Plan*), incluindo as operações e negócios da empresa, mercado e principais estratégias, informações atualizadas e projeções financeiras.

b. Os investidores deverão fazer uma detalhada auditoria geral na empresa, com o objetivo de avaliarem seus ativos, obrigações (inclusive passivos contingentes) e conhecerem a efetiva situação financeira da empresa.

c. Demonstrado interesse em continuar com as negociações e realizar o investimento, é estabelecida entre as partes uma Carta de Intenções (*Term Sheet*), cujo objetivo é registrar um acordo sobre as principais condições do investimento, forma de participação acionária e fixar valor econômico da empresa.

As conhecidas empresas de *Venture Capital* são entidades criadas para efetuarem investimentos em capital de risco. Costumam direcionar seus recursos financeiros em projetos de longo prazo, principalmente no setor de tecnologia, no desenvolvimento de produtos inovadores e no *start-up* de empresas.

Essas empresas atuam como fundos de investimentos e o seu *funding* provém mais intensamente de investidores privados, fundos de pensão, instituições financeiras e grandes corporações.

Os investimentos em *Venture Capital*, ou Capital de Risco, diferenciam-se dos *Private Equity* principalmente por direcionarem seus recursos para empresas nascentes, que se encontram nas primeiras fases de seu crescimento, e que mostram boas perspectivas de ganhos.

---

[9] MAYER, BROWN & PLATT. Investimentos de *Private Equity* na América Latina. Março de 2000.

Estes investidores assumem maiores riscos e almejam, em consequência, taxas de retorno mais expressivas. Esperam uma valorização atraente do investimento em prazo aproximado de três anos, quando geralmente decidem pela retirada do capital aplicado.

Os investidores de *Venture Capital* não se limitam ao aporte financeiro de recursos, oferecendo também assessoria administrativa especializada, apoio na elaboração de um *business plan* e suporte na captação de recursos e relações com o mercado financeiro.

> *Private Equity* ou *Venture Capital* representa uma atividade de intermediação entre um ou mais investidores e organizações que demandam recursos para investimentos de longo prazo. A participação dos investidores nos negócios é feita normalmente por ações, debêntures conversíveis em ações e bônus de subscrição. O objetivo principal dos investidores é o sucesso econômico de empreendimento, de maneira a permitir a liquidação de sua participação, auferindo um ganho de capital, após um determinado prazo de investimento.
>
> A expressão *Venture Capital* é geralmente empregada quando o investimento é realizado em empresas mais novas, que se encontram em estágios menos desenvolvidos. O termo *Private Equity*, por seu lado, é utilizado com maior frequência em investimentos realizados em empresas mais amadurecidas. Muitas vezes, ainda, o conceito de *Private Equity* incorpora os diferentes estágios de desenvolvimento dos investimentos.

12.8 Créditos de Carbono

Os denominados *Créditos de Carbono* são certificados cotados em dólar e negociados no mercado, em Bolsas de Valores e de Mercadorias, e transmitem, em essência, o direito das indústrias em poluir o meio ambiente.

A criação dos Direitos de Carbono origina-se do Protocolo de Kyoto (1997), o qual obriga os países desenvolvidos signatários a cortar parte de suas emissões de gases de efeito estufa.

> O *Protocolo de Kyoto* foi formado em 1997 no Japão com a adesão de 59 países. A preocupação principal do protocolo é a de promover incentivos e ações que permitam reduzir as emissões de gases de efeito estufa (acúmulo de certos tipos de gases na atmosfera) nas nações industrializadas.

> A redução de uma unidade de efeito estufa pode ser negociada no mercado internacional com países (ou empresas) que tenham dificuldades em cumprir suas metas de redução de emissão de gases.
>
> O denominado *mercado de carbono* é o ambiente onde são negociadas as unidades de redução de emissões de gases. A Bolsa de Valores – B3 viabiliza a negociação de crédito de carbono.

O processo funciona da seguinte forma. As agências reguladoras de proteção ambiental identificam as empresas mais poluidoras no país e, diante dos níveis verificados, fixam metas visando à redução de emissão de gases. Essas empresas recebem certificados de acordo com os limites estabelecidos de emissões. Cada certificado equivale a uma determinada quantidade de poluentes (uma tonelada). Estes direitos podem ser negociados no mercado e conferem aos seus titulares o direito de emitirem uma determinada quantidade de poluentes.

Se a indústria adquirente ultrapassar os limites de poluição permitidos nos certificados, deve comprar outros de empresas que conseguiram uma redução em seus níveis permitidos, gerando assim créditos negociáveis. Assim, toda vez que uma empresa não cumprir seus limites, deve pagar pelos certificados de empresas de maior sucesso.

Esse mecanismo de negociação de Direitos de Carbono permite que as indústrias sigam seu próprio planejamento de ajuste às leis do meio ambiente.

Atualmente existem diversas empresas que atuam no mercado de Direitos de Carbono, intermediando negociações entre empresas menos poluentes com aquelas de maior emissão de gases. Em geral, as empresas mais poluentes estão localizadas em países desenvolvidos, e costumam adquirir esses certificados de empresas localizadas em países em desenvolvimento, normalmente menos poluidores.

As negociações de Direitos de Carbono no mercado financeiro é uma ideia bastante original, criando alternativa para que um problema tão grave, como a presença crescente de gás carbônico na atmosfera, seja tratado pelos mecanismos do mercado financeiro. O modelo é atraente para indústrias mais bem sucedidas, que conseguiram reduzir suas emissões de gases poluentes, atuando como um incentivo para a despoluição atmosférica.

13 Avaliação de Ações

A decisão de investir em ações deve ser precedida de uma análise das expectativas dos rendimentos a serem auferidos ao longo do prazo de permanência em determinada posição acionária e, também, da valorização que venha a ocorrer nesses valores mobiliários. Em verdade, a principal tarefa de um investidor centra-se na avaliação do retorno esperado de seu capital aplicado, o qual deverá ser condizente com o risco assumido.

Capítulos posteriores tratarão com detalhes do risco associado às decisões de investimentos. Esta parte trata especificamente dos procedimentos e técnicas de avaliação de ações, determinando a taxa de retorno esperada e seu valor intrínseco. Para tanto, são estudados modelos de fluxos de caixa com durações determinadas e indeterminadas, e analisadas ainda as taxas de crescimento dos rendimentos.

13.1 Critérios de análise

Apesar de o processo de decisão de investimento acionário ser, muitas vezes, desenvolvido de maneira mais intuitiva, é indispensável, para efeito de um posicionamento mais racional de mercado, que a aplicação financeira seja reflexo de uma avaliação mais formal desses ativos.

Os modelos de avaliação procuram, em essência, projetar o comportamento futuro dos ativos financeiros, formulando previsões com relação às variações de seus preços no mercado. Basicamente, são adotados dois critérios de análise para investimento em ações: *análise técnica* e *análise fundamentalista*.

A *análise técnica*, também conhecida por análise gráfica, dedica-se a estabelecer projeções sobre o comportamento das ações a partir de padrões observados no desempenho passado do mercado.

A análise é desenvolvida por meio do estudo do comportamento das ações no mercado, sendo considerados, principalmente, os parâmetros de oferta e procura desses papéis e a evolução de suas cotações. A partir desse conhecimento de preços e volumes transacionados, são efetuadas projeções sobre o desempenho futuro dos preços das ações.

A hipótese implícita na análise técnica é que as variações nos preços das ações guardam uma relação entre si, descrevendo uma tendência de mercado. Dessa forma, pelas movimentações de preços passadas é possível explicar suas evoluções futuras. Não há uma preocupação formal na análise técnica com as causas que determinam certos movimentos nos preços do mercado de ações, sendo a atenção direcionada às oscilações apresentadas como forma de predizer o futuro.

O principal instrumento de avaliação deste critério de análise são os "gráficos", sendo bastante comum o uso de gráficos de acompanhamento, gráficos de barras e gráficos ponto-figura.

Os gráficos descrevem as oscilações nas cotações e as tendências nos preços das ações, permitindo que se estabeleçam as melhores oportunidades de transações.

A *análise fundamentalista* adota a hipótese da existência de um valor intrínseco para cada ação, com base nos resultados apurados pela empresa emitente. O estudo dessa análise está baseado no desempenho econômico e financeiro da empresa e processa, ainda, sofisticadas avaliações e comparações setoriais, bursáteis e conjunturais.

A técnica fundamentalista considera a análise das variáveis internas e externas à empresa, as quais exercerem influências sobre seu desempenho e, em consequência, sobre o valor intrínseco de suas ações. Os principais subsídios desse critério de análise são os demonstrativos financeiros da empresa e os diversos dados e informações referentes ao setor econômico de atividade, ao mercado acionário e à conjuntura econômica. De posse deste elenco de informações, são aplicados modelos quantitativos e financeiros com o objetivo de relacionar as decisões de compra ou venda de determinada ação com seu valor de mercado.

Análise *top down* e Análise *bottom up*

As premissas básicas da análise fundamentalista são todos os dados e informações econômicos e financeiros que permitem formar as projeções futuras de desempenho de uma empresa, e sua capacidade de oferecer retornos aos investidores. O objetivo da análise em predizer o futuro é o de apurar um valor intrínseco da ação. Assim, a análise fundamentalista pode ser resumida em três grandes atividades:

a) Avaliar a posição e equilíbrio econômico e financeiro da empresa;
b) Projetar resultados futuros;
c) Calcular o valor justo (valor econômico) da ação.

No processo de cálculo do valor justo da ação são propostos dois enfoques de análise: *top down* ("de cima para baixo") e *bottom up* (de baixo para cima).

O método *top down* admite que a avaliação tem como referência o cenário econômico, devendo o valor de uma ação no mercado refletir o comportamento das principais variáveis macroeconômicas. Em verdade, a análise parte do geral para entender o específico. A análise se inicia pela construção de cenários econômicos como projeção do PIB, inflação, taxas de juros etc., e a partir desses resultados são desenhados o desempenho esperado dos diversos setores e das empresas mais diretamente atingidas (beneficiadas ou prejudicadas). No longo prazo, o mercado acompanha a economia.

O *top down* parte de um contexto econômico global para concluir sobre o valor justo de uma ação. Em outras palavras, a avaliação parte do ambiente macro até atingir o ambiente micro, formado pelos fundamentos da empresa em análise. O processo de análise *top down* apresenta-se de acordo com a seguinte estrutura:

> Análise Macroeconômica
> Análise Setorial
> Análise da Empresa

A análise *bottom up*, ao contrário, desenvolve a análise da ação de "baixo para cima", sendo focada nos fundamentos da empresa, seu desempenho histórico e perspectivas futuras de crescimento e resultados. Esta abordagem sugere basear a análise pela própria empresa, identificando seu comportamento e condições futuras de crescimento. Está voltada para identificar o valor da ação da empresa a partir de seu confronto com o mercado, sendo a análise direcionada pelos fundamentos da empresa até o ambiente macroeconômico.

Importante acrescentar que os dois enfoques de análise são complementares, não se excluem na precificação de ações. A análise *top down* oferece um embasamento necessário para a análise *bottom up*, identificando as melhores oportunidades de investimentos em ações com base no momento (ciclo) econômico pelo qual a empresa está passando.

13.2 Indicadores de análise de ações

Os indicadores de análise objetivam avaliar os reflexos do desempenho da empresa sobre o valor de mercado de suas ações. São de grande utilidade para os analistas de mercado, acionistas e investidores em geral, como parâmetros de apoio a suas decisões financeiras. A evolução das cotações de mercado das ações apresenta-se geralmente identificada nestes indicadores de análise, sendo possível inclusive estabelecer algumas tendências futuras.

13.2.1 Lucro por Ação (LPA)

O índice ilustra o benefício (lucro) auferido por ação emitida pela empresa, ou seja, do resultado líquido (após o Imposto de Renda) obtido em determinado período, quanto compete a cada ação emitida.

O lucro por ação (LPA) é mensurado pela seguinte expressão:

$$LPA = \frac{\text{Lucro Líquido}}{\text{Número de Ações Emitidas}}$$

A quantidade de ações emitidas, denominador da expressão de cálculo do LPA, pode ser determinada pelo número de ações que compõem o capital social da companhia ao final do exercício social, ou em função de sua quantidade média calculada no período.

Deve ser ressaltado que o indicador não revela o quanto cada acionista irá efetivamente receber em função do retorno produzido na aplicação de seus capitais. O índice LPA denota, em verdade, a parcela do lucro líquido pertencente a cada ação, sendo que sua distribuição aos acionistas é definida pela política de dividendos adotada pela empresa.

13.2.2 Indicadores de dividendos

Procuram relacionar os dividendos distribuídos pela empresa com alguma medida que ressalte a participação relativa desses rendimentos. São bastante adotados:

$$Payout = \frac{\text{Dividendos}}{\text{LPA}}$$

Indica os dividendos distribuídos aos acionistas como uma porcentagem do lucro por ação (LPA). *Por exemplo*, para um LPA de $ 1,40, a distribuição de $ 0,49/ação de dividendos determina um índice de *payout* de 35% ($ 0,49/$ 1,40). De outra maneira, revela que a empresa reteve 65% de seus lucros apurados no exercício, distribuindo o equivalente a 35% a seus acionistas. Logo:

Taxa de Retenção do Lucro (TRL) = 1 − *Payout*

$$Dividend\ Yield = \frac{Dividendos}{Preço\ de\ Mercado\ da\ Ação}$$

O *Dividend Yield* (DY) indica a remuneração por dividendos do acionista realizada sobre o capital investido (valor pago pela ação).

Por exemplo, os dividendos pagos por uma empresa em determinado exercício foram de $ 2,53/ação, sendo a cotação média de suas ações no período de $ 27,80.

Estes resultados indicam um retorno de dividendos de 9,1% aos acionistas, ou seja:

$$Dividend\ Yield = \frac{\$\ 2,53}{\$\ 27,80} = 9,1\%$$

13.2.3 Índice Preço/Lucro (P/L)

O índice preço/lucro (P/L) constitui-se em um dos quocientes mais tradicionais do processo de análise de ações, sendo bastante utilizado pelos investidores. É calculado pela relação entre o preço de aquisição do título (valor do investimento efetuado ou de mercado) e seu lucro unitário periódico (lucro por ação – LPA, conforme definido acima), ou seja:

$$P/L = \frac{Preço\ de\ Mercado\ da\ Ação}{Lucro\ por\ Ação\ (LPA)}$$

Uma característica do indicador é sua simplicidade de cálculo, tornando-o bastante utilizado na avaliação dos preços de mercado das ações. Os índices P/L da maioria das ações encontram-se ainda amplamente disponíveis no mercado, permitindo que se forme, com essas informações, um raciocínio intuitivo na comparação entre o preço pago na aquisição do título e seus lucros oferecidos.

Teoricamente, o *índice P/L* indica o número de anos (exercícios) que um investidor tardaria em recuperar o capital investido considerando o lucro líquido inalterado. Algumas restrições com relação ao uso desse indicador de análise, no entanto, devem ser levantadas.

Da mesma forma que o lucro por ação, o índice P/L é estático, indicando que seu resultado é válido na suposição de o lucro líquido se manter constante nos períodos futuros. Os valores considerados em sua forma de cálculo assumem, normalmente, contínuas variações no tempo, as quais deverão ser incorporadas em sua apuração, permitindo tornar o índice mais adequado às decisões envolvendo ações. De maneira idêntica, ainda, o P/L não leva em consideração o risco inerente ao investimento.

Sabe-se ainda que o LPA não costuma ser integralmente realizado em termos de caixa, estando esses pagamentos vinculados à política de distribuição de lucros adotada pela empresa. Dessa maneira, o índice P/L de uma ação não revela, sob o ponto de vista de realização financeira, o número de períodos necessários para um investidor recuperar seu capital aplicado.

Apesar das limitações comentadas, é necessário acrescentar que o comportamento do índice apresenta forte relação com o desempenho do mercado, refletindo as diferentes euforias dos investidores com relação a determinadas ações. Assim, ocorrendo maior atratividade por certas ações, o P/L desses papéis se elevará, refletindo maior confiança do mercado.

Ocorrendo, de outro modo, uma avaliação de um risco crescente no comportamento da ação, o índice P/L diminui, como forma de compensar a maior incerteza do investidor.

É importante notar, ainda, a interpretação do índice P/L de empresas cíclicas, cujos resultados costumam acompanhar, de maneira bem próxima, os ciclos da economia. Nesses tipos de empresas, o P/L pode apresentar valores extremos nos momentos de recessão e de crescimento econômico, alterando substancialmente as conclusões sobre a ação.

Diversos estudos[1] têm apontado, de outro modo, uma evidência de melhor desempenho de ações com baixos índices de P/L. Ações com mais alto quociente preço/lucro têm oferecido taxas de retorno inferiores às do mercado.

Essa característica é explicada por diversas linhas de pensamento, destacando-se os argumentos relativos aos pressupostos dos modelos teóricos adotados nas pesquisas, principalmente envolvendo a existência de impostos e a acentuada preferência dos investidores por ações que prometem grande crescimento e, consequentemente, baixo P/L.

O inverso do índice preço/lucro *[1/(P/L)]* indica a *lucratividade* de uma ação. Assim, uma ação com P/L igual a 8,0, *por exemplo*, revela que o investidor, mantidos constantes o preço e o lucro considerados, irá demandar 8 anos para recuperar seu capital aplicado na aquisição do papel. Como consequência, é apurada uma taxa de lucratividade anual da ação de 12,5% (1/8).

13.2.4 Indicador *Price to Book Value Ratio* (*Price/Book*)

O indicador *Price to Book* (ou Preço de Mercado/Valor Patrimonial) é bastante empregado na análise

---

[1] Para maior orientação sobre o assunto, ver DAMODARAN, Aswath. *Avaliação de investimentos*. 2. ed. Rio de Janeiro: Qualitymark Editora, 2012.

fundamentalista de ações. O indicador é calculado, para determinado momento, pela relação entre o Valor de Mercado (negociação) das ações de uma empresa e o seu Valor Patrimonial apurado pela Contabilidade (valor contábil do Patrimônio Líquido – PL), ou seja:

$$\text{Price to Book} = \frac{\text{Valor de mercado das Ações}}{\text{Valor Contábil do PL}}$$

O valor de mercado das ações da empresa, resultado equivalente ao seu Patrimônio Líquido a valor de mercado, reflete o valor de negociação das ações da companhia. Pode ser calculado, para determinado período, pelo produto da quantidade (Qtd) de ações negociadas em bolsa de valores e seu preço (Po). Ou seja:

> **Valor de Mercado das Ações = QTD de Ações × Preço Médio de Mercado (Po).**

O indicador do *Price to Book* indica quanto o mercado avalia o Patrimônio Líquido da empresa em comparação ao seu valor contábil (patrimonial). Se o valor da ação no mercado estiver adequadamente formado, pode revelar como os investidores percebem a empresa e suas expectativas futuras com relação ao desempenho esperado.

Price to Book superior a 1,0 indica que o mercado aceita pagar pela ação um preço acima de seu valor contábil. Os investidores estão otimistas com relação ao desempenho futuro da companhia. Um indicador inferior a 1,0 revela que a empresa está avaliada pelo mercado abaixo de seu valor contábil, apresentando expectativas de desempenho frágeis. A empresa pode estar revelando baixo crescimento ou, até mesmo, geração de prejuízos nos próximos anos.

É importante tratar esse indicador com ressalvas, dadas as diversas variáveis que podem influenciar o valor de mercado das ações, como alta concentração de capital das companhias abertas brasileiras, baixa liquidez de negociação das ações, taxas de juros extremamente elevadas, distribuição de dividendos e recompra de ações, e assim por diante.

13.2.5 Ganho de capital

O *ganho de capital* refere-se ao resultado positivo calculado pela diferença entre a preço de venda do ativo da data t (P_t) e seu preço de aquisição em uma data anterior inicial (P_{t-1}).

Assim:

> **Ganho de capital ($) = $P_t - P_{t-1}$**

A taxa de ganho de capital é o retorno proporcionado pela ação a partir da evolução (valorização ou desvalorização) de seu preço no mercado, ou seja:

> **Taxa de retorno do ganho de capital (%) = $\dfrac{P_t - P_{t-1}}{P_{t-1}}$**

Por exemplo, admita uma ação adquirida por $ 12,90 em determinada data. Considere dois possíveis preços pelos quais a ação foi vendida um semestre após a aquisição:

a) $P_t = \$\ 15{,}10$
b) $P_t = \$\ 10{,}50$

O ganho de capital nestes dois casos atinge:

a) *Ganho de capital* = 15,10 – $ 12,90 = $ 2,20/ação

$$\text{Taxa de ganho} = \frac{\$\ 2{,}20}{\$\ 12{,}90} = 17{,}05\%\ \text{ou}$$

$[(\$15{,}1\ /\ !2{,}90) - 1] = 17{,}05\%$

b) *Ganho de capital* = $ 10,50 – $ 12,90 = ($ 2,40) *Perda*

$$\text{Taxa de retorno} = \frac{(\$\ 2{,}40)}{\$\ 12{,}90} = (18{,}6\%)\ \text{ou}$$

$[(\$10{,}50\ /\ \$12{,}90)] - 1 = -18{,}6\%$

A *taxa de retorno total* é formada para cada rendimento potencial da ação (dividendos e ganhos de capital) pela seguinte expressão:

> **Taxa de retorno total = $\dfrac{\text{DIV} + (P_t - P_{t-1})}{P_{t-1}}$**

Supondo um pagamento de dividendo de $ 0,12/ação no período do investimento, a taxa de retorno total atinge, para cada possível preço de venda:

a) $\text{Taxa de retorno total} = \dfrac{\$\ 0{,}12 + \$\ 2{,}20}{\$\ 12{,}9} = 17{,}98\%$

b) $\text{Taxa de retorno total} = \dfrac{\$\ 0{,}12 - \$\ 2{,}40}{\$\ 12{,}90} = (17{,}67\%)$

13.2.6 PL a preços de mercado/EBITDA

O patrimônio líquido (PL) a preços de mercado de uma empresa é obtido pelo produto do valor de suas ações pela quantidade emitida. O valor da empresa é calculado pelo valor do patrimônio líquido do mercado mais o montante de suas dívidas. O valor do PL a preços de mercado, conforme formulação apresentada na Seção 13.2.4, é calculado pela seguinte expressão:

> **PL(mercado) = QTD Ações × Preço mercado**

O EBITDA[2] é o lucro antes das despesas de juros (genuinamente operacional), da depreciação/exaustão e amortização e do Imposto de Renda, também representado por LAJIDA. Equivale, em outras palavras, ao fluxo de caixa

---

[2] EBITDA – *Earning Before Interest, Tax, Depreciation/Depletion and Amortization.*

operacional antes do Imposto de Renda. O EBITDA é entendido como uma medida de geração operacional de caixa disponível para todos os proprietários de capital (acionistas e credores).

> Para melhor ilustrar o cálculo do EBITDA, admita o seguinte demonstrativo de resultados apurado por uma empresa ao final de um exercício social.
>
> | | |
> |---|---|
> | Receitas de Vendas | $ 120.000,00 |
> | Custo de Produção | (65.000,00) |
> | Lucro Bruto | $ 55.000,00 |
> | Despesas Operacionais: | (29.700,00) |
> | – Vendas | (10.200,00) |
> | – Gerais | (12.500,00) |
> | – Depreciação | (7.000,00) |
> | Res. Operacional: | $ 25.300,00 |
> | Despesas Financeiras | (5.000,00) |
> | Lucro antes IR: | $ 20.300,00 |
> | Provisão para IR | (4.300,00) |
> | Lucro Líquido: | $ 16.000,00 |
>
> O cálculo do EBITDA a partir dos resultados divulgados, é feito da seguinte forma:
>
> | | |
> |---|---|
> | Lucro Bruto | $ 55.000,00 |
> | Desp. Operacionais Desembolsáveis | ($ 22.700,00) |
> | – Vendas | (10.200,00) |
> | – Gerais | (12.500,00) |
> | **EBITDA** | **$ 32.300,00** |
>
> O EBITDA podia ser calculado de maneira mais simples, pela soma do lucro operacional (antes das Despesas Financeiras e do IR) e a depreciação (despesa não desembolsável), ou seja:
>
> EBITDA = $ 25.300,00 + $ 7.000,00 = $ 32.300,00.
>
> O resultado indica, em outras palavras, que a geração de caixa operacional bruta da empresa no exercício foi de $ 32.300, ou o equivalente a 26,9% das receitas de vendas. Este valor é destinado, principalmente, para remunerar o capital de terceiros (despesas de juros), pagar Imposto de Renda e ainda financiar parte dos investimentos da empresa.

O índice **PL a Valores de Mercado/EBITDA** representa um múltiplo do valor de mercado do patrimônio líquido da empresa. *Por exemplo*, se para um setor de atividade a média representativa desse múltiplo for de 12, isso significa que o valor de mercado de uma empresa tem a seguinte referência de cálculo:

Valor da Empresa para o Acionista

PL a preços de mercado: EBITDA × 12	=	XX
Valor das Dívidas	=	XX
Valor Total da Empresa[3]	=	**XX**

Em outras palavras, pode-se concluir que o patrimônio líquido da empresa, avaliado a preços de mercado, equivale a 12 vezes o valor de seu EBITDA.

13.2.7 O *Q de Tobin*

O índice *Q de Tobin*[4] relaciona o valor de mercado de uma empresa com o valor de reposição de seus ativos. É um índice bastante revelador do potencial de valorização da empresa, indicando a riqueza agregada pelo mercado como reflexo de seu poder de gerar lucros.

O índice é calculado pela seguinte expressão:

$$Q\ Tobin = \frac{\text{Valor de mercado da empresa}}{\text{Valor de reposição dos ativos}}$$

O valor de mercado da empresa é obtido pelo valor de negociação das ações mais suas dívidas. O valor de reposição revela o montante que seria gasto para se adquirir todos os ativos operacionais mantidos pela empresa, ou seja, o preço de construir novamente a empresa.

Uma variante do *Q de Tobin* muito adotada pelos analistas é a medida denominada *MVA (Market Value Added)*,[5] obtida pela diferença (e não relação, como proposto por Tobin) entre o valor de mercado e o valor de investimento dos ativos geralmente mensurado, pela evidente dificuldade em se calcular o valor de reposição, a preço histórico corrigido. É a riqueza que uma empresa gerou a seus acionistas, demonstrada em valores absolutos pelo retorno que puderam auferir de seus investimentos na empresa.

A dificuldade maior do *Q de Tobin* é o cálculo do valor de mercado da empresa e do preço de reposição de alguns ativos, principalmente aqueles de características mais específicas para uma empresa.

O *Q de Tobin* considera o valor total da empresa, inclusive seu *goodwill*. Se o indicador for menor que 1,0, revela que o valor que a empresa pode alcançar no mercado é inferior ao que se gastaria para construí-la, calculado a preços de reposição. Essa situação é de *destruição* de valor, consequência

---

[3] O *site* www.institutoassaf.com.br disponibiliza médias de setores no Brasil dos principais indicadores de valor.

[4] TOBIN, James A. General equilibrium approach to monetary theory. *Journal of Money, Credit and Banking*. v. 1, n. 1, 1969.

[5] Marca registrada da Stern Stewart & Co.

de uma gestão equivocada, incapaz de remunerar de forma atraente o capital investido.

Um *Q de Tobin* maior que 1,0, de outro modo, é determinado quando o valor de mercado da empresa for superior ao preço de reposição de seus ativos, verificando-se a agregação de um *goodwill* em seu preço. Nesse caso, há uma criação de riqueza adicionada ao valor de mercado da empresa.

Uma empresa agrega valor aos seus acionistas quando é capaz de produzir um retorno acima do exigido pelo mercado. Assim, se a expectativa do mercado acionário é de uma remuneração anual de 14% em determinada ação, e o papel oferecer um retorno de 18% no período, *por exemplo*, é inegável a criação de valor pela empresa, motivada por uma gestão mais eficiente dos recursos dos proprietários. Com isso, há uma valorização de seu valor de mercado, refletida na elevação do *Q de Tobin*.

13.3 Valor das ações

O objetivo deste item é apresentar os modelos estimativos do valor teórico de ações negociadas em bolsas de valores e permitir, ainda, com base nesse instrumental técnico, que se identifique a taxa requerida de retorno desses investimentos e, consequentemente, o custo do capital próprio da empresa.

Um ponto de discussão desse item leva em consideração a análise da inclusão da ação em uma carteira de ações (portfólio). Ao se admitir que a avaliação deva ser desenvolvida por meio de sua inserção num portfólio, ou seja, considerando-se a ação como parte integrante de uma carteira de títulos e valores mobiliários, são adotados como instrumentos de análise os modelos de precificação de ativos, cujos aspectos mais importantes são desenvolvidos nos Capítulos 14 e 15. Esse enfoque mais atual vem encontrando um número cada vez maior de seguidores, produzindo relevantes trabalhos e aplicações práticas.

De outra forma, ao se avaliar uma ação isoladamente, isto é, fora do contexto de uma carteira, a preocupação do investidor passa a concentrar-se mais especificamente no título em si (dividendos e valorização) e não na influência desses benefícios sobre o patrimônio da carteira.

O modelo básico de avaliação de uma ação é definido com base no valor descontado dos fluxos de caixa, conforme desenvolvido a seguir.

13.3.1 Modelo básico de desconto

O valor de um título é definido pelo valor presente de seus fluxos de caixa esperados (futuros). Ao adquirir ações, o investidor tem a expectativa de receber dividendos e uma valorização de seu preço de mercado. Uma avaliação dessa situação é processada por meio do método do fluxo de caixa descontado, o qual é complementado, para certas hipóteses de crescimento, pelo modelo de Gordon.

Em essência, o modelo admite que o valor de um ativo é determinado pelo valor presente de seus fluxos de caixa futuros, descontados a uma taxa que remunera o investidor no nível de risco assumido. Os fluxos de caixa são representados no modelo pelos dividendos esperados, quantificados com base em projeções dos percentuais de distribuição de lucros e em suas taxas de crescimento.

Para melhor compreender o modelo do fluxo de caixa descontado, *admita* que determinada ação tenha sido adquirida, no início de certo ano, por $ 2,50, sendo vendida ao final do mesmo período por $ 2,70, logo após ter o investidor recebido $ 0,20/ação de dividendos.

O retorno (K) produzido por esse investimento em ação atinge a 16,0% no período, ou seja:

$$2,50 = \frac{2,70}{1+K} + \frac{0,20}{1+K}$$

$$2,50 = \frac{2,90}{1+K}$$

$$K = 16,0\%$$

Dessa maneira, pode-se enunciar a seguinte identidade para a avaliação de uma ação admitindo-se um período determinado de investimento:

$$P_0 = \frac{D_n}{(1+K)^n} + \frac{P_n}{(1+K)^n}$$

onde: P_0 = valor de aquisição (intrínseco) da ação;

D_n = dividendo previsto de receber ao final do período (na data da venda da ação);

P_n = preço de venda da ação ao final do período;

K = taxa de desconto que representa o retorno requerido (esperado) pelo investidor na aplicação.

Para a situação exposta de investimento com prazo determinado, observa-se que o valor de uma ação é função dos dividendos e de sua valorização no mercado (ganho de capital), ou seja, seu preço teórico de mercado é definido pelo valor presente desses benefícios futuros esperados de caixa. A taxa de desconto (K) é interpretada, conforme será exposto adiante, como o rendimento mínimo exigido pelos acionistas da empresa.

Na identidade de avaliação enunciada, está previsto o recebimento dos dividendos exatamente na data da venda da ação. Na prática, porém, essas datas não são necessariamente coincidentes, podendo ocorrer, ainda, várias distribuições de dividendos ao longo do período de aplicação. Nesses casos, a fórmula de avaliação mais apropriada é assim expressa:

$$P_0 = \sum_{t=1}^{n} \frac{D_t}{(1+K)^t} + \frac{P_n}{(1+K)^n}$$

Por exemplo, admita que um investidor tenha estimado em $ 0,30 e $ 0,50 os dividendos correntes a serem distribuídos, respectivamente, ao final de cada um dos próximos dois anos. Admitindo-se que o valor previsto de venda ao final do segundo ano seja de $ 4,10 por ação, o preço máximo a ser pago por essa ação hoje, ao fixar-se em 20% ao ano a rentabilidade mínima desejada, atinge:

$D_1 = \$\ 0{,}30$

$D_2 = \$\ 0{,}50$

$K = 20\%$ ao ano

$P_n = \$\ 4{,}10$

$$P_0 = \frac{0{,}30}{1{,}20} + \frac{0{,}50}{1{,}20^2} + \frac{4{,}10}{1{,}20^2}$$

$P_0 = \$\ 3{,}44$/ação

Assim, desejando auferir um retorno equivalente anual de 20%, o preço máximo que o investidor pagaria por esta ação hoje, considerando os benefícios esperados da aplicação e a taxa de retorno exigida, é de $ 3,44/ação.

Dessa forma, para qualquer prazo definido da aplicação e quaisquer que sejam os valores e os critérios de recebimento dos benefícios, a identidade sugerida permite que sejam calculados o valor teórico (intrínseco) de compra e o de venda da ação (P_n), assim como apurada a taxa de retorno (K) esperada do investimento.

EXEMPLO ILUSTRATIVO – Um investidor está avaliando a compra de uma ação por dois anos. Os dividendos projetados são de $ 0,50/ação ao final de cada um dos próximos dois semestres, e de $ 0,75/ação ao final do 3º e do 4º semestres. A taxa de retorno exigida pelo investidor (taxa de atratividade) é de 16% a.a., ou 8% a.s.

Pede-se determinar o valor previsto de venda da ação ao final do 2º ano (4º semestre) de forma que o investidor seja remunerado na taxa de atratividade de 8% a.s. Sabe-se que a ação está negociada atualmente no mercado por $ 15,00/ação.

Solução

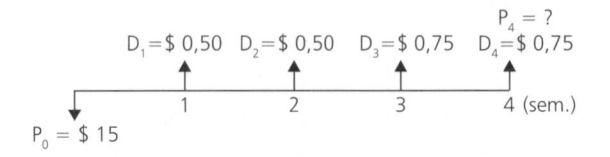

$D_1 = \$\ 0{,}50 \quad D_2 = \$\ 0{,}50 \quad D_3 = \$\ 0{,}75 \quad D_4 = \$\ 0{,}75 \quad P_4 = ?$

$P_0 = \$\ 15$

O valor de negociação da ação deve ser o valor presente do fluxo futuro esperado de rendimentos. Assim, para uma taxa de desconto de 8% a.s., tem-se:

$$\$\ 15{,}00 = \frac{\$\ 0{,}50}{1{,}08} + \frac{\$\ 0{,}50}{1{,}08^2} + \frac{\$\ 0{,}75}{1{,}08^3} + \frac{\$\ 0{,}75}{1{,}08^4} + \frac{P_4}{1{,}08^4}$$

$15{,}00 = 2{,}0383 + 0{,}7350\ P_4$

$0{,}7350\ P_4 = 12{,}9617$

$P_4 = \$\ 17{,}64$/ação

Se o investidor pagar hoje $ 15,00 pela ação, receber os dividendos previstos e vender o papel por $ 17,64 ao final de dois anos, aufere uma rentabilidade efetiva de 8% a.s.

13.3.2 Taxa de retorno do investimento

A taxa de retorno requerida pelos acionistas ao investirem seus recursos no empreendimento é considerada como o custo do capital próprio de uma empresa. Ao levantar recursos no mercado acionário, ou mesmo ao reter parte de seus lucros, a empresa deve aplicá-los em projetos (ativos) que demonstrem viabilidade econômica, de modo que o retorno produzido possa remunerar seus acionistas em nível equivalente às suas expectativas. Dessa forma, a remuneração mínima exigida pelos acionistas constitui-se, em última análise, no custo do capital próprio de uma empresa.

Em verdade, um investidor, ao admitir atratividade na aquisição de determinada ação, projeta na taxa de retorno considerada na avaliação sua expectativa de retorno e, consequentemente, o custo do capital próprio da empresa. Evidentemente, se a aplicação dos recursos próprios, por parte de uma empresa, não produzir uma remuneração, pelo menos idêntica à exigida pelos seus proprietários, a baixa remuneração irá indicar uma desvalorização do preço de mercado da ação e, consequentemente, da riqueza dos acionistas.

13.4 Valor da ação e valor da empresa

No item anterior, demonstrou-se, para um determinado investimento com prazo definido, que o preço de uma ação é o valor presente do fluxo de dividendos futuros e de seu preço de venda ao final do período.

O valor assim obtido é interpretado como o preço máximo que um investidor pagaria por este título, para um investimento por prazo determinado, e considerando os rendimentos esperados e a taxa de retorno exigida.

Ao se projetar este raciocínio para um período maior de tempo, haverá um investidor no momento P_1 (data de venda da ação) disposto a adquirir a ação, utilizando o mesmo raciocínio na avaliação de seu preço. Logo, o preço em P_2 é função dos dividendos esperados e do valor de venda da ação em P_3.

Essa demonstração poderia continuar indeterminadamente, chegando-se à conclusão de que o valor de uma ação é o valor presente do fluxo de dividendos futuros esperados, ou seja:

$$P_0 = \frac{D_1}{1+K} + \frac{D_2}{(1+K)^2} + \frac{D_3}{(1+K)^3} + \ldots + \frac{D_\infty}{(1+K)^\infty}$$

Generalizando-se:

$$P_0 = \sum_{t=1}^{\infty} \frac{D_t}{(1+K)^t}$$

Mesmo que o horizonte de tempo de um investidor não seja tão longo, é preciso reforçar que o preço de mercado de uma ação é dependente do que outro investidor esteja disposto a pagar no futuro. Este investidor, por sua vez, também tem o preço de sua ação definido pelas expectativas de venda futura, e assim por diante. Até a perpetuidade.[6]

Em conclusão, o preço de mercado de uma ação, independentemente do prazo do investimento, é determinado pelos dividendos futuros esperados, tornando o modelo válido mesmo para aplicações de prazos determinados. O valor do patrimônio líquido de uma empresa passa, assim, a ser representado pelo valor presente de seus dividendos futuros projetados na perpetuidade.

Observe ainda que o modelo de avaliação de ações leva em consideração o fluxo de dividendos, e não o de lucros. Essa opção se baseia na expectativa dos investidores ao selecionarem as ações a serem adquiridas no recebimento de dividendos e não de lucros. Ao se estudar anteriormente dividendos, constatou-se que somente uma parte dos resultados líquidos da empresa é distribuída aos acionistas, reinvestindo-se o restante na própria atividade para futura geração de rendimentos.

Empresas que não pagam eventualmente dividendos encontram-se na maioria das vezes em fase de expansão de seus negócios ou atuam em segmentos que exigem altos investimentos, como tecnologia, materiais esportivos, cosméticos etc. Isso ocorrendo, geram no mercado uma expectativa de retomarem seu fluxo de dividendos em uma data futura,

_____
[6] Sobre o assunto, recomenda-se a leitura de: ASSAF N. Alexandre. *Valuation*. 4. ed. São Paulo: Atlas, 2021.

acrescido, porém, dos rendimentos adicionais apurados pela retenção integral dos lucros. O uso do modelo de avaliação, nesse caso, exige que se projete não só o comportamento crescente dos dividendos futuros, como também a data em que começarão a ser distribuídos.

13.4.1 Perpetuidade com crescimento nulo

O item precedente desenvolveu a formulação básica de um fluxo de caixa indeterminado, ou seja:

$$P_0 = \frac{D_1}{1+K} + \frac{D_2}{(1+K)^2} + \frac{D_3}{(1+K)^3} + \ldots + \frac{D_\infty}{(1+K)^\infty}$$

É constatável que, quanto maior for o valor de n, mais próximo a zero se apresenta a expressão: $1/(1+K)^n$. Logo, a dedução da fórmula do valor presente de um fluxo de caixa na perpetuidade apura o seguinte resultado:

$$P_0 = \frac{D}{K}$$

Assim, a taxa de retorno esperada e o preço de compra da ação são determinados calculando-se, respectivamente, os valores de K e P_0 na expressão.

Para melhor interpretar a expressão citada como o valor presente de um fluxo de caixa indeterminado, *admita* um pagamento de $ 600/ano de forma perpétua. Para uma taxa de desconto de 6% ao ano, tem-se as seguintes formulações de cálculo do valor presente:

- $P_0 = \dfrac{600}{1,06} + \dfrac{600}{1,06^2} + \dfrac{600}{1,06^3} + \ldots + \dfrac{600}{1,06^{200}}$

  $P_0 = \$ 10.000$

Evidentemente, quanto maior n, mais o valor presente se aproxima de $ 10.000,00:

- $P_0 = \dfrac{600}{0,06} = \$ 10.000,00$

EXEMPLO 1. Admita que seja prevista uma distribuição anual de dividendos de $ 0,40 por ação indefinidamente. Determine o valor teórico dessa ação se os acionistas definirem em 20% ao ano a taxa mínima exigida de rentabilidade.

Solução:

O valor da ação atinge a:

$$P_0 = \frac{\$ 0,40}{0,20} = \$ 2,00/\text{ação}$$

Para a decisão de compra, o valor calculado deve ser confrontado com o valor de mercado (valor de negociação) da ação. Diferenças que venham a ocorrer nesses valores são explicadas, geralmente, pelo fato de os investidores não apresentarem idênticas expectativas com relação ao fluxo futuro esperado de dividendos e na definição da taxa de atratividade do investimento.

EXEMPLO 2. Admita, no exemplo anterior, que a empresa esteja avaliando uma alteração em sua política de dividendos atual. A proposta apresentada é distribuir, ao final de cada um dos próximos cinco anos, dividendos fixos de $ 0,20/ação; a partir do sexto ano, os dividendos anuais elevam-se para $ 0,60 indefinidamente.

Diante dessa nova política proposta de distribuição de dividendos, avalie como o patrimônio do acionista será afetado.

Solução:

Ao optar por uma nova política de distribuição de dividendos, o valor teórico da ação reduz-se para $ 1,80, ou seja:

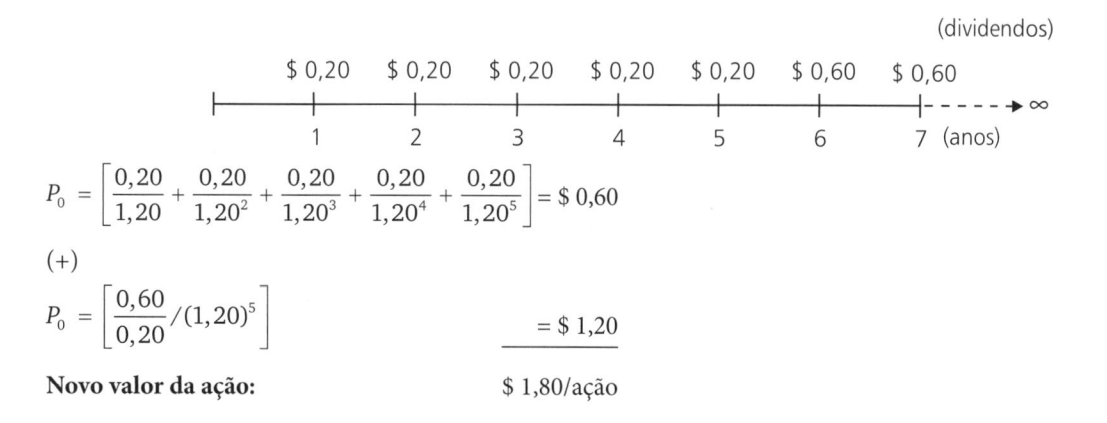

(dividendos)

$ 0,20 $ 0,20 $ 0,20 $ 0,20 $ 0,20 $ 0,60 $ 0,60
|———|———|———|———|———|———|– – – – –▶∞
1   2   3   4   5   6   7 (anos)

$$P_0 = \left[\frac{0,20}{1,20} + \frac{0,20}{1,20^2} + \frac{0,20}{1,20^3} + \frac{0,20}{1,20^4} + \frac{0,20}{1,20^5}\right] = \$ 0,60$$

(+)

$$P_0 = \left[\frac{0,60}{0,20}/(1,20)^5\right] \qquad = \$ 1,20$$

Novo valor da ação: $ 1,80/ação

Observe que a alteração na política de dividendos, conforme proposta, determina uma redução de $ 0,20 ($ 2,00 – $ 1,80) na riqueza do acionista, sendo avaliada pela perda de valor de suas ações.

EXEMPLO 3. Um investidor está avaliando uma ação cujos dividendos anuais esperados são de $ 0,28/ação indeterminadamente. A taxa de retorno exigida para esse investimento é de 16% ao ano, no mínimo.

Determinar o preço máximo que o investidor pagaria por esta ação. Sabe-se que a ação está sendo negociada no mercado por $ 1,90.

Solução:

O preço máximo que o investidor poderia pagar por essa ação, considerando suas projeções de dividendos e a taxa de retorno requerida, é de $ 1,75 por ação, ou seja:

$$P_0 = \frac{\$ 0,28}{0,16} = \$ 1,75/\text{ação}$$

Comparando esse valor teórico com o preço de negociação de mercado, a ação está cara para os padrões estabelecidos pelo investidor, o qual obteria somente 14,7% ao ano de retorno se decidisse adquiri-la, ou seja:

$$1,90 = \frac{0,28}{K}$$

$$K = 14,7\%$$

Como o retorno desejado (16%) é superior ao esperado (14,7%), o investimento *não* é aconselhável. Remunera o investidor abaixo de sua taxa de retorno requerida (custo de oportunidade).

13.4.2 Modelo de crescimento: fórmula de Gordon[7]

A formulação apresentada de distribuição indeterminada de dividendos pressupõe que os fluxos de caixa não sofram alterações ao longo dos anos. No entanto, pode-se perfeitamente prever crescimento periódico no valor dos dividendos, os quais variam a uma determinada taxa constante g.

Nesses casos, para a avaliação do valor de uma ação com crescimento perpétuo é aplicado o modelo de *Gordon*. Assim, os dividendos para cada um dos anos são apurados da forma seguinte:

$$D_1 = D_0(1 + g)$$

$$D_2 = D_0(1 + g)^2$$

$$D_3 = D_0(1 + g)^3$$

. .
. .
. .

$$D_t = D_0(1 + g)^t$$

---

[7] GORDON, Myron. Dividends, earnings, and stock prices. *Review of Economics and Statistics*, 1959.

Generalizando a expressão do valor de uma ação:

$$P_0 = \frac{D_1}{1+K} + \frac{D_2}{(1+K)^2} + \frac{D_3}{(1+K)^3} + \frac{D_4}{(1+K)^4} + \ldots$$

Simplificando:

$$P_0 = \frac{D_1}{K-g}$$

Observe que D_1, numerador da expressão de cálculo, é o dividendo projetado para o final do primeiro período. A taxa de crescimento perpétuo dos dividendos é indicada pela constante **g**.

A *hipótese implícita* no modelo é a de que a taxa de crescimento (g) seja inferior à taxa de desconto, ou seja: $K > g$. Efetivamente, à medida que g for se aproximando de K, o valor da ação vai convergindo ao infinito.

A partir da expressão de cálculo do valor de uma ação com crescimento constante, pode-se também obter o valor de K, ou seja:

$$K = \frac{D_1}{P_0} + g$$

Por exemplo, admita que uma ação pague dividendos de $ 0,18/ação por ano indeterminadamente, e que esses valores cresçam a uma taxa constante de 3% ao ano. Sendo de 15% ao ano a taxa de retorno exigida nessa alternativa de investimento, o valor da ação deve atingir:

$$P_0 = \frac{\$\,0{,}18}{0{,}15 - 0{,}03} = \$\,1{,}50/\text{ação}$$

Essa política de dividendos com crescimento anual constante de 3% é economicamente equivalente, para o acionista, à prática de distribuição fixa de $ 0,225/ano indeterminadamente, ou seja:

$$\$\,1{,}50 = \frac{D_1}{0{,}15}$$

$D_1 = \$\,0{,}225/\text{ação}$

Ambas as políticas produzem o mesmo valor presente para a ação, não afetando, por conseguinte, a riqueza dos acionistas.

É importante que se destaque, uma vez mais, na hipótese de rendimentos indeterminados (perpétuos), conforme considerada no modelo, a suposição implícita de que os dividendos constituem-se na base de determinação do valor de uma ação e, consequentemente, do patrimônio líquido da empresa. É aceito que o valor de uma ação é dependente dos fluxos de rendimentos futuros esperados, sendo seu preço de venda estabelecido pelo valor presente dessas projeções financeiras estabelecidas pelos investidores. Ficou estabelecido em itens anteriores, também, que esse fluxo de negociações é infinito, pois sempre alguém estará adquirindo ações em função de certas expectativas futuras de ganhos.

Na suposição de a empresa não pagar dividendos, todas as conclusões enumeradas costumam manter-se válidas, pois a decisão de reter os lucros pode gerar expectativas de maiores dividendos futuros. No intervalo em que não são distribuídos dividendos, os investidores poderão financiar-se, caso desejem, mediante a realização financeira das eventuais valorizações ocorridas em suas ações, as quais são estabelecidas pelas expectativas otimistas que o mercado apresenta com relação ao desempenho da empresa.

EXEMPLO 4. Uma empresa apresenta um fluxo corrente de rendimentos de $ 0,22/ação. Os analistas dessa ação acreditam em um crescimento estável dos dividendos dessa empresa na faixa de 4% ao ano, já a partir do próximo ano. O preço de mercado dessa ação está fixado em $ 2,50. Avaliar a atratividade do preço de mercado da ação para uma taxa requerida de retorno de 15% ao ano.

Solução:

O valor teórico dessa ação é de $ 2,08, isto é:

$$P_0 = \frac{0{,}22 \times 1{,}04}{0{,}15 - 0{,}04} = \$\,2{,}08/\text{ação}$$

demonstrando ser o valor de mercado ($ 2,50/ação) alto demais para o investidor que deseje obter um retorno de 15% ao ano. A ação está sobrevalorizada e a expectativa é que o preço caia, ajustando a rentabilidade para a taxa desejada de 15% a.a.

Para que essa ação possa justificar seu valor corrente de mercado de $ 2,50, deve apresentar uma taxa de crescimento de:

$$2{,}50 = \frac{0{,}22\,(1+g)}{0{,}15 - g}$$

Resolvendo-se:

$0{,}375 - 2{,}50\,g = 0{,}22 + 0{,}22\,g$

$2{,}72\,g = 0{,}155$

$g = 5{,}7\%$

A taxa de crescimento esperada dos dividendos deve atingir 5,7% ao ano, de maneira a justificar o preço corrente de mercado de $ 2,50 da ação.

EXEMPLO 5. Uma empresa encontra-se em fase de grande expansão, com o lançamento de novos produtos no mercado. Os dividendos atuais são de 0,55/ação e espera-se um crescimento de 9% ao ano nos próximos quatro anos. Após esse período de forte rendimento, admite-se que a taxa de crescimento se estabilize em 4% ao ano indeterminadamente.

Determinar o valor teórico da ação, sendo de 15% ao ano a taxa de retorno exigida.

Solução:

Dividendos com crescimento de 9% a.a.

$D_1 = \$ 0,55 (1,09)^1 = \$ 0,5995$

$D_2 = \$ 0,55 (1,09)^2 = \$ 0,6535$

$D_3 = \$ 0,55 (1,09)^3 = \$ 0,7123$

$D_4 = \$ 0,55 (1,09)^4 = \$ 0,7764$

O valor presente dos dividendos esperados nos quatro primeiros anos atinge o seguinte valor:

$$P_0 = \frac{0,5995}{1,15} + \frac{0,6535}{1,15^2} + \frac{0,7123}{1,15^3} + \frac{0,7764}{1,15^4}$$

$P_0 = \$ 1,93/\text{ação}$

Os dividendos que se iniciam no ano 5 atingem:

$D_5 = \$ 0,7764 (1,04)^1 = \$ 0,8075$

$D_6 = \$ 0,7764 (1,04)^2 = \$ 0,8397$

$D_7 = \$ 0,7764 (1,04)^3 = \$ 0,8733$

e assim por diante.

O valor presente desses dividendos, aplicando-se a fórmula da perpetuidade com crescimento constante, é obtido no ano 4. Para transferir esse valor para o ano 0 (momento atual), deve-se atualizá-lo pelo fator: $(1,15)^4$, ou seja:

$$P_0 = \frac{\$ 0,8075}{0,15 - 0,04}/(1,15)^4$$

$P_0 = 7,34/1,749 = \$ 4,20/\text{ação}$

Logo, o valor presente do total dos dividendos no momento 0, que representa o valor teórico da ação, atinge:

$P_0 = \$ 1,93 + \$ 4,20 = \$ 6,13/\text{ação}$

13.4.3 Taxa de crescimento (*g*)

O valor do crescimento dos lucros em determinado intervalo de tempo é identificado no retorno produzido pela parcela dos resultados não distribuídos (retidos), ou seja:

Valor de crescimento dos lucros	=	Lucros retidos no período corrente	×	Taxa de retorno dos lucros retidos

Por exemplo, se uma empresa apura um lucro por ação de $ 1,20 em determinado ano e distribui 40% deste valor (índice de *payout* de 40%) aos seus acionistas, o valor projetado de crescimento dos lucros para o próximo exercício, admitindo que ela possa reinvestir a parcela retida dos proprietários à taxa anual de 15%, atinge:

Crescimento do LPA $= (\$ 1,20 \times 0,60) \times 15\%$
$= \$ 0,108/\text{ação}$

Dessa forma, o valor do crescimento dos lucros é função da parcela não distribuída (reinvestida) e do retorno produzido por este valor.

Por outro lado, o LPA projetado para o próximo exercício é apurado com base no lucro por ação atual acrescido do valor do crescimento dos lucros, ou seja:

LPA Projetado = LPA atual + valor do crescimento

Utilizando-se os valores do exemplo, pode-se projetar o valor do LPA para o próximo ano em: *LPA projetado* = $ 1,20 + $ 0,108 = $ 1,308.

O valor de crescimento do lucro pode também ser expresso em bases percentuais. O retorno produzido pelos lucros retidos é definido por **r**. A taxa de lucros retidos, também denominada taxa de reinvestimento, definida por **b**, é obtida pela relação entre o montante dos lucros não distribuídos e os lucros apurados no corrente período, isto é:

$$b = \frac{\text{Lucros retidos (\$)}}{\text{Lucros do corrente período (\$)}}$$

Assim, a fórmula da taxa de crescimento (g) dos lucros apresenta-se:

$$g = b \times r$$

No *exemplo* citado, a taxa anual de crescimento do LPA atinge a 9% indeterminadamente, conforme apurado abaixo:

$b = 60\%$ (parcela retida do LPA)

$r = 15\%$ (taxa de retorno)

Logo:

$g = 0,60 \times 15\% = 9\%$

Essa situação de crescimento pode ser demonstrada, para cada um dos anos, da forma seguinte:

	Ano 1	Ano 2	Ano 3	
LPA	$ 1,200	$ 1,308	$ 1,426	- - - - -
Dividendos (40%)	$ 0,480	$ 0,523	$ 0,570	- - - - -
Lucro retido:	$ 0,720	$ 0,785	$ 0,856	- - - - -
	g = 9%	g = 9%		- - - - -

EXEMPLO 6. O lucro líquido atual divulgado pela Cia. ABC é de $ 7 milhões. A empresa tem um retorno padrão sobre seu patrimônio líquido equivalente a 14% ao ano, não revelando nenhuma indicação de alteração dessa taxa no futuro. Sua política de dividendos prevê uma distribuição anual de 30% dos resultados líquidos apurados.

Estabelecer a taxa de crescimento dos resultados da empresa para os três próximos exercícios.

Solução:

A taxa de crescimento anual dos lucros pode ser obtida pela expressão:

$g = b \times r$,

onde: $b = 70\%$ (taxa de reinvestimento do lucro);

r = retorno s/patrimônio líquido = 14%.

Substituindo:

$g = 0,70 \times 0,14 = 9,8\%$.

O crescimento dos resultados para os próximos três anos, calculado em 9,8%, é demonstrado a seguir:

	Ano 1	Ano 2	Ano 3	Crescimento (g)
Lucro líquido	$ 7.000	$ 7.686	$ 8.439	9,8% a.a.
Dividendos (30%)	$ 2.100	$ 2.306	$ 2.532	9,8% a.a.
Lucro retido	$ 4.900	$ 5.380	$ 5.907	9,8% a.a.

13.4.4 Crescimento e criação de valor

Foi demonstrado no item anterior que o resultado projetado de uma empresa leva em consideração o lucro atual e o valor do crescimento. Nessas condições, somente haverá criação de valor para o acionista quando o reinvestimento for efetuado a uma taxa de retorno superior à taxa exigida para o investimento.

Para melhor ilustrar esta situação, *admita* uma ação com as seguintes informações:

- Lucro por ação (LPA) esperado para Ano 1 = $ 1,00
- Taxa de retorno exigida pelos investidores = 16% ao ano.

Se a empresa distribuir integralmente seus resultados anuais, o valor de sua ação é obtido pela fórmula da perpetuidade dos fluxos de caixa apresentada anteriormente, ou seja:

$$P_0 = \frac{\$ 1,00}{0,16} = \$ 6,25/\text{ação}$$

Ao se admitir, por outro lado, que a empresa distribua o equivalente a 30% de seus lucros (retenção de 70% dos resultados para reinvestimento) a uma taxa de retorno de 20%, são apurados os seguintes valores:

Taxa de crescimento (g) = $b \times r$

Taxa de crescimento (g) = $0,70 \times 0,20 = 14\%$

Preço da ação (P_0) = $\dfrac{(\$ 1,00 \times 30\%)}{0,16 - 0,14}$

= $ 15,00/ação

Ao investir uma parcela do lucro a uma taxa de retorno superior à remuneração exigida pelo investidor, a empresa agregou riqueza a seus acionistas, elevando o preço de suas ações de $ 6,25, calculado na hipótese de total distribuição do lucro, para $ 15,00, ao reinvestir parcela do lucro.

Se o reinvestimento dos lucros retidos fosse efetuado a uma taxa de retorno de 16%, igual à rentabilidade exigida pelos investidores, o preço da ação se retrairia para $ 6,25, com uma taxa de crescimento dos dividendos de 11,2% (16% × 0,70), ou seja:

$g = 0,70 \times 0,16 = 11,2\%$

$$P_0 = \frac{(\$ 1,00 \times 30\%)}{0,16 - 0,112} = \$ 6,25/\text{ação}$$

A empresa destrói valor de seus acionistas ao reinvestir os lucros retidos a uma taxa de retorno inferior à exigida pelos acionistas. Sendo de 12% a taxa de oportunidade considerada, tem-se:

$g = 0,70 \times 0,12 = 8,4\%$

$$P_0 = \frac{(\$ 1,00 \times 30\%)}{0,16 - 0,084} = \$ 3,95/\text{ação}$$

Não podendo reaplicar seus lucros a uma taxa de retorno pelo menos igual à remuneração exigida pelos seus acionistas, a melhor decisão a ser tomada pela empresa é a distribuição de seus lucros, de forma a evitar a destruição de seu valor de mercado.

13.5 Relações entre as fórmulas de valor presente

Foi demonstrado que, para um fluxo indeterminado de dividendos constantes, o cálculo do valor da ação (valor presente do fluxo de dividendos) é efetuado pela seguinte expressão:

$$P_0 = \frac{D}{K}$$

D = Dividendos

K = Taxa de desconto

A premissa básica da fórmula é o valor constante dos dividendos periódicos. Por outro lado, ao se admitir que o fluxo de dividendos cresça a cada ano segundo uma taxa constante **g**, o valor da ação é calculado:

$$P_0 = \frac{D_1}{K - g}$$

onde: g = taxa de crescimento anual e constante dos dividendos;

D_1 = dividendos esperados ao final do primeiro período.

As premissas da expressão são:
- taxa de crescimento dos dividendos (g) é constante;
- taxa de desconto (K) > taxa de crescimento (g).

É importante reconhecer que estas duas expressões de cálculo apuram os mesmos resultados na suposição de o retorno do reinvestimento (r) ser igual à taxa de desconto (K). Em outras palavras:

$$\frac{D}{K} = \frac{D_1}{K - g}$$

se: $K = r$

r = taxa de retorno do reinvestimento.

Por exemplo, admita uma empresa que tenha projetado um lucro por ação (LPA) para o próximo exercício de $ 4,50, e defina em 15% a taxa de retorno exigida pelos acionistas. São avaliadas duas situações:

a) *A empresa distribui integralmente seus lucros como dividendos*

Neste caso de índice de *payout* igual a 100% (LPA = Dividendos), e dividendos indeterminadamente constantes de $ 4,50/ação, o valor da ação atinge:

$$P_0 = \frac{\$\,4,50}{0,15} = \$\,30,00/\text{ação}$$

b) *A empresa distribui 40% de seus lucros aos acionistas, reinvestindo o restante. A taxa de retorno deste reinvestimento (retorno sobre o capital próprio) está prevista em 15% a.a.*

Diante do reinvestimento anual do lucro equivalente a 60%, pode-se apurar a taxa de crescimento dos dividendos (g) de 9% a.a., ou seja:

g = taxa de reinvestimento (b) × taxa de retorno (r)
g = 60% × 15% = 9%

Para o cálculo do valor da ação, é aplicada a fórmula de Gordon que prevê um crescimento constante e indeterminado dos dividendos:

$$P_0 = \frac{(40\% \times \$\,4,50)}{0,15 - 0,09} = \$\,30,00/\text{ação}$$

O preço da ação é o mesmo admitindo a estabilidade dos dividendos ou o seu crescimento anual em decorrência do reinvestimento planejado dos lucros.

O que determina esta igualdade é o pressuposto adotado de a taxa de retorno esperada do reinvestimento ser exatamente igual à taxa de desconto (taxa de retorno exigida) de 15% a.a. Quando estas taxas forem iguais, a empresa não agrega valor em suas ações, remunerando unicamente o investimento feito pelo seu custo de oportunidade. Em outras palavras, não há criação de riqueza aos acionistas.

Os valores são diferentes em caso de as taxas de retorno e de desconto não coincidirem. Assim, se a empresa for capaz de reinvestir os 60% de seus resultados líquidos a uma taxa esperada de retorno de 18% a.a., o valor da ação se modifica para:

Taxa de crescimento do lucro (g) = 60% × 18% = 10,8%

Logo:

$$P_0 = \frac{(40\% \times \$\,4,50)}{0,15 - 0,108} = \$\,42,86/\text{ação}$$

O preço teórico da ação tem uma valorização de 42,9%, passando de $ 30,00 ao se admitir um retorno esperado igual à taxa de desconto (ou nada reinvestir e distribuir todo o resultado aos acionistas), para $ 42,86 ao se prever alguma geração de valor. As diferenças de resultados apurados pelas duas fórmulas não são explicadas pela taxa de reinvestimento; são as taxas de retorno e de desconto que produzem valores diferentes das ações.

Uma empresa é capaz de agregar valor aos seus acionistas, ou seja, produzir uma valorização nas cotações de suas ações no mercado, somente quando consegue apurar uma taxa de retorno de seus investimentos mais alta que o seu custo de capital (**r** > **K**).

Em resumo: $\frac{D}{K} = \frac{D_1}{K - g}$ desde que a taxa de retorno do reinvestimento seja igual à taxa de atratividade (taxa de desconto). Neste caso, o crescimento *não* gera valor econômico.

As duas fórmulas produzem resultados divergentes se a taxa de reinvestimento do lucro retido for diferente da taxa de desconto.

Não é a taxa de crescimento que produz valor ao investimento: o direcionador de valor é o retorno em excesso ao custo de oportunidade.

13.6 Preço justo (*target price*)

O preço justo de uma empresa equivale ao valor presente de um fluxo futuro de benefícios de caixa prometidos pelo papel descontado a uma taxa de juro que reflita adequadamente o risco do investimento. Este fluxo de benefícios considera as receitas, custos e despesas e todas as necessidades de investimentos para manter sua competitividade.

Estes fluxos futuros são projetados a partir de cenários econômicos, comportamento esperado do mercado e setor de atividade, entre outros fatores.

Estes benefícios são trazidos a valor presente mediante uma taxa de desconto que expressa a remuneração mínima exigida pelos proprietários de capital (acionistas e credores).

Descontando-se do valor da empresa todas as dívidas perante terceiros, chega-se ao valor de seu patrimônio líquido. Dividindo-se o valor do patrimônio pelo número total de ações emitidas pela empresa, apura-se o preço justo de cada ação.

Para decisões de investimento em ações, este valor justo deve ser comparado com o seu valor de negociação, indicando a atratividade da compra do papel. Sendo o valor justo encontrado maior que o valor de negociação, entende-se que a ação está barata, prevendo-se uma possibilidade de valorização.

Este capítulo tratou do cálculo do valor justo de uma ação utilizando o modelo do fluxo de dividendos descontado. A partir desse preço justo, é possível comparar se o preço de negociação de determinado papel é atraente para investimento ou está caro, desincentivando sua aquisição.

Fair Value e Valor de Mercado

O preço de uma ação em bolsa de valores é formado pelas forças de oferta e procura do papel, refletindo as expectativas de ganhos que o mercado projeta.

O *valor justo* de uma ação reflete o valor presente, na data de sua apuração, das expectativas futuras de geração de benefícios de caixa. Pode-se definir o *fair value*, de forma mais rigorosa, como os benefícios econômicos futuros esperados de caixa dimensionados a valor presente, descontados por uma taxa de juro que remunera o risco do investimento (custo de oportunidade do investidor).

A aquisição de ações no mercado é recomendada quando o valor justo for maior que o preço de negociação em bolsa de valores. Nessa situação, entende-se que a ação encontra-se desvalorizada. Se o preço da ação em bolsa superar seu valor justo, não há atratividade para o investimento; o papel está caro.

14 Risco, Retorno e Mercado

Na prática, as decisões financeiras não são tomadas em ambiente de total certeza com relação a seus resultados. Em verdade, por estarem essas decisões fundamentalmente voltadas para o futuro, é imprescindível que se introduza a variável incerteza como um dos mais significativos aspectos do estudo das operações do mercado financeiro.

Toda vez que a incerteza associada à verificação de determinado evento possa ser quantificada por meio de uma distribuição de probabilidades dos diversos resultados previstos, diz-se que a decisão está sendo tomada sob uma situação de risco. Dessa maneira, o risco pode ser entendido pela capacidade de se mensurar o estado de incerteza de uma decisão mediante o conhecimento das probabilidades associadas à ocorrência de determinados resultados ou valores.

A ideia de risco, de forma mais específica, está diretamente associada às probabilidades de ocorrência de determinados resultados em relação a um valor médio esperado. É um conceito voltado para o futuro, revelando uma possibilidade de perda.

O risco é, na maioria das vezes, representado pela medida estatística do desvio-padrão, conforme estudada no Capítulo 6, indicando se o valor médio esperado é representativo do comportamento observado. Assim, ao se tomarem decisões de investimento com base num resultado médio esperado, o desvio-padrão passa a revelar o risco da operação, ou seja, a dispersão das variáveis (resultados) em relação à média.

Este capítulo dedica-se à análise e ao dimensionamento do risco e retorno de ativos aplicados às decisões tomadas no mercado financeiro. Em particular, são estudados com maior ênfase a teoria do portfólio, diversificação do risco, seleção de carteiras mais atraentes pela relação risco-retorno, a teoria da diversificação e o modelo de Markowitz.

14.1 Mercado eficiente

No contexto de um mercado financeiro eficiente, o valor de um ativo é reflexo do consenso dos participantes com relação ao seu desempenho esperado.[1] Na hipótese de eficiência, o preço de um ativo qualquer é formado a partir das diversas informações publicamente disponíveis aos investidores, sendo as decisões de compra e venda tomadas com base em suas interpretações dos fatos relevantes.

Os preços livremente praticados pelos agentes participantes são normalmente bastante sensíveis às novas informações introduzidas pelo ambiente conjuntural, pelo comportamento do mercado e da própria empresa emitente do título, determinando ajustes rápidos em seus valores. Toda nova informação relevante trazida ao mercado tido como eficiente tem o poder de promover alterações nos valores dos ativos negociados, modificando seus livres preços de negociação e resultados de análises. Esse comportamento extremamente sensível dos preços de mercado ensina que projeções que venham a ser efetuadas com relação a determinado cenário futuro devem sempre incorporar novas informações esperadas, e não somente se basear em dados verificados no passado.

> Um mercado eficiente é entendido como aquele em que os preços refletem as informações disponíveis e apresentam grande sensibilidade a novos dados, ajustando-se rapidamente a outros ambientes. O mercado apresenta-se eficiente em relação à informação. Na hipótese de eficiência de mercado (HME), os ativos são cotados sempre pelo seu valor justo, sendo bastante difícil apurar-se retornos acima da média de mercado de forma contínua e persistente. Assim, no longo prazo a teoria propõe que os retornos dos ativos tendem a convergir para a média de mercado. Essa teoria foi formulada por Eugene Fama nos anos 1960, sendo alvo de grandes debates pelos economistas e especialistas de mercado.

É importante acrescentar que o conceito de eficiência de mercado não implica a permanente presença de preços perfeitos dos diversos ativos transacionados (preços exatamente iguais a seus valores reais). A exigência desses

---

[1] VAN HORNE, James C. *Financial management and policy*. 11. ed. New Jersey: Prentice Hall, 1998. p. 49.

mercados é de que os preços não sejam tendenciosos, ou seja, formados de acordo com alguma intenção e interesses individuais.

Sobre o assunto, Damodaran[2] coloca ainda que a eficiência de mercado não exige que haja sempre coincidência entre o preço de mercado de um ativo e seu valor real. O que se requer nesse mercado é que os desvios verificados entre os valores sejam aleatórios, apresentando igual probabilidade de um ativo encontrar-se sub ou supervalorizado em qualquer momento e que não se identifique correlação desses ativos com qualquer variável observável.

Nessas condições assinaladas de eficiência de mercado, nenhum investidor seria capaz de identificar, consistentemente, ativos com preços em desequilíbrio.

As mais importantes hipóteses básicas do mercado eficiente são explicadas a seguir.

Hipótese a: nenhum participante do mercado tem a capacidade de sozinho influenciar os preços de negociações, alterando-os segundo exclusivamente suas expectativas.

Hipótese b: O mercado, de uma maneira geral, é constituído de investidores racionais, decidindo sobre alternativas que promovam o maior retorno possível para um determinado nível de risco, ou o menor risco possível para um certo patamar de retorno.

Hipótese c: todas as informações estão disponíveis aos participantes do mercado, de maneira instantânea e gratuita. Nessa hipótese, nenhum investidor apresenta qualquer acesso privilegiado às informações, sendo identicamente disponíveis a todos os agentes.

Hipótese d: em princípio, o mercado eficiente trabalha com a hipótese de inexistência de racionamento de capital, permitindo que todos os agentes tenham acesso equivalente às fontes de crédito.

Hipótese e: os ativos objetos do mercado são perfeitamente divisíveis e negociados sem restrições.

Hipótese f: as expectativas dos investidores são homogêneas, isto é, apresentam o mesmo nível de apreciação com relação ao desempenho futuro do mercado.

Dyckman e Morse[3] sugerem que o mercado acionário apresenta certas características que o tornam mais eficiente que a maioria dos demais mercados. Se o mercado de ações não se comportar como eficiente, é pouco provável que outros mercados o façam. Segundo os autores, ainda, a maior eficiência demonstrada pelos mercados de ações é determinada, basicamente:

- pela rapidez com que as ordens de compra e venda são executadas dentro do ambiente organizado desses mercados;
- pelo elevado número de participantes que se encontram geralmente envolvidos com as ações: investidores individuais e institucionais, corporações, instituições financeiras etc.;
- pela maior disseminação das informações das empresas, muitas vezes analisadas e interpretadas por especialistas, permitindo um ajuste mais rápido dos valores de mercado das ações.

No estudo de avaliação de investimentos e risco, é comum que seus vários modelos sejam construídos e discutidos conceitualmente a partir das hipóteses de um mercado eficiente. Esse procedimento é adotado com o intuito de facilitar a realização dos testes empíricos dos modelos, avaliando seus resultados quando aplicados a uma situação prática.

No ambiente de um mercado eficiente, ainda, os retornos oferecidos pelos diversos investimentos devem remunerar seu risco, principalmente numa visão de longo prazo.

Posteriormente, essas hipóteses de perfeição do comportamento do mercado costumam ser abandonadas, de maneira que o modelo sugerido reflita a realidade, nem sempre perfeita, desse mercado.

Entre os aspectos de imperfeição de mercado pelos quais os modelos financeiros precisam ser testados, podem ser citados os seguintes:

- não há homogeneidade nas estimativas dos investidores com relação ao comportamento esperado do mercado e de seus diversos instrumentos financeiros. É verificado na realidade prática, ainda, que as informações muitas vezes não estão igualmente dispostas a todos os investidores, conforme preconizado pelo modelo de mercado eficiente, além de não oferecerem acesso instantâneo;
- identicamente, o mercado não é composto unicamente de investidores racionais. Há um grande número de participantes com menor qualificação e habilidade de interpretar mais acuradamente as informações relevantes. Esse grupo, frequentemente, comete erros em suas decisões, refletindo sobre o desempenho de todo o mercado. Como consequência, é possível observar, algumas vezes, preços inadequados para muitos ativos negociados, ou seja, um desequilíbrio entre o valor real e o preço praticado pelos agentes;

---

[2] DAMODARAN, Aswath. *Avaliação de investimentos*. Rio de Janeiro: Qualitymark, 1996. p. 184.

[3] DYCKMAN, Thomas R.; MORSE, Dale. *Efficient capital markets and accounting*: a critical analysis. 2. ed. Englewood Cliffs, New Jersey: Prentice Hall, 1990. p. 3.

- o mercado não é necessariamente sempre eficiente para valorar seus ativos negociados, sofrendo decisivas influências de políticas econômicas adotadas pelo Governo, oriundas em grande parte de taxações das operações e restrições monetárias adotadas.

Nesse contexto de mercado de baixa eficiência, a preocupação principal está em avaliar se os modelos financeiros produzem resultados mais significativos. Os investidores atuam no mercado procurando tirar proveito econômico dos desvios temporários dos preços de certos ativos, na expectativa de seus valores voltarem a sua posição de equilíbrio. O ajuste dos preços a cada nova informação introduzida no mercado é dependente da capacidade de interpretação e amplitude de sua divulgação entre os participantes.

Embora a eficiência do mercado direcione, muitas vezes, os modelos financeiros, a preocupação da unidade tomadora de decisões deve estar preferencialmente voltada à identificação dos inúmeros eventos que indicam as imperfeições do mercado. Não são somente ocorrências temporárias que fazem o mercado perder temporariamente sua eficiência, mas também desequilíbrios estruturais e desajustes da economia.

14.2 Risco e retorno esperados

O conceito de risco pode ser entendido de diversas maneiras, dependendo do contexto da pessoa que o está avaliando. *Exemplos*: risco aéreo, para uma companhia seguradora; risco de contrair uma doença, para uma pessoa qualquer; o risco do insucesso de um negócio, para o empresário; e assim por diante. Em verdade, o risco é interpretado pelo nível de incerteza associado a um acontecimento (evento).

Incerteza, Risco e Volatilidade

Sendo a *incerteza* de um investimento entendida como a possibilidade do resultado afastar-se do valor esperado, o *risco* é definido como uma medida de variação dos possíveis retornos de um ativo. É a quantificação da incerteza.

O *desvio-padrão* é geralmente adotado como uma medida de risco, sendo calculado sobre retornos *discretos*.

Pela definição sugerida, o risco reflete as probabilidades de um resultado ocorrer. Ao se estimar probabilidades de possíveis resultados de uma aplicação financeira, tem-se uma *distribuição de probabilidades*. Inexistindo dados históricos, as probabilidades são estimadas por opiniões pessoais (palpites), construindo-se uma distribuição de probabilidades *subjetiva*. As probabilidades subjetivas indicam um estado de incerteza. Quando são usados dados históricos para mensurar as chances de determinados retornos ocorrerem, tem-se uma distribuição de probabilidades *objetiva*.

A volatilidade também tem por objetivo quantificar as variações dos resultados em torno de uma média esperada, sendo geralmente determinada para intervalos curtos de tempo. Uma importante diferença entre volatilidade e desvio-padrão é que a volatilidade é calculada para retorno contínuo, e o desvio-padrão para retorno discreto.

Nessa ampla abrangência do entendimento do risco, a avaliação de uma empresa delimita-se aos componentes de seu risco total: *econômico* e *financeiro*. As principais causas determinantes do risco econômico são de natureza conjuntural (alterações na economia, tecnologia etc.), de mercado (crescimento da concorrência, por exemplo) e do próprio planejamento e gestão da empresa (vendas, custos, preços, investimentos etc.). O risco financeiro, de outro modo, está mais diretamente relacionado com o endividamento (passivos) da empresa, sua capacidade de pagamento, e não com as decisões de ativos, conforme definidas para o risco econômico.

Dessa maneira, pode-se acrescentar que o risco total de qualquer ativo é definido pela sua parte *sistemática* (risco sistemático ou conjuntural) e *não sistemática* (risco específico ou próprio do ativo).

O risco *sistemático* é inerente a todos os ativos negociados no mercado, sendo determinado por eventos de natureza política, econômica e social. Cada ativo comporta-se de forma diferente diante da situação conjuntural estabelecida. Não há como se evitar totalmente o risco sistemático, sendo indicada a diversificação da carteira de ativos como medida preventiva para redução desse risco.

O risco definido por *não sistemático* (ou diversificável) é identificado nas características do próprio ativo, não se alastrando aos demais ativos da carteira. É um risco intrínseco, próprio de cada investimento realizado, e sua eliminação de uma carteira é possível pela inclusão de ativos que não tenham correlação positiva entre si. *Por exemplo*, as carteiras diversificadas costumam conter títulos de renda fixa e de renda variável, os quais são atingidos de maneira diferente diante de uma elevação dos juros da economia; ações de empresas cíclicas (montadoras de veículos, construção civil etc.), de maior risco, costumam compor carteiras com ações de negócios mais estáveis (menos cíclicos), diante das flutuações da conjuntura econômica, como indústrias de alimentos; e assim por diante.

Dessa maneira, o risco total de qualquer ativo é mensurado da forma seguinte:

Risco Total = Risco Sistemático + Risco Não Sistemático

A mensuração do risco de um investimento processa-se geralmente por meio do critério probabilístico, o qual consiste em atribuir probabilidades – subjetivas ou objetivas –

aos diferentes estados de natureza esperados e, em consequência, aos possíveis resultados do investimento. Dessa maneira, é delineada uma distribuição de probabilidades dos resultados esperados e são mensuradas suas principais medidas de dispersão e avaliação do risco.

A probabilidade *objetiva* pode ser definida a partir de séries históricas de dados e informações, frequências relativas observadas e experiência acumulada no passado. A probabilidade *subjetiva*, por seu lado, tem como base a intuição, o conhecimento, a experiência do investimento e, até mesmo, um certo grau de crença da unidade tomadora de decisão.

Nesse ambiente, o risco pode ser interpretado pelos desvios previsíveis dos fluxos futuros de caixa resultantes de uma decisão de investimento, encontrando-se associado a fatos considerados como de natureza incerta. Sua principal medida estatística, conforme demonstrada no Capítulo 6, é a variabilidade dos resultados esperados de caixa em relação à média. O retorno esperado, também estudado no mesmo capítulo, está vinculado aos fluxos incertos de caixa do investimento, sendo determinado pela ponderação entre os valores financeiros esperados e suas respectivas probabilidades de ocorrência.

As Figuras 14.1 e 14.2 retratam diferentes graus de dispersão dos valores em relação à média da distribuição, indicando em consequência diferentes níveis de risco aos eventos.

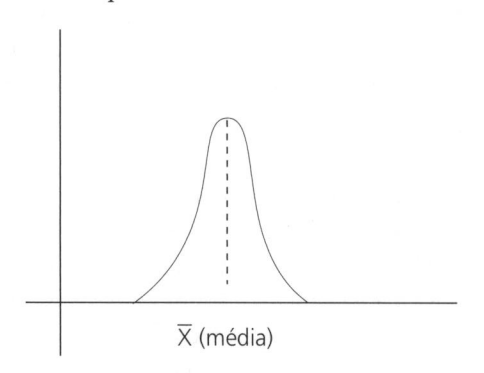

Menor dispersão

FIGURA 14.1 Risco baixo.

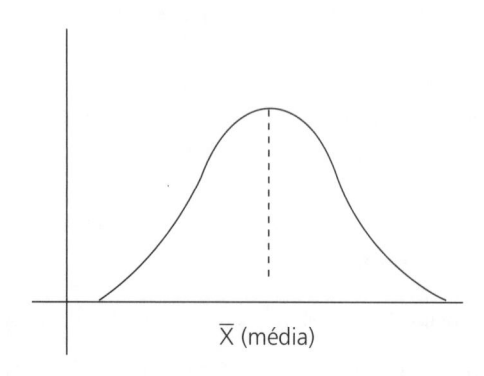

Maior dispersão

FIGURA 14.2 Risco alto.

Retorno de um Ativo

O retorno pode ser entendido com um ganho (ou perda) de um investimento definido para certo período de tempo. Podem ser computados dois tipos de retorno: *discreto* e *contínuo*.[4]

O retorno *discreto* (ou simples) é calculado de forma mais intuitiva, mas simples de ser operado e apresenta aplicação generalizada nas diversas operações financeiras. A fórmula de cálculo é a seguinte:

$$R_t = \frac{P_t}{P_{t-1}} - 1 \quad \text{ou:} \quad R_t = \left(\frac{P_t - P_{t-1}}{P_{t-1}}\right) \times 100$$

onde: R_t = taxa de retorno no período t;

P_t, P_{t-1} = valores dos ativos nos períodos t e $t-1$.

Por exemplo, se uma ação estava cotada no início de um trimestre a $ 24,2 e ao final do mesmo período a $ 27,8, a taxa de retorno atinge:

$$R_t = \frac{\$\,27,8}{\$\,24,2} - 1 = 14,9\% \text{ no trimestre}$$

ou:

$$R_t = \left(\frac{\$\,27,8 - \$\,24,2}{\$\,24,2}\right) \times 100 = 14,9\% \text{ no trimestre}$$

O retorno *contínuo* (ou geométrico, logarítmico) pressupõe uma capitalização indeterminada. Na capitalização contínua, os juros ocorrem de forma contínua a cada instante infinitesimal de tempo. É usado em alguns modelos de avaliação mais sofisticados, como precificação de opções. Formulação de cálculo:

$$R_t = \ln\left(\frac{P_t}{P_{t-1}}\right)$$

No exemplo acima, o retorno contínuo atinge:

$$R_t = \ln\frac{\$\,27,8}{\$\,24,2}$$

$R_t = 13,87\%$ no trimestre

Usando as formulações desenvolvidas no Capítulo 6, tem-se a capitalização contínua:

$$R_t = R_{t-1} \times e^r$$

$R_t = \$\,24,2 \times e^{0,1387}$

$R_t = \$\,27,8/\text{ação}$

---

[4] O Capítulo 6 (item 6.3) demonstrou o significado e a formulação da capitalização de juros discreta e contínua.

CÁLCULO DO RETORNO DISCRETO E RETORNO CONTÍNUO DE UMA AÇÃO – EXEMPLO ILUSTRATIVO

DATA	COTAÇÃO DA AÇÃO	RETORNO DISCRETO [$R_t = (R_t - R_{t-1}) / R_{t-1}$]	RETORNO CONTÍNUO [$R_t = \ln(R_t/R_{t-1})$]
SEG.	$ 17,3	–	–
TER.	$ 17,6	1,73%	1,72%
QUA.	$ 18,1	2,84%	2,80%
QUI.	$ 17,9	–1,10%	–1,11%
SEX.	$ 18,3	2,23%	2,21%

Retorno Esperado de um Ativo

É o retorno médio ponderado de todos os prováveis resultados de um investimento, calculados para diferentes cenários projetados.

Admita, *por exemplo*, que dois ativos tenham os seguintes percentuais de retorno e probabilidades de ocorrência associadas:

Título A		Título B	
Retorno	Probabilidade	Retorno	Probabilidade
7%	10%	–5%	20%
12%	30%	0%	30%
15%	40%	10%	40%
20%	20%	30%	10%

Os retornos esperados $E(R)$ de cada título são calculados a seguir:

$E(R_A) = (7\% \times 0,10) + (12\% \times 0,30) + (15\% \times 0,40) + (20\% \times 0,20) = \mathbf{14,3\%}$

$E(R_B) = (-5\% \times 0,20) + (0\% \times 0,30) + (10\% \times 0,40) + (30\% \times 0,10) = \mathbf{6,0\%}$

Representando-se graficamente a distribuição dos retornos desses dois ativos, tem-se:

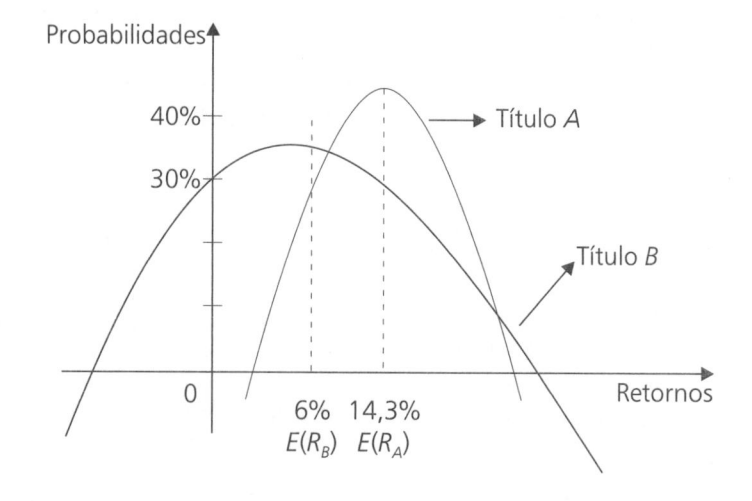

A ilustração gráfica revela que a dispersão do ativo B é superior à do ativo A, indicando maior risco. Por apresentar menor risco e maior retorno esperado, o título A é preferível ao B. Isso pode ser comprovado, ainda, ao se apurar o desvio-padrão (σ) de cada ativo, conforme formulação desenvolvida no Capítulo 6.

ATIVO A

Probabilidade (P_A)	Retorno (R_A)	($R_A - \overline{R}_A$)	($R_A - \overline{R}_A$)²	$P_A \times (R_A - \overline{R}_A)^2$
0,10	0,07	–0,073	0,005329	0,0005329
0,30	0,12	–0,023	0,000529	0,0001587
0,40	0,15	0,007	0,000049	0,0000196
0,20	0,20	0,057	0,003249	0,0006498

$\sigma_{R_A} = 3,689\%$

ATIVO B

Probabilidade (P_B)	Retorno (R_B)	$(R_B - \overline{R}_B)$	$(R_B - \overline{R}_B)^2$	$P_B \times (R_B - \overline{R}_B)^2$
0,20	–0,05	–0,11	0,0121	0,00242
0,30	0,00	–0,06	0,0036	0,00108
0,40	0,10	0,04	0,0016	0,00064
0,10	0,30	0,24	0,0576	0,00576
	$E(R_B) = 6,0\%$			$VAR(R_B) = 0,99\%$
				$\sigma_{R_B} = 9,95\%$

A mais elevada medida de dispersão (variância e desvio-padrão) do ativo B revela seu maior grau de risco em relação ao ativo A. Ou seja, a variabilidade maior da média (retorno esperado) do título B em relação aos possíveis resultados evidencia uma alta expectativa de risco desse ativo.

O desvio-padrão como medida de risco é determinada pela decisão de investimento ser tomada a partir da média dos possíveis retornos de um ativo. Indica, em outras palavras, se o valor médio esperado dos retornos é representativo da distribuição apresentada pelo título em avaliação.

14.2.1 Relação risco/retorno e investidor

A postura de um investidor em relação ao risco é pessoal, não se encontrando uma resposta única para todas as situações. A preocupação maior nas decisões de investimento em situação de incerteza é expressar as preferências do investidor em relação ao conflito risco/retorno inerente a toda alternativa financeira. Em outras palavras, deseja-se refletir sobre suas preferências com relação a um determinado nível de consumo atual, ou maior no futuro, porém associado a um certo grau de risco.

A *teoria da preferência* tem por objetivo básico revelar como um investidor se posiciona diante de investimentos que apresentam diferentes combinações de risco e retorno. Em decisões que envolvem este conflito, é esperado que o investidor implicitamente defina como objetivo maximizar sua utilidade esperada. A utilidade, nesse contexto da análise do risco, é definida de forma subjetiva, expressando a satisfação proporcionada pelo consumo de determinado bem.

Todo investidor, a partir da comparação racional que pode promover entre as utilidades das alternativas financeiras disponíveis, é capaz de construir uma escala (tabela) de preferências, conceito essencial de sua decisão em condições de risco. Na escala de preferências, coexistem inúmeras possibilidades de investimentos igualmente atraentes ao investidor, apresentando idênticos graus de utilidade (satisfação) em relação ao risco e retorno esperados.

Assim, seguindo um comportamento de natureza comparativa, o investidor pode selecionar racionalmente uma alternativa de aplicação de capital que lhe proporcione a maior satisfação (utilidade) possível.

A escala de preferência do investidor é representada pela denominada **curva de indiferença**. Essa curva é compreendida como um reflexo da atitude que um investidor assume diante do risco de uma aplicação e do retorno produzido pela decisão, e envolve inúmeras combinações igualmente desejáveis. Qualquer combinação inserida sobre a curva de indiferença é igualmente desejável, pois deve proporcionar o mesmo nível de utilidade (satisfação).

> Investidores com diferentes atitudes perante o risco sempre elegem, para um mesmo risco esperado, os investimentos que oferecem maior retorno esperado (princípio da insaciedade). Por outro lado, diante de investimentos com o mesmo retorno esperado e diferentes níveis de risco, as decisões não são as mesmas, seguindo o grau de aversão ao risco de cada investidor. Pode-se classificar a seleção das alternativas de investimento de mesmo retorno esperado e diferentes riscos da forma seguinte:
>
> | Perfil do investidor | Investimento selecionado |
> |---|---|
> | Avesso ao risco | Menor risco |
> | Neutro (indiferente) ao risco | Indiferente |
> | Racional | Menor risco |
> | Propenso ao risco (*risk lover*) | Maior risco |

Essa abordagem de representação da *curva de indiferença* visa avaliar a reação de um investidor de mercado diante de diferentes alternativas de investimentos, demonstrando aquelas capazes de satisfazer suas expectativas de risco/retorno. É um enfoque essencialmente comparativo, permitindo a visualização das preferências do investidor diante do objetivo de maximização de sua satisfação (grau de utilidade).

A Figura 14.3 ilustra uma *curva de indiferença* que retrata as preferências de um investidor em relação aos valores de risco e retorno prometidos por um ativo.

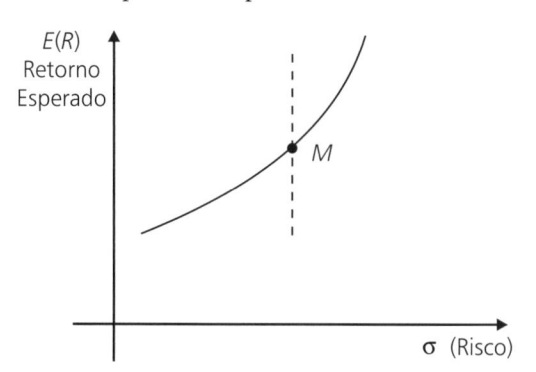

FIGURA 14.3 Representação de uma curva de indiferença.

Essa *curva de indiferença* é compreendida como um reflexo da atitude que um investidor assume diante do conflito risco/retorno de um investimento. Por representar a escala de preferência de um investidor, o critério de decisão restringe-se a ativos que respeitem a relação estabelecida pela curva de indiferença. É como se fosse uma fronteira que separa as situações preferidas pelo investidor daquelas não desejadas.

Por exemplo, podem-se admitir como equivalentes, em termos de maximização do grau de utilidade (satisfação) de um investidor, as seguintes combinações entre riscos de ativos financeiros e taxas de retornos esperadas.

Rating de Risco	Taxa de retorno
AA	7%
A	8%
BB	10%
B	11%
C	13%

Admite-se ainda nessa tabela hipotética que o investidor estaria satisfeito com os aumentos apresentados pelas taxas de retorno diante das variações dos riscos oferecidos pelos títulos. Logo, tem-se como indiferente (mesma utilidade) qualquer resultado oferecido.

Essa é uma escala de preferência que influencia as decisões do investidor, compensando-o com maior retorno em situações de risco mais elevado.

Em ambiente de incerteza, a questão central do processo decisório é definir-se o grau de risco que o investidor aceitaria assumir dado o retorno esperado da aplicação. *Por exemplo*, qualquer ponto acima de **M** é preferível, pois o ativo identificado no ponto referido oferece maior retorno esperado para um mesmo nível de risco. O ponto **M**, ainda, é preferível a qualquer outro ponto que se situe abaixo da curva. Por retratar as possíveis combinações de risco/retorno que lhe são indiferentes, o investidor aceita (é indiferente) qualquer ponto que se identifique sobre a curva de indiferença.

A regra básica de uma decisão *racional* é selecionar os ativos que apresentam o menor risco e o maior retorno esperado. Para um mesmo nível de risco, um investidor racional seleciona o ativo de maior valor esperado. Ao contrário, quando há dois ou mais ativos que apresentam o mesmo retorno esperado, o investidor racional escolhe sempre aquele de menor risco.

A Figura 14.4 ilustra o critério de seleção de investimento segundo um julgamento racional da unidade decisória.

O ativo **B** é preferível ao ativo **A** por apresentar, para um mesmo nível de risco, um maior retorno esperado. O ativo **C**, pelo mesmo critério descrito, é preferível ao ativo **A**, pois sugere menor risco para um mesmo retorno esperado do investimento. O ativo **D**, por seu lado, é superior a todos os demais, pois é capaz de oferecer o maior retorno esperado para o mais baixo grau de risco.

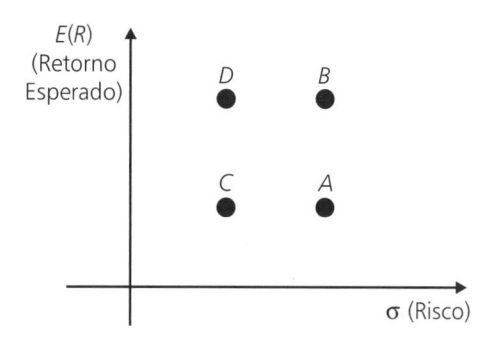

FIGURA 14.4 Seleção racional de um ativo.

Prêmio pelo Risco representa o retorno esperado de um investimento que excede à remuneração mínima cotada em uma taxa livre de risco. *Por exemplo*, se uma ação oferecer um retorno de 16,5% em determinado ano, e se nesse mesmo período os títulos públicos pagarem uma remuneração de 11,0%, os investidores em ações apuram um retorno excedente a uma aplicação de risco de 5,5%. Em outras palavras, o prêmio pelo risco foi de 5,5%.

Investidor é um agente que procura obter um retorno mínimo de suas aplicações, procurando alternativas financeiras mais tradicionais e evitando riscos exagerados e o desconhecido. Costuma atuar no mercado de forma planejada, preocupado em preservar seu capital investido e manter a segurança em suas decisões.

Especulador é o indivíduo que investiga, presta atenção a todos os movimentos com o intuito de identificar oportunidades de ganhos no mercado. Ao contrário do investidor atua com mais audácia, sendo atraído pelas oportunidades mais arriscadas, que prometem retornos mais altos.

O especulador assume geralmente um risco maior em seus investimentos, procurando com isso obter um retorno compatível ao risco que incorre. O risco assumido pelo especulador talvez não fosse aceito pela maioria dos investidores, com maior aversão média ao risco. O especulador sempre avalia a remuneração esperada em relação ao risco; aceita riscos altos desde que o prêmio ganho seja adequado ao risco assumido.

A principal atuação do especulador é comprar na baixa e vender na alta dos preços. Sua atuação ganha maior destaque em períodos de crise econômica. Procura atuar em mercados de risco, como a Bolsa de Ações e Mercadorias.

Um *Investidor Avesso ao Risco* prioriza as alternativas livres de risco (aplicações em títulos públicos, por exemplo), ou com alguma dosagem de risco, porém com um prêmio compensador. Este tipo de investidor costuma sacrificar o retorno esperado de uma aplicação financeira com o objetivo de reduzir o risco. Admite-se que a maioria dos investidores possuem alguma aversão ao risco, assumindo posições mais conservadoras em suas posições no mercado financeiro.

14.2.2 Princípio da dominância

Para que um investidor obtenha um retorno maior de sua carteira, ele deve assumir um nível mais alto de risco. Há uma relação direta e proporcional entre risco e retorno. Quanto maior o risco de um ativo, maior o prêmio pelo risco pago. Para um determinado nível de risco assumido, o investidor deseja auferir o maior retorno possível.

A Figura 14.5 *ilustra* a relação risco e retorno: maior o risco, mais elevado o retorno esperado. Um investidor mais propenso ao risco irá preferir a carteira B; um investidor que apresenta aversão ao risco provavelmente irá selecionar o investimento A, que possui menor retorno esperado e também mais baixo risco. A decisão nesse caso irá depender da postura do investidor diante do risco: qual risco mostra-se disposto a assumir.

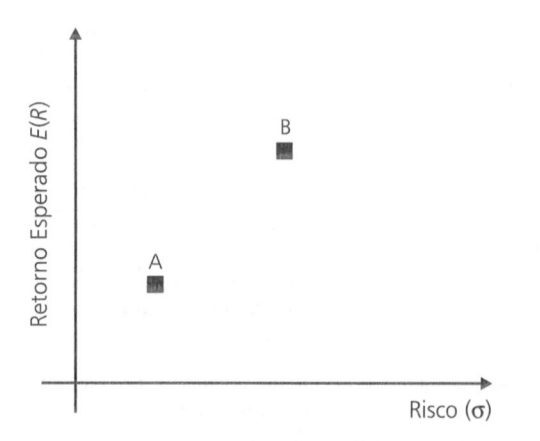

FIGURA 14.5 Relação risco e retorno.

Em termos racionais, todo investidor irá selecionar investimentos que apresentam, para um determinado nível de risco, a maior taxa de retorno; ou, para um dado retorno, irá sempre preferir a alternativa que oferece o menor risco.

A Figura 14.6 descreve a relação risco e retorno de três carteiras: I, II e III.

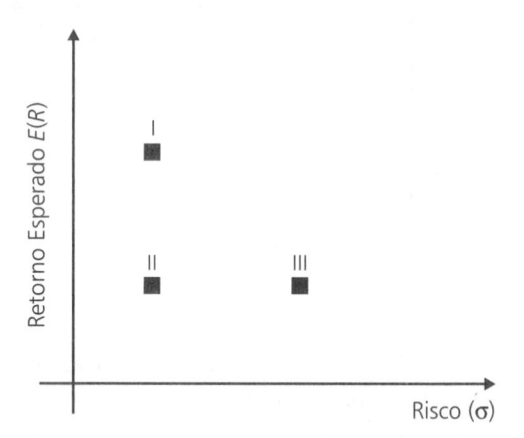

FIGURA 14.6 Relação risco e retorno de três carteiras.

Observe que o investimento I *domina* II: I tem maior retorno esperado para o mesmo nível de risco; o investimento II *domina* III, pois apresenta menor risco para o mesmo retorno esperado. Um investidor jamais aceitará assumir maior risco para o mesmo retorno.

Assim, toda decisão de investimento deve ter como objetivo a construção de um *portfólio eficiente,* oferecendo, para um certo nível de risco, o maior retorno possível, ou o menor risco para um mesmo patamar de retorno.

14.2.3 Mapa de curvas de indiferença

O que se pode depreender desse critério racional de decisão é que os investidores, de uma maneira geral, procuram o retorno em suas decisões demonstrando certo grau de aversão ao risco. Suas atitudes diante do conflito risco/retorno, em resposta à questão de qual nível de risco estariam dispostos a aceitar em troca de um certo retorno, são melhor reproduzidas por meio de um mapa de curvas de indiferença.

A quantidade de curvas de indiferença de um investidor é praticamente ilimitada. A Figura 14.7 ilustra a escala de preferências de um investidor representada por mais de uma curva de indiferença. Convencionalmente, o mapa das curvas é apresentado de acordo com uma ordem de preferência. As mais distantes são preferíveis às anteriores; estas, por sua vez, destacam-se em relação às precedentes; e assim por diante.

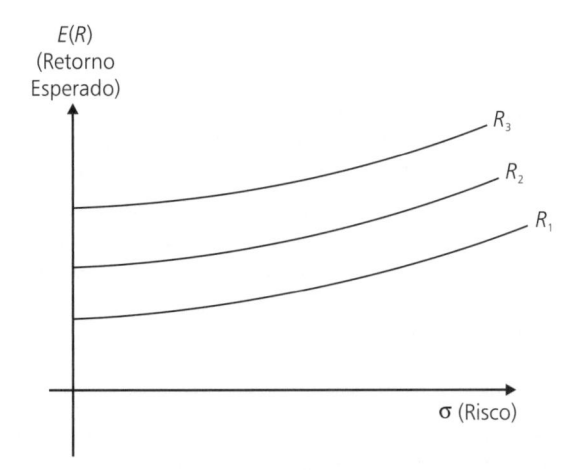

FIGURA 14.7 Mapa de curvas de indiferença.

As curvas R_1, R_2 e R_3 representam investidores mais ousados, que aceitam mais o risco. À medida que as curvas se deslocam para cima (se afastam do eixo horizontal), vão indicando um maior nível de satisfação do investidor. Oferecem, em outras palavras, maior retorno esperado para idêntico nível de risco. Os pontos localizados sobre a curva R_2 são preferíveis aos da curva R_1; os pontos da curva R_3 são preferíveis aos da R_2; e assim por diante.

Evidentemente, o objetivo a que se propõe um investidor é o de selecionar um ativo que lhe proporcione maior nível de satisfação em sua combinação de equilíbrio desejado entre risco e retorno esperados.

O investidor descrito por suas curvas de indiferença na Figura 14.8 apresenta maior grau de aversão ao risco do que aquele ilustrado na Figura 14.7. As curvas retratadas na Figura 14.8 refletem um investidor com perfil mais conservador, que exige, em contrapartida a uma elevação nos níveis de risco do investimento, aumentos mais relevantes nas taxas de retorno esperadas (observe que as curvas apresentam maior inclinação).

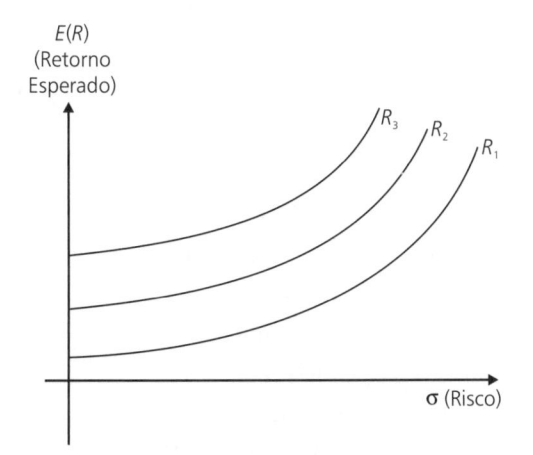

FIGURA 14.8 Investidor mais conservador.

As curvas da Figura 14.7 são tipicamente de um investidor que aceita mais o risco, não necessitando de aumentos tão substanciais no retorno esperado, como descrito na Figura 14.8, para assumir riscos mais elevados. Apesar de ambas revelarem aversão ao risco, as curvas de indiferença com menor inclinação (Figura 14.7) denotam uma maior propensão ao risco.

Um caso extremo de curvas de indiferença encontra-se descrito na Figura 14.9. Essa ilustração retrata o comportamento de um investidor com ausência de aversão ao risco, demonstrando aceitar o mesmo retorno para qualquer nível de risco, ou o mesmo risco para qualquer nível de retorno esperado.

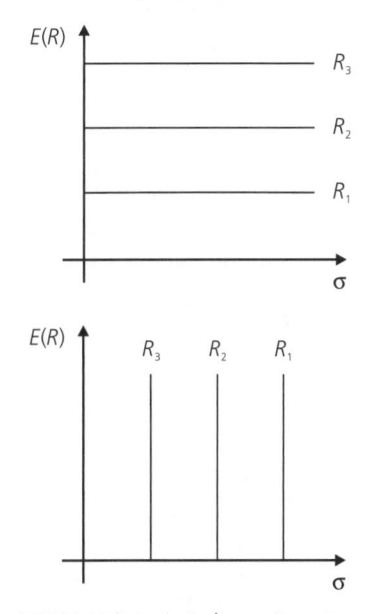

FIGURA 14.9 Ausência de aversão ao risco.

Nesse caso, ainda, o investidor escolheria a oportunidade de aplicação situada na curva de indiferença mais alta (R_3), demonstrando que sua satisfação depende unicamente do retorno esperado, sem sofrer influências do risco.

EXEMPLO ILUSTRATIVO – Admita as curvas de indiferença do investidor A, conforme ilustradas na Figura 14.10.

Essas curvas destacam três pontos: X, W e Y, indicando as oportunidades de investimentos disponíveis.

Para o investidor A com grau de aversão ao risco retratado no gráfico da Figura 14.10, a alternativa X é a preferida, pois encontra-se situada na curva de indiferença mais alta.

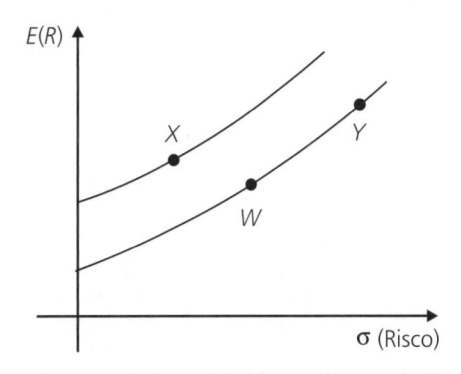

FIGURA 14.10 Curvas de indiferença do investidor A.

O investimento W tem retorno esperado menor e risco maior que X, sendo sua escolha descartada pela comparação feita. O investimento Y, ao contrário, tem um retorno esperado maior, porém risco também mais elevado. No entanto, a utilidade apresentada ao investidor é menor, recaindo a preferência sobre a alternativa X.

O *perfil do investidor* é essencial para se conhecer os objetivos daqueles que decidem realizar investimentos e orientar a formação de suas carteiras de ativos. Alguns investidores decidem investir com o intuito de realizarem grandes retornos e, talvez, fazerem grandes fortunas; outros, para ter um fluxo de renda que permita sua estabilidade financeira (aposentadoria); e outros ainda visam tão somente preservar seu patrimônio.

Assim, uma carteira de investimentos deve conter ativos que sejam compatíveis com o perfil do investidor, que atendam, na sua natureza e nas proporções do capital investido, aos seus objetivos e expectativas de ganhos, riscos e prazos. Para tanto, é fundamental que se conheça o nível de tolerância do investidor perante o risco, disponibilidade de capital e seus objetivos.

> **O Investidor e as Preferências de Risco**
>
> A relação risco-retorno propõe que todo investimento com maior risco deve ser remunerado com retorno mais elevado; risco menor pode oferecer também retorno mais baixo. Para cada aumento de risco, os investidores irão exigir um prêmio de retorno de acordo com o seu nível de aversão ao risco.
>
> Em ambiente de risco, o investidor pode ser classificado, entre outras, com base em três importantes percepções:
>
> – propenso ao risco;
>
> – indiferente ao risco;
>
> – avesso ao risco.
>
> O investidor propenso a risco (perfil mais agressivo) é definido como aquele que procura focar suas decisões na taxa de retorno, aceitando propostas que prometem maiores ganhos, mesmo que incorra em maiores riscos. Por apreciarem o risco, esses investidores são muitas vezes conhecidos por "amantes do risco", ou *risk lovers*. Em algumas ocasiões, esses "amantes" do risco exageram nas projeções de ganhos visando usufruir da satisfação de incorrer em maiores riscos; são capazes de reduzirem parte de seus ganhos para conviverem com riscos mais altos.
>
> O investidor avesso a risco é tido como um conservador; troca retornos mais elevados pela segurança de seus investimentos. Sempre exige um retorno maior quando o risco aumenta. Demonstra preferência por investimentos de menor risco, mesmo que essa decisão produza menor retorno. Seu principal objetivo é a preservação do capital investido (patrimônio).
>
> Um investidor **indiferente** a risco mantém o retorno mesmo diante de mudanças no risco. Abre mão, em outras palavras, de uma compensação diante de um aumento no risco. Esse investidor coloca-se entre as posições agressiva e conservadora.
>
> Para decidir sobre um investimento em condições de risco, toda pessoa deve avaliar sua tolerância ao risco, ou seja, qual o grau máximo de risco que está disposta a assumir. Esse cuidado evita que o investidor assuma riscos acima de sua capacidade de tolerância, evitando problemas de abandono e crises pessoais.
>
> Talvez, a melhor forma de entender a tolerância ao risco seja definir quanto o investidor poderia perder, em determinado período, sem alterar seu projeto de investimento. Gitman e Joehnk[5] sugerem que investidores com baixa tolerância a risco limitam suas perdas em até 5% ao ano, os que apresentam tolerância moderada suportam perdas anuais de 6% a 15%, e aqueles mais propensos ao risco aceitam perdas de 16% a 20%.

14.3 Retorno esperado de um portfólio

A teoria do portfólio trata essencialmente da composição de uma carteira ótima de ativos, tendo por objetivo principal maximizar a utilidade (grau de satisfação) do investidor pela relação risco/retorno.

O retorno esperado de uma carteira composta por mais de um ativo é definido pela média ponderada do retorno de cada ativo em relação a sua participação no total da carteira.

Por exemplo, admita que uma carteira seja composta por duas ações (X e Y). O retorno esperado da ação X é de 20% e o da ação Y de 40%. Suponha, ainda, que 40% da carteira estejam aplicados na ação X, sendo os 60% restantes representados pela ação Y. Logo, o retorno esperado ponderado da carteira pode ser obtido pela seguinte expressão de cálculo:

$$E(R_p) = \overline{R}_p = [W \times R_X] + [(1 - W) \times R_Y]$$

onde: $E(R_p) = \overline{R}_p$ = retorno esperado ponderado da carteira (portfólio);

W = percentual da carteira aplicado na ação X;

$(1 - W)$ = percentual da carteira aplicado na ação Y;

R_x, R_y = retornos esperados das ações X e Y, respectivamente.

---

[5] GITMAN, Lawrence; JOEHNK, Michael. *Princípios de investimentos*. 8. ed. Pearson/Addison Wesley, 2005. p. 129.

Substituindo-se os valores da ilustração na formulação:

$E(R_p) = \overline{R}_p = (0{,}40 \times 0{,}20) + [(1-0{,}40) \times 0{,}40]$
$E(R_p) = \overline{R}_p = 0{,}08 + 0{,}24$
$E(R_p) = \overline{R}_p = 0{,}32\ (32\%)$

Se toda a carteira estivesse representada pela ação X, o retorno esperado atingiria 20%, subindo para 40% se todo o capital fosse aplicado na ação Y. Por apresentar um investimento equivalente a 40% em X e 60% em Y, o retorno esperado ponderado da carteira atinge 32%. Logo, dado o retorno esperado de cada ativo de uma carteira, o retorno esperado de toda a carteira depende da proporção investida em cada ativo que a compõe.

A Figura 14.11 ilustra todos os possíveis retornos esperados dos dois ativos (X e Y), admitindo-se diferentes proporções de investimentos na carteira. A linha descrita no gráfico representa os retornos esperados calculados em cada possível composição.

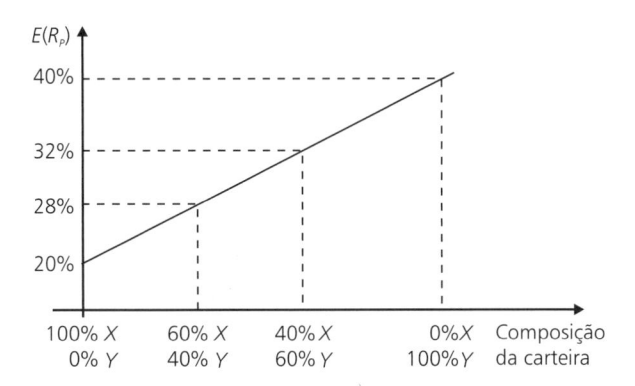

FIGURA 14.11 Retornos esperados de diferentes composições de um portfólio.

Para uma carteira constituída por n ativos, o retorno esperado é obtido pela seguinte expressão de cálculo:

$$E(R_p) = \overline{R}_p = \sum_{j=1}^{n} R_j \times W_j$$

onde: W_j representa a proporção do capital total investido no ativo j; n o número total de ativos que compõem a carteira e R_j o retorno esperado do ativo j. Na equação, a soma de todos os pesos (W) deve ser igual a 100%.

Por exemplo, admita uma carteira de investimentos formada por quatro ativos: A, B, C e D. O retorno de cada ativo e a participação na carteira são apresentados a seguir:

Ativo	$E(R_i)$	W_j
A	11,5%	15,0%
B	13,0%	32,0%
C	14,0%	28,0%
D	19,0%	25,0%

O retorno esperado da carteira (ou portfólio) atinge:

$E(R_p) = (11{,}5\% \times 0{,}15) + (13{,}0\% \times 0{,}32) +$
$\qquad (14{,}0\% \times 0{,}28) + (19{,}0\% \times 0{,}25)$
$E(R_p) = 14{,}56\%$

14.4 Risco na estrutura de uma carteira de ativos

O risco, conforme foi desenvolvido nos itens precedentes, envolve o estudo de decisões de uma carteira composta preferencialmente de um só ativo. Nesse particular, foram ilustrados os vários conceitos de seleção e desenvolvidas medidas de avaliação do risco e retorno das alternativas.

Não obstante essa situação mais simplificada ser válida para diversas ocorrências práticas e permitir, ainda, melhor compreensão de seus principais aspectos conceituais, é importante para o estudo do mercado financeiro que se analise o risco de uma carteira composta por mais de um ativo. A orientação formulada que se assume nessas decisões financeiras é selecionar alternativas que levem à melhor diversificação e, consequentemente, redução do risco dos investimentos e produzam, ao mesmo tempo, um retorno admitido como aceitável no âmbito dos investidores de mercado.

O risco é eliminado na hipótese de se implementar, por exemplo, duas alternativas de investimentos que possuam correlações perfeitamente opostas e extremas, ou seja, que apresentem coeficientes de correlação iguais a −1 e +1, respectivamente. Essa si-tuação hipotética, difícil de ser constatada na prática, encontra-se ilustrada na Figura 14.12.

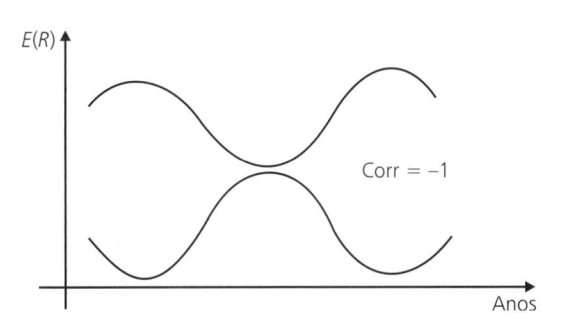

FIGURA 14.12 Investimentos com correlação perfeitamente negativa.

A existência de aplicações negativamente correlacionadas (Figura 14.12) indica a existência de carteiras com investimentos que produzem retornos inversamente proporcionais, isto é, quando o retorno de um deles decrescer, o retorno do outro ativo se elevará na mesma intensidade, anulando os reflexos negativos produzidos. Nesse comportamento, ocorre uma eliminação total do risco da carteira, sendo os resultados desfavoráveis verificados em alguns ativos perfeitamente compensados pelo desempenho positivo de outros.

A opção por projetos positiva e perfeitamente correlacionados, conforme demonstra a Figura 14.13, define um maior risco dos ativos da empresa por convergirem seus resultados para uma única decisão. Não se verifica uma compensação do risco assumido pelos ativos como o demonstrado acima no contexto de uma carteira negativamente correlacionada, podendo a correlação positiva perfeita gerar altos lucros e também elevados prejuízos.

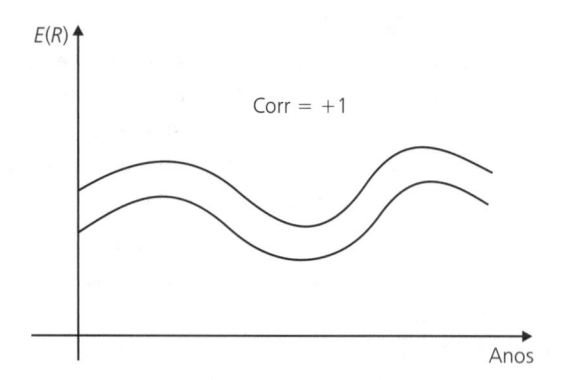

FIGURA 14.13 Investimentos com correlação perfeitamente positiva.

Na prática, no entanto, é extremamente difícil a existência de investimentos com perfeitas correlações positivas ou negativas, conforme ilustradas nas Figuras 14.12 e 14.13. O risco de uma carteira de ativos raramente é anulado pela presença de ativos perfeita e opostamente relacionados, devendo a unidade decisória preocupar-se, nessas condições efetivas, em minimizar seu valor, mediante a seleção de ativos cujos retornos apresentam correlações mais divergentes possíveis.

Em suma, o objetivo básico do estudo de carteiras de ativos, de acordo com a moderna teoria formulada do portfólio, é selecionar a carteira definida como ótima com base no critério de investimento proposto no item anterior, ou seja:

- selecionar a carteira que oferece o maior retorno possível para um determinado grau de risco; ou, de forma idêntica,
- selecionar a carteira que produz o menor risco possível para um determinado nível de retorno esperado.

A ideia fundamental inserida nessa teoria do portfólio é que o risco particular de um único ativo é diferente de seu risco quando mantido em carteira. Uma grande vantagem das carteiras é que elas permitem que se reduza o risco mediante um processo de diversificação dos ativos que as compõem.

Ilustrativamente, em determinados momentos de expansão dos indicadores gerais da economia, a demanda por determinados produtos pode acarretar fortes crescimentos em alguns setores de atividade e resultados mais modestos em outros. *Por exemplo,* se em períodos de certa prosperidade as taxas de juros se elevarem por maior pressão da demanda, setores mais fortemente dependentes de vendas a prazo a consumidores de baixa renda não acompanharão os bons resultados gerais da economia. É possível, inclusive, que venham a acumular resultados insatisfatórios nessas condições.

As Figuras 14.14 e 14.15 ilustram, respectivamente, o comportamento dos setores de atividade *A* e *B* da economia em face de um mesmo ciclo conjuntural. Observe que, quando os resultados de um setor se apresentam mais elevados, os de outro são reduzidos, impondo-se uma certa estabilidade nos retornos ao se combinar o desempenho dos dois setores.

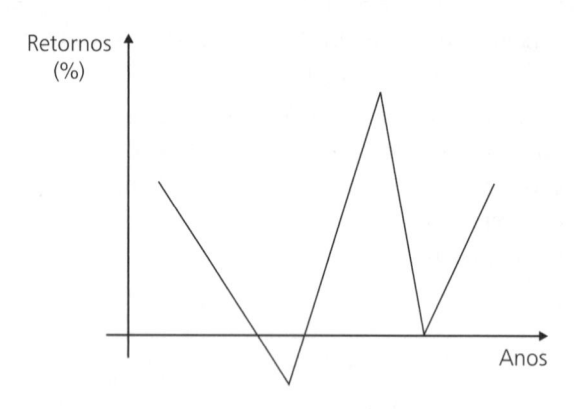

FIGURA 14.14 Desempenho do setor de atividade A.

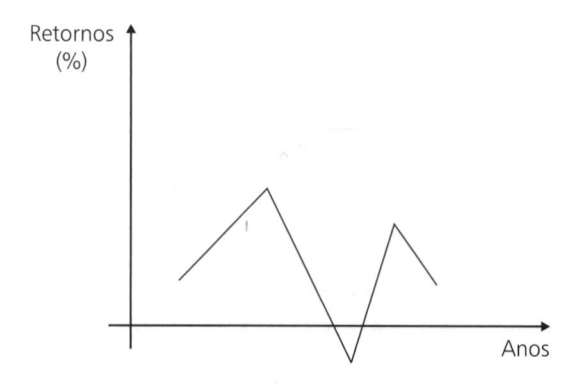

FIGURA 14.15 Desempenho do setor de atividade B.

14.4.1 Diversificação do risco

O risco de um ativo qualquer, conforme foi amplamente comentado, pode ser mensurado pela variabilidade dos retornos projetados em torno do retorno esperado, ou seja, pelo grau de dispersão dos retornos em relação à média. A medida estatística usualmente adotada para quantificar o risco de um ativo, como detalhado anteriormente, é o desvio-padrão.

Por meio do conceito da diversificação, é possível esperar que ativos com risco possam ser combinados no contexto de uma carteira (portfólio) de forma que se apure um risco menor que aquele calculado para cada um de seus componentes. Desde que os retornos dos ativos não sejam perfeita e positivamente correlacionados entre si, há sempre uma redução do risco da carteira pela diversificação.

No entanto, essa redução constatada em uma carteira diversificada ocorre até certo limite, sendo impraticável a eliminação total do risco da carteira. Isso é explicado, conforme se observou, pela enorme dificuldade em encontrar-se na prática investimentos com correlação perfeitamente negativa. O que se consegue, em verdade, é a minimização do risco, e não sua eliminação completa. Em verdade, a diversificação procura combinar títulos que apresentam alguma relação entre si, de forma a promover a redução do risco da carteira.

Essas colocações introduzem, implicitamente, duas importantes classes de risco, conforme estudadas anteriormente no item 14.2: **risco sistemático** – ou não diversificável – e **risco diversificável** – ou não sistemático.

O denominado **risco diversificável** é aquele que pode ser total ou parcialmente diluído pela diversificação da carteira. Está relacionado mais diretamente com as características básicas do título e do mercado de negociação.

De outro modo, o **risco sistemático** é aquele que não pode ser eliminado (ou reduzido) mediante a diversificação, estando sempre presente na estrutura do portfólio. Segundo Paula Leite,[6] esse risco *tem origem nas flutuações a que está sujeito o sistema econômico como um todo*, sendo suas principais fontes as variações nas taxas de juros da economia, o processo inflacionário, a situação política e o comportamento das cotações no mercado de títulos.

Dessa maneira, ao se repartir eficientemente as aplicações em ativos com covariâncias inversas, consegue-se reduzir o risco total de uma carteira pela eliminação (ou redução) do risco diversificável, mantendo-se, contudo, o risco sistemático comum a todos os ativos. Em verdade, o processo de diversificação do risco é uma medida estratégica indispensável de ser adotada em ambientes sob condições de incerteza.

---

[6] PAULA LEITE, Hélio de. *Introdução à administração financeira*. 2. ed. São Paulo: Atlas, 1994. p. 407.

Graficamente, o conceito de diversificação pode ser representado por meio da Figura 14.16, que apresenta a relação entre o risco (medido pelo desvio-padrão) e a quantidade de ativos inseridos na carteira.

É importante ser registrado, ainda, que a diversificação pode ser adotada em carteiras de diferentes naturezas, como ações, projetos de investimentos, títulos de renda fixa, produtos comerciais etc.

Observe na Figura 14.16 que, conforme se amplia a diversificação da carteira por meio da inclusão de mais títulos, seu risco total decresce em função da eliminação do risco não sistemático (diversificável). Esse processo, conforme colocado, é limitado pela presença do risco sistemático, comum a todos os títulos. A partir de certo número de títulos, o risco da carteira se mantém praticamente estável, correspondendo unicamente a sua parte não diversificável.

Como resumo do exposto, pode-se afirmar que o risco de um ativo pode ser reduzido mediante um processo de diversificação, permanecendo unicamente o elemento sistemático, que está relacionado com o comportamento do mercado em geral. Dessa maneira, ao se compor uma carteira de ativos, sua medida relevante passa a ser o risco sistemático, já que o outro componente pode ser eliminado pela diversificação.

EXEMPLO ILUSTRATIVO – Ilustrativamente, admita os seguintes retornos dos ativos A e B para os cenários considerados:

Estado de Natureza	Probabilidade de Ocorrer	Retorno do Ativo A	Retorno do Ativo B
Crescimento	30%	28%	8%
Estabilidade	40%	14%	12%
Recessão	30%	–4%	7%

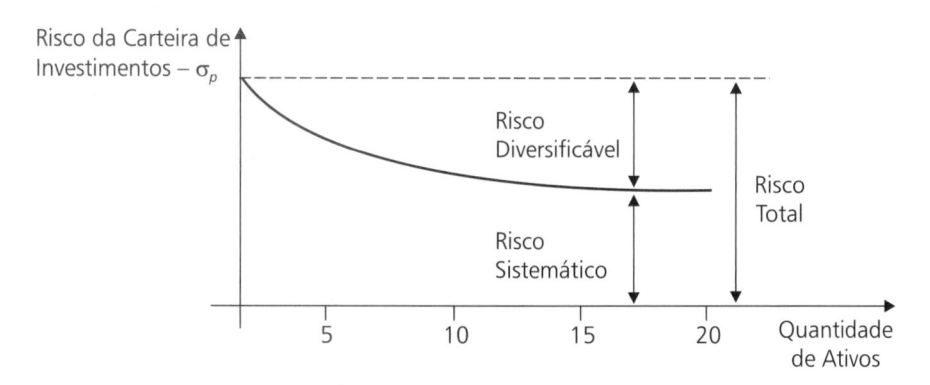

FIGURA 14.16 A redução do risco pela diversificação.

Os retornos esperados de cada título são calculados a seguir:

$E(R_A) = (28\% \times 30\%) + (14\% \times 40\%) + (-4\% \times 30\%)$

$E(R_A) = 12,8\%$

$E(R_B) = (8\% \times 30\%) + (12\% \times 40\%) + (7\% \times 30\%)$

$E(R_B) = 9,3\%$

Supondo que cada ativo receba 50% do investimento, tem-se o seguinte retorno esperado da carteira:

$E(R_p) = (12,8\% \times 50\%) + (9,3\% \times 50\%)$

$E(R_p) = 11,05\%$

O desvio-padrão dos retornos dos ativos (σ_{RA}, σ_{RB}) atinge:

$\sigma_{RA} = [(28,0\% - 12,8\%)^2 \times 30\% + (14,0\% - 12,8\%)^2 \times 40\% + (-4,0\% - 12,8\%)^2 \times 30\%]^{1/2}$

$\sigma_{RA} = 12,4\%$

$\sigma_{RB} = [(8,0\% - 9,3\%)^2 \times 30\% + (12,0\% - 9,3\%)^2 \times 40\% + (7,0\% - 9,3\%)^2 \times 30\%]^{1/2}$

$\sigma_{RB} = 2,2\%$

Para a mesma quantia investida nos dois ativos, o risco da carteira calculado pela média ponderada dos desvios-padrão atinge:

$\sigma_p = (12,4\% \times 50\%) + (2,2\% \times 50\%)$

$\sigma_p = 7,3\%$

A determinação do risco pela ponderação dos desvios-padrão de cada ativo não é correta, pois não leva em consideração como os retornos se relacionam (covariam) entre si.

Ao se apurar o risco do portfólio a partir da ponderação dos retornos de cada ativo, o risco do portfólio diminui para 6,59%, pois essa metodologia incorpora em seus resultados a covariância dos ativos, ou seja:

Estado de Natureza	Retorno Esperado
Crescimento	$E(R) = (28\% \times 50\%) + (8\% \times 50\%) = 18\%$
Estabilidade	$E(R) = (14\% \times 50\%) + (12\% \times 50\%) = 13\%$
Recessão	$E(R) = (-4\% \times 50\%) + (7\% \times 50\%) = 1,5\%$

$\sigma_p = [(18,0\% - 11,05\%)^2 \times 30\% + (13,0\% - 11,05\%)^2 \times 40\% + (1,5\% - 11,05\%)^2 \times 30\%]^{1/2}$

$\sigma_p = 6,59\%$

Assim, é possível concluir que, para o cálculo do risco de um portfólio, é necessário levar-se em consideração não somente a participação e o risco de cada ativo individualmente, mas também como os ativos se correlacionam.

Diversificação significa não concentrar todos os investimentos em um só ativo, procurando selecionar várias alternativas que apresentam comportamentos não coincidentes. O objetivo da diversificação é reduzir riscos.

Por exemplo, se uma carteira for formada por duas ações de bancos concorrentes, dos quais se espera desempenho similar, toda perda de valor desses papéis no mercado será absorvida pela carteira. Esses ativos se correlacionam positivamente, e não há como compensar perdas de um por ganhos de outro. Por outro lado, se os ativos da carteira não seguirem o mesmo comportamento (ou, em caso positivo, se a correlação é baixa), é possível reduzir o impacto negativo de uma ação sobre toda a carteira.

Em outras palavras, se o desempenho de um ativo não for bom, o outro pode apresentar resultados positivos e compensar as perdas, de maneira que na média a carteira não apure maiores perdas.

Outra estratégia para reduzir o risco de uma carteira é selecionar ativos de naturezas diferentes como, por exemplo, títulos de renda fixa e ações. O ativo de renda fixa costuma oferecer um fluxo de caixa (juros) previsível e menor risco. As ações, por seu lado, são investimentos de maior risco (e também maior retorno esperado) e devem ser avaliados dentro de uma visão mais de longo prazo.

A diversificação deve incluir, como sugestão, ativos com maior e menor liquidez, ativos com maior nível de risco e retorno esperado e outros com menor risco e rentabilidade, provenientes de diferentes mercados, sempre com o objetivo de reduzir o impacto de um desempenho negativo de um ativo sobre o risco de toda a carteira.

A diversificação somente tem sentido quando o investidor passa a compreender o risco, procura avaliar o risco que incorre em cada tipo de investimento.

Uma carteira de ativos deve ser balanceada, obedecendo ao estilo *propenso* ao risco ou *conservador* do investidor, tendo sempre como objetivo a redução do risco total. Não há um modelo único de diversificação indicado para todos os investidores. A composição de qualquer carteira de investimentos segue as características do investidor, respeitando sua definição de horizonte de tempo, limite de risco que deseja assumir, capacidade financeira de investir, conhecimento e experiência pessoal, e assim por diante.

15 Seleção de Carteiras e Teoria de Markowitz

A avaliação de carteiras de investimentos envolve três grandes fases de estudo: **análise dos títulos, análise das carteiras** e **seleção da carteira**.

A **análise dos títulos** foi desenvolvida no Capítulo 6, ao tratar dos fundamentos de avaliação, cujo estudo considerou o desempenho esperado dos títulos. O valor intrínseco é obtido pelos fluxos futuros esperados de rendimentos de caixa descontados a uma taxa de atratividade definida pelo investidor. Conforme comentou-se, ainda, e será mais profundamente estudado no Capítulo 16, essa taxa de desconto exigida pelo investidor deve embutir, em sua metodologia de cálculo, uma parcela de remuneração pelo risco do ativo e outra referente a uma operação classificada como sem risco (rendimentos dos títulos públicos, por exemplo).

A **análise de carteiras** envolve as projeções de retorno esperado e risco do conjunto de ativos considerado, conforme estudada no Capítulo 14. Nessa fase do estudo das carteiras é utilizado um instrumental financeiro técnico de avaliação, tendo por base os valores determinados na primeira fase de análise dos títulos. O presente capítulo aprofunda este estudo a partir da moderna teoria de carteiras desenvolvida por Markowitz.

A **seleção de carteiras** procura identificar a melhor combinação possível de ativos, obedecendo às preferências do investidor com relação ao risco e retorno esperados. Dentre as inúmeras carteiras que podem ser formadas com os ativos disponíveis, é selecionada aquela que maximiza seu grau de satisfação.

15.1 Risco de uma carteira

Um aspecto relevante da teoria do portfólio é que o risco de um ativo mantido fora de uma carteira é diferente de seu risco quando incluído na carteira. No estudo da diversificação, o risco de um ativo é avaliado pela sua contribuição ao risco total da carteira. Elevando-se, de maneira diversificada, o número de títulos em uma carteira, é possível promover-se a redução de seu risco, porém a uma taxa decrescente. A partir de um determinado número de títulos, a redução do risco praticamente deixa de existir, conservando a carteira, de forma sistemática, certo nível de risco.

Assim, até mesmo carteiras consideradas bem diversificadas costumam manter certo grau de risco, impossível de ser eliminado pela diversificação, denominado risco sistemático. Este risco foi demonstrado graficamente na Figura 14.16, discutida no Capítulo 14.

O risco de uma carteira depende não somente do risco de cada elemento que a compõe e de sua participação no investimento total, mas também da forma como seus componentes se relacionam (covariam) entre si. Ainda de acordo com o que foi comentado no Capítulo 14, relacionando-se ativos com baixa correlação (ou covariância inversa) é possível reduzir-se o risco total da carteira.[1]

Nessas condições, o risco de uma carteira mais simples constituída de dois ativos (**X** e **Y**) pode ser obtido a partir da seguinte expressão proposta por Markowitz:

$$\sigma_p = \left[(W_X^2 \times \sigma_X^2) + (W_Y^2 \times \sigma_Y^2) + 2 \times W_X \times W_Y \times COV_{X,Y} \right]^{\frac{1}{2}}$$

onde: W_X, W_Y = respectivamente, participação do ativo X e do ativo Y no portfólio;

σ_X^2, σ_Y^2 = variância dos retornos dos ativos X e Y, respectivamente;

$COV_{X,Y}$ = covariância entre os ativos X e Y.

---

[1] O conceito mais moderno de diversificação e risco de um portfólio é atribuído, em grande parte, a Harry Markowitz. A essência de seu estudo é encontrada na obra *Portfolio selection*, editada em 1959 por John Wiley & Sons. As formulações utilizadas para cálculo do risco de um portfólio são provenientes do modelo desenvolvido pelo autor, a quem foi atribuído o Prêmio Nobel de Economia de 1990.

Observe que o desvio-padrão de um portfólio de dois ativos não é obtido unicamente pela soma do desvio-padrão de cada ativo ou, até mesmo, pela sua média aritmética ponderada. A expressão de cálculo considera também a covariância entre os ativos, de forma a expressar a contribuição da diversificação sobre o risco do portfólio.

A partir das formulações estatísticas desenvolvidas no Capítulo 6, sabe-se que a correlação[2] entre dois ativos é determinada pela relação entre sua covariância e o produto de seus desvios-padrão, ou seja:

$$\text{CORR}_{X,Y} = \frac{COV_{X,Y}}{\sigma_X \times \sigma_Y}$$

A partir dessa expressão, tem-se:

$$COV_{X,Y} = \text{CORR}_{X,Y} \times \sigma_X \times \sigma_Y$$

Substituindo-se a fórmula de $COV_{X,Y}$ na identidade de cálculo do risco do portfólio (σ_p) para dois ativos, pode-se desenvolver a seguinte expressão bastante adotada:

$$\sigma_p = \left[(W_X^2 \times \sigma_X^2) + (W_Y^2 \times \sigma_Y^2) + 2 \times W_X \times W_Y \times \text{CORR}_{X,Y} \times \sigma_X \times \sigma_Y\right]^{\frac{1}{2}}$$

De outra forma, é demonstrado que o desvio-padrão de uma carteira de dois ativos (X e Y) é função de:

a. *desvio-padrão* de cada ativo (σ_x e σ_y);
b. *percentual* da carteira aplicado no ativo X (W_X) e no ativo Y (W_Y);
c. coeficiente de *correlação* dos ativos X e Y ($\text{CORR}_{X,Y}$).

Assim, a *redução do risco* de uma carteira pode ser promovida pela seleção de ativos que mantenham alguma relação inversa entre si. Ressaltando colocações anteriores, o objetivo da diversificação é o de combinar ativos de forma que reduza o risco do portfólio.

A *expressão geral* de cálculo do risco (desvio-padrão) de uma carteira contendo n ativos, baseando-se no modelo de portfólio desenvolvido por Markowitz, é a seguinte:

$$\sigma_p = \left[\sum_{i=1}^{n}\sum_{j=1}^{n} W_i W_j \text{CORR}_{i,j} \sigma_i \sigma_j\right]^{\frac{1}{2}}$$

---

[2] Normalmente identificada por ρ ou CORR.

Por exemplo, o desvio-padrão de uma carteira composta de três ativos (A, B e C) é apurado, a partir da identidade geral enunciada, da maneira seguinte:

$$\sigma_p = \left[(W_A^2 \times \sigma_A^2) + (W_B^2 \times \sigma_B^2) + (W_C^2 \times \sigma_C^2) + \right.$$
$$+ (2 \times W_A \times W_B \times COV_{A,B}) +$$
$$+ (2 \times W_A \times W_C \times COV_{A,C}) +$$
$$\left. + (2 \times W_B \times W_C \times COV_{B,C})\right]^{\frac{1}{2}}$$

e assim por diante.

EXEMPLO ILUSTRATIVO – Um ativo J possui retorno esperado de 18% e desvio-padrão de 16%. O ativo K tem retorno esperado de 24% e desvio-padrão de 26%. A correlação entre esses ativos é de 0,40. Um investidor possui uma carteira formada com 58% do ativo J e 42% do ativo K. São efetuados os seguintes cálculos:

- Retorno esperado da carteira

   $E(R_p) = (18\% \times 0,58) + (24\% \times 0,42) = 20,52\%$

- Covariância

   $COV_{J,K} = \text{CORR}_{J,K} \times \sigma_J \times \sigma_K$
   $COV_{J,K} = 0,40 \times 0,16 \times 0,26 = 0,01664$

- Risco da carteira

   $\sigma_p = [0,16^2 \times 0,58^2 + 0,26^2 \times 0,42^2 + 2 \times 0,58 \times 0,42 \times 0,01664]^{1/2}$

   $\sigma_p = 0,1692$ (16,92%)

15.1.1 Exemplo ilustrativo: efeitos da correlação sobre o risco do portfólio

Com o intuito de demonstrar mais claramente os efeitos da correlação dos retornos dos ativos sobre o risco de um portfólio, admita *ilustrativamente* uma carteira formada por duas ações (A e B) com os seguintes resultados separados.

	Retorno E(R)	Risco σ
Ação A	12%	18%
Ação B	24%	27%

O quadro elaborado a seguir demonstra o retorno esperado da carteira formada com diferentes participações das ações A e B e o risco da carteira adotando-se coeficientes de correlação extremos ($\text{CORR}_{A,B} = +1$ e $\text{CORR}_{A,B} = -1$).

Carteiras		E(R_P)	Risco da carteira (σ_P)	
Ação A	Ação B		Correlação Perfeita Positiva $CORR_{A,B} = +1$	Correlação Perfeita Negativa $CORR_{A,B} = -1$
100%	0%	12,0%	18,0%	18,0%
80%	20%	14,4%	19,8%	9,0%
60%	40%	16,8%	21,6%	0,0%
40%	60%	19,2%	23,4%	9,0%
20%	80%	21,6%	25,2%	18,0%
0%	100%	24,0%	27,0%	27,0%

O risco da carteira (σ_p) foi calculado de acordo com o modelo de Markowitz, o qual leva em consideração o risco de cada ativo, sua participação na carteira e a correlação. Assim, para $W_A = 80\%$, $W_B = 20\%$ e $CORR_{A,B} = +1$, tem-se:

$\sigma_A = [(0{,}80^2 \times 0{,}18^2) + (0{,}20^2 \times 0{,}27^2) + 2 \times 0{,}80 \times 0{,}20 \times 1 \times 0{,}18 \times 0{,}27]^{1/2}$

$\sigma_A = [0{,}020736 + 0{,}002916 + 0{,}015552]^{1/2}$

$\sigma_A = [0{,}039204]^{1/2} = 0{,}198$ (19,8%)

e assim por diante.

O conceito de diversificação de Markowitz permite que, ao se selecionarem ativos com correlação perfeitamente negativa, seja eliminado todo o risco da carteira. No quadro elaborado acima, uma carteira constituída com 60% da ação A e 40% da ação B, e admitindo-se um índice de correlação $CORR_{A,B} = -1$, apura um risco nulo ($\sigma_p = 0$). Essa situação, como observado anteriormente, é bastante difícil de verificação prática.

A diversificação, conforme proposta por Markowitz, permite a redução ou até a eliminação total do risco diversificável (não sistemático) de um portfólio, ficando, porém, sempre presente a parcela do risco sistemático, que não pode ser reduzido pela diversificação.

É importante que se acrescente, ainda, que a diversificação, quando utilizada com o propósito de redução do risco, não é uma decisão aleatória. Deve sempre ser elaborada observando-se as correlações dos retornos dos ativos, de maneira a se estabelecer a melhor composição possível de uma carteira.

Os efeitos da diversificação sobre o risco de uma carteira costumam ser bastante relevantes na maioria dos mercados financeiros. Alguns estudos publicados demonstram que no mercado acionário a diversificação é capaz de promover a redução de mais da metade do risco da carteira.

15.1.2 Exemplo ilustrativo: determinação do retorno esperado e risco de um portfólio

Admita *ilustrativamente* dois ativos (X e Y) que promovem, para cada estado de natureza considerado (desempenho da economia), os seguintes resultados:

Estado de natureza	Probabilidade	Retorno do ativo X	Retorno do ativo Y
Recessão	10%	–5%	13%
Médio	35%	10%	–5%
Bom	45%	25%	25%
Excelente	10%	50%	14%

O *retorno esperado* de cada ativo atinge:

- $E(R_X) = (-5\% \times 0{,}10) + (10\% \times 0{,}35) + (25\% \times 0{,}45) + (50\% \times 0{,}10)$

  $E(R_X) = \mathbf{19{,}25\%}$

- $E(R_Y) = (13\% \times 0{,}10) + (-5\% \times 0{,}35) + (25\% \times 0{,}45) + (14\% \times 0{,}10)$

  $E(R_Y) = \mathbf{12{,}2\%}$

O *risco de cada ativo*, considerado isoladamente, e expresso pela medida do desvio-padrão, é determinado da maneira seguinte:

- $\sigma_X = [(-0{,}05 - 0{,}1925)^2 \times 0{,}10 + (0{,}10 - 0{,}1925)^2 \times 0{,}35 + (0{,}25 - 0{,}1925)^2 \times 0{,}45 + (0{,}50 - 0{,}1925)^2 \times 0{,}10]^{1/2}$

  $\sigma_X = (0{,}019819)^{1/2}$

  $\sigma_X = \mathbf{0{,}1408 \text{ ou } 14{,}08\%}$

- $\sigma_Y = [(0{,}13 - 0{,}122)^2 \times 0{,}10 + (-0{,}05 - 0{,}122)^2 \times 0{,}35 + (0{,}25 - 0{,}122)^2 \times 0{,}45 + (0{,}14 - 0{,}122)^2 \times 0{,}10]^{1/2}$

$\sigma_Y = (0{,}017767)^{1/2}$

$\sigma_Y = 0{,}1332$ ou $13{,}32\%$

Com base nas formulações estatísticas desenvolvidas no Capítulo 6, pode-se calcular a *covariância* entre os retornos dos ativos X e Y, ou seja, $COV_{x,y}$. A expressão de cálculo utilizada é a seguinte:

$$COV_{X,Y} = \sum_{j=1}^{n} P_j \times (R_X - \overline{R}_X) \times (R_Y - \overline{R}_Y)$$

onde P_j representa a probabilidade de verificação do estado de natureza e $\overline{R}X$ e $\overline{R}Y$ os retornos esperados, respectivamente, dos ativos X e Y.

O quadro a seguir ilustra os vários cálculos da covariância dos dois ativos seguindo a expressão de cálculo anterior.

Estado de natureza	Probabilidade (P_j)	Retorno do ativo X (R_X)	Retorno do ativo Y (R_Y)	$R_X - \overline{R}_X$	$R_Y - \overline{R}_Y$	$P_j (R_X - \overline{R}_X)(R_Y - \overline{R}_Y)$
Recessão	10%	–5%	13%	–0,2425	0,0080	–0,000194
Médio	35%	10%	–5%	–0,0925	–0,1720	0,005569
Bom	45%	25%	25%	0,0575	0,1280	0,003312
Excelente	10%	50%	14%	0,3075	0,0180	0,000553
		$\overline{R}_X = 19{,}25\%$	$\overline{R}_Y = 12{,}2\%$			$COV_{X,Y} = 0{,}009240$
						0,924%

A correlação entre os dois ativos é de 0,4927, ou seja:

$$CORR_{X,Y} = \frac{COV_{X,Y}}{\sigma_X \times \sigma_Y}$$

$$CORR_{X,Y} = \frac{0{,}009240}{0{,}1408 \times 0{,}1332} = 0{,}4927$$

O quadro a seguir ilustra o risco e o retorno esperado dos ativos X e Y assumindo diferentes proporções no portfólio. Observe que a redução do risco do portfólio somente se processa mediante uma diminuição do retorno esperado, verificando-se uma correlação positiva entre risco e retorno.

A partir dos valores esperados e riscos calculados para as diversas combinações possíveis da carteira, deverá o investidor, considerando sua curva de indiferença, isto é, seu grau de aversão ao risco, eleger a melhor combinação possível de ativos de forma a atender satisfatoriamente a sua expectativa com relação ao dilema risco e retorno presente nas decisões de investimento.

Proporção do Ativo X no Portfólio (W_X)	Proporção do Ativo Y no Portfólio (W_Y)	Retorno Esperado do Portfólio $E(R_P) = \overline{R}_P$	Risco do Portfólio (σ_P)
0%	100%	12,20%	13,32%
25%	75%	13,96%	12,12%
50%	50%	15,73%	11,84%
75%	25%	17,49%	12,54%
100%	0%	19,25%	14,08%

A correlação entre os ativos é baixa ($CORR_{x,y} = 0{,}4927$) promovendo, pelo modelo de diversificação, a redução do risco do portfólio. Como foi comentado, quanto menor a correlação dos retornos, maior a redução do risco pela diversificação. O desvio-padrão do portfólio, apurado pela formulação de Markowitz, é inferior, para qualquer participação dos ativos no total do investimento, à média ponderada dos desvios-padrão dos retornos desses ativos.

Sendo: $\sigma_x = 14{,}08\%$ e $\sigma_y = 13{,}32\%$, conforme calculados anteriormente, tem-se:

Participação do ativo X (W_X)	Participação do ativo Y (W_Y)	Risco do Portfólio (σ_P)	Média ponderada dos desvios-padrão de X e Y
25%	75%	12,12%	(14,08% × 0,25) + (13,32% × 0,75) = 13,51%
50%	50%	11,84%	(14,08% × 0,50) + (13,32% × 0,50) = 13,70%
75%	25%	12,54%	(14,08% × 0,75) + (13,32% × 0,25) = 13,89%

Sempre que o índice de correlação for baixo, incentivará a diversificação do risco. A redução é maior quanto menos positivamente correlacionados se apresentarem os ativos. Evidentemente, o maior benefício da redução do risco do portfólio pela diversificação ocorre na situação já comentada de correlação negativa dos retornos dos ativos.

15.2 Ativos com correlação nula

Se os retornos esperados de dois ativos forem independentes, ou seja, apresentarem correlação nula ($CORR_{A,B} = 0$), o percentual de cada ativo a ser aplicado na carteira considerada de mais baixo risco deve obedecer à seguinte expressão de cálculo:

$$W_A = \frac{\sigma_B^2}{\sigma_A^2 + \sigma_B^2} \quad \text{ou} \quad W_B = \frac{\sigma_A^2}{\sigma_A^2 + \sigma_B^2}$$

A participação do ativo B é de ($1 - W_A$).

A proporção do ativo A, conforme determinado na expressão mencionada, permite que o risco da carteira seja minimizado. Em verdade, nenhuma outra combinação de ativos irá possibilitar um risco menor que o apurado.

Ilustrativamente, admita dois ativos (A e B) com correlação nula entre seus retornos esperados, ou seja: $CORR_{A,B} = 0$. O desvio-padrão do ativo A é de 15% e o do ativo B de 12%.

O risco da carteira atinge seu nível mínimo quando a participação do ativo A é de 39,0%, e B, em consequência, de 61,0%, ou seja:

$$W_A = \frac{0,12^2}{0,15^2 + 0,12^2}$$

$$W_A = \frac{0,0144}{0,0369} = 0,39, \text{ ou: } 39\%$$

Para demonstrar essa estrutura de risco mínimo, o quadro a seguir calcula o risco da carteira (σ_p) para diferentes proporções.

Participação do Ativo A (W_A)	Participação do Ativo B (W_B)	Risco da Carteira $\sigma_p = \left[(\sigma_A^2 \times W_A^2) + (\sigma_B^2 \times W_B^2)\right]^{1/2}$
0%	100%	12,0%
20%	80%	10,1%
39%	**61%**	**9,4%**
50%	50%	9,6%
60%	40%	10,2%
80%	20%	12,2%
100%	0%	15,0%

Observe que se a correlação entre dois ativos for nula (Corr = 0), a expressão de cálculo do desvio-padrão da carteira é simplificada, sendo representada pela ponderação do risco de cada ativo pela sua participação no total da carteira.

Assim, para uma carteira formada por dois ativos: A e B, tem-se o seguinte cálculo do desvio-padrão:

$$\sigma_p = \left[(\sigma_A^2 \times W_A^2) + (\sigma_B^2 \times W_B^2)\right]^{1/2}$$

Carteira com Títulos Livres de Risco

A formulação do risco de carteira de investimentos conforme desenvolvida por Markowitz (σ_p), é bastante simplificada ao se incluir ativos livres de risco em sua composição. Sendo A o ativo de risco e F o ativo livre de risco, a expressão de cálculo do desvio-padrão da carteira (σ_p) apresenta-se, em sua versão original:

$$\sigma_P = \left[W_A^2 \times \sigma_A^2 + W_F^2 \times \sigma_F^2 + 2 \times W_A \times W_F \times COV_{A,F}\right]^{1/2}$$

Como: $\sigma_F = 0$, o cálculo do risco da carteira σ_p resume-se a:

$$\sigma_P = W_A \times \sigma_A$$

Por exemplo, uma carteira composta de 40% de ações com desvio-padrão de 34%, e o restante representado por títulos públicos, tem o seguinte risco:

$$\sigma_p = 0,40 \times 0,34 = 0,136 \text{ (13,6\%)}$$

15.3 Conjunto de combinações de carteiras

O exemplo ilustrativo desenvolvido no item 15.1.2 retratou o cálculo do retorno esperado e do risco da carteira formada pelos ativos X e Y.

Os dados básicos da ilustração são:

	Retorno esperado $E(R) = \bar{R}$	Risco (σ)
Ativo X	19,25%	14,08%
Ativo Y	12,2%	13,32%

Ao se ampliarem as possíveis combinações das participações dos ativos X e Y na carteira ilustrativa, podem ser obtidos os resultados relativos a cada composição, conforme identificados no quadro a seguir.

Carteira	Participação do Ativo X (W_X)	Participação do Ativo Y (W_Y)	Retorno Esperado $E(R_P) = \bar{R}_P$	Risco (σ_P)
1	0%	100%	12,20%	13,32%
2	10%	90%	12,91%	12,74%
3	15%	85%	13,26%	12,50%
4	25%	75%	13,96%	12,12%
5	50%	50%	15,73%	11,84%
6	75%	25%	17,49%	12,54%
7	85%	15%	18,19%	13,07%
8	90%	10%	18,55%	13,38%
9	100%	0%	19,25%	14,08%

As composições sugeridas no quadro anterior são apenas algumas das possíveis carteiras que poderiam ser formadas com os ativos em questão. Observe que a *carteira 9*, constituída exclusivamente pelo ativo X, é a que apresenta, ao mesmo tempo, o maior retorno esperado e também o risco mais elevado (maior desvio-padrão). A *carteira 1*, composta unicamente do ativo Y, é a de mais baixo retorno esperado, porém não tem o menor risco. A diversificação permite que se formem carteiras com risco total inferior ao risco de cada ativo.

A *carteira 2*, fortemente concentrada no ativo Y (tem 10% do ativo X e 90% do ativo Y), diminui seu risco e eleva o retorno esperado. A *carteira 3*, ao reduzir ainda mais a participação do ativo Y, promete maior retorno e também um menor nível de risco.

O risco se reduz até a *carteira 5*, com desvio-padrão de 11,84%. A partir deste ponto mínimo, o comportamento do risco tende a acompanhar o retorno esperado de cada carteira.

Os diversos resultados relatados no quadro anterior podem descrever uma curva que retrata o *conjunto possível de combinações* de uma carteira, conforme ilustrado na Figura 15.1. A representação gráfica descreve as possíveis alternativas que se apresentam a um investidor de maneira a combinar a participação dos ativos X e Y no contexto de uma carteira.

A curva inserida no triângulo KWZ indica os possíveis resultados de risco e retorno esperados da carteira constituída por ativos considerados como não perfeitamente correlacionados. Foi demonstrado que um ativo perfeitamente correlacionado deve apresentar um coeficiente igual a +1,0 (correlação positiva) ou –1,0 (correlação negativa). Os ativos X e Y, conforme cálculos efetuados no item 15.1.2, apresentam um coeficiente de correlação igual a 0,4927.

A reta KW reflete os possíveis resultados que os ativos apresentariam se fosse apurada uma correlação perfeitamente positiva ($CORR_{x,y}$ = +1,0). Observe ainda na referida Figura 15.1 que essa linha une as carteiras compostas exclusivamente pelo ativo X e pelo ativo Y, de acordo com

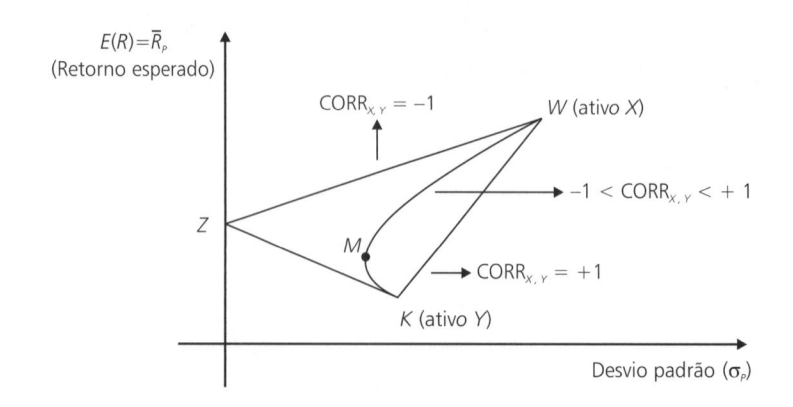

FIGURA 15.1 Linha do conjunto de combinações.

os resultados determinados no quadro anterior. Como a curva *KMW* está destacada dessa reta (situada a sua esquerda), isso sugere o efeito da diversificação da carteira pela redução do risco. Conforme foi colocado, ainda, os ativos *X* e *Y* não apresentam correlação positiva perfeita (CORR$_{x,y}$ < 1,0) e promovem, em consequência, uma redução do risco da carteira.

A reta *ZW*, por outro lado, indica uma correlação perfeitamente negativa entre os ativos, caso de verificação muito pouco comum na prática. Em verdade, mesmo que fossem identificados ativos com correlação exatamente igual a –1,0 no mercado, a forte demanda dos investidores por estes títulos poderia (e, muito provavelmente, ocorreria) alterar a correlação perfeitamente negativa, desaparecendo sua capacidade de eliminar todo o risco de uma carteira.

O *ponto M*, destacado na curva *KW*, representa uma carteira de ativos que apresenta o menor risco possível. É geralmente conhecida por carteira de *variância mínima*. Quanto mais uma carteira se distancia desse ponto de menor desvio-padrão, maior é o risco que apresenta e, consequentemente, também mais elevado é seu retorno esperado. Investidores com nível mais alto de aversão ao risco escolherão, evidentemente, carteiras mais próximas do ponto *M*, ocorrendo o inverso com aqueles que apresentam maior indiferença ao risco.

A *carteira M*, por envolver o risco mínimo, é preferencial a todas as demais carteiras que oferecem um retorno esperado menor. Em outras palavras, diz-se que M *domina* todas as demais carteiras que se encontram abaixo dela.

Para dois ativos (*A* e *B*), a carteira de variância mínima pode ser determinada a partir da seguinte expressão:

$$W_A^* = \frac{\left[\sigma_B^2 - (\text{CORR}_{A,B} \times \sigma_A \times \sigma_B)\right]}{\left[(\sigma_A^2 + \sigma_B^2) - (2 \times \text{CORR}_{A,B} \times \sigma_A \times \sigma_B)\right]}$$

$$W_B = 1 - W_A$$

No *exemplo ilustrativo* em consideração, conforme representado na Figura 15.1, têm-se os seguintes resultados:

$\sigma_X = 14{,}08\%$ $E(R_X) = \overline{R}_X = 19{,}25\%$
$\sigma_Y = 13{,}32\%$ $E(R_Y) = \overline{R}_Y = 12{,}20\%$
CORR$_{X,Y} = 0{,}4927$

Substituindo esses valores na fórmula da variância mínima apresentada, tem-se:

$$W_X^* = \frac{[0{,}1332^2 - 0{,}00924]}{[(0{,}1408^2 + 0{,}1332^2) - (2 \times 0{,}00924)]}$$

$$W_X^* = \frac{0{,}008502}{(0{,}037567 - 0{,}018480)} = 0{,}4454 \ (44{,}54\%)$$

O retorno esperado e o risco desta carteira atingem:

$W_X = 44{,}54\%$
$W_Y = 55{,}46\%$

- $E(R_P) = \overline{R}_P = (19{,}25\% \times 0{,}4454) +$
  $+ (12{,}20\% \times 0{,}5546)$
  $E(R_P) = \overline{R}_P = 15{,}34\%$

- $\sigma_P = [(\sigma_X^2 \times W_X^2) + (\sigma_Y^2 \times W_Y^2) + (2 \times W_X \times$
  $\times W_Y \times \text{CORR}_{X,Y} \times \sigma_X \times \sigma_Y)]^{1/2}$
  $\sigma_P = [0{,}4454^2 \times 0{,}1408^2 + 0{,}5546^2 \times$
  $\times 0{,}1332^2 + 2 \times 0{,}4454 \times 0{,}5546 \times$
  $\times 0{,}00924]^{1/2}$
  $\sigma_P = 11{,}81\%$

Logo, a *carteira M*, de variância mínima, possui um retorno esperado de 15,34% e um risco (desvio-padrão) de 11,81%.

EXEMPLO ILUSTRATIVO – Estão sendo analisados os resultados das combinações de duas ações (A e B), as quais apresentam as seguintes características:

	Ação A	Ação B
Retorno esperado $E(R) = \overline{R}$	20%	12%
Desvio-padrão (σ)	36%	22%

O coeficiente de correlação desses dois ativos é de 0,20.

A partir dessas informações, são apurados, a seguir, os resultados da carteira admitindo-se diferentes proporções dos ativos.

- *Retorno Esperado e Risco de Carteiras com Diferentes Composições*

Carteira	Participação da ação A (W_A)	Participação da ação B (W_B)	Retorno esperado $E(R_P) = \overline{R}_P$	Desvio-padrão (σ_P)
A	0%	100%	12,0%	22,0%
B	20%	80%	13,6%	20,3%
C	40%	60%	15,2%	21,4%
D	60%	40%	16,8%	24,9%
E	80%	20%	18,4%	29,9%
F	100%	0%	20,0%	36,0%

- *Carteira de Variância Mínima*

$$W_A^* = \frac{\left[\sigma_B^2 - (CORR_{A,B} \times \sigma_A \times \sigma_B)\right]}{\left[(\sigma_A^2 + \sigma_B^2) - (2 \times CORR_{A,B} \times \sigma_A \times \sigma_B)\right]}$$

$$W_A^* = \frac{[0,22^2 - (0,20 \times 0,36 \times 0,22)]}{[(0,36^2 + 0,22^2) - (2 \times 0,20 \times 0,36 \times 0,22)]}$$

$$W_A^* = \frac{0,032560}{(0,1780 - 0,031680)} = 0,2225 \ (22,25\%)$$

Logo, a carteira M, de *variância mínima*, é composta de:

$\left[\begin{array}{l}\text{Participação do Ativo A } (W_A) = 22,25\% \\ \text{Participação do Ativo B } (W_B) = 77,75\%\end{array}\right.$

O retorno esperado e o risco desta carteira atingem os valores seguintes:

$E(R_p) = \overline{R}_p = (20\% \times 0,2225) + (12\% \times 0,7775)$
$E(R_p) = \overline{R}_p = 13,78\%$
$\sigma_P = [(0,36^2 \times 0,2225^2) + (0,22^2 \times 0,7775^2) +$
$\quad + (2 \times 0,2225 \times 0,7775 \times 0,20 \times 0,36 \times 0,22]^{1/2}$
$\sigma_P = 20,2\%$

No gráfico, o portfólio M é o de menor risco (variância) e, por definição, também o de menor desvio-padrão. O ponto M domina todos os demais formados abaixo, apresentando menor risco para um retorno esperado mais elevado. As oportunidades de investimentos a serem consideradas estão localizadas sobre a curva MF, também conhecida por *conjunto ou fronteira eficiente*.

A carteira de risco mínimo, conforme definida no ponto M da hipérbole de Markowitz, representa o ponto em que o risco apura um valor mínimo, considerando uma determinada

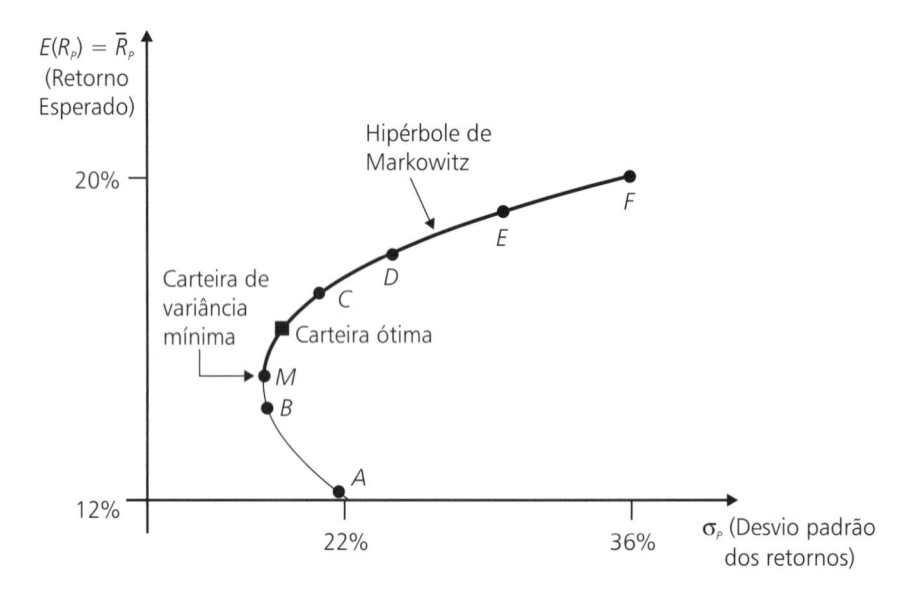

FIGURA 15.2 Representação gráfica do conjunto de combinações.

composição da carteira. É a carteira que apura o risco mínimo do conjunto de combinações possíveis da fronteira eficiente.

Na fronteira eficiente, ainda, é possível identificar-se uma carteira de ativos que, pela combinação apresentada de pesos, apresenta o melhor ganho acima da taxa livre de risco, ou seja, o melhor prêmio pelo risco. Elton e outros[3] destacam a existência de uma única carteira de ativos com desempenho superior a todas as outras possíveis. Essa carteira mais eficiente é aquela que permite que os investidores maximizem seus retornos esperados em excesso identificados na relação risco e retorno.

A identificação dessa carteira é feita pelo índice de Sharpe (IS), conforme será estudado com mais detalhes no Capítulo 16, a seguir. A fórmula do índice de Sharpe é apresentada abaixo:

$$Is = \frac{R_P - R_F}{\sigma_P}$$

onde: R_P = retorno da carteira;

R_F = taxa de juros de ativos livres de risco;

σ_P = risco de carteira (desvio-padrão).

Essa carteira ótima é identificada no gráfico do conjunto de combinações (Figura 15.2).

Hipérbole de Markowitz – Aplicação Prática

Para ilustrar a construção da hipérbole de Markowitz, considera uma carteira formada por dois ativos: A e B. Retorno esperado [$E(R_j)$] e desvio-padrão (σ_j) de cada ativo:

	ATIVO A	ATIVO B
Retorno	9%	16%
Risco (desvio-padrão)	10%	22%

Correlação entre os ativos (CORR$_{A,B}$) = 0,10

- Retorno esperado e Risco da Carteira para diferentes composições:

PESO A	PESO B	RETORNO	RISCO
0,00%	100,00%	16,00%	22,00%
10,00%	90,00%	15,30%	19,92%
20,00%	80,00%	14,60%	17,91%
30,00%	70,00%	13,90%	15,98%
40,00%	60,00%	13,20%	14,17%
50,00%	50,00%	12,50%	12,53%
60,00%	40,00%	11,80%	11,14%
70,00%	30,00%	11,10%	10,09%
80,00%	20,00%	10,40%	9,51%
90,00%	10,00%	9,70%	9,48%
100,00%	0,00%	9,00%	10,00%

- Carteira de Risco (Variância) Mínimo

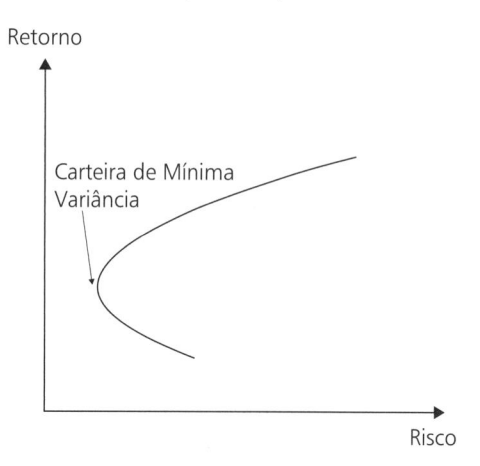

$$W_A^* = \frac{\left[\sigma_B^2 - (CORR_{A,B} \times \sigma_A \times \sigma_B)\right]}{\left[\sigma_A^2 + \sigma_B^2\right] - \left(2 \times CORR_{A,B} \times \sigma_A \times \sigma_B\right)}$$

- $W_B = 1 - W_A$

- Carteira de Risco Mínimo:

PESO A	PESO B	RETORNO	RISCO
85,6%	14,4%	10,01%	9,42%

- Representação da hipérbole de Markowitz

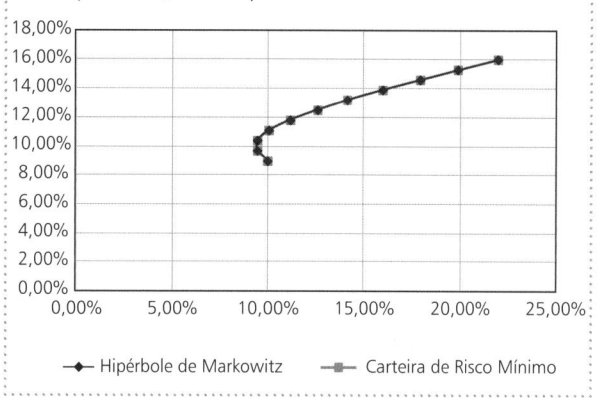

15.4 Alocação de ativos em carteira: ativos de risco e ativos livres de risco

Uma carteira é formada de acordo com os ativos disponíveis no mercado e também de acordo com as preferências de risco e retorno do investidor. Para discutir as possíveis combinações de ativos com diferentes riscos e retornos, admita uma carteira com uma proporção y alocada em ativos de risco, e outra parte $(1 - y)$ investida em ativos livres de risco. Assim, a taxa de retorno de toda a carteira $E(R_P)$ é determinada:

$$E(R_P) = (y \times R_X) + (1 - y) \times R_F$$

R_X: retorno ativo com risco

---

[3] ELTON, Edwin J. et al. *Moderna teoria de carteira e análise de investimentos.* São Paulo: Elsevier, 2012.

O risco dessa carteira com ativos de risco e livres de risco é medido por:

$$\sigma_P = \sigma_X \times W_X$$

onde: σ_X: desvio-padrão ativo de risco;

W_X: proporção da carteira aplicada em ativo de risco.

Por exemplo, considere que o retorno esperado de um ativo com risco seja de 18%, e seu desvio-padrão de 25%. A taxa de juro de títulos livres de risco 12%. O retorno esperado e o risco, medido pelo desvio-padrão, dessa carteira, têm as seguintes expressões de cálculo:

$E(R_P) = (y \times 18\%) + (1 - y) \times 12\%$

$\sigma_P = 25\,y$

Se um investidor decidir aplicar somente em ativos de risco ($y = 100\%$), o retorno da carteira é a própria taxa de 18% e o desvio-padrão de 25%. Caso selecione alocar 60% em títulos de risco ($y = 60\%$), os resultados são os seguintes:

$E(R_P) = (60\% \times 18\%) + (1 - 0{,}60) \times 12\% =$
$= 15{,}6\%$
$= 0{,}60 \times 0{,}25 = 15{,}0\%$

A partir dos dados do exercício ilustrativo, é possível construir-se um gráfico para demonstrar a relação risco e retorno da carteira a partir da definição de y, conforme é demonstrado na Figura 15.3.

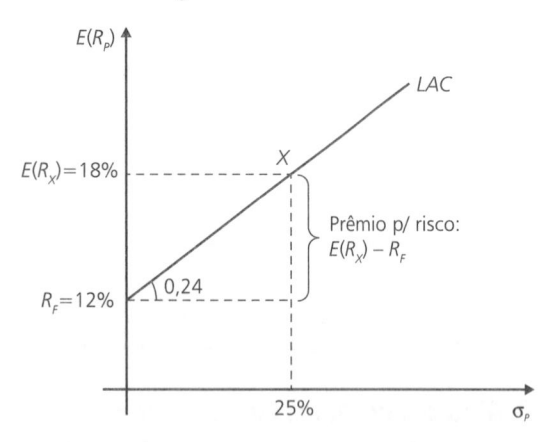

$E(R_X)$ – retorno esperado da carteira de risco
LAC – linha de alocação de capital

FIGURA 15.3 Oportunidades de investimento.

A origem da reta é o retorno do ativo sem risco, dado que seu desvio-padrão é nulo. O ativo de risco, com retorno esperado de 18%, identifica no gráfico um desvio-padrão de 25%. Caso a decisão seja investir somente em ativo livre de risco ($y = 0$), o retorno esperado é de 12%, e toda a carteira apresentaria risco zero.

As possíveis combinações de risco e retorno são representadas na figura pelo segmento entre R_F e X. O coeficiente angular dessa reta (inclinação da reta) é medido por:

$$\text{Coeficiente Angular} = \frac{R_X - R_F}{\sigma_X} =$$

$$= \frac{18\% - 12\%}{25\%} = 0{,}24,$$

indicando o retorno adicional por risco adicional.

Conforme a proporção do ativo de risco investido na carteira se eleva, o retorno esperado e o risco (desvio-padrão) da carteira também crescem. O retorno esperado, nesse caso, aumenta à taxa de:

$E(R_P) = [y \times E(R_X)] + (1 - y) \times R_F$

$E(R_P) = y \times E(R_X) + R_F - y \times R_F$

$E(R_P) = R_F + y[E(R_X) - R_F]$

Substituindo os dados do exemplo:

$E(R_P) = 12\% + y(18\% - 12\%)$

$E(R_P) = 12\% + y \times 6\%$

O desvio-padrão, conforme demonstrado, cresce à taxa de 25%, ou seja:

$\sigma_P = 25 \times y$

Qualquer elevação da participação de ativo com risco na carteira aumenta o seu retorno esperado a uma taxa de 6%, e o desvio-padrão à taxa de 25%. O retorno adicional por risco adicional é fornecido pela inclinação da reta de 0,24. Simulando, para melhor ilustrar a inclinação da reta, o retorno esperado e o desvio-padrão para diferentes composições de carteiras, tem-se:

% Ativos de Risco y	Δy	$E(R_P)$	$\Delta E(R_P)$	σ_P	$\Delta\sigma_P$
100%	10%	18,0%	0,6%	25,0%	2,5%
90%	10%	17,4%	0,6%	22,5%	2,5%
80%	10%	16,8%	0,6%	20,0%	2,5%
70%	10%	16,2%	0,6%	17,5%	2,5%
60%	10%	15,6%	0,6%	15,0%	2,5%
40%	20%	14,4%	1,2%	10,0%	5,0%
20%	20%	13,2%	1,2%	5,0%	5,0%
0%	20%	12,0%	1,2%	–	5,0%

$$\text{Inclinação} = \frac{\Delta E(R_P)}{\Delta\sigma_P} = \frac{0,6\%}{2,5\%} = 0,24$$

A inclinação da reta, como comentado, revela quanto a carteira oferece de retorno adicional para cada risco adicional. O conjunto de oportunidades de investimento em ativo de risco e ativo livre de risco é fornecido pela reta descrita na Figura 15.2. Esta reta é denominada *Linha de Alocação de Capital – LAC*, incorporando todas as possíveis carteiras formadas na relação risco e retorno. A inclinação da reta é conhecida por *Índice de Sharpe*, conforme será estudado no capítulo seguinte.

A representação da LAC demonstra que o investidor pode alcançar o ponto X quando compõe uma carteira somente com ativo de risco (y = 100%). O investidor poderia ultrapassar o ponto X do gráfico (Figura 15.2) somente se fosse capaz de tomar emprestado a uma taxa livre de risco e aplicar em ativos de risco. Na prática, é inviável a um particular captar recursos no mercado à taxa livre de risco. Normalmente, o custo do dinheiro é formado a partir da taxa livre de risco, sendo adicionado na operação, pelo doador de recursos, um prêmio de risco de crédito.

EXEMPLO ILUSTRATIVO 1 – Retorno do Investidor: Posição Alavancada

Admita um investidor com um capital de $ 500.000 para aplicar em ativos de risco e títulos públicos (ativos livres de risco). Os ativos de risco têm um retorno esperado de 20% e um desvio-padrão de 30%. Os títulos públicos pagam 12% de remuneração. O retorno esperado e o risco da carteira irão depender de sua composição. Assim:

$\sigma_P = 0,30\ y$

$E(R_P) = (y \times 20\%) + (1 - y) \times 12\%$

Uma simulação de algumas possíveis carteiras é apresentada a seguir.

y	$E(R_P)$	σ_P
100%	20,0%	30%
80%	18,4%	24%
60%	16,8%	18%
40%	15,2%	12%
20%	13,6%	6%
0%	12,0%	–

Se o investidor tomar mais $ 200.000 emprestados para investir em ativos de risco, assume uma posição *alavancada* no investimento, financiando parte de sua carteira com empréstimos. Assim:

$$y = \frac{\$\ 500.000 + \$\ 200.000}{\$\ 500.000} = 1,4$$

O retorno da carteira do investidor e o risco atingem os seguintes resultados:

- $E(R_P) = R_F + y \times (R_J - R_F)$

  $E(R_P) = 12\% + 1,4 \times (20\% - 12\%) = 23,2\%$

- $\sigma_P = \sigma_J \times y$

  $\sigma_P = 0,30 \times 1,4 = 42,0\%$

A posição alavancada da carteira produz um risco (desvio-padrão) maior que o calculado em uma carteira não alavancada em ativo de risco.

EXEMPLO ILUSTRATIVO 2 – Combinações Risco e Retorno

Admita que os ativos de risco apresentam retorno esperado de 22% e desvio-padrão de 28%. A taxa de juro livre de risco é de 10%. Pede-se:

1. *Descreva* graficamente a *Linha de Alocação de Capital – LAC* identificando:
   - Carteira formada somente por ativos de risco (y = 100%);

- Intervalo da reta que identifica a posição alavancada;
- Pontos na LAC que refletem a relação risco e retorno de duas carteiras:
  A. $y = 50\%$
  B. $y = 75\%$
- Inclinação da reta (coeficiente angular).

Solução

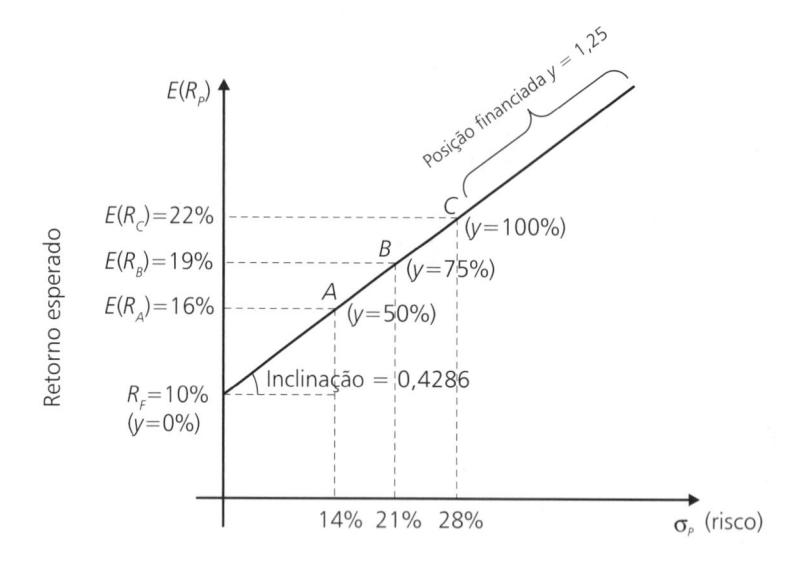

$$Inclinação = \frac{19\% - 10\%}{21\%} = \underline{0,4286}$$

ou

$$Inclinação = \frac{16\% - 10\%}{14\%} = \underline{0,4286}$$

ou

$$Inclinação = \frac{22\% - 10\%}{28\%} = \underline{0,4286}$$

2. *Admita* que o investidor tome emprestado o equivalente a 25% de seu capital investido. Qual a posição alavancada do investidor?

Solução

$$y = \frac{100 \times 1,25}{100} = \underline{1,25}$$

3. *Calcule* o retorno esperado e o desvio-padrão se o investidor tomar recursos emprestados pagando juros de 10% (taxa livre de risco) para aplicar em ativos de risco.

Solução

- $E(R_p) = 10\% + [1,25(22\% - 10\%)] = \underline{25\%}$
- Desvio-padrão $(\sigma_p) = 1,25 \times 28\% = \underline{35\%}$
- $Inclinação = \dfrac{25\% - 10\%}{35\%} = \underline{0,4286}$

A carteira passa a apresentar retorno esperado e risco (desvio-padrão) mais altos que na posição desalavancada.

4. *Calcule* a inclinação da reta caso o investidor tome recursos emprestados pagando juros de 12%, taxa superior a de ativos livre de risco.

Solução

$$Inclinação = \frac{22\% - 12\%}{28\%} = \underline{0,3571}$$

ou

$$Inclinação = \frac{25\% - 12\%}{35\%} = \underline{0,3571}$$

A inclinação da reta se reduz pelo custo adicional pago.

15.5 Fronteira eficiente

A seleção da carteira de investimento mais atraente para um investidor racional, que avalia a relação risco/retorno em suas decisões, fica restrita às combinações disponíveis no trecho MW da linha de combinações descrita na Figura 15.3. Esse segmento, conhecido por *fronteira eficiente*, insere todas as carteiras passíveis de serem construídas. A escolha da melhor carteira é determinada, uma vez mais, pela postura demonstrada pelo investidor em relação ao dilema risco/retorno presente na avaliação de investimentos.

Em outras palavras, na fronteira eficiente, é possível selecionar uma carteira que apresente, para um determinado retorno, o menor risco possível.

A Figura 15.2 ilustra uma fronteira eficiente. Cada ponto da curva (área sombreada) indica o retorno esperado e o desvio-padrão (medida de risco) resultantes de cada investimento possível. Por exemplo, ao se considerarem três ativos podem ser formadas três carteiras constituídas com um só ativo cada (A, B e C), três carteiras de dois ativos cada (AB, AC e BC) e uma carteira com os três ativos.

De outro modo, cada uma dessas carteiras com mais de um ativo pode apresentar diferentes proporções, elevando significativamente o número de carteiras possíveis de serem formadas.

Dessa maneira, ao se considerarem mais ativos, verifica-se a presença de um número quase infinito de alternativas de investimento. De qualquer forma, todas as combinações possíveis de ativos encontram-se identificadas dentro dessa área sombreada descrita na Figura 15.3.

Cada ponto identificado na área sombreada representa uma carteira que demonstra certo retorno esperado e risco. Não é possível identificar carteiras em outras áreas do gráfico, devendo o investidor tomar sua decisão com base no conjunto de oportunidades descrito.

A diferença básica entre a Figura 15.4 e a Figura 15.2, anterior, é que a área sombreada identifica as possíveis combinações de carteiras envolvendo muitos ativos. A fronteira eficiente descrita na Figura 15.2 restringe o conjunto de oportunidades para somente dois títulos.

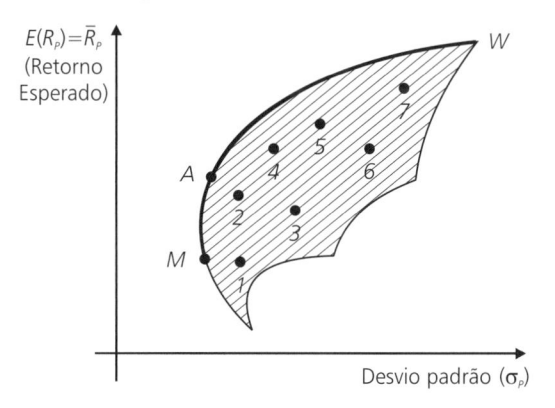

FIGURA 15.4 Fronteira eficiente.

A questão básica identificada na Figura 15.2 continua sendo a de descrever como um investidor toma sua decisão de aplicação de capital, ou seja, como é selecionada a melhor alternativa de investimento em condições de risco.

Conforme comentado, o investidor racional deverá escolher aquela combinação que maximiza o retorno esperado para um menor nível possível de risco ou, em outras palavras, a que promove o menor risco para um dado retorno esperado. As alternativas de investimento que atendem a essa orientação são aquelas dispostas ao longo do segmento MW, e são denominadas por Markowitz de *eficientes*.

Por exemplo, ao comparar-se a carteira A, situada sobre a fronteira eficiente, com a carteira 2, localizada dentro da área sombreada, verifica-se que o risco de A é menor, apresentando ambas as carteiras o mesmo nível de retorno. Assim, qualquer carteira situada à direita desta linha MW (conjunto eficiente) produz maior risco para o mesmo retorno esperado, ou o mesmo nível de risco para um menor retorno esperado.

A Figura 15.5 ilustra as preferências de dois investidores (A e B) diante de carteiras dispostas na fronteira eficiente. As curvas de indiferença traçadas refletem diferentes posturas perante o risco. Diante do mesmo conjunto de oportunidades, o investidor A seleciona uma carteira de ativos de menor risco que B. Em razão dessa postura mais conservadora (maior aversão ao risco), o retorno prometido para A é menor que o esperado por A.

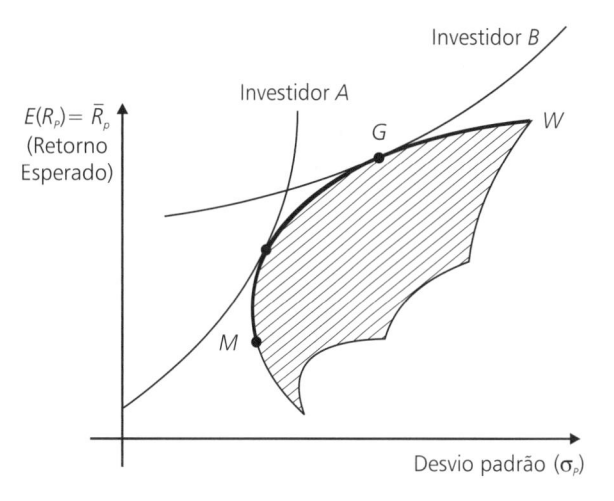

FIGURA 15.5 Seleção de carteira pela curva de indiferença.

Outros investidores, ainda, com diferentes níveis de aversão ao risco, selecionariam outras carteiras de investimento, com medidas de retorno esperado e desvio-padrão compatíveis com suas curvas de indiferença.

É importante registrar que a construção de um conjunto eficiente de carteiras de investimentos constituídas com vários ativos é perfeitamente possível de se efetuar na prática. Há diversos tipos de *softwares* disponíveis no mercado e que podem ser aplicados com boa eficiência no estudo de seleção de carteiras de investimentos em condições de risco.

15.5.1 Fronteira eficiente e a propriedade da separação

Conforme ficou demonstrado, a Fronteira Eficiente resume as carteiras disponíveis do investidor determinadas pelas melhores combinações de risco e retorno. A diversificação permite que se construam carteiras de investimentos que oferecem maior retorno esperado para certo nível de risco, conforme ilustrado na Figura 15.6.

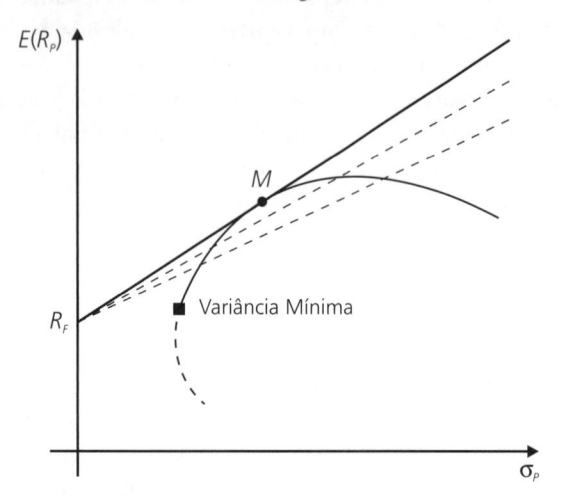

FIGURA 15.6 Fronteira eficiente e separação.

Qualquer carteira situada abaixo dos limites de variância mínima identificada na Figura 15.5 é avaliada como *ineficiente*, ou seja, é possível construir-se uma carteira com o mesmo risco (desvio-padrão) e maior retorno esperado acima dessa fronteira eficiente.

A linha $R_F M$, tangente à fronteira eficiente, domina todas as demais linhas passíveis de serem traçadas. A carteira ótima formada por ativos de risco é a ***M***.

Esta carteira, definida como *ótima* na Figura 15.4 pode não servir a um investidor com maior aversão ao risco. Este tipo de investidor costuma preferir formar sua carteira com uma proporção maior de ativos livres de risco (títulos públicos) e menor participação de ativos de risco.

Dessa forma, a seleção de carteiras pode ser desenvolvida de duas formas, conforme a *propriedade da separação* proposta por Tobin:[4]

a) identificação da carteira ótima de ativos de risco obedecendo somente a aspectos técnicos, sem considerar o grau de aversão ao risco dos investidores. A carteira ótima escolhida seria a mesma para qualquer pessoa, independentemente de sua preferência pelo risco;

b) adaptação da carteira à preferência ao risco demonstrada pelo investidor. Para tanto, é inserida na carteira certa proporção de títulos livres de risco (títulos públicos) de acordo com o grau de aversão ao risco.

---

[4] TOBIN, James. Liquidity behavior preference toward risk. *Review of Economic Statistics*, v. 25, 1958.

16 Modelos de Precificação de Ativos e Avaliação do Risco

Um dos aspectos mais relevantes do desenvolvimento recente da teoria de finanças e risco é o conhecido modelo de precificação de ativos, amplamente divulgado por *capital asset pricing model* (CAPM).[1] Esse modelo é derivado da teoria do portfólio estudada nos dois capítulos anteriores e busca, mais efetivamente, uma resposta de como devem ser relacionados e mensurados os componentes básicos de uma avaliação de ativos: **risco** e **retorno**.

O CAPM é um modelo de precificação unifatorial bastante utilizado nas várias operações do mercado de capitais, participando do processo de avaliação de tomada de decisões em condições de risco. Por meio do modelo é possível também apurar-se a taxa de retorno requerida pelos investidores. O coeficiente **beta,** medida obtida do modelo, indica o incremento necessário no retorno de um ativo de forma a remunerar adequadamente seu risco sistemático.

Como todos os modelos financeiros, são definidas algumas hipóteses para seu desenvolvimento, citando-se, entre as mais importantes:

- assume-se uma grande eficiência informativa do mercado, atingindo igualmente a todos os investidores;
- não há impostos, taxas ou quaisquer outras restrições para os investimentos no mercado;
- todos os investidores apresentam a mesma percepção com relação ao desempenho dos ativos, formando carteiras eficientes a partir de idênticas expectativas;
- existe uma taxa de juros de mercado definida como livre de risco.

---

[1] O desenvolvimento da teoria a ser exposta neste capítulo é atribuído a diversos autores. No entanto, é necessário citar os pioneiros e relevantes trabalhos publicados por: SHARPE, William F. *Capital assets prices*: a theory of market equilibrium under conditions of risk. *Journal of Finance*, Sept. 1964; MARKOWITZ, Harry. *Portfolio selection*. New York: John Willey & Sons, 1959; LINTNER, J. The valuation of risk assets: the selection of risk investments in stock portfolios and capital budgets. *Review of Economics and Statistics*, Feb. 1965; MOSSIN, J. Equilibrium in a capital asset market. *Econometrica*, Oct. 1966.

Inúmeras e importantes conclusões sobre o processo de avaliação de ativos foram definidas a partir dessas hipóteses. É importante que se entenda que elas não são restritivas e têm por objetivo essencial melhor descrever um modelo financeiro, destacando a demonstração de seu significado e aplicações práticas. Mesmo que não sejam constatadas na realidade de mercado, as hipóteses formuladas não são suficientemente rígidas de maneira a invalidar o modelo. Muita coisa ainda precisa ser feita, é verdade, porém o que já foi desenvolvido trouxe uma inestimável contribuição para explicar o funcionamento das decisões financeiras no mundo real.

16.1 Reta do mercado de capitais

Conforme desenvolvido nos Capítulos 14 e 15, as curvas de indiferença representam as preferências de um investidor frente a alterações que venham a ocorrer na relação risco/retorno de um investimento. Essas curvas oferecem maior nível de satisfação ao investidor quando se deslocam para cima e para a esquerda, denotando, por outro lado, uma crescente aversão ao risco quanto mais inclinadas se apresentarem.

A Figura 16.1 ilustra as curvas de indiferenças de dois investidores: R e S. Observe que o investidor S apresenta menor aversão ao risco em relação a R, ou seja, o investidor S exige menor retorno esperado para todo risco adicional assumido.

De outra forma, R_1 e S_1, por se apresentarem mais acima e à esquerda, oferecem maior satisfação para cada investidor.

Ainda de acordo com a teoria desenvolvida nos capítulos anteriores, sabe-se que os vários títulos disponíveis no mercado podem formar diferentes carteiras (portfólios); cada uma delas oferecendo um determinado nível de risco/retorno em função de sua composição. Ou seja, oferecendo a cada título diferentes taxas de rentabilidade e risco, os resultados da carteira alteram-se à medida que venham a variar as proporções dos ativos que a compõem.

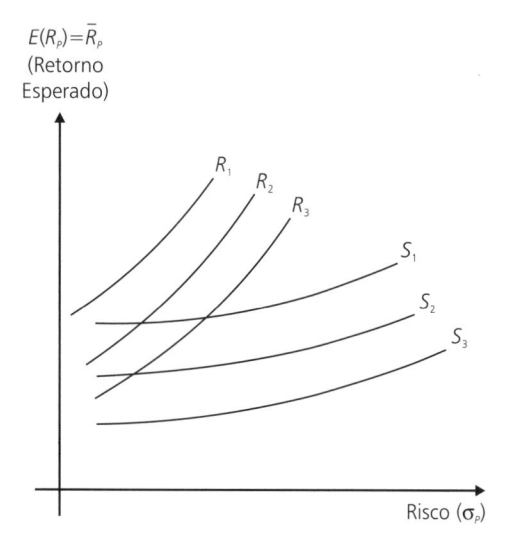

FIGURA 16.1 Diferentes curvas de indiferença.

A área sombreada da Figura 16.2 ilustra as diversas carteiras passíveis de serem formadas, considerando-se diferentes participações de títulos, as quais compõem o chamado *conjunto de oportunidades de investimento*.

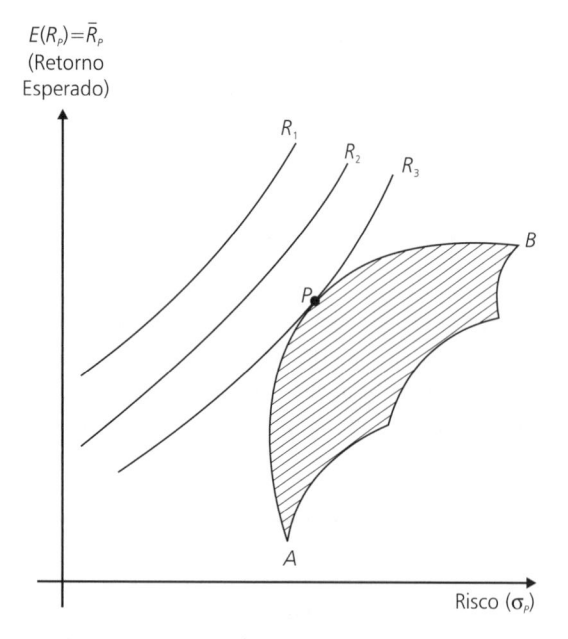

FIGURA 16.2 Conjunto de oportunidades de investimento.

Observe na Figura 16.2 que as melhores oportunidades de investimento se encontram identificadas sobre a linha AB, pois apresentam maior retorno esperado para um mesmo nível de risco ou menor risco para um mesmo retorno esperado. Essa linha, conforme estudou-se anteriormente, é denominada *fronteira eficiente*, não sendo alcançada, em termos de risco/retorno, por nenhum outro ponto do conjunto de oportunidades.

A Figura 16.2 ilustra, ainda, o critério teórico de seleção ótima de carteira de investimento diante da análise risco/retorno. O ponto P, identificado dentro da fronteira eficiente, indica um equilíbrio entre os resultados da carteira eficiente e o grau de aversão ao risco do investidor, ilustrado pela curva de indiferença. Em outras palavras, neste ponto o investidor aufere o máximo de retorno possível para um determinado nível de risco; de maneira inversa, o ponto P é a carteira na qual o investidor minimiza seu risco para uma determinada taxa de retorno esperada.

Ao se admitir, por outro lado, que uma carteira seja formada de ativos com risco combinados com ativos livres de risco (títulos governamentais, por exemplo), o contorno do conjunto de oportunidades de investimento assume a forma de uma linha reta, conforme ilustrada na Figura 16.3.

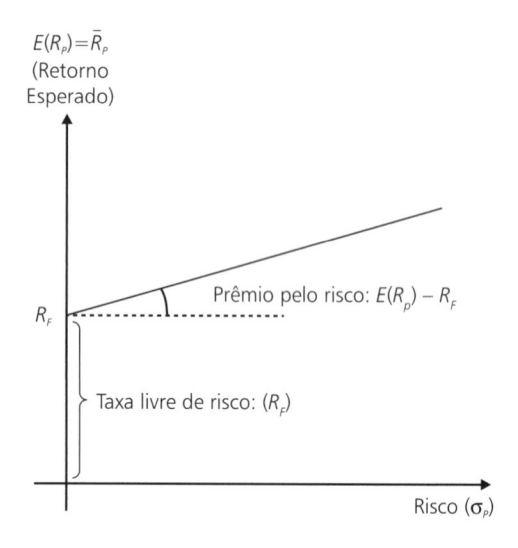

FIGURA 16.3 Desvio-padrão e retorno esperado de uma carteira formada com ativo com risco e livre de risco.

A relação risco e retorno dessa carteira foi introduzida no capítulo anterior, no item 15.4. A partir dessa base conceitual é construída a *Linha (Reta) do Mercado de Capitais*.[2]

O R_F na Figura 16.3 representa a taxa de retorno de um ativo considerado livre de risco.

Admitindo, ainda, que um investidor possa captar recursos no mercado à taxa livre de risco, e aplicar esses valores em títulos com risco, com retorno superior, a alavancagem obtida desta decisão permite que se forme uma maior inclinação da reta, indicando melhor retorno esperado da carteira. Nesta situação, o risco da carteira também se eleva, apurando um maior desvio-padrão, conforme é ilustrado na Figura 16.3. De forma contrária, ao captar no mercado taxas de juros mais elevadas, a declividade da reta diminui, revelando uma redução no retorno esperado da carteira.[3]

---

[2] Conhecida também por: *Capital Market Line* – CML.
[3] Ver: ROSS, Stephen et al. *Administração financeira*. São Paulo: Atlas, 1995. p. 219-221.

A Figura 16.4, ilustrada a seguir, insere novas informações na relação risco/retorno de uma carteira, formada por ativos com risco e livres de risco. É elaborada pela junção das Figuras 16.3 e 16.2.

O ponto M, situado na fronteira eficiente do conjunto de oportunidades de investimento, indica uma carteira composta por ativos com risco. O segmento $R_F M$ contém todas as possíveis combinações de ativos sem risco com ativos com risco, conforme contidos na carteira M. As carteiras formadas e dispostas sobre a linha $R_F M$ são superiores a quaisquer outras formadas sobre outros segmentos da Figura 16.4, pois são capazes de promover maior retorno esperado para o mesmo nível de risco.

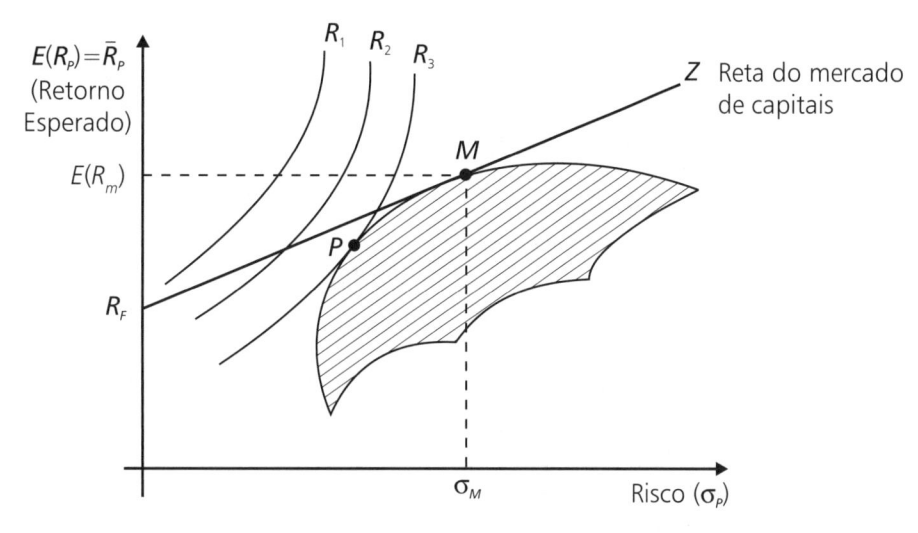

FIGURA 16.4 Carteiras formadas com ativos com risco e sem risco.

As carteiras formadas à direita de M somente são possíveis se o investidor conseguir captar recursos no mercado à taxa livre de risco, e aplicar esses fundos adicionais em ativos com risco, conforme identificados em M. O traçado à esquerda do ponto M inclui carteiras com maior participação de títulos livres de risco, acumulando, portanto, menor risco total (mais baixo desvio-padrão).

A inclinação da reta de mercado de capitais é apurada por:

$$\text{Inclinação} = \frac{E(R_M) - R_F}{\sigma_M}$$

A equação da reta apresenta-se:

$$E(R_P) = R_F + \frac{E(R_M) - R_F}{\sigma_M} \times \sigma_P$$

Por exemplo, admita que a *carteira de mercado* (carteira M) apresente um retorno esperado de 19% e desvio-padrão de 15%. A taxa livre de risco é de 11%. Uma carteira L, com desvio-padrão de 12%, inferior ao do mercado, tem o seguinte retorno esperado:

$$E(R_L) = 11\% + \frac{19\% - 11\%}{15\%} \times 12\%$$

$$E(R_L) = 11\% + 0{,}5333 \times 12\% = \underline{17{,}4\%}$$

Uma outra carteira S de maior risco (desvio-padrão = 20%) apura um retorno esperado mais alto, atingindo:

$$E(R_S) = 11\% + 0{,}5333 \times 20\% = \underline{21{,}7\%}$$

A reta do mercado de capitais retrata a atividade dos investidores de mercado em relação ao risco. A carteira de mercado é entendida como *eficiente*, contendo unicamente risco sistemático. Teoricamente, esta carteira M é composta por todos os ativos de risco negociados na economia, sendo ponderados pelos seus respectivos valores de mercado. As carteiras dos investidores são localizadas em algum ponto da reta $R_F M Z$, de acordo com o grau de aversão ao risco de cada um.

16.1.1 Escolha da carteira mais atraente

A escolha da carteira mais atraente na reta definida por Z, também conhecida por *reta do mercado de capitais*, é função das preferências pelo risco demonstrada pelos investidores. Quanto maior a aversão ao risco, mais à esquerda de M se localiza a carteira escolhida. Maior indiferença pelo risco, por outro lado, revela interesse por carteiras identificadas à direita de M. Pelas curvas de indiferença apresentadas na Figura 16.1, pode-se sugerir que o investidor S, que apresenta maior propensão ao risco, escolheria provavelmente uma carteira situada à direita da carteira M.

Pelos resultados ilustrados na Figura 16.4, ainda, revela-se que a reta do mercado de capitais (reta Z) oferece as melhores relações risco/retorno para os investimentos. Nessa linha, situam-se todas as carteiras compostas por ativos com risco e livres de risco possíveis de ser formadas no mercado de capitais. Qualquer ponto identificado ao longo dessa reta de mercado apresenta-se mais atraente que outras carteiras que possam ser formadas, sendo o ponto M da Figura 16.4 representativo da carteira mais indicada de ser selecionada por se situar exatamente na fronteira eficiente.

É importante registrar, ainda, que a reta do mercado de capitais considera unicamente a taxa de retorno esperada e o risco de carteiras eficientes, distribuídas ao longo de seu segmento. Carteiras de ativos classificadas fora da fronteira eficiente não são consideradas pela linha de mercado. Sua grande contribuição é a descrição que oferece do prêmio pelo risco de mercado, conforme adotado em todas as decisões tomadas em ambiente de incerteza.

A carteira definida no ponto M é conhecida também por *carteira de mercado*. É uma carteira diversificada que contém, na teoria, todos os títulos na exata proporção em que estão disponíveis no mercado. Na prática, a carteira de mercado, pela dificuldade evidente de ser formada, é obtida por alguma medida existente. *Por exemplo*, a carteira de mercado no Brasil pode ser representada pela carteira *Bovespa* (Bolsa de Valores de São Paulo).

O retorno da carteira de mercado contém os juros de aplicações em títulos livres de risco mais um prêmio pelo risco de mercado, o qual é definido pela composição da carteira. Por ser extremamente diversificada, a carteira de mercado (carteira M da Figura 16.4) contém somente o risco sistemático (risco que não se elimina pela diversificação), oferecendo máxima satisfação em termos da relação risco/retorno.

Ilustrativamente, a Figura 16.5 descreve a reta do mercado de capitais formada pelos seus dois componentes de retorno: remuneração de ativos sem risco e prêmio pelo risco de mercado.

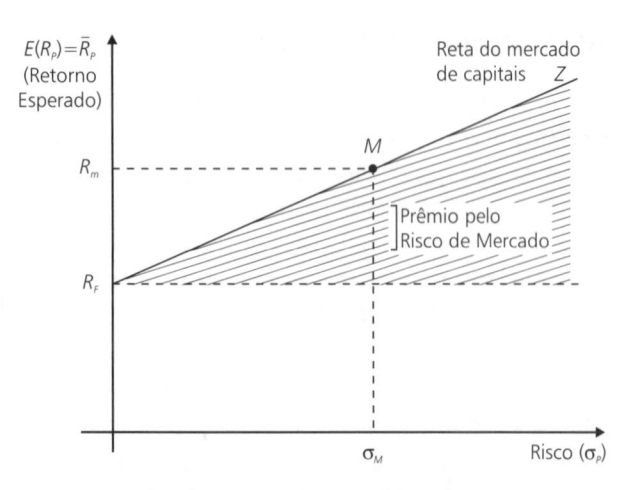

16.1.2 Ilustração da reta do mercado de capitais

Admita que um investidor possa tomar emprestado e aplicar seus recursos a uma taxa de juro livre de risco (R_F). Suas opções de investimento apresentam-se:

	Ativo com risco	Ativo sem risco
Retorno esperado	18%	8%
Desvio-padrão (risco)	24%	0

Se o investidor constituir uma carteira com 40% de ativos com risco (ações ordinárias, por exemplo) e 60% sem risco (títulos governamentais, por exemplo), têm-se os seguintes resultados de sua decisão:

- *Retorno Esperado – $E(R_P)$*

$$E(R_P) = (18\% \times 0,40) + (8\% \times 0,60)$$
$$E(R_P) = 7,2\% + 4,8\% = 12,0\%$$

- *Desvio-padrão (σ_P)*

$$\sigma_P = [(W_R^2 \times \sigma_R^2) + (W_F^2 \times \sigma_F^2) + (2 \times W_R \times W_F \times CORR_{R,F} \times \sigma_R \times \sigma_F)]^{\frac{1}{2}}$$

Sendo σ_R e σ_F, respectivamente, o desvio-padrão do ativo com risco e livre de risco, e como $\sigma_F = 0$, tem-se que:

$$\sigma_P = (W_R^2 \times \sigma_R^2)^{1/2}$$
$$\sigma_P = (0,40^2 \times 0,24^2)^{1/2}$$
$$\sigma_P = (0,009216)^{1/2} = 9,6\%$$

Essa carteira formada com um título com risco e outro sem risco encontra-se identificada na reta do mercado de capitais, conforme a Figura 16.6. O investidor, ao aplicar parte de seu capital em títulos governamentais (sem risco) e parte em ativos com risco (ações), obterá um retorno

FIGURA 16.5 Reta do mercado de capitais.

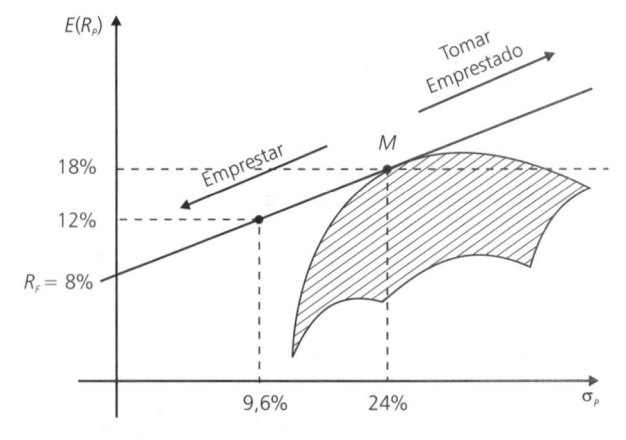

FIGURA 16.6 Carteira formada com título com risco e sem risco.

esperado e desvio-padrão que o colocará ao longo da reta que une R_F a M. O ponto M representa a carteira constituída de ativos com risco.

Pontos acima da carteira M são formados, conforme foi explicado anteriormente, somente se o investidor conseguir tomar emprestado a uma taxa livre de risco e aplicar esses recursos em títulos com risco, que apresentam retorno mais elevado. Com isso, consegue-se obter uma alavancagem favorável, aumentando a remuneração de seus investimentos e também o risco.

Suponha, como ilustração, que o investidor em consideração tenha tomado um empréstimo equivalente a 40% de seu capital e investido tudo na carteira M, constituída somente de ativos com risco. Considerando os juros que deverá pagar do empréstimo levantado (equivalente a uma taxa sem risco), seu retorno esperado atinge:

$$E(R_P) = (1{,}40 \times 18\%) - (0{,}40 \times 8\%)$$

$$E(R_P) = 25{,}2\% - 3{,}2\% = 22{,}0\%$$

O retorno obtido é maior que os 18% esperados do título com risco em razão da alavancagem favorável que o investidor está conseguindo fazer, ou seja, está captando a uma taxa (8%) inferior ao retorno que pode auferir da aplicação desses recursos (18%).

Se um investidor puder contrair empréstimos a uma taxa livre de risco, elevará sua rentabilidade para a direita do ponto M e, consequentemente, também seu nível de risco. Ao aplicar, por outro lado, a uma taxa sem risco, mantém o retorno de sua carteira ao longo do segmento $R_F M$.

A linha pontilhada na Figura 16.6, após o ponto M, indica uma situação em que o investidor está captando a uma taxa maior daquela que pode receber pelo empréstimo desse dinheiro. Com isso, a reta do mercado de capitais reduz sua inclinação, indicando a prática de uma alavancagem desfavorável.

16.2 Reta característica

A **reta característica** permite que se relacione, dentro do modelo de precificação de ativos, o comportamento de um título (ou carteira específica de títulos) com a carteira de mercado. Procura descrever como as ações, por exemplo, se movem diante de alterações verificadas no mercado como um todo.

Sabe-se que na prática é constatável uma forte correlação entre esses valores mobiliários e o mercado, distinguindo-se, no entanto, as intensidades que variam. Assim, em sua maior parte, se o mercado apresentar uma valorização, as ações também crescem, porém não necessariamente com a mesma força. Por meio dessa verificação prática, é possível prever os resultados proporcionados por uma ação dado o desempenho esperado do mercado.

A relação entre os retornos de um título e os retornos da carteira de mercado pode ser desenvolvida por meio de dados históricos, admitindo-se nesta situação que os retornos verificados no passado sejam previsivelmente repetidos no futuro, ou mediante certas estimativas de valores futuros esperados.

Identificados os retornos dos ativos e da carteira de mercado, os mesmos são plotados em um gráfico, obtendo-se a denominada **reta característica**. Diante do comportamento positivamente correlacionado dessas variáveis, a reta característica é obtida mediante regressão linear, conforme estudada no Capítulo 6. Nessa regressão, ainda, são identificadas duas novas e importantes medidas financeiras: o coeficiente **beta** (β) e o coeficiente **alfa** (α), respectivamente, o parâmetro angular e linear da reta de regressão.

A Figura 16.7 ilustra a equação de regressão linear de uma relação verificada nos últimos anos entre o retorno de uma determinada ação (ação de Cia. *j*) e o retorno da carteira de mercado. Ao relacionar informações passadas, a reta linear característica permite estabelecer uma tendência do comportamento da ação ao longo do tempo.

A equação da reta característica, a partir da equação reta ($Y = a + bx$), é expressa da forma seguinte:

$$R_j - R_F = \alpha + \beta(R_M - R_F)$$

onde: R_j = retorno proporcionado pela ação da Cia. *j* em cada ano do horizonte de tempo estudado. Esse valor percentual pode ser obtido com base nas formulações de avaliação de ações desenvolvidas no Capítulo 14;

R_F = taxa de juros de títulos livres de risco (*risk free*), conforme definida e ilustrada nos Capítulos 14 e 15;

R_M = retorno da carteira de mercado;

$R_j - R_F$; $R_M - R_F$ = respectivamente, retorno adicional da ação da Cia. *j* e do mercado em relação ao retorno dos títulos sem risco (prêmio pelo risco);

β = coeficiente beta. Parâmetro angular (inclinação) da reta de regressão que identifica o risco em relação ao risco sistemático da carteira de mercado;

α = coeficiente alfa. Parâmetro linear (origem) da reta de regressão.

A relação entre os resultados dos ativos e da carteira de mercado, conforme demonstrada na Figura 16.7, é determinada pelo retorno em excesso às taxas livres de risco,

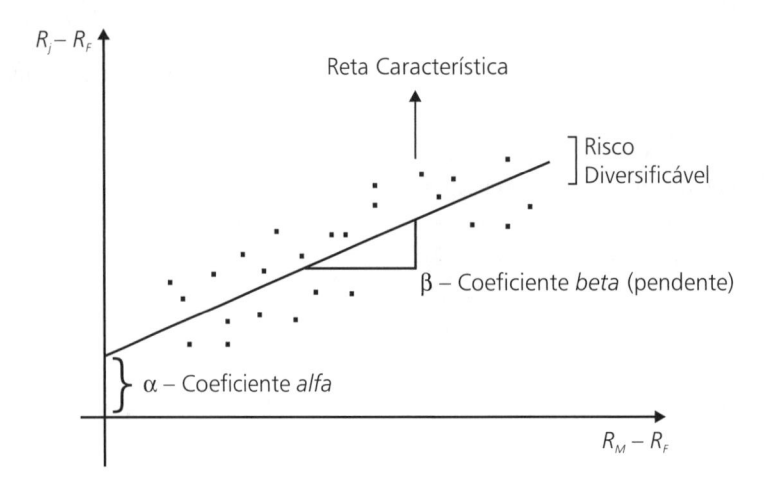

FIGURA 16.7 Reta característica.

conhecido por *prêmio pelo risco*. Neste caso, $R_M - R_F$ é o prêmio pelo risco de mercado; $R_j - R_F$ o prêmio pelo risco de se investir na ação da Cia. j.

A equação do CAPM permite que se calcule a remuneração mínima exigida por um investidor determinada pelo risco. Essa faixa é formada pela remuneração de um ativo livre de risco (R_F) mais o prêmio pelo risco do ativo, ou seja:

$$R_j = R_F + \beta \times \underbrace{(R_M - R_F)}_{\text{Prêmio p/ risco de mercado}}$$

$$\underbrace{}_{\text{Prêmio p/ risco da ação}}$$

EXEMPLO ILUSTRATIVO – Admita um ativo com um coeficiente beta de 1,12. A taxa livre de risco (R_F) da economia é igual a 8,5%, e o retorno da carteira de mercado (R_M), identificada no índice de bolsa, é 14%. A rentabilidade mínima exigida pelo investidor para esse ativo, supondo que a reta de regressão parta da origem ($a = 0$), é:

$R_j = R_F + \beta(R_M - R_F)$

$R_j = 8,5\% + 1,2\ (14\% - 8,5\%) = 14,66\%$

Pelo modelo do CAPM, esta taxa de retorno remunera adequadamente o risco do investimento.

16.2.1 Coeficiente alfa

O parâmetro linear da reta de regressão, denominado de *coeficiente alfa*, indica o retorno esperado em excesso de um ativo na hipótese de o retorno em excesso da carteira de mercado ser nulo.

Representa, em outras palavras, o intercepto da reta característica com o eixo das ordenadas, indicando o prêmio pelo risco oferecido pelo ativo. Evidentemente, se a reta partisse da origem, o valor de alfa seria nulo; se a reta de regressão originasse de um ponto abaixo da origem, seria apurado um valor negativo para o coeficiente alfa. Na ilustração da Figura 16.7, a linha característica parte de um ponto acima da origem, indicando a existência de um retorno esperado positivo da ação para $R_M - R_F = 0$.

Na avaliação de Van Horne,[4] o valor de alfa de uma ação deve ser zero. Ou seja, em processo de equilíbrio, a reta característica passa pela origem. Se alfa é negativo, um investidor racional iria preferir o melhor resultado esperado proveniente da combinação de um ativo sem risco com a carteira de mercado, sentindo-se desestimulado em investir na ação. Nesse caso de rejeição da ação, Van Horne admite que seu preço cairá, determinando, em consequência, uma recuperação do retorno esperado. Pela teoria, essa valorização da taxa de retorno da ação deve ocorrer até o nível de alfa atingir zero. Em caso contrário, para a situação de uma ação com coeficiente alfa positivo ($\alpha > 0$), os investidores se sentirão atraídos para sua aquisição, elevando o preço do ativo e reduzindo, em consequência, o seu retorno esperado.

16.2.2 Coeficiente beta: risco sistemático

O modelo do CAPM exprime o risco sistemático de um ativo pelo seu *coeficiente beta*, identificado com o parâmetro angular na reta de regressão linear (reta característica). Admite-se que a carteira de mercado, por conter unicamente risco sistemático (o risco não sistemático foi todo eliminado pela diversificação), apresenta um beta igual a 1,0.

Conforme demonstrado nas formulações estatísticas do Capítulo 6, o coeficiente angular de uma reta de regressão é calculado mediante a seguinte expressão:

$$b = \frac{COV_{X,Y}}{VAR_X}$$

---

[4] VAN HORNE, James C. *Financial management and policy*. 11. ed. New Jersey, 1998. p. 64.

Colocando-se essa metodologia de cálculo no contexto do CAPM, tem-se:

$$\text{Coeficiente Beta }(\beta) = \frac{COV_{R_j,R_M}}{VAR_{R_M}}$$

Na avaliação do risco de uma carteira, o beta é entendido como a média ponderada de cada ativo contido na carteira, sendo determinado pela seguinte expressão:

$$\beta_P = \sum_{j=1}^{n} \beta_j \times W_j$$

onde β_j e W_j representam, respectivamente, o coeficiente beta (risco sistemático) e a participação relativa de cada ativo incluído na carteira e β_p o beta da carteira.

EXEMPLO ILUSTRATIVO – Cálculo do Beta de Portfólio (β_p)

Admita a seguinte carteira de investimentos formada por quatro ativos:

Ativo	Beta	Participação
A	1,5	30%
B	0,8	20%
C	1,8	40%
D	0,5	10%

Beta da Carteira: $\beta_p = \Sigma \beta_j \times W_j$

$\beta_p = (1,5 \times 30\%) + (0,8 \times 20\%) +$
$\quad\quad + (1,8 \times 40\%) + (0,5 \times 10\%)$

$\beta_p = 1,38$

Para uma carteira, o Beta é calculado pela média ponderada da participação de cada ativo.

Pelo enunciado da equação da reta característica desenvolvido, quanto maior for o beta, mais elevado se apresenta o risco da ação e, ao mesmo tempo, maior seu retorno esperado. O coeficiente beta determina o grau de inclinação da reta característica, revelando como o retorno em excesso de uma ação se move em relação ao retorno em excesso do mercado como um todo.

Quando o beta de um ativo for exatamente igual a 1,0, diz-se que a ação se movimenta na mesma direção da carteira de mercado em termos de retorno esperado. Ou seja, o risco da ação é igual ao risco sistemático do mercado como um todo.

Uma ação com beta maior que 1,0 retrata um risco sistemático mais alto que o da carteira de mercado, sendo por isso interpretado como um investimento "agressivo".

O retorno em excesso da ação, nessa situação, varia mais que proporcionalmente ao de mercado, remunerando o risco adicional do ativo.

Por exemplo, se β = 1,30, uma valorização média de 10% na carteira de mercado determina uma expectativa de rentabilidade de 13% na ação. Inversamente, se o mercado sofrer uma desvalorização de 10% (R_M = –10%), o retorno esperado do ativo reduz-se para –13%, indicando maior risco.

Quando o beta é inferior a 1,0, tem-se um ativo caracteristicamente "defensivo", demonstrando um risco sistemático menor que o da carteira de mercado. Uma ação com β < 1,0 demonstra que a variação de seu retorno em excesso é menos que proporcional ao do mercado. *Por exemplo*, se β = 0,80 e R_M = 15%, o retorno da ação atinge somente 12% (0,80 × 15%), equivalente a 80% da taxa de mercado. Por outro lado, se R_M = – 15%, a desvalorização da ação atinge somente 80% de seu valor, ou seja: –15% × 0,80 = – 12%.

16.2.3 Risco não sistemático

O risco não sistemático (diversificável) é identificado pela dispersão dos retornos dos títulos em relação aos movimentos do retorno da carteira de mercado, conforme ilustrados na reta característica. A Figura 16.7 ilustra o risco não sistemático por meio dos pontos dispersos em torno da reta característica.

O risco diversificável de uma ação é o risco específico da empresa, que pode ser eliminado em uma carteira pela diversificação. *Exemplos*: risco de alavancagem, risco operacional, risco de concorrência, variação cambial etc.

Quanto maior a dispersão apresentada na reta de regressão, mais alto é o risco diversificável de um ativo. A redução ou, até mesmo, a eliminação do risco não sistemático de uma carteira é processada conforme amplamente demonstrado nos Capítulos 14 e 15, pela diversificação dos investimentos. Em consequência, para uma carteira bem diversificada, o risco relevante para o investidor é o risco sistemático, que não pode ser eliminado pela diversificação.

Interpretação do Coeficiente Beta (β)

O Coeficiente Beta mede o risco de um ativo em relação ao risco sistemático da carteira de mercado. A carteira de mercado, por ter eliminado todo o risco diversificável pela diversificação, mantém somente risco sistemático (ou não diversificável). Em geral, a carteira de mercado é representada por um índice, como o Ibovespa no Brasil, por exemplo. O beta reflete o movimento do preço da ação em relação ao índice de mercado, permitindo que se identifique os ativos agressivos, de maior risco, e os defensivos, de menor risco.

$\beta_j > 1,0 \to$ Risco do Ativo > Risco Sistemático da Carteira de Mercado.

Preços dessas ações possuem maior volatilidade (risco) que o mercado. Em cenários de alta dos preços, essas ações prometem uma valorização maior que a média de mercado; em momentos de retração da bolsa, o desempenho é pior.

Exemplos: Cias. Seguradoras, Instituições Financeiras, Empresas de Tecnologia, Cias. Aéreas, Eletrônicas, Construção Civil etc.

$\beta_j = 1,0 \to$ Risco do Ativo = Risco Sistemático da Carteira de Mercado.

Em média, o risco do ativo acompanha o mercado.

$\beta_j < 1,0 \to$ Risco do Ativo < Risco Sistemático da Carteira de Mercado.

Ativos defensivos, risco inferior ao do mercado. Apresentam desempenho inferior em momentos de alta de preços, e menor desvalorização quando o índice de mercado cair.

Exemplos: Serviços Públicos, Saneamento Básico, Tabaco, Eletricidade, Telecomunicações, Petróleo, Alimentos e Bebidas etc.

16.3 Mensuração do risco sistemático

Neste item, vamos apresentar dois quadros. Para efeitos de uma *aplicação prática* da determinação da reta característica, considere os cálculos desenvolvidos no segundo quadro. Os valores têm por base as taxas de retorno anuais em excesso das ações da Cia. "*j*" e as do mercado como um todo, referentes aos sete últimos anos, conforme apresentadas no primeiro quadro:

Ano	Retorno de ação da Cia. "*j*" $(R_j - R_F)$	Retorno da carteira de mercado $(R_M - R_F)$
20X1	16,2%	15,0%
20X2	14,7%	12,1%
20X3	20,5%	17,0%
20X4	8,4%	8,0%
20X5	–6,7%	–5,5%
20X6	10,0%	9,5%
20X7	11,6%	12,0%
E(R)	10,6714%	9,7286%

Ano	(Y) Retorno da Cia. "*j*" $(R_j - R_F)$	(X) Retorno do mercado $(R_m - R_F)$	XY	Y²	X²	$X - \bar{X}$	$(X - \bar{X})^2$	$Y - \bar{Y}$	$(Y - \bar{Y})^2$	$(Y - \bar{Y}) \times (X - \bar{X})$
20X1	0,162	0,150	0,024300	0,026244	0,022500	0,052714	0,002779	0,055886	0,003057	0,002946
20X2	0,147	0,121	0,017787	0,021609	0,014641	0,023714	0,000562	0,040280	0,001623	0,000955
20X3	0,205	0,170	0,034850	0,042025	0,028900	0,072714	0,005287	0,098286	0,009660	0,007147
20X4	0,084	0,080	0,006720	0,007056	0,006400	–0,017286	0,000299	–0,022714	0,000516	0,000393
20X5	–0,067	–0,055	0,003685	0,004489	0,003025	–0,152286	0,023191	–0,173714	0,030176	0,026454
20X6	0,10	0,095	0,009500	0,010000	0,009025	–0,002286	0,000005	–0,006714	0,000045	0,000015
20X7	0,116	0,120	0,013920	0,013456	0,014400	0,022714	0,000516	0,009286	0,000086	0,000211
Total	0,747	0,681	0,110762	0,124879	0,098891	0	0,032639	0	0,045163	0,038121

Observe que a ilustração considera dados históricos (passados) para formular predições futuras. Evidentemente, essas situações, muitas vezes verificadas na prática, requerem certas similaridades entre os fatos ocorridos e aqueles previstos na economia, ou seja, os diversos eventos verificados no passado de alguma forma se repetirão no horizonte de planejamento. Não se prevendo essa sintonia entre os valores históricos e esperados, a reta característica pode ser desenvolvida com base em valores projetados, previstos para um determinado cenário futuro de mercado.

A partir dos retornos das ações da Cia. "*j*" e do mercado como um todo, o segundo quadro apura ainda diversas medidas estatísticas importantes para que se conheça, entre outros importantes indicadores financeiros, a volatilidade da ação com o mercado como um todo e a depuração do risco da empresa em sua parte sistemática e não sistemática (diversificável).

Com base nesses valores calculados, a Figura 16.8 traça a reta característica de regressão dos resultados esperados considerados, ilustrando o retorno da Cia. "j" (R_j) como uma função linear do comportamento do mercado.

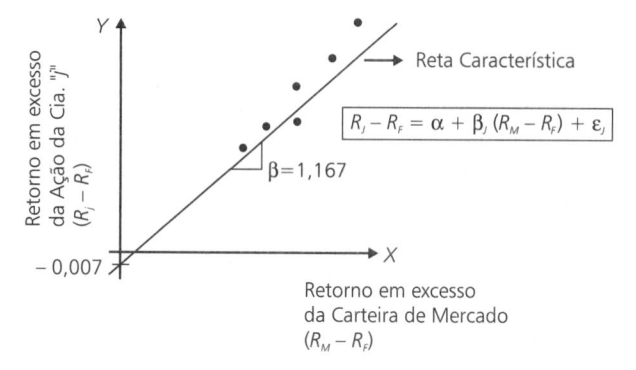

FIGURA 16.8 Relação entre a ação da Cia. "j" e a carteira de mercado.

A construção gráfica da reta característica é efetuada, para cada ano considerado, com base nos pontos representativos de R_j e R_M, denotando-se uma forte correlação desses valores no período ($CORR_{R_j, R_M} = 0,993$), conforme calculada no segundo quadro.

Os eixos horizontal e vertical da Figura 16.8 identificam, respectivamente, os retornos em excesso do mercado como um todo (carteira de mercado) e da ação da Cia. "j" em relação aos títulos livres de risco.

O coeficiente alfa (α) representa o retorno em excesso da ação em relação às taxas livres de risco quando $R_M - R_F = 0$. No exemplo ilustrativo, o parâmetro α é negativo ($\alpha = -0,007$), denotando que a reta passa abaixo da origem.

Calculando-se $R_M = 15,7\%$ e $R_F = 6\%$, ambas as taxas definidas em bases anuais, o retorno da ação da Cia. "j" deve atingir a taxa de 16,62%, ou seja:

- $\bar{X} = \dfrac{0,6810}{7} =$ 0,097286
- $\bar{Y} = \dfrac{0,747}{7} =$ 0,106714
- $\sigma_X = \sqrt{\dfrac{0,032639}{7}} =$ 0,068284
- $\sigma_Y = \sqrt{\dfrac{0,045163}{7}} =$ 0,080323
- $VAR_Y = (0,080323)^2 =$ 0,004663
- $VAR_Y = (0,080323)^2 =$ 0,006452
- $COV_{X,Y} = \dfrac{0,038121}{7} =$ 0,005446

- $CORR_{X,Y} = \dfrac{0,110762 - \dfrac{(0,681) \times (0,747)}{7}}{\left[\left(0,09881 - \dfrac{(0,681)^2}{7}\right) \times \left(0,124879 - \dfrac{(0,747)^2}{7}\right)\right]^{\frac{1}{2}}}$

$CORR_{X,Y} = 0,993$

ou

$CORR_{X,Y} = \dfrac{0,005446}{0,068284 \times 0,080323} = 0,993$

- $Beta\ (\beta) = \dfrac{0,110762 - \dfrac{(0,681) \times (0,747)}{7}}{\left(0,09881 - \dfrac{(0,681)^2}{7}\right)}$

$= 1,167$

ou

$Beta\ (\beta) = \dfrac{0,005446}{0,004663} = 1,167$

- $Alfa\ (\alpha) = 0,106714 - 1,167(0,097286)$

$= 0,007$

Ao se utilizarem os recursos estatísticos da HP-12C, chega-se aos resultados apurados pelas fórmulas, ou seja:

f	Σ
0,162	Enter
0,15	Σ+
0,147	Enter
0,121	Σ+
0,205	Enter
0,170	Σ+
0,084	Enter
0,08	Σ+
0,067	CHS Enter
0,055	CHS Σ+
0,10	Enter
0,095	Σ+
0,116	Enter
0,12	Σ+

0 g Ŷ, r   [a = –0,007]
STO 0 X ≤ Y   [$CORR_{R_j, R_M} = 0,992$]
1 g Ŷ, r
RCL 0 –   [b = 1,167]

$R_j - R_F = \alpha + \beta(R_M - R_F)$

$R_j - 0,06 = -0,007 + 1,167 \times (0,157 - 0,06)$

$R_j = 0,053 + 0,113199$

$R_j = 0,1662\ (16,62\%)$

16.3.1 Interpretação do risco sistemático na reta característica

Observe na expressão da reta característica, ainda, que ε_j representa um retorno não correlacionado com o mercado, ou seja, o erro randômico da reta de regressão linear. É explicado por fatores alheios ao mercado, ou seja, independe do que ocorre no mercado, sendo definido como o risco não sistemático (eliminável pela diversificação).

Por exemplo, uma indústria automobilística apresentou em determinada época, na qual o mercado manteve nítida tendência de alta, um declínio nas taxas de retorno de suas ações. Isso foi explicado por uma falha no projeto dos veículos novos lançados no mercado, a qual acarretou sérios problemas aos consumidores. Esse fato peculiar da empresa, que não apresenta nenhuma relação com o comportamento do mercado como um todo, deslocou o retorno da ação da reta característica. O risco assim assumido pelas ações dessa empresa, que não se apresenta relacionado às flutuações do mercado (está associado ao próprio título), pode ser evitado por um processo de diversificação da carteira. É o denominado risco não sistemático ou diversificável.

O risco sistemático, diante do que foi detalhadamente exposto, está relacionado com o mercado como um todo, não podendo ser eliminado pelo processo de diversificação. Dessa maneira, a medida de risco relevante para um investidor diversificado é aquela que apresenta uma sensibilidade com o mercado, sendo calculada pela covariância dos retornos da ação "j" (R_j) e do mercado (R_M) – COV_{R_j, R_M}, conforme apurada no segundo quadro. O coeficiente beta, pendente da reta de regressão linear, passa a ser o indicador do risco sistemático.

No *exemplo* em consideração, observa-se que a ação da Cia. "j", com um beta superior a 1,0 ($\beta = 1{,}167$), apresenta um risco sistemático mais elevado que o do mercado como um todo, sendo por isso conhecido também como uma ação agressiva. Recorde-se que seu risco sistemático seria menor que o da carteira de mercado se $\beta < 1{,}0$ e igual na hipótese de $\beta = 1{,}0$.

O Quadro 16.2 apresenta, ainda, o retorno médio, medido com base no desempenho dos últimos sete anos das ações da Cia. "j" [$\bar{R}_j = E(R_j) = 16{,}67\%$] e do mercado [$\bar{R}_M = E(R_M) = 15{,}7\%$].

Admitindo-se, conforme sugerido, uma taxa livre de risco (R_F) de 6% ao ano, e também que as várias taxas médias calculadas sejam confiáveis e representativas de projeções futuras, pode-se calcular o retorno exigido pelo mercado para a ação da Cia. "j" a partir da reta de regressão, ou seja:

$$R_j - R_F = \alpha_j + \beta_j(\bar{R}_M - R_F)$$

$$R_j = 6\% - 0{,}7\% + 1{,}167(15{,}7\% - 6\%)$$

$$R_j = 16{,}62\%$$

16.4 Retorno exigido e o alfa de Jensen

Essencialmente, a taxa de retorno exigida nas decisões do investimento é formada com base na remuneração de um ativo livre de risco mais um prêmio pelo risco identificado na decisão em avaliação, ou seja:

$$R_j \text{ (retorno exigido)} = \begin{pmatrix} \text{Taxa de Juro} \\ \text{livre de risco} \\ (R_F) \end{pmatrix} + \begin{pmatrix} \text{Prêmio pelo} \\ \text{risco} \end{pmatrix}$$

Ao se admitir o prêmio pelo risco de mercado ($R_M - R_F$) como adequado à decisão de investimento, a formulação do retorno requerido passa a ser expressa da forma seguinte:

$$R_j \text{ (retorno exigido)} = R_F + (R_M - R_F)$$

Essa estrutura sugerida de retorno exigido admite, implicitamente, que o risco do ativo em consideração é idêntico ao do mercado como um todo, sendo ambos remunerados pela mesma taxa de prêmio pelo risco.

Essa hipótese, todavia, não costuma ocorrer com frequência na prática, apresentando os ativos específicos geralmente níveis diferentes de risco daquele assumido pela carteira de mercado. Ao apresentar um risco superior ao do mercado como um todo, o investidor deve exigir um prêmio adicional no retorno definido em sua decisão; em caso contrário, quando o risco de um ativo for inferior ao do mercado, é aceitável uma remuneração inferior.

Conforme vem sendo estudado ao longo deste capítulo, a medida que relaciona o risco de um ativo com o do mercado é o coeficiente beta. Logo, a expressão da taxa de retorno requerida por um investimento em condições de risco é generalizada da forma seguinte:

$$R_j = R_F + \beta(R_M - R_F)$$

Em verdade, esta é a expressão do CAPM, conforme desenvolvida, e equivalente à reta de regressão linear. Com isso, tem-se:

reta de regressão : $R_j = a + bR_M$

CAPM : $R_j = R_F + \beta(R_M - R_F)$

O intercepto da equação do CAPM é obtido:

$$R_j = R_F + \beta R_M - \beta R_F$$

$$R_j = R_F - \beta R_F + \beta R_M$$

$$R_j = R_F(1 - \beta) + \beta R_M$$

O parâmetro $R_F(1 - \beta)$, conhecido por *alfa de Jensen*, reflete o desempenho da ação comparativamente aos seus valores esperados, equivalendo ao intercepto *a* da equação de regressão linear. Em outras palavras, o alfa de Jensen efetua uma comparação entre os retornos apresentados por uma ação e os retornos esperados pelo modelo do CAPM.

Utilizando-se da mesma demonstração efetuada por Damodaran,[5] tem-se:

- *Se*:

$a > R_F(1 - \beta)$: o desempenho do ativo superou as expectativas no período de regressão;

$a = R_F(1 - \beta)$: o desempenho do ativo foi idêntico às expectativas estabelecidas para o período;

$a < R_F(1 - \beta)$: o desempenho do ativo ficou abaixo das expectativas no período de regressão.

Por exemplo, admita uma empresa que apura um beta igual a 1,45 baseado nos retornos auferidos nos últimos cinco anos.

Sendo a taxa livre de risco igual à média anual de 7%, a estimativa do desempenho da ação atinge a:

$$R_F(1 - \beta) = 7\%(1 - 1,45) = -3,15\%$$

Se o ponto de intercepto da regressão linear traçada for de 1,5% ($\alpha = 0,015$), o desempenho da ação apresenta-se 4,65% superior ao esperado, conforme padrões estabelecidos pelo CAPM, ou seja:

Δ retorno = Ponto de Intercepto $- R_F(1 - \beta)$

Δ retorno = 1,5% $-$ ($-$3,15%) = 4,65%

O resultado favorável no desempenho da empresa refere-se ao período definido para a regressão, não significando necessariamente uma continuidade no futuro.

16.4.1 Alfa de Jensen na equação do CAPM

Sendo R_A o retorno oferecido por uma ação, pode-se demonstrar o índice de Jensen pela seguinte expressão:

$$R_A = \alpha + R_F + \beta(R_M - R_F)$$
$$R_A - R_F = \alpha + \beta(R_M - R_F)$$
Logo:
$$\alpha(\text{Jensen}) = (R_A - R_F) - \beta(R_M - R_F)$$

Conforme demonstrado, o índice de Jensen destaca a diferença de retorno em relação ao risco (prêmio de risco) entre um ativo e o calculado pelo modelo do CAPM. Um índice positivo revela que o ativo foi capaz de gerar um retorno maior do que o esperado pela formulação do CAPM, indicando um bom desempenho.

Para *ilustrar*, admita que uma ação tenha auferido um retorno de 22,0% em determinado ano. O beta da ação é igual a 1,20, a taxa de juro livre de risco (R_F) é 7,0%, e o retorno da carteira de mercado (R_M) atinge 16,0%.

Pelos dados da ação e do mercado, é calculado o alfa de Jensen:

Alfa de Jensen(α) = $R_F \times (1 - \beta)$

Alfa de Jensen(α) = 7% $\times$ (1 $-$ 1,20) = $-$1,4%

Sendo o ponto de intercepto da regressão linear igual a 2,8%, calcula-se um desempenho (retorno) da ação 4,2% acima do esperado no período analisado pela regressão, ou seja:

Δ Retorno = 2,8% $-$ ($-$1,40%) = 4,2%

O retorno exigido da ação pelo modelo do CAPM é:

$$R_j = R_F + \beta(R_M - R_F)$$
$$R_j = 7,0\% + 1,2\,(16,0\% - 7,0\%) = 17,8\%$$

O resultado indica a taxa de retorno requerida mínima para investimento na ação. Como o desempenho atingiu a 22% no período, tem-se um retorno superior ao mínimo exigido em 4,2% (22,0% $-$ 17,8%).

Utilizando-se a expressão de Jensen desenvolvida acima, apura-se o retorno adicional de 4,2%:

$\alpha(\text{Jensen}) = (R_A - R_F) - \beta(R_M - R_F)$

$\alpha(\text{Jensen}) = (22,0\% - 7,0\%) - 1,2\,(16,0\% - 7,0\%)$

$\alpha(\text{Jensen}) = 4,2\%$

EXEMPLO ILUSTRATIVO 1 – Admita uma ação que apresenta um beta igual a 2,0. Ou seja, seu risco sistemático é o dobro do mercado como um todo. A taxa livre de risco da economia é de 6,5% e a expectativa dos investidores é de que o prêmio pelo risco de mercado atinja a 8,5%.

Determinar a remuneração mínima exigida pelo investidor desta ação.

Solução:

Pelos dados do exemplo, sabe-se que:

β = 2,0

R_F = 6,5%

$R_M - R_F$ = 8,5%

R_M = 15% (6,5% + 8,5%)

Logo, a taxa de retorno requerida (R_j) pelos investidores dessa ação atinge a:

R_j = $R_F + \beta(R_M - R_F)$

R_j = 6,5% + 2 (15% $-$ 6,5%)

R_j = 23,5%

---

[5] DAMODARAN, Aswath. *Corporate finance*. New York: John Wiley & Sons, 1997. p. 130.

O retorno esperado dessa ação deve ser, no mínimo, igual a 23,5%, que representa a taxa mínima de atratividade para o investimento nesta ação.

Observe que, se a taxa de retorno da ação for efetivamente igual aos 23,5% exigidos, o alfa é nulo demonstrando um desempenho igual ao indicado pelo CAPM. Assim:

α(Jensen) = $(R_A - R_F) - \beta(R_M - R_F)$

α(Jensen) = $(23,5\% - 6,5\%) - 2,0\,(15,0\% - 6,5\%)$
         = 0

EXEMPLO ILUSTRATIVO 2 – No exemplo ilustrativo desenvolvido a partir do Quadro 16.2, foi apurado com base nos retornos da ação da Cia. "*j*" e do mercado nos últimos sete anos um coeficiente alfa de –0,7% e um beta de 1,167. A taxa livre de risco considerada na ilustração é de 6%.

Por meio do *alfa de Jensen*, avaliar o desempenho desta ação no período de regressão.

Solução:

O ponto de intercepto de uma reta de regressão pode ser interpretado como uma medida de desempenho do ativo quando comparada com o alfa de Jensen: $[R_F\,(1-\beta)]$. Essa avaliação de desempenho restringe-se ao período de regressão.

A avaliação do desempenho da ação da Cia. "*j*" no período atingiu:

Ponto de intercepto	= –0,7%
$R_F\,(1-\beta)$: 6% (1 – 1,167)	= –1,0%
Desempenho da ação: –0,7% – (–1,0%)	= 0,3%

O resultado apurado indica um desempenho 0,3% acima do esperado no período de regressão, ou seja:

Δ retorno = – 0,7% – (–1,0%)

Δ retorno = + 0,3%

Efetivamente, o retorno médio apurado pela ação no período de regressão de 7 anos situou-se 0,3% acima da taxa mínima requerida de 16,62%.

Pelo citado nos Quadros 16.1 e 16.2, apura-se um prêmio pelo risco médio da ação no período de 10,67% ao ano. Adicionando-se a taxa livre de risco definida em 6,0%, chega-se ao retorno médio da ação de 16,67%, superior em 0,3% ao retorno mínimo exigido pelo modelo de CAPM de 16,62% (16,62% + 0,3% = 16,67%).

16.5 Coeficiente de Determinação (R^2)

O Coeficiente de Determinação (R^2) é uma medida estatística que define a porcentagem de Y (variável dependente), que pode ser identificada pela equação de regressão linear. A partir de R^2 é possível avaliar se os valores de X permitem, ou não, proceder a uma boa estimativa de Y.

O valor de R^2 varia de 0 a 1. Quanto mais próximo de 1, melhor se revela o ajustamento da reta de regressão aos valores.

Em termos financeiros, R^2 permite que se conheça a parte do risco de uma empresa explicada pelas condições de mercado, o denominado *risco sistemático* (taxas de juros, política econômica etc.), e a parcela decorrente de variáveis específicas de uma empresa ($1 - R^2$), conhecida por *risco não sistemático* ou *diversificável*.

Uma expressão de cálculo bastante prática de R^2 é obtida pelo quadrado da correlação, ou seja:

$$R^2 = CORR^2$$

16.5.1 Aplicação prática

Ilustrativamente, admita os seguintes retornos em excesso de uma ação (R_j) e do mercado (R_M) referentes aos últimos cinco anos:

Ano	R_j	R_M
20X0	7%	17%
20X1	14%	20%
20X2	22%	29%
20X3	10%	24%
20X4	5%	18%

Para o cálculo do coeficiente de determinação por meio da formulação sugerida, deve-se conhecer a correlação entre os valores. Ao se optar pelos recursos estatíticos da calculadora HP 12C, tem-se a seguinte sequência de operações:[6]

f	Σ	
7	Enter	
17	Σ+	
14	Enter	
20	Σ+	
22	Enter	
29	Σ+	
10	Enter	
24	Σ+	
5	Enter	
18	Σ+	
0 g Ŷ		(Coeficiente alfa – α = –13,78)
STO 0 X≤Y		(Correlação – $CORR_{Rj,RM}$ = 0,86)
1 g Ŷ, r		
RCL 0 –		(Coeficiente beta – β = 1,1749)

---

[6] Para o leitor interessado em programas da calculadora HP 12C aplicados ao mercado financeiro, recomenda-se: ASSAF N., Alexandre; LIMA, Fabiano G. *Investimentos no mercado financeiro usando a calculadora HP 12C*. 3. ed. São Paulo: Atlas, 2013.

- *Cálculo do Coeficiente de Determinação (R^2)*

    $R^2 = 0{,}86^2$

    $R^2 = 0{,}74$ (74%)

Este resultado indica, pelo conceito estatístico do coeficiente de determinação (**R^2**), que 74,0% do risco da ação é de natureza sistemática e 26,0% decorrem de variáveis específicas da empresa (não sistemático), podendo ser eliminados pela diversificação. Esta parcela menor do risco pode ser eliminada pela diversificação, não sendo portanto considerada relevante nos cálculos de retorno demonstrados pelo CAPM.

16.6 Reta do mercado de títulos (SML)

A *reta (linha) do mercado de títulos*, também conhecida por SML (*Security Market Line*), relaciona os retornos desejados e seus respectivos indicadores de risco, definidos pelo coeficiente beta.

A linha do mercado de títulos insere-se na lógica do modelo CAPM de avaliar um ativo a partir da relação risco/retorno discutida na teoria de carteiras. Comparativamente, a reta do mercado de títulos (SML) e a reta do mercado de capitais (CML) são essencialmente a mesma coisa, diferenciando-se no risco dos ativos avaliados com o mercado.

A *reta do mercado de capital* (CML) é utilizada preferencialmente para o estudo do risco e retorno desejado de ativos eficientes, identificados de forma direta com a carteira de mercado. A reta trabalha com carteiras de ativos, que possuem somente risco sistemático. A reta do mercado de títulos (SML), de outro modo, é aplicada na avaliação da relação risco/retorno de todos os ativos, mesmo aqueles que não se relacionam perfeitamente com a carteira de mercado. A SML considera títulos individuais sendo, em condições de equilíbrio, localizados sobre a reta.

A Figura 16.9 ilustra o traçado da reta do mercado de títulos, a qual pode ser rapidamente obtida pela identificação de dois pares de pontos.

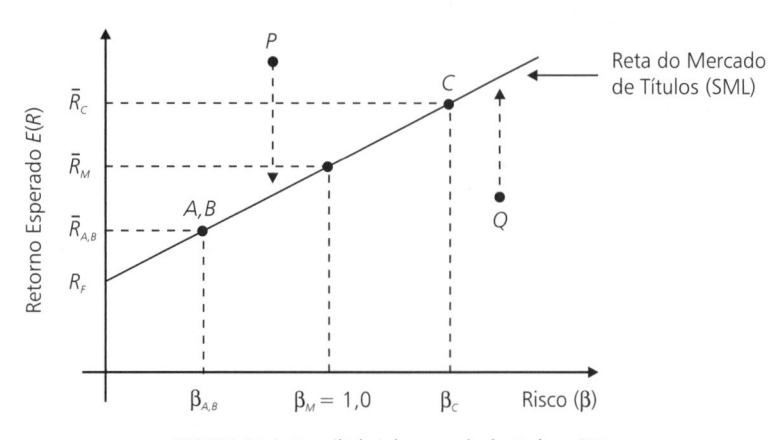

FIGURA 16.9 Reta (linha) do mercado de títulos - SML.

O *primeiro* par é constituído pelo retorno proporcionado pelo mercado (R_M) e seu indicador de risco. Conforme foi demonstrado, a ampla diversificação assumida na carteira de mercado levou à eliminação do risco diversificável, permanecendo somente em seu contexto o risco sistemático, atribuído às diversas fontes do mercado. Nessas condições, a taxa de retorno da carteira de mercado apresenta um coeficiente beta igual a 1,0 ($\beta = 1{,}0$).

O *segundo* par de pontos utilizado para descrever a SML relaciona o retorno oferecido por ativos livres de risco (R_F) com o seu beta, o qual, por tratar-se de uma taxa pura de juros, tem valor nulo ($\beta = 0$).

Em condições de equilíbrio de mercado, todos os títulos devem estar avaliados de forma que se coloquem ao longo da linha do mercado de títulos. Os ativos *A* e *B* ilustrados no gráfico apresentam o mesmo risco sistemático ($\beta_A = \beta_B$) e também o mesmo retorno esperado ($\overline{R}_A = \overline{R}_B$). Apesar de esses ativos não embutirem necessariamente o mesmo risco total (risco sistemático + risco não sistemático), esse aspecto não é considerado pela SML na definição do retorno esperado. Em verdade, a formação do prêmio pelo risco, conforme proposta pelo modelo num mercado em equilíbrio, não inclui o componente diversificável do risco (não sistemático), o qual pode ser evitado ao se comporem carteiras bem diversificadas. Na avaliação do risco de um título, a parcela relevante é a sistemática.

Observe, ainda, que os ativos *A* e *B*, por apresentarem um risco sistemático menor que o do mercado como um todo, apresentam também expectativas de retorno inferiores às do mercado. O contrário, entretanto, sucede com o ativo *C*, o qual oferece uma expectativa mais alta de retorno em relação ao mercado, determinado pelo maior risco sistemático assumido.

Os ativos *A*, *B* e *C* apresentam-se em *equilíbrio* com o mercado, pois ao se localizarem sobre a reta do mercado de títulos prometem um retorno compatível com o risco assumido, ou, de maneira inversa, dado o nível de risco incorrido, oferecem um retorno esperado perfeitamente compensatório.

Dessa maneira, tendo o coeficiente beta de um título, é possível determinar seu retorno esperado em condições de equilíbrio, relacionando-se o risco assumido com a reta do mercado de títulos.

Na prática, porém, nem sempre ocorrem essas situações de equilíbrio no mercado, verificando-se alguns pontos afastados da SML. Diferentes expectativas com relação ao desempenho de um título, ou decisões de compra tomadas com base em intuições ou "palpites", levam a um desalinhamento dos títulos em relação ao mercado.[7]

Na Figura 16.9, ainda, os ativos P e Q são exemplos claros dessa situação comentada de *desequilíbrio*. O ativo P, apesar de apresentar um beta inferior ao do mercado (apresenta um beta inferior a 1,0, sugerindo risco menor que o do mercado como um todo), embute uma expectativa de retorno mais elevada ($\overline{R}_P > \overline{R}_M$). Por motivos não esclarecidos, esse ativo encontra-se subavaliado, oferecendo um retorno maior para níveis mais baixos de risco. É um indicativo de *compra* do título, pois pode-se esperar sua valorização a partir do momento em que os investidores perceberem a incoerência praticada pelo mercado. Ao se elevar sua demanda, o preço de mercado do ativo P crescerá, ocasionando uma redução de seu retorno esperado até o patamar ilustrado pela SML.

Uma situação inversa à exposta ocorre com o desempenho do ativo Q na Figura 16.9. De maneira incoerente, também, o ativo oferece um retorno mais baixo que o do mercado, apesar de ter um risco maior. O mercado está superavaliando esse ativo, devendo os investidores, ao constatarem a discrepância, promover sua venda. Com isso, seu preço cairá até que o retorno esperado atinja a reta de equilíbrio do mercado. Ao contrário do ativo P, a avaliação do ativo Q indica uma decisão de venda para o investidor.

EXEMPLO ILUSTRATIVO – Considere, visando a uma *aplicação prática* do uso da linha do mercado de títulos, três ativos de risco com os seguintes indicadores esperados de desempenho:

Ativo	Retorno Esperado E(R)	Risco (Beta)
A	22,0%	1,70
B	20,0%	1,10
C	18,0%	0,90

O retorno médio esperado da carteira de mercado $[E(R_M)]$ está definido em 18,0% e a taxa de juro de ativo livre de risco em 7,0%.

Pede-se:

a. determinar o retorno que os investidores devem exigir de cada um desses ativos;
b. identificar na linha do mercado de títulos (SML) as posições dos três ativos;
c. indicar os ativos sub e sobreavaliados.

Solução:

a. Retorno Esperado

Pela equação do CAPM, sabe-se que:

$$R_j = R_F + \beta(R_M - R_F)$$

- $R_A = 7\% + 1{,}70\,(18\% - 7\%)$
  $R_A = 25{,}7\%$

- $R_B = 7\% + 1{,}10\,(18\% - 7\%)$
  $R_B = 19{,}1\%$

- $R_C = 7\% + 0{,}90\,(18\% - 7\%)$
  $R_C = 16{,}9\%$

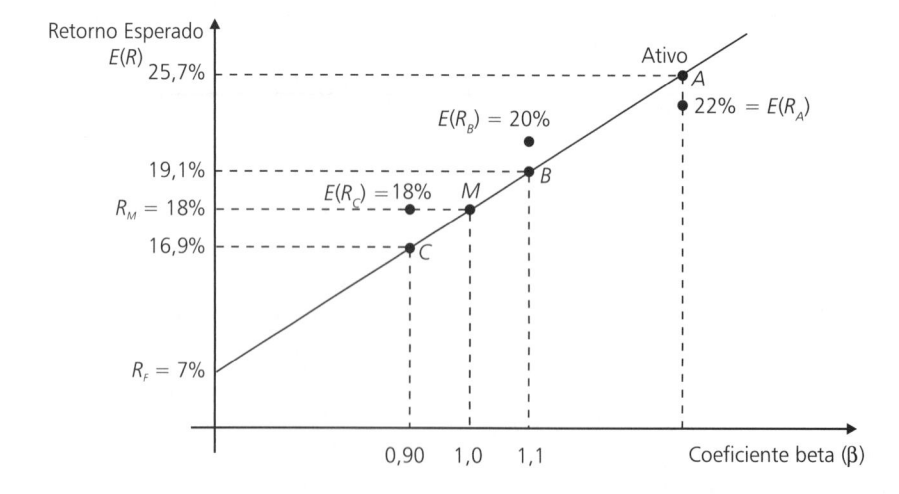

---

[7] Uma interessante análise sobre o assunto é tratada em: LEITE, Hélio de Paula. *Introdução à administração financeira*. 2. ed. São Paulo: Atlas, 1994. p. 423 ss. Algumas colocações do estudo deste capítulo são também desenvolvidas pelo autor, o qual apresenta, ainda, importantes questões.

b. Os ativos e a SML

c. Os ativos B e C encontram-se subavaliados. Possuem risco baixo para o retorno oferecido. O retorno exigido do ativo B diante do risco oferecido é de 19,1%; o mercado, porém, espera um retorno de 20% nesse investimento.

O ativo C possui um risco menor que o de mercado, oferecendo, porém, um retorno esperado acima da carteira de mercado, indicando atratividade de compra.

Ao perceberem essa incoerência na avaliação, os investidores serão atraídos para adquirirem esses ativos, elevando seus valores de mercado e trazendo sua rentabilidade para a posição de equilíbrio traçada pela SML.

O ativo A, situado abaixo do SML, encontra-se superavaliado, apresentando um risco elevado para os padrões de retorno oferecido. Para um beta de 1,70, o retorno que A deve produzir é de 25,7%, superior à taxa esperada pelo mercado.

16.7 Índice de Sharpe

As Figuras 16.4 e 16.5 descreveram a linha do mercado de capitais, a qual considera os conjuntos dos ativos com risco e sem risco disponíveis no mercado. Um investidor, em função de seu grau de risco, decidirá pela melhor combinação desses ativos. A Figura 16.10 retrata a reta do mercado de capitais conforme estudada no início deste capítulo.

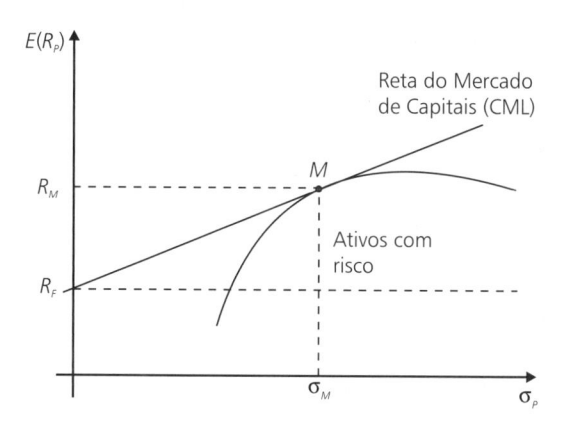

FIGURA 16.10 Representação gráfica da reta do mercado de capitais (CML – *Capital Market Line*).

Sobre a CML se distribuem as carteiras formadas de ativos com risco e sem risco. O ponto M, conforme foi demonstrado, representa uma carteira composta por ativos com risco. Um investidor, com maior aversão ao risco, irá preferir uma carteira situada à esquerda da carteira de mercado (ponto M). Essas carteiras mais conservadoras têm uma participação de ativos com risco e outra de ativos livres de riscos.

Uma carteira localizada à direita de M é geralmente selecionada por investidores que aceitam melhor o risco. Conforme foi estudado, essas carteiras de maior risco são formadas tomando-se emprestados recursos à taxa livre de risco para serem investidos em ativos com risco (carteira M).

A partir do entendimento dessa linha do mercado de capitais é que se determina o *índice de Sharpe*, medida de avaliação da relação risco × retorno de larga aplicação pelos analistas de investimentos.

O índice de Sharpe é representado pela relação entre o prêmio pago pelo risco assumido e o risco do investimento, ou seja:

$$\text{Índice de Sharpe (IS)} = \frac{E(R_M) - R_F}{\sigma_{R_M}}$$

onde: R_M é o retorno de uma carteira constituída por ativos com risco; σ_M o desvio-padrão (risco) dessa carteira; e R_F a taxa de juro de ativos livres de risco.

Observe que o IS retrata a inclinação da reta (CML), ou seja:

$$\text{Inclinação da CML} = \frac{R_M - R_F}{\sigma_M - 0} = \frac{R_M - R_F}{\sigma_M}$$

O índice revela o prêmio oferecido por um ativo para cada percentual adicional de risco assumido (desvio-padrão). *Por exemplo*, se o índice de Sharpe for de 0,60%, tem-se o desempenho apresentado pelo ativo (prêmio pelo risco) para cada 1% de aumento de seu risco.

16.7.1 Aplicação do Índice de Sharpe

Admita uma carteira formada de um ativo sem risco, com retorno esperado de 6%, e um ativo com risco, que apresenta um retorno esperado de 14%, e um desvio-padrão de 10%.

Essa carteira é composta com 70% de ativo com risco e 30% com ativo sem risco.

Determinar:

a. retorno médio esperado da carteira;

b. risco da carteira;

c. índice de Sharpe.

Solução:

a. Retorno Esperado da carteira – $E(R_P)$

$E(R_P) = [(14\% \times 0,70) + (6\% \times 0,30)]$
$E(R_P) = 9,8\% + 1,8\% = 11,6\%$

O desempenho da carteira é mensurado pelo retorno de cada ativo ponderado por sua respectiva participação percentual. Os dados do exemplo determinam um retorno esperado de 11,6% para a carteira.

b. Risco da Carteira – σ_p

Pela formulação de Markowitz estudada nos Capítulos 14, 15 e 16, o risco é mensurado pela seguinte expressão:

$$\sigma_p = [(W_F^2 \times \sigma_F^2) + (W_R^2 \times \sigma_R^2) + 2 \times W_F \times W_R \times \text{CORR}_{R_F, R_R} \times \sigma_{R_F} \times \sigma_{R_R}]^{\frac{1}{2}}$$

sendo: W_F, W_R = participação dos ativos sem risco e com risco na carteira, respectivamente;

σ_F, σ_R = desvio-padrão dos retornos dos ativos sem risco e com risco, respectivamente;

R_F, R_R = retorno esperado dos ativos sem risco e com risco, respectivamente.

Como R_F representa o retorno de um ativo livre de risco, seu desvio-padrão é nulo ($\sigma_{RE} = 0$). Logo, o risco da carteira reduz-se para:

$$\sigma_P = \left[W_R^2 \times \sigma_R^2\right]^{\frac{1}{2}}$$

Substituindo-se os valores da carteira de ativos na expressão:

$$\sigma_P = [0{,}70^2 \times 0{,}10^2]^{\frac{1}{2}}$$

$$\sigma_P = 7{,}0\%$$

c. Índice de Sharpe (IS)

$$IS = \frac{R_j - R_F}{\sigma_{Rj}}$$

$$IS = \frac{11{,}6\% - 6\%}{7\%} = 0{,}80$$

O resultado indica que o ativo com risco apura 0,80% de prêmio de risco para cada 1% de risco adicional incorrido no período. Em essência, o índice de Sharpe reflete a relação direta entre o retorno (prêmio pelo risco) e o risco de um investimento.

16.7.2 Avaliação de carteiras com o Índice de Sharpe

Conforme foi demonstrado, o índice de Sharpe é um indicador de eficiência dos investimentos, retratando a relação entre risco e retorno. Carteiras com maior risco devem apresentar um prêmio pelo risco assumido também mais elevado.

Admita o desempenho do prêmio pelo risco de duas carteiras de investimentos, conforme ilustradas a seguir.

Data	Prêmios pelo risco ($R_P - R_F$)	
	Carteira I	Carteira II
D_1	0,34%	0,61%
D_2	–0,9%	–1,4%
D_3	0,29%	0,61%
D_4	–0,07%	–0,12%
D_5	0,98%	1,94%
Média ($R_P - R_F$)	0,128%	0,328%
Desvio-padrão (σ_P)	0,688%	1,219%
Índice de Sharpe	0,186	0,269

Com base na relação risco × retorno medida pelo índice de Sharpe, percebe-se que a carteira II apresentou-se melhor, com um quociente mais alto. Pode-se concluir que a carteira II, comparativamente à carteira I, foi mais *eficiente* no período, pagando ao investidor uma remuneração maior (prêmio de risco) por unidade de risco assumido.

A análise revela, ainda, que a carteira II possui maior risco, sendo recomendada a investidores com aversão mais baixa ao risco. A indicação desta carteira pelo índice de Sharpe é feita em razão de apresentar maior remuneração pelo risco assumido.

Uma outra *ilustração* permite que se faça melhor entendimento do índice de Sharpe como medida de eficiência de carteiras de investimentos.

Admita três fundos de investimentos com os seguintes desempenhos anuais:

	Fundo I	Fundo II	Fundo III
Taxa de retorno (prêmio pelo risco) $R_P - R_F$	13,9%	16,5%	18,7%
Desvio-padrão (σ_P)	8,5%	13,0%	13,0%
Índice de Sharpe	1,63	1,27	1,44

Os fundos II e III apresentam o mesmo nível de risco ($\sigma_P = 13{,}0\%$), porém o fundo III revela uma superioridade indiscutível pela maior taxa de retorno apresentada. Este comportamento de maior eficiência encontra-se também refletido no mais alto índice de Sharpe.

Por outro lado, o fundo com maior prêmio médio por unidade de risco assumido é o I, com índice de Sharpe de 1,63. Um investidor com menor aversão ao risco poderia preferir o fundo III, o qual, apesar de apresentar um índice de Sharpe menor, apresenta maior taxa anual de retorno.

Uma observação interessante na utilização do índice de Sharpe no Brasil é a medida da taxa livre de risco (R_F) adotada como *benchmark* do retorno de uma carteira de investimento. No mercado nacional costuma-se utilizar o índice de Sharpe em carteiras de renda variável tendo o índice Bovespa como o *benchmark* do mercado e a taxa do CDI (Certificado de Depósito Interfinanceiro) para carteiras de renda fixa.

16.8 Índice de Treynor

O índice de Treynor relaciona o prêmio pelo risco pago por uma carteira, medido pelo retorno em excesso ao de um título livre de risco, com o coeficiente beta da carteira, expressão de seu risco sistemático.

Expressão de cálculo:

$$\text{Índice de Treynor} = \frac{E(R_P) - R_F}{\beta}$$

Quanto mais elevado apresentar-se o índice de Treynor, mais alto é o retorno da carteira por unidade de risco assumido, indicando um melhor desempenho do investimento.

Retorno de uma Carteira em Relação ao Beta

Observe que à medida que diminui a participação de ativos livres de risco e se elevam os investimentos em ativos com risco, o beta da carteira também se eleva como reflexo do maior risco. Junto com a elevação do risco, o retorno esperado da carteira também aumenta, refletindo um maior prêmio pelo risco do investimento.

Por exemplo, uma carteira formada somente por ativos livres de risco apresenta um beta zero, e uma taxa de retorno equivalente a uma taxa *risk free* de 5%. Ao se elevar a participação de ativos com risco na carteira, o beta aumenta e o retorno esperado também sobe, acompanhando a presença de maior risco.

A inclinação desta reta mede o prêmio pelo risco da carteira, sendo denominada de *índice de Treynor* conforme descrito acima. Assim, para um beta de 1,2, por exemplo, o retorno esperado é de 14%, e o prêmio por unidade de risco (beta) da carteira atinge 7,5%. Qualquer outra carteira de investimentos que oferece uma compensação (prêmio) por unidade de risco inferior perde para a carteira com maior inclinação.

Por exemplo, outra carteira com beta de 1,6, e retorno esperado de 16%, apresenta compensação inferior ao risco. Nesse caso, o prêmio por unidade de risco atinge: $\frac{16\% - 5\%}{1,6} = 6,875\%$, abaixo dos 7,5% calculados para a carteira de beta de 1,2 e retorno esperado de 14%.

Todos os ativos situados na reta (SML) devem ter a mesma inclinação.

Podem ser encontrados resultados diferentes no desempenho de uma carteira quando avaliada pelo índice de Sharpe e pelo índice de Treynor. O comportamento conflitante pode ser explicado, em sua maior parte, pela estrutura do risco da carteira. O índice de Treynor relaciona o prêmio unicamente com a medida de risco sistemático (coeficiente beta), enquanto o índice de Sharpe adota o desvio-padrão (risco total: sistemático e diversificável) como medida de risco.

Para carteiras bem diversificadas, os índices de Sharpe e Treynor apontam para a mesma conclusão.

Índices de Treynor e Sharpe

Os índices revelam a exposição da carteira ao risco: risco sistemático e risco total.

Importante ressaltar que índices com melhores resultados não indicam, necessariamente, menores riscos. Índices mais eficientes podem sugerir também maiores riscos.

Índice de Treynor – Demonstra o prêmio pelo risco por unidade de risco sistemático (coeficiente beta).

O índice de Treynor é recomendado para avaliar riscos de carteiras diversificadas.

Índice de Sharpe – Mede a capacidade da carteira em apurar um prêmio de risco por unidade de risco total (desvio-padrão).

16.9 Índice de Modigliani

Um outro indicador de eficiência de investimentos é o índice de Modigliani, o qual considera também a relação entre o retorno e o risco do investimento.

A característica principal do índice de Modigliani é a comparação do desempenho do portfólio que se está avaliando com os resultados apresentados pela carteira de mercado.

A formulação do índice de Modigliani (I_M) apresenta-se:

$$I_M = \left[\frac{\sigma_{RM}}{\sigma_{Rj}} \times (R_j - R_F)\right] - [R_M - R_F]$$

onde: σ_{RM} = desvio-padrão (risco) da carteira de mercado;

σ_{Rj} = desvio-padrão (risco) do investimento em avaliação;

R_j = rentabilidade do investimento;

R_F = taxa de retorno de um ativo livre de risco;

R_M = rentabilidade do mercado.

A primeira parte da equação de Modigliani $\left[\frac{\sigma_{RM}}{\sigma_{Rj}} \times (R_j \times R_F)\right]$ revela qual deveria ser o desempenho da carteira de investimento para que ela apresente o mesmo risco da carteira de mercado. Subtraindo deste resultado o prêmio pelo risco de mercado [$R_M - R_F$], chega-se ao índice de Modigliani.

Por exemplo, admita dois fundos de investimento com os seguintes indicadores para um determinado período:

	Fundo A	Fundo B
σ_{RM}	24,9%	24,9%
σ_{Rj}	20,7%	26,2%
R_j	13,4%	15,8%
R_F	8,0%	8,0%
R_M	12,0%	12,0%

Substituindo-se na formulação de Modigliani, chega-se a:

I_M (Fundo A):

$$\left[\frac{24,9\%}{20,7\%} \times (13,4\% - 8,0\%)\right] - [12,0\% - 8,0\%] =$$

$$= 6,496\% - 4,0\%$$

$$= 2,496\%$$

I_M (Fundo B):

$$\left[\frac{24,9\%}{26,2\%} \times (15,8\% - 8,0\%)\right] - [12,0\% - 8,0\%] =$$

$$= 7,413\% - 4,0\%$$

$$= 3,413\%$$

Pelo índice de Modigliani, o fundo B apresenta-se mais eficiente para o investidor, sob o ponto de vista da relação risco e retorno. Admitindo o mesmo risco do mercado, B oferece uma rentabilidade adicional de 2,496%, e A, de somente 3,413% em relação ao mercado.

16.10 *Tracking Error* (TE) e Erro Quadrático Médio (EQM)

O *tracking error* é uma medida que revela o grau de aproximação do desempenho de um fundo de investimento de seu *banchmark*. O TR calcula, explicado de outra forma, o desvio-padrão de uma série temporal formada pela diferença entre o retorno de uma carteira (fundo) de investimento e o retorno de seu *benchmark*, ou seja:

$$TE = \sqrt{\frac{\sum_{j=1}^{N}(x_j - \bar{x})^2}{N}}$$

onde: x_j = diferença entre o retorno da carteira (fundo) de investimento e do *benchmark* para o período *j*;

$\bar{x}$ = média da série, ou seja:

$$\bar{x} = \frac{\sum_{j=1}^{N} x_j}{N}$$

N = número de observações.

Quanto mais próximo de zero se situar o TE, maior é a indicação de que o desempenho do investimento se aproxima (replica) do seu *benchmark*.

De forma semelhante ao *tracking error*, pode ser calculado o Erro Quadrático Médio (EQM) para avaliação de fundos. O cálculo do EQM é desenvolvido pela formulação:

$$EQM = \frac{\sum_{t=1}^{N}\left(R_{j,t} - R^*_{j,t}\right)^2}{N}$$

onde: $R_{j,t}$ = retorno do fundo de investimento no período *t*;

$R^*_{j,t}$ = retorno do *benchmark* no período *t*.

Da mesma forma, o fundo de investimento revela replicar seu *benchmark* quando o EQM se aproximar de zero.

16.11 Aplicações do CAPM

O CAPM encontra grandes aplicações no campo das finanças. Inicialmente, o modelo permite determinar, de maneira consistente com o retorno esperado, o risco de um ativo. O retorno de um ativo, conforme foi comentado, é formado pela taxa livre de risco mais um prêmio de mercado pelo risco. Em extensão, ainda, o modelo permite o cálculo do risco de uma carteira, obtido pela média ponderada dos betas de cada componente.

Com isso, é possível que um investidor selecione, de maneira mais eficiente, sua carteira de ativos, maximizando sua expectativa de retorno para determinado nível assumido de risco.

O CAPM oferece também a oportunidade de se conhecer, por meio do traçado da linha característica de uma ação, a taxa de retorno requerida pelos proprietários da empresa, ou seja, seu custo de capital próprio. Essa medida financeira apresenta enorme importância nas decisões financeiras das empresas e em seu processo de avaliação do desempenho. Por meio do beta identificado na reta característica, é possível conhecer-se ainda o risco da empresa.

O CAPM é igualmente aplicado em decisões envolvendo orçamento de capital, definindo o retorno exigido de cada projeto em função dos diferentes níveis de risco assumido. Para cada alternativa de investimento, com nível de risco próprio, o CAPM define uma taxa mínima de retorno requerida.

Para empresas que operam com várias unidades de negócios com diferentes riscos, o CAPM tem enorme utilidade ao permitir que se estime o retorno desejado para cada segmento de negócios e se avalie, ao mesmo tempo, seu desempenho econômico, principalmente em termos de agregação de valor (riqueza). Em verdade, a condição essencial no processo de criação de valor para uma empresa é quando sua atividade operacional produz um retorno superior ao seu custo de capital.

17 Derivativos – Mercados Futuros

Derivativos são instrumentos financeiros que se originam (dependem) do valor de um outro ativo, tido como ativo de referência. Um contrato derivativo não apresenta valor próprio, derivando-se do valor de um bem básico (*commodities*, ações, taxas de juros etc.).

Há dois tipos de derivativos:

a) *financeiros* – taxas de juros, moedas, ações e índices;
b) *não financeiros* – petróleo, café, ouro, boi gordo, soja, açúcar, milho e outros ativos agropecuários, além de derivativos de energia e clima, como crédito de carbono, gás, energia elétrica etc.

Em vez de os próprios ativos serem negociados no mercado, os investidores apostam em seus preços futuros e, por meio de contratos, assumem compromissos de pagamentos e entregas físicas futuras.

Esses ativos objetos dos contratos de derivativos devem ter seus preços livremente estabelecidos pelo mercado. As transações com derivativos são realizadas nos mercados futuros, a termo, opções, *swaps* etc.

Os mercados futuros e de opções propiciam aos investidores uma tomada de decisão mais técnica, melhorando o entendimento do mercado com relação ao desempenho das alternativas de investimentos em condições de risco.

Esses derivativos oferecem também uma proteção contra prejuízos ocasionados por alterações desfavoráveis nas cotações dos ativos. Os mercados futuros e de opções permitem que investidores não integralizem os investimentos em seus vencimentos, desde que as cotações de mercado lhes sejam adversas. Mesmo que possam perder o depósito efetuado, o prejuízo pode apresentar-se menor que se fosse obrigado ao pagamento futuro.

> Finalidades do mercado de derivativos:
> - Proteção (*hedge*).
> - Arbitragem.
> - Especulação.

É importante registrar que os derivativos financeiros costumam embutir maiores riscos que outras alternativas financeiras, sendo melhor recomendados para investidores com menor aversão ao risco.

A liquidação de um contrato de derivativo pode ser *física* ou *financeira*. A *liquidação física* envolve a entrega física do ativo objeto na data de vencimento do contrato. A *liquidação financeira* é realizada, normalmente, por diferença. Na data de vencimento do contrato de derivativo, é desembolsada a diferença entre os valores de compra e de venda, sem a necessidade da entrega física dos ativos objetos da negociação.

Em resumo, o uso de derivativos no mercado financeiro oferece, entre outras vantagens:

- maior atração ao capital de risco, permitindo uma garantia de preços futuros para os ativos;
- criar defesas contra variações adversas nos preços;
- estimular a liquidez do mercado físico;
- melhor gerenciamento do risco e, por conseguinte, redução dos preços dos bens;
- realizar negócios de maior porte com um volume relativamente pequeno de capital e nível conhecido de risco.

> **Contratos Padronizados e Contratos Não Padronizados**
>
> Os contratos definidos como *não padronizados* têm suas condições de preços, cotações, entrega, liquidação etc. definidas diretamente pelas partes que realizaram o negócio, atendendo expectativas próprias. As condições estabelecidas devem prevalecer até o encerramento do contrato. Diante da particularidade do negócio *não padronizado*, é mais difícil sua transferência (negociação) no mercado para outros investidores (baixa liquidez). Esses contratos são negociados no *Mercado de Balcão*, conhecido também por OTC (*Over the Counter*). Nesse mercado, o risco de inadimplência é assumido pelas partes envolvidas na operação.

> Os *contratos padronizados* são negociados em mercado organizado (Bolsa de Valores), requerem um padrão e procuram atender às expectativas de todo o mercado. São contratos regulados pela Bolsa e apresentam liquidez alta, podendo ser negociados com outros participantes em qualquer momento. As cotações são definidas em ambiente aberto e acessadas a qualquer hora pelos participantes. A Bolsa oferece garantias para a liquidação desses contratos por meio da Câmara de Compensação.

A *B3 – Brasil, Bolsa, Balcão* é o mercado formalmente estabelecido para negociar os diversos instrumentos *futuros* no Brasil. Como as demais bolsas de valores, a B3 cumpre suas funções básicas de oferecer facilidades para a realização dos negócios e controle das operações, permitir a livre formação dos preços, das garantias às operações realizadas e oferecer mecanismos de custódia e liquidação dos negócios.

PRINCIPAIS DIFERENÇAS ENTRE OPERAÇÕES A FUTURO E A TERMO

	TERMO	FUTURO
Forma de Contrato	Personalizado	Padronizado
Transação	Particular	Pública
Regulação	Pouca	Elevada
Local de Negociação	Mercado de Balcão	Bolsa de Valores
Liquidez	Baixa	Alta
Risco de Crédito	Baixo	Difícil (Inexistente)
Encerramento da Operação	Financeira com entrega física	Posição Contrária

São negociados na Bolsa de Valores (B3) os seguintes tipos de contratos:

a. **Termo**: o mercado a termo é formado por investidores dispostos a comprar ou vender certa quantidade de ativos financeiros ou físicos (mercadorias) por um preço preestabelecido na data de fechamento da operação, para liquidação no futuro. Os contratos a termo são liquidados somente na data de vencimento.

O comprador assume o compromisso de entregar o ativo objeto da operação no vencimento do contrato e receber, na data, o valor contratado. O vendedor, por seu lado, deve, ao final do prazo estabelecido, entregar o ativo objeto e receber o pagamento correspondente. Os contratos a termo podem ser negociados no ambiente da Bolsa de Valores ou no mercado de Balcão.

O preço a termo é geralmente fixado pela cotação atual do ativo acrescido de juros correspondentes ao intervalo de tempo entre a data de hoje e a data de vencimento do contrato. Os juros, em geral, acompanham a taxa Selic. O preço de negociação nas operações a termo é livremente pactuado entre as partes.

As principais desvantagens de uma operação a termo são:

– risco de inadimplência;
– pouca transparência e controle;
– baixa liquidez.

O mercado a termo será mais detalhadamente estudado no Capítulo 18.

b. **Futuro:** no qual as partes *obrigam-se* a negociar (comprar ou vender) determinado ativo em uma data futura a um preço preestabelecido. Eventuais variações no preço ajustado em relação a determinado valor de referência são cobradas ou pagas pelos compradores e vendedores. Os principais produtos e instrumentos financeiros negociados a futuro são: produtos agropecuários, taxas de juros, taxas de câmbio, ouro, índice de Bolsa etc. Os contratos futuros somente podem ser negociados na Bolsa de Valores.

Preços envolvidos nos contratos futuros

– preço à vista (*spot*) – preço do ativo subjacente praticado no mercado à vista;
– preço futuro (*forward*) – preço ativo subjacente do contrato futuro na data de vencimento;
– preço de negociação (*delivery*) – preço estabelecido para a negociação a futuro. Esse preço se mantém fixo até o momento do vencimento do contrato.

Nas operações a futuro e nas operações a termo, se o ativo estiver avaliado, na data final do contrato, por um preço superior ao valor contratado, o comprador realizará um lucro medido pela diferença entre o valor apurado na data de encerramento e o valor contratado na operação.

Nos contratos futuros, os valores são ajustados continuamente de maneira a acompanharem a evolução dos preços de mercado, efetuando a Bolsa ajustes diários de ganhos e perdas. As diferenças financeiras encontradas devem ser cobertas pelos compradores e vendedores dos contratos.

c. **Opções:** o detentor de uma opção tem o *direito (e não a obrigação)*, adquirido pelo pagamento de um *prêmio*, de comprar ou vender, em certa data futura, determinado ativo a um preço pré-acertado. Esse direito é exercido caso as condições econômicas sejam atraentes para o titular da opção; em caso contrário, o direito não é exercido, perdendo o prêmio pago.

Os principais produtos e instrumentos financeiros negociados como opções são: taxas de juros, taxas de câmbio, produtos agropecuários, índice Bovespa, ouro etc.

As opções podem ser de dois tipos: *europeias* ou *americanas*. Nas *opções americanas*, o titular pode exercer seu direito de compra ou venda a qualquer momento do prazo da operação. Nas *opções europeias*, o direito de compra ou venda do ativo subjacente somente pode ser exercido na data de vencimento do contrato.

d. **Swaps (troca ou permuta):** são contratos que preveem a troca de obrigações de pagamentos periódicos, indexados a determinado índice por outras com diferente índice de reajuste. *Por exemplo*, a operação de *swap* permite transformar uma dívida pós-fixada em prefixada, um ativo de renda variável em fixo, e assim por diante.

> O mercado de derivativos reúne agentes econômicos dispostos a assumir riscos em troca de ganhos, e agentes que demandam proteção (*hedge*) contra os riscos a que estão expostos.
>
> Neste ambiente, surge ainda a figura do especulador, que assume importante papel no funcionamento do mercado, seja oferecendo liquidez ao mercado, e também efetuando a transferência do risco.

Em essência, os participantes dos mercados derivativos são o *hedger*, o *especulador* e o *arbitrador*.

O *hedger* é um agente que participa do mercado com o intuito de desenvolver proteção diante de riscos de flutuações nos preços de diversos ativos (moedas, ações, *commodities* etc.) e nas taxas de juros. Para tanto, toma nos mercados futuros uma posição contrária àquela assumida no mercado à vista, minimizando o risco de perda financeira diante de uma eventual variação nos preços de mercado.

Importante destacar, ainda, que o principal objetivo do *hedger* não é o retorno financeiro na operação, mas diminuir o risco de oscilações desfavoráveis dos preços dos ativos. *Por exemplo*, uma empresa com dívidas em dólar pode comprar contratos cambiais para liquidação (pagamento) futura. O intuito é eliminar o risco de uma alta mais forte na cotação da moeda estrangeira quando do vencimento da dívida (momento de compra da moeda no mercado à vista), o que poderia encarecer demasiadamente seus custos financeiros.

Por outro lado, se um produtor agrícola tiver intenção de negociar sua produção daqui a 4 meses, por exemplo, é possível garantir o preço vendendo, no mercado futuro, a mercadoria. Nesse caso, o mercado de derivativos se apresenta como um seguro contra uma eventual queda nos preços do produto, conseguindo garantir (*travar*) o preço de venda do produtor.

O *especulador* adquire o risco do *hedger*, motivado pela possibilidade de ganhos financeiros. Tem uma participação importante no mercado, assumindo o risco das variações de preços dos contratos de derivativos.

O *arbitrador* é um participante que procura tirar vantagens financeiras quando percebe que os preços em dois ou mais mercados apresentam-se distorcidos (em desequilíbrio). Ao identificar diferenças de preços de um mesmo ativo em diferentes mercados, adota a estratégia de adquirir o ativo de preço mais baixo e vender no de maior preço. Opera geralmente com baixo nível de risco, e sua importância para o mercado está na manutenção de certa relação entre os preços futuros e à vista.

A estratégia do arbitrador é comprar um ativo no mercado em que estiver mais barato e vender no mercado que oferecer o preço mais alto. Seu ganho é medido pela diferença entre o valor de compra e o de venda. Importante concluir que a operação de arbitragem não envolve risco, o arbitrador conhece exatamente os preços de compra e venda.

> Os *derivativos financeiros* são recomendados para todos que procuram proteção contra oscilações desfavoráveis nas taxas de juros, índices de inflação, câmbio, preços de *commodities* etc. Para se proteger, *por exemplo*, de uma exposição à variação cambial, as empresas procuram operações de *hedge* principalmente por meio do mercado futuro (contratos futuros de taxa de câmbio). Se uma empresa mantém alguma dívida em taxa posfixada de juros, como operações de empréstimos vinculados à taxa DI (taxa de depósitos interfinanceiros), ela está exposta a um risco de aumento dos juros, e pode procurar proteção por meio de operações de *swap*, por exemplo. Para uma estratégia se proteger do risco sistemático do mercado de ações são disponibilizados derivativos de índices de ações; e assim por diante.

17.1 Mercados futuros

Uma operação de mercado futuro envolve basicamente um compromisso de compra ou venda de determinado ativo em certa data futura, sendo previamente fixado o preço objeto da negociação.

Por exemplo, um investidor pode desejar adquirir uma certa quantidade de uma ação específica para entrega no futuro. Na outra ponta dessa operação deve encontrar-se outro investidor, que, inversamente, deseja efetuar a venda desses ativos para entrega também no futuro. O preço é acertado entre as partes e o negócio é fechado como uma operação de mercado futuro.

Observe, nesse exemplo simplificado, que há um compromisso de compra e venda no futuro da ação por um preço estabelecido pelas partes, denominado *preço futuro*. Em verdade, o investidor da ação aposta na elevação de sua cotação no mercado, adquirindo hoje para entrega futura por um preço acordado previamente. O vendedor, por outro lado, acredita na possibilidade de compra da ação no futuro a um preço inferior, o que permitiria realizar um lucro.

Nas operações a futuro, há um compromisso, formalizado em contrato, de se comprar ou vender em certa data futura. No mercado à vista, ao contrário, ocorre a negociação efetiva do bem. Em geral, as operações a futuro são liquidadas em dinheiro, sem a entrega física do bem negociado, pagando-se (ou recebendo) a diferença entre o valor fixado de compra e o de venda.

As operações de mercado futuro envolviam, quando de seu lançamento, somente produtos agrícolas, como café, soja, trigo etc. Com o desenvolvimento da economia e do próprio mercado de capitais, as operações a futuro passaram a incorporar uma ampla variedade de contratos referenciados em ações, índices de preços, produtos pecuários, metais preciosos, moedas e inúmeros outros itens. Frequentemente, são negociados novos contratos futuros, atribuindo maior dinamismo ao mercado de capitais.

O *mercado futuro* constitui-se em uma alternativa para o investidor garantir o preço dos ativos no futuro, como ações, dólar, *commodities*, índices etc. Promove, em outras palavras, a eliminação do risco futuro de variação desfavorável dos preços dos ativos.

Exemplo 1 – Um investidor, ao prever uma queda nos preços de ações mantidas em sua carteira, pode sentir-se atraído a vendê-las. Porém, o sucesso de sua decisão de venda depende ao acerto de sua projeção de baixa nos preços de mercado das ações. Se o preço de mercado subir, ao contrário do esperado, o investidor não terá acumulado recursos suficientes para repor a quantidade que tinha de ações.

O risco futuro que o investidor está exposto ao manter suas ações é a redução de seu preço de mercado. Para se proteger da queda dos preços das ações o investidor pode vender contratos futuros de ações, assumindo assim uma posição vendida no futuro.

Exemplo 2 – Uma empresa brasileira apresenta obrigação de pagar uma dívida em moeda estrangeira (dólar) em 6 meses. O risco que corre com este passivo em dólar é a desvalorização da moeda nacional. Se o real se desvalorizar perante o dólar, a empresa irá necessitar de mais reais para liquidar sua dívida.

O risco da empresa nessa situação é o preço do dólar se valorizar em relação ao real. Para eliminar esse risco de variação cambial desfavorável, a empresa pode recorrer ao Mercado Futuro comprando contratos de Dólar Futuro. Assume assim uma posição contrária visando proteger sua posição. Essa posição é conhecida por *hedge*.

O mercado futuro não exige qualquer desembolso no ato da compra ou da venda do contrato. As bolsas de valores costumam exigir dos investidores uma margem de garantia para controle do risco da operação.

Os preços negociados no mercado futuro são os preços futuros definidos para a data de vencimento do contrato. O preço futuro é formado geralmente pelo preço à vista mais um custo de carregamento do ativo calculado até a data de vencimento do contrato.

Hedge é uma operação contrária à atual posição do investidor com um determinado ativo. O *hedge* tem por objetivo eliminar o risco do preço futuro.

Os contratos futuros costumam ser *padronizados* pelas bolsas de valores em termos de quantidades de negociação, unidade de negociação (lote-padrão), data de vencimento e forma de cotação. Essa prática tem por objetivo viabilizar a transferência dos contratos entre os investidores.

Os valores dos contratos futuros estão sujeitos ao mecanismo de *ajuste diário* dos preços com o objetivo de equalizar as posições de lucros e prejuízos e preservar a liquidação financeira dos contratos. O ajuste resulta, dessa forma, em movimentos diários de débitos (prejuízos) e créditos (lucros) nas contas dos investidores (compradores e vendedores) do mercado.

A *Margem de Garantia* é outro mecanismo de proteção adotado nas operações a futuro e tem por objetivo mitigar o risco de não cumprimento do contrato diante de alterações relevantes nos preços (subida ou descida) do ativo negociado. A margem de garantia permite que os investidores cumpram com as obrigações assumidas no contrato firmado.

Com relação aos preços, as bolsas de valores geralmente fixam certos limites diários, permitindo a livre negociação somente dentro desse intervalo. Quando os preços excedem os limites impostos, as negociações são encerradas, retornando somente no dia seguinte.

Devido à forte volatilidade dos mercados futuros, é possível observar-se também grandes variações nos preços de um dia para o outro, estimulando a atuação dos especuladores. Como garantia da operação, as bolsas de valores exigem dos investidores que sofreram desvalorizações em seus contratos *depósitos de garantia* equivalentes ao valor de suas perdas.

> *Preço futuro* representa a cotação de um determinado ativo em uma data futura. Este preço é formado a partir das expectativas que os agentes de mercado possuem, no momento atual, com relação ao comportamento futuro dos negócios.

No mercado futuro, o titular do contrato tem a obrigação de executar a ordem prevista de compra ou venda. Se não houver interesse em seu exercício ao final do prazo, pode ocorrer uma liquidação antecipada do contrato, ou sua transferência a terceiros. Todo contrato futuro pode ser anulado pela recompra ou revenda no mercado secundário.

Conceitos Básicos de Contratos Futuros – Padronização dos Contratos

- *Objeto de Negociação* – Ativo em negociação. Exemplos: café, boi, dólar, ouro etc.;
- *Cotação* – Valor de cada unidade física do ativo em negociação. Exemplos: R$ por dólares, R$ por arroba, R$ por saca etc.;
- *Unidade de Negociação* – Tamanho do contrato. Exemplo: 500 sacas de 60 kg de café.
- *Meses de Vencimento* – Meses do ano em que os contratos serão liquidados (encerrados).

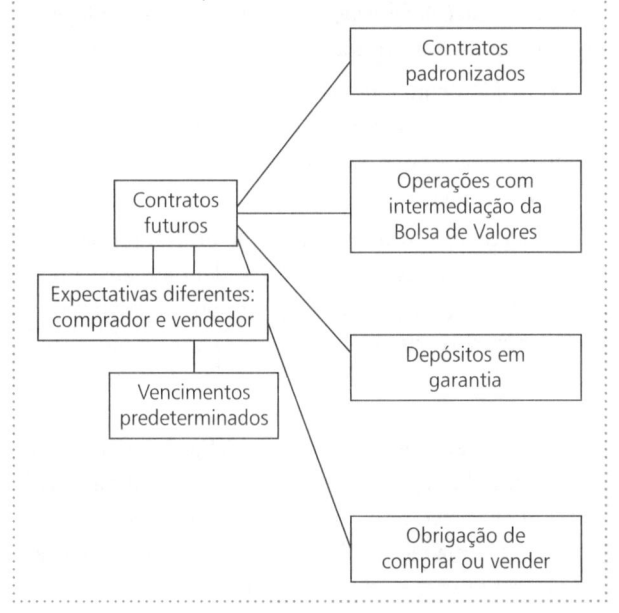

```
                                    ┌──────────────────┐
                                    │   Contratos      │
                                    │   padronizados   │
                                    └──────────────────┘
                                    ┌──────────────────┐
                                    │  Operações com   │
                  ┌──────────────┐  │ intermediação da │
                  │  Contratos   │──│ Bolsa de Valores │
                  │  futuros     │  └──────────────────┘
                  └──────────────┘
  ┌──────────────────────────┐      ┌──────────────────┐
  │ Expectativas diferentes: │      │   Depósitos em   │
  │  comprador e vendedor    │      │     garantia     │
  └──────────────────────────┘      └──────────────────┘
       ┌──────────────────┐
       │   Vencimentos    │
       │ predeterminados  │         ┌──────────────────┐
       └──────────────────┘         │   Obrigação de   │
                                    │ comprar ou vender│
                                    └──────────────────┘
```

Por exemplo, um comprador, não desejando receber o previsto do contrato no vencimento, poderá vendê-lo no mercado secundário. Um vendedor a futuro, por seu lado, procurando evitar a entrega dos itens objeto do contrato ao final do prazo, pode realizar uma compra antecipada.

Como *ilustração* ainda, admita que um investidor decida comprar um contrato futuro de certo metal precioso ao preço de $ 300 o grama. Sua expectativa é que o metal, ao final do prazo contratado, esteja avaliado por um preço superior aos $ 300/grama pagos.

Como o contrato pode ser encerrado antes do vencimento, ele espera uma oportunidade lucrativa para realizar sua expectativa. Se alguns dias após a compra o preço do metal subir acima do valor pago, ele pode realizar seu contrato auferindo um lucro medido pela diferença entre o valor de venda e o valor de compra.

Se, ao contrário, o preço do metal cair, o investidor pode vender, antecipadamente, seu contrato pelo preço cotado no mercado e realizar, assim, um prejuízo, ou mantê-lo até o final do prazo na expectativa de uma recuperação do mercado.

Ao manter o contrato até sua data de vencimento, ele deverá receber um ativo cujo valor de mercado se apresenta inferior ao preço pago, realizando, portanto, uma perda financeira.

> **Operação *Day Trade***
>
> *Day Trade*, conforme estudado no Capítulo 12 (item 12.1.2), é tipicamente uma operação que tem seu ciclo completo de compra e venda realizada num mesmo dia. Nessa operação, um mesmo aplicador pode realizar, no mercado futuro e por uma mesma corretora, operações de compra e venda de quantidades iguais de um mesmo ativo vencíveis em mesma data.
>
> *Por exemplo*, um aplicador pode adquirir contratos futuros no valor de $ 400.000,00 e vendê-los, no mesmo pregão, por $ 404.000,00, tendo os contratos a mesma data de vencimento. O resultado da operação de *day trade* soma $ 4.000,00.
>
> O aplicador realiza uma operação de *day trade* independentemente de ter algum estoque ou posição anterior do ativo negociado.

17.1.1 Posição comprada, vendida e contratos em aberto

No *Mercado Futuro* são utilizados alguns termos que exprimem certas posições dos investidores. Se um investidor apresenta uma *posição comprada*, significa que ainda mantém um contrato futuro, adquirido em determinada data por um preço. *Por exemplo*, um investidor mantém um contrato futuro de ações com vencimento em uma data futura. Uma posição comprada ocorre também quando as quantidades de contratos futuros compradas em um determinado intervalo de tempo forem maiores que as vendidas. *Exemplo*: um investidor adquiriu 200 contratos futuros de boi gordo e vendeu 80 contratos. Nesse caso, apresenta uma posição comprada de 120 contratos.

A *posição vendida* é o contrário. Um investidor vendeu por certo preço, um contrato futuro e manteve essa posição inalterada. Da mesma forma, em determinado intervalo de tempo vendeu mais contratos futuros do que comprou. Quando o investidor zera o seu saldo de contratos (compra e vende ou vende e compra a mesma quantidade de contratos), diz-se que está em *posição zerada*.

No jargão de mercado, uma *posição* comprada é denominada *posição long*, e uma posição vendida é conhecida por *posição short*. No mercado futuro, um investidor encerra sua posição por meio de uma ordem contrária à sua posição original, ou seja, o investidor encerra sua posição compradora vendendo os contratos, e, se estiver vendido, encerra sua posição comprando.

É importante acrescentar que uma posição comprada ou vendida não se resume na ideia de "comprada é um ativo" e "vendida é um passivo". Bessada e outros[1] destacam que na posição comprada o investidor apura um ganho em caso de uma valorização do ativo objeto do contrato futuro, e uma perda em caso de uma variação negativa. A posição vendida produz um ganho em caso de variação negativa no preço, e uma perda no caso de valorização.

No Mercado Futuro entende-se que cada posição comprada envolve a existência de uma posição vendida. O volume de negociação no mercado futuro é definido pela quantidade de compras ou vendas realizadas. *Por exemplo*, se o investidor A comprar um contrato futuro de café e B vender um contrato futuro de café, é computado somente um contrato futuro, e não dois.

> **Posições em Derivativos**
>
> Posição em derivativos é o saldo líquido mantido por um investidor em uma mesma data de vencimento. Se a quantidade de contratos vendidos superar a quantidade de comprados, diz-se que o investidor mantém uma *posição vendedora*. Ao contrário, sua posição é compradora.
>
> *Por exemplo*, admita que um investidor tenha adquirido 50 contratos cambiais futuros para vencimento em junho e vendido a mesma quantidade de contratos para agosto. Esse investidor mantém, em verdade, duas posições: uma posição compradora para junho e outra vendedora para agosto. Por outro lado, se o investidor tivesse adquirido os 50 contratos cambiais para junho e vendido 30 contratos para o mesmo mês de vencimento, nesse caso sua *posição líquida comprada* seria de 20 contratos.

Contratos em aberto são todos os contratos que permanecem em vigência, ou seja, ainda não atingiram sua data de vencimento ou foram liquidados por meio de uma operação oposta. Liquidação por operação oposta é quando há uma compra (ou venda) para zerar uma venda ou compra de contratos futuros. A quantidade de contratos de venda em aberto é sempre igual à quantidade de compra em aberto. A quantidade de posições em aberto cresce sempre que há uma nova aquisição e uma nova venda.

17.2 Participantes do mercado futuro

Os investidores do mercado futuro são identificados essencialmente nos *especuladores* e *hedgers*.

Os *especuladores* são todos os aplicadores (pessoas físicas e jurídicas) que buscam resultados financeiros nas operações a futuro. Tipicamente entram e saem do mercado de maneira bastante rápida (às vezes compram e vendem contratos no prazo de um dia), não demonstrando interesse comercial pelo objeto de negociação. Sua intenção restringe-se à obtenção de lucro medido pela diferença entre o preço de compra e o preço de venda.

A presença do especulador no mercado futuro, apesar de muitas vezes ser mal compreendida e criticada, é importante no sentido de atribuir liquidez às operações. Ao assumir o risco dos contratos futuros, o especulador colabora ainda com as operações de *hedging*, as quais visam proteger os investidores das variações adversas nas cotações de mercado.

Os *hedgers* constituem-se em usuários dos mercados futuros que, por meio de operações de compra e venda, procuram eliminar o risco de perda determinado por variações adversas nos preços.

O mercado futuro é amplamente utilizado por investidores e produtores para realizar as denominadas operações de *hedging*. Estas operações têm por objetivo reduzir (ou eliminar) os riscos inerentes a determinados ativos. *Por exemplo*, um importador brasileiro poderá ter de pagar US$ 10 milhões por mercadorias adquiridas de empresas dos EUA em certa data futura. Sabe-se que a taxa de câmbio atual é de $ 2,40 da moeda nacional para cada US$ 1,00. O preço futuro dos contratos em dólar, por seu lado, indica uma relação de $ 2,60 da moeda nacional para cada US$ 1,00.

A empresa brasileira importadora, com o intuito de proteger-se do risco de uma desvalorização cambial da moeda nacional, poderá adquirir um contrato futuro de dólar com vencimento na data da liquidação da dívida de importação, de maneira que garanta a cotação do dólar americano (moeda de referência para o pagamento da importação).

Essa estratégia de proteção do risco é o que se denomina *hedging*, e garante ao importador a definição prévia da taxa

---

[1] BESSADA, O.; BARBEDO, C; ARAÚJO, G. *Mercado de derivativos no Brasil*. São Paulo: Record, 2005, p. 50.

de câmbio pela qual deverá ser efetuado o pagamento. Ao não se proteger dos riscos por meio de uma operação de *hedging*, o importador poderá apurar melhores resultados se não ocorrerem as variações esperadas no câmbio, ou piores resultados se, efetivamente, verificar-se uma desvalorização da moeda nacional.

A posição comprada do importador no mercado futuro lhe garante o pagamento da dívida de importação à taxa de câmbio de $ 2,60, assegurando o preço do negócio. Evidentemente, não há garantias de que essa taxa de câmbio efetivamente prevalecerá no mercado no momento do desembolso do pagamento, permanecendo o risco do resultado da operação ter sido melhor ou pior sem o *hedging*.

> O *hedge* pode ser interpretado como um seguro contra o risco. Para realizar esta proteção, o agente econômico deve assumir, no mercado de derivativos, uma posição inversa àquela que assume no mercado à vista.
>
> *Por exemplo*, o risco de queda de preço de uma safra agrícola no momento da comercialização, pode ser neutralizado caso o produto seja vendido no mercado futuro (produtor assume uma posição vendedora no mercado futuro). Se o preço do produto agrícola cair, estará protegido pela garantia do valor de venda contratado a futuro.
>
> O *hedge* ao garantir o preço e neutralizar o risco de uma redução em seu valor, pode também eliminar oportunidades de ganhos extraordinários do agente econômico. Por exemplo, uma subida relevante no preço do produto agrícola não seria aproveitada, diante do fechamento do negócio a um preço garantido fixado previamente.

Existem dois tipos de *hedgers*: de compra e de venda. Os *hedgers* de venda procuram proteção contra uma eventual redução nos preços de ativos que pretendem negociar (vender) no futuro. Para tanto, tomam hoje a decisão de vendê-los no mercado futuro, tendo uma garantia antecipada do preço.

Os *hedgers* de compra, de outro modo, procuram maior segurança frente a uma possível alta de preços que poderá ocorrer no futuro em ativos que têm intenções de adquirir.

O investidor que adquire ativos no mercado à vista e os vende por meio de contratos no mercado futuro é conhecido por *financiador*. Seu ganho é estabelecido pela diferença entre a receita de venda a futuro e o valor pago na compra à vista.

Sempre que ocorrem expectativas de que essa rentabilidade irá superar a taxa de retorno oferecida pelos títulos de renda fixa entendida como o custo de oportunidade do investidor, tem-se um atrativo para a realização dessa operação.

Observe que a posição de ganho do financiador é assegurada pelas operações sequenciais realizadas. Mesmo que o título adquirido no mercado à vista se desvalorize, há a compensação pelo ganho apurado no mercado futuro.

Essa operação de compra no mercado à vista e venda no futuro é também conhecida por operação de *arbitragem*, a qual procura tirar proveito de certas diferenças de preços de ativos em diferentes mercados.

De maneira inversa ao financiamento descrito, uma outra operação de arbitragem consiste em adquirir certo ativo no mercado futuro e vendê-lo no mercado à vista. Com isso, é possível fazer-se caixa para o exercício do mercado futuro, aproximando-se a uma operação de captação.

Essa operação torna-se atraente sempre que a relação entre os preços futuros e à vista, entendida por custo de captação, for inferior às taxas de juros que podem ser obtidas de aplicações financeiras disponíveis no mercado.

Exemplo de uma oportunidade de o investidor realizar um ganho financeiro sem risco com arbitragem:

- Valor de uma *commoditie* negociada em bolsa dos EUA = US$ 20,00/saca.
- Valor da mesma *commoditie* negociada em bolsa em São Paulo = R$ 36,50/saca.
- Taxa de câmbio corrente = R$ 2,00/US$ 1,00.

As oportunidades de arbitragem não são frequentes e quando surgem o mercado logo elimina este desequilíbrio de preços, alinhando os valores em termos de um *preço único*.

17.3 Preços no mercado futuro

Os preços no mercado futuro diferem daqueles praticados no mercado à vista – são geralmente superiores – pela presença de custos de carregar uma determinada posição física até a data de vencimento do contrato. Esse custo de carregamento (*carrying charge*) inclui o armazenamento do produto (*commodity*), aluguel de locais apropriados para a conservação, transportes, seguros e o custo financeiro do capital aplicado no estoque. Além dessas variáveis, deve ser incluída também, na formação dos preços a futuro, o prêmio pela incerteza quanto ao comportamento dos preços no mercado, influenciado por diversos fatores.

De outro modo, os preços no mercado à vista devem, em condições de equilíbrio, também se elevar ao longo do tempo de forma a incorporarem o *carrying charge*, reduzindo a diferença com os preços no mercado futuro. A Figura 17.1 descreve essa evolução dos preços à vista e futuro, indicando uma redução da diferença entre os valores quanto mais próximos estiverem do momento de liquidação do contrato futuro.

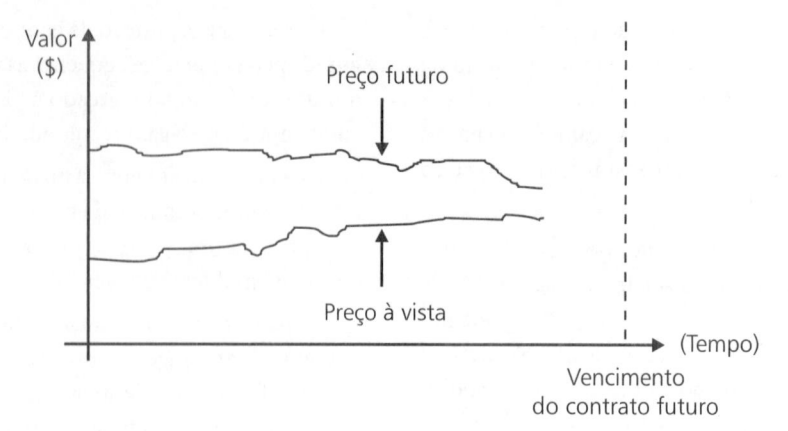

FIGURA 17.1 Convergência dos preços à vista e futuro.

> É esperado que o preço a futuro e no mercado à vista sejam convergentes no vencimento do contrato. Caso isso não ocorra, os preços futuros estarão mais caros ou baratos que os preços à vista, refletindo um desequilíbrio. O investidor pode, *por exemplo*, vender sua posição a futuro por um preço mais alto que o cotado no mercado à vista, realizando um ganho.
>
> Em razão da *arbitragem* os preços futuros tendem a convergir aos preços correntes; discrepâncias entre esses dois mercados ocorrem geralmente por períodos curtos.

Dessa maneira, pode-se expressar o preço futuro pela seguinte formulação:

$$FV_t = PV_t \times (1 + K)^n + CC \times n$$

onde: FV_t = preço no mercado futuro no momento t;

PV_t = preço no mercado à vista no momento t;

K = taxa diária de juros;

n = número de dias a transcorrer até o vencimento do contrato futuro;

CC = Custo de Carregamento (*carrying charge*).

Os preços no mercado à vista e futuro apresentam um movimento convergente, conforme é ilustrado na Figura 17.1. Apesar de se moverem na mesma direção, esses preços não se igualam necessariamente no futuro, em razão da incerteza associada às previsões do custo de carregamento e do comportamento experimentado pelo mercado à vista.

Os preços no mercado futuro podem apresentar grandes variações durante o período de vigência dos contratos, permitindo que se realizem ganhos ou perdas expressivos.

Visando garantir o cumprimento das obrigações previstas nos contratos futuros, é prática das Bolsas de Futuros exigir dos investidores certas garantias formalizadas geralmente mediante a exigência de um depósito inicial conhecido por *margem de garantia*. Esse depósito de garantia pode ser realizado pelo investidor por meio de dinheiro, carta de fiança, títulos públicos e privados, ouro, ações, ou certos ativos que apresentam valor de mercado. O valor da margem de garantia é definido pela BM&F com base na volatilidade do título e nas condições de mercado.

> **Preços à Vista e Preços a Futuro**
>
> Os preços no mercado à vista devem refletir, de forma livre e competitiva, a interação dos investidores na oferta e procura de ativos no mercado. Na formação justa do preço à vista, ainda, é esperado que nenhum participante, de forma isolada ou em grupo, detenha poder de influir sobre os preços de mercado, capaz de impor um comportamento de alta ou de baixa nas cotações dos ativos negociados.
>
> Os especuladores e arbitradores são participantes importantes do mercado de derivativos, principalmente ao se considerar sua disposição em assumir os riscos dos agentes econômicos do mercado à vista, em troca de lucros. Estes agentes costumam atuar em mercados diferentes, ou operando com descasamento de prazos de vencimentos (compram à vista e vendem a prazo, por exemplo), ou ainda negociando um mesmo ativo com preços de exercício desiguais.
>
> Para se protegerem dos riscos assumidos, os arbitradores e especuladores escolhem, no mercado futuro, posições contrárias (inversas) às tomadas no mercado à vista, na expectativa de que os preços desses mercados apresentem, ao longo do tempo, convergência de valores. A projeção é que a perda verificada num mercado seja compensada por ganhos auferidos em outro, oferecendo aos agentes uma remuneração por assumirem riscos. Este conceito é denominado de *convergência* dos preços no mercado.
>
> Os preços futuros são geralmente superiores aos preços à vista por embutirem custos de carregamento, calculados desde o momento da operação até a data de vencimento. Nesses custos são incluídos, entre outros, seguros, fretes, armazenamento e aluguel, e custos financeiros. Em situação de equilíbrio, os preços a futuro são calculados da forma seguinte:

> **Preço a Futuro = Preço à Vista (+)
> Custos de Carregamento**
>
> Quanto maior o prazo de vencimento de um contrato futuro, mais elevados são os custos de carregamento incorridos.
>
> Por outro lado, a medida que se aproxima o prazo de vencimento do contrato, fica bem visível a convergência entre o preço à vista e a futuro, diminuindo a diferença entre esses dois valores.
>
> Os preços à vista e a futuro devem convergir no tempo para se manter as condições de equilíbrio do mercado. Se os preços fossem diferentes nos dois mercados, qualquer agente poderia comprar (ou vender) num mercado e vender (ou comprar) em outro, apurando um lucro. A partir da entrada de outros agentes os preços voltariam a convergir, restabelecendo o equilíbrio de mercado.

17.3.1 Ajustes nas posições a futuro

Entende-se que um investidor *abre posição* no mercado futuro quando transmite a uma Sociedade Corretora de Valores uma ordem de compra ou de venda de contratos. O *fechamento da posição* do investidor ocorre por meio de uma operação inversa à original. *Por exemplo*, se um investidor abriu uma posição vendendo 100 contratos futuros de ações com vencimento em determinada data, ele fecha sua posição ao adquirir 100 contratos futuros da ação com mesmo vencimento. A posição pode ser fechada até o último dia de negociação. Muitas vezes, o investidor abre e fecha sua posição no mercado futuro no mesmo pregão, operação denominada de *day trade*.

Ao abrir uma posição no mercado futuro, conforme explicado no item anterior, o investidor deve depositar uma *margem de garantia* visando cobrir eventuais perdas em sua posição.

Margem de garantia, conforme apresentado anteriormente, são recursos que o investidor deve depositar como garantia de suas operações, conforme valores requeridos pela Bolsa de Valores para cada contrato. Estes valores são destinados a cobrir eventual inadimplência do investidor e da sociedade corretora, e são liberados do depositante quando do encerramento da posição. A conta de margem de garantia deve ser criada tanto para posições vendidas como compradas.

Além dessa garantia inicial, a Bolsa ajusta todos os dias as posições em aberto no mercado futuro. Oscilações nos preços que repercutem em perdas para os investidores devem ser cobertas em dinheiro em D + 1. Em caso de ganhos nos contratos é providenciado o respectivo depósito (crédito) na conta do investidor, cujo valor é determinado pela valorização ocorrida nos preços futuros. Essas operações de crédito (ganhos) ou débito (perdas) na conta do investidor são controladas pela corretora de valores que realizou o negócio.

Esses ajustes diários na conta do investidor são processados com base na média dos preços futuros verificados no final de cada pregão. Esses acertos diários têm por objetivo principal reduzir o risco da operação e, em consequência, do mercado. Conforme as perdas vão sendo pagas, reduz-se o risco de o investidor não cumprir com seus compromissos assumidos no contrato futuro.

> **Ajuste Diário – Formulações**
>
> - **Operações Realizadas no Dia:**
>
> $AD = (PA_t - PO) \times M \times n$
>
> - **Operações Realizadas no Dia Anterior:**
>
> $AD = (PA_t - PA_{t-1}) \times M \times n$
>
> Onde:
>
> **PA$_t$** = Preço do ativo no dia;
>
> **PO** = Preço da negociação;
>
> **M** = Valor (R$) do múltiplo do ativo;
>
> **N** = Número de contratos negociados.
>
> **Exemplo de Cálculo do
> Preço de Ajuste Diário**
>
> Considere um investidor que tenha adquirido 200 contratos futuros de dólar ao preço de R$ 2.122,87 para US$ 1.000,00 (R$ 2,12287/US$ 1,00). A unidade de negociação é igual a US$ 50.000,00. Admita as seguintes cotações do dólar para os próximos dois dias:
>
> | DIAS | R$ US$ 1.000 |
> |---|---|
> | 12.04 | 2.130,90 |
> | 13.04 | 2.128,85 |
>
> **Preço do Ajuste:**
>
> D+1 (12.04) – AD = (R$ 2.130,90 – R$ 2.122,87) × 50 × 200
>
> AD = $ 80.300,00
>
> D+2 (13.04) – AD = (R$ 2.128,85 – R$ 2.130,90) × 50 × 200
>
> AD = –$ 20.500,00

É importante acrescentar que esses ajustes diários constituem a principal diferença entre um contrato futuro e um contrato a termo. O mercado a termo não exige o acerto diário de seus contratos, ocorrendo geralmente sua liquidação financeira no vencimento. Os contratos futuros costumam também ser padronizados, o que não ocorre no mercado a termo.

17.3.2 Mercado futuro de ações

O *mercado futuro de ações* engloba as operações de compra e venda de ações listadas na Bovespa, a um preço previamente estabelecido entre as partes, e prevendo sua liquidação em data futura, conforme determinada pela Bolsa.

O preço futuro de uma ação é normalmente equivalente ao preço à vista acrescido, no entanto, dos juros previstos entre o momento da negociação futura das ações e a respectiva data de sua liquidação.

O mercado futuro permite a negociação com ações sem a necessidade de desembolsos financeiros mais significativos, como requerido pelo mercado à vista. A única exigência financeira imediata das operações a futuro é o depósito de margem de garantia, conforme sugerido pela Bolsa. Com isso, o investidor pode manter em caixa, visando outras aplicações, a diferença do que despenderia se adquirisse as ações no mercado à vista e o montante desembolsado para cobrir as garantias exigidas no mercado futuro de ações.

Ao usar o mercado futuro para adquirir ações, o investidor pode ainda eliminar o custo do empréstimo de ações. Nesta operação, o aplicador do mercado futuro utiliza a posição vendedora a descoberto de outro investidor para financiar sua posição de compra.

As ações negociadas no mercado futuro são também negociadas no mercado de opções sobre ações. A Bolsa de Valores promove o vencimento desses mercados em um mesmo momento, para que os investidores possam realizar combinações de negócios que maximizem o desempenho de suas aplicações.

> Um investidor *opera vendido* no mercado futuro quando assume uma posição em que obtém ganho se ocorrer uma baixa na cotação do ativo. Ao contrário, *opera comprado* quando mantém uma posição que oferece um ganho na alta.

O preço da ação no mercado futuro sofre alterações de acordo com o comportamento do preço da ação subjacente (referência) no mercado à vista. Em razão disso, é exigido um depósito de margem de forma a manter a segurança do mercado. A margem necessária é definida pela Companhia Brasileira de Liquidação e Custódia (CBLC).

Para *ilustrar* as operações de contratos futuros de ações admita a seguinte situação básica referente ao preço de negociação de uma ação:

- Cotação no Mercado à vista: $ 5,00/ação
- Cotação no Mercado Futuro para liquidação em três meses: $ 5,30/ação
- Margem de Garantia exigida pela Bolsa: $ 0,50/ação

Se o preço da ação subir, *por exemplo*, para $ 5,80/ação no mercado à vista e $ 6,10/ação no mercado futuro, são apurados os seguintes resultados nos mercados:

	Mercado à Vista	Mercado Futuro
Preço de Fechamento	$ 5,80	$ 6,10
Preço de Abertura	$ 5,00	$ 5,30
Ganho na Operação	**$ 0,80/ação**	**$ 0,80/ação**
Investimento	$ 5,00/ação	$ 0,50/ação
Taxa de Retorno	**16,0%**	**160,0%**

O investimento no mercado à vista representa o montante pago pela ação; no mercado futuro, equivale ao depósito de margem exigido. Como o investimento no mercado futuro é alavancado – somente parte do valor da ação é desembolsado antecipadamente –, a taxa de retorno da operação a futuro é muito maior.

Por outro lado, admita que o investidor esteja prevendo uma desvalorização no preço da ação. Nesta situação, é possível auferir ganhos mediante a venda de contrato futuro. É importante ressaltar que para a venda a futuro o investidor não precisa possuir fisicamente as ações; basta tão somente realizar o depósito de garantias exigido pela bolsa.

Admita que alguns dias após o preço da ação no mercado à vista tenha caído para $ 4,10/ação e o seu contrato futuro para $ 4,30/ação. Nessa situação de queda nos preços, o investidor adquire a ação no mercado futuro pelo preço de $ 4,30/ação para encerrar sua posição. Os resultados dessa operação são os seguintes:

Preço de Abertura	$ 5,30
Preço de Fechamento	$ 4,30
Ganho	**$ 1,00/ação**

Este ganho foi motivado pela venda a futuro diante de uma queda nos preços da ação no mercado à vista. O investidor adquire a ação no mercado futuro por um preço ($ 4,30/ação) inferior ao que vendeu ($ 5,30/ação).

É importante entender que o ganho na queda do preço é uma operação de risco; o preço da ação pode não se depreciar, ou até mesmo se valorizar, o que determinaria uma perda ao investidor.

17.3.2.1 Proteção no mercado futuro de ações

O mercado futuro é bastante utilizado para realização de operações de *hedge* (proteção), ou seja, como um resguardo diante de alterações nos preços dos papéis. Assim, uma perda determinada por queda no preço de uma ação no mercado à vista pode ser compensada no mercado futuro por meio de ganho auferido em uma posição vendida.

Por exemplo, admita uma ação cotada a $ 10,00 no mercado à vista e a $ 10,40 no mercado futuro. Um investidor dessa ação está prevendo que seu preço à vista cairá. Para compensar essa provável perda, pode vender contrato futuro dessa ação.

Algumas semanas após o preço da ação no mercado à vista efetivamente caiu para $ 9,50/ação, e a cotação a futuro para $ 9,80/ação.

Nessa situação, o investidor encerra sua posição vendedora adquirindo esses papéis no mercado futuro. Os resultados do investidor são apresentados a seguir:

	Mercado à Vista	Mercado Futuro
Preço de Fechamento	$ 9,50	$ 9,80
Preço de Abertura	$ 10,00	$ 10,40
Resultado	($ 0,50/ação)	$ 0,60/ação
	Perda	Ganho

A posição assumida no mercado futuro de ações promoveu um ganho que compensou a perda realizada no mercado à vista.

EXEMPLO – Estratégia de Proteção (*Hedge*)

Admita um investidor com uma carteira de 200.000 ações, cotadas no mercado à vista a $ 25,0/ação. Para se proteger de uma previsão de queda no preço da ação, o investidor decide vender sua carteira no mercado futuro a $ 26,2/ação. Admita que a previsão de desvalorização da ação feita pelo investidor tenha ocorrido, e um mês após a venda a futuro o preço no mercado à vista atingiu a $ 24,2/ação e o preço no mercado futuro de ações era de $ 24,8/ação.

Por ter negociado contratos futuros de venda de ações o investidor aufere um ganho com a redução do preço. Para encerrar sua posição vendedora, o investidor realiza a compra de ações no mercado futuro apurando os seguintes resultados:

	Mercado futuro de ações		Mercado à vista de ações
Preço fechamento	$ 24,8		$ 24,2
Preço abertura	$ 26,2		$ 25,0
Ganho	$ 1,4/ação	Perda	($ 0,80/ação)

O ganho no mercado futuro superou a perda verificada no mercado à vista.

17.3.3 Mercado futuro de índices de ações

Os índices de ações são indicadores do comportamento das cotações desses papéis no mercado, expressos por meio de uma carteira de ações. O índice é apurado pela média ponderada dos preços das ações constantes da carteira.

Os contratos futuros de índices são negociados em pontos do índice, não existindo um mercado físico. Na data de vencimento do contrato futuro, ocorre somente sua liquidação financeira apurada pela diferença de cotação. Cada ponto do índice é representado por um valor monetário, conforme estabelecido pela Bolsa.

Da mesma forma que os demais contratos futuros, ao abrir sua posição o investidor deve depositar uma margem de garantia, de acordo com o valor fixado pela B3. As posições em aberto são também ajustadas todos os dias (ao final de cada pregão).

Principais características do Contrato Futuro de Ibovespa

- *Objeto de Negociação*: Índice de ação da Bolsa de Valores de São Paulo (Ibovespa).
- *Cotação*: Pontos de Ibovespa.
- *Data de vencimento*: Toda quarta-feira mais próxima do dia 15 dos meses pares do ano (fevereiro, abril, junho, agosto, outubro e dezembro).
- *Tamanho do Contrato*: Contrato é negociado em pontos de Ibovespa. O valor monetário total do contrato é calculado pela multiplicação da cotação em pontos por um valor monetário definido pela Bolsa.
- *Liquidação*: É exclusivamente financeira, por meio de operação inversa à posição original, na data de vencimento do contrato, pelo valor do Ibovespa de liquidação, conforme divulgado pela Bolsa.
- *Ajuste Diário*: As posições em aberto são ajustadas em cada final de pregão, de acordo com o valor de ajuste definido para o dia pela Bolsa.

Por exemplo, admita que um investidor tenha adquirido, em determinada data, 10 contratos futuros de índice Ibovespa B3 a 10.800 pontos. Ao abrir esta posição de compra o investidor está apostando em uma valorização do índice.

Em razão de uma valorização das cotações no mercado à vista, o investidor decide fechar sua posição (vender o contrato com vencimento futuro) no mesmo dia, a 11.300 pontos, numa operação denominada de *day trade*.

Sabe-se que o valor do ponto de cada contrato vale $ 5,00. O valor de um contrato futuro de índice é calculado pela multiplicação do valor monetário estabelecido e o número de pontos do índice. Os principais resultados da operação são apresentados a seguir.

- Venda de 10 contratos futuros: 11.300 pontos
- Compra dos 10 contratos futuros: 10.800 pontos

  Diferença 500 pontos

- *Resultado Financeiro*:

  500 pontos × $ 5,00 × 10 contratos: $ 25.000,00

Como o resultado é positivo, o valor é um ganho do comprador dos contratos. O resultado financeiro é debitado ao vendedor, que errou na tendência de variação do índice no dia.

Desse valor deve, ainda, ser deduzido o custo de corretagem, geralmente mais baixo por se tratar de uma operação de um dia (*day trade*). Pelo reduzido prazo de operação, não é exigido do investidor o depósito inicial de garantia da operação.

EXEMPLO ILUSTRATIVO – Ibovespa B3

Admita que um investidor tenha adquirido no mercado futuro 100 contratos de Ibovespa em 20-05, sendo o vencimento para junho. A cotação de cada contrato na compra era de 9.630 pontos.

Em 23-05, o investidor decide *zerar* sua posição, vendendo os 100 contratos por 9.580 pontos.

Ao final de cada pregão, a bolsa divulga o preço de ajuste de cada contrato futuro do dia. Admita os seguintes preços de ajuste para os contratos Ibovespa:

Data	Preço de Ajuste
20-05	9.668 pontos
21-05	9.765 pontos
22-05	9.547 pontos
23-05	9.580 pontos

O valor de cada ponto do índice Bovespa B3, conforme definido pela Bolsa, foi fixado em $ 4,00. **Pede-se** calcular os fluxos de caixa do investidor

- **Fluxo de Caixa em 20-05**

Em 20-05, dia de compra dos contratos futuros, o preço de ajuste foi fixado em 9.668 pontos, proporcionando um ganho ao investidor de 38 pontos por contrato (9.668 – 9.630). Como o valor de cada ponto do Ibovespa está definido em $ 4,00, e tendo sido negociados 100 contratos, o resultado financeiro do dia atinge:

Resultado Financeiro = (9.668 pts. – 9.630 pts.) × $ 4,00 × 100 contratos

Resultado Financeiro = $ 15.200,00

Como o resultado do dia é positivo, o valor é creditado ao investidor e debitado ao vendedor dos contratos. O comprador acertou a tendência do Ibovespa, apurando um ganho de $ 15.200,00 no dia.

- **Fluxo de Caixa em 21-05**

Como o Ibovespa continua subindo, o comprador dos contratos apura outro resultado positivo, como discriminado a seguir:

Resultado Financeiro = (9.765 pts. – 9.668 pts.) × $ 4,00 × 100 contratos

Resultado Financeiro = $ 38.800,00

O valor é creditado ao comprador e debitado ao vendedor.

- **Fluxo de Caixa em 22-05**

Resultado Financeiro = (9.547 pts. – 9.765 pts.) × $ 4,00 × 100 contratos

Resultado Financeiro = –$ 87.200,00

O investidor apurou um prejuízo no dia em razão da desvalorização do Ibovespa. O índice perdeu 218 pontos, totalizando, para os 100 contratos avaliados a $ 4,00 por ponto, um resultado negativo de $ 87.200,00. O valor apurado é debitado ao comprador e creditado ao vendedor dos contratos.

- **Fluxo de Caixa em 23-05**

Neste dia, o mercado apresenta uma ligeira alta, e o investidor vende os 100 contratos por 9.580 pontos. Com isso, apura um ganho financeiro de $ 13.200,00.

Resultado Financeiro = (9.580 pts. – 9.547 pts.) × $ 4,00 × 100 contratos

Resultado Financeiro = $ 13.200,00

- **Resultado Final do Investidor**

Data	Ganho	Perda
20-05	$ 15.200,00	–
21-05	$ 38.800,00	–
22-05	–	($ 87.200,00)
23-05	$ 13.200,00	–
Total	$ 67.200,00	($ 87.200,00)

Ao final da operação, o investidor acumula um prejuízo financeiro de $ 20.000,00 ($ 87.200,00 – $ 67.200,00) com a compra de 100 contratos futuros de Ibovespa. A essa perda devem ser acrescidos, também, os custos de corretagem e as taxas cobradas pela Bolsa de Valores (B3).

> *Encerrar uma posição* no mercado futuro significa assumir uma posição exatamente contrária à atual. Por exemplo, se um investidor possui 500 contratos futuros vencíveis em determinada data, ele somente "zera" sua posição se vender a mesma quantidade de contratos possuídos, com vencimento na mesma data.
>
> Para *ilustrar*, admita que um investidor tenha adquirido 100 contratos futuros da Ibovespa, cotados em 66.000 pontos. Se o mercado valorizar-se para 67.200 pontos, ele pode encerrar ("zerar") sua posição com lucro, realizando a venda a futuro dos 100 contratos. Apura nessa operação um ganho de: 100 contratos × (67.200 pontos − 66.000 pontos) = 120.000 pontos.
>
> Supondo que cada ponto do contrato esteja cotado a $ 0,90, apura um lucro de: 120.000 pontos × $ 0,90 = $ 108.000, antes do desconto de custos de corretagem, impostos, emolumentos etc.

17.3.4 Comprador, vendedor e arbitrador

Admita as seguintes informações referentes a um determinado ativo-objeto:

- Preço à vista: $ 18,00
- Preço no mercado futuro: $ 19,00
- Prazo de vencimento do contrato futuro: 90 dias

A posição de cada participante do mercado futuro pode ser descrita conforme a seguir.

17.3.4.1 Investidor a futuro

Demonstra interesse na compra do ativo se tiver uma expectativa de valorização do preço do ativo no futuro acima de $ 19,00. Ao pagar este preço pelo ativo-objeto, somente consegue realizar um ganho se a cotação superar este valor. Se o preço atingir, *por exemplo*, $ 20,50 no futuro, apura um lucro de $ 1,50/ativo; se o preço cair para $ 17,00, a perda incorrida é de $ 1,00/ativo.

17.3.4.2 Vendedor a futuro

A posição do vendedor é exatamente contrária à do investidor (comprador). Somente realizará um lucro se o preço do ativo no futuro se situar abaixo dos $ 19,00/ativo. Com isso, recebe pela venda do ativo um valor superior a sua cotação de mercado.

17.3.4.3 Arbitrador

Conforme definido, o arbitrador de mercado procura tirar proveito dos diferenciais de preços dos ativos negociados nos mercados à vista e futuro. Ao perceber, por exemplo, que a taxa de juros de aplicações de renda fixa está abaixo dos juros praticados nas negociações a futuro, assume a decisão de compra à vista e venda simultânea no futuro.

No *exemplo ilustrativo*, a taxa de juros implícita no mercado futuro é de 5,56% no período de 90 dias [($ 19/$ 18) − 1], equivalendo a 1,82% ao mês. Ao verificar que os rendimentos do mercado financeiro estão atingindo somente 1,5% ao mês, o arbitrador compra à vista e, ao mesmo tempo, vende no futuro o ativo-objeto, apurando um retorno de 5,56% no trimestre.

17.3.4.4 Comprador à vista

Como a tendência é de que os preços do mercado futuro alinhem-se com os preços do mercado à vista no fechamento do contrato, o comprador do ativo-objeto à vista realiza um lucro em qualquer preço acima de $ 19,00. No entanto, somente apurará um aumento genuíno de riqueza se o preço do ativo exceder $ 18,82, no vencimento, que representa o preço pago acrescido do custo de oportunidade de 1,5% ao mês.

Havendo interesse dos participantes, a posição de compra e venda pode ser encerrada a qualquer momento antes do vencimento do contrato. Neste caso, o preço é determinado pelo valor do ativo-objeto no momento do encerramento, e não pelo preço do vencimento do contrato futuro.

17.3.5 Operações a futuro e arbitragem

Admita que o preço à vista de um ativo-objeto atinja $ 50,00. Este ativo está sendo negociado no mercado futuro, contrato com vencimento em quatro meses, a $ 56,00. Como a taxa de juro de empréstimos está fixada em 8% para o período, o arbitrador do mercado realiza um lucro estabelecendo a seguinte estratégia:

- toma dinheiro emprestado, pagando 8% de juros ao quadrimestre;
- aplica os recursos levantados na compra do ativo-objeto no mercado à vista, pagando $ 50,00;
- simultaneamente à compra, o arbitrador vende o ativo no mercado futuro pelo preço de $ 56,00.

Ao final do quadrimestre, o contrato futuro é encerrado e liquidado pela bolsa mediante a entrega do ativo e recebimento do dinheiro prometido de $ 56,00. Com esses recursos, o empréstimo é integralmente pago (principal mais juros) pelo valor de $ 54,00, apurando o arbitrador um lucro de $ 2,00/ativo.

Esta estratégia não apresenta risco, dado que o preço no futuro foi contratado a $ 56,00/ativo-objeto e os juros do empréstimo fixados em 8% no período. Mesmo que o valor do contrato futuro sofra modificações, isto não afetará o resultado do negócio.

A arbitragem demonstrou que o preço do contrato futuro avaliado em $ 56,00/ativo-objeto estava caro, podendo reduzir-se para se aproximar de seu valor mais justo de $ 54,00.

17.3.6 Operação *straddle*

A denominada operação *straddle* (travada) equivale à compra e venda de um mesmo contrato futuro para diferentes datas de vencimento, prevendo o investidor diferenças nos preços de negociação nos diferentes momentos de liquidação.

Ilustrativamente, admita um investidor que tenha adquirido 10 contratos futuros de índices de ações para julho a 14.700 pontos. O investidor vende os contratos para agosto a 17.200 pontos.

Para fechar essa operação, o investidor vende 10 contratos para julho a 17.400 pontos e adquire também 10 contratos para agosto a 19.100 pontos.

Os principais resultados da operação são detalhados a seguir. Admita que o valor de cada ponto do contrato seja de $ 5,00.

- **Operação inicial:**

Vendas de 10 contratos para julho	17.400 pontos
Compra de 10 contratos para julho	14.700 pontos
Diferença:	2.700 pontos

Resultado bruto:

2.700 pontos × 10 contratos × $ 5,00 = $ 135.000

- **Operação de fechamento:**

Venda de 10 contratos para agosto	17.200 pontos
Compra de 10 contratos para agosto	19.100 pontos
Diferença:	–1.900 pontos

Resultado bruto:

–1.900 pontos × 10 contratos × $ 5,00 = –$ 95.000

Resultado final: $ 135.000 – $ 95.000 = $ 40.000

17.3.7 Operação a descoberto

A operação de *venda a descoberto*[2] ocorre quando um investidor decide "tomar emprestado" uma certa quantidade de títulos em uma Corretora para vendê-los, com a expectativa de recomprá-los no futuro e reembolsar o cedente (proprietário dos títulos). Por tomar emprestado de outro investidor, o total dos títulos no mercado não se altera com a venda a descoberto.

A venda a descoberto é justificada quando um investidor prevê que determinado papel irá sofrer uma forte desvalorização. Sua estratégia é recomprar o ativo no mercado por um preço inferior ao da venda realizada, apurando com isso um ganho financeiro. O investidor, mesmo não possuindo um título, ao vender a descoberto pode obter alguma vantagem financeira determinada pela queda no preço de mercado do título.

Em *resumo*, a operação se processa da forma seguinte:

- investidor toma emprestado um título em uma corretora;
- vende o papel pelo preço de mercado;
- recompra o título no futuro, no momento em que julgar que o papel atingiu seu preço mínimo no mercado, ou no prazo de devolução acertado no contrato de empréstimo, e devolve o título à corretora.

Por exemplo, admita que um investidor tenha tomado emprestadas 10.000 ações ao preço de mercado de $ 20,00/ação. Vende todos os valores pelo preço atual de mercado, auferindo uma receita de $ 200.000,00. Em determinado momento futuro observa que o preço de mercado caiu para $ 16,00/ação, e avalia que esse é o preço ideal para compra. Em sua avaliação, a ação dificilmente cairá mais, devendo oscilar em torno desse preço. Assim, decide recomprar as 10.000 ações por $ 160.000,00, auferindo um ganho de capital de $ 40.000,00.

Ao negociar um título a descoberto e readquirir o mesmo papel no futuro a um preço inferior, o investidor obtém ganhos financeiros. No entanto, a operação incorre em riscos, sendo importante uma cuidadosa avaliação prévia do investimento. O papel, ao contrário do esperado, pode valorizar-se no futuro, devendo o investidor readquirir o título por um preço acima do valor da venda.

É importante destacar que a venda a descoberto expõe o investidor a um ganho *limitado*, pois o preço do título objeto da venda pode atingir o limite máximo de zero; e uma perda *ilimitada*, dado não ser possível limitar o preço do ativo no mercado.

EXEMPLO ILUSTRATIVO – Para *ilustrar* uma operação de venda a descoberto, admita que um investidor tenha autorizado uma corretora a negociar (vender) 50.000 ações da Cia. A. O investidor não possui as ações da Cia. A.

Para operacionalizar a venda a descoberto solicitada, a corretora deve tomar emprestado ações de outro

---

[2] *Short selling*, em inglês.

investidor-cliente, vendendo-as a seguir no mercado à vista. A operação é encerrada quando o investidor, que instruiu a corretora a vender 50.000 ações não possuídas da Cia. A, adquirir estes papéis no mercado.

São analisadas, a seguir, duas possíveis situações ilustrativas:

Situação 1

- Preço corrente da ação no mercado à vista: $ 10/ação
- Preço da ação no encerramento da operação: $ 7/ação

Receita da venda das ações emprestadas
50.000 ações × $ 10 $ 500.000

Compra das ações no encerramento
50.000 ações × $ 7   ($ 350.000)

Resultado do investidor (ganho): $ 150.000

Situação 2

- Preço corrente da ação no mercado à vista: $ 10/ação
- Preço da ação no encerramento da operação: $ 12/ação

Receita da venda das ações emprestadas
50.000 ações × $ 10 $ 500.000

Compra das ações no encerramento
50.000 ações × $ 12   ($ 600.000)

Resultado do investidor (perda):   ($ 100.000)

17.3.8 Contratos futuros de taxas DI (1 dia)

O Mercado Futuro DI (taxa de juros dos depósitos interbancários) permite que os investidores *especulem* no mercado de taxas de juros, e também se *protejam* do risco de variações nestas taxas. Os preços neste mercado são formados pelas expectativas dos participantes em relação ao comportamento futuro das taxas do CDI.

O mercado futuro de DI (taxa de juros dos depósitos interbancários) é referenciado nas taxas médias diárias DI (depósitos interfinanceiros) de 1 dia, conforme publicadas pela CETIP. Os contratos futuros são fixados pela Bolsa de Valores em $ 100.000,00, sendo negociados em PU (*preço unitário*). Cada PU vale $ 1,00.

O PU de um contrato futuro é obtido dividindo-se o valor do contrato por seu fator de rendimento, obtido pela taxa *over* média diária acumulada até a data de vencimento do instrumento financeiro.

As negociações com DI Futuro são calculadas por meio de juros compostos e usando a convenção de 252 dias úteis.

Ou seja:

$$PU = \frac{N}{(1 + over)^{n/252}}$$

sendo: N = valor nominal (resgate) do contrato;

$over$ = taxa *over* efetiva anual (taxa a.a.o);

n = prazo do contrato.

O valor de um contrato futuro é expresso em *pontos*, e o padrão de negociação é de 100.000 pontos. Cada ponto equivale a R$ 1,00, sendo o valor do contrato estabelecido em R$ 100.000,00.

Exemplo – Cálculo do PU

Admita um contrato DI-Futuro de valor nominal de R$ 100.000,00 negociado no mês de agosto à taxa de 10,6% a.a.o. Sabe-se que no mês existem 21 dias úteis. Calcular o PU do contrato.

Solução:

$$PU = \frac{\$\ 100.000,00}{1,106^{21/252}} = R\$\ 99.163,93$$

O valor de negociação do contrato, fixado pelo seu PU, é de R$ 99.163,93. Um investidor está aplicando esses recursos para após 21 dias úteis receber R$ 100.000,00, o que corresponde a uma taxa efetiva *over* de 10,6% a.a.o.

Graficamente:

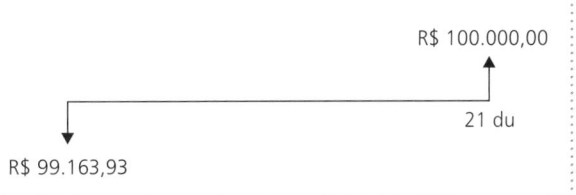

```
                                    R$ 100.000,00
                                          ↑
                                          |
                                          |
                                       21 du
       ↓
R$ 99.163,93
```

Quando as taxas de juros de mercado sobem, mais alto é o fator, determinando um PU menor para o contrato. Ao contrário, quando as taxas DI caem, maior é o PU do contrato.

O investidor que adquire um DI Futuro aposta na alta das taxas futuras de juros. Ao vender DI Futuro, o investidor aposta na redução das taxas de juros no futuro.

Diante de uma expectativa de alta nas taxas de juros de mercado, o agente econômico que desejar defender-se dessa variação, ou especular com a tendência de alta, é motivado a vender contratos futuros de taxa DI. Em situação inversa, os agentes que projetam reduções nas taxas são os potenciais compradores dos contratos futuros de DI.

EXEMPLO ILUSTRATIVO 1 – Taxa do Contrato. Admita um contrato futuro de juros com valor nominal (valor no vencimento) de R$ 100.000,00 e valor médio de negociação (PU) de R$ 98.812,20. O contrato refere-se ao mês de abril e apresenta 20 dias úteis. Determinar a taxa anual de juro previsto no contrato (base de 252 dias úteis, conforme recomendação do Banco Central).

Solução:

$$i_{Abr} = \left(\frac{100.000,00}{98.812,20} - 1\right)$$

$i_{Abr} = 1,202\%$ p/ 20 du (dias úteis)

$$i_{aa} = (1,01202)^{\frac{252}{20}} - 1$$

$i_{aa} = 16,25\%$ a.a.o (ao ano *over*)

ou:

$$i_{aa} = \left(\frac{100.000,00}{98.812,20}\right)^{\frac{252}{20}} - 1 = 16,25\% \text{ a.a.o}$$

EXEMPLO ILUSTRATIVO 2 – PU vendido e PU comprado. Suponha que o PU de compra de um contrato futuro DI de um dia, para uma taxa de juros de 13,50% a.a.o. e um prazo de 90 dias úteis até o vencimento, seja igual a:

$$PU = \frac{R\$ 100.000,00}{(1,135)^{90/252}} = R\$ 95.578,15$$

Observe na fórmula que variações na taxa de juros *i* provocam alterações inversas no PU do título. Assim, uma elevação dos juros promove uma queda do PU e, de forma inversa, redução dos juros determinam uma valorização do PU.

Para um investidor que tenha adquirido esse contrato, diz-se que ficou *vendido* à taxa de 13,50% a.a.o., sendo registrada uma posição de compra de R$ 95.578,15.

O PU assume sempre uma posição contrária:

– PU é vendido quando há compra da taxa;
– PU é comprado quando há saída da taxa.

EXEMPLO ILUSTRATIVO 3 – Taxas Mensais Projetadas. Admita as seguintes cotações de contratos futuros DI no primeiro dia de março:

Vencimento do	Dias Úteis	PU Negociado
Março	21	99.040
Abril	22	98.134
Maio	20	97.116

O vencimento dos contratos futuros DI ocorre todo mês, sempre no primeiro dia útil. O PU, conforme demonstrado, é definido pelo valor presente de R$ 100.000,00 (valor nominal do contrato), descontado por um fator que reflete a taxa de juro acumulada até o vencimento do contrato.

A partir dessas informações, pode-se estabelecer a taxa *over* efetiva anual de juros referente a cada um dos meses.

Solução:

Março

$$DI_{MAR} = \frac{100.000}{99.040} = 0,9693\% \text{ p/ 21 dias úteis}$$

$(1,009693)^{252/21} - 1 = \boxed{12,27\% \text{ a.a.o.}}$

Abril

$$DI_{MAR\text{-}ABR} = \left(\frac{100.000}{98.134}\right)^{252/43} - 1 = \boxed{11,67\% \text{ a.a.o.}}$$

Taxa *over* efetiva anual calculada com base no bimestre mar.-abr.

Dias úteis do bimestre: 21 + 22 = 43

$$DI_{ABR} = \left(\frac{99.040}{98.134}\right)^{252/22} - 1 = \boxed{11,10\% \text{ a.a.o.}}$$

Taxa *over* efetiva anual calculada com base no mês de abril.

Maio

$$DI_{MAR\text{-}ABR\text{-}MAI} = \left(\frac{100.000}{97.116}\right)^{252/63} - 1 =$$
$$= \boxed{12,42\% \text{ a.a.o. com base no trimestre}}$$

$$DI_{MAI} = \left(\frac{98.134}{97.116}\right)^{252/20} - 1 =$$
$$= \boxed{14,04\% \text{ a.a.o. com base no mês}}$$

Taxas previstas

Mês	Dias úteis	Taxa com base no período	Taxa com base no mês
Março	21	12,27% a.a.o.	–
Abril	22	11,67% a.a.o.	11,10% a.a.o.
Maio	20	12,42% a.a.o.	14,04% a.a.o.

As taxas *over* efetivas anuais calculadas para cada mês indicam uma redução dos juros em abril, seguida de uma alta esperada no mês de maio. Prevendo essa tendência, os investidores tomam suas decisões.

Taxa implícita de juros de contratos futuros DI

Ao se conhecer os preços (PU) dos contratos futuros DI é possível calcular a taxa implícita de juros definida para o período entre a data de negociação e a data de vencimento do contrato futuro.

Alguns exemplos são sugeridos no quadro a seguir:

Mês de Vencimento	PU	Dias Úteis	Taxa Implícita de Juros (a.a.o)
Ago.	99.083,31	19	$\left(\dfrac{100.000,00}{99.083,31}\right)^{\frac{252}{19}} - 1 = 12,99\%$
Set.	98.111,44	40	$\left(\dfrac{100.000,00}{98.111,44}\right)^{\frac{252}{40}} - 1 = 12,76\%$
Out.	97.001,74	62	$\left(\dfrac{100.000,00}{97.001,74}\right)^{\frac{252}{62}} - 1 = 13,17\%$

17.3.9 *Hedge*

Os *hedgers* procuram proteção no mercado futuro contra as oscilações inesperadas nos preços de mercado dos ativos. Uma forma possível bastante conhecida de proteger-se contra a desvalorização da moeda nacional é atuar de forma inversa, adquirindo títulos indexados à variação cambial. Se um agente tem uma dívida em dólar, por exemplo, ao aplicar num título indexado à mesma moeda, efetua uma proteção contra eventual alta da moeda.

Um contrato futuro de índice de Bolsa de Valores (Ibovespa) pode também ser usado para *hedge*. Um investidor em ações, ao desejar proteger-se do risco de uma queda da Bolsa, pode abrir uma posição vendendo contratos futuros de índice de ações. Com essa posição inversa, o agente procura compensar uma possível perda com a desvalorização das ações com o ganho financeiro auferido no *hedge*.

Da mesma forma, os investidores também podem proteger-se das oscilações nas taxas de juros da economia realizando operações inversas no mercado futuro DI (depósitos interfinanceiros).

Por exemplo, empresas com dívidas atreladas ao CDI (pós-fixadas) e investidores com ativos prefixados apresentam riscos de perdas diante de uma elevação das taxas de juros. Variações positivas nos juros determinam maiores encargos aos devedores e menores rendimentos aos investidores. Para terem proteção contra eventuais perdas, os agentes podem abrir posição no mercado, vendendo contratos DI futuros.

De outro modo, agentes com realizações (ativos) pós-fixados ou passivos com encargos prefixados correm risco de perdas em caso de uma redução nas taxas de juros. Taxas reduzidas determinam, nesses casos, menores rendimentos das aplicações e custos financeiros mais altos que os juros de mercado. Podem fazer proteção abrindo posições de compra de contratos futuros DI.

18 Derivativos – Mercados de Opções e *Swaps*

Os *contratos de opções* são uma sofisticação dos mercados de derivativos e, em especial, das operações a futuro. Pelo contrato de opções, o investidor assume o *direito* de adquirir ou vender certo ativo, pagando por isso um prêmio ao vendedor.

Um contrato padrão de opção confere ao seu titular o direito de negociar (comprar ou vender) uma determinada quantidade de ativos, por um preço previamente estabelecido pelas partes, em alguma data futura (vencimento do contrato) ou durante a vigência da opção.

O comprador da opção é o *titular* do contrato, aquele que detém o direito futuro de comprar ou vender, sem assumir uma obrigação. É o que se denomina de "posição comprada". O vendedor da opção é denominado de *lançador*, que passa a ter uma obrigação futura de acordo com o direito exercido pelo titular do contrato. Ao contrário, esta posição é conhecida como "vendida".

Os produtos negociados pelas opções são conhecidos por *ativos objetos*, podendo ser ações, índices de preços, ouro, dólar, taxas de juros, e assim por diante.

Prêmio é o valor pago ao lançador da opção pelo titular (comprador). Para ter o direito de comprar ou vender uma quantidade preestabelecida de um ativo, a um preço previamente acordado, o titular paga um *prêmio*. O risco da operação é limitado ao prêmio pago.

Swap é um acordo para troca de posição (ativa ou passiva) entre duas partes. Nas operações de *swap*, os investidores trocam posições de contratos financeiros para adequar sua exposição ao risco. *Por exemplo*, uma operação de *swap* pode prever a troca de uma taxa de juro prefixada por juros pós-fixados (atrelados ao CDI).

> **Conceitos**
>
> *Titular*: comprador da opção. Tem o direito de adquirir ou vender um ativo no futuro.
>
> *Lançador*: vendedor da opção. Tem a obrigação de comprar ou vender um ativo no futuro. Recebe um prêmio.
>
> *Prêmio*: pago pelo titular ao lançador para ter o direito de exercer a compra ou venda do ativo.
>
> *Opção de compra* (*call*): titular possui o direito de comprar o ativo objeto do vendedor da opção (lançador) por um preço previamente acertado (preço de exercício) e por certo período de tempo.
>
> *Opção de venda* (*put*): titular tem o direito de vender o ativo objeto ao lançador até a data de vencimento.
>
> *Preço de exercício*: também denominado *strick price*. Preço estabelecido para a compra ou venda do ativo.
>
> *Fechamento de posição*: momento de venda das opções pelo titular ou de compra pelo lançador.
>
> *Data de vencimento*: pode ser do "estilo americano", indicando que o titular pode exercer seu direito de compra ou venda a qualquer momento até o vencimento da opção. Ou "estilo europeu", quando o exercício dos direitos somente pode ser realizado na data de vencimento da opção.

18.1 Mercado de opções

Uma importante alternativa dos mercados futuros é o *mercado de opções*, cujo desenvolvimento é mais recente. Esse mercado trabalha, basicamente, com dois tipos de contratos:

a. *Opções de compra – calls*: concede ao titular do contrato o direito (e não a obrigação) de adquirir no futuro um determinado ativo por um preço previamente estabelecido. Para o vendedor da opção, ao contrário, há uma obrigação futura, sempre que exigida pelo comprador, de entregar os ativos negociados àquele preço.

b. *Opções de venda – puts*: dá ao detentor do contrato (comprador da opção de venda) o direito, porém não a obrigação, de vender no futuro um ativo por um certo preço preestabelecido. O vendedor dessa opção, por seu lado, tem a obrigação de entregar no futuro, se exigido pelo comprador, os ativos-objetos do contrato de opção ao preço fixado.

O que diferencia um contrato futuro de um contrato de opção é a *obrigação* que o primeiro apresenta de se adquirir ou vender algo no futuro. O contrato de opção, ao contrário, registra unicamente o direito do titular de exercer sua opção de compra ou venda a um determinado preço no futuro, não sendo obrigatório seu exercício.

O exercício de uma opção pode ser realizado num único momento estabelecido, ou em qualquer data de certo intervalo de tempo futuro. Quando a opção definir somente uma data futura para a realização do direito de compra ou venda, é denominada *europeia*. Quando o exercício da opção puder ser realizado em qualquer momento do prazo estabelecido para a operação, diz-se que a opção é *americana*.

Identicamente aos contratos futuros, as opções podem também ser utilizadas em alternativas de *hedge*. Por exemplo, se um investidor de ações desejar proteger sua posição contra uma possível desvalorização de mercado, pode adquirir opções de venda de ações a um preço preestabelecido. Esse contrato garante ao investidor o direito (porém, como foi colocado, não a obrigação) à venda das ações no futuro a um preço fixado no presente.

EXEMPLO ILUSTRATIVO – admita uma ação cotada no mercado à vista a R$ 35,00. As projeções para esse papel são de desvalorização. Se o investidor adquirir uma opção de venda (*put*) dessa ação pelo preço de R$ 37,00, por exemplo, a operação promove um ganho ao investidor mesmo se o preço cair. O investidor, titular de uma opção de venda, tem o direito de vender as ações pelo preço de R$ 37,00, mesmo que a cotação de mercado sofra redução em seu valor.

É importante que se registre que o exercício do direito de um contrato de opção depende, essencialmente, do comportamento do preço de mercado.

Se a cotação do mercado cair abaixo do preço da opção de venda, o investidor é evidentemente atraído a exercer seu direito, o que permite a realização de um resultado positivo (ou, pelo menos, a preservação de sua posição patrimonial). Caso o preço do mercado à vista supere o valor das opções de venda, o direito não deve ser exercido, vencendo o prazo da opção sem o exercício do direito de venda.

> O titular de uma *opção de compra* aposta que o preço à vista do ativo-objeto irá se valorizar, oferecendo um ganho na data de vencimento calculado pela diferença entre o preço à vista e o preço de exercício mais o prêmio pago. Sendo favorável (positiva) essa diferença, o investidor exerce o direito de compra pelo preço de exercício, podendo vender o ativo-objeto no mercado à vista por um preço maior que o valor pago.
>
> Ao contrário, o comprador de uma *opção de venda* prevê uma queda do preço do ativo-objeto no mercado à vista. Na data de vencimento, o preço à vista será menor que o preço de exercício líquido do prêmio pago. Nesse cenário, o investidor pode recomprar no mercado à vista o ativo-objeto por um preço mais baixo. Assim, quanto maior for a queda do preço à vista, mais alto o ganho na operação.
>
> Em resumo: uma opção de compra deve ser realizada na expectativa de alta de preços; ao se esperar uma queda dos preços é recomendada a opção de venda.

Ao se adquirir uma opção, o investidor deve pagar um *prêmio* cujo valor é definido pelas forças de oferta e procura de mercado. Esse valor não é devolvido pelo vendedor da opção, independentemente de o contrato de opção ser ou não exercido. Dessa forma, não interessando ao investidor exercer seu direito previsto no contrato de opção adquirido, ele perderá o prêmio pago ao vendedor.

O preço que o comprador pode exercer, em seu direito de compra ou de venda previsto no contrato de opção, é denominado *preço de exercício*. Este preço é estabelecido pelas próprias Bolsas de Valores, procurando adequá-lo ao comportamento esperado de valorização ou desvalorização do mercado à vista e ao prazo de vencimento da opção.

Uma diferença importante entre contrato futuro e contrato de opção está na grandeza das perdas que podem ocorrer. O investidor a futuro é exposto a grandes perdas caso se verifique uma desvalorização do preço do ativo. O investidor de contrato de opção, por seu lado, tem sua perda limitada ao prêmio pago pela opção.

O controle das operações no mercado de opções é realizado de forma *escritural*. Os lançadores (vendedores) e os titulares (compradores) de um contrato de opções têm suas posições registradas pela Bolsa por meio de códigos, atribuindo-se uma identificação diferente para cada uma das partes. A Bolsa mantém controles diários dos negócios realizados, os quais são registrados na conta de cada participante.

Principais Características do Mercado de Opções	
O que são opções	São derivativos que concedem ao seu titular o *direito*, e não a obrigação, de negociar (comprar e vender) um determinado ativo a um preço previamente definido.
Participantes do mercado de opções	HEDGER – Reduzir ou eliminar sua posição de risco. ARBITRADOR – Assumir pouco (ou nenhum) risco em troca de um ganho (prêmio) em operações concomitantes de compra e venda no mercado. ESPECULADOR – Identificar preços em desequilíbrio em diferentes mercados com o objetivo de auferir lucros acima da média. Incorrem geralmente em alto risco.

Tipos de opções	OPÇÃO DE COMPRA (*CALL*) – Comprador ganha na ALTA do mercado e vendedor ganha na BAIXA. OPÇÃO DE VENDA (*PUT*) – Comprador ganha na BAIXA do mercado e vendedor na ALTA.
Exercício das opções	OPÇÃO AMERICANA – Pode exercer o direito de comprar ou vender a *qualquer momento*, até a data de vencimento da opção. OPÇÃO EUROPEIA – Pode exercer o direito de comprar ou vender somente na data de *vencimento da opção*.
Termos do mercado de opções	PRÊMIO – Valor da negociação da opção. ATIVO OBJETO – Ativo que lastreia o lançamento da opção. VENCIMENTO – Data de exercício da opção. PREÇO DE EXERCÍCIO – Preço que a opção é exercida. TITULAR – Comprador da opção. LANÇADOR – Vendedor da opção.
Modelos de precificação de opções	MODELO BINOMIAL. MODELO DE BLACK & SCHOLES.
Estratégias com opções	ALAVANCAGEM. *HEDGE*. FIXAÇÃO DE PREÇO FUTURO.
Probabilidade de exercício de opções de compra – call	OTM – *OUT OF THE MONEY* (Fora do dinheiro) Preço do Ativo < Preço de Exercício. ATM – *At the Money* (No dinheiro). Preço do Ativo = Preço de Exercício. ITM – *In the money* (Dentro do dinheiro) Preço do Ativo > Preço de Exercício.
Fatores que afetam o preço de uma opção	– Preço de Exercício. – Preço da mercadoria à vista. – Prazo até o vencimento. – Volatilidade. – Taxa de juro.

18.1.1 Exemplo de uma operação de opção

Admita que em certa data foram negociadas 50 opções de venda de ações de uma empresa na Bovespa, com vencimento para 30 dias. O preço de exercício da opção foi de $ 20,00/ação, e o prêmio pago pelo negócio foi de $ 0,40/ação.

O vendedor desta opção de venda é denominado de *lançador*; o investidor que adquiriu a opção é o *titular*.

Por meio desta negociação entende-se que o investidor adquiriu o *direito*, e não a obrigação, de vender as ações objeto do contrato por $ 20,00 cada na data de vencimento (em 30 dias). Por este direito de venda, o comprador pagou um prêmio de $ 0,40/ação.

A expectativa do comprador da opção de venda é de desvalorização do preço da ação para nível inferior ao preço de exercício de $ 20,00/ação. Se na data de vencimento da opção a ação estiver avaliada abaixo de $ 20,00, ele exerce o direito de venda e realiza um lucro. Caso o preço esteja fixado no mercado acima do preço de exercício de $ 20,00, o investidor não exerce o direito de venda, perdendo o prêmio pago. Neste caso, costuma-se dizer que a opção virou "pó", deixou de existir após o vencimento.

Os resultados da operação, supondo-se dois preços para a ação na data de vencimento, são os seguintes:

- *Preço de Venda da Ação no Mercado à vista = $ 18,00/ação*

    Opção de venda é exercida pelo investidor

Valor recebido pela venda	$ 20,00
Valor de mercado	($ 18,00)
Prêmio pago	($ 0,40)
Resultado (Lucro):	$ 1,60/ação

- *Preço de Venda da Ação no Mercado à vista = $ 23,00/ação*

    Opção de venda não exercida

Prêmio pago	($ 0,40)
Resultado (Prejuízo):	($ 0,40/ação)

Não interessa ao titular adquirir um título por $ 23,0 no mercado à vista e vender por $ 20,0. Simplesmente não exerce o seu direito de venda.

EXEMPLO ILUSTRATIVO – Suponha que um investidor adquira uma opção de compra de ações pagando um prêmio de $ 2,10. O preço de exercício do ativo-objeto é de $ 33,60. Desconsiderando custos de corretagem e outros, pede-se determinar o preço mínimo que a ação deve atingir para que seja atraente ao investidor exercer sua opção de compra.

Solução:

Preço mínimo = $ 33,60 + $ 2,10 = $ 35,70/ação

O investidor é atraído a exercer a opção de compra se o preço da ação atingir, no mínimo, $ 35,70/ação.

18.1.2 Resultados com opções

APLICAÇÃO PRÁTICA: GANHO DE UMA OPÇÃO DE COMPRA

Exemplo Básico
- Investidor adquire uma opção de compra de 100 ações
- Preço de Exercício: $ 30,00/ação
- Preço atual de mercado: $ 28,00/ação
- Prêmio da opção de compra: $ 4,00/ação

Investidor apura um ganho se:

> Preço de Mercado > Preço de Exercício + Prêmio Pago

Exemplo: Preço da ação no vencimento = $ 42,00

Resultado no Vencimento:

Preço da Ação		$ 42,00/ação
Custo Inicial de Compra	: $ 28,00	
Prêmio Pago	: $ 4,00	($ 32,00)
Ganho p/ Ação		$ 10,00
		× 100 ações
Ganho Total		$ 1.000,00

O investidor somente exerce sua opção de compra se o preço da ação, na data de vencimento, superar ao seu custo de compra mais o prêmio. Não faz sentido exercer o direito da opção caso o preço de aquisição seja maior que o preço de mercado. Ocorrendo esse caso, o investidor desiste de seu direito e perde o prêmio pago. Caso o preço de mercado da ação superar ao seu custo total, a opção de compra é exercida, e o investidor aufere um ganho.

O resultado de uma opção de compra de tipo europeia (exercício da opção na data de vencimento), conforme já descrita no exemplo ilustrativo anterior, pode ser representada graficamente de acordo com a Figura 18.1.

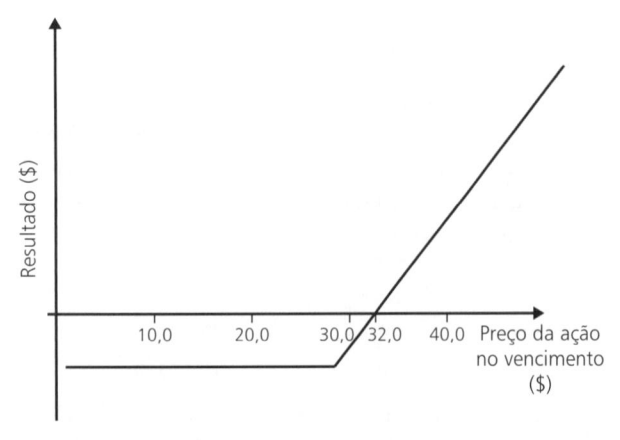

FIGURA 18.1 Resultado de uma opção de compra de tipo europeia.

APLICAÇÃO PRÁTICA: GANHO DE UMA OPÇÃO DE VENDA

Exemplo Básico
- Investidor compra uma opção de venda de 100 ações
- Preço de Exercício: $ 15,00/ação
- Preço atual de mercado: $ 13,50/ação
- Prêmio da opção de compra: $ 1,70/ação

Investidor apura um ganho se:

> Preço de Mercado < Preço de Exercício + Prêmio Pago

Exemplo: Preço da ação no vencimento = $ 11,40

Resultado no Vencimento:

Preço da Ação (Exercício de Venda)		$ 15,00/ação
Preço no Vencimento	: $ 11,40	
Prêmio Pago	: $ 1,70	($ 13,10)
Ganho p/ Ação		$ 1,90
		× 100 ações
Ganho Total		$ 190,00

Considerando que o exercício da opção se dará na data de vencimento (opção europeia), para o investidor interessa exercer a venda caso o preço de mercado da ação seja inferior ao seu preço de exercício. O investidor vende as ações por um valor mais alto do que poderia pagar pela sua compra no mercado. Caso o preço de mercado não caia para um valor inferior ao preço de exercício, a opção "vira pó", o investidor não exerce seu direito de venda e perde somente o prêmio pago pela opção.

Graficamente, tem-se a representação da Figura 18.2.

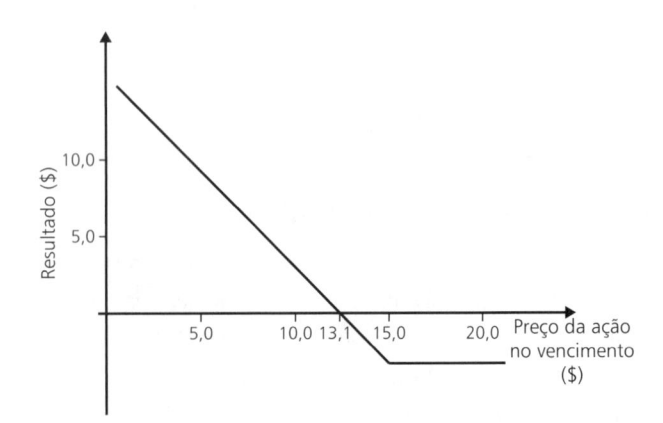

FIGURA 18.2 Resultado de uma opção de venda.

18.1.3 Participantes do mercado de opções

Além dos *hedgers*, os mercados de opções têm também como participantes os *especuladores* e os *arbitradores*.

O *hedger*, da mesma forma como foi apresentado no mercado futuro, atua com o objetivo de se proteger de riscos futuros, determinados pelas variações de preços dos ativos possuídos. Para se proteger de uma eventual desvalorização dos preços, o *hedger* adota a estratégia de comprar opções de venda ou vender opções de compra.

Ao contrário, preocupado com uma eventual alta nos ativos, pode comprar opções de compra ou vender opções de venda.

Um *especulador*, por outro lado, costuma apostar alto no comportamento futuro dos preços dos ativos, proporcionando possibilidades de altos ganhos, ou perdas especulativas. A atuação de especulador contribui para a liquidez do mercado.

Pelas características próprias dos mercados futuros e de opções, o especulador encontra enorme capacidade de alavancagem para suas operações nesses segmentos financeiros. No entanto, os mercados não são iguais para os especuladores. Hull[1] demonstra que o ganho potencial, assim como a perda potencial, é muito grande nos mercados futuros, conforme descritos na parte inicial deste capítulo. Lembre-se que os investidores dos mercados futuros têm a obrigação de cumprir seu contrato, comprando ou vendendo no futuro os ativos descritos nos contratos a um preço previamente fixado.

No mercado de opções, no entanto, a eventual perda do especulador é menor, limitando-se ao valor pago pela opção, independentemente do comportamento dos ativos-objetos do contrato.

Os *arbitradores* têm por objetivo aproveitar eventuais desajustes verificados entre um mercado e outro (por exemplo, entre o mercado à vista e o mercado futuro), efetuando transações simultâneas e realizando lucros. Ao avaliarem, por exemplo, que determinada ação no mercado futuro encontra-se com seu preço em discrepância com o mercado à vista, realizam operações nos dois mercados de maneira a aproveitar a oportunidade oferecida de lucro.

As oportunidades de arbitragem são geralmente de curto prazo, pois se espera que os preços em eventual desajuste em dois mercados venham a se equivaler rapidamente.

> **Preço de Exercício e Proventos**
>
> *Distribuição em dinheiro* – Se um ativo objeto distribuir proventos em dinheiro durante o período previsto da opção, como dividendos e juros sobre o capital próprio, os valores pagos são abatidos do preço de exercício da série.
>
> *Por exemplo*, se o preço de exercício for de $ 120 e caso tenham ocorridos distribuições em dinheiro de dividendos de $ 10, o preço de exercício é recalculado para $ 110.
>
> *Distribuição em ações* – Ao se verificar, por outro lado, aumento na quantidade física de ações cobertas pela opção por meio de bonificações e outras formas de distribuição de papéis, o preço do ativo no exercício é diminuído na mesma proporção. Caso a opção seja exercida, o preço pago no exercício é ajustado ao aumento da quantidade de ações de forma proporcional, sendo mantido o montante a ser pago. As ações no exercício do direito da opção são entregues na forma *ex*, sendo o total igual ao lote padrão da opção mais a quantidade de ações definidas em sua distribuição por bonificação.
>
> *Subscrição de ações* – Quando ocorrer subscrição de novas ações durante a vigência da opção, o valor do direito calculado pela Bolsa é deduzido do preço de exercício, sendo as ações entregues na forma *ex*.

18.1.4 Garantias das opções

Os compradores de opções perdem o prêmio pago ao não desejarem exercer seu direito. Para esses participantes do mercado, não são exigidas garantias de suas operações.

De outro modo, os vendedores de opções, sendo obrigados a exercer o direito negociado, podem incorrer em elevados prejuízos, sendo, portanto, necessário o oferecimento de garantias de cumprimento do contrato.

Essas garantias são reforçadas ou, mesmo, devolvidas diariamente, com base na evolução apresentada pelos preços das opções, segundo critérios definidos pelas próprias bolsas de valores. Uma formulação adotada para o cálculo das garantias é duas vezes a cotação média do prêmio da opção fixado pelo mercado menos o prêmio pago ao vendedor da opção.

O objetivo da garantia é permitir que, em caso de inadimplência, possa ser efetuada a liquidação integral do contrato de opção.

O vendedor da opção pode ser dispensado da garantia na hipótese de depositar integralmente os ativos-objetos do contrato em custódia nas Bolsas de Valores. Esse depósito é denominado de *cobertura*, sendo o vendedor da opção conhecido por *vendedor coberto*.

18.1.5 Codificação das ações na Bolsa de Valores (B3)

A B3 codificou as séries de opções por meio de código contendo símbolo, letra e número. O *símbolo* representa o ativo objeto; por exemplo: PETR é Petrobras, VALE é Cia. Vale, e assim por diante. A *letra* indica se a opção é de compra ou de venda, e seu respectivo mês de vencimento,

---

[1] HULL, John. *Introdução aos mercados futuros e de opções*. 2. ed. São Paulo: Bolsa de Mercadorias & Futuros/Cultura Editores Associados, 1996. p. 12.

conforme demonstrado na tabela de denominações abaixo. *Por exemplo*, a codificação VALE F22 indica que se trata de uma opção de compra da Cia. Vale com vencimento para junho, e assim por diante. O *número* expressa o preço de exercício da opção.

As séries de opções autorizadas e seus respectivos preços de exercício são divulgados diariamente pela Bolsa. O quadro abaixo é adotado pela Bolsa para identificar o tipo da opção (compra ou venda) e o mês de vencimento. Toda essa identificação se dá pela letra que acompanha o código da opção.

Denominações das Opções na B3		
Opção de Compra	Opção de Venda	Vencimento
A	M	Janeiro
B	N	Fevereiro
C	O	Março
D	P	Abril
E	Q	Maio
F	R	Junho
G	S	Julho
H	T	Agosto
I	U	Setembro
J	V	Outubro
K	W	Novembro
L	X	Dezembro

18.2 Opção de compra (*call*) e de venda (*put*)

O titular de uma *opção de compra* (*call*) adquire, efetivamente, o direito de comprar de um vendedor da opção certa quantidade de ativos, até uma data determinada (opção americana), a um preço previamente estabelecido.

O investidor de uma opção de compra acredita em sua valorização, ao contrário do vendedor, que aposta que o preço cairá.

Ilustrativamente, admita que um investidor tenha boas perspectivas com relação ao comportamento futuro de determinada ação, decidindo por isso adquirir uma opção de compra por $ 8,20/ação, e pagando um prêmio de $ 1,10/ação. A opção de compra, definida pelas bolsas de valores em lote-padrão, é constituída por 100.000 ações.

Assim, ao adquirir a opção de compra de 100.000 ações a $ 8,20/ação, o investidor deve pagar ao vendedor a quantia de $ 110.000 (100.000 ações × $ 1,10) a título de prêmio da operação. Seu ganho irá depender do comportamento dos preços de mercado.

Ocorrendo uma valorização da ação-objeto do contrato de opção no futuro, o comprador poderá exercer seu direito de realizar ganhos. Admitindo que a cotação da ação chegue a $ 9,80 no mercado, o resultado auferido pelo investidor nessa situação atinge $ 50.000, ou seja:

Preço de venda:

100.000 ações × $ 9,80 = $ 980.000

(–) Preço de exercício:

100.000 ações × $ 8,20 = $ 820.000

(–) Prêmio pago:

100.000 ações × $ 1,10 = $ 110.000

Ganho: $ 50.000 ($ 0,50/ação)

Uma outra garantia de realização de lucro pelo investidor, ao não desejar adquirir as ações, é vender a opção de compra e receber um prêmio valorizado que poderia estar cotado por algo em torno de $ 1,60/ação. Com isso, realizaria o mesmo ganho de $ 0,50/ação.

De outro modo, se na data de vencimento da opção o preço de mercado da ação registrar uma desvalorização, caindo, por exemplo, para $ 7,50/ação, o investidor não exercerá seu direito de compra, perdendo somente o prêmio pago de $ 1,10/ação.

Uma *opção de venda (put)*, de outra maneira, atribui a seu titular o direito, se lhe for conveniente, de vender certa quantidade de ativo-referência do contrato ao vendedor da opção, por um preço previamente acordado. Observe que a opção de venda, ao contrário da opção de compra descrita anteriormente, envolve a negociação de um direito de vender.

O investidor da opção de venda espera que o ativo-referência do contrato caia a um preço inferior ao de referência, realizando maiores lucros quanto maior for a desvalorização. De outra forma, a perda máxima do titular da opção é o prêmio pago em sua aquisição.

Por exemplo, suponha que uma determinada ação esteja cotada no mercado à vista por $ 4,00. Um investidor avalia que essa ação irá se desvalorizar a médio prazo. Estando em negociação no mercado uma opção de venda dessa ação a $ 4,00/ação, com um prêmio de $ 0,40/ação, o investidor projeta boas perspectivas de realizar lucros adquirindo essa opção.

Se após certo tempo o preço da ação tiver caído para $ 3,30, por exemplo, o investidor irá auferir um retorno de $ 0,30/ação, ou seja:

Preço de exercício		$ 4,00
Custo:		
Preço da ação	$ 3,30	
Prêmio	$ 0,40	$ 3,70
	Ganho:	$ 0,30

O que equivale a uma rentabilidade de 8,1% na operação [($ 0,30/$ 3,70) × 100].

Maior queda no preço de mercado da ação proporciona ganhos mais elevados ao investidor.

> **Opção de Compra**
>
> *Comprador ou Titular* – Assume o direito de adquirir o ativo objeto pelo preço de exercício durante a vigência da opção ou na data de vencimento.
>
> *Vendedor ou Lançador* – Tem a obrigação de vender o ativo objeto, caso a opção seja exercida pelo comprador, pelo preço de exercício durante o prazo da opção ou na data de vencimento.
>
> **Opção de Venda**
>
> *Comprador ou Titular* – Assume o direito de vender o ativo objeto pelo preço de exercício, durante o prazo da opção ou na data de vencimento.
>
> *Vendedor ou Lançador* – Tem a obrigação de comprar o ativo objeto, caso o direito seja exercido pelo comprador, pelo preço de exercício durante o prazo da opção ou na data de vencimento.

18.3 Fatores que afetam os prêmios das opções

Como foi estudado, o prêmio constitui o valor (geralmente em dinheiro) pago pelo comprador da opção ao vendedor (ou lançador). O pagamento do prêmio não obriga nenhuma devolução: o lançador recebe o valor combinado do prêmio independentemente de a opção ter sido ou não exercida.

A definição do valor do prêmio é feita pelo mercado como consequência do mecanismo de oferta e procura de opções. O cálculo dos prêmios de opções é influenciado por diversos fatores, elevando-se geralmente o preço de mercado do ativo-referência do contrato de opção, o intervalo de tempo previsto até o momento do vencimento da opção e a volatilidade demonstrada pelo ativo-objeto do contrato.

Em princípio, quanto mais elevado for o preço atual de mercado do ativo-objeto, mais alto também se apresenta o prêmio da opção. *Por exemplo*, se uma opção envolve a aquisição de determinada ação por $ 4,50, o valor do prêmio será tanto maior quanto mais alto for o preço atual de mercado em relação ao preço de exercício. Se o preço atual da ação for de $ 6,00, o prêmio é mais alto se tivesse avaliada a $ 5,50, e assim por diante.

Um outro fator que influi sobre o prêmio é o tempo que resta até o vencimento do contrato de opção. O prêmio é mais alto quanto maior se apresentar esse intervalo de tempo. O maior prazo determina um maior valor à opção; à medida que esse prazo for passando, seu valor de negociação vai reduzindo-se.

De outro modo, opções com fortes oscilações (volatilidade) de preço do ativo-objeto costumam apresentar prêmios maiores. Se um ativo apresentar muita flutuação em seus preços, a opção exigirá um prêmio maior que aquela lastreada em ativos com comportamento mais estável, cujos preços sofrem pouca oscilação.

Os prêmios recebidos pelo vendedor da opção podem representar uma proteção contra eventual desvalorização do ativo-objeto. *Por exemplo*, suponha um investidor que possua ações de uma empresa, cujos preços atuais de mercado atinjam $ 3,00/ação. Com receio de que o preço de suas ações possa sofrer uma desvalorização, o investidor avalia o lançamento de uma opção de compra por $ 3,00/ação, mais prêmio de $ 0,20/ação. Com essa estratégia, é efetuada uma proteção parcial contra a baixa prevista pelo investidor no preço da ação absorvendo uma desvalorização no preço de mercado até o nível de $ 2,80/ação durante a vigência do contrato de opção.

Evidentemente, se a previsão do investidor não se confirmar e, inversamente, apresentar uma significativa desvalorização, o resultado do investidor ficará restrito ao preço de exercício mais o prêmio recebido, ou seja: $ 3,00 + $ 0,20 = $ 3,20/ação.

18.4 Exemplos ilustrativos

- **Opção de compra**

O investidor de uma opção de compra procura auferir um ganho com eventual alta no preço do ativo-objeto. Seu risco é limitado à perda do prêmio pago caso não seja de seu interesse exercer o direito da opção.

Suponha que em certa data uma ação esteja cotada no mercado a $ 2,50/ação. A opção de compra dessa ação pode ser adquirida por um prêmio de $ 0,25/ação, e a unidade de negociação de mercado (lote-padrão) é definida em 50.000 ações.

a. Se a ação atingisse $ 3,00 no mês seguinte, e o prêmio da opção subisse para $ 0,40/ação, avaliar os resultados do investidor.

Solução:

O investidor poderia realizar um ganho, antes dos custos de transação, vendendo o lote de 50.000 ações por $ 150.000 (50.000 ações × $ 3,00), cujo preço de custo ficou em $ 125.000 (50.000 ações × $ 2,50).

Como o fluxo de caixa da opção é identificado nos prêmios pagos e recebidos, a venda do lote de ações envolve os seguintes resultados:

Venda:	50.000 ações × $ 0,40	= $	20.000
Custo:	50.000 ações × $ 0,25	= $	12.500
	Ganho:	$	7.500

Em verdade, o investidor aplicou no negócio somente $ 12.500, que representa o prêmio pago ao lançador (vendedor), alavancando um ganho bastante expressivo de $ 7.500. Com isso, o investidor apura uma rentabilidade de 60% ($ 7.500/ $ 12.500) em seu investimento em opções.

b. O que aconteceria se o investidor tivesse adquirido as 50.000 ações no mercado ao preço de $ 2,50/ação, em vez da opção de compra, e vendido esses títulos posteriormente ao preço valorizado de $ 3,00/ação?

Solução:

A rentabilidade do investidor seria menor em razão do maior capital investido na operação, ou seja:

Venda:	50.000 ações × $ 3,00	= $	150.000
Custo:	50.000 ações × $ 2,50	= $	125.000
	Ganho:	$	25.000
Rentabilidade: $ 25.000/$ 125.000 = 20%			

c. Qual seria o resultado do investidor da ação-objeto da opção de compra se o seu preço tivesse reduzido para $ 2,20/ação?

Solução:

O investidor, nessa situação de queda de preço, teria sua perda limitada ao prêmio pago de $ 12.500. O investidor não exerceria seu direito de compra, e a opção perderia todo seu valor.

▪ **Opção de venda**

De forma contrária à opção de compra, o investidor de uma opção de venda adquire, em verdade, o direito de vender um ativo a um preço previamente estabelecido.

A opção de venda pode ser comprada com o intuito de se proteger contra uma eventual redução no preço de um ativo no mercado à vista. O investidor tem a expectativa, também, de que o prêmio da opção de venda se valorize diante de uma queda no preço do ativo-objeto.

Para ilustrar uma operação envolvendo uma opção de venda, admita uma ação cotada no mercado atual a $ 7,00.

O mercado vem negociando a opção de venda por $ 7,00/ação, com um prêmio de $ 0,70/ação. O lote-padrão definido pela bolsa de valores é de 100.000 ações.

a. Avaliar o resultado do investidor na situação de o preço deste título cair para $ 6,00/ação.

Solução:

Com a redução do preço da ação no mercado à vista, o prêmio pela opção de venda torna-se mais valorizado. Se atingir, por exemplo, $ 1,20/ação, o lucro do investidor, antes dos custos de transação, chega a $ 50.000, ou seja:

Valor de venda do prêmio:		
100.000 ações × $ 1,20 =	$	120.000
(–) Valor de compra (custo) do prêmio:		
100.000 ações × $ 0,70 =	$	70.000
Ganho:	$	50.000

A alavancagem do investidor nessa operação é bastante alta, apurando um lucro de $ 50.000 sobre uma aplicação de $ 70.000, o que equivale a uma rentabilidade de 71,4%.

b. Avaliar a situação do investidor se tivesse preferido exercer sua opção de venda. Ou seja, optasse por entregar a ação pelo preço de exercício de $ 7,00/ação.

Solução:

Nesse caso, o investidor receberia $ 7,00/ação menos $ 0,70/ação de prêmio pago, acumulando uma receita líquida de $ 6,30/ação. Como o preço de mercado caiu para $ 6,00/ação, a opção de venda tornou-se um seguro do investidor contra a desvalorização do preço do ativo.

18.5 Fechamento de posição

O fechamento de posição no mercado de opções é geralmente realizado quando algum de seus participantes tenha interesse em realizar lucros, formado por uma variação favorável do preço do ativo objeto no mercado à vista. Uma opção de venda tem seu prêmio valorizado para o investidor (Titular da opção) caso o preço do ativo objeto no mercado à vista sofra uma desvalorização. Se o preço à vista subir o lançador de uma opção de compra apura um ganho. São demonstrados por meio de dois exemplos ilustrativos[2] a realização de lucros pelo Investidor (Titular) e Lançador da opção.

---

[2] Os exemplos ilustrativos descritos foram baseados em casos similares desenvolvidos pela BM&FBovespa e publicados no caderno "Como Atuar no Mercado de Opções", disponíveis em: www.bmfbovespa.com.br

Titular da Opção – Admite um investidor que tenha adquirido uma opção de venda sobre 200.000 ações da Cia. AA com preço de exercício de $ 10,00/ação. O prêmio pago foi de $ 1,10/ação, totalizando a $ 220.000,00. A opção negociada tem um prazo de três meses.

Dois meses após a aquisição da opção de venda, o preço da ação objeto caiu no mercado à vista, refletindo num aumento do prêmio para $ 1,25. O titular da opção de venda pode negociar (vender) seus papéis por um preço acima do praticado no mercado à vista, originando uma valorização no prêmio da opção.

Se desejar, o titular da opção pode realizar seu ganho encerrando sua posição por meio de uma ordem inversa, tomando as seguintes decisões: vende opções da mesma série, encerra sua posição e aufere um ganho determinado pelo diferencial de prêmios. Resultado financeiro do titular:

Prêmio recebido na venda da opção:

| 200.000 ações × $ 1,25 | = $ 250.000,00 |

(–) Prêmio pago na compra da opção:

| 200.000 ações × $ 1,10 | = $ 220.000,00 |
| **Ganho** | **$ 30.000,00** |

Lançador da Opção – Admite que um investidor realize a venda de opções de compra de 300.000 ações da Cia. BB com vencimento para um trimestre. O preço de exercício é de $ 15,00 e o prêmio pago de $ 1,50/ação, totalizando a: 300.000 ações x $ 1,50 = $ 450.000.

Caso esteja prevendo que o preço da ação objeto irá subir no mercado à vista acima de seu preço de exercício, o lançador pode realizar um ganho fechando sua posição lançadora. De posse das ações disponíveis pelo fechamento de posição, o aplicador poderia avaliar um novo lançamento de contrato de opção ou vender seus papéis no mercado à vista.

Em caso de o aplicador não possuir as ações referentes à opção, a B3 irá exigir dele que recomponha o capital mínimo de margem. Caso não se interesse em continuar atendendo a essas chamadas de manutenção do nível de margem, pode também adquirir as ações para entregar em caso provável de exercício do direito de compra. Uma alternativa possível seria encerrar sua posição de lançador comprando opções de mesma série das lançadas. Ao encerrar suas obrigações como lançador, incorre em prejuízo calculado diferença de prêmios. Admitindo que o prêmio da opção suba de $ 1,50 para $ 1,70 por ação, o lançador apura um prejuízo de:

Perda = (300.000 ações × $ 1,50) + (300.000 ações × $ 1,70) = ($ 60.000)

Se o preço da ação cair no mercado à vista para um preço abaixo do preço de exercício, o lançador (vendedor) da opção de compra incorre em prejuízo, pois deve adquirir, no exercício da opção, as ações objetos do contrato por um preço de exercício maior que o cotado no mercado à vista. Na queda do preço à vista da ação, o prêmio da opção de compra também cai. Caso acredite que a queda dos preços no mercado à vista irá persistir, pode encerrar sua posição lançadora comprando ações da mesma série lançada. Admitindo que o valor do prêmio se reduza de $ 1,50 para $ 1,30, o lançador apura o seguinte ganho:

Prêmio Recebido:

| 300.000 ações × $ 1,50 | = $ 450.000,00 |

Prêmio Pago:

| 300.000 ações × $ 1,30 | = $ 390.000,00 |
| **Ganho:** | **$ 60.000,00** |

Alavancagem

Uma *alavancagem* é verificada quando um investidor realiza uma operação assumindo uma posição relevante, porém com baixo nível de capital investido. *Por exemplo*, suponha que um investidor apostou na subida de preço de determinado ativo no mercado à vista e decida financiar uma posição elevada de compra adquirindo opções de compra do mesmo ativo.

Caso a previsão do investidor se realize, ele apura um ganho alto medido pela valorização do ativo adquirido e o prêmio da opção de compra.

Uma posição alavancada traz risco maior ao aplicador. Caso a projeção de alta dos preços não se realize, ao contrário, se os preços caírem, o aplicador arcará com prejuízo pela desvalorização do ativo adquirido e também pela opção de compra, na qual deverá pagar um preço de exercício mais alto que o praticado no mercado à vista, caso a opção seja exercida (o que é bastante provável).

18.6 Mercado a termo

O mercado a termo, da mesma forma que o mercado futuro, envolve um acordo de compra e venda de certo ativo para ser entregue numa data futura e liquidação em prazo determinado, a um preço previamente estabelecido. A característica também presente no contrato a termo é que ele *obriga* uma parte a comprar – e a outra a vender – o ativo-objeto da negociação.

Existem, no entanto, algumas diferenças básicas entre o contrato a termo e futuro. O contrato a termo não deve obrigatoriamente seguir padrões impostos pelas bolsas de valores, já que se constitui em contrato particular firmado entre duas partes. O contrato a termo reflete um acordo particular estabelecido entre dois investidores, não sendo geralmente negociado em bolsas de valores.

O prazo de vigência não é padronizado como os futuros, sendo estabelecido de comum acordo entre as partes.

Ao contrário também do contrato futuro, em que os valores são ajustados diariamente, as operações a termo não sofrem ajustes periódicos a valores de mercado, considerando que a entrega final do ativo-objeto (liquidação do contrato) se dará numa única data futura acordada. É bastante raro uma liquidação antecipada de contrato a termo. Os contratos futuros encerram-se geralmente antes do vencimento, necessitando, em consequência, de ajustes diários a valores de mercado.

O preço a termo de uma ação é obtido pela sua cotação no mercado à vista acrescida de uma parcela de juros. Os juros são fixados livremente pelo mercado e determinados pelo prazo de vigência do contrato a termo.

Para *ilustrar* uma operação a termo, suponha que um investidor tenha adquirido na BM&F 100 lingotes de ouro. Cada lingote tem 250 gramas de ouro. O vencimento do contrato ocorre em 20 dias, e o preço estabelecido no contrato a termo foi de $ 20,00/grama.

O valor bruto do contrato atinge a $ 500.000,00, ou seja:

$$100 \text{ lingotes} \times 250 \text{ gramas} \times \$ 20,00 = \$ 500.000,00$$

O comprador a termo assume a obrigação de pagar no vencimento esta quantia ao vendedor. O vendedor, por seu lado, assume o compromisso de entregar os 100 lingotes de ouro do tipo negociado na data de vencimento do contrato a termo, independentemente do valor que o ouro venha a atingir no mercado.

Se na data de vencimento o ouro estiver cotado abaixo de $ 20,00/grama no mercado à vista, o comprador apura prejuízo por ter assumido a obrigação de pagar uma quantia superior ao vendedor. Caso a cotação do metal atinja um valor maior que $ 20,00/grama, o prejuízo é do vendedor, já que terá a obrigação de entregar o ativo objeto do contrato a termo recebendo um preço inferior ao praticado no mercado à vista.

É importante ressaltar, uma vez mais, que no contrato a termo o comprador é obrigado a pagar o preço previamente acordado, e o vendedor é obrigado a entregar o ativo objeto conforme combinado.

18.6.1 Mercado a termo na B3

As operações a termo na Bolsa de Valores (B3) seguem as mesmas exigências de uma operação à vista, demandando a presença de intermediação de uma Sociedade Corretora.

A Bolsa disponibiliza informações em seus terminais de todos os negócios a termo realizados em seus pregões. Todas as ações listadas na bolsa podem ser objeto de um contrato a termo.

As transações a termo também exigem depósitos de garantia dos investidores, conforme estabelecido pela CBLC. A CBLC responsabiliza-se pela garantia, fiscalização e controle das operações a termo na Bovespa. A garantia pode apresentar-se de duas formas: *cobertura* ou *margem*.

Garantia de Cobertura: quando o vendedor a termo possuir as ações objetos do contrato pode depositá-las na CBLC, na forma de garantia de sua obrigação futura de entrega dos papéis ao comprador. Este depósito é uma garantia total, dispensando o investidor de qualquer outra exigência adicional.

Garantia de Margem: em geral é solicitada ao investidor o depósito de uma margem de garantia igual a diferença entre o preço a termo e o preço à vista da ação, segundo critério de cálculo da CBLC.

Garantia de Margem Adicional: toda vez que se verificar uma queda na cotação da ação depositada em garantia ou da ação-objeto da negociação, a CBLC exige um reforço de garantia, ou seja, uma garantia adicional.

Todos os direitos e proventos distribuídos à ação-objeto na vigência do contrato a termo são de propriedade do comprador, e serão pagos na data de liquidação do contrato.

A aquisição de ações a termo pode ser justificada por diversas razões:

Proteção de Preços: diante da expectativa de uma possível valorização dos preços das ações, um investidor pode beneficiar-se desta alta adquirindo a termo a um preço preestabelecido. Mesmo que não disponha de recursos suficientes para a aplicação, pode prever entrada de fundos ao longo do prazo da operação a termo.

Diversificação de Risco: um investidor pode promover a diversificação de seu portfólio, e consequente redução do risco, por meio da aquisição de novas ações em operações a termo, desembolsando somente a margem de garantia. Talvez pudesse não ter todos os recursos necessários ao operar no mercado à vista.

Geração de Caixa: uma forma de o investidor gerar caixa é vender suas ações no mercado à vista e adquiri-las de volta em operações a termo. Com isso não se desfaz de sua posição acionária e consegue levantar fundos para outras aplicações de curto prazo.

Alavancagem do Retorno: o mercado a termo permite que um investidor aplique em ações um montante de recursos superior ao que teria disponível se operasse somente à vista. Por meio dessa alavancagem consegue auferir um retorno mais elevado se centrasse suas operações unicamente no mercado à vista.

Por outro lado, as operações de venda a termo são justificadas por:

- *Financiamento*: o investidor pode adquirir ações no mercado à vista e vendê-las no mercado a termo, auferindo com isso uma receita de juros medida pela diferença entre os preços a termo e à vista.
- *Ganhos de Juros*: as vendas de ações no mercado à vista, desde que o investidor não tenha necessidade imediata dos recursos, pode ser realizada no mercado a termo, onde são embutidos no preço do papel os juros pelo período da operação.

18.7 Swaps

Os *swaps* são acordos estabelecidos entre duas partes visando a uma troca de fluxos de caixa futuros por um certo período de tempo, obedecendo a uma metodologia de cálculo previamente definida. Por exemplo, ao se permutar fluxos de caixa associados a moedas internacionais, um agente assume a obrigação da variação de certa moeda e recebe fluxos de caixa expressos em outra moeda.

É interessante ressaltar que os agentes trocam indexadores das operações de captação ou aplicação de recursos, sem interferir sobre o principal. Uma operação de *swap* é realizada entre duas partes, sendo geralmente montada por uma instituição financeira. O acordo é registrado na B3.

A Bolsa de Valores (B3) não se responsabiliza pela inadimplência das partes envolvidas, sendo a operação realizada sem garantia.

Ilustrativamente, admita que certa empresa *PRÉ* levanta um empréstimo de $ 15 milhões por cinco anos, à taxa prefixada de 12% ao ano. As condições da operação envolvem pagamentos semestrais de juros de 6%, e resgate do principal ao final do período.

Prevendo que os juros irão cair no futuro, a posição assumida de taxa prefixada dessa empresa não permite que usufrua dessa economia esperada de custo. Para tanto, a empresa *PRÉ* está avaliando a possibilidade de realizar um contrato de *swap* com outra empresa, tendo por objetivo referenciar sua obrigação financeira em taxas pós-fixadas (flutuantes).

A empresa *PRÉ* identifica no mercado uma outra empresa (*PÓS*) que trabalha com uma projeção diferente com relação ao comportamento esperado das taxas de juros. Para a empresa *PÓS*, os juros irão subir e, como forma de se proteger desse dispêndio adicional, gostaria de ter seu endividamento em taxas flutuantes permutado por juros prefixados.

A empresa *PÓS* tem um empréstimo do mesmo valor e duração, porém pagando taxas flutuantes de juros, definidos por *Libor* + 2,4% ao ano. Os juros são também pagos ao final de cada semestre, e o principal ao final dos cinco anos.

Nessas condições, as empresas poderiam permutar entre si seus fluxos de caixa, assumindo uma a obrigação da outra. Assim, a empresa *PRÉ* deveria pagar *Libor* + 2,4% ao ano para a empresa *PÓS*, e esta, por sua vez, pagaria a taxa fixa de 12% ao ano à empresa *PRÉ*, sendo todos os percentuais calculados sobre o mesmo montante referencial de $ 15 milhões.

Em verdade, dos fluxos de pagamentos/recebimentos que as empresas fariam seria apurado seu valor líquido, medido pela diferença entre a taxa prefixada de 12% a.a. e a taxa flutuante de Libor + 2,4% a.a. O principal da operação de empréstimo de $ 15 milhões não entraria na permuta, devendo as empresas pagar ou receber somente o saldo líquido dos encargos financeiros.

18.7.1 Swaps com taxas de juros

Admita que uma empresa tenha investido $ 3 milhões em CDB de determinado banco por 90 dias à taxa de 1,8% a.m. Após 30 dias da aplicação, avalia um movimento de alta nas taxas do CDI-over, estimada pela empresa na taxa efetiva de 2,4% a.m. para o bimestre restante do investimento.

Com base nessas suas projeções, a empresa procura o banco para realizar um *swap*, propondo a troca dos fluxos de caixa provenientes da aplicação em CDB pelos fluxos de rendimentos da taxa do CDI para os próximos 60 dias.

O contrato do *swap* firmado prevê que a empresa aplicadora em CDB apura o montante de seu investimento ao final de 30 dias, considerado como o valor referencial da operação, e transfere seus rendimentos previstos no bimestre para o banco. Em contrapartida, deverá receber juros da taxa CDI calculados sobre o mesmo valor de referência.

Em essência, têm-se os seguintes resultados da operação de *swap*:

- **Montante ao final do 1º mês**

$FV = \$\ 3.000.000,00 \times 1,018 = \$\ 3.054.000,00$

Pelo contrato de *swap* firmado entre as partes, este é o valor referencial da operação. Ou seja, sobre este montante são calculados os fluxos de rendimentos a serem pagos e recebidos pelas partes.

Resultado do *swap*

Ao confirmarem-se as expectativas com relação às taxas de juros, a empresa aplicadora apura um retorno maior do que teria se mantivesse seus recursos em CDB. Este ganho é medido pelo diferencial encontrado entre a taxa CDI-*over* e a taxa CDB, aplicado sobre o valor referencial da operação, ou seja:

Diferencial: $(1,024/1,018) - 1 = 0,589\%$
Ganho: $\$\ 3.000.000,00 \times 0,589\% =$
$\$\ 17.670,00$

Caso os juros do CDI-*over* não subissem acima dos do CDB, a empresa aplicadora apuraria um prejuízo na operação de *swap*, obtendo um retorno inferior ao que obteria se tivesse mantido sua aplicação em CDB.

18.7.2 Caso prático de *Swap*

Admita que uma empresa possua uma dívida de $\$\ 6$ milhões indexada no DI, com vencimento para 81 dias. As aplicações (recebíveis) da empresa são remuneradas à taxa prefixada de 14% a.a. Este descasamento (*Ativo*: taxa prefixada e *Passivo*: taxa variável) eleva o risco de perda da empresa diante de uma variação das taxas de juros.

A taxa do *Swap* × CDI Pré de mercado está fixada em 16,5% a.a.o (ao ano *over*). Para uma taxa acumulada do CDI de 18% a.a.o (ao ano *over*) no período, tem-se o seguinte resultado da operação:

Valor Final da Dívida
CDI – $\$\ 6$ milhões $\times (1,18)^{81/252}$ = $\$\ 6.327.850,10$
Valor do *Swap*
Pré – $\$\ 6$ milhões $\times (1,165)^{81/252}$ = $\underline{\$\ 6.301.882,45}$
Resultado do Swap $\$\quad 25.967,65$

A empresa ganhou $\$\ 25.967,65$ na operação de *Swap*. O CDI, base de reajuste da dívida, foi fixado em 18% a.a.o, taxa maior que a contratada na operação de *Swap* CDI × Pré de 16,5% a.a.o.

O resgate das aplicações (recebíveis) da empresa atingiu o montante de:

Resgate dos recebíveis:
$\$\ 6$ milhões $\times (1,14)^{81/252} = \$\ 6.258.094,19$

Logo, o total de recursos recebidos pela empresa (resgate dos recebíveis mais o resultado do *swap*) é de $\$\ 6.284.061,81$ ($\$\ 6.258.094,19 + \$\ 25.967,65$).

Como a dívida a ser paga pela empresa atinge $\$\ 6.327.850,10$, ela precisa de $\$\ 43.788,28$ ($\$\ 6.327.850,10 - \$\ 6.284.061,81$) de recursos para completar o pagamento da dívida aos credores no vencimento. Este valor é o que se denomina custo da operação.

Admita, a seguir, que a taxa acumulada do CDI tenha sido de 15% a.a.o, e não de 18% a.a.o como considerado:

Valor final da dívida
CDI – $\$\ 6$ milhões $\times (1,15)^{81/252}$ = $\$\ 6.275.686,93$
Valor do *Swap*
PRÉ – $\$\ 6$ milhões $\times (1,165)^{81/252}$ = $\underline{\$\ 6.301.882,45}$
Resultado do Swap ($\$\ 26.195,52$)

Resgate dos Recebíveis:
$\$\ 6$ milhões $\times (1,14)^{81/252}$ = $\$\ 6.258.094,19$
Resultado do *Swap* = $\underline{(\$\ 26.195,52)}$
Resgate + Swap $\$\ 6.231.898,67$
Valor Final da Dívida = $\underline{(\$\ 6.275.686,93)}$
Custo da proteção ($\$\ 43.788,26$)

O caso prático desenvolvido, de forma simplificada, não considerou outros custos da operação, como corretagem e emolumentos.

18.7.3 *Credit Default Swaps* (CDS)

O *Credit Default Swaps* (CDS) é uma forma de derivativo de crédito que tem por objetivo proteger o concedente de crédito de inadimplência do devedor. É um tipo de contrato envolvendo uma instituição financeira (ou outro agente credor da operação de crédito), que procura proteção para seus créditos em carteira, e o vendedor dessa proteção (seguradora, *por exemplo*). Pelo CDS ocorre uma transferência do risco de inadimplência do credor para o agente segurador, que negocia os CDS.

Em resumo, pode-se descrever o CDS como uma alternativa de proteção de inadimplência. Por meio de um contrato firmado entre duas partes, uma parte adquire proteção para sua carteira de recebíveis da outra, que passa a assumir o risco de inadimplência. Assim, o risco financeiro de *default* é transferido do comprador ao vendedor do CDS.

O comprador do CDS, agente que procura proteção contra o risco, paga um preço (conhecido por *spread*) ao vendedor como remuneração da garantia recebida. Normalmente o *spread* é um percentual (definido em pontos-base) calculado sobre os créditos protegidos. *Por exemplo*, um *spread* de 120 pontos-base revela um pagamento de 1,2% sobre o valor dos créditos protegidos, pago pelo comprador ao vendedor do CDS. Assim, para uma carteira de crédito de $\$\ 70,0$ milhões, o prêmio pela proteção atinge:

Prêmio = $1,2\% \times \$\ 70,0$ milhões = $\$\ 840.000,00$

O valor dos CDS é definido pelo mercado com base no risco do crédito. Maior a percepção de risco de inadimplência, mais elevado é o prêmio de proteção da carteira.

O *Credit Default Risk* é negociado no mercado secundário (bolsas de valores) e mercado de balcão, sendo considerado um dos principais indicadores de risco de crédito, adotado principalmente em operações financeiras de investimentos e financiamentos internacionais.

18.7.4 *Swap* cambial e reverso

Toda vez que os agentes econômicos apresentarem alguma incerteza com relação a variação cambial – paridade da moeda nacional com o dólar (R$/US$) – eles procuram proteger suas posições descobertas realizando uma operação conhecida por *swap cambial*, ou seja, uma troca de moedas. *Por exemplo*, se uma empresa se apresentar devedora ou credora em moeda estrangeira (dólar), deve tomar diferentes decisões para cada cenário:

	Subida do Dólar ou Desvalorização do R$	Queda do Dólar ou Valorização do R$
Credor	Troca reais por dólares	Troca dólares por reais
Devedor	Troca dólares por reais	Troca reais por dólar

O *swap* cambial conforme praticado na B3 e utilizado pelo Banco Central é um contrato padrão que utiliza como taxa de juros a taxa DI de um dia e a variação da taxa R$/US$. A compra de um *swap* cambial prevê o recebimento da taxa de juros (taxa DI) e o compromisso de pagar a variação cambial; a venda do contrato indica uma posição de cobrança da variação cambial e o pagamento da taxa de juros.

O *swap* se processa sem envolver dinheiro fisicamente. A operação prevê a participação de duas partes: geralmente uma empresa e um banco. Uma parte investe na valorização da moeda nacional, e outra projeta um comportamento contrário, na perda de valor do real perante a moeda estrangeira. Em verdade, uma parte assume o compromisso de pagar ao outro a variação cambial de determinado período, recebendo em troca uma taxa de juros.

Em data acordada pelas partes, se o real se apresentar desvalorizado perante o dólar (moeda estrangeira), o investidor da operação que apostou na valorização do real deve pagar a diferença para o agente que escolheu a desvalorização.

Uma operação inversa é o denominado *swap cambial reverso*, no qual o vendedor dos contratos recebe a variação cambial verificada no período acrescida de uma taxa adicional (prêmio), conhecida por *cupom cambial*. O *swap* cambial padrão realizado pelo Banco Central é trocar uma taxa de juro por variação cambial. No reverso, há uma troca de variação cambial por taxa de juros: o Banco Central paga taxa de juros (posição passiva) e recebe a variação do câmbio (posição ativa).

Esta forma reversa de *swap* equivale à compra de dólar para pagamento futuro (mercado futuro). Quando há um excesso de dólar entrando na economia provocando uma valorização da moeda nacional, o Banco Central oferece contratos de *swap* cambial com o objetivo de elevar a demanda e valorizar o dólar. Ao contrário do padrão, o *swap* cambial reverso equivale a compra de moeda estrangeira no mercado futuro.

19 Investidores Institucionais e Fundos de Investimento

Toda pessoa jurídica que tem por obrigação legal investir parte de seu patrimônio no mercado financeiro é conhecida por *investidor institucional*. No Brasil, são considerados investidores institucionais os fundos de investimento, fundos de pensão, companhias seguradoras, sociedades de capitalização, clubes de investimentos, entidades de previdência privada abertas e fechadas, entre outros.

A carteira de investimentos formada por esses investidores é bastante significativa, constituindo-se nos mais importantes participantes do mercado financeiro. É formada principalmente pela captação de recursos junto a seus poupadores, e por rendimentos reaplicados. Em geral, esta carteira apresenta uma tendência de crescimento à medida que a economia se desenvolve. Dispõem de vultosos recursos para investimentos e destinam a maior parte para geração de rendimentos patrimoniais por meio de aplicações no mercado financeiro, e outra parte, mais reduzida, para a formação de certa reserva de risco.

Uma das importantes contribuições dessas associações é a ampliação da base de investidores no mercado financeiro, promovendo maior dinamismo e crescimento da economia diante de mais elevada oferta de recursos para investimentos.

Os investidores institucionais operam geralmente dentro de uma visão de retorno de longo prazo, selecionando as melhores alocações de seus recursos. Aceitam maior risco desde que compensado por retorno mais alto. Este comportamento dos investidores contribui para maior estabilidade do mercado e eficiência de suas operações.

> O denominado Fundo de Riqueza Soberana[1] (ou Fundo Soberano) é um fundo de risco criado pelos governos de países visando decidir e gerenciar os investimentos de parte de suas reservas monetárias. Estes fundos são uma espécie de poupança formada pelos governos em momentos de expansão da atividade econômica, visando ser utilizada em cenários de retração, quando ocorrer queda na arrecadação.

Os *Fundos de Investimento* são tipos de condomínios, representados por investidores (cotistas do Fundo), que aplicam seus recursos no mercado financeiro por meio de carteiras de títulos e valores mobiliários mantidas por esses Fundos, com o objetivo de apurarem um retorno.

Os Fundos possuem um regulamento próprio que rege seu funcionamento, e suas principais decisões são tomadas a partir de uma assembleia geral de cotistas. Um Fundo de Investimento é uma alternativa de aplicação de recursos cujo funcionamento depende de autorização prévia da Comissão de Valores Mobiliários (CVM).

Os *cotistas* são todos os investidores do Fundo. Esses investidores negociam *cotas* que representam parcelas (frações) do patrimônio líquido do Fundo. As cotas são geralmente resgatáveis a qualquer momento.

O *administrador* do Fundo de Investimento é geralmente uma instituição financeira que assume a responsabilidade por todos os serviços prestados e pelo seu funcionamento. Define os objetivos do Fundo e políticas de investimento, regras de funcionamento e regulamento.

O *gestor da carteira* é quem seleciona os ativos financeiros que irão compor a carteira do Fundo, obedecendo uma análise de risco e retorno e sua adequação aos objetivos estabelecidos para o Fundo. O gestor pode ser uma pessoa ou um grupo de pessoas especialistas em investimentos.

Custodiante é a instituição contratada para fazer a custódia (guarda) dos ativos do Fundo em nome dos investidores. Além da guarda, o Custodiante efetua também o exercício dos direitos dos ativos depositados.

Os Fundos são definidos como *Condomínios Abertos* quando o resgate das cotas pode ser solicitado pelos

---

[1] Conhecido em inglês por *Sovereign Wealth Funds* – SWF.

investidores em qualquer momento. Os Fundos classificados como *Fechados* permitem o resgate somente ao final do prazo de duração do Fundo.

O *Patrimônio* do Fundo é formado pelo capital aplicado pelos investidores, sendo dividido em *cotas*. O desempenho do Fundo, medido pela valorização ou desvalorização de seu patrimônio, é determinante do valor das cotas, bem como da taxa de retorno dos cotistas.

19.1 Fundos de investimento

Fundo de Investimento é descrito como um conjunto de recursos monetários, formado por depósitos de grande número de investidores (cotistas), que se destinam à aplicação coletiva em carteira de títulos e valores mobiliários. Constitui-se em uma importante alternativa de investimento para as pessoas interessadas em participar do mercado de capitais, oferecendo os benefícios da concentração dos recursos. Os Fundos, por se apresentarem como forma coletiva de aplicação de recursos, trazem vantagens sobretudo ao pequeno investidor com baixo volume individual de capital disponível para aplicação financeira.

Os Fundos de Investimento representam grupos de investidores (condomínios) e oferecem a comodidade de administrar seus recursos monetários de maneira profissional, sem necessidade de os participantes dominarem técnicas de análise mais sofisticadas e manter grande fluxo de informações relativas ao mercado de capitais. Ao operarem com alto volume de recursos provenientes de diversos investidores, os Fundos podem ainda obter, em conjunto, condições mais favoráveis de negociação do que se cada cotista fosse atuar isoladamente no mercado.

Os Fundos são regidos por um *Regulamento*, disponível a todos os participantes junto com o Prospecto no momento de seu ingresso, quando são estabelecidas todas as regras básicas de seu funcionamento e outras informações relevantes, como tipos de ativos que comporão sua carteira, limites máximos e mínimos de cada um dos ativos, estratégias de investimento selecionadas, risco etc.

As principais decisões que envolvem o patrimônio dos Fundos de Investimento são tomadas em *Assembleia Geral* de cotistas. A Assembleia delibera sobre política de investimento, prestação de contas do Administrador, alterações no regulamento do Fundo, contratação e substituição do Administrador, liquidação do Fundo, definição da taxa de administração etc. O funcionamento e o regulamento dos Fundos dependem de prévia aprovação da CVM, que supervisiona também todo o seu funcionamento.

A gestão do Fundo de Investimento é exercida por um *Administrador* eleito por seus cotistas. A responsabilidade do Administrador é ampla, cobrindo desde a gestão da carteira de títulos e valores mobiliários (desde que esta atividade não esteja terceirizada) até a execução das atividades operacionais e legais relacionadas com o Fundo e seus cotistas. O Administrador deve ainda manter um serviço permanente de atendimento aos cotistas do Fundo, esclarecendo suas dúvidas e transmitindo as informações solicitadas.

O *Gestor* da carteira de um Fundo de Investimento tem a responsabilidade de selecionar os ativos que irão compor a carteira em termos da melhor relação risco-retorno, adequar a estrutura da carteira e seu risco à política de investimento definida para o Fundo, decidir sobre compras e vendas de ativos no mercado representando os cotistas etc.

Tanto o Administrador como o Gestor da carteira de títulos e valores mobiliários devem estar credenciados na CVM para exercerem suas funções.

Os Fundos de Investimento cobram de seus participantes diversos encargos. A *taxa de administração* é cobrada pela instituição financeira a título de remuneração dos serviços prestados de administração do Fundo e de gestão da carteira. O percentual dessa taxa é fixado pela própria administradora do Fundo e previsto em seu regulamento, sendo cobrada sobre o valor total da aplicação de cada cotista, independentemente do resultado auferido.

A *taxa de performance* é cobrada com base no desempenho apresentado pela carteira do Fundo de Investimento em relação a um índice de mercado (índice de bolsa, por exemplo). *Por exemplo*, se a taxa de *performance* estabelecida for de 20% sobre o Ibovespa, significa que será cobrado este percentual sobre o rendimento que exceder ao índice Bovespa no período. Outras taxas previstas para serem cobradas são as taxas de *ingresso* e de *saída*, conforme definidas por cada Fundo.

Todo participante de um Fundo de Investimento detém determinada quantidade de cotas, que corresponde, cada cota, a uma fração ideal de seu patrimônio e é determinada pela relação existente entre o capital aplicado e o valor do patrimônio do Fundo.

O valor da carteira de títulos e valores mobiliários de um Fundo de Investimento varia diariamente, motivado pelas entradas e saídas de cotistas e comportamento dos valores de seus ativos no mercado. O valor de cada cota é divulgado a cada dia e obtido pela relação entre o valor do patrimônio líquido do Fundo e seu número de cotas.

Há essencialmente duas estratégias de investimento. A *Administração Ativa* de um Fundo de Investimento envolve a compra e venda de ativos com o intuito de apurar retorno acima de um índice fixado como referência para a gestão da carteira. A aposta de um fundo de administração ativa é que o seu desempenho, medido pela relação risco-retorno, irá superar o do mercado, oferecendo uma expectativa de maiores rendimentos aos investidores. A *Administração Passiva*, por seu lado, é uma estratégia de investimento em que o administrador do Fundo investe em ativos visando reproduzir a carteira do índice previamente definido. O retorno do Fundo nessa estratégia deve aproximar-se do retorno do indicador escolhido.

A diferença básica entre a administração ativa e a passiva de um Fundo de Investimento é que na administração ativa não há uma réplica da carteira do índice escolhido, sendo este retorno entendido apenas como referencial a ser atingido e, de preferência, superado pelo Fundo. As principais carteiras usadas no Brasil para referenciar uma administração passiva são o Ibovespa, IBX e o CDI.

Pela sua maior simplicidade na gestão (objetiva unicamente acompanhar alguma carteira) e menor risco envolvido, os fundos referenciados (passivos) costumam apresentar custos menores, como taxa de *performance* e custo administrativo.

A rentabilidade de um Fundo de Investimento depende da estratégia adotada. Os Fundos mais agressivos, resultados de uma administração ativa, produzem retornos maiores e também riscos mais elevados. Fundos conservadores seguem um padrão de referência, oferecendo retornos e riscos menores aos investidores.

Há uma relação direta entre risco e retorno nas aplicações em Fundos de Investimento. Quanto maior a possibilidade de retorno de um Fundo, maior também será o risco assumido pelo aplicador. Fundos que oferecem maior segurança a seus participantes costumam apresentar retorno mais reduzido. A decisão da relação risco-retorno mais apropriada é uma decisão do investidor, determinada por sua aversão ao risco.

Os principais tipos de risco presentes no Fundo de Investimento são o risco de *crédito*, o risco de *mercado*, o risco de *liquidez* e o risco *sistêmico*.

O risco de *crédito* está associado à possibilidade de um título integrante da carteira de investimento do Fundo não ser pago pela instituição emitente, ou liquidado com atraso. Nesse caso, a rentabilidade da carteira reduz-se pela perda de valor sofrida pelo título.

O risco de *mercado* vincula-se à possibilidade de variação no valor dos títulos da carteira de investimentos do Fundo, sendo determinada por variáveis de mercado como inflação, taxas de juros da economia, variação cambial etc.

O risco de *liquidez* reflete as dificuldades que podem ser encontradas para a venda de títulos da carteira de investimentos, explicadas por baixa liquidez de recursos no mercado ou falta de atratividade na compra dos títulos.

O risco *sistêmico* é determinado pelo comportamento da conjuntura, tanto nacional como internacional, que atua sobre as taxas de juros do mercado, câmbio e preços em geral.

> *Benchmark* é uma medida que referencia o desempenho de um fundo de investimento, ou seja, oferece um ponto de referência à *performance* almejada pelo fundo. Por exemplo, os fundos de renda variável costumam indicar como *benchmark* o índice de bolsa (Ibovespa); os fundos de renda fixa selecionam como referência a taxa DI; e assim por diante.

19.1.1 Vantagens e características dos fundos de investimento

Um Fundo de Investimento funciona como um condomínio, onde cada investidor é um cotista. Uma vantagem bastante destacada de um Fundo é a gestão profissional especializada que possui. Enquanto o investidor isoladamente não possui, muitas vezes, os conhecimentos técnicos necessários para tomar as melhores decisões de investimentos, ou mesmo disponibilidade de tempo para acompanhar o mercado, os administradores dos fundos são geralmente profissionais com qualificação técnica e experiência necessária para a sua gestão. Os cotistas transferem a administração do Fundo de Investimento para profissionais especializados, com domínio no uso de um instrumental de análise cada vez mais sofisticado e acesso às mais importantes fontes de informações.

Ao se formarem na forma de condomínio, os investidores podem ainda conseguir melhores oportunidades de investimentos no mercado, podendo obter melhores taxas de retorno ao aplicarem somas mais elevadas de recursos. Os ganhos do Fundo são distribuídos aos investidores de forma proporcional aos recursos aplicados.

O risco de um Fundo de Investimento é definido pelo seu objetivo a ser alcançado, o qual deve ser de conhecimento de todos os participantes. Todo Fundo deve estabelecer sua política de investimento, detalhando os ativos, mercados e limites dos investimentos e o risco a que estará exposto.

A aplicação em um Fundo de Investimento é um processo simples, bastando adquirir cotas de acordo com os recursos disponíveis. Conforme é discutido neste item, essas cotas sofrem variações em seus valores diariamente, seguindo os preços dos ativos que fazem parte da carteira de investimentos do Fundo e das entradas e saídas de cotistas. Para se conhecer o valor atual do capital investido, basta multiplicar a quantidade de cotas pelo seu valor (em R$).

Os Fundos de Investimento não são cobertos pelo Fundo Garantidor de Crédito, conforme estudado no Capítulo 5, em caso de insolvência da instituição financeira. O patrimônio do Fundo pertence aos próprios investidores que formaram um condomínio para aplicarem seus recursos no mercado. Os Fundos de Investimento concentram investidores com perfis bastante próximos em relação aos objetivos e estratégias financeiras e grau de aversão a risco.

Em resumo, podem-se propor as seguintes vantagens principais de um Fundo de Investimentos:

Acesso a Diferentes Mercados

Pelo alto volume de recursos para investimentos e gestão profissional, os Fundos de Investimento se habilitam a operar em qualquer tipo de mercado. Um investidor individual, com menor poder de negociação e especialização, pode ter limitações em atuar em alguns segmentos financeiros do mercado.

Liquidez

A maioria dos Fundos de Investimento permite que o cotista saque seus recursos a qualquer momento, obtendo por isso uma liquidez diária em suas aplicações.

Diversificação

Os Fundos conseguem promover a diversificação de suas carteiras, mesclando de maneira eficiente os ativos financeiros de modo a maximizar o seu retorno dado um certo nível de risco, ou minimizar o risco para um retorno esperado.

Custos Menores de Transação

Por manterem um volume bastante elevado de aplicações no mercado financeiro, os custos de negociação dos títulos são diluídos entre os investidores, oferecendo ganhos de escala.

19.1.2 Cotas de Fundos de Investimento

Um Fundo de Investimento é, na verdade, dividido em participações, conhecidas por *cotas*, que os investidores mantêm sobre o patrimônio da aplicação.

Cada cota representa uma fração do Fundo, e o seu patrimônio é formado pelo total das cotas. O valor de cada cota varia diariamente, calculado pela divisão do valor do patrimônio líquido do Fundo e o total de suas cotas.

Todo valor aplicado no Fundo de Investimentos corresponde a uma certa quantidade de cotas. *Por exemplo*, se um Fundo é formado por 10.000 cotas de $ 10,00 cada uma, seu patrimônio atinge $ 100.000,00. De maneira inversa, se o capital investido na constituição de um Fundo for de $ 100.000,00, e decidiu-se emitir 10.000 cotas representativas desse patrimônio, o valor de cada cota atinge $ 10,00. Se um investidor possui 2.500 cotas, ele tem direito a 25% do patrimônio do Fundo.

Este patrimônio formado pelos investidores é então convertido em ativos de renda fixa ou variável. *Por exemplo*, com o patrimônio de $ 100.000,00 o gestor do fundo pode decidir adquirir 50.000 ações de uma empresa pelo valor de $ 2,00 cada uma.

Se ao final de um mês os títulos que lastreiam o Fundo de Investimento se valorizarem, isso se refletirá também na cota, aumentando seu valor. Um novo investidor que deseje entrar no Fundo irá pagar o valor da cota valorizada.

Por exemplo, se o preço das ações subir para $ 2,40, há uma valorização de 20% no patrimônio do Fundo. Neste caso, a cota irá valer $ 12,00, tanto para saída como para entrada de novos investidores, ou seja:

Valor da Cota = [(50.000 ações × $ 2,40)/10.000 cotas]

Valor da Cota = $ 12,00/cota

O valor da cota de um Fundo de Investimento é calculado todos os dias, pela divisão entre o patrimônio atualizado a preços de mercado e a quantidade de cotas emitidas.

19.1.3 Tipos de fundos de investimento

Há dois grandes grupos de Fundos de Investimento: *renda fixa* e *renda variável*.

Os Fundos de *renda fixa* são constituídos por investimentos em ativos de renda fixa. De acordo com a Associação Nacional de Bancos de Investimento (Anbid), os Fundos de renda fixa podem ser referenciados, não referenciados e genéricos.

Os Fundos de Investimento de renda fixa *referenciados* são os que adotam uma administração passiva de sua carteira, procurando replicar o desempenho de um indicador de referência (*benchmark*), como CDI, Ibovespa, câmbio, Selic etc.

Os Fundos *não referenciados* não precisam reproduzir o desempenho de um índice específico, e podem ser constituídos por papéis de renda fixa prefixados e pós-fixados.

Os Fundos *genéricos* são mais agressivos que os referenciados e não referenciados, em razão de sua maior liberdade em selecionar os ativos para investimentos. Como exemplos, têm-se os Fundos de Derivativos, que aplicam em renda fixa (pré e pós-fixados) e também em mercados futuros, opções e *swaps*; *Fundos Multicarteira*, que investem em renda fixa, renda variável e derivativos; *Fundos Fiex*, que privilegiam títulos da dívida externa brasileira em sua carteira de investimentos, entre outros Fundos.

Os Fundos de Investimento de *renda variável* (Fundo de Ações) mesclam em sua carteira ações (no mínimo 5% de seu patrimônio) e outros ativos, inclusive derivativos. São mais agressivos, apresentando maior risco e rentabilidade esperada. Podem ser agrupados em três categorias: Fundos passivos, Fundos ativos e Fundos setoriais.

Os Fundos passivos de renda variável objetivam, conforme comentado na descrição da administração passiva de um Fundo, replicar retorno de uma carteira previamente selecionada, como o índice de bolsa.

Os Fundos ativos visam apurar um retorno maior ao de uma referência de mercado adotando, em consequência, uma estratégia de investimento agressiva.

Os Fundos setoriais privilegiam investimentos em ações de companhias de um setor específico, como bancos, siderúrgicas, energia elétrica, comunicações etc.

Os Fundos de Investimento em ações podem ser constituídos sob a forma de *condomínio aberto* e *condomínio fechado*. Os Fundos de renda variável no Brasil são tipicamente do tipo condomínio aberto porque permitem o resgate de suas cotas. Fundos de investimento tidos como de condomínio fechado não permitem o resgate das cotas a qualquer momento; o investimento é realizado por determinado prazo, sendo permitido resgatar o capital aplicado somente ao final desse prazo. A única maneira de recuperar o investimento antes do final do prazo é negociar, se possível, as cotas do Fundo em Bolsas de Valores. Esse tipo de Fundo de Investimento apresenta menor liquidez que o de condomínio aberto.

> **Classificação dos Fundos**
>
> Os fundos de investimento são classificados de acordo com a composição de suas carteiras, permitindo uma mais fácil identificação de sua política de investimentos e objetivos. Os fundos podem ser identificados de acordo com as seguintes classes:
>
> I – Fundo de Curto Prazo
>
> II – Fundo Referenciado
>
> III – Fundo de Renda Fixa
>
> IV – Fundo de Ações
>
> V – Fundo Cambial
>
> VI – Fundo de Dívida Externa
>
> VII – Fundo Multimercado
>
> Os *Fundos de Curto Prazo* apresentam um prazo médio da carteira inferior a 60 (sessenta) dias, sendo o prazo máximo dos títulos de 375 dias. Estes fundos são constituídos por títulos públicos federais e também títulos privados de risco reduzido, sendo por isso, considerados de baixo risco. As cotas desses são menos sensíveis às variações das taxas de juros de mercado, sendo indicados para investidores mais conservadores com objetivos de curto prazo.
>
> Os *Fundos Referenciados* seguem um determinado indicador de mercado. Devem destacar em sua denominação o indicador selecionado de desempenho. Por exemplo, o fundo referenciado DI procura acompanhar a variação diária nas taxas DI. Esses fundos podem também aplicar em derivativos com o objetivo de fazer proteção (*hedge*).
>
> Os *Fundos de Renda Fixa* possuem, no mínimo, 80% de sua carteira formada por ativos de renda fixa prefixados, que definem previamente a taxa de juro de rendimento, ou pós-fixados, que acompanham a variação de uma taxa de juro ou um índice de inflação.
>
> Os *Fundos de Ações* devem conter, na composição de suas carteiras, um percentual elevado de ações negociadas no mercado à vista da bolsa de valores ou em mercado de balcão organizado. Esses fundos acompanham a variação de preços das ações que formam suas carteiras. Muitos desses fundos têm como *benchmark* o índice de mercado de ações (procuram replicar o comportamento do Ibovespa).
>
> Os *Fundos Cambiais* devem possuir também um elevado percentual de sua carteira representado por ativos relacionados à variação de preços de uma moeda estrangeira ou cupom cambial. Por exemplo, um fundo Cambial Dólar procura seguir a variação do preço da moeda dos EUA.
>
> Os *Fundos de Dívida Externa* devem manter em suas carteiras elevada participação em títulos da dívida externa de responsabilidade da União. Nesses fundos é permitido ainda que uma pequena percentagem seja aplicada em outros títulos de dívidas negociados no mercado internacional. Esses fundos constituem-se em um modo de o investidor aplicar seus recursos em títulos de dívida externa do Governo brasileiro.
>
> Os *Fundos Multimercado* não possuem obrigação de concentração de sua carteira em nenhum ativo especial, definindo uma política de investimentos que incorporem diversas classes de ativos e fatores de risco. Este tipo de fundo realiza investimentos em diversos mercados ao mesmo tempo, permitindo uma diversificação das aplicações. Exemplos: mercados de ações, de títulos de renda fixa, de moedas estrangeiras etc. Os fundos multimercado recorrem também a instrumentos derivativos para proteger suas carteiras ou alavancar suas posições.

19.1.4 Avaliação das cotas dos Fundos de Investimento – marcação a mercado

A Anbid regulamentou que todos os Fundos de Investimento devem ter seus ativos e, em consequência, a valorização de suas cotas, calculados com base nos preços transacionados no mercado, ou seja, na marcação a mercado (MaM). O objetivo da MaM é o de melhor distribuir a riqueza entre os cotistas de um Fundo, evitando transferências de perdas e ganhos entre os participantes.

A MaM também é importante por mais bem expressar o desempenho das cotas, incorporando aos ativos de sua carteira as oscilações de mercado. Em outras palavras, pela MaM os ativos de todos os Fundos de Investimento devem refletir os preços de mercado que seriam efetivamente negociados.

Por exemplo, suponha que três indivíduos tenham decidido investir, cada um, $ 500.000,00 em ações, formando uma carteira com um patrimônio inicial de $ 1.500.000,00. Após algum tempo, um dos investidores resolve resgatar sua parte no investimento. No entanto, na data da saída do cotista a carteira está avaliada, a preços de mercado, em $ 1.300.000,00 em decorrência de uma queda dos preços das ações.

Os outros dois cotistas não estão dispostos a pagar a parte do investidor em saída calculada pelo patrimônio inicial de $ 1.500.000,00. O investimento perdeu valor, e propõem avaliar a cota do fundo com base na cotação atual de mercado das ações.

Desta forma, restam ao investidor retirante duas opções:

- Manter o capital investido na carteira de ações até uma possível valorização.
- Negociar sua parte pelo valor atual de mercado, realizando uma perda de capital.

Percebe-se que se não houver uma marcação dos ativos diariamente pelo seu preço de mercado, pode ocorrer, quando do resgate de cotas, um rateio desigual dos resultados dos investimentos entre os seus titulares. Um cotista que saca sua aplicação pelo seu valor original, quando o patrimônio do Fundo a preços de mercado sofreu uma desvalorização, irá deixar um prejuízo a ser dividido entre os demais investidores.

Ao contrário, se as cotas do Fundo forem valorizadas, novos investidores devem subscrever as cotas pagando um preço maior, e resgates devem também incorporar os ganhos dos investimentos.

> Marcação a Mercado (MaM) é um processo de estabelecer o "valor justo" a uma carteira de títulos, tendo como referência seus valores de realização de mercado. Em outras palavras, a MaM permite converter cada título que compõe uma carteira em seu valor de mercado, revelando o efetivo valor da carteira.

Marcação a Mercado e Títulos Públicos

A oferta inicial de títulos públicos federais é realizada por meio de leilões no mercado primário. Os rendimentos dos títulos são calculados de acordo com as ofertas apresentadas pelas instituições participantes do leilão, sendo os pagamentos garantidos pelo Governo, emissor dos títulos.

Após a colocação inicial no mercado primário, os títulos são negociados entre os investidores no mercado secundário. Neste ambiente, os preços são definidos pelos mecanismos de oferta e procura, podendo apresentar valores diferentes dos registrados no mercado primário.

Estas diferenças de preços podem ocorrer com os diferentes tipos de papéis. Uma preocupação dos fundos de investimento, por exemplo, quando os depositantes solicitam resgate de suas cotas, é que os títulos precisam ser vendidos no mercado secundário, onde as cotações são geralmente diferentes da carteira mantida pelo fundo. Com isso, podem ser registrados prejuízos.

Por outro lado, se o volume de resgate de um fundo de investimento for elevado, e a cotação do mercado dos títulos se apresentar baixa, desfavorável ao investidor, a decisão de negociar os papéis afeta negativamente a taxa de retorno do cotista que resgata sua participação e, também, daquele que continua com seu capital aplicado no fundo.

Ao se adotar o procedimento de MaM, a cotação dos títulos que compõem uma carteira de investimentos é estabelecida com base em seu valor de mercado. São estes valores que irão definir o valor da cota do investidor.

Este ajuste ao valor de mercado é diário, abrangendo tanto os títulos de renda fixa prefixados, como os pós-fixados.

19.1.5 Fundos de Investimento Estruturados

Os *Fundos Estruturados* são outra modalidade de investimentos coletivos. Esses fundos possuem regras específicas e são também regidos por instruções específicas da Comissão de Valores Mobiliários (CVM). Os principais Fundos Estruturados disponíveis no mercado financeiro são:

- Fundos de Investimentos em Direitos Creditórios (FIDC).
- Fundo de Investimento Imobiliário (FII).
- Fundo de Investimento em Participações (FIP).

19.1.5.1 *Fundo de Investimento em Participações (FIP)*

Estes fundos são formados por recursos destinados a investimentos em empresas em geral: empresas limitadas, companhias fechadas e companhias abertas. É uma modalidade de investimento em renda variável formado sob a forma de condomínio fechado. Condomínio fechado não permite que o acionista resgate suas cotas por iniciativa própria antes do encerramento do fundo; se o investidor desejar negociar suas cotas, deve vendê-las para terceiros. O fundo deve atuar na gestão da empresa investida principalmente por meio de participações em seu Conselho de Administração.

De acordo com a Bolsa de Valores, os FIPs são classificados de acordo com a composição de suas carteiras em:

a) FIP Capital Semente.

b) FIP Empresas Emergentes.

c) FIP Infraestrutura.

d) FIP Multiestratégia.

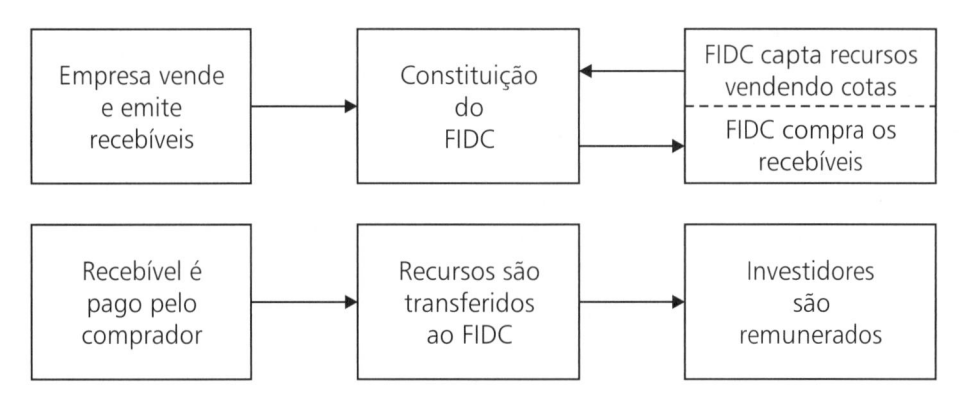

FIGURA 19.1 Esquema básico da estrutura do FIDC.

19.1.5.2 Fundos de Investimento em Direitos Creditórios (FIDC)

Os Fundos de Investimento em Direitos Creditórios (FIDC), também conhecidos por Fundos de Recebíveis, constituem-se em um fundo de recursos aplicados em diversos produtos financeiros lastreados nos resultados futuros de caixa de operações comerciais de vendas de bens e serviços. Estes fundos são formados, em outras palavras, por títulos ou direitos creditórios provenientes de operações dos mais variados segmentos, como comercial, financeiro e arrendamento mercantil. Para ser considerado como um FIDC, mais da metade do patrimônio do fundo deve ser aplicado em títulos representativos de créditos dos segmentos comercial, financeiro, imobiliário, arrendamento mercantil e prestação de serviços.

Esses fundos encontram-se regulamentados no Brasil desde 2001 e nada mais são que uma securitização de recebíveis.[2] Ao mesmo tempo que se apresentam como uma alternativa de financiamento para as empresas e instituições financeiras, os FIDC oferecem uma rentabilidade atraente ao investidor.

A formação de um FIDC se processa a partir de uma empresa que realiza vendas a prazo e emite os correspondentes recebíveis para o comprador pagar. Lastreado nesses papéis, o fundo de recebíveis levanta recursos no mercado por meio da colocação de cotas junto a investidores. O dinheiro assim gerado é repassado pelo FIDC para a empresa vendedora, por meio da compra de seus recebíveis.

Quando do vencimento das faturas (recebíveis), o comprador efetua seu pagamento a um banco indicado como depositário da cota do fundo, sendo os recursos recebidos transferidos ao FIDC. Por meio desses fundos enviados pelo banco depositário, o Fundo de Investimento efetua o pagamento dos rendimentos de seus investidores (cotistas).

Um esquema básico ilustrativo da estrutura do FIDC é apresentado na Figura 19.1.

As cotas do FIDC podem ser de dois tipos: *sênior* e *subordinadas*. As cotas *sênior* são ofertadas ao mercado e não se subordinam às demais, apresentando prioridade (preferência) na distribuição dos rendimentos e resgate. As cotas *subordinadas*, por seu lado, devem ser subscritas pela empresa vendedora (de onde se originaram os recebíveis), recebendo os rendimentos somente após os pagamentos dos cotistas *sênior*. As subordinadas, ainda, realizam antes todo prejuízo proveniente da inadimplência dos recebíveis.

Por exemplo, para captar $ 70 milhões, um FIDC aberto ao mercado decidiu adquirir recebíveis no montante de $ 100 milhões produzidos por negócios realizados por uma sociedade financeira: créditos para aquisição de bens de consumo. Desse total, $ 30 milhões são cotas subordinadas subscritas pela financeira, e os $ 70 milhões representam cotas sênior colocadas no mercado.

Uma importante garantia do investidor ao subscrever cotas sênior é resguardar, em contrato, a subscrição das cotas subordinadas.

Uma importante vantagem da constituição do Fundo de Recebíveis para as empresas cedentes do crédito é a não necessidade de constituírem uma Sociedade de Propósitos Específicos (SPE), reduzindo bastante os encargos fiscais, custos administrativos de manter essa sociedade e agilizando bastante as operações de securitização. Os Fundos possuem geralmente algumas isenções fiscais, como PIS/Cofins e Contribuição Social.

Os FIDC podem ainda ser constituídos na modalidade *aberto* ou *fechado*. O fundo fechado não admite que o investidor resgate suas cotas antes de seu vencimento (encerramento do fundo ou final do prazo previsto em seu regulamento). O fundo classificado como aberto permite o resgate das cotas de investimento a qualquer momento.

---

[2] Resolução CMN 2.907/01, Instrução CVM 356/01.

19.1.5.3 Investimentos imobiliários

O mercado de capitais vem oferecendo uma crescente variedade de alternativas financeiras para investimentos no mercado imobiliário. Além da compra direta de um imóvel, são oferecidos produtos como Letras Hipotecárias, Certificados de Recebíveis Imobiliários, Letras de Crédito Imobiliário e Fundos de Investimentos Imobiliários.

As Letras Imobiliárias foram descritas no Capítulo 5 (item 5.2.10). A seguir são apresentadas as diversas alternativas de investimentos imobiliários disponíveis no mercado financeiro nacional.

Os **Certificados de Recebíveis Imobiliários (CRI)** são títulos de renda fixa nominativos emitidos por sociedades securitizadoras, tendo como lastro uma carteira de recebimentos de créditos imobiliários provenientes de contratos de financiamento ou de aluguel. A maturidade desses papéis é de longo prazo e costumam ainda pagar uma remuneração superior à dos títulos públicos.

O principal risco dos CRIs reside na inadimplência dos contratos de financiamento de imóveis que lastreiam a operação, ou da empresa locatária caso o lastro de emissão dos títulos seja um contrato de locação. Os CRIs são negociados no mercado de renda fixa da Bolsa de Valores (B3), no segmento Bovespa Fix.

A *securitização* é um processo de transformação de um fluxo financeiro em títulos de renda fixa negociados à vista no mercado. Em outras palavras, equivale a transformar títulos de direitos creditórios gerados por vendas a prazo de atividades comerciais, financeiras e de prestação de serviços em títulos disponíveis para negociação no mercado. Assim, uma sociedade securitizadora, ao emitir um lote de CRIs, transforma em títulos os recebíveis imobiliários (fluxo de recursos) de correntes financiamentos e locação de imóveis. O processo de securitização de recebíveis foi estudado no item 5.3.5 (Cap. 5).

A **Letra de Crédito Imobiliário (LCI)** é um título de renda fixa emitido por Instituições Financeiras autorizadas a operar com carteiras de créditos imobiliários, e tem como lastro os financiamentos de imóveis concedidos e garantidos por hipotecas ou alienação fiduciária. Em verdade, este título representa o *funding* das instituições financeiras para concessões de financiamentos para construção civil a incorporadores ou adquirentes de imóveis.

O **Fundo de Investimento Imobiliário** é um instrumento de investimento coletivo, cujos recursos são captados no mercado e direcionados à aplicações em ativos (empreendimentos) imobiliários.

Os ganhos do Fundo são geralmente provenientes de receitas de locação e ganhos na alienação de imóveis adquiridos. As locações mais comuns são de salas comerciais e escritórios, prédios comerciais e *shopping centers*. O ganho na alienação é determinado pela valorização do imóvel na venda, sendo o resultado da alienação maior que o valor aplicado em sua aquisição.

O patrimônio do Fundo de Investimento Imobiliário é dividido em cotas que são negociadas no mercado. O Fundo deve aplicar no mínimo 75% de seus recursos em ativos imobiliários. O restante pode ser investido em outros tipos de ativos de renda fixa.

Os Fundos Imobiliários somente podem ser constituídos no Brasil na forma de condomínio fechados, não prevendo o resgate das cotas dos investidores. O resgate das cotas integralizadas é previsto somente em caso de liquidação do Fundo. É admitida a negociação das cotas do Fundo no mercado secundário.

Os fatores de risco dos Fundos de Investimentos Imobiliários, de acordo com a CVM,[3] são os seguintes:

- *Mercado Financeiro*: os Fundos Imobiliários podem sofrer os mesmos riscos presentes no mercado financeiro e nas empresas. Eventualmente, os riscos podem afetar certos tipos de imóveis ou imóveis localizados em regiões específicas;
- *Taxa de Ocupação Imobiliária*: é determinada pela taxa de crescimento econômico. Uma redução nesta taxa de ocupação, por exemplo, pode tanto produzir uma diminuição nas receitas de aluguéis, como uma desvalorização de seus preços;
- *Liquidez Reduzida*: os Fundos de Investimento Imobiliário ainda são poucos conhecidos no mercado financeiro nacional, o que gera uma menor liquidez principalmente se comparados com outras alternativas de investimentos financeiros disponíveis. Isto pode determinar uma maior dificuldade dos investidores em negociar suas cotas no mercado secundário (baixa liquidez).

19.2 Mercado de seguros no Brasil

O Sistema Nacional de Seguros Privados (SNSP) é constituído dos seguintes órgãos: Conselho Nacional de Seguros Privados (CNSP), Superintendência de Seguros Privados (Susep) e Instituto de Resseguros do Brasil (IRB). Complementar a esses órgãos atuam também no mercado segurador as Companhias Seguradoras autorizadas a funcionar e os Corretores legalmente habilitados. A Figura 19.2 ilustra a composição do mercado de seguros do Brasil.

---

[3] Cadernos CVM. *Fundo de Investimento Imobiliário*. Jan. 2005.

```
Conselho Nacional de
Seguros Privados
       CNSP
         │
Superintendência de
Seguros Privados
      SUSEP
    ┌────┴────┐
Instituto de
Resseguros do Brasil
      IRB
    ┌────┴────────────────┐
Sociedades Autorizadas      Corretores
a Operar: Seguradoras,      Habilitados
Previdência Privada e
    Capitalização
```

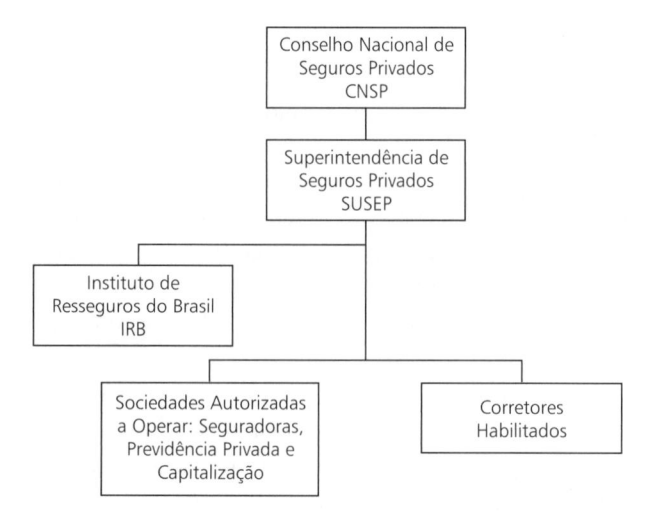

FIGURA 19.2 Mercado de seguros nacional.

O *Conselho Nacional de Seguros Privados* (CNSP) é o principal órgão do mercado segurador, responsável pela fixação de suas normas e regulamentação das operações, organização, funcionamento e fiscalização de suas instituições e definição da política geral de seguros no país. Também é de competência do CNSP estabelecer os conteúdos gerais dos contratos de seguros, resseguros, previdência privada e capitalização.

Os mercados de seguros, resseguros, capitalização e previdência privada são controlados e fiscalizados pela *Superintendência de Seguros Privados* (Susep). A Susep é uma autarquia pública federal e tem como atribuições principais:

a. fiscalizar a constituição, organização e funcionamento das sociedades do mercado segurador brasileiro;
b. atuar em defesa dos interesses dos consumidores do mercado;
c. preservar a liquidez e a solvência das instituições do mercado;
d. promover a estabilidade do mercado segurador, incentivar sua expansão e atuar no sentido de oferecer maior eficiência operacional às instituições;
e. cumprir e fazer cumprir as deliberações do Conselho Nacional de Seguros Privados.

O *Instituto de Resseguros do Brasil* (IRB), atualmente denominado de *IRB Brasil Resseguros S.A.*, tem como responsabilidade básica fiscalizar as operações de resseguros realizadas no país e no exterior. Entende-se resseguro como uma operação de seguro do seguro. Quando uma Companhia Seguradora emitente da apólice realiza uma operação de cobertura acima de sua capacidade financeira, repassa parte ou o total do risco do contrato a outra Companhia Seguradora (resseguradora).

As *Companhias Seguradoras* são instituições que, por meio do recebimento de prêmios cobrados dos segurados, garantem a cobertura financeira do objeto selecionado para o seguro.

As Seguradoras constituem reservas técnicas mediante recursos acumulados e cobrados no valor dos prêmios pagos por seus segurados. Essas reservas, junto com outros fundos da sociedade, são aplicadas no mercado financeiro em títulos de renda variável e fixa, e têm por finalidade preservar a segurança, rentabilidade e liquidez dos recursos e gerar condições para honrar as indenizações previstas nos contratos de seguro. Uma aplicação mais eficiente desses recursos resulta também em interessante fonte adicional de lucros para as Companhias Seguradoras, indispensável fonte de financiamento para sustentar seu crescimento.

As propostas de seguro somente podem ser encaminhadas às Seguradoras por *Corretores* legalmente habilitados a operar no mercado, ou diretamente pelos proponentes do seguro. Os profissionais de seguros recebem uma comissão calculada com base em um percentual sobre o prêmio recebido pela Seguradora, identificada por Corretagem de Seguros.

O Corretor de Seguros é um profissional autônomo sem vínculos com a Companhia. Na intermediação da operação, o Corretor deve defender os interesses do segurado perante a Seguradora, reclamando seus direitos e cuidando dos procedimentos necessários em caso de ocorrência de um sinistro. Ele pode atuar com várias Seguradoras e deve estar sempre atento à evolução do mercado segurador e de seus instrumentos operacionais.

19.2.1 Tipos de seguro

Os seguros são geralmente classificados em duas grandes modalidades: *pessoas* e *não-pessoas*. Os seguros de *pessoas* incluem seguros de vida, seguros de acidentes pessoais e de saúde; os seguros de *não-pessoas* referem-se aos seguros de danos materiais (patrimoniais) e de prestações de serviço. Os seguros de danos patrimoniais visam cobrir as perdas financeiras causadas ao patrimônio do segurado em decorrência de um sinistro. Os seguros de prestações de serviço visam proteger e ressarcir o segurado de gastos de serviços prestados, como despesas médico-hospitalares, gastos de assessoria jurídica, seguros de viagem etc.

A seguir são descritos alguns dos principais tipos de seguros disponíveis no mercado segurador.

Seguro de Vida – tem por finalidade garantir determinado pagamento a um beneficiário indicado em caso de morte do segurado. A cobertura do seguro de vida pode se dar por morte natural ou morte acidental.

A indenização é prevista no contrato de seguro assinado pelo segurado. O prêmio de um seguro é o valor pago à Companhia Seguradora para que assuma a cobertura de determinado risco do segurado. Representa, em outras palavras, o custo do seguro. O prêmio a ser pago é calculado com base na faixa etária do segurado e no valor do benefício por ele escolhido.

O seguro de vida pode também ser individual, em conjunto ou em grupo. O seguro individual protege somente uma pessoa. O seguro em conjunto dá cobertura a mais de uma pessoa, como marido e esposa, por exemplo. O seguro em grupo envolve diversas pessoas cobertas por uma única apólice.

Seguro de Acidentes Pessoais – este grupo cobre o segurado contra danos físicos decorrentes de acidentes. Prevê basicamente pagamentos de indenização ao beneficiário indicado no seguro (em caso de morte) e pagamentos ao próprio segurado em caso de invalidez permanente.

O seguro de acidentes pessoais pode prever ainda, como cobertura adicional, a morte e invalidez, pagamentos de despesas médico-hospitalares e pagamentos de diárias em caso de invalidez temporária.

Seguro Saúde – tem por objetivo cobrir as diversas despesas médico-hospitalares, como despesas com cirurgia, consultas e tratamentos médicos, e internações em hospitais, executadas pelo segurado. Todas essas despesas cobertas devem ser previstas no contrato firmado com a Seguradora, e geralmente são pagas por reembolso ao segurado ou aos executantes dos serviços prestados.

Seguro Educação – prevê o pagamento das despesas de educação para as pessoas indicadas pelo segurado. O seguro educação pode cobrir, de acordo com as condições contratadas, os pagamentos dos estudos dos beneficiários até o nível superior.

Seguro de Automóveis – cobre o capital investido na aquisição do veículo. O seguro pode cobrir perdas e danos causados por incêndio, roubo e colisão. Pode também prever indenização a prejuízos causados a terceiros decorrentes de acidente. A proposta, além do preço (prêmio) e das condições de pagamento, deve conter a cobertura do seguro e exclusões, e todas as demais condições gerais oferecidas pela Companhia Seguradora.

O contrato de seguro pode prever também um valor a ser pago pelo segurado adicional ao valor contratado, denominado de franquia. É geralmente um valor fixo, e deve ser desembolsado pelo segurado para cobrir parte dos custos de reparo do veículo, quando este tiver sofrido danos parciais. Quando ocorrer perda total do veículo, não se aplica a franquia, sendo o prejuízo todo coberto pela Seguradora. Quanto maior a franquia cobrada pela Seguradora, menor é o prêmio do seguro.

Há dois tipos de seguros de automóveis: (a) seguro pelo valor contratado na apólice; (b) seguro pelo valor de mercado. No seguro pelo valor contratado, o segurado negocia o valor do veículo com a Seguradora. Em caso de sinistro, a indenização é paga por esse valor, aceito pela Seguradora na contratação do seguro. O seguro pelo valor de mercado prevê a indenização pelo valor médio estimado do veículo no mercado.

Em princípio, o seguro do automóvel cobre somente o bem objeto do seguro, não estendendo essa proteção para seus acessórios. Para a cobertura de acessórios e equipamentos do veículo (ar refrigerado, rádio e *CD player* etc.), é exigido do segurado o pagamento de um prêmio adicional.

Seguro de Incêndios – cobre danos causados por incêndios, quedas de raios, explosão de bujão de gás doméstico etc. Pode prever, também, mediante pagamento de um prêmio maior, coberturas adicionais de incêndios causadas por terremotos, vendaval, tornado, queda de avião etc.

Seguro de Responsabilidade Civil – cobre as indenizações que o segurado (ou pessoas pelas quais responde civilmente) seja obrigado a pagar em consequência de lesões corporais ou danos materiais, provocados de forma involuntária a terceiros. A ação prevista no seguro de responsabilidade civil não pode ser premeditada, sendo sempre decorrente de imperícia, imprudência ou negligência.

O seguro de responsabilidade civil cobre danos causados a terceiros por produtos com defeitos de fabricação, falhas de profissionais no exercício de sua profissão (médicos, dentistas, advogados etc.), lesões causadas por ataque de animais domésticos etc.

Seguro de Fiança Locatícia – este tipo de seguro substitui os fiadores e avalistas de contrato de locação de imóveis, oferecendo garantias ao locador pelo cumprimento do contrato, como pagamento do aluguel e manutenção do imóvel.

Seguro de Lucros Cessantes – é feito exclusivamente por pessoas jurídicas e tem por finalidade cobrir paralisações (total ou parcial) no movimento dos negócios da empresa seguradora, podendo ser ocasionadas por incêndio, explosão ou outra causa prevista no contrato de seguro. O objetivo de seguro de lucros cessantes é o de manter a operacionalidade e lucratividade da empresa nos mesmos níveis anteriores à verificação do sinistro.

19.3 Previdência privada

Previdência privada é uma alternativa de aposentadoria complementar à previdência social. É classificada como um seguro de renda, oferecendo diversos planos de benefícios de aposentadoria, morte e invalidez, todos lastreados no pecúlio formado por seus participantes.

A principal característica da previdência privada é que sua adesão é opcional, ao contrário da previdência social oferecida pelo Governo, que apresenta um caráter público e obrigatório. O objetivo básico de uma pessoa em adquirir um plano de previdência privada é a manutenção de seu padrão de vida. Pelas limitações impostas nos benefícios prometidos, a previdência social é geralmente usada visando garantir a subsistência das pessoas.

Uma instituição de previdência privada pode constituir-se como uma Sociedade Fechada ou Aberta.

A sociedade de previdência privada fechada, mais conhecida como fundos de pensão, é formada geralmente dentro do ambiente das empresas, e seus planos de benefícios são custeados pelo empregador e funcionários.

A sociedade de previdência privada aberta é oferecida a todas as pessoas que desejarem aderir a seus planos de benefícios, apresentando um caráter mais individual. Estas sociedades abertas podem ser organizadas com fins lucrativos ou sem fins lucrativos.

As sociedades de previdência privada costumam oferecer diversos planos de benefícios aos participantes. O plano mais conhecido é a arrecadação de parcelas mensais por certo período de anos, prevendo ao final pagamentos de benefícios ao participante. As parcelas mensais que devem ser pagas são calculadas com base na expectativa futura de renda desejada pelo participante e na idade definida para começar a receber os benefícios.

Os benefícios podem ser contratados para serem pagos por toda a vida do participante (vitalício), por um período limitado de tempo ou de uma só vez. A preocupação básica de toda sociedade de previdência é a gestão de sua carteira de recursos, que deverá ser eficiente para cobrir o valor dos benefícios prometidos pelos planos de previdência.

Mais recentemente, o sistema de previdência privada criou outros planos de benefícios, como o Plano Gerador de Benefícios Livres (PGBL) e o Fundo de Aposentadoria Programada Individual (FAPI). São opções novas e mais atraentes de formar uma renda futura que os planos tradicionais, tornando o investimento em previdência privada mais rentável.

19.3.1 Plano Gerador de Benefícios Livres (PGBL)

PGBL é uma alternativa de aplicação financeira direcionada preferencialmente para a aposentadoria das pessoas. O plano funciona, em verdade, como um fundo de investimento comum, aplicando os recursos recebidos no mercado financeiro e creditando todos os rendimentos auferidos para os investidores. O patrimônio acumulado pelo fundo é que irá garantir uma renda de aposentadoria de seus contribuintes.

A carteira de investidores do PGBL pode ser formada por ações, títulos de renda fixa, cotas de fundos de investimento e imóveis. Não há uma garantia mínima de rendimentos para os investidores e maiores excedentes financeiros permitem que se aumente a renda da aposentadoria.

Existem no Brasil centenas de planos de benefícios livres similares, formando um elevado patrimônio investido no mercado financeiro. Em geral, os PGBLs são constituídos por aplicações mais conservadoras, procurando oferecer maior estabilidade ao patrimônio dos poupadores. Muitos planos existentes aplicam seu patrimônio em títulos de renda fixa, principalmente os emitidos pelo Governo Federal. É um perfil de aplicação de menor risco (conservador), tendo preocupação maior em proteger o patrimônio de seus contribuintes das turbulências de mercado.

As reservas do plano podem oscilar de acordo com as turbulências do mercado financeiro. No entanto, ao se planejar um investimento de longo prazo, é possível que as perdas possam ser diluídas pelos maiores ganhos auferidos.

Os principais atrativos que um PGBL pode oferecer a seus investidores são:

- Benefício fiscal. As contribuições periódicas podem ser deduzidas do cálculo do imposto de renda até o limite de 12% da renda bruta do investidor.
- Os rendimentos gerados pelas aplicações somente são tributados no momento de seu saque. Isso permite que se reaplique todo o rendimento apurado sobre o imposto de renda não recolhido.
- Os PGBLs costumam ser bastante transparentes, publicando diariamente seus principais indicadores de desempenho.
- Não estando satisfeito com o gestor de seu plano, o investidor pode mudar, quantas vezes desejar, de PGBL, sem necessidade de recolher imposto de renda. Os planos exigem uma carência mínima de 60 dias para transferências e resgates.
- Uma vantagem do PGBL é a liberdade de escolha do plano cuja carteira melhor se identifique com o perfil do investidor e suas necessidades de retorno. O investidor pode selecionar, por exemplo, fundos mais agressivos ou moderados.

No PGBL, ainda, o investidor pode escolher não somente o plano que irá contribuir, mas também o valor e o tempo de contribuição, o benefício desejado e seus beneficiários.

Os tipos de benefícios oferecidos pelo PGBL são:

- *Renda Vitalícia*: o beneficiário recebe uma renda durante toda a sua vida, a partir de certa idade.

  A renda vitalícia pode extinguir-se no momento do falecimento do beneficiário, ou ser do tipo reversível a outro beneficiário indicado no contrato de adesão ao plano. Em caso de morte do primeiro beneficiário, a renda da aposentadoria é transferida ao beneficiário indicado, enquanto sobreviver.

- *Renda Temporária*: os benefícios são pagos a partir de certa idade e durante um número de anos definido no contrato de adesão. No caso de renda temporária, não há possibilidade de reversão da renda a nenhum beneficiário indicado.

- *Renda Vitalícia com Prazo Mínimo*: o beneficiário recebe uma renda enquanto estiver vivo, e define um prazo de reversão. Em caso de falecimento do beneficiário antes do vencimento deste prazo de reversão, a renda é transferida ao beneficiário indicado até o término deste prazo.

Os PGBLs cobram duas taxas de seus aplicadores: *taxa de carregamento* e *taxa de administração*.

A *taxa de carregamento* tem por objetivo cobrir todas as despesas incorridas pelo fundo na comercialização e prestação de serviços. A taxa é um percentual cobrado sobre o valor de cada contribuição, e o valor pode variar de um plano para outro.

A *taxa de administração* é a remuneração cobrada pela gestão dos recursos aplicados. É um percentual variado, cobrado anualmente, e que incide sobre o patrimônio acumulado do fundo.

19.3.2 Fundo de Aposentadoria Programada Individual (FAPI)

O FAPI tem diversas semelhanças com o PGBL, lastreadas principalmente na liberdade de escolha do plano e programação das contribuições. Uma diferença importante do FAPI é que o investidor somente pode resgatar todo o seu patrimônio acumulado, não sendo previstos pagamentos periódicos de benefícios, como no PGBL.

Outra característica do FAPI é que o investidor adquire cotas de um fundo de investimento comum, administrado por um banco. Neste caso, cada aplicador é o titular das cotas do fundo, ao contrário do PGBL, em que a instituição gestora é que constitui um fundo de investimento exclusivo para aplicar os recursos recebidos, sendo sua única cotista. No FAPI, ao contrário do PGBL, há a cobrança de imposto de renda sobre ganhos de capital.

19.3.3 Diferenças entre o plano tradicional, PGBL e FAPI

As principais comparações entre os planos tradicionais, PGBL e FAPI são apresentados na tabela desta página.

19.3.4 Plano de Vida Gerador de Benefícios Livres (VGBL)

É outro Fundo de Investimento estruturado para captar poupanças de longo prazo, visando complementar aposentadoria.

O VGBL é bastante similar ao PGBL estudado acima, diferenciando-se pelo tratamento tributário. Os rendimentos dos dois tipos de Fundos não são tributados, porém os depósitos efetuados no VGBL não são admitidos como dedutíveis para efeitos fiscais.

	Plano Tradicional	PGBL	FAPI
Rendimentos	Mínimo de 6% a.a., mais variação monetária	Não há garantia de rendimento mínimo	Não há garantia de rendimento mínimo
Retornos (Excedentes) Financeiros das Aplicações	Somente uma parte é creditada ao investidor	Totalmente creditados ao investidor	Totalmente creditados ao investidor
Benefício Fiscal – IR	12% das contribuições anuais são dedutíveis para IR. Os benefícios financeiros são tributados na fonte no momento do resgate		
	Idem	Idem	Idem
IR sobre Ganho de Capital	Não é previsto	Não é previsto	Cobrado
Instituições Autorizadas a Operar	Seguradoras, Previdência Privada e Fundos de Pensão	Seguradoras, Previdência Privada e Fundos de Pensão	Bancos, Seguradoras e Corretoras
Órgãos Fiscalizadores	Susep	Susep	Susep e Banco Central

No resgate do VGBL, o Imposto de Renda incide apenas sobre os rendimentos acumulados, de acordo com uma tabela progressiva. No PGBL, o Imposto de Renda incide sobre o total resgatado.

19.4 Companhias de capitalização

As Companhias de Capitalização combinam a captação de poupança programada pela comercialização de títulos, com sorteios de prêmios periódicos. Mesmo que o aplicador do título de capitalização não tenha sido premiado em nenhum dos sorteios realizados, ele recebe o capital investido ao final do prazo previsto pelo plano, acrescido de algum reajuste monetário previsto em contrato. Muitas vezes, o valor de resgate do título é inferior ao valor pago.

Os títulos de capitalização podem geralmente ser negociados antes de seu vencimento, respeitado o prazo de carência estipulado. Esses títulos são negociados no mercado somente por meio de Sociedades de Capitalização, devendo, ainda, ser aprovados previamente pela Superintendência de Seguros Privados (SUSEP).

Glossário

A

Above the Market – Ordem de negociação com ações (compra ou venda) com preço definido acima do de mercado.

Ação – Parcela representativa do capital social de uma sociedade.

Ação Ordinária – Ação que atribui ao seu titular direito de propriedade e voto em assembleias de acionistas.

Ação Preferencial – Ação que confere ao seu titular preferência no recebimento de dividendos sobre lucros e também no reembolso de seu valor nominal em caso de liquidação de ativos da sociedade. Este tipo de ação geralmente não tem direito a voto.

ADR (*American Depositary Receipt*) – Ações de empresas estrangeiras negociadas em bolsas de valores dos EUA. As ações lastro são custodiadas em uma instituição financeira e negociadas em bolsa frações desse depósito.

After Market – Sistema da Bovespa que permite negociações de ações fora do horário regular de funcionamento, de maneira eletrônica.

Agente Econômico – Pessoas físicas ou jurídicas, além do próprio Governo, que participam do sistema econômico.

Ágio – Diferença encontrada entre o valor pago por um ativo e o seu valor teórico.

Alavancagem – Utilização de recursos de terceiros com a finalidade de incrementar a rentabilidade de um investimento. Quando o ativo de um Fundo de Investimento supera o montante de seu patrimônio líquido, diz-se que o Fundo é alavancado.

Amortização – Em Contabilidade, corresponde ao valor da depreciação de um ativo. Sob o ponto de vista financeiro, representa o pagamento do principal de uma dívida.

Análise de Sensibilidade – Processo que visa mensurar a variação nos resultados de um investimento diante de alterações promovidas em suas variáveis mais relevantes.

Análise Fundamentalista – Processo de análise dos principais fundamentos econômicos e financeiros da empresa. Adota a hipótese da existência de um valor intrínseco para cada ativo.

Âncora Cambial – Estratégia de valorização da taxa de câmbio com o intuito de baratear as importações de um país e promover, no mercado interno, a estabilização dos preços pela maior oferta de bens e serviços.

Arbitragem – Operação realizada aproveitando-se de desequilíbrios eventuais nos preços de um ativo em diferentes mercados. A arbitragem permite que se adquira um ativo em determinado mercado, por um certo preço, e se decida vendê-lo em outro mercado por um preço superior.

Ativo – Termo que reflete todos os direitos a benefícios futuros. Há diversas categorias de ativos. Ativos *reais* (*ou tangíveis*) são bens físicos, como prédios, terrenos, máquinas etc. Ativo *intangíveis* são representados por marcas e patentes, pesquisas em desenvolvimento, entre outros. Ativos *financeiros* são formados por títulos e valores mobiliários em geral.

Aumento de Capital – Aumento do capital social de uma sociedade mediante emissão de novas ações ou incorporação de reservas patrimoniais.

Aval – Garantia prestada num título de crédito, como duplicata, nota promissória e letra de câmbio. O avalista se obriga a quitar o débito caso o devedor não o faça. O aval se realiza mediante a assinatura do avalista no título de crédito.

B

Back-Office – No mercado financeiro, indica os segmentos operacionais internos de uma instituição, como contabilidade, processamento, entre outros.

Balanço – Demonstrativo contábil que retrata a posição patrimonial de uma empresa, informando seus ativos (investimentos) e suas origens: recursos próprios (patrimônio líquido) e recursos de terceiros (passivo).

Balança Comercial – Diferença entre as exportações e importações realizadas por um país e incluídas no Balanço de Pagamentos.

Balanço de Pagamentos – Demonstrativo de todas as transações internacionais realizadas pelos residentes de um país.

Banco Custodiante – Banco depositário. Instituição credenciada que se responsabiliza pela guarda de títulos e valores mobiliários lastros de um investimento.

***Basis Point* (Ponto-Base)** – Um ponto-base equivale a 0,01%. Por exemplo, se a taxa de rentabilidade de um título variou de 6,5% para 7,3%, diz-se que a variação foi de 80 pontos-base.

Benchmark – Referência para comparações entre preços, custos, qualidade etc.

Beta – Medida estatística que reflete o risco de um ativo em relação ao risco da carteira de mercado. Se o beta do ativo for igual a 1,0, diz-se que seu risco varia com o mercado; beta maior que 1,0 revela risco maior que o de mercado; beta menor que 1,0 indica risco menor que o de mercado. Medida de risco sistemático.

Black-Scholes – Modelo matemático bastante conhecido de avaliação de opções.

Blue-Chips – Expressão adotada em bolsas de valores para identificar as ações de maior negociação e melhor avaliadas pelos investidores. A expressão *blue-chip* origina-se da cor das fichas de jogos de cassinos com maior valor.

Bolsa de Mercadorias – Mercado organizado onde são transacionados (compras e vendas) mercadorias (*commodities*) como ouro, petróleo, trigo, milho, soja, café, laranja etc.

Bolsa de Valores – Mercado organizado onde são negociados títulos e valores mobiliários.

Bônus de Subscrição – Títulos negociáveis emitidos por companhias de capital autorizado, que atribuem a seus titulares o direito de subscreverem ações do capital social no mercado primário. A emissão dos bônus de subscrição será dentro dos limites de aumento de capital previstos no estatuto da companhia.

Break-Even – Preço ou quantidade mínima que uma operação deve atingir para que não ocorra nenhuma perda. Ponto em que as receitas igualam-se às despesas. É uma informação relevante para avaliação de produtos.

C

CALL – No mercado financeiro, é entendido como uma opção de compra de um ativo por um preço prefixado e por um determinado prazo.

Câmbio – Permuta, troca, escambo. No sentido econômico, toda operação que negocia com moedas de diferentes economias.

Capital de Risco (*Venture Capital*) – Recursos que financiam investimentos de risco que oferecem potencial econômico de geração de retorno acima da média. O termo é geralmente associado ao financiamento de negócios novos com excelente potencial futuro de crescimento.

Capital Social – Montante dos recursos aportado pelos acionistas ou sócios na subscrição de ações ou cotas de uma empresa. O valor do capital social é fixado pelo estatuto da sociedade.

Capitalização Bursátil – Valor da empresa para o acionista calculado com base na cotação de mercado de suas ações. É obtido pelo produto entre a quantidade emitida de ações de uma sociedade e o seu valor de mercado.

Carteira (Portfólio) – Conjunto de ativos mantidos por um investidor. Pode ser formada por ações, títulos de renda fixa, obrigações etc.

CDB – Certificado de Depósito Bancário. Títulos emitidos por instituições financeiras lastreados em depósitos a prazo fixo realizados por investidores.

CDI – Certificado de Depósito Interfinanceiro ou DI – Depósito Interfinanceiro. Títulos emitidos por instituições financeiras que lastreiam suas operações de empréstimos no mercado interfinanceiro.

Cetip – Central de Custódia e Liquidação Financeira de Títulos. Local onde são processados o registro, custódia e liquidação das operações com títulos privados e títulos públicos de emissão estadual e municipal.

Chinese Wall – Normas de conduta e segregação de atividades e funções adotadas por uma instituição financeira. Tem por objetivo evitar o conflito de interesses e o uso de informações privilegiadas.

Clearing – Também conhecida por *clearing house* (Câmara de Compensação). É um setor das bolsas que realiza o registro, acompanhamento, controle e liquidação das operações realizadas em bolsas, garantindo a plena execução de todos os compromissos assumidos nas operações realizadas em pregões.

Commercial Paper – Nota promissória de natureza comercial emitida por sociedades anônimas abertas ou fechadas, cuja colocação no mercado é intermediada por uma instituição financeira. O prazo de emissão desses títulos é geralmente inferior a um ano e os títulos não possuem garantias reais.

Commodities – Mercadorias físicas, com valor econômico, negociadas em bolsas de mercadorias. Exemplos: cereais, metais, petróleo etc.

Companhia Aberta – Uma companhia é considerada aberta quando tem títulos e valores mobiliários (ações, debêntures, bônus de subscrição etc.) negociados (colocados) em bolsas de valores ou no mercado de balcão.

Companhia de Capital Autorizado – Companhia autorizada a elevar seu capital social, até certo limite, de acordo com autorização e condições previstas em seu estatuto. Esta autorização é concedida visando dar maior agilidade para a empresa, principalmente em momentos de expansão de sua atividade, quando é maior a necessidade de novos recursos.

Compliance – Estar em conformidade. Atender ao que for determinado por leis e regulamentos internos ou externos à organização.

Concordata – Procedimento judicial que visa estabelecer relações formais entre devedores e credores em operações de crédito sem garantias formais. Um devedor, em dificuldades financeiras para honrar seus compromissos, pleiteia em juízo um acordo com seus credores visando à continuação de seus negócios normais. A concessão da concordata pode ter caráter *preventivo*, criando condições para a liquidação das dívidas, ou *suspensivo*, que objetiva, durante o processo de falência, restabelecer as atividades comerciais normais da empresa.

Contrato Futuro – Acordo no qual uma parte se compromete a adquirir um ativo e a outra parte a entregar esse ativo em uma data futura, por um preço previamente pactuado. O acordo prevê reajustes do preço contratado em razão de variações que venham a ocorrer na cotação de mercado do ativo. Os contratos futuros são regulamentados e negociados em bolsas de valores.

Contrato de Opção – Acordo firmado entre duas partes, no qual uma paga um prêmio a outra para ter o direito, em data futura e a um preço previamente acertado, de adquirir ou vender o ativo objeto. Ao desejar exercer esse direito, a parte vendedora tem a obrigação de vender ou comprar o mesmo ativo objeto do contrato.

Copom – Comitê de Política Monetária do Banco Central, que decide questões básicas de política monetária, como taxa básica de juros da economia e quantidade de moeda em circulação.

Cota – Participação de um investidor no patrimônio de um Fundo de Investimento. Todo Fundo vende cotas de participação, e seu preço varia de acordo com o desempenho de sua carteira de ativos.

Cotação – Preço de um ativo fixado no mercado como consequência da livre interação das forças de oferta e procura.

Coupon (Cupom) – Valor dos rendimentos periódicos prometidos pelos títulos de renda fixa. É geralmente definido em taxa anual com pagamentos semestrais. Pode ser também mensal ou trimestral.

Convenants – Cláusulas protetoras oferecidas aos debenturistas além das garantias normais, como fixar limites de endividamento da sociedade emitente, manter um nível mínimo de liquidez, maior *disclosure*, controles sobre os dividendos, entre outras. O não cumprimento dessas cláusulas pode gerar medidas punitivas ao emitente do título, indo desde o pagamento adicional de um prêmio até considerar a debênture vencida por antecipação.

D

Day Trade – Negociação ao longo de um dia. Todas as operações que envolvem compra e venda de ativos no mesmo dia são conhecidas por *day trade*. São operações especulativas, produzindo ganhos a partir de pequenas oscilações nos preços de mercado.

Depósitos Compulsórios – Depósitos obrigatórios efetuados pelas instituições financeiras no Banco Central referentes a parcela dos recursos captados no mercado. É um instrumento de política monetária. São também conhecidos por Reservas Compulsórias.

Disclosure (Revelação) – Divulgação de todas as informações econômico-financeiras de uma sociedade relevantes aos investidores de mercado.

Dividend Yield – Relação entre os rendimentos de um ativo financeiro e seu preço fixado no mercado.

Dividendo – Parcela do lucro líquido auferida pelas empresas ao final do exercício social que é distribuída, em espécie, aos seus acionistas proporcionalmente à quantidade de ações possuídas.

Debênture – Obrigação de longo prazo emitida por sociedades anônimas. Costuma pagar juros periódicos e o principal no vencimento. Pode ser lançada com cláusula de conversão (optativa ao investidor) em ações. Os recursos levantados na colocação de debêntures são geralmente aplicados no financiamento de projetos, reestruturação de dívidas e reforço de capital de giro.

Dumping – Baixa artificial de preços, na qual uma empresa (ou país) negocia seus produtos a um preço inferior ao seu custo de produção. O *dumping* é utilizado em geral como modo de ganhar participação de mercado.

E

EPS (*Earning per Share*) – Lucro por ação (LPA). É o resultado da relação do lucro líquido com a quantidade de ações que constituem o capital social de uma sociedade.

Especulação – Operação de compra e venda de ativos, de modo bastante ágil, com o intuito de se aproveitar de certas oportunidades de ganhos de curto prazo no mercado. Os especuladores negociam seguindo suas expectativas e previsões de comportamento dos preços, muitas vezes contrariando a tendência mais geral de mercado. Assumem riscos maiores que dos investidores tradicionais.

F

Fair value – Valor justo de um ativo. Também denominado valor econômico.

FAPI (Fundo de Aposentadoria Programada Individual) – Fundo de investimento destinado a captar poupança para complementação de aposentadoria. Parte das contribuições ao Fundo é abatida do Imposto de Renda do investidor, conforme regras fiscais vigentes.

Factoring (**Fomento Comercial**) – Operação de cessão de direitos creditórios (venda de créditos) para instituições especializadas visando à cobrança futura. A instituição compradora do crédito (Sociedade de Fomento Comercial) libera recursos imediatos e responsabiliza-se pela sua cobrança.

Fiança – Garantia prestada em contratos em que o fiador se responsabiliza pelo cumprimento das obrigações financeiras estabelecidas na operação, caso o devedor não possa cumpri-las. A Fiança pode ser concedida também por meio de "Carta de Fiança".

Float – Ganhos auferidos pelas instituições financeiras em momentos de altas taxas de inflação.

Fundos de Investimento – Fundo de aplicações em títulos e valores mobiliários, que se encontra dividido em unidades de participações (cotas) que são adquiridas por investidores. Pode ser aberto, dirigido a todo investidor, e fechado, que regula os movimentos de entrada e saída de recursos pelos investidores.

G

Ganho de Capital – Ganho produzido por um investimento. Há ganho de capital quando o valor de venda de um bem é superior ao seu valor de aquisição.

H

Hedge – Operação realizada com derivativos que tem por objetivo minimizar (proteger) posições de carteiras ou aplicações existentes contra risco de perdas de valor causado por variações nos preços, nas taxas de juros etc. O *hedge* é geralmente formado assumindo-se no mercado de derivativos posição inversa à assumida no mercado à vista.

Holding – Empresa que tem por objetivo deter participações no capital de outras empresas visando a seu controle acionário ou poder em sua administração.

Hot Money – Operações de aplicações financeiras de curtíssimo prazo que prometem altas margens de ganhos. Podem-se deslocar rapidamente de um mercado para outro em busca de melhores oportunidades de ganhos.

I

Indexação – Processo que permite corrigir o valor aplicado de um capital, em determinada data passada, visando atualizá-lo às variações verificadas nos índices de preços da economia. Pela indexação, é possível proteger o poder de compra da poupança diante de um aumento nos níveis gerais de preços.

Índice de Bolsa de Valores – Índice de ações negociadas em Bolsa de Valores que retrata o comportamento de seus preços (valorização ou desvalorização).

Índices de Preços – Indicadores que acompanham a evolução de preços de bens e serviços constantes de uma cesta básica. Há diversos índices de preços na companhia brasileira, e se diferenciam basicamente pela composição da cesta básica e periodicidade de apuração.

Initial Public Offering (**IPO**) – (Oferta Pública Inicial) – Primeira oferta de ações realizada por uma sociedade no mercado.

Inside Trading – Obtenção de informação privilegiada (ou não disponível ao público) para obtenção de maiores ganhos no mercado financeiro. Prática ilegal.

Intermediários Financeiros – Instituições que têm a função de viabilizar as operações do mercado financeiro e contribuir para uma alocação mais eficiente dos recursos da economia.

Investimento – De maneira ampla, é toda aplicação de capital com o intuito de produzir um retorno.

J

Joint Venture – Empresas juridicamente independentes que se associam visando à realização de negócios de maiores volume e risco, que talvez não realizariam de maneira isolada.

Junk Bond – Indica títulos de baixa qualidade e alto risco, geralmente emitidos por empresas em dificuldades (título podre).

L

Lease-Back – Modo de arrendamento mercantil no qual uma empresa vende um bem fixo (imóvel, máquina etc.) a uma instituição financeira autorizada a operar com essa modalidade financeira para, logo após, passar para a condição de arrendatário do próprio bem.

Leasing – Modalidade de financiamento que se realiza por meio de arrendamento mercantil de um bem fixo durante certo intervalo de tempo. O arrendatário paga um valor pelo uso do bem, geralmente a cada mês, denominado contraprestação. Ao final do contrato há uma opção de compra do bem pelo usuário.

Letra de Câmbio – Título negociado no mercado no qual o emitente (sacador) determina que o sacado pague determinada quantia explícita, em determinada data e local, a uma terceira parte, conhecida por beneficiário (ou tomador) da letra de câmbio.

Letra do Tesouro Nacional – Título representativo da dívida nacional negociado com deságio em relação ao seu valor nominal (resgate). Este deságio é que determina a remuneração paga pelo título. O prazo de emissão é geralmente inferior a um ano.

London Interbank Offered Rate (Libor) – (Taxa de Juros Interbancária do Mercado de Londres) – Taxa de juro praticada pelos bancos ao trocarem dinheiro entre si no mercado de Londres. Esta taxa é referência para empréstimos no exterior.

M

Marcação a Mercado – Procedimento de avaliação dos ativos pelo seu valor de venda de mercado, e não pelo seu valor de compra. Obrigatório em todos os fundos de investimento no Brasil.

Macroeconomia – Expressão da ciência econômica que estuda a economia como um todo, abordando os grandes agregados como renda nacional, nível de emprego, preços, consumo e investimento.

Margem – Valor depositado pelos investidores como garantia exigida em operações em Bolsas de Valores, visando garantir o cumprimento dos contratos firmados. A margem pode ser depositada em dinheiro e em títulos e valores mobiliários.

Mercado de Balcão – Mercado aberto onde são negociados, de maneira organizada, valores mobiliários de companhias abertas não cotados em bolsas de valores. O mercado de balcão não tem espaço físico definido (é virtual), sendo as transações realizadas por meios eletrônicos. O mercado de balcão foi disciplinado no Brasil pela CVM em 1996 (Instrução nº 243/96).

Mercado *Forward* – Mercado futuro. Os ativos são negociados para entrega e liquidação futuras.

Mercado Interfinanceiro – Mercado onde as instituições financeiras movimentam recursos entre si, emprestando ou tomando emprestado, visando suprir eventuais necessidades de caixa (problemas de liquidez) ou aplicar momentâneos excessos de disponibilidades, a curto prazo.

Mercado Primário – Mercado onde os títulos são negociados pela primeira vez, revertendo os recursos provenientes das negociações diretamente ao seu emitente.

Mercado Secundário – Mercado onde se realiza a compra ou revenda de títulos junto a terceiros, fora do mercado primário.

Mercado *Spot* – Mercado à vista com entrega imediata dos ativos objeto da negociação.

Microeconomia – Segmento da ciência econômica que estuda microunidades econômicas, como empresas e consumidores.

Monopólio – Tipo de mercado em que uma empresa domina a oferta de determinado bem ou serviço sem substituto.

N

National Association of Securities Dealers Automated Quotation System (Nasdaq) – Tipo de mercado de balcão em operação nos EUA, onde são negociadas ações principalmente de empresas de tecnologia.

New York Stock Exchange (Nyse) – (Bolsa de Valores de Nova York) – A Nyse é a Bolsa Mundial com maior capitalização bolsista. Está localizada na famosa Wall Street, onde foi fundada em 1792.

Nota Promissória – Documento representativo de uma dívida emitido e firmado pelo devedor, que indica o reconhecimento da obrigação e seu compromisso de quitá-la no vencimento.

O

Obrigação (*Bond*) – Título representativo de uma dívida assumida por uma empresa (privado) ou Governo (público) que paga aos seus detentores, de maneira prefixada, juros periódicos (cupons) e reembolso de principal no vencimento. Estas obrigações são negociadas no mercado com ágio ou deságio, dependendo do desempenho e risco do emitente.

Obrigação Conversível – Obrigação que assegura ao investidor o direito de converter o título em ações da empresa emitente no vencimento.

Obrigações do Tesouro – Títulos da dívida pública interna de prazo geralmente superior a um ano. Remuneram os investidores com pagamentos periódicos de juros e reembolso do principal no vencimento.

Oferta Pública de Compra – Operação realizada em bolsas na qual um investidor (ou grupo de investidores) faz uma oferta pública de aquisição de ações de sociedade.

Opção Americana – Opção de compra ou venda que pode ser exercida pelo titular em qualquer momento antes de seu vencimento.

Opção Europeia – Opção que somente pode ser exercida pelo titular na data de vencimento.

Open Market (Mercado Aberto) – Instrumento de política monetária de responsabilidade do Banco Central. Neste mercado, são realizadas operações de compra e venda de títulos públicos federais por meio de leilões, promovendo o enxugamento ou expansão dos meios de pagamento da economia.

Overtrading (Superexpansão) – Ocorre quando o volume de atividade de uma empresa cresceu de maneira rápida, acima de sua capacidade em financiar esta expansão, gerando desequilíbrio em sua estrutura financeira.

P

Paridade cambial – Relação entre duas moedas negociadas no mercado internacional.

Partes Beneficiárias – Títulos negociáveis emitidos por companhias fechadas, sem valor nominal e estranhos ao capital social, que conferem aos seus titulares direito de participação nos lucros anuais. Podem ser alienadas pela companhia ou distribuídas gratuitamente a pessoas por relevantes serviços prestados.

Payout – Parcela do lucro líquido de uma sociedade distribuída aos seus acionistas sob a forma de dividendos.

Poupança – Postergação da capacidade de consumo. Por meio da poupança, os agentes gastam menos no momento atual, porém com expectativas de poderem realizar maiores gastos no futuro.

Preço de Exercício – Preço predeterminado a ser pago na hipótese do exercício de uma opção de compra, ou o preço a ser recebido no exercício de uma opção de venda.

Preço na curva – Valor de um título atualizado por todos os rendimentos previstos em sua emissão.

Preço Teórico – Preço de um ativo determinado por modelos de avaliação. Estes modelos são estruturados a partir de certas premissas de desempenho futuro, sendo uma referência na decisão de investimento. Entende-se que um ativo é economicamente atraente quando seu preço de mercado for inferior ao seu preço teórico. Quando o preço de mercado for maior que o preço teórico do ativo, diz-se que o ativo é desinteressante para compra, encontrando-se superavaliado.

Prêmio (opção) – Valor pago pelo investidor de uma opção para ter o direito de adquirir ou vender o ativo objeto do contrato, por um preço predeterminado, em uma data futura. O investidor exerce esse direito somente se for de sua conveniência.

Prime Rate – Taxa preferencial de juros cobrada pelos bancos em suas operações de crédito com os tomadores considerados como de mais baixo risco.

Private Equity – Títulos privados. Tipo de fundo de investimento que aplica em participações acionárias de empresas,

Ptax – Taxa média do dólar calculada no mercado de câmbio.

PUT – No mercado financeiro, é entendida como uma opção de venda de um ativo por um preço prefixado e por um determinado prazo.

Q

Quase-moeda – Ativo financeiro não monetário de alta liquidez/liquidez imediata.

R

Rating – Avaliação e classificação de ativos financeiros em termos de seu risco. Esta classificação é relevante para as decisões de investimento.

Redesconto – Instrumento de política monetária em que o Banco Central redesconta os títulos já descontados pelos bancos. É um socorro financeiro disponibilizado às instituições financeiras para suprir suas necessidades imediatas de caixa.

S

SBP (Sistema Brasileiro de Pagamentos) – Conjunto de regras, procedimentos e sistemas operacionais integrados utilizados nas transferências de fundos entre os agentes econômicos, visando elevar sua eficiência e reduzir os riscos.

Securitização – Corresponde à emissão de um título negociável no mercado lastreado em algum ativo da empresa emitente. Tem por objetivo levantar recursos no mercado.

Selic - Sistema Especial de Liquidação e Custódia – Aplicado às operações com títulos públicos sob a responsabilidade do Banco Central e Associação Nacional de Distribuidoras do Mercado Aberto (Andima).

Split – **(Desdobramento)** – Desdobramento de uma ação em duas ou mais ações com a consequente elevação da quantidade em circulação. O *split* ocorre sem qualquer alteração na estrutura da participação societária da companhia e não deve também modificar o valor agregado de mercado dos papéis.

Spread – Margem de ganho medida pela diferença entre a taxa de aplicação e a taxa de captação. Pode ser entendido também como um acréscimo de risco às taxas de juros. Por exemplo, um empréstimo pode ser concedido cobrando-se uma taxa de juro mais um percentual representativo do risco da operação, definido por *spread*.

Swap – Operação que consiste na troca de fluxos de caixa futuros. São geralmente praticados *swaps* de taxas de juros, em que se troca uma taxa fixa de juros por uma taxa flutuante (ou vice-versa), e *swaps* de taxas de câmbio, em que se trocam duas moedas diferentes.

T

Tag Along – Transferência, parcial ou total, a todos os demais acionistas de uma companhia das condições e preços negociados pelos controladores por ocasião da alienação do controle acionário.

Take Over – Aquisição do controle acionário de uma sociedade por outra. A aquisição pode ser amistosa, com o conhecimento prévio da sociedade pretendida, ou hostil, na qual a sociedade objeto da negociação impõe certas reações contra a transferência do controle acionário.

Taxa de Câmbio – Valor pelo qual uma determinada moeda é cotada no mercado em relação a outra.

Taxa Selic – Taxa média diária representativa da negociação de títulos públicos na Selic. No âmbito da política monetária, o Banco Central fixa metas para a taxa Selic.

TIPS - *Treasury Inflation Protected Securities* (ou "Títulos do Tesouro Protegidos da Inflação") títulos emitidos pelo governo dos EUA com a característica de oferecer sempre uma remuneração líquida da inflação. No TIPS, o Principal é corrigido pela Inflação e a taxa de juros é fixa, definida no momento de sua emissão, equivalendo a uma taxa Real de Juros (líquida da inflação). A inflação é medida pelo Índice de Preços ao Consumidor (CPI) da economia dos EUA.

O valor do Principal aumenta diante de acréscimos na taxa de inflação e reduz-se em situação de deflação. Os juros pagos aos investidores são calculados sobre o principal corrigido pela inflação.

U

Underwriting – (Subscrição) – Processo de aumento de capital social por meio da emissão de novas ações e consequente colocação desses valores junto ao público em geral.

Unit – Conjunto de valores mobiliários negociados no mercado como se fosse uma única unidade.

V

Valor Intrínseco – Também conhecido por valor econômico ou *fair value*. É determinado pela capacidade do ativo em avaliação de gerar benefícios econômicos de caixa no futuro, descontados a valor presente por uma taxa que reflita o risco do investimento. O valor encontrado deve ser confrontado com o valor de mercado do ativo.

Venture Capital – Capital investido na aquisição de ações, geralmente de maneira temporária e minoritária, de empresas de risco que demandam recursos para crescer.

Viés de Taxa de Juros – Direito do Banco Central em elevar ou reduzir a meta da taxa Selic a qualquer momento entre as reuniões mensais do Copom, sempre que as condições da economia assim o exigirem.

Volatilidade – Medida que reflete a intensidade e a frequência das flutuações dos preços de um ativo no mercado. O coeficiente beta é uma medida de volatilidade de uma ação em relação à carteira de mercado.

W

Warrant – Produto financeiro emitido por uma empresa que concede ao investidor o direito de adquirir, no futuro, certa quantidade de ações da sociedade por um preço preestabelecido quando de sua emissão. É como se fosse uma opção de compra na qual o ativo objeto são as ações.

Y

Yield – Retorno (rendimento) produzido por um investimento, geralmente expresso em porcentagem.

Yield Curve – Gráfico que ilustra o comportamento das taxas de juros como função do tempo.

Yield to Maturity (YTM) – Retorno até o vencimento. Taxa de retorno oferecida por uma obrigação. Equivale à taxa interna de retorno de seus fluxos de caixa.

Lista de Abreviaturas e Siglas

A

ACC – Adiantamento de Contratos de Câmbio
ACE – Adiantamento sobre Cambiais Entregues
ADR – *American Depositary Receipts*
AID – Agência Internacional de Desenvolvimento (*IDA – International Development Agency*)
AMEX – *American Stock Exchange*
ANDIMA – Associação Nacional das Instituições do Mercado Aberto
APEs – Associações de Poupanças e Empréstimos
APR – Ativo Ponderado pelo Risco

B

B3 – Brasil, Bolsa, Balcão
Bacen – Banco Central do Brasil
BB – Banco do Brasil
BBC – Bônus do Banco Central
BBF – Bolsa Brasileira de Futuros
BDR – *Brazilian Depositary Receipts*
BIRD – Banco Internacional de Reconstrução e Desenvolvimento
BIS – Banco de Pagamentos (Compensações) Internacionais
BM&F – Bolsa de Mercadorias e Futuros
BNDES – Banco Nacional de Desenvolvimento Econômico e Social
BNDESPAR – BNDES Participações S.A.
BNH – Banco Nacional da Habitação
BOVESPA – Bolsa de Valores de São Paulo
BTN – Bônus do Tesouro Nacional
BVRJ – Bolsa de Valores do Rio de Janeiro

C

CALL – Opção de Compra
CAM – Câmara de Arbitragem de Mercado
CAPM – *Capital Asset Pricing Model* (Modelo de Precificação de Ativos)
CBLC – Companhia Brasileira de Liquidação e Custódia
C-BOND – *Capitalization Bond*
CDB – Certificado de Depósito Bancário
CDC – Crédito Direto ao Consumidor
CDI – Certificado de Depósito Interfinanceiro
CDP – Certificado da Dívida Pública
CDS – *Credit Default Swap*
CEE – Comunidade Econômica Europeia
CEF – Caixa Econômica Federal
Cetip – Central de Custódia e de Liquidação Financeira de Títulos Privados
CFT – Certificado Financeiro do Tesouro
CIF – Companhia Internacional de Financiamento (*International Finance Corporation – IFC*)
CM – Correção Monetária
CML – *Capital Market Line* (Linha do Mercado de Capitais)
CMN – Conselho Monetário Nacional
CNPC – Conselho Nacional de Previdência Complementar
COE – Certificado de Operações Estruturadas
COPOM – Comitê de Política Monetária do Banco Central
CPMF – Contribuição sobre Movimento Financeiro
CRC – Central de Risco de Crédito
CRI – Certificado de Recebível Imobiliário
CS – Contribuição Social
CTN – Certificado do Tesouro Nacional
CV – Coeficiente de Variação
CVM – Comissão de Valores Mobiliários

D

DBGG – Dívida Bruta do Governo Geral
DES – Direito Especial de Saque
DJIA – *Dow Jones Industrial Average*
DLSP – Dívida Líquida do Setor Público
DOC – Documento de Crédito
DR – *Depositary Receipt*
DPMF – Dívida Pública Mobiliária Federal
DTVM – Distribuidora de Títulos e Valores Mobiliários

E

EBITDA – *Earning Before Interest, Tax, Depreciation/Depletion and Amortization* (Lucro Antes dos Juros, Impostos, Depreciação/Exaustão e Amortização)
EL – *Elegible Interest*
EMBI – *Emerging Markets Bond Index*
EMBRAMEC – Embramec – Mecânica Brasileira S.A.
ESG – *Environment Social Governance*
ETTJ – Estrutura Temporal das Taxas de Juros

F

FAPI – Fundo de Aposentadoria Programada Individual
FAT – Fundo de Apoio ao Trabalhador
FC – Fluxo de Caixa
FGC – Fundo Garantidor de Crédito
FGTS – Fundo de Garantia do Tempo de Serviço
FGV – Fundação Getulio Vargas

FIBASA – Fibasa – Insumos Básicos S.A., Financiamento e Participações
FIDC – Fundos de Investimento de Direitos Creditórios
FIF – Fundo de Investimento Financeiro
FINAME – Agência Especial de Financiamento Industrial
FIPE – Fundação Instituto de Pesquisa Econômica da USP
FMI – Fundo Monetário Internacional
FND – Fundo Nacional de Desenvolvimento

G

GBD – Gestor de Banco de Dados
GDR – *Global Depositary Receipts*
GEM – *Global Equity Market* (Mercado Global de Ações)

I

IBA – Índice Brasileiro de Ações
IBGE – Instituto Brasileiro de Geografia e Estatística
IBOVESPA – Índice da Bolsa de Valores de São Paulo
IBRASA – Ibrasa – Investimentos Brasileiros S.A.
IBrX – Índice Brasil de Ações
IBV – Índice de Bolsa de Valores do Rio de Janeiro
ICMS – Imposto sobre Circulação de Mercadorias e Serviços
ICON – Índice de Consumo
ICV – Índice de Custo de Vida
IDR – *International Depositary Receipts*
IDV – *Interest Due Unpaid*
IEE – Índice Setorial de Energia Elétrica
IGC – Índice de Ações com Governança Corporativa Diferenciada
IGP-M – Índice Geral de Preços de Mercado
IGP-DI – Índice Geral de Preços – Disponibilidade Interna
IMOB – Índice Imobiliário
INCC – Índice Nacional de Construção Civil
INDX – Índice do Setor Industrial
INF – Inflação
INPC – Índice Nacional de Preços ao Consumidor
IOF – Imposto sobre Operações Financeiras
IPA – Índice de Preços por Atacado
IPEA – Instituto de Pesquisas Econômicas Aplicadas
IPI – Imposto sobre Produtos Industrializados
IR – Alíquota de Imposto de Renda
IRB – Instituto de Resseguros do Brasil
IRR – *Internal Rate of Return* (Taxa Interna de Retorno)
IRRF – Imposto de Renda Retido na Fonte
IS – Índice de Sharpe
ISE – Índice de Sustentabilidade Empresarial
ITAG – Índice de Ações com *Tag Along* Diferenciado
ITEL – Índice Setorial de Telecomunicações
IVBX – Índice Valor Bovespa
IVBX-2 – Índice Valor Bovespa

J

JSCP – Juros sobre Capital Próprio

L

LAC – Linha de Alocação de Capital
LBC – Letra do Banco Central
LC – Letra de Câmbio
LCA – Letra de Câmbio Agro
LCI – Letra de Câmbio Imobiliária
LDO – Lei de Diretrizes Orçamentárias
LFT – Letra Financeira do Tesouro
LIBID – *London Interbank Bid Rate*
LIBOR – *London Interbank Offered Rate*
ln – Logaritmo natural
LPA – Lucro por Ação
LRF – Lei de Responsabilidade Fiscal
LTN – Letra do Tesouro Nacional

M

MLCX – Índice Mid-Large Cap
MVA – *Market Value Added* (Valor Agregado pelo Mercado)

N

NAFTA – *North American Free Trade Agreement*
NASDAQ – *National Association for Security Dealers Automated Quotations System* (Sistema Automatizado de Cotações da Associação Nacional de Corretoras de Valores dos EUA)
NBC – Nota do Banco Central
NTN – Nota do Tesouro Nacional
NYSE – *New York Stock Exchange* (Bolsa de Valores de Nova York)

O

ON – Ordinária Nominativa (Ação)
OTN – Obrigação do Tesouro Nacional
ORTN – Obrigações Reajustáveis do Tesouro Nacional

P

PASEP – Programa de Formação do Patrimônio do Servidor Público
PGBL – Plano Gerador de Benefícios Livres
PIB – Produto Interno Bruto
PIL – Produto Interno Líquido
PIS – Programa de Integração Social
P/L – Índice Preço/Lucro
PN – Preferencial Nominativa (Ação)
PREVIC – Superintendência Nacional de Previdência Complementar
PU – Preço Unitário

Q

Q – Q de Tobin

R

RAET – Regime de Administração Especial Temporário

S

SBP – Sistema Brasileiro de Pagamentos
SBPE – Sistema Brasileiro de Poupança e Empréstimo
SCR – Sistema de Informação de Crédito
SEC – *Security Exchange Commission* (Comissão de Valores Mobiliários dos EUA)
SELIC – Sistema Especial de Liquidação e Custódia
SCFI – Sociedade de Crédito, Financiamento e Investimento
SFH – Sistema Financeiro de Habitação
SFN – Sistema Financeiro Nacional
SML – *Security Market Line* (Linha do Mercado de Títulos)
SMLL – Índice Small Cap
SND – Sistema Nacional de Debêntures

SOMA – Sociedade Operadora do Mercado de Ativos
S&P – *Standard & Poor's*
SPE – Sociedade de Propósitos Específicos (*Special Purpose Company*)
STN – Secretaria do Tesouro Nacional
SUSEP – Superintendência de Seguros Privados

T

TAC – Taxa de Abertura de Crédito
TBAN – Taxa de Assistência do Banco Central
TBC – Taxa do Banco Central
TBF – Taxa Financeira Básica
T-BOND – *Treasury Bond* (Obrigação do Tesouro)
TDM – Taxa de Desvalorização da Moeda
TED – Transferência Eletrônica Disponível
TJLP – Taxa de Juros de Longo Prazo
TLP – Taxa de Longo Prazo
TR – Taxa Referencial
TRD – Taxa Referencial Diária

U

UE – União Europeia
UMC – Unidade Monetária de Poder Aquisitivo Constante
URP – Unidade de Referência de Preços
URV – Unidade Real de Valor

V

VaR – *Value at Risk* (Valor ao Risco)
VC – Variação Cambial
VGBL – Plano de Vida Gerador de Benefícios Livres

Y

YTM – *Yield to Maturity*

Lista de Símbolos

α – Coeficiente Alfa
β – Coeficiente Beta
b – Taxa de reinvestimento
C – *Coupon* (Rendimentos Periódicos)
CML – *Capital Market Line*
CORR (ρ) – Coeficiente de correlação
COV – Covariância
CY – *Current Yield*
d – Taxa de desconto
D – *Duration*
D – Dividendos
DP (σ) – Desvio-padrão
du – Número de dias úteis
E (R) – Retorno esperado
EFE – Taxa efetiva de juros

FV – *Future Value* (Valor Futuro)
g – Taxa de crescimento
i – Taxa de juros
i_q – Taxa de juros equivalente
J – Valor (em $) dos juros de uma operação
ln – logaritmo natural
Md – Mediana
MD – *Modified Duration* (*Duration* Modificada)
n – Número de períodos
N – Valor nominal (resgate)
P – Passivo
P/L – Índice Preço/Lucro
PL – Patrimônio líquido
PMT – *Payment* (Prestações)

P_0 – Preço de aquisição da ação
P_N – Preço da ação na data *n*
PU – Preço unitário
PV – *Present Value* (Valor Presente)
q – Número de partes do intervalo de tempo considerado
r – Taxa real de juros
R^2 – Coeficiente de determinação
R_F – *Risk Free* (Taxa Livre de Risco)
R_M – Retorno da carteira de mercado
SD (σ) – *Standard deviation* (desvio-padrão)
VaR – *Value at Risk*
VAR (σ²) – Variância
VBF – Valor bruto final

Bibliografia

ASSAF NETO, Alexandre. *Matemática financeira e suas aplicações*. 15. ed. São Paulo: Atlas, 2022.

ASSAF NETO, Alexandre. *Estrutura e análise de balanços*. 13. ed. São Paulo: Atlas, 2023.

ASSAF NETO, Alexandre. *Mercado financeiro*: exercícios e prática. 2. ed. São Paulo: Atlas, 2020.

ASSAF NETO, Alexandre; LIMA, F. Guasti. *Investimentos no mercado financeiro usando a calculadora HP 12C*. 4. ed. São Paulo: Atlas, 2019.

ASSAF NETO, Alexandre; LIMA, F. Guasti. *Investimentos em ações*. 3. ed. São Paulo: Atlas, 2022.

ASSAF NETO, Alexandre; LIMA, F.; AMBROZINI, M. Augusto. *Dividendos*: teoria e prática. São Paulo: Inside Books, 2007.

BM&F. *Curso de futuros e opções*. São Paulo, 1998.

BESSADA, O.; BARBEDO, C.; ARAÚJO, G. *Mercado de derivativos no Brasil*. São Paulo: Record, 2005.

BODIE, Zvi; KANE, Alex; MARCUS, Alan J. *Fundamentos de investimento*. 8. ed. Porto Alegre: McGraw-Hill/Bookman, 2010.

BUSSAB, Wilton de O.; MORETIN, Pedro A. *Estatística básica*. 6. ed. São Paulo: Atlas, 2010.

CLARK, Jeffrey; DOWNING, Douglas. *Estatística aplicada*. 2. ed. São Paulo: Saraiva, 2005.

CNBV – Comissão Nacional de Bolsas de Valores. *Mercado de capitais*. Rio de Janeiro: Campus, 2002.

CROUHY, M.; GALAI, D.; MARK, R. *Gerenciamento de risco*. Rio de Janeiro: Qualitymark/Serasa, 2001.

DISCLOSURE das Transações Financeiras. São Paulo, Finance Treinamento, Assessoria e Publicações. Diversos.

ELTON, Edwin J.; GRUBER, Martin J.; BROWN, Stephen J.; GOETZMANN, William N. *Moderna teoria de carteiras e análise de investimentos*. São Paulo: Atlas, 2004.

FABOZZI, Franki J. *Mercados, análise e estratégias de bônus*. Rio de Janeiro: Qualitymark, 2000.

FERREIRA, L. F. Rogé. *Manual de gestão de renda fixa*. Porto Alegre: Bookman, 2009.

FORTUNA, Eduardo. *Mercado financeiro*. 16. ed. Rio de Janeiro: Qualitymark, 2005.

HAUGEN, Robert A. *Modern investment theory*. 4. ed. Englewood Cliffs: Prentice Hall, 1997.

HULL, John. *Fundamentos dos mercados futuros e de opções*. 4. ed. São Paulo: BM&F, 2005.

LEITE, H. de Paula; SANVICENTE, A. Zoratto. *Índice Bovespa*. São Paulo: Atlas/ Bovespa/BM&F, 1995.

LIMA, F. Guasti. *Análise de riscos*. 2. ed. São Paulo: Atlas, 2018.

LIMA, I. S.; FRANCO DE LIMA, G. A. S.; PIMENTEL, R. C. *Curso de mercado financeiro*. São Paulo: Atlas, 2006.

LIMA, I. S.; FRANCO DE LIMA, G. A. S.; PIMENTEL, R. C.; ANDREZO, A. Fernandes. *Mercado financeiro*. 3. ed. São Paulo: Atlas, 2007.

MARINHO, Henrique. *Política monetária no Brasil*. 4. ed. Rio de Janeiro: Campus, 1996.

MARKOWITZ, Harry. *Portfolio selection*. New York: John Wiley, 1959.

MISHKIN, Frederic S. *Moedas, bancos e mercados financeiros*. 5. ed. Rio de Janeiro: LTC, 2000.

OLIVEIRA, V. I.; GALVÃO, A.; RIBEIRO, E. *Mercado financeiro*. Rio de Janeiro: Elsevier/Campus, 2006.

RATTI, Bruno. *Comércio internacional e câmbio*. 11. ed. São Paulo: Aduaneiras, 2006.

REILY, Frank K.; NORTON, Edgar A. *Investimentos*. 7. ed. Cengage/Learning, 2008.

SANVICENTE, A. Zoratto. *Derivativos*. São Paulo: Ibmec/Publifolha, 2004.

SAUNDERS, Anthony. *Administração de instituições financeiras*. 2. ed. São Paulo: Atlas, 2005.

SECURATO, J. Roberto. *Cálculo financeiro das tesourarias*. 5. ed. São Paulo: Saint Paul Institute of Finance, 2015.

SHARPE, William F., ALEXANDER, Gordon J.; BAILEY, Jeffrey V. *Fundamentals of investments*. 6. ed. New Jersey: Prentice Hall, 2000.

SIEGEL, Jeremy. *Investimento em ações no longo prazo*. 4. ed. Rio de Janeiro: Campus, 2008.

SILVA, Luiz Maurício. *Mercado de opções*. 2. ed. São Paulo: Halip Editora/BM&F, 1999.

SILVA NETO, Lauro de Araújo. *Derivativos*. 2. ed. São Paulo: Atlas/Andima/ BM&F, 1998.

TITMAN, S.; GRINBLATT, M. *Mercados financeiros & estratégia corporativa*. Porto Alegre: Bookman, 2005.

TONETO JR., Rudinei; GREMAUD, Amaury Patrick; VASCONCELOS, M. A. Sandoval. *Economia brasileira contemporânea*. 2. ed. São Paulo: Atlas, 1999.

TOSTES, F. Pereira. *Gerenciamento de riscos e derivativos*. 1997. Tese (Doutorado em Ciências Contábeis) – FEA, Universidade de São Paulo, São Paulo, 1997.

VAN HORNE, James C. *Financial market rates and flows*. 11. ed. Englewood Cliffs: Prentice Hall, 2002.

SITES

www.algorithmics.com
www.analisefinanceira.com.br
www.anbima.com.br
www.apimec.com.br
www.bloomberg.com
www.bndes.gov.br
www.bmfbovespa.com.br
www.bcb.gov.br
www.cvm.org.br
www.damodaran.com
www.economiaonline.com.br
www.economatica.com.br
www.eva.com
www.febraban.org.br
www.fma.org
www.fortune.com
www.globalrates.com
www.ibbotson.com
www.institutoassaf.com.br
www.ipea.gov.br
www.jpmorgan.com
www.listaderiscos.com.br
www.nyse.com
www.portalbrasil.com.br
www.societario.com.br
www.standardpoors.com
ww.tesouro.fazenda.gov.br
www.worldbank.org.

Índice Alfabético

A

Abertura de capital, 224, 229
Acionistas minoritários, 225
Ações, 88
   com valor nominal, 221
   de gozo ou fruição, 88
   e dividendos, 230
   escriturais, 88, 214
   nominativas, 214
      endossáveis, 214
   ordinárias, 88, 212, 213
   preferenciais, 88, 213, 230
   que pagam
      maiores dividendos, 216
      menores dividendos, 216
Acordo de Basileia, 166
   I, 167
   II, 168
   III, 169
      e os bancos brasileiros, 170
   no Brasil, 168
Adiantamento de Contrato de Câmbio (ACC), 81
Administrador do fundo de investimento, 351
Administradoras de consórcios, 59
Agência Internacional de Desenvolvimento (AID), 63
Agente(s)
   autônomos de investimentos, 56
   fiduciário, 93, 94
   financeiro do Governo Federal, 49
Agregados monetários, 11
Ajustes nas posições a futuro, 327
Alavancagem, 241, 345, 346
   do retorno, 346
Alfa de Jensen, 308, 309
   na equação do CAPM, 309
Alocação
   de ativos em carteira, 293
   de capital de bancos, 167
Alteração no valor nominal, 221

American Depositary Receipts (ADR), 90, 251
Análise
   bottom up, 258
   de carteiras, 285
   dos títulos, 285
   fundamentalista, 257
   técnica, 257
   top down, 258
Arbitrador, 321, 331, 341
Arbitragem, 146, 254, 331
   ad hoc, 254
   ordinária, 254
   sumária, 254
Arrendamento mercantil, 99
Assembleia
   de acionistas, 94
   geral de uma sociedade, 231
Assimetria de informações, 61, 153
Associações de poupança e empréstimo, 55
Assunção de dívidas, 81
Ativos
   com correlação nula, 289
   de risco, 293
   livres de risco, 293
   ponderados pelo risco, 167
Atuação dos bancos, 75
Autonomia do Banco Central, 47
Avaliação
   das cotas dos fundos de investimento, 355
   de ações, 257
   de bônus, 191
   de carteiras com o Índice de Sharpe, 314
   do risco, 299

B

B3 – Brasil, Bolsa, Balcão, 232, 236, 237, 320
Balança
   comercial, 34
   de serviços, 34

Balanço
　de pagamentos, 9, 34
　do Banco Central, 13
Banco(s)
　Central do Brasil (Bacen), 47, 48
　comercial, 49, 52
　de câmbio, 59
　de desenvolvimento, 49, 53
　de investimento, 49, 53
　de negócios, 52
　de varejo, 52
　do Brasil (BB), 48
　Interamericano de Desenvolvimento (BID), 63
　Internacional de Reconstrução e Desenvolvimento (Bird), 63
　múltiplos, 52
　Mundial, 62
　Nacional de Desenvolvimento Econômico e Social (BNDES), 49
　para Pagamentos (Compensações) Internacionais (BIS), 63
Base monetária, 12, 13
Bens
　econômicos, 2
　livres, 2
Bitcoin, 16
Blocos econômicos, 64
Blue chips, 217
BM&FBovespa Holding, 236
Bolsa de Valores, 55, 235
Bonds, 76, 102, 192
　globais, 102
Bonificação, 89, 220
Bônus, 102
　de alto risco, 103
　de subscrição, 212
Bookbuilding, 207
Bovespa
　Fix, 94
　Mais, 251
Brady bonds, 76, 102
Brazilian Depositary Receipts (BDR), 91, 251
Brokers, 25

C

Cadastro positivo, 159
Caderneta de poupança, 96, 178
Caixa Econômica Federal (CEF), 50
Caixas de liquidação (*clearings*), 56
Cálculo
　da taxa Selic, 69
　dos Ativos Ponderados pelo Risco (APR), 169
　dos juros sobre o capital próprio, 218
Call, 242, 337, 342

Câmara
　Brasileira de Liquidação e Custódia (CBLC), 239
　de Arbitragem
　do Mercado (CAM), 253
Câmbio
　fixo, 31
　flutuante, 31, 32
　forward (a termo), 33
　spot (à vista), 33
Capital
　de alta qualidade, 170
　de risco, 255
　regulatório, 167
　Tier 1, 170
　total mínimo, 170
Capitalização
　contínua, 116
　discreta, 116
Capitalization Bond, 36
CAPM (*Capital Asset Pricing Model*), 299, 316
Carrying charge, 325
Carteira
　com títulos livres de risco, 289
　de mercado, 302
　de risco mínimo, 292
Cartões de crédito e de débito, 85
Casa da Moeda, 47
C-Bond, 36
Certificado(s)
　de Depósito
　　Bancário (CDB), 95, 171, 172
　　Interfinanceiro (CDI), 69, 70, 173
　de Operações Estruturadas (COE), 98
　de privatização, 60
　de Recebíveis Imobiliários (CRI), 97, 358
Cessão de crédito, 82
Cetip (Central de Custódia e de Liquidação Financeira de Títulos Privados), 69
Cheques, 84
Chinese Wall, 155, 156
Ciclos econômicos, 35
Clearings, 239
Clube de investimento, 56
Cobertura, 240
Codificação das ações na Bolsa de Valores (B3), 341
Coeficiente
　alfa, 304
　beta, 304, 305
　de correlação, 132, 133
　de determinação, 310
　de expansão, 17
　de variação (CV), 127

Colchão de proteção, 170
Comissão de Valores Mobiliários (CVM), 48
Comitê(s)
   de auditoria, 165
   de Política Monetária (Copom), 71, 139
Commercial paper, 81, 99, 177
Commodities Exchange (COMEX), 104
Companhia(s)
   de capitalização, 363
   Internacional de Financiamento (CIF), 63
   seguradoras, 57
Compliance, 164, 165
Comprador, 241, 331
   à vista, 331
Comunidade Econômica Europeia (CEE), 112
Concentração bancária, 18
Condomínios abertos, 351
Confederações, 54
Conjunto
   de combinações de carteiras, 290
   de oportunidades de investimento, 300
Conselho
   Monetário Nacional (CMN), 46
   Nacional de Previdência Complementar (CNPC), 58
   Nacional de Seguros Privados (CNSP), 58, 359
Consórcio, 59
Contas
   do ativo, 14
   garantidas, 79
Contração, 35
Contratos
   a termo, 320
   em aberto, 323, 324
   futuros, 240, 242, 320, 323, 333
      de taxas DI, 333
   não padronizados, 319
   padronizados, 319
Convenant, 158
Convexidade, 206
Convocação de assembleias, 231
Cooperativas
   centrais, 54
   de crédito, 54
   singulares, 54
Correlação, 131, 132
Corretoras de câmbio, 106
Corretores de seguros, 59
Cotas de fundos de investimento, 354
Cotistas, 351
Covariância, 131, 132
Credit Default Swaps (CDS), 348
Crédito(s)
   com interveniência, 53
   consignado, 82
   de Carbono, 256
   Direto ao Consumidor (CDC), 80, 179
      com interveniência, 80
   rotativos, 79
   subprime, 41
Crescimento
   e criação de valor, 268
   econômico, 9
Criação de moeda
   na economia, 18
   pelos bancos, 16
Criptomoedas, 16
Crise
   e o Brasil, 42
   econômica mundial de 2008, 40
Critérios de análise, 257
Cunhagem, 47
Cupom(ns), 191
   cambial, 110
   Zero, 186
Currency board, 32
Current Yield, 196
Curva
   de indiferença, 276, 277
   de possibilidade de produção, 3
Custo
   da abertura de capital, 228
   da captação bancária, 181
      com compulsório, 181
   de oportunidade, 177
   marginal zero, 3
Custódia
   de ações, 243
   fungível, 243
   infungível, 243
Custodiante, 351

D

Data de vencimento, 337
Day trade, 238
Dealers, 26, 106
   de câmbio, 106
Debênture(s), 92, 100, 184
   com participação nos lucros, 94
   conversível em ações, 92
   permutável, 93
Déficit
   de caixa, 29
   operacional, 29
   público, 9
   /superávit primário, 29

Deflação, 15, 38
Demanda de moeda, 14
Depositary Receipts (DRs), 90
Depósitos
  à vista, 16
  compulsórios, 17, 75
  de garantia, 322
  de livre movimentação, 17
Depressão, 35
Derivativos, 319, 321, 337
Descasamento
  de disponibilidade, 86
  de moeda, 86
  de prazo, 86
  do caixa dos bancos, 86
Desconto
  bancário
    de títulos, 78
    simples, 176
  de duplicatas, 175
Desdobramento de ações (*split*), 221
Desenvolvimento econômico, 9
Desmembramento da taxa básica de juros, 150
Despesas operacionais, 147
Desvio-padrão e variância, 125
Direcionamentos, 23
Direito(s)
  de fiscalização e informação, 230
  de recesso ou de retirada, 231
  de subscrição, 89, 219
  de *Tag Along*, 231
  de voto, 231
  dos acionistas, 230
  Especial de Saque (DES), 62
Distribuição
  em ações, 341
  em dinheiro, 341
  normal, 130
Diversificação, 284
  de Markowitz, 287
  de risco, 346
  do risco, 240, 282
Dívida
  bancária, 30
  bruta, 30
    do governo geral, 30
  interna, 27
  líquida, 30
    do setor público, 30
  mobiliária, 30
    interna, 28
  pública, 27, 28
    interna, 28
    mobiliária federal, 28

Dividend Yield (DY), 259
Dividendos, 89, 215, 230
Documento de Crédito (DOC), 85
Dow Jones Industrial Average (DJIA), 249
Duplicata, 79, 85
Duration, 197, 199, 201, 203, 204
  de Macaulay, 199
  de uma carteira, 203
  de uma perpetuidade, 201
  modificada, 204

E

Economia
  centralizada, 4
  de mercado, 4
Efeitos da correlação sobre o risco do portfólio, 286
Emissão
  da moeda, 47
  de debêntures, 94, 229
Empresa emitente, 226
Empréstimo(s)
  ao sistema bancário, 14
  de curto e médio prazos, 78
  de liquidez, 26
  para capital de giro e pagamento de tributos, 79
Entidades
  abertas de previdência complementar (fundos de pensão), 59
  fechadas de previdência complementar (fundos de pensão), 58
  supervisoras, 59
Equilíbrio
  entre poupança e investimento, 6
  geral, 5
  parcial, 5
Erro quadrático médio, 316
Escassez, 1
Escola de Chicago, 19
Escolha da carteira mais atraente, 301
Especulação, 15
Especulador, 277, 321, 324
Estatística, 122
Estratégia de Proteção (*Hedge*), 329
Estrutura temporal das taxas de juros (ETTJ), 141, 142
Euro, 112
Eurobonds, 36, 77, 192
Expansão, 35
Export note, 82, 184

F

Factoring, 57, 176
Fair Value, 215, 270
Fatores de produção, 1
Fatura, 79, 85

Fechamento de posição, 337, 344
Financiador, 325
Financial Times Index, 249
Financiamento, 98, 241
   de capital de giro, 98
   no mercado de capitais, 98
Fintech, 57
Forfaiting, 104
Forma de circulação das ações, 214
Formação
   do *spread* bancário, 146
   dos juros, 137
Formas
   de organização econômica, 4
   de remuneração dos títulos de renda fixa no Brasil, 94
Fórmula(s)
   de Gordon, 265
   de valor presente, 268
Fronteira eficiente, 293, 296, 297, 300
Fundamentos de avaliação, 115
Fundo(s)
   Administrados do BNDES, 50
   de Amparo ao Trabalhador (FAT), 50
   de Aposentadoria Programada Individual (FAPI), 362
   de Garantia
     à Exportação (FGE), 50
     para a Promoção da Competitividade (FGPC), 50
   de Investimento, 351, 352, 353, 354, 356, 357, 358, 356
     de renda fixa referenciados, 354
     de renda variável, 354
     em Direitos Creditórios (FIDC), 357
     em Participações (FIP), 356
     estruturados, 356
     Imobiliário, 358
   de renda fixa, 354
   de riqueza soberana, 351
   Garantidor de Crédito (FGC), 104
   genéricos, 354
   Monetário Internacional (FMI), 62
   Nacional de Desenvolvimento (FND), 50
   não referenciados, 354
   para o Desenvolvimento Tecnológico das Telecomunicações (FUNTTEL), 50

G

Ganho(s)
   de capital, 260
   de financiamento, 241
   futuros, 240
   real de uma aplicação financeira, 121
Garantia(s)
   das opções, 341
   de cobertura, 346
   de margem, 346
     adicional, 346
   flutuante, 92
   quirografária, 92
   real, 92
   subordinada, 92
Garantias, 92
Geração de caixa, 346
Gestor, 351, 352
   da carteira, 351
Global Bonds, 36, 77, 192
Governança corporativa, 165
Grau de Investimento, 103
Grupamento de ações (*inplit*), 222
Grupo dos 20 (G-20), 64

H

Hedgers, 321, 324, 325, 335
Hipérbole de Markowitz, 293
Hot money, 79, 175

I

IGP-DI/FGV, 37
IGP-M/FGV, 37
Impostos sobre operações, 147
Imunização de carteiras, 207
Inadimplência, 147
Incerteza, 273
Indenização, 360
Indicador(es)
   de análise de ações, 258
   de dividendos, 258
   Price to Book Value Ratio (*Price/Book*), 259
Índice(s)
   Bovespa (IBOV – Ibovespa), 244
   Brasil, 246, 247
   Brasil Amplo, 247
   de Ações
     com Governança Corporativa Diferenciada (IGC), 247, 253
     com *Tag Along* Diferenciado, 247
     no Brasil, 246
   de alavancagem, 170
   de Basileia, 167
   de Bolsa de Valores, 244
     no mundo, 248
   de Carbono Eficiente (ICO2), 247
   de Dividendos (IDIV), 248
   de Energia Elétrica (IEE), 247
   de Governança Corporativa *Trade* (IGCT), 248
   de Jensen, 309

de liquidez
  a curto prazo, 170
  a longo prazo, 170
de Materiais Básicos (IMAT), 247
de Mercado ANBIMA (IMA), 209
de Modigliani, 315
de *payout*, 215
de Renda Fixa de Mercado (IRF-M), 208
de Sharpe, 295, 313
de Sustentabilidade Empresarial (ISE B3), 248
de Treynor, 315
de Utilidade Pública, 247, 248
do setor Industrial, 247
Dow Jones Industrial, 248
Financeiro, 247
Geral de Preços (IGP), 37
Mid-Large Cap, 247
NASDAQ, 249
Nikkei, 249
PL a Valores de Mercado/EBITDA, 261
Preço/Lucro (P/L), 259, 260
  a preços de mercado/EBITDA, 260
Q de Tobin, 261
Setorial de Telecomunicações, 246
Small Cap (SMLL), 247
Standard & Poor's 500 (S&P 500), 249
Valor Bovespa (IVBX-20), 247
Inflação, 15, 37
  brasileira, 37
INPC/IBGE, 37
Insider trading, 155
Instituições
  auxiliares, 55
  financeiras
    bancárias, 44, 52
    não bancárias, 44, 53
  não financeiras, 57
Instituto de Resseguros do Brasil (IRB), 58, 359
Instrumentos de transferência de fundos, 85
Intermediação financeira, 1, 10
  no mercado de crédito, 78
Intermediário financeiro, 61, 226
Interveniência, 53
Investidor(es), 224, 277, 278
  a futuro, 331
  avesso ao risco, 278
  institucionais, 351
  no mercado de ações, 224
Investimentos, 5
  em *private equity* e *venture capital*, 255
  ESG, 246
  financeiros, 139
  imobiliários, 358

IPCA/IBGE, 37
IPC-FIPE, 37

J

Juros, 137
  sobre o capital próprio, 218

K

Keynesianismo, 19

L

Lançador, 242, 337
Lease-back, 54
Leasing
  financeiro, 54
  operacional, 54, 100
Lei
  de Diretrizes Orçamentárias da União, 29
  de Responsabilidade Fiscal, 29
  do Preço Único, 146
  dos rendimentos decrescentes, 2
  Sarbanes-Oxley (SOX), 166
Leilão(ões)
  de compra de títulos, 51
  de venda de títulos, 51
  informal, 72
Letra(s)
  de câmbio, 85, 95
    do Agronegócio (LCA), 97
  de Crédito Imobiliário (LCI), 358
  Financeira (LF), 98
  Hipotecárias (LH), 96
  Imobiliárias (LI), 96
Liberalismo econômico, 20
Limites ao crescimento dos bancos, 17
Linha de alocação de capital, 295
Liquidação, 239, 240
  financeira, 239
  física, 239
Liquidez, 106, 145, 216
Lote fracionário, 211
Lote-padrão, 211
Lucro por Ação (LPA), 258

M

Mapa de curvas de indiferença, 278
Marcação a mercado (MaM), 95
  e títulos públicos, 356
Margem, 240
  de garantia, 322, 327
Maximizar receitas, 241

Média, 122, 124
    aritmética ponderada, 123
    aritmética simples, 122
    geométrica, 123
    harmônica, 123
    ponderada, 123
Mediana, 124
Medidas
    de dispersão, 125
    de posição, 122
    de retorno, 124
    estatísticas
        aplicadas ao estudo do risco, 129
        de avaliação e risco, 122
Meios de pagamento, 11, 12, 61
Mensuração do risco sistemático, 306
Mercado(s), 76, 241, 250, 271, 320, 337, 358
    a termo, 105, 240, 320, 345
        na B3, 346
    à vista, 240
    aberto, 74
    cambial, 105
    de balcão, 90, 105, 250
    de bônus (*bonds*), 102
    de câmbio, 106
    de capitais, 87
    de crédito, 67, 77
    de opções, 105, 241, 337
    de ouro, 104
    de renda fixa, 191
    de seguros no Brasil, 358
    de títulos de dívida externa, 76
    eficiente, 271
    financeiros, 67, 87
    futuro, 105, 319, 321, 322
        de ações, 328
        de índices de ações, 329
    Global de Ações (*Global Equity Market* – GEM), 250
    interfinanceiro, 75
    monetário, 67
    primário, 25, 211, 223
    secundário, 25, 74, 223, 235
    spot, 105
Metas de inflação, 47
Moda, 124
Modelo(s)
    básico de desconto, 262
    de crescimento, 265
    de precificação de ativos, 299
Moeda(s), 11, 15
    escritural, 12, 17
    estrangeiras, 14
Monetarismo, 20
Movimentos de capitais, 35

N

NASDAQ, 249
Negociações a descoberto, 243
Neoliberalismo, 21
New York Stock Exchange (NYSE), 249
Níveis de governança corporativa, 252
Nota(s)
    do Tesouro Nacional (NTN), 73
    fiscal, 79
    promissórias, 79, 81, 86, 175
Novo Mercado, 252

O

OfDealers, 68
Oferta(s)
    hostil, 231
    Primária e Secundária de Ações, 236
    Pública(s), 90, 225
        de ações, 100, 212, 232
            e debêntures, 100
        de Aquisição de Ações (OPA), 230
        de Títulos do Tesouro Nacional, 73
        Inicial de Ações (IPO), 224
        para Aquisição de Ações (OPA), 225
OfPub, 68
Opção(ões), 240, 320
    americanas, 321
    de compra, 242, 337, 342, 343
    de venda, 242, 337, 342, 343, 344
    europeias, 321
    sobre ações, 89
Operação(ões)
    a descoberto, 332
    a futuro e arbitragem, 331
    à vista, a termo, 240
    compromissadas, 25, 30
    day trade, 323
    de mercado aberto, 24
    de opção, 339
    de *open market*, 75
    de *overnight*, 25, 75
    de redesconto de liquidez, 76
    de repasses, 99
    de *vendor*, 80
    definitivas e compromissadas, 25, 74
    futuras e arbitragem de câmbio, 111
    interbancária, 174
    straddle, 332
Ordens de negociações, 237
Organismos financeiros internacionais, 62

P

Padronização dos contratos, 323
Papel(éis)
    monetário, 14
    negociados no mercado de capitais, 88
Paridade
    cambial, 106, 107
    no mercado de câmbio e taxa de juros, 108
Participação nos lucros, 93
Participantes do mercado
    de opções, 341
    futuro, 324
Passivo
    monetário, 12
    não monetário, 14
Pensamentos econômicos atuais, 19
Perpetuidade com crescimento nulo, 264
PIX, 85
Plano(s)
    Brady, 36
    Bresser, 39
    Collor, 39
    Collor 2, 39
    Cruzado, 38
    de Vida Gerador de Benefícios Livres (VGBL), 362
    econômicos adotados no Brasil, 38
    Gerador de Benefícios Livres (PGBL), 361
    Real, 39
    Verão, 39
Política(s)
    cambial, 30
    econômicas, 23
    fiscal, 27
    monetária, 23, 26
Portabilidade do crédito, 82
Posição(ões)
    ativa líquida, 161
    comprada, 323
    de câmbio, 30, 161
        comprada, 30
        vendida, 30
    em derivativos, 324
    passiva líquida, 161
    short, 324
    vendida, 324
    zerada, 324
Poupança, 5, 6
    em conta-corrente, 28
Prazo(s)
    de vencimento do título, 203
    envolvidos nos juros e taxa efetiva, 117

Precatórios, 77
Precaução, 14
Preço(s)
    a futuro, 326
    a termo, 320
    à vista, 320, 326
    de compra dos títulos, 177
    de emissão da ação, 227
    de exercício, 241, 242, 337, 338
        e proventos, 341
    de mercado dos títulos de renda fixa, 195
    de negociação, 320
    e o mercado, 4
    envolvidos nos contratos futuros, 320
    futuro, 320
    justo (*target price*), 270
    no mercado futuro, 325
Preferência(s)
    de risco, 280
    na subscrição, 230
Pregão *after market*, 239
Prêmio(s), 242, 277, 337, 343
    das opções, 343
    pelo risco, 277
Previdência privada, 360
Princípio da dominância, 278
Private equity, 255, 256
Probabilidades, 128
Produto(s)
    financeiros, 171
    interno, 6, 7, 8, 9, 28
        bruto, 7, 8, 9
            nominal, 8
            real, 8
        líquido, 7
    bruto, 28
    nacional, 6, 8
        bruto, 9
Propriedade da separação, 297, 298
Proteção
    de preços, 346
    no mercado futuro de ações, 328
Protocolo de Kyoto, 256
Provisão para IR e CSLL, 147
Pulverização de ações, 231
Put, 242, 337, 342

Q

Quase-moedas, 13

R

Rating
    das dívidas, 103

de crédito dos bancos, 83
    por grau, 83
    por nota, 84
Receitas líquidas de impostos, 28
Recibo de Depósito Bancário (RDB), 95, 171
Recolhimentos compulsórios, 23, 180
Redesconto bancário, 26
Regimes
    de capitalização de juros, 116
    Especiais do Banco Central, 48
Registro em Bolsas, 90
Regressão linear, 134
Regulação do mercado financeiro, 60
Relação risco/retorno e investidor, 276
Remuneração, 92, 94, 95
    indexada à inflação, 95
    prefixada, 94
Renda, 5
    fixa, 192
    interna, 5
    líquida do exterior, 5
    pessoal, 5
    temporária, 362
    vitalícia, 362
        com prazo mínimo, 362
Rendimentos, 1, 74, 215
    das ações e risco, 215
    decrescentes, 1
Repasse de recursos externos, 80
Repercussões da crise no mundo, 41
Reservas bancárias, 68
Resgate
    antecipado facultativo, 93
    obrigatório, 93
Reta
    característica, 303
    do mercado
        de capitais, 299, 301, 302, 311
        de títulos, 311
Retorno, 271
    absoluto, 125
    contínuo, 125
    de um ativo, 274
    esperado, 275, 280, 287
        de um ativo, 275
        de um portfólio, 280
    exigido, 308
    relativo, 125
Risco(s), 154, 161, 164, 271, 281, 287
    cambial, 34, 109
    da empresa, 217
    das ações, 217

das instituições financeiras, 153
    de câmbio, 161
    de *Compliance*, 164
    de crédito, 98, 157
    de liquidez, 98, 163, 192
    de mercado, 159, 217
    de negociação antecipada, 192
    de países emergentes, 148
    de reinvestimento, 192
    de taxas de juros, 192
    de um portfólio, 287
    de uma carteira, 285
    de variação das taxas de juros, 156
    e retorno esperados, 273
    econômico, 217
    financeiro, 156, 217
    legal, 164
    moral, 154
    na estrutura de uma carteira de ativos, 281
    não sistemático, 273, 305
    operacional, 160
    sistemático, 273, 304, 308
    soberano, 162, 163
Risco-país, 148, 162, 163

S

Saldo
    do balanço de pagamentos, 35
    em conta-corrente, 35
Secretaria do Tesouro Nacional (STN), 51
Securitização, 53, 101, 102, 358
    de exportação, 101
    de recebíveis, 53, 101, 102
Segmentos especiais de listagem do mercado de ações, 254
Seguro, 359
    de acidentes pessoais, 360
    de automóveis, 360
    de fiança locatícia, 360
    de incêndios, 360
    de lucros cessantes, 360
    de responsabilidade civil, 360
    de vida, 359, 360
    educação, 360
    saúde, 360
Seleção
    adversa, 154
    de carteiras, 285
Selic, 68
Serviços bancários, 84
Sistema(s)
    Brasileiro de Poupança e Empréstimo (SBPE), 55
    de Custódia e Liquidação de Títulos, 68

de Informações de Crédito (SCR), 82, 158
eletrônico de negociação, 239
Especial de Liquidação e Custódia (Selic), 68
financeiro nacional, 43, 44
laissez-faire, 4
misto, 4
Sociedades
corretoras, 56
custodiantes, 243
de arrendamento mercantil, 54
de capitalização, 59
de Crédito Imobiliário (SCI), 55, 96
de crédito, financiamento e investimento, 53
de fomento comercial (*factoring*), 57
distribuidoras, 56
financeiras, 54
seguradoras, 58
Spread bancário, 146
Startup, 57
Strike price, 242
Subscrição, 219, 226, 227, 341
de ações, 341
do tipo de melhor esforço (*best effort*), 227
do tipo puro ou firme, 227
do tipo residual (*stand-by*), 227
pública de ações (*underwriting*), 226
Subsistema
de intermediação financeira, 43, 44, 52
normativo, 43, 44, 45
Superávit/déficit público, 28
Superintendência
de Seguros Privados (Susep), 58
Nacional de Previdência Complementar (Previc), 58
Sustentabilidade, 246
Swap, 321, 337, 348
cambial, 107, 111, 349
reverso, 107, 349
tradicional e reverso, 111
com taxas de juros, 347
e desvalorização da moeda estrangeira, 107
e valorização da moeda estrangeira, 107

T

Tag Along, 214, 229, 230
Taxa(s)
básica de juros, 150
cruzada de câmbio, 108
de administração, 352, 362
de aplicação financeira, 147
de câmbio, 30, 31, 33, 105, 106, 107
nominal, 33
real, 33
spot, 106
de captação, 147
de carregamento, 362
de crescimento, 267
de desconto, 119
de desemprego da economia, 9
de fundamento, 177
de inflação
da economia, 9
e desvalorização da moeda, 121
de juros, 28, 82
do Cupom, 202
do mercado financeiro, 149
dos créditos, 82
e o preço dos títulos, 196
empresas e o governo, 138
Meta, 71
de longo prazo, 149
de *performance*, 352
de referência, 137
de retorno
do investimento, 263
oferecida, 203
Depósito Interfinanceiro (DI), 71
efetiva, 173
equivalente, 115
European Interbank Offered Rate (Euribor), 110
financeira básica, 149
flutuante, 93, 171, 193
forward, 140, 141
instantânea, 116
interna de retorno, 193
internacionais de juros, 110
linear (proporcional), 115
over, 118, 173, 174
efetiva, 174
overnight do Selic, 118
por dia útil (taxa *over*), 118
pós-fixada, 94, 95, 171
preferencial
de juros, 120
temporal, 138
prefixada, 93, 171
Ptax, 107, 109
real, 120
referencial de juros, 96, 149
Selic, 69, 71, 139
spot, 140
Teoria
da preferência, 142, 144
da preferência pela liquidez, 142, 144
da segmentação de mercado, 142, 145
da sinalização, 155

das expectativas, 143, 144
  não viesadas, 142
  de Markowitz, 285
Tesouro
  Direto, 72
  pós-IPCA, 188
  Prefixado (LTN), 73, 140, 186, 187
    com juros periódicos, 187
  Selic (LFT), 73, 187
Titular, 337
  da opção, 242
Título(s)
  brasileiros no mercado internacional, 36
  conversível, 97, 183
  Cupom Zero, 194
  da dívida pública interna no Brasil, 72
  de crédito, 85
  de reforma agrária, 60
  globais, 36
  prefixados, 73
  público(s), 13, 72, 185, 187
    do Tesouro Nacional, 60
    federais, 60
    no Brasil, 60
  Tomador de recursos, 79
  Tracking Error, 316
  Transferência(s)
  Eletrônica Disponível (TED), 85
  unilaterais, 34
Treasury
  bond, 102
  Inflation Protected Securities (TIPS), 192
Tributação de renda fixa, 172

V

Valor
  da ação e valor da empresa, 263
  das ações, 214, 262
  de conversão, 183
  de liquidação, 215
  de mercado, 215, 270
  de subscrição, 215
  econômico, 215
  Efetivo Total (VET), 106
  esperado, 129
  intrínseco, 215
  justo, 215
  nominal, 214
  no Risco (VAR), 159, 168
  patrimonial, 214
Valorização, 89
Value at Risk (VAR), 159, 168
Vantagens da abertura de capital, 228
Vendedor, 241, 331
  a futuro, 331
Venture capital, 255, 256
Volatilidade, 126, 201, 273

W

Warrants, 97, 182

Y

Yield to Maturity (YTM), 193, 196

Z

Zero coupon bond, 193